国家社科基金后期资助项目研究成果(19FTQB002)

中国图书馆学教育
史事编年(1896—1956)

郑锦怀　著

国家图书馆出版社

图书在版编目（CIP）数据

中国图书馆学教育史事编年:1896—1956 / 郑锦怀
著. —北京:国家图书馆出版社,2024.3
ISBN 978 - 7 - 5013 - 7837 - 1

Ⅰ.①中… Ⅱ.①郑… Ⅲ.①图书馆学—教育史—中
国—1896 - 1956 Ⅳ.①G250.1 - 4

中国国家版本馆 CIP 数据核字(2023)第 139344 号

书 名	中国图书馆学教育史事编年(1896—1956)
	ZHONGGUO TUSHUGUANXUE JIAOYU SHISHI BIANNIAN
	(1896—1956)
著 者	郑锦怀 著
责任编辑	唐 澈
责任校对	郝 蕾
封面设计	耕者设计工作室

出版发行	国家图书馆出版社(北京市西城区文津街 7 号 100034)
	(原书目文献出版社 北京图书馆出版社)
	010 - 66114536 63802249 nlcpress@ nlc.cn(邮购)
网 址	http://www.nlcpress.com
排 版	北京金书堂文化发展有限公司
印 装	北京科信印刷有限公司
版次印次	2024 年 3 月第 1 版 2024 年 3 月第 1 次印刷

开 本	710×1000 1/16
印 张	55.5
字 数	961 千字
书 号	ISBN 978 - 7 - 5013 - 7837 - 1
定 价	298.00 元

国家社科基金后期资助项目
出版说明

　　后期资助项目是国家社科基金设立的一类重要项目,旨在鼓励广大社科研究者潜心治学,支持基础研究多出优秀成果。它是经过严格评审,从接近完成的科研成果中遴选立项的。为扩大后期资助项目的影响,更好地推动学术发展,促进成果转化,全国哲学社会科学工作办公室按照"统一设计、统一标识、统一版式、形成系列"的总体要求,组织出版国家社科基金后期资助项目成果。

全国哲学社会科学工作办公室

凡　　例

一、本书以辩证唯物主义和历史唯物主义为指导，秉持尊重历史事实的严谨态度，实事求是地挖掘、整理和利用各种相关的文献和档案，力求准确、客观而全面地呈现 1896—1956 年中国图书馆学教育事业萌芽、初创、发展、求变、衰退与新生的全过程。

二、本书主要采用公元纪年，以时间先后为序，力争具体到月、日。凡具体日期无法考出者，系旬（上旬置于每月 10 日之后，中旬置于每月 20 日之后，下旬置于每月最后一日之后）或月；凡旬或月无法考出者，系季（春季置于 3 月之后，夏季置于 6 月之后，秋季置于 9 月之后，冬季置于 12 月之后）；凡日、旬、月、季均无法考出者，则集中置于各年的最后。

三、编年或年谱类著作的目录一般仅列明年份，显得过于单调，亦无法揭示各年发生的重要事件。有鉴于此，本书对目录编排进行探索，即在年份之后提炼并列出各年发生的重要事件、出版的重要文献等代表性要素，各条要素之前均标以"◎"，让读者一目了然。与此同时，正文亦在年份之后相应地列出前述要素。

四、本书尽量根据原始资料考录，并在必要时稍加介绍和考辨。原始资料如为外文，则译成中文；原始资料如用繁体字，则一律转换为简体字；如有无法辨识之字，则以方框符号"□"表示；如有明显讹误、脱落之处或错别字、漏字、赘字等，则在"〔　〕"中注明正确内容；如有需要补充说明或解释之处，则以文中夹注、脚注或按语的形式呈现。原始资料如未断句，本书引用时则按照当前规范自行断句，并添加标点符号；原始资料的断句如有明显错误，本书引用时则视情况改之。

五、本书首次提到外国人物、机构、著作等专有名词时，除当前无法考出者，均附外文。此外，本书提及的中外人物数量庞杂，且多有生平模糊难考者，故而一概不提供其生卒年份，以求行文统一。

六、本书所载表格的序号一律采用"表 + 年份 + 序号 + 表题"的形式，如"表 1920 - 1　1920—1921 学年文华图书科课程一览"等，一目了然，方便读者定位年份。

编撰说明

一、本书以 1896 年和 1956 年为起讫年份。正文分为"萌芽（1896—1919 年）""初创（1920—1929 年）""发展（1930—1936 年）""求变（1937—1945 年）""衰退（1946—1949 年）""新生（1950—1956 年）"六个部分，卷末另载"主要参考文献""附录""后记"。

萌芽（1896—1919 年）：1896 年，《时务报》在中文报刊当中率先使用"图书馆"一词。1897 年，通艺学堂图书馆率先将"图书馆"作为机构名称。中国由此从"藏书楼"时代逐步走向"图书馆"时代。

初创（1920—1929 年）：1920 年 1 月，文华大学文华图书科（简称"文华图书科"）创办，标志着中国图书馆学教育开始走向专业化和正规化。同年 8 月，北京高等师范学校举办图书馆讲习会，标志着中国图书馆学教育之短期教育的开端。

发展（1930—1936 年）：1930 年，私立武昌文华图书馆学专科学校（简称"文华图专"）正式独立办学，并增设图书馆学讲习班。同年，金陵大学图书馆学系改为图书馆学组，天津特别市市立师范学校图书馆学讲习班和安徽省立第一中等职业学校图书馆班陆续开办。

求变（1937—1945 年）：1937 年七七事变爆发，日本开始全面侵华。此后，中国的教育和文化事业遭受严重损失，大量教育和文化机构被迫内迁。但是，面对重重困难，中国图书馆学教育界奋力求存、积极发展，在高等教育、中等教育、函授教育、短期教育、留学交流等方面取得了更为显著的成绩。

衰退（1946—1949 年）：抗日战争取得胜利之后，由于国共双方矛盾重重，第三次国内革命战争（解放战争）很快爆发。受此影响，中国图书馆学教育不可避免地陷入衰退，文华图专与国立社会教育学院图书博物馆学系遭遇了重重困难，金陵大学图书馆学专修科甚至停办。

新生（1950—1956 年）：1949 年 10 月 1 日中华人民共和国成立后，中国图书馆学教育进入了新的历史阶段。1956 年，武汉大学和北京大学分别成立图书馆学系并招收四年制本科生，其学制就此稳定下来。

"附录"计有三种,分别为"附录一　人物名称索引""附录二　机构名称索引""附录三　文献名称索引"。这三种索引的款目均采用"标目+页码"的形式,并按标目的汉语拼音顺序排列,页码用阿拉伯数字表示;标目从全书正文(不含脚注)中选取,个别标目系由原文适当地增、删、改而成。

二、本书重点考察中国图书馆学教育(间或涉及档案学教育和博物馆学教育)的各种要素,包括人物(教职员工、学生)、机构、事件(办学活动)、教材、相关著译成果,以及各界人士对图书馆学教育的认识、观感、评述、建议等。

三、中国图书馆专门人才的培养途径涵盖普通学校教育、函授培训、职业教育、实习、各类讲习班培训、国外留学和交换馆员等。因此,本书既考察中国本土的各类图书馆学教育,亦关注中国图书馆学人在国外的求学、实习、工作、交流与考察活动等。

四、民国时期,许多学校(包括高等学校、中等学校、师范学校、职业学校等)间或开设"图书馆学""图书馆管理法""学校图书馆""图书管理法"等图书馆学专业课程。这些课程及其开设情况亦属于本书的考察对象。

五、民国时期,许多学校,尤其是高等学校文学院(或文科)下属的中国语言文学系(或中国文学系、国文系等)与历史系(或历史学系、史地系等),经常开设诸如"文献学"、"目录学"("中国目录学""史部目录学"等)、"校雠学"("校勘学""中国校勘学""古书校读法"等)等课程。但是,这些课程主要归属中国传统的国学教育而非现代图书馆学教育,且纷繁庞杂,故暂不纳入本书的考察范围。

六、文华图书科(文华图专)是民国时期最为重要的中国图书馆学教育机构,其各班的最初录取名单、实际入读名单与最后毕业名单之间经常存在差异。目前所见,记载文华图书科(文华图专)历届校友信息的史料以《文华图专珍稀史料图录》之"文华图专毕业生名录"和《武汉大学信息管理学院校友名录(1920—2020)》之"文华图专时期(1920年3月—1953年8月)校友名录"较为权威。不过,前者仅列表介绍文华图书科(文华图专)历届毕业生,而后者所列名单多于前者,应当是将注册入学却未能正常毕业者包含在内。而且,这两种文献所载姓名多有相异之处。因此,除非查获可信史料,否则本书仅列表介绍文华图书科(文华图专)历届毕业生的基本情况,暂不考察各班的最初录取名单和实际入读名单,亦不对其中存在的异同之处展开进一步分析。

七、20世纪20年代,为求便利和经济起见,杜定友发明"圕"字来代表"图书馆"三字。在1929年1月28日至2月1日举行的中华图书馆协会第一届年会上,杜定友提交的《采用"圕"新字案》获得通过。此后,许多图书、报纸、期刊等开始广泛使用"圕"字,但亦有继续使用"图书馆"者,二者长期混用①。不过,当前"圕"字已不通行。为求行文统一,本书凡是遇到使用"圕"字之处,除非必要,否则一律改为"图书馆"。

---

① 关于"圕"字的发明与使用情况,可参见:苏全有."圕"字的发明与使用史探析[J].大学图书馆学报,2019(4):102-110.

目　　录

书馆与小学教育"　◎李小缘在第四中山大学社会教育暑期讲习会讲授"图书馆学"课程　◎金陵大学文理科图书馆学系创办　◎四川图书馆专门学校停办　◎《图书馆条例》首次规定图书馆馆长任职资格

◎刘国钧发表《图书馆事业的进行步骤》　◎上海职业指导所与中华职业学校合办文书讲习所　◎第一次全国教育会议关注图书馆学教育　◎商务印书馆暑期图书馆实习所举办　◎曹柏年、陈伟昆赴美留学　◎杨昭悊与李燕亭合译的《图书馆员之训练》出版　◎王正廷提议设立中央图书馆筹备处　◎文华图专校董会成立

◎中华图书馆协会第一届年会关注图书馆学教育　◎江苏省立民众教育院与江苏省立劳农学院添设"图书馆学"课程　◎杜定友发表《研究图书馆学指南》，提出构建一个比较完备的图书馆学课程体系　◎广州市立女子职业学校增设图书管理科　◎沈祖荣出席第一届国际图书馆大会　◎莫余敏卿、葛受元、罗懋德、田洪都赴美留学　◎江苏省教育厅筹办图书馆专科学校，但未实际开办　◎文华图专获准立案

◎上海图书馆协会附设函授学社图书馆行政学系创办　◎金陵大学图书馆学系改为图书馆学组　◎商务印书馆举办四角检字法编制索引实习所　◎文华图专正式开始独立办学，增设图书馆学讲习班　◎江苏省立教育学院社会教育暑期学校开设图书馆学课程　◎谭卓垣、吴光清、梁思庄、严文郁赴美学习图书馆学　◎蒋复璁赴德国考察图书馆事业兼修习图书馆学课程　◎天津特别市市立师范学校图书馆学讲习班开办　◎安徽省立第一中等职业学校图书馆班开办　◎吉林省立职业学校筹办文书科

◎桂质柏成为中国第一个图书馆学博士　◎韦棣华女士

◎福建省县立图书馆馆长训练班开办　◎四川省立成都女子职业学校开办高级图书管理科　◎香港华侨工商学院博物馆学专修科创办　◎四川省立教育学院举办图书管理员讲习班第一期

◎《普及全国图书教育暂行办法大纲》颁布　◎苏皖联立技艺专科学校创办，下设行政管理科　◎国立社会教育学院创办，下设图书博物馆学系　◎陈鸿舜赴美交流　◎文华图专筹办档案管理短期职业训练班

◎中国教育学术团体第三届联合年会关注图书馆学教育　◎文华图专增设档案管理短期职业训练班　◎无锡国学专修学校增设文书专修科　◎国立中央图书馆开办图书馆学补习学校　◎国民政府要求各省举办县政府档案管理人员训练班　◎杜定友等6人通过全国高等学校图书馆学门教员资格审查

◎湖北等省陆续开班训练档案管理人员　◎杜定友主持举办广东省图书教育人员训练班　◎《县管理档案人员训练班业务训练课程讲授要点及时数分配标准》颁布　◎苏皖联立技艺专科学校升格为江苏省立江苏学院　◎《普及全国图书教育办法》颁布　◎第一届国外自费留学生考试举办，图书馆学门考生无人通过

◎四川等省陆续开班训练档案管理人员　◎《图书馆工作实施办法》颁布　◎中华图书馆协会第六届年会关注图书馆学教育　◎沈祖荣与查尔斯·H.布朗交涉文华图专办学问题　◎《申报》社会处组织中国文书研究会

◎中国图书馆学社成立　◎私立尚志高级文书科职业学校停办　◎殷钟麒筹办私立崇实档案函授学校　◎沈祖荣等14人通过图书馆学门教员资格审查　◎沈祖荣拟订《文华图书馆学专科学校战后工作计划(草案)》　◎邓衍林赴美

表 目 录

萌　芽

（1896—1919 年）

1896 年

◎《时务报》在中文报刊当中率先使用"图书馆"一词

9 月 27 日①

《时务报》第六期"东文报译"栏目刊登日本学者古城贞吉所译《古巴岛述略》的第一部分,标题后注明"译日本新报西八月廿六日"。该文提道:"距今百六十九年,即千七百二十七年,曾创立波那华大学。自始至今,总理及教习官皆用本岛人。教习官二十五人,学生四百余人。虽在争战时,犹不废讲习。又有女学校、音乐学校、农艺学校、身体学校、慈惠病院、贫民养育所、博物馆、图书馆等,而就中大学校及慈惠病院最为尽善尽美云。"②目前所见,这是中文报刊首次使用"图书馆"一词③。

---

① 《时务报》第六期的出版时间为"光绪二十二年八月廿一日",即公历 1896 年 9 月 27 日。

② 古巴岛述略(未完)[J]. 古城贞吉,译. 时务报,1896(6):25 – 27.

③ 顾烨青. 再议近代中国汉语"图书馆"一词的出现与官方确立[J]. 图书馆杂志,2018(7):10 – 15,9.

1897 年

◎通艺学堂图书馆成为中国第一个使用"图书馆"之名的实体机构

2 月 22 日

张元济等人筹设的西学堂开学①,后改称"通艺学堂"。

9 月 20 日

张元济等人呈请总理各国事务衙门批准通艺学堂办学,后经该衙门呈奏光绪皇帝,最终于 12 月 26 日获朱批同意②。在其呈文给总理各国事务衙门之前,张元济等人制定了《通艺学堂章程》,并附《读书规约》《图书馆章程》《阅报处章程》。其中,《通艺学堂章程》第 2 章"事业"之第三条明确规定,"学堂所宜设立以资讲习者:一、学堂;二、诵堂;三、演验所(俟有经费再议举办);四、图书馆;五、阅报处;六、仪器房(俟有经费再议举办);七、博物院(俟有经费再议举办);八、体操场(俟有经费再议举办);九、印书处(俟有经费再议举办)"。《通艺学堂章程》所附《图书馆章程》共计 12 条,规定了办馆的宗旨、馆藏图书的购备、管理人员的配备、学堂内外人员的借阅流程、超期罚款等。可见,在其成立之后,通艺学堂迅即创办了一个图书馆(即当前所说的"通艺学堂图书馆")③。1898 年 10 月 8 日,因为受到"戊戌政变"的牵连,张元济被革职,永不叙用,只得停办通艺学堂,并将校产(包括"书籍、器具及积存余款"④)

① 张人凤,柳和城. 张元济年谱长编:上[M]. 上海:上海交通大学出版社,2011:42 - 43.
② 张元济. 张元济全集:第 5 卷 诗文[M]. 北京:商务印书馆,2008:1 - 3.
③ 张元济. 张元济全集:第 5 卷 诗文[M]. 北京:商务印书馆,2008:1 - 11.
④ 通艺罢学[N]. 国闻报,1898 - 11 - 01(2).

造册交给京师大学堂①。综上所述,通艺学堂图书馆是中国第一个使用"图书馆"之名的实体机构②。

---

① 张元济. 戊戌政变的回忆[J]. 汝成,昌杭,家麟,记录. 新建设,1949,1(3):18-20.

② 通艺学堂及《通艺学堂章程》(附《图书馆章程》)的相关情况,可参见:顾烨青. 通艺学堂首次使用"图书馆"之名考[J]. 国家图书馆学刊,2019(2):87-93.

1898 年

◎《知新报》率先译介美国图书馆学教育情况

12 月 4 日①

　　《知新报》(自附英文刊名 *The Reformer，China*)第 73 期"美洲近事"栏目刊登《设学堂教人管理书藏》，正文前标注"西九月二十七号《纽约格致报》云"，但并未标注原作者和译者的姓名②。该文编译自科琳·斯托克尔·霍顿(Corinne Stocker Horton)撰写的"Library Schools"(《图书馆学校》)，原载于 1898 年 4 月 16 日 *The New York Times*(《纽约时报》)总第 263 页③，又载于 1898 年 8 月 27 日美国 *Scientific American Supplement*(《科学美国人附刊》)总第 1182 期，文末标注"C. S. Horton，in *The New York Times*"④。

　　　　美国创设书藏学堂，教人掌理书藏之法，将来管理书藏之人又将一变矣。昔时当此职者，无异僮仆，取以供奔走，存放书籍。今此新法则不然。当此职者，属极有学问之人⑤。书籍之来历，无不详悉在心。凡观书人不知门径，掌书者能引导之；观书人有疑难，掌书者能剖示之。得此等人管理之，则贮书一万卷胜于别法贮书三万卷也。羊路委路钧义君，昔日曾充科仑比亚大书院之总掌书藏人，乃于一千八百八十七年正月五号创设一书藏学堂，取名纽约，与该书

---

　　① 《知新报》第 73 期封面标注"光绪二十四年十月二十一日"，即公历 1898 年 12 月 4 日。

　　② 设学堂教人管理书藏[J]. 知新报，1898(73)：16 - 18.

　　③ HORTON C S. Library schools[N]. The New York Times，1898 - 04 - 16(Saturday Review of Books and Art. 263). 按：1898 年 4 月 16 日《纽约时报》共有 12 版，其后附载的"图书和艺术星期六评论"则有 16 页(第 249 - 264 页)。

　　④ HORTON C S. Library schools[J]. Scientific American supplement，1898 (1182)：18947 - 18948.

　　⑤ 原文为"属之极有学问人"，明显有误，此处径改之。

院相辅而行。此是天下书藏学堂之鼻祖。其所收学徒,系教以掌管书藏之法。凡受业于此门,即能知古今书籍之源流,并时务要书之旨趣,并知检点书籍之善法。学成后,即可往充各公家书藏管理人,而各家延请管理人亦知从此等人择取。今美国约有书楼五千余所,若每一书楼以熟手者三人掌管,则共需此项人才一万五千名。其陆续增设之新书楼,尚不计及。以故学成者,不忧无职也。凡学生一入该学堂,未久即能料理椅席、点灯、开闭窗户、买办书籍、开列书目之类。又凡有人问取书籍,即能随便检出。又托人钉装书卷,亦知订议廉价,又能令书藏中铺陈井井有条。该学堂自开设十年以后,其经考取之生徒,又分往别埠开设此种学堂。卜碌伦、非路爹化、士卡姑、柯伦恼、罗省忌利,皆有之。纽约书藏学堂初设二年,乃与科伦比亚书院①相辅而行。后因其创设之羊路君②,擢为纽约省大书院之书吏。该书院在柯路班尼,故纽约书藏学堂随迁该埠。学堂内有二十名正额,每学徒各有便当之席位,并有电灯一盏,以资夜学。每人各有书箱,内置各种专门之书,以资稽考。外人莫悉其用,亦不知其益。该学堂之副提调名非亚钗路,妇人也。佐教习,名活允付,未字女子也。此学堂有如律法学堂及医药学堂,所授者概系专门法则。凡入学堂,必须二十岁。先考试一次,须通英文、辣丁文、法文、德文、各国史记、平常学问门径,方许入学。其由书院出身者,更易入取。课程分浅深两期。纽约省人来学者,学费八十圆。外来学者,学费一百圆。入堂时即须缴楚。自后每日生徒须到省书藏供役数点钟久,盖取其亲身经历,能熟习其所学也。其初年所学,即列书单、识书目、检点书籍、订议钉装工价等事。此为浅学课程。其次年所学,即讨论创设书藏之事,并其章程、规条、治理之法。又博知古今将来书藏之沿革,并讲究各门书籍之源流。此为深学课程。学堂内设一讲堂,每日令浅学生二人、深学生一二人到堂演说一次,所演说者系时贤所著论书藏等书。学成考取,分别三等名目。一等最优,须精通各学,出类拔萃,为众所钦仰者,始克副之。计纽约学堂总共考取学成者二百二十五人,西至山付兰思士哥,东至英国。又有此等学堂之生徒二百余人,皆予以文凭,分遣各处掌管书藏。所异者,此等生徒女子居四分之三。细思之,亦不足异。盖此职最宜

①　上文为"科仑比亚大书院",原文如此。
②　上文为"羊路委路钩义君",原文如此。

于女子,因其薪水不甚丰,每年约二百至一千五百圆之数,一千五百圆者亦属寥寥。故男子有此学问,多不愿就此席。惟女子从事此途所得薪水则又较教学师为优,故喜就之也。又凡旧时之掌理书藏人,亦可偷闲赴学堂学习新法一二。该师亦不分畛域,如法教之,但不得同考而出身耳。①

该文所说的"科仑比亚大书院""科伦比亚书院"即哥伦比亚学院(Columbia College),"书藏学堂"即图书馆学校(Library School),"纽约书藏学堂"即纽约州立图书馆学校(New York State Library School),"纽约省大书院"即纽约州立图书馆(New York State Library),"羊路委路钧义君""羊路君"即梅尔维尔·杜威(Melvil Dewey)。显然,该文初步介绍了纽约州立图书馆学校的历史与发展情况。目前所见,这是中国报刊首次译介美国图书馆学教育情况,具有重大的学术史价值②。

---

① 设学堂教人管理书藏[J].知新报,1898(73):16–18.
② 目前所见,李雪梅曾在其所著的《中国近代藏书文化》一书中节录《设学堂教人管理书藏》一文,但系转引自台湾华文书局1968年影印出版的《光绪二十四年中外大事汇记·学术汇》,且未能指出其原始出处。具体参见:李雪梅.中国近代藏书文化[M].北京:现代出版社,1999:47.

1899 年

◎ 韦棣华女士来华

10 月 15 日

韦棣华女士(Mary Elizabeth Wood) 辞职离开理奇蒙德纪念图书馆(Richmond Memorial Library)①,准备前往中国探望在那里传教的幼弟韦德生(Robert Edward Wood)。

11 月 9 日

韦棣华女士从加利福尼亚州旧金山乘坐"中国号"轮船(S. S. China) ,启程前往中国②。

12 月 15 日

韦棣华女士抵达武昌,跟韦德生团聚③。

---

① Mere mentions[N]. The daily news(Batavia, N. Y.) ,1899 – 10 – 03(4).

② Foreign missions[J]. The spirit of missions, 1899, 64(11):584. Miss Wood's safe arrival in China[N]. The daily news(Batavia, N. Y.) ,1900 – 01 – 18(1).

③ Miss Wood's safe arrival in China[N]. The daily news(Batavia, N. Y.) ,1900 – 01 – 18(1).

1900 年

◎韦棣华女士在上海帮助圣约翰书院藏书室整理书籍并建立编目制度

1月1日

韦棣华女士留在武昌文华书院[Boone School,1909 年升格为文华大学(Boone University)]执教,同时成为美国圣公会(the Episcopal Church in the United States of America)的世俗传教士①。

7月2日

受义和团运动影响,韦棣华女士奉命乘船离开武昌,于 7 月 6 日上午抵达上海,随后乘船转赴日本②,7 月 15 日抵达东京③。此后,她留在日本生活了一段时间。

秋冬之际

义和团运动被镇压后,韦棣华女士获准重返中国。不过,她并未直接返回武昌文华书院,而是留在上海的圣约翰书院[St. John's College,后升格为圣约翰大学(St. John's University)]执教一段时间④,并且主动帮助该校藏书室整理书籍及建立编目制度⑤。

---

① Personals[J]. The churchman,1906,94(21):809;Announcements concerning the missionaries[J]. The spirit of missions,1906,71(12):1039.

② Letter from Miss Wood(Written at Shanghai,while on her way to Japan)[N]. The daily news (Batavia,N. Y.),1900 – 08 – 10(1).

③ Report that China will sue for peace[N]. The Brooklyn daily eagle,1900 – 08 – 10(1/2).

④ HOLMES C W. A Genealogy of the lineal descendants of William Wood who settled in Concord,Mass. ,in 1638[M]. Elmira:Advertiser Print,1901:162.

⑤ 周文骏. 图书馆学百科全书[M].北京:中国大百科全书出版社,1993:515 – 516;吴仲强. 中国图书馆学情报学档案学人物大辞典[M].香港:亚太国际出版有限公司,1999:35.

1901 年

◎ 韦棣华女士开始在文华书院筹办图书馆

年初

　　韦棣华女士重回武昌文华书院执教。她发现学生非常需要课外读物,于是写信给在美国的朋友们,请求他们帮忙募集旧书,同时筹集资金购买新书①,以便在文华书院创办一个图书馆②。

---

　　① TSEN A T L. Miss Wood, our beloved teacher[J]. 文华图书科季刊(Boone library school quarterly),1931,3(3):(英文部分)4 − 5.

　　② Appeal for a library in China[N]. The daily news(Batavia, N. Y.),1901 − 06 − 07(1).

1902 年

◎韦棣华女士在文华书院初步创办了一个图书馆

1 月中旬

韦棣华女士收到从美国寄来的一批赠书①。随后,她在文华书院初步创办了一个图书馆,但仅仅占用半间教室,十分简陋②。

---

①　The past and present[N]. The daily news(Batavia,N. Y.),1902 – 08 – 09(5).

②　Boone University. Boone University 1871 – 1921[M]. Wuchang:Boone University,1921:10.

1903 年

◎韦棣华女士加大宣传力度,继续征集图书

春季

文华书院增设大学部,学制三年,属于专科,称为"正馆",原有中学部与补习班则称为"备馆"①。

随着办学层次的提升,文华书院对图书馆的需求更为迫切②。为此,韦棣华女士加大宣传力度,以便从美国征集更多图书③。后来,随着藏书越来越多,最初那半个教室已经不敷使用。于是,韦棣华女士又征用校中的一个八角形亭子来安置藏书,俗称"八角亭图书馆"(Octagon Library ④,或称"八角亭藏书室""八角亭图书室"等)。尽管八角亭图书馆的空间很小,只有"十余平方米"⑤或"不足 20 平方公尺"⑥,但它毕竟已经拥有了专门的独立的藏书与阅览空间,所以被称为"第一个文华图书馆"(the First Boone Library)⑦。

---

①　张安明,刘祖芬.江汉昙华林:华中大学[M].石家庄:河北教育出版社,2003:11;彭敏惠.文华图书馆学专科学校的创建与发展[M].武汉:武汉大学出版社,2015:60.

②④　CHIEO A K M. Boone University:library past,present and future[J]. The Boone review(文华温故集),1920,15(4):(英文部分)327 - 330.

③　WOOD M E. China. Boone School Library,Wuchang[J]. The churchman,1903,87(18):597.

⑤　程焕文.文华精神:中国图书馆精神的家园:纪念文华图专 80 周年暨宗师韦棣华女士和沈祖荣先生[G]//马费成.世代相传的智慧与服务精神:文华图专八十周年纪念文集.北京:北京图书馆出版社,2001:231.

⑥　周洪宇.不朽的文华:从文华公书林到文华图书馆学专科学校[M].武汉:华中师范大学出版社,2013:6.

⑦　The first Boone Library [G]//Boone University. Boone University 1871 - 1921. Wuchang:Boone University,1921:插页.

1904 年

◎《奏定大学堂章程》率先规定图书馆经营官任职资格

1 月 13 日

清政府颁布施行《奏定大学堂章程》,并附《通儒院章程》。《奏定大学堂章程》之"屋场图书器具章"第四节规定:"大学堂当置附属图书馆一所,广罗中外古今各种图书,以资考证。""教员管理员章"第二十节规定:"图书馆经营官,以各分科大学中正教员或副教员兼任,掌大学堂附属图书馆事务,禀承于总监督。"①此处所说的"图书馆经营官"相当于图书馆馆长。目前所见,这是中国政府关于图书馆馆长任职资格的最早规定,但尚未针对图书馆馆长的专业素养提出任何具体要求。

① 奏定大学堂章程(附《通儒院章程》)[G]//璩鑫圭,唐良炎.中国近代教育史资料汇编:学制演变.上海:上海教育出版社,2007:348-397.

1905 年

◎清政府废除科举制,新式教育勃兴

9 月 2 日

光绪帝颁布圣谕,正式废除科举制①。此后,新式教育勃然兴起,从而对中国图书馆事业的发展和图书馆专门人才的培养提出了新的要求。

---

① 袁世凯,赵尔巽,张之洞,等. 会奏立停科举推广学校折暨上谕立停科举以广学校［G］// 璩鑫圭,唐良炎. 中国近代教育史资料汇编:学制演变. 上海:上海教育出版社,2007:537－541.

1906 年

◎韦棣华女士返美,入读普拉特学院图书馆学校

8 月

韦棣华女士返回美国,逗留大约 18 个月之久。

9 月

韦棣华女士作为特别生入读普拉特学院图书馆学校(Pratt Institute Library School,1909 年改称"Pratt Institute School of Library Science"),旨在学习如何使图书馆更加系统化①。

---

① Mission library in Wu Chang to be run on American plan[N]. The Brooklyn daily eagle,1906 – 11 – 25(6).

1907 年

◎韦棣华女士在美国宣传其在中国的办馆计划

1 月 30 日

中午,普拉特学院图书馆学校校友会在纽约举行年度午餐会。韦棣华女士出席,并向与会者介绍其正在文华书院筹建的图书馆,称该馆未来既会作为一个大学图书馆为文华书院学生提供服务,同时也会作为一个公共图书馆为普通百姓提供服务。此后,她结束在普拉特学院图书馆学校的学习任务,利用剩余假期到处宣讲,向听众介绍其办馆计划并征集图书①。

---

① Library schools and training classes[J]. The library journal,1907,32(2):86 – 89.

1908 年

◎韦棣华女士前往中国,继续倡办图书馆

1 月 20 日

韦棣华女士从加利福尼亚州旧金山乘船启程前往中国①。回到文华书院之后,她以"华棣"之名自刊一本题为《文华书院藏书室》的小册子,内含两幅文华书院藏书室设计图(外部正面图和内部平面图)、《藏书室启》、她在美演讲词的中文译文、认捐书,旨在向各界进行宣传及募捐,从而创办一所真正的图书馆。

---

① A library in sight for Wuchang[J]. The spirit of missions,1908,73(1):53.

1909 年

◎《学部官报》开始连载王国维编译的《世界图书馆小史》

4—5 月①

区庆科编纂、奚若校订的《美国游学须知》由商务印书馆出版。该书列举的美国学科中有一个"目录学门"（Bibliography）②，却未见"图书馆学"（Library Science）的踪影。此外，该书简要介绍留美学子应当如何利用图书馆（当时称"藏书楼"或"书楼"），以及如何到高校图书馆半工半读③。

6 月 28 日④

《学部官报》开始连载王国维从《英国百科全书》（Encyclopedia Britannica）编译的《世界图书馆小史》，前后共计 24 期（总第 91、92、110、114—131、133—135 期），1910 年 10 月 31 日载完。该文后又分成两部分连载于《图书馆学季刊》第 9 卷第 3—4 期合刊（1935 年 12 月）与第 10 卷第 2 期（1936 年 6 月），但部分文字有所更易。

---

① 《美国游学须知》的出版时间为宣统元年三月，即 1909 年 4 月 20 日至 5 月 18 日。

② 区庆科. 美国游学须知[M]. 奚若, 校订. 上海:商务印书馆,1909:71.

③ 区庆科. 美国游学须知[M]. 奚若, 校订. 上海:商务印书馆,1909:101,125－127.

④ 《学部官报》总第 91 期的出版时间为宣统元年五月十一日，即公元 1909 年 6 月 28 日。

1910 年

◎《京师图书馆及各省图书馆通行章程》颁布

◎ 文华公书林落成开放

◎ 蔡文森率先提议模仿欧美国家举办图书馆讲习会

◎《四川教育官报》开始连载谢荫昌所译的《图书馆教育》

◎ 王国维编译的《世界图书馆小史》连载完毕

1 月 27 日

清政府学部呈递《奏拟定京师及各省图书馆通行章程折》,内附《京师图书馆及各省图书馆通行章程》。这是中国政府方面制定的第一部图书馆法规,其中第六条规定图书馆负责人(监督、提调、管理)的设置及任命,但并未涉及其任职资格:"图书馆应设监督一员、提调一员。(京师图籍浩繁,得酌量添设,以资助理。)其余各员,量事之繁简,酌量设置。京师图书馆呈由学部核定,各省图书馆呈由提学使司转详督抚核定,各府、厅、州、县治图书馆呈由提学使司核定。(各省治暨各府、厅、州、县治图书馆,事务较简,图籍较少,只设管理一人,或由劝学所总董、学堂监督、堂长兼充。)"①

5 月 16 日

下午,文华公书林(Boone Library,Boone University,简称 Boone Library)举行开放庆典②。"文华公书林"含有"公之于众而非为文华独有"的初衷。虽然在名义上归属文华大学,但它从一开始就既为文华大学师生服

---

① 奏拟定京师及各省图书馆通行章程折[J].学部官报,1910(113):15 – 18.

② MERRINS E M. Boone University Library:a step forward[J]. The spirit of missions,1910,75(8):672 – 677.

务,又向当地民众免费开放,具有明显的公共图书馆属性①。因此,文华公书林被誉为"中国第一座真正意义上的公共图书馆"②。韦棣华女士亲任文华公书林总理(馆长),并力邀刚从文华大学文科毕业③的沈祖荣(字少溪、绍溪或绍期)担任协理(副馆长)④。沈祖荣的图书馆生涯就此开始。他后来为中国图书馆学教育事业做出巨大贡献,被誉为"中国图书馆学教育之父"⑤。

6 月 16 日⑥

《教育杂志》第 2 卷第 5 期登载日本学者服部教一原著、蔡文森翻译的《欧美图书馆之制度》。该文分为"德意志之图书馆""美国图书馆""瑞士苏黎世市图书馆""英国伦敦之小学校图书馆"四节。在第一节"德意志之图书馆"中,服部教一介绍了德国的"图书馆员之资格及养成法",内称:"伯林⑦官立图书馆与大学图书馆十一所之馆员俸薪甚薄,而所需资格至高,非卒业于大学有博士之资格者,不中选。更上则须经高等文官试验第一次试验及第者,或于中学校教员试验及第者,医学须经医士试验及第者。犹各须试用二年,复经图书馆员之试验,合格者方得录为图书馆员。其养成法,别无图书馆学校,惟哥丁宜大学⑧有别科。教授比德曼讲图书馆事,讲图书馆历史,及演习馆中各种事项。将来愿为图书馆员或执业书肆者,则就学焉。门占⑨亦时开图书馆讲习会。"文末附有蔡文森撰写的跋文,内称:"欧美图书馆之制度,我国今日所当仿办者,其在管理一方面,有图书馆讲习会或称研究会,有图书馆会议,有图

---

① 程焕文. 文华精神:中国图书馆精神的家园:纪念文华图专 80 周年暨宗师韦棣华女士和沈祖荣先生[G]//马费成. 世代相传的智慧与服务精神:文华图专八十周年纪念文集. 北京:北京图书馆出版社,2001:233 – 234.

② 吴晞. 图书馆史话[M]. 北京:社会科学文献出版社,2015:83.

③ 私立武昌华中大学. 私立武昌华中大学历届毕业同学录[M]. 武昌:私立武昌华中大学,1935:2.

④ 查启森,赵纪元. 文华公书林纪事本末[J]. 图书情报知识,2008(5):109 – 113.

⑤ 1990—1991 年,程焕文在《图书馆》上分五期发表所撰《一代宗师 千秋彪炳——记中国图书馆学教育之父沈祖荣先生》一文,最早将沈祖荣誉为"中国图书馆学教育之父"。他后来还著有《中国图书馆学教育之父——沈祖荣评传》(台湾学生书局,1997)一书。

⑥ 《教育杂志》第 2 卷第 5 期的出版时间为宣统二年五月初十,即公历 1910 年 6 月 16 日。

⑦ 即 Berlin,现一般译为"柏林"。

⑧ 即哥廷根大学(Georg-August-University of Göttingen)。

⑨ 即 Muenchen,现一般译为"慕尼黑"。

书馆通信所。"①目前所见,这是中国学者首次提议模仿欧美国家举办图书馆讲习会等。

8 月②

《四川教育官报》庚戌第 7 期(总第 75 期)的"附编"部分开始连载日本户野周二郎著的《图书馆教育》。目录题名为《图书馆教育(未完)》,未标注著者与译者姓名;正文题名为《图书馆教育》,署名"日本户野周二郎著",未标注译者姓名。综合其他文献,可以知道该文译者为谢荫昌。该期登载第一章"图书馆之要旨"、第二章"关于图书馆发达之意见",未载完③。

9 月④

《四川教育官报》庚戌第 8 期(总第 76 期)的"附编"部分续载《图书馆教育》。目录题名为《图书馆教育》,未标注著者与译者姓名;正文无题名,亦未标注著者与译者姓名。续上期,第二章未载完⑤。

10 月 31 日

《学部官报》总第 135 期登载王国维编译的《世界图书馆小史》最后一部分。此期述及图书馆馆长及馆员的任职资格问题,内称:"大图书馆之馆长必须受高等教育而又知爱护书籍者。又目录学及图书馆之管理法均不可不知也。至语言、文学及目录学之大概,虽小图书馆长亦不可无此知识。若图书馆之佐理者,则可用图书馆员试验法以取之。"⑥

10 月⑦

《四川教育官报》庚戌第 9 期(总第 77 期)的"附编"部分续载《图书

---

① 服部教一. 欧美图书馆之制度[J]. 蔡文森,译. 教育杂志,1910,2(5):41 – 50.

② 宣统庚戌年(宣统二年),《四川教育官报》共计出版 12 期。各期均未标注出版日期,但可以推测它是农历每月出一期。庚戌第 7 期的出版时间为宣统庚戌年(宣统二年)七月,即公历 1910 年 8 月 5 日—9 月 3 日。

③ 户野周二郎. 图书馆教育(未完)[J]. 谢荫昌,译. 四川教育官报,1910(7):60 – 64.

④ 《四川教育官报》庚戌第 8 期的出版时间为宣统二年八月,即公历 1910 年 9 月 4 日—10 月 2 日。

⑤ 户野周二郎. 图书馆教育[J]. 谢荫昌,译. 四川教育官报,1910(8):61 – 62.

⑥ 王国维. 世界图书馆小史(续)[J]. 学部官报,1910(135):65 – 66.

⑦ 《四川教育官报》庚戌第 9 期的出版时间为宣统二年九月,即公历 1910 年 10 月 3 日—11 月 1 日。

馆教育》。目录题名为《图书馆教育(续)(未完)》,未标注著者与译者姓名;正文无题名,亦未标注著者与译者姓名。续上期,第二章载完。此后,《四川教育官报》未再续刊《图书馆教育》的其他章节①。

11 月②

《图书汇报》第 2 期登载《欧美图书馆谈》,未标注作者姓名。该文介绍欧美图书馆发展概况,其中提到:"美国则全国设图书馆至多。于是图书馆员之特别养成所,亦所在开设,教以书籍分类法、目录编制法,乃至书籍选择法、购书法、修缮法,并少年部之特别整理法,无所不教,约二年毕业。女子卒业中等教育或高等教育者,多为图书馆员。此职遂为美国有教育女子重要职业之一。"③该文所说的"图书馆员之特别养成所"即图书馆学校。

---

① 户野周二郎 . 图书馆教育(续)(未完)[J].谢荫昌,译 . 四川教育官报,1910(9):58 - 64.

② 《图书汇报》第 2 期的出版时间为宣统二年十月,即公历 1910 年 11 月 2 日—12 月 1 日。

③ 欧美图书馆谈[J].图书汇报,1910(2):1 - 4.

1911 年

◎谢荫昌所译的《图书馆教育》正式出版，多处论及图书馆学教育
问题

◎沈祖荣成为美国图书馆协会的第一位中国籍会员

◎李廷翰拟订中国第一个图书馆学课程体系

1 月 15 日①

奉天图书印刷所出版户野周二郎原著、谢荫昌翻译的《图书馆教育》
一书。该书版本页仅标注"译述者　武进谢荫昌"，未标注原作者姓名，
但正文第一章第一页印有"日本户野周二郎著　武进谢荫昌译"字样。
卷首载有谢荫昌自撰的《〈图书馆教育〉绪言》一文，正文分为 18 章，卷
末载有 10 种附录。

在《图书馆教育》第二章"关于图书馆发达之意见"当中，多处论及
图书馆学教育问题。具体如下：

其一，转引"美国苦利勿兰之公立图书馆长布列脱氏"关于在师范学
校中讲授图书馆学的相关论述。此人其实就是 1884—1918 年长期担任
克利夫兰公共图书馆（Cleveland Public Library）馆长一职的美国图书馆
学家威廉·霍华德·布雷特（William Howard Brett）。他指出：

> 若是则昔时之图书馆员，但任用高等中学之卒业生而已。今则
> 位置最低者，固尚稍参用高等中学之卒业生，而究以大学专门学校及
> 图书馆学校之卒业生占多数。且馆员三分之一，必须有专门训练，至
> 少亦大都用夏期讲习会讲毕图书馆管理法者。盖图书馆员之不受专
> 门教育者必不能当图书馆之任务。如以大学卒业之学士，更以对于
> 图书馆经特殊教育之人，以之组织图书馆学校，所靡之经费无几，而

---

①　《图书馆教育》由奉天图书印刷所印行，其印刷时间为宣统二年十二月初一（公历1911
年1月1日），发行时间为宣统二年十二月十五日（公历1911年1月15日）。

图书馆员供给之源泉,可无待他求而自得。世亦何惮而不为乎?①

他还介绍了美国一所师范学校面向高年级学生开设的图书馆学课程,其授课内容包括以下五种:

> 第一,教以关于图书之分类、书架之整备方法。
>
> 第二,授以目录之编制、古文书之用法。
>
> 第三,教以定期刊行物及关于标题之方法。
>
> 第四,教以字书、辞汇、传记、地图等根本上参考书之用法。
>
> 最后,课以关于练习题目之搜索法、图书之选定法等问题。②

其二,转录"公立图书馆杂志之记者阿亨氏之所说"。"阿亨氏"即美国《公共图书馆杂志》(*Public Libraries*)编辑玛丽·艾琳·埃亨(Mary Eileen Ahern,或译为"亚蘅")。她指出:

> 师范学校之生徒,课以手工,不得谓师范学校即实业学校也。课以图书馆学,亦不得谓师范学校即图书馆学校也。然如以师范生徒课以手工为必要,亦可知课以图书馆学之必要矣。
>
> 然造就图书馆员尽其本职之课业,与师范生徒所学图书馆学之课业有异,何则?师范生徒之当学者,非尽属书写斜字、排列论理、目录券片等事务作业也,必须[了]解图书馆之位置、作用、范围及其要旨,以及关于图书使用法之知识、学校图书馆公立图书馆之经济法等,方可。
>
> 为师范生者,又不可不知公立图书馆之历史及其发达,并当使知既尽师范之义务,则彼辅佐社会教育机关之图书馆,即属于吾固有天职之一部,为吾性分运命内所不可缺之要素,则图书教育之精神举矣。
>
> 图书者,人生之器械及妻友也。教儿童以用器械及交朋友之方法,为是之。教员者,即不可不尽有关于图书各方面之知识。浅而言之,如制本之术(即订书术)亦师范学校之手工科中所不可不课。大而言之,如关于某问题某事件某学科之最极蕴奥者,当知其属于何人之意见,记于何种之书籍。是乃教育儿童之师范生所极应研究之事,断不可不授以是等之知识。以是意味言之,则图书馆学之与师范生,实具有密切不可离之关系,彰彰明矣。③

①② 户野周二郎. 图书馆教育[M].谢荫昌,译.奉天:图书发行所,1911:16 − 17.

③ 户野周二郎. 图书馆教育[M].谢荫昌,译.奉天:图书发行所,1911:18 − 19.

其三，转录美国图书馆协会（American Library Association,简称 ALA）制定的师范学校图书馆学课程细目。具体如下：

第一　制本术。纸型文章及缀方等。

第二　以制本法如何而定书之差等，其装制之完美者，对于其书当若何之重要及注意等。

第三　书之购入法。定价表、商品目录等。

第四　书之处置法。捺印、贴签、书囊、书板等。

第五　借书法。借书券、学生用借书券、教师用借书券，及借出上之特权等。

第六　图书馆之诸室。位置、设备、器具等。

第七　师范学校图书馆不可缺之图书目录及特殊之参考图书。

第八　参考用书之要素。字书、百科事汇、报纸、标题，及古文书等。

第九　英文学及美文学。

第十　青年用图书。目录定价，并关于青年用图书之题目及书名等。

第十一　学校图书室。关于教师用图书、生徒用图书之事项，及参考用、阅览用、借出用之使用上方法。

第十二　关于学务公所公立图书馆等及学校用图书室供给图书之事项。

第十三　学校内应设之普通图书馆。其性质使用方法之宜否。

第十四　小学校教员与公立图书馆之关系。

第十五　小学校教员之自由阅览，当与图书馆联合之必要。①

该章最后总结指出：

要之，师范教育之授以图书馆管理法纲要，及师范学校、中学校、女学校、小学校教员开关于图书馆学之讲习会，实于图书馆之经理上为最有益。不但图书馆与学校之联络上可资便利也，并可直接为创立学校图书馆及间接为创立公立图书馆之动机。是乃先进国之经验所获，资我圭臬者也。②

---

① 户野周二郎.图书馆教育［M］.谢荫昌,译.奉天:图书发行所,1911:19－21.

② 户野周二郎.图书馆教育［M］.谢荫昌,译.奉天:图书发行所,1911:21.

1 月①

《奉天教育官报》第 50 期登载《〈图书馆教育〉绪言》，目录与正文均署名"图书科副科长谢荫昌撰"。文末附有一段简短的"译者佐"，内称："沔阳学使治奉，对于图书馆教育有研究导引之责务。爰本沔阳公平时之教诲及三次滞东考察之心得，译述是编，以质有道。并拟书成后呈之学部，吁请于宣统三年春，速颁府厅州县城镇乡中初等图书馆章程，并声明前颁馆章属于参考图书馆之范围，为京师及各省司立高等图书馆所适用；属于中初等教育地点之图书馆，皆当遵另颁之新章办理。如是则图书馆教育之着手易，普及亦易，而译者对于其衾影负疚之职务，亦借以寡过云。"②该文被收入户野周二郎原著、谢荫昌翻译的《图书馆教育》一书，但文末添加"宣统二年仲冬奉天提学司图书科副科长谢荫昌敬识"一句，这说明其写于"宣统二年仲冬"（宣统二年十一月，即公历 1910 年 12 月 2—30 日）。必须指出，虽然《〈图书馆教育〉绪言》注明是谢荫昌自己所撰，但该文前三段其实译自户野周二郎所著《学校及教师与图书馆》（日文原称《學校及教師と圖書館》）之"绪言"部分的前三段。不过，目前未见《奉天教育官报》其他期次，不知该刊是否续载谢荫昌所译《图书馆教育》的其他部分。

5 月

沈祖荣获准加入美国图书馆协会，其会员编号为 5106③。他由此成为美国图书馆协会的第一位中国籍会员④。

10 月 31 日

《教育杂志》第 3 卷第 9 期登载李廷翰（字默非，后以字行）所撰《贫民教育谭·乙编·贫女学校》的第二部分。李廷翰在文中建议贫女学校在"公共科三年毕业后，乃将学生之智识、技能细为分别，各以其性之所近，分为三科"。其中，第一分科"养成各种书记之才"，第二分科"养成各种会计之才"，第三分科"养成善于图画者"。关于第一分科，他指出：

---

① 《奉天教育官报》第 50 期封面标注"宣统二年十二月"，即公历 1911 年 1 月 1—29 日。

② 谢荫昌.《图书馆教育》绪言[J]. 奉天教育官报，1911(50)：49 – 52.

③ Notes and news[J]. Bulletin of the American Library Association，1911，5(3)：46；New members[J]. Bulletin of the American Library Association，1911，5(3)：43 – 44.

④ Notes and news[J]. Bulletin of the American Library Association，1911，5(3)：46.

"女子之脑质较男子为静穆,故各国图书馆、银行、家庭一切书记、簿籍,恒以女子司其职。吾国各省图书馆将一律成立矣,其中司书籍之人才必十分缺乏。若能训练一班女子能胜管理书籍之职,社会必非常欢迎,出路甚广,而于其将来生计上亦非常巩固……此分科毕业之学生已在校受训练五年,以之应管书之选,决可无虞其竭蹶。"他还拟定了"第一分科课程表",包括:"目录学(每周五时),科学分类法(每周九时),图书馆(每周二时),书籍排列法(每周四时),收发书籍应用之文件(每周四时),簿记术(每周五时),习字(每周四时),体操(每周三时),共计每周三十六时。二年毕业。"他进一步说明如下:"第一分科之目的,既如上述。如为图书馆备人才,则目录之学不可不知。故首列目录学一门。研究目录学之书,适用者甚少,只得择一、二种讲旧书目录者以为教材,使将来学生对于旧版书籍不致茫无头绪。其次为科学分类法。分科中讲科学分类法非常困难。因公共科三年之修业,对于普通科学,根底极薄。故第一分科之第一年,须授以各科简要之智识,使稍知科学之门径。第二年乃教以各科学之分类法,使将来布置书籍不致杂乱无序。至于图书馆章程,则第一年授以本国已有之图书馆章程,使得循章参酌,经理一切。第二学年搜集东西各国有名之图书馆章程,译而授之,使为参考之资,其目光庶不致限于一隅,而自有推广进步之作为矣。书籍排列法之作用,则为图书馆初开办时,骤致无数书籍,须一一排列、编号、分类,其事至繁。学生既略知目录学及科学分类法,排列之法亦须胸有成竹。或以书籍之性质分,或以书籍之版式分,或以出版之先后分,要不得不先加研究也。图书馆既开,往来借书还书者,须有收发之种种条件。其收条各项刊定之式,亦须斟酌完善,庶临时填写可迅速而不致费时。其簿记一科,即与此相附而行。收付各书籍之簿册,亦须刊定格式,收入、付出简易而明了,总求眉目清楚,一目了然。小楷则专习行书,备记簿籍之用。盖公共科三年习字之课程,尚不足以应用裕如也。且此分科之学生,不仅为图书馆之用,将来任抄写各事,尤赖字迹整洁。故每周仍课四时。体操一科,各分科皆不废。其理由已说明于前章。"[①]目前所见,这是中国学者拟定的第一个图书馆学课程体系,突显了图书馆学教育的技术性与实用性特征,但未见实际推行。

---

① 李廷翰. 贫民教育谭:乙编 贫女学校(续)[J]. 教育杂志,1911,3(9):23-30.

1912 年

◎ 谢荫昌倡办图书馆教育

10 月 25 日

《通俗教育研究录》第 4 期登载谢荫昌撰写的《图书馆改组系统办法议》。谢荫昌在文末提出五条普及图书馆教育的建议。其中,第一条如下:"各省司立高等图书馆,当设图书馆教育讲习会,令各县之曾习师范、愿充图书馆员者,入馆研习图书馆教育学三月。"第二条如下:"各省师范学校,当仿美国制,一律讲授图书馆学。"①

---

① 谢荫昌.图书馆改组系统办法议[J].通俗教育研究录,1912(4):11-15.

1913 年

◎克乃文来华

◎《大陆报》刊文介绍美国图书馆学教育

1 月 13 日

金陵大学（当时称"金陵大学堂"，英文校名为"University of Nanking"）托事部在纽约召开会议。史比耳（Robert Elliot Speer，或译"斯皮尔"）代表候选人资格审核委员会做报告，称克乃文（William Harry Clemons，早期或称"客丽明""克丽明""克勒文"等）已经正式申请金陵大学的教职，并宣读相关推荐信。经过讨论，金陵大学托事部议决，如果美国圣公会决定派克乃文以正式传教士的身份到金陵大学执教，托事部将予以批准①。

2 月 25 日

金陵大学托事部在纽约召开会议。已经获准赴金陵大学执教的克乃文出席此次会议。他向与会者介绍金陵大学图书馆存在的相关问题，认为可以遵循美国图书馆界的惯常做法，通过交换复本的方式扩充该馆馆藏。此外，通过交换复本及接受私人捐赠，他已经收到 800 册图书，准备运往南京②。

3 月初

克乃文从普林斯顿大学辞职，准备前往金陵大学担任图书馆馆长兼英文教授③。

---

①② Minutes of the board of trustees of the University of Nanking（January 13th,1913）［A］. 耶鲁大学神学图书馆馆藏亚洲基督教高等教育联合董事会档案之金陵大学档案,案卷号:RG011 – 188 – 3316.

③ President's annual report, December 31st, 1913［M］//Princeton University. Annual reports. Princeton,N. J. :Princeton University,1914:20.

3 月 22 日

克乃文从加利福尼亚州旧金山乘坐"真洋丸"轮船（S. S. Shinyo Maru）前往中国。

4 月 15 日

金陵大学托事部在纽约召开会议,宣读克乃文的一封来信,称他已抵达夏威夷檀香山①。

4 月下旬

克乃文抵达上海,随即转赴金陵大学。因为时值期中,金陵大学不便马上进行人事调整,所以克乃文并未立即就任金陵大学图书馆馆长一职,而是协助讲授英文课程。同年 9 月,他开始担任金陵大学英文教授,直至 1920 年②。此外,由于他是以传教士的身份来华,所以他很快就被列入美国圣公会中国差会江南总教区南京教区的传教士名录当中③。

5 月 10 日

《教育杂志》开始连载日本文部省编纂、王懋镕翻译的《图书馆管理法》,共分 6 期(第 5 卷第 2、4、5、8、10、12 期),1914 年 3 月 10 日载完。全文分成 18 章,第 4 章"图书馆之创立"论及图书馆主任的任职资格:"普通谓图书馆之要旨,第一在建筑,第二评选图书,第三采用人物。此实误本末之甚者也。实际创立之初,不妨以寻常屋宇充之,但得适当之人为之主任。先尽目前财力所及采选图籍,迨成效已彰,筹费自易。至其时再谋完全之建筑,未为晚也。由是言之,故以主任得人为第一义。其人资格,第一有高等之普通教育者,第二有图书上之知识者,第三通晓图书馆之执务法者,第四略明教育者,第五富于常识,有执行事务之手腕者。

---

① Minutes of the board of trustees of the University of Nanking(April 15th,1913)[A].耶鲁大学神学图书馆馆藏亚洲基督教高等教育联合董事会档案之金陵大学档案,案卷号:RG011 - 188 - 3316.

② Personnel[J]. College and research libraries,1950,11(4):382 - 386.

③ The board of home missions of the Presbyterian Church in the United States of America. One hundred thirteen annual report of the board of home missions of the Presbyterian church in the United States of America[M]. New York:The board of home missions of the Presbyterian church in the United States of America,1915:109,552.

五者具备,斯可谓之适任。虽在通俗图书馆亦然。"①

5月27日

上海《大陆报》(*The China Press*)第6版刊登弗雷德里克·J.哈斯金(Frederic J. Haskin)撰写的"The Modern Woman:Women Librarians"(《现代女性:女性图书馆员》)。他指出,图书馆运动开辟了一个新职业,在图书馆界工作的受过教育的女性比男性多许多。他首先介绍美国女性进入图书馆界工作的历史及多位较有影响力的女性图书馆员,然后介绍美国图书馆学教育的基本情况:"不同图书馆学校开办的图书馆工作培训之范围大同小异。位于大城市的大多数公共图书馆都设有培训班,这些培训班主要面向那些准备担任低级图书馆职位的学徒。如果想要获得一个较为重要或权责较大的职位,则必须从图书馆学校拿到毕业证书。这些图书馆学校的入学要求不尽一致,但它们正趋向统一。有些学校要求申请者拥有大学学位,有些学校只要求申请者具有高中学历。图书馆学校要求学生在校就读两年,第三年是否在校则是可选择的。大约三分之一时间用于学习编目,三分之一时间用于学习各种分类与流通方法,另外三分之一时间用于学习图书馆管理。第一所图书馆学校由纽约哥伦比亚学院创办于1887年,后来该校迁至阿尔巴尼。现在,那些体系完备的图书馆学校全都附属于高等院校,同时也有几所设在城镇的独立图书馆学校。匹兹堡图书馆学校②几乎专门致力于培养儿童图书馆员。"他随后介绍了在美国图书馆学教育事业中扮演重要角色的几位女性,包括纽约公共图书馆附属图书馆学校(Library School of New York Public Library,有时直接称为"New York Public Library School")校长玛丽·赖特·普拉默(Mary Wright Plummer),普拉特学院图书馆学校的朱莉娅·霍普金斯女士(Miss Julia Hopkins)与约瑟芬·亚当斯·拉思伯恩(Josephine Adams Rathbone),以及亚特兰大卡内基图书馆附属图书馆学校(Library School,Carnegie Library of Atlanta)校长迪莉娅·福勒克·斯尼德(Delia Foreacre Sneed)等人③。

---

① 日本文部省.图书馆管理法(未完)[J].王懋镕,译.教育杂志.1913,5(2):(附录)5 – 12.

② 即匹兹堡卡内基图书馆附属儿童图书馆员培训学校(Training School for Children's Librarians,Carnegie Library of Pittsburgh),该校于1916年并入卡内基理工学院(Carnegie Institute of Technology),改称"卡内基图书馆学校"(Carnegie Library School)。

③ HASKIN F J. The modern woman:women librarians[N].The China press,1913 – 05 – 27(6).

1914 年

◎沈祖荣率先赴美学习图书馆学

◎克乃文担任金陵大学图书馆馆长,积极推进图书馆学生助理培训

8 月 2 日

沈祖荣从上海乘坐"丹波丸"轮船(S. S. Tamba Maru)前往美国[1],8 月 27 日抵达华盛顿州西雅图[2]。随后,他转赴纽约,注册入读纽约公共图书馆附属图书馆学校初级班[3],开启中国人赴美国学习图书馆学的先河。他此次赴美留学系受到韦棣华女士的资助,被划归自费留学[4]。1915 年 12 月至 1916 年 7 月,他还曾获得清华学校提供的庚款奖学金(或称"庚款津贴")[5]。

9 月

克乃文开始担任金陵大学图书馆馆长[6],直到 1927 年夏返回美国。任职期间,他非常注重培养中国籍职员[7]。事实上,从 1911—1912 学年起,金陵大学图书馆每年都聘请若干学生助理到馆兼职。截至 1926 年,这些学生助理中至少有 8 人进入图书馆界工作,包括:洪有丰(字范五,

---

① Washington, Seattle, passenger lists, 1890 – 1957 [EB/OL]. [2018 – 07 – 03]. https://www. familysearch. org/ark:/61903/3:1:33S7 – 95NC-VJK? i = 555&cc = 1916081.

② Washington, Seattle, passenger lists, 1890 – 1957 [EB/OL]. [2018 – 07 – 03]. https://www. familysearch. org/ark:/61903/3:1:33SQ-G5NC-KGF? i = 557&cc = 1916081.

③ New York Public Library. Annual report of the library school for the year ending June 30 ,1915 [M]. New York:New York Public Library,1915:3.

④ 北京清华学校. 游美同学录(民国六年)[M]. 北京:北京清华学校,1917:43.

⑤ 清华学校. 清华一览(1925—1926 年度)[M]. 北京:清华学校,1925:183.

⑥ CLEMONS H. The university library [M]//University of Nanking. Report of the president for the year 1914 to the board of trustees. Shanghai:American Presbyterian Mission Press,1915:23 – 25.

⑦ Personnel [J]. College and research libraries,1950,11(4):382 – 386.

1916 届文科毕业生）、朱家治（字慕庐，1920 届文科毕业生）、李小缘（原名李国栋，1920 届文科毕业生）、刘国钧（字衡如，1920 届文科毕业生）、陈长伟（1923 届文科毕业生）、金闿（1924 届文科毕业生）、沈学植（原名沈学枝，字丹泥，1924 届文科毕业生）、黄绍裘（字仲良，1925 届文科毕业生）[1]。这 8 人均是在克乃文担任馆长期间成长起来的，并且全都得到克乃文的悉心指导。换言之，克乃文在金陵大学图书馆积极推进图书馆学生助理培训，成效显著。不过，当前并无可信史料可以证明克乃文从 1913 年起就在金陵大学文科率先开设图书馆学课程（或称"图书馆课程"）[2]。

---

① University of Nanking Library staff［A］. 耶鲁大学神学图书馆馆藏亚洲基督教高等教育联合董事会档案之金陵大学档案，案卷号：RG011 – 220 – 3722.

② 顾烨青，郑锦怀. 金陵大学 1913 年开设图书馆学课程之疑［J］. 河南科技学院学报，2018（3）：50 – 52.

1915 年

◎ 黄炎培考察美国图书馆学教育

◎《图书馆规程》和《通俗图书馆规程》颁布

6 月 3 日

黄炎培考察"纽约省立大学"①。他后来在日记中提到,纽约州大学区的"大学分部"包括"高等教育部、中等教育部、初等教育部、图书馆部、省立博物院部","大学分科"则有"总务科、义务教育科、校外教育科、试验科、历史科、视学科、法律科、省立图书馆学校科、文牍科、学校图书馆科、统计科、教育影片科、职业学校科、教员退隐料科"②。他所说的"省立图书馆学校科"对口负责纽约州立图书馆学校。

6 月 4 日

黄炎培考察华盛顿·欧文女子商业中学校。他后来在日记中提到,该校分为三年制或两年制职业科与四年制中学科两种,职业科设有图画、制衣、制帽、钉书、速记、打字、图书馆管理法、家庭艺术等专业③。

6 月

沈祖荣获得纽约公共图书馆附属图书馆学校结业证书④。

---

① 即纽约州大学区(The University of the State of New York),时为纽约州最高教育行政机关。

② 黄炎培. 黄炎培考察教育日记:第三集 新大陆之教育(上编)[M].上海:商务印书馆,1917:122 – 123.

③ 黄炎培. 黄炎培考察教育日记:第三集 新大陆之教育(上编)[M].上海:商务印书馆,1917:124 – 125.

④ New York Public Library. Annual report of the library school for the year ending June 30,1915[M]. New York:New York Public Library,1915:24;New York Public Library. Library school of the New York Public Library annual report 1917 – 1918[M]. New York:New York Public Library,1918:27.

暑假

沈祖荣在哥伦比亚大学图书馆（Columbia University Libraries）实习[①]。

8 月 7 日

清华学校派遣留学的 40 名学子从上海乘坐"波斯号"轮船（S. S. Persia）前往美国。朱继圣原本应当乘坐该船赴"卫思康新大学"［即"威斯康星大学"（University of Wisconsin）］学习"图书室管理法"（即图书馆学）[②]。但是，不知何故，他此次并未成行，而是等到 1916 年 9 月才赴美深造。

9 月

沈祖荣注册入读纽约公共图书馆附属图书馆学校高级班[③]，同时注册入读哥伦比亚大学哥伦比亚学院（Columbia College，Columbia University）大学四年级[④]。在校期间，他曾到纽约公共图书馆且林士果广场分馆（Chatham Square Library，the New York Public Library）和哥伦比亚大学东方系（即东方语言系，Department of Oriental Languages）实习[⑤]。

10 月 8 日

商务印书馆出版杨祥麟编著的《实用主义科外教育设施法》。该书第十章"修养教育"第一节"学校图书馆"有四个小节，分别论述"教师图书馆实施上之注意""儿童图书馆实施上之注意""儿童图书馆实施法""图书馆管理法"[⑥]。

---

① New York Public Library. Annual report of the library school for the year ending June 30，1915［M］. New York：New York Public Library，1915：24；PLUMMER M W. New York Public Library［J］. Public Libraries，1916，21（1）：39 - 40.

② 清华学校第六次遣派出洋学生［N］. 申报，1915 - 08 - 01（10）.

③ New York Public Library. Annual report of the library school for the year ending June 30，1916［M］. New York：New York Public Library，1916：4.

④ Register of students［M］//Columbia University. Catalogue 1915 - 1916. New York：Columbia University，1916：325.

⑤ 郑丽芬. 民国时期的图书馆学教育研究［D］. 北京：北京大学，2015：98.

⑥ 杨祥麟. 实用主义科外教育设施法［M］. 上海：商务印书馆，1915：193 - 199.

10 月 23 日

北洋政府教育部颁布《图书馆规程》①和《通俗图书馆规程》②。二者均对图书馆馆长和馆员的职位设置和职务任命等问题做了规定,但并未涉及其任职资格问题。

---

① 图书馆规程[J]. 教育公报,1915,2(8):(法规)1 - 2.
② 通俗图书馆规程[J]. 教育公报,1915,2(8):(法规)2 - 3.

1916 年

◎沈祖荣成为美国图书馆学校的第一位中国籍毕业生

◎朱继圣和徐燮元赴美留学

6 月 7 日

哥伦比亚大学举行毕业典礼①,沈祖荣获颁理学士(Bachelor of Science,或译"理学学士""科学学士"等)学位②。

6 月 9 日

纽约公共图书馆附属图书馆学校举行毕业典礼③,沈祖荣获颁毕业证书⑤。他由此成为第一个从美国图书馆学校拿到毕业证书的中国人。不过,纽约公共图书馆附属图书馆学校没有学位授予权,所以他没能拿到图书馆学学士学位,殊为遗憾。

沈祖荣此次提交的毕业论文题为"Difficult Problems of Librarianship in China"(《中国图书馆事业之难题》)④。该文后改题为"Difficult Problems of the Librarian in China"[《中国图书馆员面临的若干难题》,分两次载于《中国留美学生月报》(*The Chinese Students' Monthly*)第 12 卷第 1 期(1916 年 12 月)和第 3 期(1917 年 1 月)]。此外,他在留美期间还曾公开发表"The Need for Libraries in China"(《中国对图书馆的需求》),该文

① Degrees conferred during 1915 – 1916［M］//Columbia University. Catalogue 1916 – 1917. New York:Columbia University,1917:282.

② Commencement calendar［M］//Columbia University. Catalogue 1916 – 1917. New York:Columbia University,1917:261 – 262.

③④ New York Public Library. Annual report of the library school for the year ending june 30, 1916［M］. New York:New York Public Library,1916:12 – 13.

⑤ New York Public Library. Library school of the New York Public Library annual report 1917 – 1918［M］. New York:New York Public Library,1918:27.

载于 1916 年 1 月《中国留美学生月报》第 11 卷第 3 期)与"Can the American Library System be Adapted to China?"[《美国图书馆体系能否适用于中国?》载于 1916 年 6 月美国《图书馆杂志》(*The Library Journal*)第 41 卷第 6 期]两篇英文文章。

6 月 26 日

美国图书馆协会第三十八届年会在新泽西州阿斯伯里公园城(Asbury Park)开幕,7 月 1 日结束。沈祖荣的名字出现在此届年会的"参会者登记簿"中①。这是中国图书馆学人首次报名参加美国图书馆协会年会。不过,囿于史料,目前无法确定沈祖荣是否真正出席此届年会。

6 月

洪有丰从金陵大学毕业,并被推荐给纽约州大学区评议会审核,最终获颁文学士(Bachelor of Arts,或译"文学学士""文科学士"等)学位。毕业之后,他留校担任图书馆副馆长②。任职期间,他受到克乃文的悉心指导。

8 月初

沈祖荣乘船抵达上海③,随后返回武昌,继续管理文华公书林。

9 月 8 日

朱继圣和徐燮元从上海乘坐"中国号"轮船赴美④,9 月 30 日抵达加利福尼亚州旧金山⑤。朱继圣获得清华学校提供的庚款奖学金,属于公费生。他此次依旧计划赴威斯康星大学攻读"图书馆"专业⑥。

---

① Attendance register[J]. Bulletin of the American Library Association,1916,10(4):559－573.

② University of Nanking. Report of the president for the year 1915－1916 to the board of trustees [M]. Shanghai:the Methodist Publishing House,1916:15－16.

③ 最近欧美回沪学生表[N]. 申报,1916－08－04(11).

④ California,San Francisco,passenger lists,1893－1953[EB/OL].[2018－07－03]. https://www. familysearch. org/ark:/61903/3:1:33SQ-G5G7-S3KS? i＝735&cc＝1916078.

⑤ California,San Francisco,passenger lists,1893－1953[EB/OL].[2018－07－03]. https://www. familysearch. org/ark:/61903/3:1:33SQ-G5G7-S3VH? i＝734&cc＝1916078.

⑥ 赴美留学生注重实业[N]. 申报,1916－09－21(10).

徐燮元则获得上海圣约翰大学的资助①,属于自费生②。

10 月

朱继圣入读威斯康星大学文理学院(College of Letters and Science, University of Wisconsin),学习经济学③。1919 年 6 月 25 日,威斯康星大学举行毕业典礼④,朱继圣获颁文学士学位⑤。目前尚不清楚他是否还到威斯康星大学图书馆学校兼修图书馆学。不过,他曾在 1919 年 3 月《中国留美学生月报》第 14 卷第 5 期发表"Library's Part in China's Regeneration"(《图书馆在中国复兴中的作用》)一文⑥,这表明他当时确实对图书馆学颇有兴趣。

徐燮元以特别生⑦的身份入读纽约公共图书馆附属图书馆学校初级班,只选修课程,但不计学分⑧。入校之后,徐燮元非常努力,学业成绩相当优秀。不过,因为健康状况不佳,他多次缺席相关课程⑨。最后,他不得不中途退学⑩。

———————————

① 卜舫济与中国友人来往书信选译(一)[J]. 档案与史学,1999(4):4 – 11.

② The new students[J]. The Chinese students' monthly,1916,12(1):55 – 57.

③ The University of Wisconsin. Announcements 1920 – 21[M]. Madison,Wis. :The University of Wisconsin,1921:436.

④ The University of Wisconsin. Catalogue 1918 – 19[M]. Madison,Wis. :The University of Wisconsin,1919:7.

⑤ The University of Wisconsin. Catalogue 1919 – 20[M]. Madison,Wis. :The University of Wisconsin,1920:420;Who's who at Wisconsin. Prominent faculty members,alumni,students,and university activities:Vol. I 1916 – 1921[M]. Madison,Wis. :White Spades,1920:95.

⑥ CHU K S. Library's part in China's regeneration[J]. The Chinese students' monthly,1919,14(5):355 – 357.

⑦ New York Public Library. Annual report of the library school for the year ending June 30,1917[M]. New York:New York Public Library,1917:4.

⑧⑨ 郑丽芬. 民国时期的图书馆学教育研究[D]. 北京:北京大学,2015:98 – 99.

⑩ Library School of the New York Public Library. Student register 1911 – 1923[M]. New York:Library School of the New York Public Library,1924:22.

1917 年

◎通俗教育研究会编译并出版《图书馆小识》
◎沈祖荣巡回宣讲图书馆事业①
◎黄炎培倡办图书馆讲习会,但未能实现
◎戴志骞、胡庆生、冯陈祖怡赴美学习图书馆学

1 月

通俗教育研究会编译并出版日本图书馆协会编撰的《图书馆小识》。该书共有 22 章,卷末载有附录"图书分类准绳"。其中,第 5 章"图书馆之职员及职务"论及馆员任职资格与图书馆学教育问题:

> 馆员之资格:经营图书馆,属专门之业,非有特殊知能者不可任用。欧美诸国为作养此等人才,设图书馆学校或开图书馆讲习会。至师范学校,亦添课图书馆学,储养此等专门人才,以备事用。然则馆员之资格岂易言哉。反观我国无此设备,其躬亲斯业者,固能借博经验,习于馆故。至求精其理论,习其事故于馆之外者,不能也。以关系重大之图书馆,而委诸无此等专学者之手,是旦夕苟且,而贻祸百年也,可不慎欤?故拣选馆长,须具有此等之见,且通达实务者,为第一要件。至任用馆员,亦须精通古今,爱重图书,且曾受高等教育而富于常识者。②

① 沈祖荣1917 年巡回宣讲系由中华基督教青年会全国协会协助组织,其主题为"为何我们需要在中国所有城市创办公共图书馆"("Why We Should Have Public Libraries in All Cities in China"),但当时各大中文报刊的说法各有不同。此外,沈祖荣在上海和南京两地共计讲演 10 场,约有 2460 人参加听讲,包括报纸编辑及中小学和大学的校长、教师和学生等,但并非全部 10 场讲演都见载于报刊。具体参见:YUI D Z T. Great educational movement in China[J]. The Chinese students' Christian journal,1917,4(1):33 - 36.

② 通俗教育研究会. 图书馆小识[M]. 北京:通俗教育研究会,1917:29 - 30.

商务印书馆分上、下两编出版《黄炎培考察教育日记:第三集 新大陆之教育》。在上编最后一节"美与我国教育之比较"中,黄炎培据《一九一四年至一九一五年留美中国学生题名录》列表介绍中国留美学生所习专业及人数,其中攻读"图书馆管理法"专业者仅有一人①,当指沈祖荣。他还指出:"即如比来各地盛倡社会教育,设图书馆。苟有人览此表,知美国已有一人留学图书馆管理法,吾知争欲访求而罗致之矣。"②在下编第七章"图书馆"中,黄炎培总结美国加利福尼亚州图书馆事业的五大特点,其中第五点如下:"以图书馆管理法为专门学而研究之也。美国各大学特设专科,复于暑假期间设临时讲习科,以教授图书馆管理法。凡任馆中管理员者,悉有相当之学识与经验,故其方法日新月异。"③他还以"加利福尼亚省河边公立图书馆讲习所"(即 Riverside Library Service School,可译为"河滨图书馆服务学校")为例,介绍美国"图书馆管理法讲习所学科一览"(即图书馆学校课程一览),包括:"图书馆办理方法及其行政,规程,建筑法,图书之选择与审查,图书之分部,图书装订法,图书目录,关于图书馆之技能,参观法,分馆之组织法,使图书馆为社会中心之方法,儿童图书馆,图书馆与学校,其他等等。"④

3月16日

上海圣约翰大学校长卜舫济(Francis Lister Hawks Pott,或称"卜芳济"等)致函清华学校校长周诒春(字寄梅),并随函附上徐燮元从美国寄回中国的一封英文信件。徐燮元在信中请求上海圣约翰大学延长资助期限,为此他同意回国后继续为该校图书馆服务五年。徐燮元还请卜舫济将该信转寄给周诒春,以便向清华学校申请庚款奖学金⑤。

3月21日

周诒春复函卜舫济,称1917—1918年度庚款奖学金评审工作将在

① 黄炎培. 黄炎培考察教育日记:第三集 新大陆之教育(上编)[M].上海:商务印书馆,1917:237.

② 黄炎培. 黄炎培考察教育日记:第三集 新大陆之教育(上编)[M].上海:商务印书馆,1917:239.

③ 黄炎培. 黄炎培考察教育日记:第三集 新大陆之教育(下编)[M].上海:商务印书馆,1917:92.

④ 黄炎培. 黄炎培考察教育日记:第三集 新大陆之教育(下编)[M].上海:商务印书馆,1917:95.

⑤ 卜舫济与中国友人来往书信选译(一)[J].档案与史学,1999(4):4-11.

下个月举行。关于徐燮元申请庚款奖学金一事,他承诺会尽力为之①。1918 年,北京清华学校编印英汉对照版《游美同学录(附刊一)》(*Who's Who of American Returned Students*:*Supplement* 1),内有关于徐燮元的英文和中文介绍②。这表明徐燮元确实曾获清华学校提供的庚款奖学金。

3 月

徐燮元作为纽约公共图书馆附属图书馆学校在校学生加入中国留美学生会美东分会(The Eastern Section of the Chinese Students' Alliance in U. S. A.)③。

4 月初

江苏省教育会致函沈祖荣,请其莅会讲演:"久饮鸿名,亟欲一聆高论,特托余日章君转邀先生惠临敝会,讲演图书馆之办法。荷蒙允许,至深感佩。兹定于五月一日(星期二)下午四时半,召集本会会员暨各县办理图书馆人员,特开讲演会。务请拨冗莅讲,俾资取法。专此奉订,敬颂台安。"④沈祖荣欣然同意,并复函:"顷奉台翰,敬悉壹是,辱承不弃,特招祖荣前来讲演。遵即准于五月一日下午四时半,前来就教。惟讲演时间,不识能否请贵会于一日之间,分前后两次,规定四时半起讲演'图书馆功用',晚七时半起讲演'图书馆办法'。至于仪器,则由弟先时着工人送来。统此布复。敬颂公安。"⑤接到沈祖荣的复函,江苏省教育会当即致函江苏省各县教育会、各会员及中等以上各学校:"本会定于五月一日下午四时二刻,请沈绍期君讲演'图书馆之功用及办法'。沈君毕业于美国哥伦比亚大学后,复以彼国图书馆之设置最为发达,即极小之市乡亦必设置一二所,其办法实为我国所急宜仿效,曾专心研究图书馆学二年;回国后即任湖北文华大学附设公书林图书馆帮办之职,声誉卓著。本会以年来各县正陆续筹办图书馆,特请沈君到会将图书馆之功用及办法详细讲演,用资借镜。届期务请准时惠临,并乞通知贵邑各图书馆推员莅听,至以为盼。专颂

---

① 卜舫济与中国友人来往书信选译(一)[J]. 档案与史学,1999(4):4 – 11.
② 北京清华学校. 游美同学录(附刊一)[M]. 北京:北京清华学校,1918:24 – 25.
③ The new members admitted[J]. The Chinese students' monthly,1917,12(6):327 – 328.
④ 致沈绍期君请讲演图书馆办法书[J]. 江苏省教育会月报,1917(4):(文牍)6.
⑤ 沈绍期君复书[J]. 江苏省教育会月报,1917(4):(文牍)7.

台安。"①

4月27日

下午，上海工业专门学校在该校健身房举行演讲会②，会议由校长唐文治亲自主持，"略谓沈祖荣先生于图书馆最有经验，先生曾在美国游学，考察欧美各国图书馆情形，并携有各国图书馆之照片及各国图书馆之比较表，并演讲图书馆各种模型。今特请先生演讲云云"。随即，沈祖荣登台演讲，"叙述图书馆之功用与教育农工商各界之关系。即出各标本，按图说明，并谓中国图书馆之幼稚，以现在所有之图书馆之数之经费之书籍，比之美德诸国，尚不能及其百一，令人感愧云云"③。沈祖荣主要介绍了创办图书馆的两大关键问题——组织与管理。关于图书馆的组织问题，沈祖荣介绍了通俗图书馆与学校图书馆的机构设置。关于图书馆的管理问题，沈祖荣介绍了图书馆的统系（即组织系统）、部居（即空间分配）、书架、采书、登记、分类、位置（即排架）、书签（即卡片）、借券（即借书证）与装订④。

4月

《南满洲书司会杂志》创刊。此前，南满洲铁道株式会社（简称"满铁"）各地图书馆或阅览场所的馆员相继组织南满洲书司会（相当于研究会）⑤。

5月1日

下午，应江苏省教育会与寰球中国学生会的邀请，沈祖荣在上海西门外江苏省教育会会所讲演"图书馆之功用及办法"（或称"图书馆之功用及设立种种方法"）⑥。听过沈祖荣的讲演之后，黄炎培充分意识到中

---

① 致各县教育会各会员及中等以上各学校书[J].江苏省教育会月报,1917(4):(文牍)7.

② 上海交通大学校史编纂委员会.上海交通大学纪事(1896—2005):上[M].上海:上海交通大学出版社,2006:94;陆阳.唐文治年谱[M].上海:上海三联书店,2013:212 - 213.

③ 南洋公学廿周纪念会纪盛[J].寰球,1917,2(2):(学界要闻)11 - 14.

④ 柴福沅.沈绍期先生图书馆讲演纪要[J].交通部上海工业专门学校学生杂志,1919,3(2):41 - 49.

⑤ 任家乐,刘春玉.20世纪上半叶日本在华图书馆学教育研究:以满铁图书馆业务研究会为据[J].图书馆建设,2018(11):73 - 74.

⑥ 演讲图书馆之功用及办法[N].时报,1917 - 04 - 29(10);图书馆功用办法之演讲会[N].新闻报,1917 - 04 - 30(9).

国对训练有素的图书馆员有着极大的需求,他立即提议在 1917 年夏举办一个为期四周的图书馆讲习会,并邀请沈祖荣届时返回上海主持该图书馆讲习会。令人遗憾的是,当时中国动荡不安,黄炎培的这一建设性计划被迫无限期推迟①。

5 月 2 日

晚上,沈祖荣应邀到上海青年会会所讲演"图书馆之功用",数百人出席。他还使用"电光戏片"(即幻灯片)介绍西方图书馆的发展情况,并加以解释说明②。

5 月 3 日

下午,沈祖荣在上海报界俱乐部讲演图书馆事业,到场听讲的报界俱乐部会员及外界来宾甚多③。

5 月 6 日

沈祖荣在南京花牌楼南京青年会会所讲演图书馆事业。其讲演内容经洪有丰记录成文,以《图书馆问题》为题,连载于《出版界》④。

5 月 21 日

胡庆生向纽约公共图书馆附属图书馆学校寄去入学申请表。圣公会湘鄂教区主教吴德施(Logan Herbert Roots)和文华大学校长翟雅各(James Jackson)分别为他写了一封推荐信。同年 6 月 21 日,纽约公共图书馆附属图书馆学校分别致函吴德施和翟雅各,旨在进一步了解胡庆生的情况⑤。

6 月 6 日

戴志骞(原名戴丙庚,后改名戴超,字志骞,后以字行)填好入学申

---

① SENG S T Y. Present outlook for libraries in China[J]. The Boone review(文华温故集),1920,15(4):(英文部分)357 - 358.

② 乐. 青年会演讲图书馆[N]. 时报,1917 - 05 - 03(9).

③ 报界俱乐部消息[N]. 民国日报,1917 - 05 - 04(9).

④ 沈祖荣. 图书馆问题(未完)[J]. 洪有丰,整理. 出版界,1917(44):7 - 11;沈祖荣. 图书馆问题(一续)[J]. 洪有丰,整理. 出版界,1918(45):11 - 15. 按:目前未见《出版界》第 46、47 期原刊,而第 48 期及以后各期并未续载洪有丰的《图书馆问题》。

⑤ 郑丽芬. 民国时期的图书馆学教育研究[D]. 北京:北京大学,2015:99.

请书,并附上海圣约翰大学校长卜舫济与清华学校校长周诒春各自撰写的英文推荐信,寄往纽约州立图书馆学校。纽约州立图书馆学校于同年 7 月 1 日收到相关文件,7 月 5 日正式同意接收戴志骞入学①。

6 月 8 日

纽约公共图书馆附属图书馆学校举行毕业典礼②。可惜徐燮元此前已经因病中途退学,未能获得结业证书或毕业证书③。同年 8 月④,徐燮元回到中国,继续执掌上海圣约翰大学罗氏图书馆。他不久就染上肺病,中间休养半年,最终难以支撑,被迫于 1918 年 11 月辞职。其后,他赴江西牯岭普仁医院休养四年。其间,他热心公益,曾创办匡庐公学及建筑新普仁医院,为当地民众所称颂。1922 年 11 月底,徐燮元受聘担任南开大学图书馆主任。1923 年 2 月 11 日,他的肺病复发;2 月 17 日,住进法国医院;3 月 10 日凌晨 5 时,在医院中病逝,年仅 32 岁⑤。

7 月 30 日

胡庆生和冯陈祖怡(原名陈祖怡,字振铎⑥,婚后改称"冯陈祖怡")从上海乘坐"西伯利亚丸"轮船(S. S. Siberia Maru,当时译为"西比利亚

---

① New York State Library School Records 1887 - 1967[A]. 哥伦比亚大学珍本与手稿图书馆,案卷号:Series III:1992 Addition,Box 68. 按:哥伦比亚大学珍本与手稿图书馆(Columbia University Rare Book & Manuscript Library)所藏"纽约州立图书馆学校档案(1887—1967)"(New York State Library School Records 1887 - 1967)之戴志骞档案包括戴志骞的入学申请书、卜舫济与周诒春的推荐信、戴志骞在纽约州立图书馆学求学时的成绩单等。在此有必要指出,纽约州立图书馆学校学生档案放在第 55—69 档案盒中。其中,第 67 个档案盒对应"Spafford-Tz",第 68 个档案盒对应"U-Wiggin"。由此来看,戴志骞档案应当放在第 67 个档案盒(Box 67)。但令人奇怪的是,查档单上却明称其档案放在第 68 个档案盒。

② New York Public Library. Library School of the New York Public Library annual report 1917 - 1918[M]. New York:New York Public Library,1918:15.

③ Withdrawn registrants[M]//New York Public Library. Library school of the New York Public Library. Student register 1911 - 1923. New York:New York Public Library,1924:22.

④ 北京清华学校. 游美同学录[M]. 北京:清华学校,1918:24 - 25.

⑤ 徐燮元君小史[M]//上海圣约翰大学. 约翰年刊(民国十二年). 上海:上海圣约翰大学,1923:256.

⑥ 宋景祁,黄警顽,沈文华,等. 中国图书馆界人名录[M]. 上海:上海图书馆协会,1930:11;麦群忠,朱育培. 中国图书馆界名人辞典[M]. 沈阳:沈阳出版社,1991:231.

丸")前往美国①,8 月 24 日抵达加利福尼亚州旧金山②。胡庆生的旅费由韦棣华女士承担,其目的地是纽约公共图书馆附属图书馆学校③。冯陈祖怡则由留美俭学会组织赴美,属于自费性质④,其目的地是加利福尼亚州伯克利的某所学校⑤。

7 月

克乃文向金陵大学当局提交"The University Library Report for 1916 – 1917"[《金陵大学图书馆报告(1916—1917 学年)》],称:"副馆长洪有丰先生以无比的细心、机智和谦逊履行其岗位职责。希望他可以有机会接受进一步的图书馆学训练。一年来,本馆益加迫切需要派人前去接受专业训练,以具备娴熟的中文和外文书籍编目技能。"⑥

8 月 18 日

戴志骞从上海乘坐"委内瑞拉号"轮船(S. S. Venezuela)赴美⑦,9 月 12 日抵达加利福尼亚州旧金山⑧。他计划前往美国纽约州"爱尔办"[即阿尔巴尼(Albany)]攻读"图书馆"专业⑨,亦即入读纽约州立图书馆学校。

值得注意的是,跟戴志骞同船赴美的留学生当中,还有两人计划攻读图书馆学专业,即计划入读"卡尔乃登大学"(Carlton College,一般译为"卡尔顿学院")的公费生童锡祥,以及跟戴志骞一样计划入读纽约州立图书馆学校的自费生黄有书⑩。但是,童锡祥与黄有书后来均未按照计划攻读图书馆学专业,殊为遗憾。

---

① California,San Francisco,passenger lists,1893 – 1953[EB/OL].[2018 – 07 – 04].https://www. familysearch. org/ark:/61903/3:1:33S7 – 95GW-BGW? i = 624&cc = 1916078.

②③⑤ California,San Francisco,passenger lists,1893 – 1953[EB/OL].[2018 – 07 – 04].https://www. familysearch. org/ark:/61903/3:1:33S7 – 95GW-BKF? i = 623&cc = 1916078.

④ 纪欢送留美俭学会第一次出洋诸君[J].寰球,1917,3(3):8.

⑥ Clemons H. The university library report for 1916 – 1917[M]//University of Nanking. Report of the president for the year 1916 – 1917 to the board of trustees. Shanghai:American Presbyterian Mission Press,1917:28 – 30.

⑦ California,San Francisco,passenger Lists,1893 – 1953[EB/OL].[2018 – 07 – 04].https://www. familysearch. org/ark:/61903/3:1:33S7 – 95GC – 4MB? i = 120&cc = 1916078.

⑧ California,San Francisco,passenger Lists,1893 – 1953[EB/OL].[2018 – 07 – 04].https://www. familysearch. org/ark:/61903/3:1:33SQ-G5GC-WYR? i = 119&cc = 1916078.

⑨⑩ 赴美游学放洋志盛[J].寰球,1917,2(3):(第八部分)3 – 6.

9 月

胡庆生入读纽约公共图书馆附属图书馆学校①。

冯陈祖怡,或称"于加州大学图书馆系毕业,获硕士学位"②,或称"抵美后进入加利福尼亚图书馆学校学习"③,但迄今未见第一手档案或其他可信史料记载,故而无法弄清她留美期间的求学情况。

戴志骞直接入读纽约州立图书馆学校高级班④。后来成为戴志骞第二任妻子并在中国图书馆界长期服务的戴罗瑜丽(Julie Rummelhoff)则入读该校初级班⑤。

12 月

沈祖荣所编的《仿杜威书目十类法》(*A System of Classification of Chinese Books Based on Dewey's Classification*)⑥由汉口圣教书局印刷,汉口圣教书局与文华公书林共同发行。沈祖荣在书中将中文新旧图书分成"经部(及类书)""哲学""宗教""社会学""政治""科学""医学""美术""文学""历史"10 个大类。这是中国第一部模仿杜威十进分类法并运用标记符号代表类目的新型分类法⑦,开风气之先,在中国图书馆界产生了不小的影响。

---

① Library School of the New York Public Library. Student register 1911 – 1923[M]. New York:New York Public Library,1924:12.

② 陈燕金. 情系南阳:纪念父亲陈慎吾先生诞辰一百周年[G]//中国人民政治协商会议北京市海淀区委员会文史资料委员会. 海淀文史选编:第 10 辑. 北京:中国人民政治协商会议北京市海淀区委员会,1997:148 – 179.

③ 郑丽芬. 民国时期的图书馆学教育研究[D].北京:北京大学,2015:95.

④ Seniors:class of 1918[J]. University of the State of New York Bulletin,1918(673):8 – 9.

⑤ Juniors:class of 1919[J]. University of the State of New York Bulletin,1918(673):10 – 11.

⑥ 该书卷首载有沈祖荣于 1917 年 10 月撰写的自序,沈祖荣在自序中将该书称为《中国书目十类法序》。

⑦ 李魁彩. 情报与文献工作辞典[M].北京:中国城市经济社会出版社,1990:93.

1918 年

◎ 沈祖荣编就《中国全国图书馆调查表》,建议开办图书教育研究所
◎ 杜定友、马宗荣赴国外留学
◎ 戴志骞成为获得美国图书馆学学士学位的第一个中国人
◎ 顾实编译的《图书馆指南》正式出版
◎ 韦棣华女士二次返美,入读西蒙斯学院图书馆学校

年初

北京高等师范学校选派该校图书馆事务员张之轩(字爽秋)前往日本考察图书馆事业,尤其是图书馆的组织与管理事宜,以谋进步①。张之轩后撰有《北京高师图书馆目录之种类及其利用法》,载于 1923 年 1 月《教育丛刊》第 3 卷第 6 期("图书馆学术研究号")②。

2 月 20 日

《教育公报》第 5 卷第 3 期登载日本图书馆学家植松安撰写的《美国之图书馆》,但并未标注译者姓名。该文分为"序言""美国图书馆之发达""美国图书馆之现在""结论"四节。在第三节"美国图书馆之现在"中,植松安在论述美国图书馆界的"妇人之势力"时指出:"查今日美国图书馆,殆全操于妇人之手。一万图书馆之馆长中,强半属于妇人。养成图书馆员之图书馆学校,师弟亦多属妇女。昔有留学于纽约公共图书馆附属学校者,全班中男生惟一人耳。即今日最占势力之美国图书馆协会会长,亦为妇人,名斯密斯勃拉麻,美国图书馆全体所尊敬渴仰者也。"

---

① 陈宝泉. 北京高等学校报告[M]//全国高等师范学校校长会议. 全国高等师范学校校长会议录. 北平:全国高等师范学校校长会议,1918;35;陈宝泉. 本校提出于全国高师会议之报告[M]//北京高等师范学校. 北京高等师范学校十周纪念录. 北平:北京高等师范学校,1918;34.

② 张之轩. 北京高师图书馆目录之种类及其利用法[J]. 教育丛刊,1923,3(6):6-7.

此处所说的"斯密斯勃拉麻"指1915—1916年担任美国图书馆协会会长的玛丽·赖特·普拉默。在论述"图书馆员养成之机关"时,植松安指出:"日本所办之图书馆,尚属幼稚。其从事于图书馆之馆员,以为苟通文墨,即尽人能为。不知欲期图书馆事业之活用,使发挥无遗蕴,必须立专门教育养成所以造就之,犹养成教员之需师范学校也。且日本图书馆,于用人问题,亦颇感困难。例如有大学毕业生,为某图书馆所任用,至少须学习半年,然后能襄理馆务。其他学校毕业生亦复如是。故图书馆中,宜设特别之养成所。美国早见及此。推其实行精神,设立图书馆学校,岁必招募学生,教授实务与理论,以多数毕业生,供给各地图书馆之需用。兹举其重要者以资参考,且为专门研究图书馆者渡美就学之方针。"随后,他根据"西历一九一四年之调查"①简要介绍美国14所主要的图书馆学校,然后指出:"以上图书馆学校,都十有四所,即美国今日养成图书馆员之所也。每岁毕业生至多。而美国教育,在正课外,恒有各种讲演或夏期讲习会等,能以至短时期,教授至要功课。外国人愿学习图书馆事项者,苟无碍于事,亦得受特别待遇。或许其自由选择讲义,或听其改变实习时间,务期与以方便,使人容易学其图书馆实务。入此种学校毕业归国者,金谓此种学校,咸欢迎留学生,其亲切及同情之教导,能令修学者自由而感愉快云。"他还指出:"日本近时,尚无养成图书馆员之机关。似就学于美,亦为当今急务。此著者不厌烦琐,而乐为读者道也。世人有热心图书馆,欲知其详细事实者,可一读其图书馆年鉴,或移译之,则内容更为详备。苟广为付梓,使各学校遍读之,尤为有益之事也。"②

3月

沈祖荣编就《中国全国图书馆调查表》,后载于1918年8月20日《教育杂志》第10卷第8期,署名"沈绍期"。沈祖荣在引言中介绍他制定该调查表的宗旨,并建议开办一种"图书教育研究所",以培养图书馆

---

① 所谓的"西历一九一四年之调查"当指美国图书馆学家玛丽·埃斯特·罗宾斯(Mary Esther Robbins)于1914年向美国图书馆协会图书馆培训委员会提交的一份美国图书馆学校调查报告(英文称 *Inspection of Library Training Schools*,1914;*Report to the ALA Committee on Library Training*)。不过,该报告仅重点介绍了8所图书馆学校。具体参见:SEAVEY C A. Inspection of library training schools,1914:the missing Robbins report[J]. University of Illinois Graduate School of Library and Information Science occasional papers,1989(186):1-67.

② 植松安. 美国之图书馆[J]. 教育公报,1918,5(3):(译述)1-19.

专门人才。他指出:"一以调查各省之办法,列为总表,俾阅者取长弃短,以为改良之借鉴。一以全国图书馆逐年调查表互相比较,以觇将来之陈绩。且更欲借调查表与各省馆长为声气之应求,互相联络。遇有改良办法,随时函告。或择适中地点,共同开会,商筹统一之法;或商办图书教育研究所,培植图书人才,以备异日之应用。"①

4 月 2 日

金陵大学校长包文(Arthur John Bowen)致函文怀恩(John Elias William),内称:"关于洪有丰前往美国及到阿尔巴尼纽约州立图书馆学校就读一事,我不确定你要怎么做。不过,如果你在那里的话,你最好看看能够做些什么,才能在经济方面为他提供帮助。"②

5 月 30 日

杜定友从上海乘坐"哥伦比亚号"轮船(S. S. Columbia)前往菲律宾,于 6 月初抵达马尼拉③。当时,菲律宾大学仍然处在暑假期间,于是他便先行联系菲律宾科学局(The Bureau of Science,Philippine Islands)图书馆馆长兼菲律宾大学图书馆学系代理系主任包玛丽(Marry Polk)④。包玛丽对他表示欢迎,同意让他先到菲律宾科学局图书馆实习,并且热心地指导他办理入学手续及确定选课计划⑤。

5 月

上海工业专门学校校长唐文治(字颖侯,号蔚芝、茹经)与杜定友签订合同,派杜定友赴菲律宾大学(University of the Philippines)学习图书馆学⑥。

马宗荣(字继华)参加贵州省财政厅举办的招考留日学习矿业生考试,最终名列第二名⑦。同年 12 月,马宗荣等 8 名贵州留日学习矿业生

① 沈绍期. 中国全国图书馆调查表[J]. 教育杂志,1918,10(8):37 - 45.

② A Letter from A. J. Bowen to Dr. J. E. Williams, April 2,1918[A]. 耶鲁大学神学图书馆馆藏亚洲基督教高等教育联合董事会档案之金陵大学档案,案卷号:RG011 - 205 - 3503.

③⑥ 程焕文. 序[M]//杜定友. 杜定友文集:第 1 册. 广州:广东教育出版社,2012:3.

④ 郑锦怀. 杜定友留学菲律宾时期史料考辨[J]. 大学图书馆学报,2018(3):119 - 128.

⑤ 杜定友. 百城生活(三)[J]. 佟德山,整理. 图书馆园地,1987(3):14 - 30.

⑦ 马宗荣. 四十八年回忆录(五)[N]. 中央日报(贵阳版),1944 - 02 - 18(4).

从贵阳出发，从上海乘坐日本"八幡丸"轮船前往日本神户，再转乘火车，于 1919 年 2 月抵达东京①。留日期间，马宗荣先后就读于日华学院、东亚高等预备学校、研数学馆等三所留学生预备学校以及日本第一高等学校中国留学生特设预科之理科预科，日本第八高等学校理科，东京帝国大学文学部教育学科，东京帝国大学大学院，并且逐渐跟社会教育与图书馆学结缘。

6 月 7 日

上午，纽约公共图书馆附属图书馆学校举行毕业典礼。"由于入学语言条件未被取消，而在这些条件保持不变的情况下，课程的某些部分无法完成"，胡庆生没能修完某些必修课程，未能如期获得结业证书②。

6 月 14 日

纽约州立图书馆学校举行毕业典礼，共有 10 名 1918 届毕业生获颁图书馆学学士学位。不过，虽然同为 1918 届毕业生，戴志骞却未在此次毕业典礼上获颁图书馆学学士学位③。

6 月 16 日

韦棣华女士致函美国圣公会约翰·W. 伍德主教（Bishop John W. Wood），称为了推进其在中国创办一所图书馆学校计划的实施，她决定再次返美，到西蒙斯学院（Simmons College）接受为期一年的图书馆学教育，以便在学术上做好准备④。

7 月 1 日

菲律宾大学全校正式开学⑤。经包玛丽指导，杜定友决定"以文科为

---

① 马宗荣. 四十八年回忆录（六）[N]. 中央日报（贵阳版），1944 - 02 - 23（4）.

② Library School of the New York Public Library. Annual report 1917 - 1918［M］. New York：Library School of the New York Public Library，1918：10 - 11.

③ Degrees and commencement［J］. University of the State of New York Bulletin，1918（673）：11.

④ WINKELMAN J H. Mary Elizabeth Wood（1861 - 1931）：American missionary-librarian to modern China［J］. Journal of library and information science，1982，8（1）：62 - 76. 按：韦棣华女士致约翰·W. 伍德主教的这封英文信件现藏于美国圣公会档案馆（The Archives of the Episcopal Church）。

⑤ The University of the Philippines. Catalogue 1917 - 1918，announcements 1918 - 1919（The University of the Philippines Bulletin No. 8）［M］. Manila：Bureau of Printing，1918：8 - 9.

基础,图书馆学为主要,教育学为次要","欲以教育为入手办法,故后期功课,双方并重。在图书馆学系方面,以教育为辅系;在教育学系方面以图书馆学为辅系"①。

7 月 31 日②

戴志骞正式获颁图书馆学学士学位③。他由此成为纽约州立图书馆学校的第一位中国籍毕业生,同时也是在美国拿到图书馆学学士学位的第一个中国人。

7 月

医学书局出版顾实编译的《图书馆指南》④,该书以日本图书馆协会编撰的《图书馆小识》为底本。不过,《图书馆小识》原有 22 章,顾实则在《图书馆指南》首尾各增一章(第 1 章"图书馆之由来"和第 24 章"今后图书之希望"),共计 24 章。顾实还在各章插入若干"参考"或"备考",介绍欧美图书馆界的相关情况等。其中,第 5 章"图书馆之职员及其职务"述及图书馆学教育问题:

> 图书馆员之资格:图书馆之业务,实属一种专门事业。其经营管理,常要特殊之知识及技能。故欧美诸国或设图书馆学校,或开图书馆讲习会,或在师范学校课生徒以图书馆学,务以种种方法,养成关于图书馆之专门的知识。所以非有此专门的素养者,无为图书馆员之资格矣。⑤

9 月 12 日

某人从美国致函克乃文,称:"返程路上,我在阿尔巴尼停留下来,再

---

① 杜定友. 百城生活(三)[J]. 佟德山,整理. 图书馆园地,1987(3):14 – 30.

② New York State Library School Records 1887 – 1967[A]. 哥伦比亚大学珍本与手稿图书馆,案卷号:Series III:1992 Addition,Box 68. 按:哥伦比亚大学珍本与手稿图书馆所藏"纽约州立图书馆学校档案(1887—1967)"之戴志骞档案含有一份戴志骞在纽约州立图书馆学校求学时的成绩单。在这份成绩单上面,印刷体"B. L. S. degree"(图书馆学学士学位)之后手写标注"31 July'18"(1918 年 7 月 31 日)。这应当就是戴志骞获颁学位的实际日期。

③ Degrees and commencement[J]. University of the State of New York bulletin,1918(673):11.

④ 《图书馆指南》的版权页明确标注"中华民国七年七月出版",但该书卷首所载《顾侗生〈图书馆指南〉序》文末的落款却是"民国七年十月宜黄符鼎升谨序",颇显怪异。此处暂以"中华民国七年七月"(1918 年 7 月)作为其出版时间。

⑤ 顾实. 图书馆指南[M]. 上海:医学书局,1918:22.

次提出洪有丰先生入读纽约州立图书馆学校的问题。纽约州大学区董事会副主席唐宁博士（Dr. Downing）向我保证，他们很乐意让洪先生入读该校；他们将免除全部学费，并且将很高兴地看到他在该校深受欢迎。这样一来就只剩下旅费及其他费用需要解决了；我将看看自己对此可以做些什么。如果当时芬莱博士（Dr. Finlay）在那里的话，我会向他寻求帮助，不过他正在巴基斯坦参加红十字工作。我随信附上该校一览，单独成册。"①此信系用打字机打印而成，并无落款。但从其内容来看，写信者当是文怀恩。

9 月

胡庆生升入纽约公共图书馆附属图书馆学校高级班。与此同时，他还在哥伦比亚大学师范学院（Teachers College, Columbia University, 或译"哥伦比亚大学教育学院""哥伦比亚大学教育科"等）攻读硕士学位，其研究方向是教育心理学②。

韦棣华女士以特别生的身份进入西蒙斯学院英语系、历史系与图书馆学校学习③。在校期间，她曾在西蒙斯学院图书馆学校开过专门讲座④。

10 月

戴志骞开始到纽约州亚普汉克的厄普顿军营图书馆（Camp Upton Library）参加美国图书馆协会组织的图书馆战时服务，1919 年 6 月结束⑤。

12 月

《留美学生季报》（*The Chinese Students' Quarterly*）第 5 卷第 4 期登载

---

① A Letter to Mr. Harry Clemons, September 12th, 1918［A］. 耶鲁大学神学图书馆馆藏亚洲基督教高等教育联合董事会档案之金陵大学档案，案卷号：RG011 - 212 - 3595.

② Register of students［M］//Columbia University. Catalogue 1918 - 1919. New York：Columbia University, 1919：394.

③ Among the alumnae［J］. The Simmons College review, 1921, 3（4）：171.

④ Simmons College. Report of the president 1919［M］. Boston：Simmons College, 1920：9.

⑤ New York State Library School. New York State Library School register, 1887 - 1926［M］. New York：New York State Library Schools Association, Inc., 1928：138；New York State Library School. New York State Library School register, 1887 - 1926［M］. James I. Wyer Memorial Edition. New York：New York State Library Schools Association, Inc., 1959：121.

戴志骞撰写的《论美国图书馆》。戴志骞在文中介绍美国图书馆事业的发展概况,然后指出:"然而图书馆如此之多,藏书如此之富,则须有人理其事,是则图书管理学校之设尚矣。在一八八七年,纽约省大学列图书管理科为大学院之一专门科。在此三十一年内,全国设立专门图书管理学学校十四处,欧洲诸邦均逐年遣有阅历有心得之图书管理员到美国专门图书管理学学校留学矣。故各国之图书馆管理,均取法于美国。"①

冬季

韦棣华女士请假前往纽约、波士顿、匹兹堡与克利夫兰等地的图书馆学校参观和考察②,并曾在西储大学图书馆学校讲演"Boone University Library"("文华大学图书馆")③。

———————

① 戴志骞. 论美国图书馆[J]. 留美学生季报,1918,5(4):121 - 129.

② Large audience heard Miss Wood[N]. The times(Batavia) ,1919 - 05 - 17(2).

③ The Library School of Western Reserve University. Catalogue 1919 - 1920[M]. Cleveland:The Western Reserve University Press,1920:7.

1919 年

◎ 欧美教育考察团考察纽约州立图书馆和纽约州立图书馆学校
◎ 无锡县公立图书馆率先制定练习生管理规章
◎ 洪有丰、焦芳泽、杨立诚赴国外留学
◎ 金陵大学开始筹划开办图书馆学教育
◎ 李大钊倡办图书馆学教育
◎ 文华大学筹办图书馆(学)专科

1 月

无锡县公立图书馆(后一般称为"无锡县立图书馆")第一次修正公布《无锡县公立图书馆章程》,共计 7 章 14 节。其中,第 10 节规定经董、主任与馆员的职责,并且提出招收练习生:"各馆员除专任职务之外,得兼任本馆他项职务,并得招收练习生若干人,由主任商承经董随时分配之。"①

2 月 28 日

欧美教育考察团成员陈宝泉(字筱庄)、金曾澄(字湘帆)、刘文辂、任诚(字孟闲)、水梓、谈锡恩(字君讷)、王天柱、杨若堃(字伯钦)、袁希涛(又名鹤龄,字观澜,后以字行)、邹樾、章钦亮 11 人赴"纽约省立图书馆"(即纽约州立图书馆)和"纽约省立图书馆附设图书馆学校"(即纽约州立图书馆学校)考察。关于纽约州立图书馆学校,其考察报告指出:

附设图书馆学校:开办三十余年,毕业八百余人。此馆专训练图书人才,所存图书共五十万卷,研究图书馆之图书计一万四千卷。又一室案上陈列新出书多册,每周一换,以备阅览。中国学生亦有二

---

① 无锡县公立图书馆章程(民国七年一月第一次修正)[J]. 无锡县教育会年刊,1918(1):(无锡社会教育现行章程及规则)8 – 12.

人。本校毕业生关于图书馆之著作陈列于一架上。凡在大学毕业者方可入校研究,二年毕业。现有本科学生五十人,夏期班三十人。本科学生每年三月内出外练习一个月。斯校之组织校长一人、副校长一人、教员九人,每年特请专家数十人来校讲演。斯校为美国全国首创之图书学校,亦为程度最高之图书学校。其他各省图书学校兼有本科及夏期班者惟伊里偌、维斯康辛及加尼福利亚三省有之。加省有二校,一属加省大学,一属加省图书馆。印第安纳、爱俄瓦、密西根、明奈梭他、密梭里、纽旧奢潘、锡凡里亚、谈乃细等八省皆设六周之夏期班,所以训练图书人员之不克入二年本科者也。[①]

3 月 28 日

纽约卡内基基金会(Carnegie Corporation of New York)董事会通过决议,邀请纽约公共图书馆经济学和社会学部主任查尔斯·克拉伦斯·威廉姆森(Charles Clarence Williamson)对美国图书馆学教育的历史与现状进行调查,同时组织顾问委员会协助调查及审核报告[②]。该调查报告直到 1923 年才正式出版,书名为 *Training for Library Service*(《图书馆服务培训》),俗称 *The Williamson Reports*(《威廉姆森报告》),对美国图书馆学教育事业的后续发展产生了巨大影响。

3 月

无锡县公立图书馆第二次修正公布《无锡县公立图书馆章程》。该章程依旧包括 7 章 14 节,其中第 10 节仍然规定经董、主任与馆员的职责,提出招收练习生[③]。为此,该馆专门制定了《练习生暂行规程》[④],后又改称《练习生暂行规则》[⑤],但内容不变。目前所见,这是中国图书馆

① 刘文铎,王天柱,章钦亮,等. 八年欧美考察教育团报告:美洲之部[M].上海:商务印书馆,1920:(第九章)6 - 9.

② PRITCHETT H S. Foreword[M]//WILLIAMSON C C. Training for library service. New York:The Carnegie Corporation,1923:V.

③ 无锡县公立图书馆章程(民国八年三月第二次修正)[M]//无锡县立图书馆. 无锡县立图书馆汇刊. 无锡:无锡县立图书馆,1920:(本馆规程)21 - 24.

④ 练习生暂行规程[M]//无锡县立图书馆. 无锡县立图书馆汇刊. 无锡:无锡县立图书馆,1920:(本馆规程)30 - 32.

⑤ 无锡县立图书馆. 无锡县立图书馆历年概况[M]. 无锡:无锡县立图书馆,1928:62 - 64.

界制定的关于练习生职责及管理的第一种专门规章。

4月初

洪有丰计划自费赴美留学，并经由江苏省教育厅[①]呈请北洋政府教育部备案[②]。

4月1日

金陵大学校长包文致函文怀恩，内称："如你所知，一段时间以来，克乃文先生和我们一直在安排洪有丰先生前往美国，到阿尔巴尼纽约州立图书馆学校攻读图书馆课程。过去，大战持续进行，美国形势动荡，所以我们认为他最好不要前往美国。但我们现在正计划让他于今年夏天启程。该校副校长 F. K. 沃尔特先生已经同意给他一笔学费助学金。如果你有空去阿尔巴尼的话，我希望能够劳烦你去拜访一下该校教务长 E. M. 桑德森先生或者副校长 F. K. 沃尔特先生，然后看看可以为其食宿做好哪些明确的安排。当然，他将会为这些支付费用，但如果你能够为他找到一个令人满意而又尽可能便宜的地方，那将是一件好事情。他可能会跟其他清华学生一起去。我想，今年夏天，我们将有十几个学生前往美国……"[③]克乃文后来在1918—1919学年金陵大学图书馆的工作报告中也指出："纽约州大学区评议会已经投票同意减免洪有丰先生到阿尔巴尼纽约州立图书馆学校就读所需的学费，所以洪先生今年秋季将有机会前往美国攻读图书馆学。他计划学习西方图书馆方法，然后对其进行改造，以使其适应中国图书馆的实际情况。纽约州立图书馆学校当局表示，通过跟教育推广部（Educational Extension Division）进行合作，该校将能够为洪先生提供完全适合中国国情的实习工作。"[④]

4月9日

下午，沈祖荣在南昌的江西青年会会所举行了一场不对外开放的讲

---

① 民国时期，"某省教育厅"的正式称呼为"某省政府教育厅"，但二者时常混用。为行文便利起见，下文除非直接引用，否则一律使用"某省教育厅"。

② 南京快信［N］.申报，1919－04－15（7）.

③ A Letter from A. J. Bowen to Dr. J. E. Williams, April 1, 1919［A］. 耶鲁大学神学图书馆馆藏亚洲基督教高等教育联合董事会档案之金陵大学档案，案卷号：RG011－205－3505.

④ CLEMONS H. Report for the University Library［M］//University of Nanking. Report of the president for the year 1918－1919. Shanghai：American Presbyterian Mission Press，1919：76－78.

演,江西省教育厅厅长许寿裳等人出席。他们对沈祖荣的讲演内容表示赞同,并承诺将尽一切可能去发展图书馆事业①。

晚上,沈祖荣继续在江西青年会会所举行一场公开讲演,向听众介绍文华公书林开办巡回文库等相关情况,并且播放美国图书馆协会提供的介绍美国图书馆界概况的一整套幻灯片。这是他在南昌举行的系列公开讲演之肇始。其后,他又赴南昌的多所公立学校与教育机关发表讲演,包括江西省立第一中学、江西省立第二中学、心远中学、江西省立师范学校、江西省立第一女子师范学校、江西教育会等。此外,他还应南昌私立豫章中学与葆灵女子中学的联合邀请,在葆灵女子中学大礼堂发表特别讲演②。

6 月 4 日

哥伦比亚大学举行毕业典礼③,胡庆生获颁文学硕士学位(教育与实用文科专业)④。

6 月 6 日

纽约公共图书馆附属图书馆学校举行毕业典礼,胡庆生同时获颁结业证书与毕业证书⑤。毕业之后,胡庆生和韦棣华女士一同返回中国⑥。如此一来,文华大学拥有三位在美国接受过图书馆学专业教育的教职员(即韦棣华女士、沈祖荣与胡庆生),基本具备了在校内创办一个图书馆学科系所需的师资力量⑦。

---

①② China Press Correspondent. Library possibilities described in lecture:Boone University man tells of work being done in West China[N]. The China press,1919 – 04 – 16(4).

③ Commencement calendar[M]//Columbia University. Catalogue 1919 – 1920[M]. New York:Columbia University,1920:287.

④ Degrees conferred during 1918 – 1919[M]//Columbia University. Catalogue 1919 – 1920[M]. New York:Columbia University,1920:283.

⑤ Commencement[J]. Library school notes,1919,6(2):1 – 2.

⑥ 程焕文. 文华精神:中国图书馆精神的家园:纪念文华图专 80 周年暨宗师韦棣华女士和沈祖荣先生[G]//马费成. 世代相传的智慧与服务精神:文华图专八十周年纪念文集. 北京:北京图书馆出版社,2001:234.

⑦ HWANG W. The first library school in China[J]. The Boone review(文华温故集),1920,15(4):(英文部分)363 – 365.

6 月 13 日

纽约州立图书馆学校举行毕业典礼①,戴罗瑜丽获颁图书馆学学士学位②。

6 月 23 日

美国图书馆协会第四十一届年会在美国新泽西州阿斯伯里公园城开幕,6 月 27 日闭幕。戴志骞参加了此届年会③,并且协助美国图书馆协会展示美国图书馆战时服务成果④。

夏季

冯陈祖怡返回中国。回国后,她一直在图书馆界工作。1919 年 9 月,她受聘为南开中学图书馆主任;1920 年春,改任北京高等师范学校图书馆副主任,12 月升任该馆主任,直至 1928 年。此后,她长期担任中法大学图书馆副主任、主任,其间还曾兼任上海中国国际图书馆主任。新中国成立以后,她担任北京工业学院(今北京理工大学)图书馆主任,1960 年退休。1975 年她在北京逝世,终年 80 周岁⑤。

8 月 9 日

黄炎培在赴法美留学生送别会上代表江苏省教育会和中华职业教育社发表讲话,建议留学生"分科宜细,择类宜专",同时指出中国教育界存在以下问题:"就教育界言之,幼稚园需保姆,而专学保姆者甚少;图书馆需管理员,而专学图书馆管理法者寥寥。"⑥

---

① Degrees and commencement[J]. University of the state of New York bulletin,1919(700):11.

② New York State Library School Association. New York State Library School register 1887 – 1926[M]. New York:New York State Library School Association,1928:143.

③ Attendance register[J]. Bulletin of the American Library Association,1918,13(3):414 – 426.

④ KAISER J B. Introduction[M]//TAI T C. Professional education for librarianship. New York:The H. W. Wilson Company,1925:6.

⑤ 陈燕金. 情系南阳:纪念父亲陈慎吾先生诞辰一百周年[G]//中国人民政治协商会议北京市海淀区委员会文史资料委员会. 海淀文史选编:第 10 辑. 北京:中国人民政治协商会议北京市海淀区委员会,1997:148 – 179.

⑥ 黄炎培. 八年八月九日赴法美留学生送别会演说词[J]. 教育与职业,1919(5):1 – 2.

8 月 22 日

洪有丰从上海乘坐"南京号"轮船(S. S. Nanking)赴美[1],9 月 20 日抵达加利福尼亚州旧金山[2]。随后,他转赴纽约,入读纽约州立图书馆学校。

9 月 18 日

金陵大学校长包文致函文怀恩,内称:"如你所知,洪有丰已经前往美国,到阿尔巴尼纽约州立图书馆学校就读。当他学成归来,我们将资送另外一人前去学习。到时,有了克乃文先生及我们资送赴美留学的两三个人,我们就能开始为其他学校培训一些图书馆员,同时也可以为我们自己的图书馆工作培训一些人才。"[3]可见,金陵大学很早就开始筹划开办图书馆学教育。

11 月 8 日

焦芳泽(字德浦[4]、德甫[5])从上海乘坐"南京号"轮船前往美国[6],11 月 30 日抵达加利福尼亚州旧金山[7]。她属于自费生[8],其目的地是加利福尼亚州伯克利[9],因为其丈夫董登山当时就读于加利福尼亚大学伯克利分校[10]。

11 月

《留美青年》(*The Chinese Students' Christian Journal*)第 6 卷第 2 期登

---

① California, San Francisco, passenger lists, 1893 – 1953 [EB/OL]. [2018 – 07 – 04]. https://www. familysearch. org/ark:/61903/3:1:33SQ-G5G3-Y42? i =50&cc = 1916078.

② California, San Francisco, passenger lists, 1893 – 1953 [EB/OL]. [2018 – 07 – 04]. https://www. familysearch. org/ark:/61903/3:1:33S7 – 95G3-YLG? i =49&cc = 1916078.

③ A Letter from A. J. Bowen to Dr. J. E. Williams, September 18,1919[A]. 耶鲁大学神学图书馆馆藏亚洲基督教高等教育联合董事会档案之金陵大学档案,案卷号:RG011 – 205 – 3507.

④ 中华图书馆协会执行委员会. 中华图书馆协会第二次年会报告[R]. 北平:中华图书馆协会事务所,1933:108.

⑤ 丁天顺,许冰. 山西近现代人物辞典[M]. 太原:山西古籍出版社,1999:632.

⑥⑨ California, San Francisco, passenger lists,1893 – 1953[EB/OL]. [2021 – 03 – 17]. https://www. familysearch. org/ark:/61903/3:1:33SQ-G5GD – 491? i =231&cc = 1916078.

⑦⑩ California, San Francisco, passenger lists,1893 – 1953[EB/OL]. [2021 – 03 – 17]. https://www. familysearch. org/ark:/61903/3:1:33SQ-G5GD – 491? i =232&cc = 1916078.

⑧ 南京号之赴美学生[N]. 民国日报,1919 – 11 – 10(11).

载戴志骞撰写的"The Immediate Need of Librarian in China"(《中国急需图书馆员》)。戴志骞在文中提出五种推动中国图书馆事业发展的可行方法,其中第四种如下:"支持创建图书馆协会。其主要职责是编纂图书馆管理与经营方面的小册子,如介绍如何管理高校图书馆、参考图书馆、公共图书馆、儿童图书馆等。它也可以提供图书馆学及图书馆培训方面的暑期课程,以培养训练有素的图书馆员。"①

12月13日

北京高等师范学校图书馆举行成立"二周年纪念会"。李大钊(字守常)应邀出席并发表讲演,周予同(署名"予同")记录,以《李守常先生在本校图书馆二周年纪念会的演说》为题,发表在同日出版的《平民教育》第10号。李大钊指出:"图书馆和教育有密切的关系,和社会教育更有关系。贵校是研究教育的,所以我希望贵校添设图书馆专科或是简易的传习所,使管理图书的都有图书馆教育的知识。这是我个人的希望,觉得贵校是最相宜的。从前清华学校拟设图书馆专科,后来因经济不够,所以不办。他想明年暑假办一个图书馆教育传习所,但是他在城外,也有许多的不便利,所以我仍希望贵校举行,这是关系中国图书馆前途的事情,也是关系中国教育前途的事情。请诸位注意。"②受李大钊演说的影响,北京高等师范学校最终于1920年8月成功举办中国第一个暑期图书馆讲习会,对中国图书馆界产生了深远影响。

年底

顾临(Roger S. Greene)代表政治学会图书馆,邝富灼(Fong F. Sec)代表商务印书馆编译所图书馆,王克弘(Phillippe de Vargas③)代表上海中华基督教青年会图书馆,分别致函文华大学,请求文华大学帮忙培养

---

① TAI T C. The immediate need of librarian in China[J]. The Chinese students' christian journal,1919,6(2):67 – 72.

② 李守常. 在北京高等师范图书馆二周年纪念会的演说辞[J]. 予同,笔记. 图书馆学通讯,1979(2):35 – 36,85,101. 按:《图书馆学通讯》1979年第2期登载《平民教育》第10号所载《李守常先生在本校图书馆二周年纪念会的演说》一文的书影,虽然有些模糊,但可以略窥此文的最初面貌。

③ 左芙蓉. 社会福音、社会服务与社会改造:北京基督教青年会历史研究(1906—1949)[M]. 北京:宗教文化出版社,2005:363.

图书馆专门人才①。为了培养和造就中国图书馆专门人才②,韦棣华女士和文华大学的多位重要教职员,如孟良佐、韦卓民③、沈祖荣以及胡庆生,共同筹划于 1920 年秋季在文华大学添设一个图书馆专科(即图书馆学专科)。其办学计划很快就在文华大学教员议会(即评议会)获得通过,但后续仍需呈交文华大学管理部(即董事会)进行审核,并且进一步拟订详细章程④。

本年

杨立诚(字以明)赴欧洲留学,先在法国巴黎大学(Université de Paris)学习哲学两年,后又在德国耶拿大学(Friedrich-Schiller-Universität Jena)学习教育哲学三年,但均未拿到毕业证书⑤。或称他在留欧期间曾兼习图书馆学,至 1924 年归国⑥,但未悉详情。其早期简历仅称"北大毕业,德法留学"⑦,并未提及其兼习图书馆学之举。

《出版界》"译丛"栏目从第 49 期⑧开始连载一篇题为《北美合众国图书馆员养成法》的译文,未标注其原文出处及译者姓名。目前仅见《出版界》第 49、50、52 期连载《北美合众国图书馆员养成法》。不过,第 50 期登载《北美合众国图书馆员养成法(一续)》,第 52 期登载《北美合众国图书馆员养成法(三续)》,故而第 51 期应当刊登了《北美合众国图书馆员养成法(二续)》。此外,《北美合众国图书馆员养成法(三续)》文末标注"未完",故而后面应当仍有续载。令人遗憾的是,当前未见《出版界》第 51 期、第 53 期及以后各期原刊,无法弄清这篇译文何时连载完毕,也无法了解其完整内容。现概述如下。

《出版界》第 49 期的《北美合众国图书馆员养成法(未完)》开首指出:"合众国全国图书馆共有四千余所,皆与学校连络,相互为国民教育之中心机关,以发挥其能力。换言之,即对于学校学生,与以广博之知识,同时养成利用图书之习惯;对于一般人民,巧为供给良好之读物,且

---

① HWANG W. The first library school in China[J]. The Boone review(文华温故集),1920,15(4):(英文部分)363－365.

②④ 公书林・开科预志[J]. 文华温故集(The Boone review),1920,15(2):(中文部分)46.

③ 沈祖荣. 在文华公书林过去十九年之经验[J]. 文华图书科季刊,1929,1(2):174.

⑤ 耿云志. 胡适遗稿及秘藏书信:第 38 卷[M]. 合肥:黄山书社,1994:4.

⑥ 周建文,程春焱. 江西省图书馆馆史[M]. 南昌:江西人民出版社,2010:55.

⑦ 本馆职员一览表[J]. 图书馆(江西省立图书馆编印),1926(1):2－5.

⑧ 《出版界》第 49、50、52 期原刊均只标注"民国八年",而未标注具体出版日期。

适当诱导彼等,使其知识人格向上进步,实绩显著。是固由其历史习惯、社会事情等所使然,然其图书馆员学识、才干之优长实为一可注目之直接有力的原因。夫此等图书馆员养成之主要机关,果何在耶?(第一)图书馆学校,(第二)大学及师范学校之图书馆科,(第三)夏期讲习会,(第四)大图书馆之实习是也。"关于美国第一种图书馆员养成机构——图书馆学校,该文指出:"是为养成上级馆员之所。现有十六校,皆为大学校之一部,或附属于大图书馆,收容大学、中学之毕业生,施以一年乃至四年之教育。各校之学课程度及授业时数,间有不同……"随后,该文开始介绍纽约州立图书馆学校的地理位置及历史沿革、入学条件、学位授予、课程设置,未载完①。

第50期的《北美合众国图书馆员养成法(一续)》继续介绍纽约州立图书馆学校,载完;然后介绍西蒙斯图书馆学校的地理位置及历史沿革、入学条件、学位授予、课程设置②。

第51期的《北美合众国图书馆员养成法(二续)》暂缺,内容不详。

第52期的《北美合众国图书馆员养成法(三续)》继续介绍某所图书馆学校的课程设置,然后开始介绍美国第二种图书馆员养成机构——大学及师范学校之图书馆科。该文首先指出:"不惟使学生有利用图书及图书馆之习惯,又以使得有处理小学、中学、师范等学校图书馆之技能为目的而设置。本科之大学有九一所,师范学校有九三所,系一九一四年六月三十日所调查。且此等大学校及师范学校,多不在都会,而散在各地方。是为可注意之事。"然后简要介绍"梅州哥尔比大学"[即缅因州科尔比学院(Colby College)]与"华盛顿州立破尔玛大学"[即华盛顿州立大学普尔曼分校(Washington State University Pullman)]两校的图书馆科,未载完③。

第53期及以后各期暂缺,内容不详。

① 北美合众国图书馆员养成法(未完)[J].出版界,1919(49):2-6.

② 北美合众国图书馆员养成法(一续)[J].出版界,1919(50):2-8.

③ 北美合众国图书馆员养成法(三续)[J].出版界,1919(52):2-7.

初　创

（1920—1929 年）

1920 年

◎ 文华图书科正式创办
◎ 无锡县立图书馆招考练习生
◎ 杨昭悊所译的《图书馆学指南》出版
◎ 北京高等师范学校图书馆讲习会举办
◎ 程时煃拟订图书馆教育发展计划
◎ 袁同礼、姬振铎、李燕亭赴美留学

1 月 24 日

《锡报》第 2 版和《新无锡》第 2 版同时刊文介绍无锡县立图书馆招考练习生的计划,后附《无锡县立图书馆招考练习生通告》。此前,该馆认识到自身跟国外各大图书馆差距甚大,计划派人赴国外著名图书馆学习图书馆管理方法,以便造就图书馆专门人才,进而为该馆的扩充与发展做好人事方面的准备。不过,由于经费难以筹措,这一计划始终未能实际推行[1]。

1 月

文华大学文华图书科(一般简称"文华图书科";英文全称为"Boone Library School,Boone University",一般简称为"Boone Library School")正式创办[2]。当时,文华图书科的专任教师仅有韦棣华女士(主任)、沈祖

---

[1] 县立图书馆招考练习生[N].锡报,1920-01-24(2);县立图书馆招考练习生[N].新无锡,1920-01-24(2).

[2] 私立武昌文华图书馆学专科学校.湖北私立武昌文华图书馆学专科学校一览(中华民国二十年度)[M].武昌:私立武昌文华图书馆学专科学校,1931:10;KWEI C B. The Boone Library School[N]. The China weekly review,1932-01-09(190).

荣与胡庆生 3 人。

诞生伊始,文华图书科就具有一定的独立性。其办学经费除由文华大学负担一小部分之外,其余多由韦棣华女士等人自行筹措①,所以文华大学对它的管辖范围与控制力度自然就与对其他科系存在较大差异。这也为文华图书科后来独立成校埋下了伏笔②。

2 月 1 日

上午,无锡县立图书馆举行第一次招考练习生考试。共有 4 人应考,考试科目包括"开写书目七种""检查书籍""校对文字""国文""英文"五种。前三种注重实地练习,第四种题为"问诸生来馆为生计抑为学问,试言其目的",第五种为翻译跟图书馆有关的 10 种书目③。

2 月 4 日

下午 4 时,北京大学评议会召开常会,通过六项决议,包括同意资助袁同礼(字守和)出国留学。"清华学校图书馆代理主任、前本校预科毕业生袁同礼君,请本校每年补助美金四百八十元,以三年为期。关于此事议决:由本校与袁君商订服务合同,合同协定后,再由本校给补助费。川费、治装费等,由袁君自筹。"④

2 月 16 日

无锡县立图书馆举行第二次招考练习生考试,最终择优录取一名无锡乙种实业学校保送的学生,暂为试用⑤。

---

① 私立武昌文华图书馆学专科学校.湖北私立武昌文华图书馆学专科学校一览(民国二十三年度)[M].武昌:私立武昌文华图书馆学专科学校,1934:9;私立武昌文华图书馆学专科学校.私立武昌文华图书馆学专科学校一览(二十四年度)[M].武汉:私立武昌文华图书馆学专科学校,1935:6.

② 彭敏惠.文华图书馆学专科学校的创办与发展[M].武汉:武汉大学出版社,2015:75.

③ 图书馆考验练习生[N].锡报,1920 – 02 – 02(2);图书馆考验练习生[N].新无锡,1920 – 02 – 02(3).

④ 本校评议会开常会志略[J].北大日刊,1920(535):2 – 3.

⑤ 图书馆录取练习生[N].新无锡,1920 – 02 – 16(3).

3 月

　　文华图书科正式开学,图书馆学本科①第一班② 8 名学生注册入读③,即陈宗登、桂质柏、胡芬、黄伟楞、裘开明、田洪都、许达聪、查修④。

　　文华图书科系模仿纽约公共图书馆附属图书馆学校而建,故而原本计划招收大学肄业两年及以上且成绩合格者,学制两年。不过,该科最初并未面向社会招生,而是直接在文华大学校内招收符合要求的在校学生注册入读。前述 8 人虽然同时入读文华图书科,但他们并非全部出自同一年级。目前所见,陈宗登、黄伟楞与裘开明均是文科三年级学生⑤,桂质柏、胡芬、许达聪与查修均是文科二年级学生⑥。田洪都所在年级未见记载⑦,但他应当亦是文科二年级学生。

　　从其性质来看,文华图书科类似于辅系(或辅修专业),不能独立授

---

　　① 1920—1940 年,文华图书科(文华图专)招收大学肄业两年及以上者,原称"专科班",后改称"本科班",从而跟 1941—1953 年面向高中毕业生(或同等学力者)招考的真正意义上的专科班区分开来。具体参见:徐丽芳,彭敏惠. 世纪映象:武汉大学信息管理学院百年画册[M]. 武汉:武汉大学出版社,2020:7.

　　② 因为并非所有注册入读的学生都能顺利按时毕业,所以笔者用"某班学生"指代最初注册入学者,"某届毕业生"指代最后顺利毕业者。在 1929 年 1 月 20 日《文华图书科季刊》创刊之前,由于缺少第一手档案资料作为佐证,文华图书科图书馆学本科第三至第八班学生的情况很不明晰。部分学生中途因故休学,未能跟同班同学一起毕业。如此一来,若是按其毕业时间推算其入学时间,就会出现严重错误。比如,白锡瑞、罗基焜、皮高品、孙述万、田洪都、严文郁、杨希章、曾宪三 8 人均于 1925 年 6 月从文华大学毕业,获文学士学位和文华图书科毕业证书。但是,曾宪三其实是于 1919 年 9 月入读文华大学文科,1920 年 9 月注册入读文华图书科(图书馆学本科第二班),1921—1922 年、1922—1923 年两个学年休学,1923—1924 年、1924—1925 年两个学年复学,1925 年 6 月毕业。又如,当前一般认为岳良木在文华图书科的就读时间为 1925 年 9 月—1927 年 6 月,但岳良木在其亲自提供的简历中却称其于 1924 年秋注册入读文华图书科。有鉴于此,为了避免可能的表述错误,笔者只能回避文华图书科图书馆学本科第三班至第八班学生的具体名录,而是选择以毕业时间为准,列表集中介绍历届毕业生。

　　③ CHIEO A K M. Boone University:library past,present and future[J]. The Boone review(文华温故集),1920,15(4):(英文部分)327 – 330;Boone University commencement[N]. The China press,1920 – 07 – 07(2);New York Library club bulletin,1921,9(5).

　　④ 王玮. 文华图书科首班"流失"学生考[J]. 图书馆论坛,2020(11):115 – 124.

　　⑤ Upper junior notes[J]. The Boone review(文华温故集),1920,15(4):(英文部分)375 – 376.

　　⑥ Lower junior notes[J]. The Boone review(文华温故集),1920,15(4):(英文部分)376 – 377.

　　⑦ 校闻·健身会[J]. 文华温故集(The Boone review),1920,15(2):(中文部分)186 – 188.

予图书馆学学位,且其课程(见表1920 – 1)须与文华大学其他科系开设的课程相配合。文华图书科学生自大学二年级起开始修习若干门图书馆学专业课程,同时继续修习其他科系开设的课程①。毕业之时,他们除了拿到文华图书科毕业证书,大多还能在文华大学其他科系修够学分并获颁相应的学位(一般是文学士学位)。

表1920 – 1　1920—1921学年文华图书科课程一览

课程名称		学分	
英文名称	中文译名	秋季学期	春季学期
Book Selection & Review	图书选择及评论法	2	2
Cataloging	编目法	2	2
Classification	分类法	2	2
Reference Work	参考工作	2	2

资料来源:彭斐章,彭敏惠.文华图专目录学教育与目录学思想现代化[J].图书馆论坛,2009(6):9 – 18;彭敏惠.文华图书馆学专科学校的创办与发展[M].武汉:武汉大学出版社,2015:75.

注:本表系以曾宪三的成绩单为基础制作而成,但略有变动。曾宪三是1920年秋注册入读的文华图书科第二班学生,而且他于1921—1922、1922—1923两个学年休学,故而该成绩单仅能呈现文华图书科早期开设图书馆学专业课程的部分情况。

春季

鉴于中国急需图书馆专门人才,戴志骞、程时煃(程伯庐)等北京图书馆界人士经过数次磋商,决定以"北京图书馆联合会"(即北京图书馆协会)的名义在此年暑假举办图书馆讲习会,并商请北京大学、北京高等师范学校和清华学校分别捐款100元充当经费。恰逢北京高等师范学校校长陈宝泉在美国考察教育事业结束后回到上海。得知此项计划,他立刻致函戴志骞、程时煃等人,表示可以使用"北京高等师范学校"的名义举办此次图书馆讲习会,并由他负责解决经费问题②。

---

① 私立武昌文华图书馆学专科学校.湖北私立武昌文华图书馆学专科学校一览(民国二十三年度)[M].武昌:私立武昌文华图书馆学专科学校,1934:9;私立武昌文华图书馆学专科学校.私立武昌文华图书馆学专科学校一览(二十四年度)[M].武汉:私立武昌文华图书馆学专科学校,1935:6.

② 查修.北京图书界见闻纪录(未完)[J].文华温故集(The Boone review),1920,15(4):(中文部分)32 – 37.

4 月 5 日

菲律宾大学举行第 10 次年度毕业典礼,杜定友获颁"Bachelor of Arts"学位。不过,在 1917—1918 学年及以前,菲律宾大学授予的这种"Bachelor of Arts"其实源自西班牙语的"Bachiller en Artes",其课程设置仅仅能满足美国教育体系中大学一、二年级的课程要求①。1918—1919 学年,菲律宾大学将这种两年制的"Bachelor of Arts"改称"Associate in Arts"(可译为"文科副学士"或"文科准学士")②,同时增设真正的四年制"Bachelor of Arts"(文学士学位)③。因此,杜定友当时拿到的并非真正意义上的文学士学位,而是文科副学士或文科准学士学位④。

5 月

《约翰声》第 31 卷第 4 期登载一篇题为《图书馆学》的文章。该文并无署名,但其内容跟戴志骞撰写的《论美国图书馆》(载 1918 年 12 月《留美学生季报》第 5 卷第 4 期)颇有相似之处,文中还附有一份"爱希吨军营图书馆及十七处分馆借出书籍统计表"。因此,该文当为戴志骞所撰,或者至少是根据戴志骞的著述或讲演辑录而成。该文着重介绍美国图书馆事业,同时论及美国图书馆学教育:"英美设图书馆学专科,造就专门图书管理员。并且师范及高等学校,亦授浅近图书馆学一科,就是教学生如何用图书馆,教将来的教员如何用参考书。美国大学如纽约省大学、伊利诺、威斯康新、西徐等,都有图书馆学专科,须在大学毕业,专门二年方能卒业。现在美国图书馆管理员有数千人,并有一极完备的图书馆协会为图书管理研究的总机关。"该文还建议:"现在我们要办图书馆,有了图书馆而无专门管理的人员恐怕收效必不能完美……所以我的意见,现在男女高等师范的本科,可加图书馆学一科。如有愿学图书馆学的,即可选图书馆学的科目,预备将来作图书馆的事业。儿童图书馆及各图书馆的编目员,女子是最相宜的,亦是最有用的职业。希望我

---

① The University of the Philippines. Catalogue 1916 – 1917, announcements 1917 – 1918 (The University of the Philippines bulletin 7) [M]. Manila:Bureau of Printing,1917:70.

② The University of the Philippines. Catalogue 1917 – 1918, announcements 1918 – 1919 (The University of the Philippines bulletin 8) [M]. Manila:Bureau of Printing,1918:60 – 61.

③ The University of the Philippines. Catalogue 1917 – 1918, announcements 1918 – 1919 (The University of the Philippines bulletin 8) [M]. Manila:Bureau of Printing,1918:65 – 66.

④ 郑锦怀. 杜定友留学菲律宾时期史料考辨[J]. 大学图书馆学报,2018(3):119 – 128.

国教育家,对于此问题,加以注意。"①

6月23日

《北京大学日刊》②第641期登载《北京高等师范学校图书馆讲习会简章》③,但其内容和北京高等师范学校寄给各地教育行政机关转发的简章略有不同。

北京高等师范学校图书馆讲习会简章

第一条　本会以利用假期讲习图书馆学,谋图书馆事业之发展为宗旨。

第二条　本会讲习事项规定如左④:

一、图书馆教育

二、图书馆组织法及管理法(学校图书馆、公共图书馆、儿童图书馆)

三、图书馆编目及分类法(学校图书馆、公共图书馆、儿童图书馆)

四、课外实习

五、临时讲演(幻灯讲演)

六、参观及调查

第三条　本会讲习期日及时间规定如左:

期日:八月二日起二十三日止

时间:每日午前八时至十一时

第四条　本会除由讲演员按时出席讲演外,临时得加请中外名人讲演。

第五条　本会听讲人员不拘男女,须具有左列资格之一种:

一、从事于图书馆教育者

二、中等学校以上毕业生而有志研究图书馆教育者

第六条　本会听讲名额至多不得过一百人

第七条　本会听讲费每人五角

第八条　本会讲习地点在琉璃厂南新华街本校内

---

① 图书馆学[J].约翰声,1920,31(4):20-27.

② 《北京大学日刊》从1929年4月13日第2142期改称《北大日刊》。

③ 北京高等师范学校图书馆讲习会简章[J].北京大学日刊,1920(641):1.

④ 当时的出版物采用从右往左坚排,下同。

第九条　本会报名期限自七月一日起至三十一日。

附讲演员姓名表：

沈祖荣　武昌文华大学图书馆长

戴　超　清华学校图书馆长

李大钊　北京大学图书馆主任

李贻燕　前北京高等师范学校图书馆主任

程时煃　北京高等师范学校图书馆主任①

6月25日

《晨报》第1版开始刊登《北京高等师范学校附设图书馆讲习会广告》，一直持续到8月2日。该广告内容如下："本校鉴于图书馆事业之重要，特利用假期开一讲习会，敦请东西洋留学图书馆专家讲演组织、管理、分类各法，并课外实习、参观、调查等。时间自八月二日起至二十三日止。每日自上午八时起至十一时止。凡京内外从事图书馆事业或中等以上学校毕业生有志研究图书馆教育者，不分男女，都可听讲。报名以七月一号起至二十五日止。每人须纳听讲费五角。报名人数以一百名为限，如超过定额时得提前截止。"文末附有"讲演员姓名"②。

6月26日

文华大学在文华公书林司徒厅举行毕业典礼，韦棣华女士获颁荣誉文学硕士学位(或称"名誉文学硕士"③)。这是文华大学首次颁发荣誉学位，旨在表彰韦棣华女士为中国图书馆事业做出的巨大贡献④。

6月28日

上午10时，金陵大学举行毕业典礼。刘国钧、李小缘、朱家治从该校毕业并获文学士学位，万国鼎从该校农科毕业并获理学士学位(当时称"科学士")⑤。上述4人后来均长期服务于图书馆界，且卓有

---

①　训令第六七号(七月十五日)[J].京师学务局教育行政月刊,1920,1(10):2-4.

②　北京高等师范学校附设图书馆讲习会广告[N].晨报,1920-06-25(1).

③　华中大学.武昌华中大学文理科一览(民国十三年)[M].武昌:华中大学,1924:15-17.

④　Boone University commencement[N].The China press,1920-07-07(2).

⑤　金陵大学.金陵大学毕业秩序单(中华民国九年六月二十六日至二十八日)[M].南京:金陵大学,1920:插页.

成就。

6 月

法政学报社刊印日本图书馆学家田中敬原著、杨昭悊翻译的《图书馆学指南》。这本《图书馆学指南》其实是一本小册子,卷首载有杨昭悊于 1920 年 5 月 31 日撰写的一页"译者序",卷末载有一页"勘误表"。正文共计 27 页,包括"导言""概论""建筑及设备""目录编纂法""分类""图书馆教育""图书之保存""制本""图书馆史"九章,其实就是分成九类介绍西方图书馆学重要著作,但删掉了原著各章结尾的简评①。

暑假

胡庆生带领桂质柏、胡芬、黄伟楞、裘开明、许达聪五名文华图书科学生前往上海商务印书馆编译所图书馆实习。他们采用新分类法帮助该图书馆分编该馆藏书,效果甚佳,受到对方赞赏②。与此同时,沈祖荣则利用赴北京高等师范学校图书馆讲习会授课的机会,带领陈宗登、田洪都和查修三人前往政治学会图书馆实习③。值得一提的是,根据文华图书科、该科学生及商务印书馆编译所图书馆和政治学会图书馆分别达成的三方协议,胡芬和田洪都两人在实习结束后分别留在上海商务印书馆编译所图书馆和政治学会图书馆继续工作,直到 1922 年 1 月黄伟楞和陈宗登毕业后分别到馆接替其职④。

7 月

洪有丰到美国国会图书馆(Library of Congress)中文部担任临时编目员,8 月结束⑤。

---

① 田中敬. 图书馆学指南[M]. 杨昭悊,译. 北平:法政学报社,1920:1 – 27.

② 查修. 北京图书界见闻纪录(未完)[J]. 文华温故集(The Boone review),1920,15(4):(中文部分)32 – 37;沪地实验[J]. 文华温故集(The Boone review),1920,15(4):(中文部分)43.

③ 查修. 北京图书界见闻纪录(未完)[J]. 文华温故集(The Boone review),1920,15(4):(中文部分)32 – 37;赴京演讲[J]. 文华温故集(The Boone review),1920,15(4):(中文部分)361 – 362.

④ 王玮. 文华图书科首班"流失"学生考[J]. 图书馆论坛,2020(11):115 – 124.

⑤ Seniors;class of 1921[J]. University of the State of New York bulletin,1921(745):8 – 9;New York State Library School Association. New York State Library School register 1887 – 1926[M]. New York:New York State Library School Association,1928:148.

8 月 2 日

上午 8—9 时，北京高等师范学校图书馆讲习会举行开幕式，共有
100 多人出席，其中包括不少社会各界名流①。学员主要是各省派来研
习图书馆学之人。适值直皖战争，交通中断②，但仍有 78 人如期到会听
讲，包括 69 名男生和 9 名女生，其中三分之二为各省公立图书馆或学校
图书馆的职员③。目前已知的学员包括来自福建的余超④、来自北京法
政专门学校的杨昭悊(字濬明，或写成"浚明")与杨孝斌⑤、北京大学学
生何作霖⑥、直隶省立第一图书馆主任严侗⑦以及冯陈祖怡⑧、于仲敏⑨、
张峻明⑩等人。此次讲习会共计开设 4 门课程，即"图书馆组织法及管理
法""图书馆分类法""图书馆编目法""图书馆教育"，另外还有临时讲演
与幻灯实习。按照安排，"图书馆组织法及管理法"由沈祖荣讲授，"图
书馆分类法"与"图书馆编目法"由戴志骞讲授，"图书馆教育"由程时煃
(程伯庐)、李贻燕(李翼庭)、邓萃英(邓芝园)与李大钊(李守常)4 人共
同讲授⑪。不过，沈祖荣因故直到 8 月 17 日下午才抵达北京，8 月 18 日
才前往讲习会⑫。因此，在 8 月 18 日以前，原定由沈祖荣讲授的"图书馆
组织法及管理法"大多改由戴志骞代为讲授⑬。

---

① 北高图书馆讲习会志盛[N].晨报,1920 – 08 – 08(3).

② 金敏甫.中国现代图书馆教育述略[J].国立中山大学图书馆周刊,1928,2(4):1.

③ 戴志骞.十五年来之中国图书馆事业[J].清华周刊,1926(十五周年纪念增刊):(学术
之部)60 – 65.按:关于北京高等师范学校图书馆讲习会的学员情况,记载各异。此处以戴志骞
的说法为准。

④ 指令第八百六十九号[J].福建教育行政月刊,1920,1(5):31.

⑤⑬ 杨昭悊.我对于图书馆讲习会的意见[N].晨报,1920 – 08 – 18(7).

⑥ 曹配言.北高图书馆讲习会闭会式志盛[N].晨报,1920 – 08 – 21(3).

⑦ 天津市图书馆志编修委员会.天津市图书馆志[M].天津:天津人民出版社,1996:352.

⑧⑫ 查修.北京图书界见闻纪录(未完)[J].文华温故集(The Boone review),1920,15
(4):(中文部分)32 – 37.

⑨ 曹配言.清华图书馆参观记[N].晨报,1920 – 09 – 14(7).

⑩ 国立山东大学.国立山东大学教职员录(民国二十五年十月)[M].青岛:国立山东大
学,1936:275.

⑪ 北高图书馆讲习会志盛[N].晨报,1920 – 08 – 08(3);杨昭悊.我对于图书馆讲习会
的意见[N].晨报,1920 – 08 – 18(7).

上午10—11时,程时煃讲授"图书馆教育"①,并且提出一个颇为完备的图书馆教育发展计划。具体如下:

一、关于学校教育

1. 高等师范学校:师范学校最终学年应加设图书馆科,以为发展图书馆事业之基础;女子职业学校,亦应设此科,以资服务于社会。

2. 高等小学校国语读本中应加设图书馆一课,以养成对于图书馆之常识及兴味。

3. 小学参考书中附记参考书名,使儿童利用图书馆,练习自修,养成自发之能力。

4. 学校均应设立简易图书馆,教授儿童图书馆之利用法。

5. 学校与公立图书馆,设法联络以谋教学之便利。

二、关于教育行政

1. 国家设立图书馆学校。

2. 国家设立各种模范图书馆。

3. 督促地方设立公共图书馆、通俗图书馆、儿童图书馆、巡回图书馆,及奖励私人设立。

4. 规定图书馆员之待遇。

5. 派员留学外国,专习图书馆教育。

三、关于团体组织

1. 组织全国图书馆协会,及设分会于各地。

2. 组织图书馆杂志。

3. 组织图书馆展览会、讲演会、讲习会及读书会。②

8月3日

上午8—9时,李大钊讲授"图书馆教育"③,强调"图书馆可以促进平民教育"④。

上午9—10时,戴志骞代沈祖荣讲授"图书馆组织法及管理法"。

上午10—11时,戴志骞讲授"图书馆分类法"⑤。

①③⑤　北高图书馆讲习会志盛[N].晨报,1920 - 08 - 08(3).

②④　杨昭悊.我对于图书馆讲习会的意见(续)[N].晨报,1920 - 08 - 19(7).

8 月 4 日

上午 8—9 时,戴志骞代沈祖荣讲授"图书馆组织法及管理法"。

上午 9—10 时,李大钊讲授"图书馆教育"。

上午 10—11 时,戴志骞讲授"图书馆编目法"①。

8 月 5 日

上午 8—9 时,李贻燕讲授"图书馆教育"②,但主要"讲图书馆沿革和近状。他讲沿革,中国从南北朝起,西洋则溯及希腊、罗马以前;讲近状,则英、美、德、日、俄、法、意、奥各国都能讲到,于中国也略为说明"。杨昭悊认为这些内容非常重要,因为"我们中国向来只有藏书楼,和现在的图书馆,性质大不相同,不过是图书馆的种子。近来虽然仿效欧美创办各种图书馆,一般的人仍然不大注重。讲图书馆学的人要是不讲沿革和近状,一般人不知道图书馆在时间空间占什么地位,任你怎样说,他总是不注意的"。在李贻燕的影响下,杨昭悊计划编撰一本图书馆学著作,着重介绍图书馆的沿革与现状。他还列举了四种英文参考文献,方便读者进一步查阅和学习③。

李贻燕的讲义系手刻、油印而成,称为《图书馆教育讲演》④,其目录页明确标注讲演时间"九年八月"。据目录页所示,该讲义原本应当包括"国民教育""图书馆教育与国民教育之关系""图书馆教育之沿革""英国图书馆教育""美国图书馆教育""德国图书馆教育""日本及俄法意奥之图书馆教育""各国初级学校图书馆教育(中学以下或称学童图书馆)""图书馆学校及学校兼授图书馆科之情况""美国图书馆学校及其课程"10 节,后有附录"中国古代图书分类法"。不过,其正文其实仅有 19 叶(双页),并未包含第 10 节"美国图书馆学校及其课程"和附录"中国古代图书分类法";正文前附载《图书馆教育发展计划案》。该讲义后以《图书馆史》为题,分四期连载于《京师学务公报》第 1 卷第 7 期(1925 年 12 月 1 日),以及第 2 卷第 1 期(1926 年 1 月 1 日)、第 3 期(1926 年 3 月 1 日)、第 5 期(1926 年 5 月 1 日),题名后明确标注"师范大学夏期图

---

①② 北高图书馆讲习会志盛[N].晨报,1920 – 08 – 08(3).

③ 杨昭悊.我对于图书馆讲习会的意见[N].晨报,1920 – 08 – 18(7).

④ 中国国家图书馆缩微文献阅览室现藏有李贻燕所撰《图书馆教育讲演》的缩微胶片,亦可在线浏览。

书馆学讲习会讲稿"。正文编排略有变化,分为"序论""图书馆教育之沿革""英国图书馆教育""美国图书馆教育""德国图书馆教育""日本及俄法意奥之图书馆教育""各国初级学校图书馆教育""图书馆学校及学校兼授图书馆科之情况""美国图书馆学校及其课程""中国古代图书分类法"10 节①。

8 月 6 日

上午 8—9 时,邓萃英讲"图书馆教育"②,主要讲述"图书馆在学校教育上的价值",包括"养成自动精神"和"接近实际生活"两大方面③。

上午 9—10 时,戴志骞讲授"图书馆编目法"。

上午 10—11 时,李贻燕继续讲授"图书馆教育"④。

8 月 7 日

上午 8—9 时,戴志骞代沈祖荣讲授"图书馆组织法及管理法"。

上午 9—10 时,戴志骞代沈祖荣继续讲授"图书馆组织法及管理法"。

上午 10—11 时,戴志骞指导学员进行"图书馆分类实习"⑤。

8 月 8 日

北京高等师范学校图书馆讲习会休息一天。

《晨报》第 3 版刊登《北高图书馆讲习会志盛》,称赞北京高等师范学校图书馆讲习会为"吾国图书馆教育发展之一新纪元",并附"北京高师图书馆讲习会时间表",介绍其课程安排⑥。

8 月 9 日

上午 8—9 时,王文培讲授"图书馆教育"。

上午 9—10 时,戴志骞指导学员进行"图书馆编目法实习"。

---

① 李贻燕. 图书馆史(一)[J].京师学务公报,1925,1(7):43－57;李贻燕. 图书馆史(二)[J].京师学务公报,1926,2(1):34－39;李贻燕. 图书馆史(三)[J].京师学务公报,1926,2(3):29－40;李贻燕. 图书馆史(四)[J].京师学务公报,1926,2(5):41－45. 按:"图书馆学校及学校兼授图书馆科之情况"与"美国图书馆学校及其课程"均标注为第八节,"中国古代图书分类法"标注为第九节。

②④⑤⑥ 北高图书馆讲习会志盛[N].晨报,1920－08－08(3).

③ 杨昭恕. 我对于图书馆讲习会的意见[N].晨报,1920－08－18(7).

上午 10—11 时,戴志骞讲授"图书馆分类法"①。

8 月 10 日

上午 8—9 时,戴志骞代沈祖荣讲授"图书馆组织法及管理法"。

上午 9—10 时,戴志骞代沈祖荣讲授"图书馆分类法"。

上午 10—11 时,戴志骞讲授"图书馆编目法"②。

8 月 11 日

上午 8—9 时,戴志骞指导学员进行"图书馆分类法实习"。

上午 9—10 时,戴志骞继续指导学员进行"图书馆分类法实习"。

上午 10—11 时,戴志骞代沈祖荣讲授"图书馆组织法及管理法"③。

8 月 12 日

上午 8—9 时,戴志骞讲授"图书馆编目法"。

上午 9—10 时,戴志骞继续讲授"图书馆编目法"。

上午 10—11 时,戴志骞代沈祖荣讲授"图书馆组织法及管理法"④。

8 月 13 日

北京高等师范学校图书馆讲习会学员参观京师图书馆⑤以及京师通俗图书馆与京师儿童图书馆⑥。

8 月 14 日

北京高等师范学校图书馆讲习会学员参观北京大学图书馆⑦以及北京高等师范学校图书馆与北京协和医学校图书馆⑧。

8 月 15 日

《申报》第 7 版刊登平心于 1920 年 8 月 10 日撰就的《北大图书馆之现在与将来》。平心在文中指出:"图书馆为学校第二生命,稍有常识者,

---

①②③④　北高图书馆讲习会志盛[N].晨报,1920 - 08 - 08(3).

⑤　京师图书馆参观者之批评[N].晨报,1920 - 08 - 14(6).按:按原定计划,上午"参观及调查公共图书馆、通俗图书馆、儿童图书馆".参见:北高图书馆讲习会志盛[N].晨报,1920 - 08 - 08(3).

⑥⑧　参观北大、协和高师图书馆略记[N].晨报,1920 - 08 - 31(7).

⑦　本校新闻[J].北京大学日刊,1920(684):2.

无不知之。北京大学,自蔡孑民任校长以来,特任李大钊氏为图书馆长。李氏本为社会学专家,对于增进文化事业,昕夕筹思,不遗余力。"他随后介绍李大钊采取的多项改进办法,其中第三项为:"拟就校内毕业生中选派数人,派英美各国专修图书馆专门之学;一面再在本校添设专科,延师讲授,以为异日充任图书馆职员之用。"①

8 月 16 日

上午 8—9 时,冯陈祖怡代沈祖荣讲授"图书馆组织法及管理法"。

上午 9—10 时,冯陈祖怡代沈祖荣继续讲授"图书馆组织法及管理法"。论及"妇孺图书馆"问题时,冯陈祖怡认为有必要为妇女与儿童单独创办一种图书馆②。

上午 10—11 时,戴志骞指导学员进行"图书馆分类法实习"③。

8 月 17 日

上午 8—9 时,戴志骞讲"图书馆分类法"。

上午 9—10 时,戴志骞指导学员进行"图书馆分类法实习"。

上午 10—11 时,戴志骞代沈祖荣讲"图书馆组织法及管理法"④。

下午,沈祖荣与查修乘坐火车抵达北京⑤。

8 月 18 日

上午 7 时,沈祖荣、查修等人赴北京高等师范学校参加图书馆讲习会。他们先在北京高等师范学校附属中学跟程时煃与戴志骞畅谈一阵,将至上午 8 时,众人返回北京高等师范学校本校图书馆讲习会会场。程时煃致辞欢迎沈祖荣,然后沈祖荣登台讲演"我们何以要提倡图书馆呢?"⑥

上午 9—10 时,戴志骞讲"图书馆编目法"⑦。据查修所记:"戴志骞先生讲目录的编辑法。以英文原文,在座听者,多感不便,所以结果不能十分完备。"⑧

上午 10—11 时,戴志骞指导学员进行"图书馆编目法实习"⑨。

---

① 平心. 北大图书馆之现在与将来[N]. 申报,1920 – 08 – 15(7).

② 杨昭悊. 再论图书馆讲习会(续)[N]. 晨报,1920 – 08 – 30(5).

③④⑦⑨ 北高图书馆讲习会志盛[N]. 晨报,1920 – 08 – 08(3).

⑤⑥⑧ 查修. 北京图书界见闻纪录(未完)[J]. 文华温故集(The Boone review),1920,15(4):(中文部分)32 – 37.

《晨报》第 7 版刊登杨昭悊撰写的《我对于图书馆讲习会的意见》的第一部分。杨昭悊在文中指出："上星期北京高等师范学校开了一个图书馆讲习会……这种讲习会在欧美各国早已盛行,确会益于图书馆教育……这种讲习会,在外国本是图书馆教育辅助机关,在中国实在是发展图书馆教育的基础。因为中国自从开办图书馆以来,大家只知道图书馆,不知道什么图书馆学,到了这会讲演图书馆组织法、管理法、分类编目、以及图书馆教育等科学,一切听讲的人,都知道图书馆学(Library Science)是一种科学,大有研究的。"①

8 月 19 日

上午 8—9 时,沈祖荣讲授"图书馆组织法及管理法"②。据查修所记,沈祖荣此次实际讲述杜威十进分类法的本土化改造问题,即如何使杜威十进分类法适用于中文书籍的编目③。

上午 9—10 时,戴志骞指导学员进行"图书馆编目法实习"④。

上午 10—11 时,戴志骞继续指导学员进行"图书馆编目法实习"⑤。

《晨报》第 7 版续载杨昭悊所撰《我对于图书馆讲习会的意见》的第二部分,文末标注"九、八、九"(即写于 1920 年 8 月 9 日)。杨昭悊在文中转录程时煃提出的《图书馆教育发展计划案》,并加以点评。他指出:"中国图书馆所以不能发达的原因,一来是一般人不注意,一来是缺乏专门人才。要引起一般人的注意,固然非书报不可。若是养成专门人才,更其要有专书籍。若是没有专书,专靠留学,只是缓不济急的。若是国内没有学校,也只教一点粗浅的讲义,不能参考研究,也是枉然。所以我的意思,是要多译点书籍,以供同志。"⑥

8 月 20 日

上午 9—11 时,北京高等师范学校图书馆讲习会采用茶话会的形式举行闭幕式。除听讲学员外,还有北京高等师范学校校长陈宝泉及该校各部门主任等 10 多人出席闭幕式。首先,程时煃发表讲话。他赞扬学

---

① 杨昭悊. 我对于图书馆讲习会的意见[N]. 晨报,1920 – 08 – 18(7).

②④⑤ 北高图书馆讲习会志盛[N]. 晨报,1920 – 08 – 08(3).

③ TSA L H. The first library training institute(Peking, August 1st. – 22nd. 1920)[J]. The Boone review(文华温故集),1920,15(4):(英文部分)361 – 362.

⑥ 杨昭悊. 我对于图书馆讲习会的意见(续)[N]. 晨报,1920 – 08 – 19(7).

员的求学热忱与不畏酷暑的精神,希望他们积极发言,以便作为发展中国图书馆事业的参考。然后陈宝泉发表演说。他指出,中国"要提倡图书馆教育。使在校的学生与入了社会的人,都要有研究学问的机会"。他提出,图书馆应当注意两点,一是"注重书籍的流通",二是"要引起看书人的兴趣"。随后,讲习会教员陆续发言。沈祖荣介绍美国图书馆年会,进而指出中国组织图书馆协会的必要性。戴志骞介绍欧美图书馆协会的创办历史,然后指出中国应当迅速组织图书馆协会的三点原因:"一、协会可作普及教育的总机关。二、译书统一会可由协会办理。三、可与各国协会联络,并可加入国际联盟图书馆会中。"再后则是自由发言。何作霖谈论组织图书馆协会的必要性。杨昭悊阐述图书馆与普及教育的关系。冯陈祖怡提出:"1. 希望协会成立,则各事自易解决。2. 因中国地方俱大,盼望多设立图书馆。3. 中国图书馆的组织,要以国情为标准。4. 要设法养成一般人看书的兴趣。"程时煃则认为组织图书馆协会应当谨慎。他分析了北京图书馆协会失败的原因,并且阐述了组织图书馆协会的具体流程、方法与原则。经过讨论,众人一致认同"筹备设立图书馆协会以谋本国图书馆教育的发达为重要",同时推举了七位筹备员。最后,全体人员合影留念①。

《教育公报》第7卷第8期登载陈新民翻译的《美国大学专门与师范学校之图书科》第一部分②。原刊并未标明出处,但该文其实译自美国学者亨利·里奇利·埃文斯(Henry Ridgely Evans)所编的小册子 *Library Instruction in Universities, Colleges, and Normal Schools*[《美国高等院校和师范学校的图书馆教育》,被列为 *United States Bureau of Education Bulletin* (《美国教育部公报》)1914 年第 34 期(总第 608 期)]③。

8 月 21 日

上午9时左右,北京高等师范学校图书馆讲习会学员集体参观清华学校图书馆,下午3时左右结束④。

---

① 曹配言. 北高图书馆讲习会闭会式志盛[N]. 晨报,1920 - 08 - 21(3).

② 美国大学专门与师范学校之图书科(未完)[J]. 陈新民,译. 教育公报,1920,7(8):(译述)1 - 38.

③ EVANS H R. Library instruction in universities, colleges, and normal schools[M]. Washington D. C. : Government Printing Office,1914:1 - 38.

④ 余超. 参观清华图书馆记[N]. 晨报,1920 - 10 - 02(3).

8 月 26 日

袁同礼从上海乘坐"南京号"轮船前往美国①,9 月 15 日抵达加利福尼亚州旧金山②。他在旧金山逗留数日,参观了加利福尼亚大学旧金山分校图书馆等处,然后转赴纽约③。

8 月 29 日

《晨报》第 7 版刊登杨昭悊撰写的《再论图书馆讲习会》的第一部分。杨昭悊在文中阐述了他对图书分类的一些看法④。

8 月 30 日

《晨报》第 5 版续载杨昭悊所撰《再论图书馆讲习会》的第二部分。杨昭悊在文中阐述了他对图书馆协会、图书馆专门人才与妇孺图书馆三个问题的看法。其中,关于图书馆专门人才的培养问题,他指出:"图书馆的组织和管理,在在需人。编目分类,尤非专员不可。欧美各国,对于这项人才,除大学校教授专科以外,并有专门学校来造就他们。就美国说罢,图书馆学校一共有十多个,二年或四年毕业,入学资格都要专门或大学毕业。回头看我们中国教育界,只有养成学校教职员的师范学校,所以这项人才非常缺乏。在外国留学回国的,只有戴先生和沈先生两位,不啻凤毛麟角。恐怕就是想设学校,也没有人来当教员。我希望教部或各省教厅,把留学西洋缺额指定几名学习图书馆学,私人团体也量力帮助,劝人习图书馆学,以便发展图书馆教育。"⑤

9 月 20 日

《教育公报》第 7 卷第 9 期续登陈新民所译《美国大学专门与师范学校之图书科》第二部分⑥。

---

① California,San Francisco,passenger lists,1893 – 1953［EB/OL］.［2018 – 07 – 11］. https://www. familysearch. org/ark:/61903/3:1:33SQ-G5LX – 9X5R? i = 667&cc = 1916078.

② California,San Francisco,passenger lists,1893 – 1953［EB/OL］.［2018 – 07 – 11］. https://www. familysearch. org/ark:/61903/3:1:33SQ-G5LX – 9XPP? i = 668&cc = 1916078.

③ 袁同礼. 袁同礼君致蔡校长函［J］. 北京大学日刊,1920(748):1 – 2.

④ 杨昭悊. 再论图书馆讲习会［N］. 晨报,1920 – 08 – 29(7).

⑤ 杨昭悊. 再论图书馆讲习会(续)［N］. 晨报,1920 – 08 – 30(5).

⑥ 美国大学专门与师范学校之图书科(续)［J］. 陈新民,译. 教育公报,1920,7(9):(译述)1 – 34.

9 月 22 日

哥伦比亚大学开学。袁同礼入读该校哥伦比亚学院①。他原本计划入读纽约州立图书馆学校。不过,该校规定具有学士学位之人才能入学,而袁同礼仅是北京大学预科毕业生,并未获得学士学位。因此,他只能先进入哥伦比亚大学读本科四年级,希望获得学士学位后再入读纽约州立图书馆学校②。

9 月

文华图书科图书馆学本科第二班七名学生注册入学③,即冯汉骥、黄星辉、罗基焜、王文山、熊景芳、杨作平、曾宪三,但他们后来并未同时毕业。其中,冯汉骥、黄星辉、罗基焜、杨作平、曾宪三 5 人注册入学之时均为文华大学文科二年级学生④,王文山与熊景芳的情况暂不明晰。

同一时期,文华图书科开始筹划开设一年制的图书馆训练特别课程(相当于后来开办的图书馆学讲习班),但并未制订详细计划⑤。

10 月

为了培养铁路职工普通知识,借以增进铁路业务与国家生产力,北洋政府交通总长叶恭绰(号遐庵)决定在交通部内设立铁路职工教育筹备处⑥。铁路职工教育筹备处制定了《铁路职工教育大纲》,共计 50 条,其中第 4 条规定实施职工教育的机关包括"铁路职工学校""铁路职工讲演团""铁路职工图书馆""铁路职工日报"⑦。

---

① Directory of students[M]//Columbia University. Catalogue 1920 – 1921. New York:Columbia University 1921:339.

② 袁同礼. 袁同礼君致蔡校长函[J]. 北京大学日刊,1920(748):1 – 2.

③ HWANG W. The first library school in China[J]. The Boone review(文华温故集),1920,15(4):(英文部分)363 – 365;专科发达[J]. 文华温故集(The Boone review),1920,15(4):(中文部分)42.

④ Sophomore notes[J]. The Boone review,1920,15(4):377.

⑤ HWANG W. The first library school in China[J]. The Boone review,1920,15(4):363 – 365.

⑥ 遐庵年谱汇稿编印会. 叶遐庵先生年谱[M]. [出版地不详]:遐庵年谱汇稿编印会,1946:143.

⑦ 交通部铁道部交通史编纂委员会. 交通史总务编:第 3 章 教育[M]. 南京:交通部总务司,1936:387 – 388.

11 月 4 日

姬振铎①(字金声)从上海乘坐"南京号"轮船赴美,11 月 9 日李燕亭②(原名李长春)亦于日本横滨登上该船,11 月 27 日该船抵达加利福尼亚州旧金山。随后,李燕亭进入南加利福尼亚大学(University of Southern California)学习化学③,姬振铎则进入斯坦福大学(Stanford University)学习教育学④。

第八届美国东部大学图书馆员年会(The Eighth Annual Conference of Eastern College Librarians)在哥伦比亚大学举行⑤。下午,袁同礼讲演"Library Problems in China"("中国的图书馆问题")⑥,其内容大致如下:"'Library'的对应中文是'藏书楼'。直到最近几年,图书馆才对学生开放。并非所有学校和大学都有图书馆,但许多正在开始建设图书馆。在这些学校和大学当中,有些拥有美国籍图书馆员,有些则拥有在美国接受过图书馆学培训的中国籍图书馆员。较新的中文书籍根据杜威十进分类法进行分类,旧书则根据四部分类法进行分类。"袁同礼还指出,有些中国图书馆拥有多余的副本,愿意将其赠送给美国的一些图书馆,而他乐于居中联络,以便在中美大学之间建立起一种图书交流体系⑦。

11 月

《文华温故集》(The Boone Review,每期分为中文和英文两个部分)第 15 卷第 4 期英文部分登载沈祖荣撰写的"Present Outlook for Libraries in China"(《中国图书馆展望》)。沈祖荣在文中介绍中国一些重要图书馆

① California,San Francisco,passenger lists,1893 – 1953[EB/OL].[2018 – 09 – 29]. https://www.familysearch.org/ark:/61903/3:1:33SQ-G5LD – 9DZK? i = 549&cc = 1916078;California,San Francisco,passenger lists,1893 – 1953[EB/OL].[2018 – 09 – 29]. https://www.familysearch.org/ark:/61903/3:1:33S7 – 95LD – 98G8? i = 550&cc = 1916078.

② California,San Francisco,passenger lists,1893 – 1953[EB/OL].[2018 – 09 – 29]. https://www.familysearch.org/ark:/61903/3:1:33SQ-G5LD – 9DHS? i = 565&cc = 1916078;California,San Francisco,passenger lists,1893 – 1953[EB/OL].[2018 – 09 – 29]. https://www.familysearch.org/ark:/61903/3:1:33SQ-G5LD – 9DHJ? i = 566&cc = 1916078.

③ Catalogue of students[J]. University of Southern California bulletin,1922,17(4):262 – 321.

④ Directory of students[M]//Stanford University bulletin,thirteenth annual register 1920 – 21. Palo Alto,Calif.:Stanford University,1920:354.

⑤⑦ Conference of Eastern College Librarians[J]. The library journal,1921,46(1):35 – 36.

⑥ Personal news[J]. The Chinese students' monthly,1921,16(4):305 – 306.

的基本情况,间或涉及中国人出国学习图书馆学及国内机构对训练有素的图书馆员的需求等问题。现概述如下:①听过沈祖荣讲演的"中国对公共图书馆的需要"之后,黄炎培意识到中国对训练有素的图书馆员的巨大需求,便立即提议开设一个持续四周的图书馆讲习会。他还正式邀请沈祖荣于1917年夏回到上海主持这个图书馆讲习会。遗憾的是,由于当时中国动荡不安,该计划不得不无限期推迟。②清华学校图书馆共有8名职员。其中,该馆馆长(即戴志骞)是纽约州立图书馆学校图书馆学学士,同时也是第三个赴美学习图书馆学的中国人。③南京高等师范学校校长郭秉文是中国图书馆运动的支持者。他意识到中国对于训练有素的图书馆员的需求,便派遣一位男青年(即洪有丰)赴美学习图书馆学。他还考虑要在南京高等师范学校创办一个图书馆学系。④上海工业专门学校校长唐文治意识到该校新馆建成后将会需要若干训练有素的图书馆员,于是派了一位男青年(即杜定友)赴菲律宾学习现代图书馆管理方法。⑤北京高等师范学校校长陈宝泉已经成功举办了一个为期三周的暑期图书馆讲习会,共有84名学员。⑥南开中学校长张伯苓聘请一位在美国加利福尼亚州某个公共图书馆有过图书馆实践经验的女性(即冯陈祖怡)担任该校图书馆馆长。⑦北京大学哲学教授胡适称北京大学计划筹募20万大洋建造一个图书馆,并且希望文华图书科能够为其提供训练有素的图书馆员。沈祖荣还着重指出:"其他几所官办教育机构对于图书馆及训练有素的图书馆员的热情和需求都非常强烈。还需要好几页才能将其一一介绍清楚。"①

《文华温故集》第15卷第4期英文部分登载查修撰写的"The First Library Training Institute(Peking, August 1st. – 22nd. 1920)"[《首届图书馆讲习会(北京,1920年8月1—22日)》]。查修在文中简要介绍北京高等师范学校图书馆讲习会的相关情况②。

《文华温故集》第15卷第4期中文部分登载查修撰写的《北京图书界见闻纪录(未完)》。查修在文中介绍他跟沈祖荣参加北京高等师范学校图书馆讲习会的经过与观感③。可惜的是,由于《文华温故集》多期

---

① SENG S T Y. Present outlook for libraries in China[J]. The Boone review(文华温故集), 1920,15(4):(英文部分)356 – 360.

② TSA L H. The first library training institute(Peking, August 1st. – 22nd. 1920)[J]. The Boone review,1920,15(4):361 – 362.

③ 查修. 北京图书界见闻纪录(未完)[J]. 文华温故集(The Boone review),1920,15(4):(中文部分)32 – 37.

缺失,目前未能查获该文的后续内容。

晋新书社印刷所印刷、亚新书社代售郑韫三自己编纂和发行的《图书馆管理法》一书。金敏甫后来认为该书的"内容完全与《图书馆小识》相同,惟仅录其大纲,而删其繁节,故篇幅甚少,影响亦属甚微耳"①。在该书第 3 章"图书馆之职员及职务"中,郑韫三指出:"欧美诸国,为作养此等人才,设图书馆学校及图书馆讲习会,师范学校亦添课图书馆学,储养此等专门人才。故馆员多能任其职,图书馆之理整亦甚有头绪。反观我国之馆员,毫无图书馆知识,对于图书馆之布置,毫无头绪,则焉望图书馆之发达哉? 良可慨也。"②

12 月

商务印书馆出版何炳松译述的《美国教育制度》。在该书第 8 部分"技术教育"中,何炳松指出:"私立职工学校之范围较公立有尤广者,甚至教授图书馆管理法等,以造就图书馆人才云。"③在第 13 部分"社会教育"中,何炳松介绍了"图书馆""图书馆之进步""书架公开""图书馆之支部""图书分馆""代取图书处""书籍流通处""书籍流通处之设立于公立中小学校者""流行图书馆""儿童读书室""图书馆之捐赠"等众多内容。

铁路职工教育筹备处公布《铁路职工教育讲习会章程》《铁路职工教育讲习会会员奖励及优待章程》《铁路职工教育讲习会讲堂规则》《铁路职工教育讲习会会员服务规则》④,后载于 1921 年 7 月 15 日《铁路协会会报》第 106 期。据《铁路职工教育讲习会章程》,铁路职工教育讲习会计划开设"教授法及管理法""讲演学""新闻学""图书馆学"等四门选修课程,学员可任选一种⑤。或称铁路职工教育讲习会"招集具有师范学校毕业及专门学校毕业资格者九十六人入会讲习,分学校、讲演、图书、新闻四科,授以'职工教育学大要''职工心理学大要''国音学纲要''国音实习''铁路大要''社会政策''职工卫生学''新闻学''图书馆学''讲演学并教授实习'等科。讲习期限为四星期,毕业者共六十九人,分派各

① 金敏甫. 中国图书馆学术史[J].国立中山大学图书馆周刊,1928(2):1-14.

② 郑韫三. 图书馆管理法[M].太原:晋新书社印刷所,1920:9.

③ 美国教育制度[M].何炳松,译述. 上海:商务印书馆,1920:44.

④ 遐庵年谱汇稿编印会. 叶遐庵先生年谱[M].[出版地不详]:遐庵年谱汇稿编印会,1946:143.

⑤ 铁路职工教育讲习会章程[J].铁路协会会报,1921(106):(法规)1-2.

路充教员者三十一人,充讲演者二十一人,充图书馆员者十四人,充服务员者三人"①。

南开大学图书馆助理艾秀山(字毓奇)和北京高等师范学校教员兼图书管理员曹配言先后到清华学校图书馆实习图书管理法。后者于1921年1月8日离开,但计划于1921年暑假期间继续到清华学校图书馆实习②。

① 遐庵年谱汇稿编印会. 叶遐庵先生年谱[M].[出版地不详]:遐庵年谱汇稿编印会,1946:143.

② 学习图书管理[J].清华周刊,1921(207):36. 按:关于前者,原文仅称其为"图书室助理艾君"。查《南开同学录(中华民国十一年秋季)》,可知此人即艾秀山。具体参见:南开大学. 南开同学录(中华民国十一年秋季)[M].天津:南开大学,1922:3.

1921 年

◎ 李小缘、杨昭悊赴美留学
◎ 洪有丰在安徽暑期讲演会讲演图书馆学
◎ 杜定友在广州市立师范学校率先开设图书馆学必修课程
◎ 李大钊继续倡办图书馆学教育
◎ 杜定友拟具《推广全省学校图书馆计划书》
◎ 广东全省教育委员会筹办图书馆管理员养成所

1 月

《通俗教育丛刊》第 9 期登载美国马刚（Joy E. Morgan，现一般译为"乔伊·E. 摩根"）原著、潘渊翻译、乔曾劬校读的《论纽约州图书馆学校（自千八百八十九年设立时起至千九百十九年止）》，文中介绍 1889—1919 年纽约州立图书馆学校的发展概况[①]。马刚此文的英文题名为"The New York State Library School，1889－1919"，原载于 1920 年 2 月 12 日美国《教育杂志》（*Journal of Education*）第 91 卷第 7 期[②]。

《美国图书馆协会会报》（*Bulletin of the American Library Association*）第 15 卷第 1 期登载戴志骞撰写的"Library Movement in China"（《中国之图书馆运动》）。戴志骞在文中首先介绍中国图书馆发展概况，包括文华公书林、文华图书科、北京高等师范学校图书馆讲习会等。他指出："自1914 年以来，已经有四名中国图书馆员从纽约公共图书馆附属图书馆学校和纽约州立图书馆学校毕业。他们是中国图书馆运动的推动者。当前，还有两名男性在纽约州立图书馆学校攻读图书馆学。他们整装待

---

① 马刚. 论纽约州图书馆学校（自千八百八十九年设立时起至千九百十九年止）[J]. 潘渊，译. 乔曾劬，校. 通俗教育丛刊，1921（9）：1－5.

② MORGAN J E. The New York State Library School，1889－1919[J]. Journal of education，1920，91（7）：178－179.

发,准备将中国图书馆界带进一个新时代。在其赴美国提升学识和丰富经验之前,他们都有过多年的图书馆管理经验。因此,我们希望这些有机会参观和学习西方列强图书馆体系之人能够让旧式中国图书馆员接触现代图书馆的精华。"最后,他阐述了五条设想。其中,第三条设想如下:"推动一些高等教育机构创办图书馆学校。我已经跟北京高等师范学校和东南大学两校校长讨论过该计划。他们完全赞同我的建议。不过,仍是由于资金短缺,该计划暂时搁置了。"第五条设想如下:"尽力推动中国学生赴美国攻读图书馆学。我们需要训练有素的图书馆员为公众提供高效的图书馆服务。"①

2 月

文华大学编印章程,介绍该校概况。该章程显示,当时文华大学开办文科、商科、图书馆科(附设图书馆特别科)、理科、中国文学科、神学科等六科。各科学制如下:"神科三年,其余各科四年,图书馆特别科一年。"图书馆科即文华图书科,其下附设图书馆特别科(相当于图书馆学讲习班,学制一年),但当时其实并未招生。二者的课程设置如下:

图书馆科:

国文,英文,法文或德文,美国史,宗教,物理,经济,打字,目录及标题分类法,书之选择及批评,参考法,图书馆经济,心理,商业尺牍及商业文,中国文书籍图书馆布置法,欧洲文学,教育,哲学史,世界大事,社会调查,图书馆实习。

附设图书馆特别科:

英文目录及标题,中文目录,英文书分类法,中文书分类法,英文书选择,中文选择,英文书参考,中文书参考,英文图书馆经济,中文图书馆经济,打字,宗教,实习。②

日本《联太平洋》(*The Trans-Pacific*)第 4 卷第 2 期登载戴志骞撰写的"Libraries Aid in Educating China"(《图书馆助力中国教育事业》),其内容与 1921 年 1 月《美国图书馆协会会报》第 15 卷第 1 期所载《中国之

---

① TAI T C. Library movement in China[J]. Bulletin of the American Library Association,1921,15(1):58 – 63.

② 商务印书馆编译所. 全国专门以上学校指南[M].上海:商务印书馆,1923:(第二编大学校)69 – 70.

图书馆运动》基本相同①。

3 月 9 日

贾丰臻(字季英)参观西蒙斯学院(当时称"波士顿私立西孟女子大学校")时,注意到该校开设八个分科(院系),其中包括图书馆学校,"入学者为中学卒业生,学费每年二百元,四年卒业者得学位"②。

4 月 4 日

菲律宾大学举行第 11 次年度毕业典礼,杜定友同时获颁理学士学位(图书馆学专业)③、理学士学位(教育学专业)④与中学教师资格证书(High School Teacher's Certificate)⑤。此前杜定友一连三个月足不出户,撰就《中国书与图书馆》《菲律宾华侨教育史》《菲律宾华侨教育会改组计划》三篇论文,得以顺利毕业⑥。杜定友在《中国书与图书馆》第 18 章论及图书馆学教育问题,认为任何外国图书馆学校都无法培养出能够适应中国图书馆实际需要的图书馆学者⑦。

4 月 12 日

贾丰臻参观英国伦敦大学(University of London)。他后来称该校语言学专业非常有名,"此外如建筑学及养成图书馆管理员均甚善"⑧。

4 月 30 日

杜定友离开菲律宾,启程返回中国⑨。

---

① TAI T C. Libraries aid in educating China[J]. The trans-pacific,1921,4(2):63-66.

② 贾丰臻. 视察教育世界一周记[M]. 上海:商务印书馆,1921:100.

③ The University of the Philippines. Eleventh annual commencement of the University of the Philippines[M]. Manila:Bureau of Printing,1921:49.

④ The University of the Philippines. Eleventh annual commencement of the University of the Philippines[M]. Manila:Bureau of Printing,1921:52.

⑤ The University of the Philippines. Eleventh annual commencement of the University of the Philippines[M]. Manila:Bureau of Printing,1921:51.

⑥ 王子舟. 杜定友和中国图书馆学[M]. 北京:北京图书馆出版社,2002:205.

⑦ 杜定友. 图书馆学的内容和方法(未完)[J]. 教育杂志,1926,18(9):1-15.

⑧ 贾丰臻. 视察教育世界一周记[M]. 上海:商务印书馆,1921:168.

⑨ 杜定友. 百城生活(三)[J]. 佟德山,整理. 图书馆园地,1987(3):14-30.

5月27日

包文和克乃文分别致函纽约州立图书馆学校校长詹姆斯·英格索尔·怀尔(James Ingersoll Wyer),向其推荐李小缘入读该校。这两封推荐信均系打印件,使用带有"金陵大学校长办公室"抬头的信纸,落款处分别有包文和克乃文的亲笔签名。包文在信中指出,为了送李小缘赴美留学,其家人做出了很大的牺牲,不得不找人借了一大笔钱。克乃文在信中对李小缘在金陵大学的求学与工作表现赞赏有加,并且希望纽约州立图书馆学校能够为李小缘在生活和费用方面提供帮助。他还对洪有丰的举动提出严厉批评,指出:"非常感谢您在过去两年间为洪有丰先生所做的一切。但是,洪先生个人令我们非常失望,因为他对大家都理解的义务视而不见,在并未事先通知我们的情况下接受了一个比留在本馆最初可以拿到的薪水略高的职位,令我们陷入了困境。他的这次背叛导致我们不得不突然改变之前制定的跟本馆发展相适应的人事计划。李小缘先生前往美国深造就是我们当前这个计划的一部分。我们还希望本馆另一位现任职工刘国钧先生以后也有机会前往美国接受图书馆培训。"①

5月底②

袁同礼前往美国国会图书馆中文部担任临时编目员③,1921年9月30日离开④。

6月10日

上午,纽约州立图书馆学校举行毕业典礼,洪有丰获颁图书馆学学士学位⑤。毕业之后,洪有丰返回中国,继续从事图书馆工作。

---

① New York State Library School records 1887 – 1967[A]. 哥伦比亚大学珍本与手稿图书馆,案卷号:Series III:1992 Addition,Box 61. 按:哥伦比亚大学珍本与手稿图书馆所藏"纽约州立图书馆学校档案(1887—1967)"(New York State Library School Records 1887 – 1967)所藏李小缘档案包括李小缘寄给纽约州立图书馆学校的入学申请书、包文和克乃文为其撰写的推荐信、李小缘在金陵大学和纽约州立图书馆学校两校求学时的成绩单等珍贵档案。

②④ 袁同礼. 袁同礼先生自美来信[J]. 清华周刊,1921(228):22 – 24.

③ Seniors:class of 1923[J]. University of the State of New York Bulletin,1923(792):6 – 7.

⑤ Degrees and commencement[J]. University of the State of New York Bulletin,1921(745):11.

暑假

文华图书科 6 名学生前往清华学校图书馆实习,从事图书目录的编制工作①,未悉详情。

7 月 13 日

"日本皇后号"轮船(S. S. Empress of Japan)从香港出发②。该船抵达上海时,李小缘登船,其目的地为纽约州立图书馆学校。8 月 3 日,该船抵达加拿大不列颠哥伦比亚省省会维多利亚。李小缘随即从那里转赴美国,先到佛蒙特州圣奥尔本斯,然后前往纽约③。

7 月 28 日

安徽暑期讲演会在安庆举行,8 月 20 日结束④。洪有丰出席,原本计划连讲"图书馆组织法及欧美图书馆情形"(8 月 3 日下午)、"图书馆之重要"(8 月 4 日上午)、"图书馆与教育"(8 月 4 日下午)、"设立图书馆方法"(8 月 5 日上午)、"英国图书馆历史"(8 月 5 日下午)五场⑤,但实际仅连讲"图书馆的重要"(8 月 3 日晚上 7—8 时)、"欧美图书馆的情形"(8 月 3 日晚上 8—9 时)、"图书馆组织法"(8 月 4 日上午 8—10 时)三场⑥。

7 月

美华书馆(The Presbyterian Mission Press)印行金陵大学汇编的 *Report of the President and the Treasurer for the Year* 1920 – 1921[《金陵大学校长及司库年度报告(1920—1921)》],该报告被列为 *University of Nanking Bulletin*(《金陵大学布告》)第 6 卷第 4 期。金陵大学校长包文

① 图书馆[J].清华周刊,1921(223):113.

② Vermont,St. Albans Canadian Border Crossings,1895 – 1954[EB/OL].[2018 – 07 – 05]. https://www. familysearch. org/ark:/61903/3:1:3QS7 – 9981 – 499S-G? i = 840&cc = 2185163.

③ Vermont,St. Albans Canadian Border Crossings,1895 – 1954[EB/OL].[2018 – 07 – 05]. https://www. familysearch. org/ark:/61903/3:1:3QS7 – 9981 – 499Q-D? i = 841&cc = 2185163.

④ 组立暑期讲演会[N].时报,1921 – 07 – 22(11).

⑤ 安徽暑期讲演会[N].申报,1921 – 08 – 06(11).

⑥ 安徽暑期讲演会之经过[N].时事新报,1921 – 08 – 28(6);高一涵. 新西游记(六) [N].晨报,1921 – 09 – 15(7).

在其提交的"校长报告"之"图书馆"部分中指出：

> 我们容易忽略,在克乃文先生、刘国钧先生及其他职员的指导下,很多学生正在本校图书馆接受极好且实用的培训。这一年里,已经有 21 名学生担任图书馆助理。他们必须在特定的时间,干净利落、井然有序地完成各自非常明确的职责。他们接受培训和指导,所有工作都要经过认真核查,以便保持极高水准;所有工作都要求他们必须忠诚、正直。所有这一切的教育意义非常重大,对没有接受过多少严格培训、没有掌握精确方法的中国学生来说尤是如此。我们恰恰是从这些学生助理当中培养了一些最为优秀的图书馆员。洪有丰先生和朱家治先生现在是南京高等师范学校图书馆馆员;李小缘先生刚刚启程前往美国接受图书馆培训,以后将返回本校;刘国钧先生现在是本校图书馆副馆长,稍后亦将出国深造;本校图书馆职员当中的其他一些极有前途的青年男子同样在馆内接受过这种实用培训。一旦本校图书馆职员队伍稍微壮大,并且有更多的人接受过图书馆技术与实用培训,我们希望可以创办一个更加正规且系统的图书馆培训学校。我们相信这将对中国非常重要,因为中国对训练有素的图书馆员的呼声必定越来越高涨;它可以从[本校图书馆]这个极其重视实践的职业基地发展起来。①

8 月 16 日

广州市民大学举行特别演讲大会,杜定友应邀讲演"图书馆与市民教育"②。讲演完毕,杜定友将其讲义交由广州市民大学教务处刊印,装订成册,然后发给学生参阅③。

9 月 6 日

杜定友受聘担任最新创办的广州市立师范学校校长④,同时兼任心

---

① Library[M]//University of Nanking. Report of the president and the treasurer for the year 1920 – 1921. Shanghai:the Presbyterian Mission Press,1921:37 – 40.

②④ 王子舟. 杜定友和中国图书馆学[M]. 北京:北京图书馆出版社,2002:210.

③ 上海民国日报社. 新建设的中国(上海民国日报六周年纪念增刊)[M].上海:民国日报社,1922:(第四章 教育)27 – 30.

理学教员①。他迅即积极筹备招生办学,"暂定一年毕业,不收学费,教授专门科学,如教育哲学、教授原理、管理法、心理学、伦理学、社会学、图书科学等,及各科学教授法。注重实习方面,以期造就专门人才,以应急需"②。此处所说的"图书科学"即图书馆学。

9 月 29 日

袁同礼在美国国会图书馆给清华学校图书馆写了一封英文信件。该信的部分内容被译成中文,载于 1921 年 12 月 2 日《清华周刊》第228 期。袁同礼在信中提道:"我在美国国会图书馆里四个月所得的经验,比之在清华服务四年还强。"通过研究,他认识到"图书学"(即图书馆学)是一门范围广泛的学科,所以他"希望吴君可以研究图书事业。如果稍事涉猎,那就晓得图书学是和其他学问紧紧地关连着的。对于中国书籍,我们很有可以整理的地方。中国现正需要一个图书管理,学问也好并且能应用科学的方法。听说蔡君要学图书学,我很希望他不要改。请代我改意蔡君。如果我能够帮助他,我很愿意尽一点力。"③由此可见,袁同礼此时已经意识到中国对图书馆专门人才的巨大需求,也注意到图书馆专门人才培养的重要意义,所以极力劝说别人研究图书馆学。该信提到的"吴君"指当时在清华学校图书馆工作的吴汉章,他后来于 1928 年 8 月赴美留学;至于"蔡君",则不知其详。

9 月

姬振铎改为进入布法罗大学(University of Buffalo)学习图书馆学④。在读期间,他还到布法罗当地的格罗夫纳图书馆(Grosvenor Library)兼职⑤。

焦芳泽入读卡内基图书馆学校⑥。

李小缘入读纽约州立图书馆学校,1923 年 6 月毕业并获图书馆学学士学位。在读期间,他曾到纽约州立图书馆实习,担任助理编目员

① 退职教职员题名录(十三年九月调查)[J].市师杂志,1924(1):(校务报告)51.

② 粤市立师范实行开办[N].民国日报,1921-09-16(8).

③ 袁同礼.袁同礼先生自美来信[J].清华周刊,1921(228):22-24.

④ The University of Buffalo. Tenth annual catalogue of the college of arts and sciences 1921-1922[M]. Buffalo, N. Y. :The University of Buffalo,1922:69.

⑤ Staff[J]. The grovenor library bulletin,1921,4(1):34.

⑥ Student register,1921-1922 [M]//Carnegie Institute. Catalogue of the Carnegie Library School:twenty-second year 1922-1923. Pittsburgh:Carnegie Library,1922:51-52.

（assistant cataloguer）。1922—1924 年,他连续三个暑假到美国国会图书馆中文部担任助理馆员（assistant librarian）①。

10 月 4 日

广东全省教育委员会召开会议,议决开办图书馆管理员养成所,以培养中等以上学校图书馆管理员,同时计划饬令各校派一名教员或职员前来学习,讲习时间暂定为 50 小时②。此时,杜定友已经受聘担任广东全省教育委员会图书仪器事务委员。

10 月 6 日

上午,广州市立师范学校举行开学典礼③。其后,杜定友在该校开设一门图书馆学必修课程,称"图书科"或"图书管理科"。目前所见,这是中国的师范学校首次开设图书馆学必修课程。该学科宗旨如下:"（一）指导学生利用图书,以资参考。（二）预备学生毕业后用其指导儿童用书之方法。（三）养成学校图书管理人才。"因此,该课程"完全注重实习,使学生将本校图书亲手整理并肩管理之责"④。为鼓励学生学好该课程,杜定友出资 36 元,用于奖励好学者,供其添购书籍⑤。

10 月

李大钊应邀到北京女子高等师范学校国文部讲演"关于图书馆的研究"。其讲演内容后来分三次连载于 1921 年 10 月 24 日、11 月 7 日和 11 月 14 日《益世报》（北京版）之"女子周刊"⑥,署"李大钊先生讲,自强笔记"。李大钊开首便指出:"在中国今日,管理图书馆者,多无专门智识。女界于此,若能先事研究,养成图书馆人才,他日此种事业,自能得优先权利。"然后,他先向听众简要介绍图书馆的主要事务,包括图书的征集、购置、赠送、登录、盖章、分类、编目、借还等,随即分别介绍美国 17 所主要图书馆学校,最后提出:"国内女子图书馆人才极缺乏,若能要求

---

① New York State Library School Association. New York State Library School register 1887 – 1926［M］. New York：New York State Library School Association,1928：155.

② 本所要事纪［R］//广东全省教育委员会. 图书馆管理员养成所报告：第一期. 广州：广东全省教育委员会,1922：80 – 82.

③⑤ 王子舟. 杜定友和中国图书馆学［M］. 北京：北京图书馆出版社,2002：211.

④ 编制及课程［J］. 市师范杂志,1924（1）：（校务报告）7 – 14.

⑥ 《女子周刊》是《益世报》（北京版）的附刊,每周一随报附送；每期四版,单独排列版次。

学校增设图书馆讲习科,岂但图书馆幸甚,女界也幸甚。"①李大钊此次讲演引起听众的浓厚兴趣,"因为图书馆员的职业,于女子最为相宜。后来国文部主任胡小石先生和国文部诸先生倒很想添设这门功课,可惜中国现在研究此种学问的尚少,教员实不易得人"②。

袁同礼到哥伦比亚大学研究生院攻读硕士学位③。不过,哥伦比亚大学收费颇高,"各种功课每积点需洋八元",所以他不得不考虑兼职赚钱或转入他校,并计划"于明年九月入纽约州立大学图书馆学校(即纽约州立图书馆学校)"④。

杜定友以广东全省教育委员会的名义拟具《推广全省学校图书馆计划书》(或称《推广广东全省学校图书馆计划书》⑤),提出以下五条计划:

一、由教育委员会通告全省学校增设图书馆。

二、设立图书审查会,及教育委员会图书馆,以便编订书目。

三、通告全省各师范学校设图书科,以研究指导儿童用书之方法。

四、设图书馆管理员养成所,以养成图书馆管理人才。

五、设调查部,以调查各图书馆成绩,及谋改良之方法。⑥

11 月 3 日

受北洋政府交通部资助派遣,杨昭恕从上海乘坐"太洋丸"轮船(S. S. Taiyo Maru)前往美国⑦,11 月 27 日抵达加利福尼亚州旧金山⑧。随后,他进入南加利福尼亚大学,学习政治学,1924 年 6 月毕业,获颁政治学硕士学位⑨。

---

① 李大钊. 关于图书馆的研究[M]//李大钊. 李大钊全集:第三集. 朱文通,等,整理. 石家庄:河北教育出版社,1999:656 – 661.

② 守常. 美国图书馆员之训练[N]. 晨报,1921 – 12 – 01(7 – 8).

③ 袁同礼. 袁同礼先生自美来信[J]. 清华周刊,1921(228):22 – 24.

④ 图书馆新接到的一封信[J]. 毕树棠,译. 清华周刊,1922(234)234:12 – 16.

⑤ 杜定友. 图书馆学概论[M]. 上海:商务印书馆,1927:130.

⑥ 温仲良. 广东全省公私立图书馆通讯录[M]. 广州:广东省教育会秘书处,1931:13;温仲良. 二十年来广东省图书馆事业办理概况与其计划[J]. 广州大学图书馆季刊,1934,1(4):713 – 724.

⑦ California, San Francisco, passenger lists, 1893 – 1953 [EB/OL]. [2018 – 09 – 29]. https://www. familysearch. org/ark:/61903/3:1:33SQ-G5GN-GCD? i = 32&cc = 1916078.

⑧ California, San Francisco, passenger lists, 1893 – 1953 [EB/OL]. [2018 – 09 – 29]. https://www. familysearch. org/ark:/61903/3:1:33S7 – 95GN-LRG? i = 31&cc = 1916078.

⑨ University of Southern California. Circular of Information 1924 – 1925[M]. Los Angeles:University of Southern California,1925:40.

11 月 16 日

国立东南大学第三次评议会修正通过该校图书委员会拟订的《东南大学图书馆计划书》,其中提道,"图书馆学校:欧美各国对于图书馆一科极有研究,并创设学校以培植此项专门人才。吾国近亦渐知图书馆之重要,但此种人才甚为缺乏,今拟就本馆之事业及经验设立图书馆学校以造就此项人才,为将来图书馆之扩充"①。不过,国立东南大学后来实际并未创办图书馆学校,仅在暑期学校中加设图书馆学专业课程。

11 月 22 日

中国基督教教育调查会(The China Educational Commission)开始在上海召开常会,讨论之前调查所得的各种材料,1922 年 1 月 24 日结束②。随后,该会提交一份内容详尽的调查报告,这份调查报告由北美外国差会大会咨询及顾问委员会(Committee of Reference and Counsel of the Foreign Missions Conference of North America)和商务印书馆分别在美国纽约、中国上海出版,正题名均为 Christian Education in China(《中国基督教教育事业》),但副题名略有不同。1922 年 8 月,商务印书馆推出该书的中文译本。该书第 4 卷"教育上特别问题"(Special Problems of Education)第 7 章"图书馆问题"(School and College Libraries)第 3 节"图书馆管理员"(Librarian)指出:"在小学校及大多数之中学校教员或一年长之学生皆可任图书馆管理员之责。但学校范围如较为广大而有一图书阅览室者,则当专聘一图书馆管理员以掌其事。惟学校之能聘用一外洋之有训练的图书馆管理员者,即求之专门学校中亦不可多得。按一般之情形观之,则常以一外国教师担任管理图书之责任,而以一二就地养成之中国人员助理之。然据吾人之意见,则不如聘请一有经验之中国图书馆管理员,并以一二专任助员及若干学生助员以辅佐之。然无论此法是否采用,学校中之教员必可组织一图书委员会,以监视及计划关于图书上之事务。在中国基督教专门学校中当有一校附设一图书馆管理员之养成科。现幸文华大学(Boone University)已有此科,而他校乃可不必再为同样之设备矣。在该大学中已设有一三年之图书馆管理员专科,以养成合格之

---

① 东南大学图书馆计划书[G]//《南大百年实录》编辑组 . 南大百年实录:上 中央大学史料选 . 南京:南京大学出版社,2002:186 - 187.

② 中国基督教教育调查会 . 中国基督教教育事业[M]. 上海:商务印书馆,1922:6.

图书馆人才,并附设短期科以为造就中外图书馆员及助员之用焉。"①

11 月 29 日

广东全省教育委员会召开委员会议,修订《图书馆管理员养成所简章》,规定各校只能选派现任教员或职员前来学习,讲习结束后学员可以获颁文凭②。

11 月

李大钊应邀到北京女子高等师范学校讲演"美国图书馆员之训练",进一步介绍美国 17 所主要图书馆学校,同时继续倡导开办图书馆学教育。其讲演内容后载于 1921 年 12 月 1 日《晨报》第 7—8 版,署名"守常"③。

12 月 17 日

东吴大学图书馆主任郎罗得女士(Miss Ruth Longden,或称"龙璐得"④等)参观金陵大学图书馆,并与刘国钧进行交流。刘国钧向其表示,他对威斯康星大学图书馆学校很感兴趣,所以打算于 1922 年夏天赴威斯康星大学留学两年,同时攻读图书馆学和哲学两个专业。郎罗得女士承诺帮他咨询相关事宜,同时建议他加强打字训练⑤。

12 月 18 日

郎罗得女士致函威斯康星大学图书馆学校校长赫泽尔苔女士(Miss

---

① 中国基督教教育调查会. 中国基督教教育事业[M]. 上海:商务印书馆,1922:310 – 311;Christian education in China:a Study made by an education commission representing the mission boards and societies conducting work in China[M]. New York:Committee of Reference and Counsel of the Foreign Missions Conference of North America,1922:355 – 356;Christian education in China:the report of the China educational commission of 1921 – 1922[M]. Shanghai:Commercial Press,1922:316 – 317.

② 本所要事纪[R]//广东全省教育委员会. 图书馆管理员养成所报告:第一期. 广州:广东全省教育委员会,1922:80 – 82.

③ 守常. 美国图书馆员之训练[N]. 晨报,1921 – 12 – 01(7 – 8). 按:原文并未注明李大钊发表此次讲演的具体日期,但文中提到"前月我在女高师国文部讲演这个问题",故而推断演讲日期应当是 1921 年 11 月.

④ 中西女塾. 中西女塾章程[M]. 上海:中西女塾,1925:6.

⑤ Ruth Longden's letter to Miss Hazeltine,December 18,1921 from Soochow,China[A]. 威斯康星大学档案馆,案卷号:不详.

Mary Emogene Hazeltine),向其转达刘国钧的愿望与想法,并请其给刘国钧寄去一份威斯康星大学图书馆学校章程及组合课程的介绍(combined course)①。通过郎罗得女士的介绍,刘国钧此后与赫泽尔苔女士进行了一系列通信交流,为他于次年赴美留学铺平了道路。

12 月 19 日

广东全省教育委员会发布第一次训令,要求全省各中等以上学校派送现任教员或职员一人到图书馆管理员养成所参加学习②。

本年

鉴于《仿杜威书目十类法》已经绝版,而各地图书馆仍不时来信索要,沈祖荣与胡庆生相互探讨,同时听取文华图书科第一班学生的意见,对该书进行修订③。

"满铁"图书馆开始向日本文部省图书馆讲习所派遣进修人员④。

---

① Ruth Longden's Letter to Miss Hazeltine,December 18,1921 from Soochow,China[A]. 威斯康星大学档案馆,案卷号:不详.

② 公牍[R]//广东全省教育委员会. 图书馆管理员养成所报告:第一期. 广州:广东全省教育委员会,1922:6 – 7.

③ 沈祖荣,胡庆生. 仿杜威书目十类法[M]. 修订版. 武昌:文华公书林,1922:3 – 4.

④ 任家乐,刘春玉. 20 世纪上半叶日本在华图书馆学教育研究:以满铁图书馆业务研究会为据[J]. 图书馆建设,2018(11):73 – 74.

1922 年

◎ 文华图书科培养图书馆学本科第一届毕业生

◎ 尚公学校自治讲习所率先面向小学生开设图书馆学课程

◎ 杨孝斌提议在女校添设图书馆学科

◎ 图书馆管理员养成所成功举办,师生共同组织图书馆研究会

◎ 杜定友拟订《广东图书馆教育计划》

◎ 中华教育改进社第一届年会关注图书馆学教育

◎ 刘国钧在金陵大学第二届暑期学校讲授图书馆学,随即赴美留学

1 月 8 日

文华大学举行毕业典礼,陈宗登、黄伟楞与裘开明获颁文学士学位与文华图书科毕业证书①。他们是文华图书科图书馆学本科第一届毕业生(第一批)②(见表 1922 – 1)。毕业之后,裘开明受聘担任厦门大学图书馆主任③,黄伟楞和陈宗登分别前往商务印书馆编译所图书馆和政治学会图书馆接替胡芬和田洪都④。根据商务印书馆历年编印的《商务印书馆通信录》,1922—1924 年,黄伟楞任职于商务印书馆编译所

---

① 毕业典礼志盛[J]. 文华月刊,1922,2(1):9. 转引自:程焕文. 中国图书馆学教育之父:沈祖荣评传[M]. 台北:台湾学生书局,1997:42. 按:毕业典礼日期或为 1921 年 1 月 15 日(程焕文. 裘开明年谱[M]. 桂林:广西师范大学出版社,2008:11.)。

② 在文华图书科图书馆学本科第一班八名学生当中,"快乐六君子"(裘开明、黄伟楞、陈宗登、桂质柏、许达聪、查修)分成两批在 1922 年 1 月、6 月先后毕业,故而他们实为"一班两届"(程焕文. 中国图书馆学教育之父:沈祖荣评传[M]. 台北:台湾学生书局,1997:42.)。但是,由于他们既是同时入学,又同在 1922 年毕业,所以后世大多将其归为文华图书科图书馆学本科第一届毕业生(彭敏惠. 文华图专珍稀史料图录[M]. 武汉:武汉大学出版社,2020:272.)。

③ 程焕文. 裘开明年谱[M]. 桂林:广西师范大学出版社,2008:11.

④ 王玮. 文华图书科首班"流失"学生考[J]. 图书馆论坛,2020(11):115 – 124.

图书馆①,此后情况不详,但他在 1929 年 1 月以前就已经英年早逝②。

表 1922 – 1　文华图书科图书馆学本科第一届毕业生(第一批,1922 年 1 月)一览

序号	姓名	字号	性别	籍贯	学位	毕业后最初去向	备注
1	陈宗登	尺楼	男	江苏江都	文华大学 文学士	政治学会图书馆	后以字行, 称"陈尺楼"
2	黄伟楞		男	湖南衡阳	文华大学 文学士	商务印书馆 编译所图书馆	
3	裘开明	闇辉	男	浙江镇海	文华大学 文学士	厦门大学图书馆	

注:关于文华图书科(文华图专)历届毕业生一览,系参考各种资料制作而得。主要资料来源包括(后文不再一一说明),《文华图专珍稀史料图录》(彭敏惠,武汉大学出版社,2020)、《武汉大学信息管理学院校友名录》(1920—2020)[《武汉大学信息管理学院校友名录(1920—2020)》编委会,武汉大学,2020]、《文华图书科季刊》(《文华图书馆学专科学校季刊》)(1929—1937)、《中华图书馆协会会报》(1925—1948)、武汉大学档案馆馆藏"私立武昌文华图专档卷"、《近代图书馆档案汇编:第一辑》(全四册)(姚乐野、马振犊,国家图书馆出版社,2021)。

值得注意的是,文华大学随即调整学制,将春季入学改为秋季入学,毕业典礼亦相应地由冬季举行改为夏季举行。但从实际情况来看,亦有少数毕业生于冬季毕业并获颁学位。

1 月 28 日

尚公学校开始筹备试行儿童自治事业,4 月 30 日结束。该阶段的相关活动包括"研究儿童自治的原理原则""参考了几个有名学校施行儿童自治的办法""开办自治讲习所""选备自治事业上的应用物件"。尚公学校自治讲习所旨在"养成各自治机关的管理人才",下设青年会管理法科、图书馆科、巡察团科、银行科、新闻科;各科均由一名教师主讲,另请数名教师助讲,均为义务兼职。通过测验的学生获颁毕业证书,然后可以正式充任各自治机关的管理人员。其中,图书馆"各级图书馆委员必须加入,余额招生",其讲义大纲包括"儿童图书分类法(自、文、社、

---

① 郑峰. 多歧之路:商务印书馆编译所知识分子研究(1902—1932)[D].上海:复旦大学,2008:137 – 145.

② 吴鸿志. 武昌文华图书科之过去、现在及其将来(未完)[J].文华图书科季刊,1929,1(1):105 – 111.

体、艺、杂志）""书籍防蛀法""阅书经济法""借书还书手续""阅书时应守的规则"，但实际有所调整。具体而言，自治讲习所图书馆科于3月13、16、20日分三次讲授"分类保管法"，3月20日讲授"图书馆组织法"，3月28日讲授"阅书法"，3月30日进行测验①。目前所见，这是中国小学首次面向学生开设图书馆学课程。

1 月

杜定友以广东全省教育委员会的名义先后向广东省政府呈递《图书馆管理员养成所简章》初稿与重订稿②。

文华公书林刊印沈祖荣与胡庆生合编的《仿杜威书目十类法（修订版）》。

2 月 1 日

广东省省长陈炯明核准广东全省教育委员会重订的《图书馆管理员养成所简章》③。

图书馆管理员养成所简章

一、本所由广东全省教育委员会主办，以养成图书馆管理员为宗旨。

二、本所先办第一期，由全省中等以上学校各派现任职员或教员一人来所学习。

三、本所地址设在本会图书馆内。

四、第一期准于民国十一年三月廿七日开始，暂定修业期为三星期。

五、每星期上课三十六小时，每日上午九点至十二点为教授时间，下午一点至四点为实习时间。

六、本所所长由广东全省教育委员会图书事务委员兼任，本所庶务由委员会图书馆管理员兼任。

七、本所聘请富有图书学识及经验者为教员。

八、本所所授课程如下：

（一）图书学通论④　　（二）学校图书馆　　（三）书

---

① 杨彬如．儿童自治施行实况（未完）[J]．教育杂志，1924，16（7）：1－35.

②③ 段云章，倪俊明．陈炯明集：下[M]．广州：中山大学出版社，2007：758－759.

④ "图书学通论"课程后改称"图书馆学通论"。此外，后来实际增设了一门"目录排列法"课程。

（四）儿童图书　　　（五）选择法　　　（六）购订法

（七）登记法　　　　（八）校对法　　　（九）盖章法

（十）分类法　　　　（十一）编目法　　（十二）排字法

（十三）制标目法　　（十四）排书法　　（十五）借书法

（十六）修书法　　　（十七）藏书法　　（十八）存书法

（十九）统计法　　　（二十）图书馆历史及各国图书馆状况

（廿一）参考书　　　（廿二）广告术①

2月22日

广东全省教育委员会发布第二次训令,要求全省各中等以上学校派送现任教员或职员一人到图书馆管理员养成所参加学习②。

2月

国立东南大学教育学系教育行政门开设一门"学校与图书馆"课程,一学期授毕,每周授课3小时,计3学分③。当时,国立东南大学图书部职员仅有4人,即洪有丰(字范五,美国纽约州立图书馆学校毕业,时为主任)④、朱家治(字慕庐,金陵大学文科毕业,时为助理)⑤谢家禧(字鸿生,南京高等师范学校教育科毕业,时为助理)⑥与顾天枢(字斗南,后以字行,青年会求实学校毕业,时为助理)⑦。不过,当前尚不清楚这门"学校与图书馆"课程是由谁教授。

---

① 图书馆管理员养成所简章[R]//广东全省教育委员会.图书馆管理员养成所报告:第一期.广州:广东全省教育委员会,1922:8－9.

② 公牍[R]//广东全省教育委员会.图书馆管理员养成所报告:第一期.广州:广东全省教育委员会,1922:6－7.

③ 国立东南大学.国立东南大学一览(民国十一年二月)[M].南京:国立东南大学,1922:86.

④ 国立东南大学.国立东南大学一览(民国十一年二月)[M].南京:国立东南大学,1922:26.

⑤ 国立东南大学.国立东南大学一览(民国十一年二月)[M].南京:国立东南大学,1922:22.

⑥ 国立东南大学.国立东南大学一览(民国十一年二月)[M].南京:国立东南大学,1922:36.

⑦ 国立东南大学.国立东南大学一览(民国十一年二月)[M].南京:国立东南大学,1922:37.

3 月 14 日

《晨报》第 2 版刊登北京高等师范学校图书馆讲习会学员杨孝斌于 1922 年 3 月 9 日在北京撰写的《女校添设图书馆学科之商榷》。杨孝斌指出:"大凡普通人心理,以为从事于图书馆馆员的,只有稍通文墨,即尽人可做。不知道想要图书馆事业的活用,得以辅助教育,必须有专门教育养成所,造就这项人才,图书馆的教育才能渐次发达。"他认为,女性适宜从事图书馆工作,故而主张北京女子高等师范学校"添设图书馆学科,发挥图书馆的教育,养成图书馆的馆员,以供给各地图书馆的需要"①。

3 月 19 日

图书馆管理员养成所发布通告,催促各校选派的学员尽快前来报到②。

3 月 27 日

上午,图书馆管理员养成所举行开学仪式③。国立广东高等师范学校图书馆主任黄希声,广东全省教育委员会委员长陈宗岳(字伯华)、委员雷沛鸿(字宾南)和温端生及各科科长等人出席。杜定友首先报告图书馆管理员养成所开办情形,然后黄希声、陈宗岳、雷沛鸿与温端生相继发表讲话④,最后众人合影留念⑤。

下午,图书馆管理员养成所全体学员赴广东全省教育委员会图书馆,每人阅读两本书,然后报告书中内容⑥。

3 月 28 日

图书馆管理员养成所正式开始上课⑦,4 月 19 日举行闭学仪式⑧。

---

① 杨孝斌. 女校添设图书馆学科之商榷[N]. 晨报,1922 – 03 – 14(2).

② 公牍[R]//广东全省教育委员会. 图书馆管理员养成所报告:第一期. 广州:广东全省教育委员会,1922:6 – 7.

③⑥⑦ 本所要事纪[R]//广东全省教育委员会. 图书馆管理员养成所报告:第一期. 广州:广东全省教育委员会,1922:80 – 82.

④ 开学纪[R]//广东全省教育委员会. 图书馆管理员养成所报告:第一期. 广州:广东全省教育委员会,1922:10 – 15.

⑤ 广东全省教育委员会图书馆管理员养成所开学摄影(民国十一年三月二十七日)[R]//广东全省教育委员会. 图书馆管理员养成所报告:第一期. 广州:广东全省教育委员会,1922:插页.

⑧ 散学纪[R]//广东全省教育委员会. 图书馆管理员养成所报告:第一期. 广州:广东全省教育委员会,1922:74 – 79.

其间,4月5日,时值清明节,广州全市各类学校放假一日,但图书馆管理员养成所照常上课。4月8日,时值中华民国国会成立纪念日,图书馆管理员养成所上午照常上课,下午停止实习①。

据广东全省教育委员会于1922年5月编印的《图书馆管理员养成所报告(第一期)》所载"毕业摄影座次表"②与"同学录"③,杜定友担任图书馆管理员养成所所长兼教员,穆耀枢、陈德芸与潘威3人为教员,孤志成任文牍(见表1922-2),学员共有65人,而非一般所说的52人④。这65位学员包括:曹宗荫、陈和仁、陈文显、陈延龄、陈泽霖、成晓勤、成醒狮、邓玉森、杜幸安、方少衡、甘载兴、古燮寰、关嘉、关陶铸、何百希、何拜言、何鉴尧、何庆栋、黄龙裳、黄载清、郎擎霄、李钧荣、李维真、李英倬、梁朝树、梁春华、梁肇嘉、林景宣、林树樾、林昭珊、刘启贤、刘舜英、龙华英、罗植荣、蒙家骧、欧明孙、潘祖森、祁学兴、全光亚、史季和、苏棣华、谭启灿、谭以新、谭兆萱、韦慎修、吴俊卿、冼瘦梅、萧庆祺、徐敦烈、徐上进、许赓梅、杨泗荪、姚传泰、叶庭辉、曾旦卿、张继善、张炯、郑蕙斌、郑锦清、郑乃济、郑守一、郑文卿、钟宝善、周书升、祝国张。

表1922-2　图书馆管理员养成所教职员一览

序号	姓名	职务	履历
1	杜定友	所长兼教员	广东全省教育委员会委员、广州市立师范学校校长
2	穆耀枢	教员	天津孔德中学前校长、广东全省教育委员会职员
3	陈德芸	教员	岭南大学助理教授兼图书馆副馆长
4	潘威	教员	广州市大文堂书坊修书匠师
5	孤志成	文牍	广东全省教育委员会职员

资料来源:广东全省教育委员会.图书馆管理员养成所报告:第一期[R].广州:广东全省教育委员会,1922:19,83.

注:原书称陈德芸为"岭南大学教授兼图书馆管理主任",但他实为岭南大学助理教授兼图书馆副馆长(Canton Christian College. Bulletin No. 32, catalogue 1922-1923[M].Guangzhou:the College Press,1922:6.),此处径改之。

---

①　本所要事纪[R]//广东全省教育委员会.图书馆管理员养成所报告:第一期.广州:广东全省教育委员会,1922:80-82.

②　毕业摄影座次表[R]//广东全省教育委员会.图书馆管理员养成所报告:第一期.广州:广东全省教育委员会,1922:插页.

③　同学录[R]//广东全省教育委员会.图书馆管理员养成所报告:第一期.广州:广东全省教育委员会,1922:83-87.

④　王子舟.杜定友和中国图书馆学[M].北京:北京图书馆出版社,2002:212-213;程焕文.序[M]//杜定友.杜定友文集:第1册.广州:广东教育出版社,2012:8.

图书馆管理员养成所编有一份课程表,但该课程表开列的课程名称与《图书馆管理员养成所简章》开列的课程名称略有不同,且实际上课时有所调整(见表1922 - 3)。

表 1922 - 3　图书馆管理员养成所课程一览

序号	课程名称	学时（上课＋实习）	任课教师	备注
1	图书馆通论	4		
2	学校图书馆	4		
3	书	2		
4	购订法	3 + 6		
5	校对法	2 + 3		
6	盖章法	2 + 3		
7	参考书	2		开列练习题,以便学员更好地掌握授课内容
8	图书馆历史	3		
9	分类法	4 + 12		开列练习题,以便学员更好地掌握授课内容
10	制标目法	2 + 1	杜定友、穆耀枢、陈德芸（具体分工不详）	
11	排书法	3		
12	借书法	1 + 3		"借书法之实习以时间不敷,于第四星期一、二两日之夜行之"
13	存书法	2		
14	修书法	2 + 3		"修书法中之洋装修理法由本所所员梁春华教授,中装修理法由书肆之修书匠师潘威教授。梁君现任广州高等师范学校手工教员,对于洋装订制修理之法至为精熟,教授时亦甚明白。潘君之业修书以营生者,数十年经验既富于手术自灵,教授时又能金针度人,静钟待撞"
15	儿童图书	2		"儿童图书一科以时间不敷,且此次专为养成中级以上之学校图书馆员,故略而未授"

续表

序号	课程名称	学时（上课＋实习）	任课教师	备注
16	编目法	5＋4		
17	选择法	2＋9		
18	排字法	1		
19	目录排列法	1＋3		《图书馆管理员养成所简章》中并无这门课程
20	登记法	1＋3		
21	藏书法	1		
22	统计法	3		
23	广告术	2		

资料来源：广东全省教育委员会．图书馆管理员养成所报告：第一期［R］．广州：广东全省教育委员会，1922：16－17．

　　图书馆管理员养成所开学之前，已经印好大多数课程的讲义："本所讲义多已于开学前印就，如分类法、编目法书等皆系铅印，如参考书、购订法、制标目法、盖章法、藏书法、选择法、排字法、图书馆历史等均系油印。迫于时间，不得不然者也。外有借书法、登记法、校对法等并无讲义，特由教员口授，所员笔记者，一以各科简易，至不难解，一以各科要点重在实习，加之时间问题，故即略之。"①其中，《世界图书分类法》（*Doo's Universal Classification Scheme*）由东雅公司印刷1000本，《编目法》《排字法》《检查表》《编制法》《排叠法》由广益印务局各印刷1000本②，其中《编目法》分成两册印刷。值得一提的是，穆耀枢此前屡屡敦促杜定友将杜定友自己撰写的英文著作《中国书与图书馆》译成中文，但杜定友表示没有时间。于是，穆耀枢自告奋勇，代为翻译。每译一章，他就将译文交给杜定友审校。经过数月的努力，他将其中数章译成中文。在图书馆管理员养成所即将举办之际，广东全省教育委员会先行刊印其中的《世界图书分类法》一章。其用意有二：一则可以将《世界图书分类法》作为图书馆管理员养成所的教材；二则分类问题恰好是当时中国图书馆界的热门

---

　　① 教授概况［R］//广东全省教育委员会．图书馆管理员养成所报告：第一期．广州：广东全省教育委员会，1922：17．

　　② 本所经费报告［R］//广东全省教育委员会．图书馆管理员养成所报告：第一期．广州：广东全省教育委员会，1922：88．

话题,《世界图书分类法》出版后可以充当一种讨论材料①。

4 月初

鉴于"我国图书馆界从无联络机关,得失利弊,既不相知改良扩充,更不相助",图书馆管理员养成所的职员、教员与学员共同发起成立图书馆研究会,"以期相提并进,显著图书馆之效用于全国"。同时,众人推举孤志成、穆耀枢、冼瘦梅、祝国张等人起草图书馆研究会章程,并商定于4月6日开会讨论②。

4 月 6 日

下午7时,图书馆研究会举行第一次临时大会,共有38人参加,杜定友被推举为临时主席,梁朝树为临时书记。此次大会讨论决定《图书馆研究会简章》,同时议决于4月9日召开选举大会③。

4 月 9 日

上午10时,图书馆研究会召开职员选举大会。共有46人参加,孤志成被推举为临时主席、梁朝树为临时书记。此次会议首先议决各部职员数额,即编辑部10人、文牍部2人、调查部15人、庶务部3人,然后讨论职员的兼职问题,议决"凡会长及各部主任不得兼职,其有部员兼任两职以上者,得听其自由辞去若干职,但不得将所有职任完全辞去"。之后,举行选举并宣布当选的会长(杜定友)及各部职员,然后议决次日继续开会选举各部主任与职员④。

4 月 10 日

下午3时,图书馆研究会召开各部主任与职员选举大会。共有21人出席,孤志成为临时主席、梁朝树为临时书记。最终,穆耀枢当选为编辑部主任,陈德芸为调查部主任,孤志成为文牍部主任,龙华英为庶务部主任⑤。

---

① 穆耀枢. 弁言[M]//杜定友. 世界图书分类法. 穆耀枢,译述. 广州:广东全省教育委员会,1922:1.

② 附录·图书馆研究会之缘起[R]//广东全省教育委员会. 图书馆管理员养成所报告:第一期. 广州:广东全省教育委员会,1922:89.

③④⑤ 附录·会务纪录[R]//广东全省教育委员会. 图书馆管理员养成所报告:第一期. 广州:广东全省教育委员会,1922:89-90.

4 月 13 日

下午 4 时,图书馆研究会召开全体职员大会。共有 15 名职员出席,杜定友主持,梁朝树记录。杜定友中途有事离开,由穆耀枢代为主持。议决如下:"(一)由文牍部拟就征求会员启及入会格式,分寄全国各图书馆,并附寄本会章程一份。(二)由庶务部订制银质徽章,式若展书,色白无字。(三)由文牍部拟就本会印章格式,由庶务部刊刻。(四)入会基金限于本月十五日一律缴齐。(五)本月十九日开本会成立大会。"①

4 月 19 日

上午,图书馆管理员养成所职员、教员和学员自由讨论跟图书馆相关的问题②。

下午 1 时,图书馆管理员养成所举行闭学仪式。众人首先合影留念,然后举行典礼。杜定友报告图书馆管理员养成所开办情形,国立广东高等师范学校校长金曾澄发表演讲,学员代表谭兆萱致答谢词,另有多种演出③。

图书馆研究会举行成立大会④。该会旨在解决图书馆草创时期的各类问题,同时也是为会员互通声气、联络感情提供平台,以便普及图书馆学及扩充图书馆事业⑤。这是中国图书馆界的第一个学会性质的社会团体,其存在时间虽短,却开创先河,具有重大的历史意义⑥。

4 月 20 日

图书馆管理员养成所学员赴广州市立师范学校、国立广东高等师范

---

①④ 附录·会务纪录[R]//广东全省教育委员会.图书馆管理员养成所报告:第一期.广州:广东全省教育委员会,1922:89-90.

② 本所要事纪[R]//广东全省教育委员会.图书馆管理员养成所报告:第一期.广州:广东全省教育委员会,1922:80-82.

③ 散学纪[R]//广东全省教育委员会.图书馆管理员养成所报告:第一期.广州:广东全省教育委员会,1922:74-79.

⑤ 王子舟.杜定友和中国图书馆学[M].北京:北京图书馆出版社,2002:213.

⑥ 张喜梅.馆里馆外:文化名人与中国近代图书馆的创建和理论探索[M].北京:中国时代经济出版社,2013:236.

学校与岭南大学三校参观①。

晚上,穆耀枢应邀为图书馆管理员养成所学员讲演"国语之要素及其研究方法"②。

5 月 8 日

国立东南大学(南京高等师范学校)开始在《申报》和《时事新报》刊登该校第三届暑期学校招生广告。此届暑期学校计划分成小学教员组、中学生组、高等组、中等文史地教员组、图书馆管理法组、国语组、童子军组、体育专修组 8 组,共计开设 60 多种课程,6 月 1—20 日接受报名,7 月 10 日正式开始上课③。

5 月

《新教育》第 4 卷第 5 期登载朱家治撰写的《师范教育与图书馆》。朱家治在文中转录了 1921 年 12 月美国教育会(American Council on Education)召开年会时该会师范学校图书馆委员会讨论通过的几项建议。这些建议对中国师范学校开办图书馆及开设图书馆学课程颇有借鉴意义。

关于师范学校图书馆职员的任职资格,美国教育会师范学校图书馆委员会议决如下:

> 子、主任,大学或专门学校毕业,入图书馆学校研究一年,有中等学校教授经验,或从事图书馆经验三年者,此数种资格最好兼而有之。
>
> 丑、职员,大学毕业,入图书馆学校研究一年,或任过中学教授一年。④

关于师范学校应当开设的图书馆学课程,美国教育会师范学校图书馆委员会议决如下:

---

①② 本所要事纪[R]//广东全省教育委员会. 图书馆管理员养成所报告:第一期. 广州:广东全省教育委员会,1922:80 - 82.

③ 国立东南大学南京高师暑期学校招生[N]. 申报,1922 - 05 - 08(1);东南大学暑校消息[N]. 申报,1922 - 05 - 21(11).

④ 朱家治. 师范教育与图书馆[J]. 新教育,1922,4(5):771 - 780.

子、用图书馆方法,一学期约十二小时,以馆员担任教授。

丑、儿童图书,至少三学期,且为必修之学程。

寅、选修课程,计算学分,如图书馆组织法、管理法、目录学、参考学等。①

《教育杂志》第 14 卷号外"学制课程研究号"刊登常乃德撰写的《师范教育改造问题》。常乃德在文中探讨高等师范学校、师范学校与师范讲习所的改造问题。他建议高等师范学校开办 14 种学科(专业),其中包括旨在养成图书馆专门人才的"教育书馆目录科",并且指出:"图书馆人才的养成也是现今最要紧的事,因为要采取自动的教育方法,非先将现今学校的图书馆大加扩充、大加改良不可。"在探讨高等师范学校学生实习问题时,他指出:"有几种科目是在校内可以练习的,如学校行政科即可在本校学校行政部中作练习生,图书馆科即可在本校图书馆作助手之类……而且能够校内实习的这几科也都是同时能在校外实习的,如学校行政科学生便可在特设的实习学校中作职员,图书馆科学生便可在校外特设几个图书馆,比较便当得多。"②

广东全省教育委员会编印《图书馆管理员养成所报告(第一期)》。该书主要目录如下:照片、序言、公牍、本所章程、开学纪、课程表、教授概况、实习概况、所员成绩揭载、散学纪、本所要事纪、所员统计地图、同学录、本所经费报告、附录、后序。正文各部分题名略有不同。其中,"所员成绩揭载"部分载有部分学员的自命题撰著成果,包括周书升的《论图书馆之价值》、李钧荣的《中国图书馆考》、杜树樾的《琼州图书馆的报告及我筹办学校图书馆的计划》③、杨泗荪的《图书馆与教育之关系及其管理法》、叶庭辉的《中学校图书馆应购书目》、谭兆萱的《世界图书分类法之研究》、曹宗荫的《民国十年广东省教育杂志检目表》、何百希的《日用百科全书检目表》,以及谭兆萱的分类法练习题答案、成醒狮和关陶铸两人的参考书练习题答案④。

① 朱家治. 师范教育与图书馆[J]. 新教育,1922,4(5):771 - 780.

② 常乃德. 师范教育改造问题[J]. 教育杂志,1922,14(学制课程研究号):1 - 30.

③ 原书印作《琼州图书馆的报告知我筹办学校图书馆的计划》,明显有误,此处径改之。

④ 所员成绩揭载[R]//广东全省教育委员会. 图书馆管理员养成所报告:第一期. 广州:广东全省教育委员会,1922:26 - 73.

6 月 7 日

哥伦比亚大学举行毕业典礼[①]，袁同礼获颁文学士学位[②]。

6 月 22 日

刘国钧填就威斯康星大学图书馆学校入学申请表，表末列有 4 位推荐人，分别是克乃文、包文、韩穆敦（C. H. Hamilton）和托马斯·荷尔盖蒂（Thomas Holgate）。这 4 位推荐人都是金陵大学的在职或前任教职员，均对刘国钧比较熟悉。他们之后各为刘国钧写了一封推荐信[③]。

6 月 24 日

文华大学举行第一次夏季毕业典礼。受益于学制调整，桂质柏、许达聪与查修提前半年结束学业，获颁文学士学位和文华图书科毕业证书。此三人是文华图书科图书馆学本科第一届毕业生（第二批）（见表 1922 - 4）[④]。代理校长康明德（Robert A. Kemp）为全体毕业生颁发学位证书，韦棣华女士亲自为这 3 位文华图书科毕业生颁发毕业证书[⑤]。至此，文华图书科图书馆学本科第一班 8 名学生当中已有 6 人分成两批同在 1922 年毕业。他们通常被认为是文华图书科第一届毕业生，合称"快乐六君子"（"The Happy Six"）[⑥]。此后，中国图书馆界益加注重图书馆专门人才的培养和使用。

表 1922 - 4　文华图书科图书馆学本科第一届毕业生（第二批，1922 年 6 月）一览

序号	姓名	字号	性别	籍贯	学位	毕业后最初去向	备注
1	桂质柏		男	湖北武昌	文华大学文学士	北平协和医学院图书馆	曾用名"桂竹安"

①　Commencement calendar, 1922 ［M］//Columbia University. Catalogue 1922 - 1923. New York：Columbia University，1923：329.

②　Degrees conferred during 1921 - 1922 ［M］//Columbia University. Catalogue 1922 - 1923. New York：Columbia University，1923：299.

③　关于刘国钧申请留学的经历，详见：顾烨青. 刘国钧申请留学威斯康星大学图书馆学校历程考［J］. 图书馆论坛，2021（4）：110 - 120.

④　彭敏惠. 文华图专珍稀史料图录［M］. 武汉：武汉大学出版社，2020：272.

⑤　Boone"U" holds 13th graduation, 14 get diplomas［N］. The China press，1922 - 06 - 29 (9)；文华大学近讯［N］. 时报，1922 - 06 - 29(5).

⑥　程焕文. 中国图书馆学教育之父：沈祖荣评传［M］. 台北：台湾学生书局，1997：42.

续表

序号	姓名	字号	性别	籍贯	学位	毕业后最初去向	备注
2	许达聪	庸吾	男	安徽桐城	文华大学文学士	北京图书馆	
3	查修	士修、修梅	男	安徽黟县	文华大学文学士	清华学校图书馆	后常称为"查修梅"

6 月

姬振铎从美国布法罗大学毕业,获文学士学位①。

暑假

北京高等师范学校和武昌中华大学分别举办暑期讲习会,且均设"图书馆教育"一门②,但未悉详情。

袁同礼再次前往美国国会图书馆中文部担任临时编目员③。

杜定友拟订《广东图书馆教育计划》,后载于 1923 年 1 月《教育丛刊》第 3 卷第 6 期("图书馆学术研究号")的"附录"部分。杜定友在文中介绍"组织图书馆教育科""速谋图书馆教育之普及""建筑宏大之模范图书馆"三大计划。其中,第一项"组织图书馆教育科"跟图书馆学教育并无太大关系。"图书馆教育科"实为"图书教育科",隶属于广东全省教育委员会督学部,其职责包括"改良已成立之图书馆""统一各图书馆管理法""促进图书馆与学校及社会之联络""订立图书馆与各书店之购书条例及赠书图书馆者之奖励条例""提高图书馆事业之标准及性质"。第二项"速谋图书馆教育之普及"分为两个方面。其一为"各地广设图书馆,以应一般人民之需用,及提高各地之文化"。其二为"各校教授图书科,以教授学生利用图书馆之方法,及养成读书之习惯"。后者跟图书馆学教育密切相关。杜定友指出:"其教授图书科一层,今之堪任教授者,人数不多。而全省九十余县,征聘殊难。故

---

① Directory of students[M]//Columbia University. Catalogue 1922 – 1923. New York:Columbia University,1923:107.

② 沈祖荣. 民国十一年之图书馆教育[J]. 新教育,1923,6(2):291 – 294.

③ Seniors:class of 1923[J]. University of the state of New York bulletin,1923(792):6 – 7.

为先急后缓之计,先行通令各师范学校,自本年下期起,一律添授图书学一科。其教材即将定友所编之《图书馆与市民教育》《世界图书分类法》《汉字排列法》《编目法》《目录排叠法规则》《著者号码编制法》《著者姓氏检查表》等已印行者,分发各校。再将未印行之《选择法》《购订法》等十余种,继续印发,以供资取。"①

7 月 2 日

中华教育改进社在山东济南召开第一届年会,7 月 8 日闭幕。此届年会原定分成 22 个组举行分组会议,但数理化教学组与成人教育组实际并未开会②。第 18 个分组为"图书馆教育组"③,或简称"图书馆组",其职员包括戴志骞(主席)与朱家治(书记)④。该组共有 5 位邀请员,即戴志骞及其夫人戴罗瑜丽、杜定友、洪有丰、沈祖荣⑤。

据图书馆教育组分组会议记录,洪有丰(2 项)、戴志骞(1 项,内含 4 小项)、杜定友(2 项)、沈祖荣(6 项)和杨成章(1 项)共计提交 12 项议案。此外,在 7 月 6 日图书馆教育组第三次会议上,杜定友临时提交《大学应添设图书馆教育专科案》与《添设图书馆教育行政机关案》两项议案。在 7 月 7 日图书馆教育组第四次会议上,杜定友因事返回广东,由孙心磐代他继续提交上述两项议案,但二者分别改称《大学添设图书馆专科案》与《请教育部添设图书馆教育司案》(见表 1922 – 5)⑥。

表 1922 – 5　中华教育改进社第一届年会图书馆教育组议案一览

序号	议案名称	提交者	结果
1	中学及师范应添设教导用图书方法课程案	洪有丰	通过,改称《各校应添设教导用图书方法案》

---

① 杜定友.广东图书馆教育计划[J].教育丛刊,1923,3(6):(附录)1 – 3.

② 编辑说明[J].新教育,1922,5(3):371.

③ 分组会议纪录·第十八　图书馆教育组[J].新教育,1922,5(3):555 – 561.

④ 附各分组会议职员一览[J].新教育,1922,5(3):371 – 372.

⑤ 邀请员一览表[J].新教育,1922,5(3):702 – 708.

⑥ 分组会议纪录·第十八　图书馆教育组[J].新教育,1922,5(3):555 – 561.按:民国时期,"议案"与"提案"二词混用。早期多用"议案",获得通过者则称"议决案"或"决议案",后期多用"提案"。为求行文统一,下文除非直接引用,否则一律使用"议案"(提交讨论者)与"决议案"(讨论通过者)。

续表

序号	议案名称	提交者	结果
2	①中国师范学校及高等师范学校应增设图书馆管理科案*	戴志骞	通过
	②通俗图书馆内应建设儿童图书部案		无人附议，暂不讨论
	③组织图书馆管理学会案		通过，改称《请中华教育改进社组织图书馆教育研究委员会案》
	④各学校应有图书馆讲演案		并入《各校应添设教导用图书方法案》
3	推广全国图书馆案	杜定友	通过，改称《呈请教育部推广学校图书馆案》
4	统一图书馆管理法案	杜定友	未见讨论
5	拟呈请教育部通咨各省长转饬各教育厅长，除省会内必须建设省立图书馆外，凡所属之重要商埠（如上海、汉口等处）亦必有图书馆之建设案	沈祖荣	通过
6	拟呈请教育部通饬全国，无论公私，凡已设之大学及与大学相当之学校（如高师及高商之类），其中若不附设图书馆、备置中西两万册以上之书籍，不承认该校之成立案	沈祖荣	并入《呈请教育部推广学校图书馆案》
7	拟呈请教育部会同财政部筹拨相当款项建设京师图书馆案	沈祖荣	通过
8	各市区小学校应就近联合于校内创设巡回儿童图书馆，以补充教室内之教育案	洪有丰	通过
9	学校与图书馆有最密切之关系，故凡中学暨高等小学校皆宜有附设学校图书馆之规定案	沈祖荣	未见讨论

续表

序号	议案名称	提交者	结果
10	凡著作家出版之书籍欲巩固版权,须经部审查,注册者宜将其出版之书籍尽两部义务,一存教育部备案,一存国立图书馆以供众览案	沈祖荣	通过
11	凡学校未附设图书馆者不宜举办图书科或图书馆馆员训练所案	沈祖荣	通过,附在戴志骞的《中国师范学校及高等师范学校应增设图书馆管理科案》后
12	向各省教育厅建议设立活动图书馆(亦可名曰巡行图书馆),以便各校教员参考研究案	杨成章	未见讨论
13	大学应添设图书馆教育专科案	杜定友	或称《大学添设图书馆教育专科案》,暂为搁置
14	添设图书馆教育行政机关案	杜定友	或称《请教育部添设图书馆教育司案》,暂为搁置

资料来源:分组会议纪录·第十八 图书馆教育组[J].新教育,1922,5(3):555-561.

注:* 原文是"中国师范学校及高等师范学校应增设图书馆管理科案",应当是误印,改为"中等师范学校及高等师范学校应增设图书馆管理科案"更符合逻辑。

上述14项议案中,共有4项跟图书馆学教育密切相关,即洪有丰的《中学及师范应添设教导用图书方法课程案》,戴志骞的《中国师范学校及高等师范学校应增设图书馆管理科案》,沈祖荣的《凡学校未附设图书馆者不宜举办图书科或图书馆馆员训练所案》以及杜定友的《大学应添设图书馆教育专科案》。

7月4日

上午8时至10时半,图书馆教育组在年会事务所应接室举行第一次会议,戴志骞及其夫人戴罗瑜丽、沈祖荣、洪有丰、杜定友、朱家治、孙心磐出席,戴志骞主持会议。与会者认真讨论洪有丰的《中学及师范应添设教导用图书方法课程案》,对其内容略加修改,增加理由与方法,最后改称《各校应添设教导用图书方法案》,议决通过①。

---

① 分组会议纪录·第十八 图书馆教育组[J].新教育,1922,5(3):555-561.

《各校应添设教导用图书方法案》具体如下:

理由:

一、现在学生不知馆中图书,以致阅书发生困难。

二、养成一种好读书习惯及自动的教育。

三、学生毕业后对于学校服务,当明参考图书之方法。

四、学生中途无力升学,借此可以利用图书馆修养。

五、为备学校图书馆之建设。

办法:

各校如得相当教员,得列为正科。(中等以上学校)如校中不能得教员长期教授,则另寻专家课外演讲。总期学生能得利用图书馆之知识。

附利用图书之方法:

一、图书之保护。

二、利用参考书之方法。

三、图书馆分类法大纲。

四、目录之用法。

五、图书之出纳法。[①]

7月5日

上午8时至10时15分,图书馆教育组在年会事务所应接室举行第二次会议,程时煃、杜定友、洪有丰、沈祖荣、孙心磐、朱家治6人出席,王倬民旁听,沈祖荣主持会议。戴志骞因病未能出席,洪有丰便代他将其议案提交讨论。其中,《中国师范学校及高等师范学校应增设图书馆管理科案》一项受到热烈讨论,并增加理由与办法,最终议决通过[②]。

《中国师范学校及高等师范学校应增设图书馆管理科案》具体如下:

理由:

一、予以图书馆常识,以管理图书馆。

二、使师范毕业生能利用图书馆,提倡公共生活。

三、与师范学校课程无矛盾。

四、予师范毕业生将来教授时,有指导学生用图书之能力。

---

①② 分组会议纪录·第十八 图书馆教育组[J]. 新教育,1922,5(3):555-561.

五、设立此科应学生之需要。

办法：

一、师范学校选择图书馆重要教材，编入学校管理法中。此外仍得附设图书馆学科，令学生选习，以有图书馆学识者担任教授。

二、教材大概授以各种参考书用法、简单分类法、编目审择用书法、儿童图书馆之购书登入法、图书馆办理法等等。

三、编入学校管理法者，每星期授课一小时，半学年完毕。编入选科者，每星期授课一至二小时，一学年完毕。

附注：

凡学校未附设图书馆者，不宜举办图书馆科或图书馆员训练所。①

7 月 6 日

上午 8 时至 10 时半，图书馆教育组在年会事务所应接室举行第三次会议，戴罗瑜丽、杜定友、洪有丰、沈祖荣、孙心磐、朱家治等 6 人出席，王倬民旁听，沈祖荣主持会议。此次会议讨论杜定友与沈祖荣两人提交的议案。其中，杜定友临时提交的《大学应添设图书馆教育专科案》却"因设备经济有种种需审虑之处，故多数主张缓提，决议将此案保留"②。

7 月 7 日

上午 8—11 时，图书馆教育组在年会事务所应接室举行第四次会议，戴志骞及其夫人（戴罗瑜丽）、洪有丰、沈祖荣、孙心磐、朱家治 6 人出席，傅盛德、王倬民、王冷庆芙 3 人旁听，戴志骞主持会议。杜定友因事返回广东，孙心磐代表他继续将《大学应添设图书馆教育专科案》提交讨论，结果"因提议人缺席，尚有种种事须斟酌，故多数主张暂为搁置，决议将此案暂为搁置"。沈祖荣亦将其《凡学校未附设图书馆者不宜举办图书科或图书馆馆员训练所案》提交讨论。孙心磐提议将沈祖荣的议案全文附在戴志骞的《中国师范学校及高等师范学校应增设图书馆管理科案》之后，受到一致赞成，议决通过。戴志骞提交的《组织图书馆管理学会案》议案改称《请中华教育改进社组织图书馆教育研究委员会案》，经过讨论，拟订理由及组织大纲，议决通过③。

---

①②③　分组会议纪录・第十八　图书馆教育组［J］. 新教育，1922，5（3）：555－561.

《请中华教育改进社组织图书馆教育研究委员会案》具体如下：

理由：

一、图书馆教育与改进问题，本有密切之关系。例如美国图书馆协会与教育会互相独立，原非妥当办法，以致常生隔阂[阂]。

二、中华教育改进社已设立各处办事机关，并以图书馆教育为新教育问题之一，设立图书馆教育研究委员会于中华教育改进社内，对于经济上既属节俭，而与教育事实上亦大有裨益。

组织：

一、定名：中华教育改进社图书馆教育研究委员会。

二、宗旨：本会以研究图书馆教育问题为宗旨。

三、委员：委员名额暂定十五人，由改进社函请国内研究图书馆教育及热心研究教育者充之。

四、职员：本委员会设干事一人、副干事一人、书记一人，由本委员会互选之，并由中华教育改进社聘任之。

五、研究计划：本会研究计划分二种：

甲、共同研究：以分组研究之结果，应由全体委员讨论决定之。

乙、分组研究：暂分四组，遇必要随时增减之。

(1)图书馆行政与管理

(2)征集中国图书

(3)分类编目研究

(4)图书审查

六、出版：研究结果由《新教育》发表。①

7 月 10 日

国立东南大学(南京高等师范学校)第三届暑期学校开始上课，8 月 6 日结束。此届暑期学校实际分为小学教职员组、童子军及体育专修组、中学组(面向各地选派的中学教职员)、中学文史地教员组、国语组、图书馆管理法组、高等教育组等七组，共计开设 90 多种课程，并组织 18 次特别讲演②。图书馆管理法组的师资、学生与课程等情况不详，目前只知其持续四周，开设一门"儿童图书馆"课程，共有 32 名学员(男生 28 人、女

---

① 分组会议纪录·第十八　图书馆教育组[J]. 新教育,1922,5(3):555 - 561.

② 夏德清,武素月. 陶行知[M]. 北京:群言出版社,2014:17.

生 4 人)①。

金陵大学第二届暑期学校正式开学,8 月 18 日结束。刘国钧担任此届暑期学校图书馆馆长,同时开设一门"儿童图书馆学"课程,每周二和周四两天早上 7 时开始授课,每次 1 小时。该课程旨在介绍儿童图书馆的重要性及其管理方法,内容涵盖阅读对儿童一生的影响、图书选择、管理原则、图书分类与编目及其他相关问题,其授课方式包括课堂教学、讨论和实习②。

7 月 17 日

嘉定暑期地方教育讲演会在南翔义务学校举行开幕式③,持续三周④。杜定友应邀于 7 月 19 日讲演"新教育与各界"⑤,又于 7 月 20 日讲演《图书馆与平民教育》⑥。

7 月

李小缘到美国国会图书馆中文部担任临时编目员,9 月结束⑦。

中华书局出版汪懋祖所著《美国教育彻览》。在第四章"教师问题及师范教育"中,汪懋祖译述了"加南奇师资励进会"制定的"公立学校各项师资训练之课程标准"。其中,"小学校初级(一、二年级)师资训练课程(二年毕业)""小学校中级(三、四、五、六年级)师资训练课程(二年毕业)""小学校高级(七、八年级)师资训练课程(二年毕业)""乡村小学师资训练课程(二年毕业)"均规定于第一学年第一学期开设一门"图书馆管理法"课程,每周授课 1 学时,计 2/3 学分⑧。

---

① 夏承枫. 民国十一年之暑期教育[J]. 新教育,1923,6(4):571 - 591.

② Summer school announcements 1922[J]. University of Nanking bulletin,1922,6(6):1 - 20.

③ 地方教育讲演会[N]. 申报,1922 - 07 - 16(11).

④ 南翔公学. 南翔公学二十年大事记[M]. 上海:南翔公学,1928:46.

⑤ 地方教育讲演会开幕[N]. 申报,1922 - 07 - 19(10);南翔教育讲演会纪[N]. 新闻报,1922 - 07 - 19(3).

⑥ 地方教育讲演会开幕[N]. 申报,1922 - 07 - 19(10);南翔教育讲演会纪[N]. 新闻报,1922 - 07 - 19(3);地方教育讲演会消息[N]. 申报,1922 - 07 - 24(11);暑期地方教育讲演会消息[N]. 时报,1922 - 07 - 24(9).

⑦ Seniors:class of 1923[J]. University of the state of New York bulletin,1923(792):6 - 7.

⑧ 汪懋祖. 美国教育彻览[M]. 上海:中华书局,1928:71 - 74.

8 月 1 日

松江县教育会等五个团体共同发起的松江暑期学术演讲会举行开幕式①。8 月 5 日,杜定友应邀讲演"图书馆与地方自治"②。

8 月 21 日

刘国钧从上海乘坐"南京号"轮船前往美国③,9 月 12 日抵达加利福尼亚州旧金山④。他随即转赴威斯康星州麦迪逊市(Madison,Wisconsin)。

9 月 19 日

刘国钧填写威斯康星大学研究生院入学注册单,准备攻读硕士学位。

9 月 20 日

威斯康星大学图书馆学校开学⑤,刘国钧开始学习图书馆学。他同时还在威斯康星大学研究生院学习哲学。他在此年 10 月 17 日写给左舜生的信中介绍其学习情况:"我在这里习哲学与图书馆两种。哲学差不多全靠自己,计读 Metaphysical Seminary,Logical Seminary,and Pragmatism 三班。论理学研究'真理之意义',形而上学研究'时空论',真是玄之又玄! 实际主义是一种历史的研究。在图书馆学方面所习的是管理法、分类法、编目法,纯粹重记忆的东西。这六门功课竟使我忙不得了。图书馆实习工夫极多,所以我读书工夫比较少了。"⑥

---

① 暑期学术讲演之第二日[N].时报,1922-08-04(4).

② 暑期讲演会续志[N].时报,1922-08-06(6).

③ California,San Francisco,passenger lists,1893-1953[EB/OL].[2018-07-06].https://www.familysearch.org/ark:/61903/3:1:33SQ-G5G4-9KKM? i=717&cc=1916078.

④ California,San Francisco,passenger lists,1893-1953[EB/OL].[2018-07-06].https://www.familysearch.org/ark:/61903/3:1:33SQ-G5G4-9KP8? i=716&cc=1916078.

⑤ Wisconsin Free Library Commission. Library School of the University of Wisconsin catalogue 1922-1923[M]. Madison,Wis.:Wisconsin Free Library Commission,1922:6.

⑥ 刘衡如致左舜生[J].少年中国,1922,3(12):64-66. 按:此处题名为笔者自行添加。该信误将"Pragmatism"(实用主义,刘国钧当时译为"实际主义")写成"Pragmation",此处径改之。此外,《少年中国》第 3 卷第 12 期标注的时间是"民国十一年七月一日"(1922 年 7 月 1 日),早于刘国钧写这封信的时间,颇显怪异。

9 月

袁同礼入读纽约州立图书馆学校高级班①。

杨昭悊与李燕亭一同入读洛杉矶公共图书馆附属图书馆学校(The Library School of the Los Angeles Public Library)②。

姬振铎入读哥伦比亚大学师范学院③。

李小缘到纽约州立图书馆担任兼职助理,1923 年 6 月结束④。

文华图书科图书馆学本科第三班学生注册入学⑤。囿于史料,当前未悉该班入学时的具体名单,但可以肯定刘廷藩为其中一人。刘廷藩,字定寰,男,浙江温州人,1922 年 6 月毕业于金陵大学文科,获文学士学位⑥。目前所见,刘廷藩是在其他高等学校毕业并获得学士学位之后再进入文华图书科就读的第一人。

10 月 3 日

北京大学评议会召开此年度第 10 次会议,议决继续资助袁同礼一年,以便他在美国学习图书馆学⑦。

10 月

北京高等师范学校图书馆新馆落成。在该馆开幕典礼上,邓萃英(讲演"北京高师新图书馆开幕纪念词")、韩定生(讲演"庆祝新图书馆之开幕")、冯陈祖怡(讲演"北京高师图书馆沿革纪略及新图书馆"与"图书馆教育急宜发展之理由及其计划")、王文培(讲演"近今图书馆教育的趋势")、程时烺(讲演"图书馆与师范大学")、戴志骞(讲演"图书

---

① ④ Seniors:class of 1923[J]. University of the State of New York bulletin,1923(792):6 – 7.

② Thirty-fifth annual report of the board of directors of the Los Angeles Public Library, for the year ending June 30,1923[M]. Los Angeles:Los Angeles Public Library,1923:16.

③ Directory of students[M]//Columbia University. Catalogue 1922 – 1923. New York:Columbia University,1923:107.

⑤ 彭敏惠. 文华图专珍稀史料图录[M]. 武汉:武汉大学出版社,2020:272.

⑥ 金陵大学. 金陵大学毕业秩序单(民国十一年六月十七日至十九日)[M]. 南京:金陵大学,1922:插页. 按:令人奇怪的是,刘廷藩并未出现在 1944 年《金陵大学毕业同学录》所载金陵大学 1922 届毕业生名单当中。具体参见:金陵大学总务处文书组. 金陵大学毕业同学录[M]. 南京:金陵大学总务处文书组,1944:16 – 18.

⑦ 北京大学评议会十年度第十次会议记录(1922 年 10 月 3 日)[M]//蔡元培. 蔡元培全集:第 18 卷 续编. 杭州:浙江教育出版社,1998:414 – 415.

馆与学校")等人先后讲演,大多论及图书馆学教育问题。这些演讲稿后来集中发表在 1923 年 1 月《教育丛刊》第 3 卷第 6 期("图书馆学术研究号")。

冯陈祖怡在《图书馆教育急宜发展之理由及其计划》中指出,图书馆对于教育事业具有十分重要的意义,而培养图书馆专门人才亦极为重要。她还比较系统地介绍了培养图书馆专门人才的六种途径:第一,"男女师范之最终学年,应设图书馆普通科,专此养成师资,以为指导中小学生利用图书馆之预备"。第二,"高等师范及大学附设专修科。专修科毕业资格,介于普通科、专门之间,专为造成助理人才"。第三,"设专门学校(即单科大学)。专门毕业经实习后,得为馆长",对此,她进一步介绍了美国图书馆学校的课程体系。第四,"成立讲习会。讲习会专收现时服务图书馆人员,以已有经验之人员,更益制定之方法,则改组自易俾促进统一"。第五,"组织协会。组织协会以通声气,发刊关于图书馆学科上之意见,以谋进步"。第六,"遣派留学。遣派留学生借取先进国之成法,以为研究之资料"①。

王文培在《近今图书馆教育的趋势》中指出,图书馆事业已经"由常识的事业而进为专门的事业。此学成为一种科学,称之为图书馆的科学(library science)。美国图书馆专门学校很多,亦有在普通学校添设图书馆科目者"。他详细介绍了美国伊利诺伊大学(University of Illinois)所设两年制图书馆学校与"华盛顿伊尔文中学"(即前文所说的"华盛顿·欧文女子商业中学校")所设四年制图书馆科的课程体系。他最后指出,中国应当加强图书馆学的研究与图书馆专门人才的培养:"现在中国图书馆这样需要,专门人才这样缺乏,所以我们应当从速研究这门学问,将来于国家于社会于个人,皆有很好的希望。"②

程时煌在《图书馆与师范大学》中建议:"本校课程应添设图书馆科,令学生选择学习,利用此馆为实习之所。"③

戴志骞在《图书馆与学校》中指出:"英美各国于师范学校设图书馆教育科,其目的不在造就管理图书人才,而在造就一种教员能领导学生按程序应用图书馆所有之图籍。同时图书馆教员学校亦注重教员心理及原则者,在使馆员能了解学生心理及其意响耳。图书馆与学校如能共

---

① 冯陈祖怡. 图书馆教育急宜发展之理由及其计划[J]. 教育丛刊,1923,3(6):4-9.
② 王文培. 近今图书馆教育的趋势[J]. 教育丛刊,1923,3(6):9-14.
③ 程时煌. 图书馆与师范大学[J]. 教育丛刊,1923,3(6):14-16.

同合作,在较短时期内,能使学术易于发展,文化易于进步,而教育程度亦易于增高。"①

11 月 5 日

袁同礼致函陶履恭(字孟和,后以字行),对美国图书馆学教育表示不满:"来图书学校已逾一月,颇失望。好教员不多而一般女教员不能在大处着眼,尤令人不耐烦。美国图书界年来倾向群趋于普及,故学校亦仅注意小图书馆,往往不能应吾人之需要。同礼原拟在此肄习二年后再留欧一年,现对之既不甚满意,拟明夏即去此赴法,入 École Nationale des Chartes② 再求深造。"他还指出:"至于目录学,美亦较逊,法最发达,德意次之。英虽有大英博物馆,而于此则不得不让大陆。此同礼急愿赴法之又一因也。"鉴于目录学是学术研究的利器,而中国科学的目录学尚不发达,他计划学成归国后联合众人对中国目录学进行整理③。

11 月

《新教育》第5卷第4期登载沈祖荣撰写的《民国十年之图书馆》,介绍1921年中国图书馆事业发展概况。沈祖荣指出:"要之,图书馆之发达,非一蹴所能致,必先培养图书馆管理人才,研究专门学识,庶几办理合法,有条不紊。"他随后列举出国学习图书馆学的中国图书馆学人名单(包括沈祖荣、胡庆生、徐燮元、戴志骞、杜定友、洪有丰),认为他们"所学之件,在外国虽称合法,在中国不能完全采用。由是言之,欲推广图书馆之事业,务须在中国组织培养人才机关,将来学业有成,可以充图书馆之应用"。他进而简要介绍文华图书科、北京高等师范学校图书馆讲习会与图书馆管理员养成所的相关情况,但偶尔弄错其开办年份与机构名称④。

《金陵光》第12卷第2期登载刘国钧撰写的《近代图书馆之性质及功用》。刘国钧在文末论及"近代图书馆事业之专门职业化"问题,指出:"近代图书馆者以经济之方法将书籍或其他印刷品介绍于社会上一

---

① 戴志骞. 图书馆与学校[J]. 教育丛刊,1923,3(6):16 - 18. 按:戴志骞的《图书馆与学校》经人笔录,先后载于 1922 年 11 月 14 日《北京高师周刊》第 176 期与 1923 年 1 月《教育丛刊》第 3 卷第 6 期("图书馆学术研究号"),但二者的具体内容略有不同。

② 法国国立文献学校。

③ 袁同礼. 袁同礼君致陶孟和教授函[J]. 北京大学日刊,1922(1139):1 - 2.

④ 沈祖荣. 民国十年之图书馆[J]. 新教育,1922,5(4):784 - 797.

切之人士之机关也。此方法非受专门训练者不足以知之。而图书馆既为社会所不可缺之制度,则其能成为一种职业,固不容疑虑者也。欧美各国多有图书馆养成所。美国之图书馆学校多有以大学毕业为其入学资格者,则图书馆事业之为一种专门职业而必有待于专门训练也明矣。"①

12月2日

第12届美国东部大学图书馆员年会在纽约哥伦比亚大学举行,共有来自46个机构的125名代表出席。国际教育协会(Institute of International Education)会长斯蒂芬·P.达根(Stephen P. Duggan)未能出席,但委托他人代为宣读一封信件。他在信中指出,由于图书及图书馆管理方法都很欠缺,中国学校图书馆的发展现状并不令人满意。普林斯顿大学(Princeton University)图书馆馆长欧内斯特·C.理查森(Ernest C. Richardson)称金陵大学图书馆馆长克乃文可能会对达根提到的这些问题感兴趣。纽约州立图书馆学校校长詹姆斯·英格索尔·怀尔则提请与会者注意在美国接受图书馆学专业训练的中国学生的数量②。

冬季

武昌高等师范学校面向毕业班学生开设"图书馆教育"课程③,但未悉详情。

---

① 刘衡如. 近代图书馆之性质及功用[J]. 金陵光,1922,12(2):22-24.
② Conference of Eastern college librarians[J]. The library journal,1922,47(22):1080-1082.
③ 沈祖荣. 民国十一年之图书馆教育[J]. 新教育,1923,6(2):291-294.

1923 年

◎ 昆明市立职业学校文事科开办,率先开办(文书)档案教育
◎ 沈祖荣倡议组织图书馆责任委员会,培养图书馆人才
◎ 杨昭悊编著的《图书馆学》正式出版
◎ 洪有丰在国立东南大学第四届暑期学校讲授图书馆学
◎ 沈学植在金陵大学第三届暑期学校讲授图书馆学
◎ 中华教育改进社第二届年会关注图书馆学教育

1 月 28 日

北洋政府教育部发布此年第一号委任令,委派李大年赴美国考察图书馆事宜①。

1 月

《教育丛刊》第 3 卷第 6 期("图书馆学术研究号")登载戴志骞的《图书馆学术讲稿》,这是戴志骞为 1920 年 8 月北京高等师范学校图书馆讲习会编撰的讲义。正文分为"图书馆组织法""图书馆管理法""图书馆之建筑""论美国图书馆""图书馆分类法""图书馆编目法"六章,后附"图书目录编纂规则"②。

《新教育》第 6 卷第 1 期登载洪有丰讲演、施廷镛记录的《东南大学图书馆述要》③。洪有丰称国立东南大学图书馆已有"巡回图书""借书推广部""图书馆学科"三项计划,以应社会需要。关于"图书馆学科"一项,洪有丰指出:"国人对于图书馆事业,渐知注重,但人才缺乏,举办不易,拟设此科以广造就。"④不过,国立东南大学后来未见实际开办图书馆学科。

---

① 委任令第一号(十二年一月四日)[J].教育公报,1923,10(1):(命令)6.
② 戴志骞.图书馆学术讲稿[J].教育丛刊,1923,3(6):1-49.
③④ 洪有丰.东南大学图书馆述要[J].施廷镛,记.新教育,1923,8(1):25-36.

江苏省立第一中学制定《江苏省立第一中学新学制学则》,规定在高中部开设一门"目录学"共同选修课程,计 2 学分①。

2 月

《新教育》第 6 卷第 2 期登载沈祖荣撰写的《民国十一年之图书馆教育》。沈祖荣在文中介绍了 1922 年中国图书馆教育的七大特征,包括"提倡图书馆教育者之踊跃也""征求图书馆人才者之孔多也""造就图书馆人才者之热心也""人民受图书馆教育较前略深也""捐资办图书馆者之热度甚高也""捐书籍于图书馆者之时有所闻也""因潮流所趋,有似默助于图书馆教育者"②。

昆明市立职业学校成立,同年 4 月 21 日正式开学,内含园艺班和印刷科各一班,后又添办文事科两班,共计四班③。该校制定《昆明市立职业学校文事科办法》,规定开设"文牍及公文程式,普通簿记及官厅簿记,统计学及统计术,图书馆管理法,学校管理法,速记述,市政概要,英文(中等学校毕业者可免)"等课程④,但只有课堂教学而无课外实习⑤。目前所见,这是中国有明确史料记载的文书(档案)教育之肇始。或称在此之前江苏南通曾经开办文牍专修科⑥,但目前未见相关第一手档案资料。

春季

国立东南大学教育学系之教育行政门继续开设"学校与图书馆"课程,一学期授毕,每周授课 3 小时,计 3 学分⑦。

4 月

《新教育》第 6 卷第 4 期登载沈祖荣撰写的《提倡改良中国图书馆之

---

① 江苏省立第一中学. 江苏省立第一中学新学制学则[M]. 南京:江苏省立第一中学,1923:9 - 12.

② 沈祖荣. 民国十一年之图书馆教育[J]. 新教育,1923,6(2):291 - 294.

③ 昆明市立职业学校概况(未完)[J]. 广州市市政公报,1923(104):5 - 7.

④ 昆明市职业学校文事科办法[M]//昆明市立职业学校. 昆明市立职业学校一览. 昆明:昆明市立职业学校,1923:1 - 2. 按:原书误印作《昆明市职业学校文事科办法》,此处径改之。

⑤ 昆明市立职业学校概况(续前)[J]. 广州市市政公报,1923(105):4 - 7.

⑥ 文书科之招生[J]. 教育与职业,1925(62):119 - 120.

⑦ 国立东南大学. 国立东南大学一览(民国十二年四月)[M]. 南京:国立东南大学,1923:48.

管见》。沈祖荣在文中提出,为了发展中国图书馆事业,有必要在各省设立图书馆责任委员会(即图书馆协会)。该会负有七种职责,其中第四种职责为"养成图书馆人才",第六种职责为"提高图书馆办事人员之资格"①。

5 月

《新教育》第 6 卷第 5 期登载杨泽民撰写的《图书馆之价值及管理者应注意之要点》。杨泽民在文中首先介绍图书馆的三大价值,即"鼓励学生自修之精神""增进教师授课之效能""推广社会的教育",然后提出应当注意"书籍之选择适宜""管理得法""建筑合理设备周全"三大问题,最后指出:"总而言之,图书馆之设置及扩充,实为我国今日必要之图。……一面尤应设立图书馆专校,以培养是项管理,而期效果宏大。"②

6 月 4 日

全国教育联合会新学制课程标准起草委员会在上海开会,为期五天,修订并公布小学与初中各科目纲要及高中课程总纲③。根据段育华、胡明复、廖世承、陆步青、陆士寅、舒新城、郑宗海(郑晓沧)、朱斌魁、朱经农 9 人共同起草,全国教育联合会新学制课程标准起草委员会复订的《高级中学课程总纲》,高中课程分为公共必修课程、分科专修课程和纯粹选修课程三个部分。高中可以视情况分设各科:以升学为主要目的者称普通科,普通科可分为第一组(注重文学及社会科学)和第二级(注重数学及自然科学);以职业为主要目的者,可以分设师范科、商业科、工业科、农业科、家事科等。关于高中普通科第一组课程,该总纲专门添加了一条附注,内称:"普通科系为升学预备,为虽不入大学而愿得较高之修养者而设。但亦提按地方情形,临时加关于家事、图书馆管理、新闻业、书记业、统计业、学校实验室及工厂办事助理等项为选修科目,以谋不升学者职业上之便利。"④

---

① 沈祖荣. 提倡改良中国图书馆之管见[J]. 新教育,1923,6(4):551 – 555. 按:该文后又载于 1924 年 7 月出版的《浙江公立图书馆年报》第 9 期与 1924 年 8 月 16 日出版的《河南教育公报》第 3 卷第 11—13 期合刊。

② 杨泽民. 图书馆之价值及管理者应注意之要点[J]. 新教育,1924,6(5):683 – 685.

③ 全国教育联合会新学制课程标准起草委员会. 新学制课程标准纲要[M]. 上海:商务印书馆,1925:1 – 2.

④ 全国教育联合会新学制课程标准起草委员会. 新学制课程标准纲要[M]. 上海:商务印书馆,1925:75 – 81.

6 月 15 日

上午,纽约州立图书馆学校举行毕业典礼,包括李小缘在内的 8 名学生获颁图书馆学学士学位①。

6 月 28 日

世界教育联合会(The World Education Conference)在美国夏威夷举行成立大会,7 月 6 日闭幕。中华教育改进社组织若干社员向其提交材料和论文。其中,戴志骞提交《中国之图书馆运动》("Library Movement in China")②。该文初载于中华教育改进社编印的《中华教育改进社通报》第 2 卷第 3 期,后被收入商务印书馆于 1923 年 6 月出版的《英文中国最近教育状况(1923)》(*Bulletins on Chinese Education* 1923)。该文分为"导论"(Introduction)、"政府的态度"(Attitude of Government)、"各类图书馆"(Classes of Libraries)、"图书馆学校"(Library Schools)、"图书馆会议"(Library Meetings)、"美国图书馆学校的中国毕业生"(American Library School Graduates)、"结论"(Conclusion)7 个部分,各个部分有详有略③。

6 月

冯汉骥、黄星辉、王文山、熊景芳、杨作平 5 人从文华大学毕业,获文学士学位和文华图书科毕业证书④。他们是文华图书科图书馆学本科第二届毕业生⑤(见表 1923 - 1)。值得注意的是,刘廷藩亦于此时提前离校,并于同年 8 月受聘担任清华学校图书馆西文编目员⑥(或称英文编目

---

① Degrees and commencement[J]. University of the state of New York bulletin,1923(792):10.

② 汪楚雄. 启新与拓域:中国新教育运动研究(1912—1930)[M]. 济南:山东教育出版社,2010:199.

③ TAI T C. Library movement in China[M]//The Chinese National Association for the Advancement of Education. Bulletins on Chinese education 1923. Shanghai:the Commercial Press,1923:1 - 20.

④ 私立武昌华中大学. 私立武昌华中大学历届毕业同学录[M]. 武昌:私立武昌华中大学,1935:8.

⑤ 亦有史料认为文华图书科图书馆学本科第二届毕业生包括冯汉骥、胡芬、黄星辉、罗基焜、王文山、熊景芳、杨作平 7 人。具体参见:彭敏惠. 文华图专珍稀史料图录[M]. 武汉:武汉大学出版社,2020:272.

⑥ Tsinghua College. Tsinghwapper 1924 - 25[M]. Peking:Tsinghua College,1925:23.

员①),但他通常被认为是文华图书科图书馆学本科第三届毕业生(第一批)(见表 1923 - 2)②。

表 1923 - 1　文华图书科图书馆学本科第二届毕业生(1923 年 6 月)一览

序号	姓名	字号	性别	籍贯	学位	毕业后最初去向	备注
1	冯汉骥	伯良	男	湖北宜昌	文华大学 文学士	厦门大学 图书馆	或误作 "冯汉艺"
2	黄星辉		男	湖南湘潭	文华大学 文学士	东吴大学 图书馆	
3	王文山		男	湖北汉川	文华大学 文学士	南开大学 图书馆	
4	熊景芳	华轩	男	湖北汉川	文华大学 文学士	南开中学 图书馆	
5	杨作平		男	湖北武昌	文华大学 文学士	上海基督教青年会 全国协会图书馆	

表 1923 - 2　文华图书科图书馆学本科第三届毕业生(第一批,1923 年 6 月)一览

序号	姓名	字号	性别	籍贯	毕业后最初去向	备注
1	刘廷藩	定寰	男	浙江温州	清华学校图书馆	1922 年 6 月金陵大学文科 毕业生、文学士

杨昭悊与李燕亭在洛杉矶公共图书馆附属图书馆学校修完图书馆学课程。可惜的是,该校无权授予学位,所以他们最终只拿到结业证书③。

商务印书馆分上、下两册出版杨昭悊编著的《图书馆学》,该书被列入"尚志学会丛书"。目前所见,这是中国第一部以"图书馆学"为书名的著作。该书卷首载有蔡元培、戴志骞和林志钧(字宰平)三人各自撰写的序言以及杨昭悊的自序;正文分为八篇,每篇各含若干章;卷末载有九种附录。在第四篇"图书馆组织法"第二章"馆员"第一节"资格"中,杨

①　图书馆新闻[J]. 清华周刊,1923(286):23 - 24.

②　彭敏惠. 文华图专珍稀史料图录[M].武汉:武汉大学出版社,2020:272.

③　Thirty-fifth annual report of the board of directors of the Los Angeles Public Library, for the year ending June 30,1923[M]. Los Angeles:Los Angeles Public Library,1923:16.

昭悊列举馆长、馆员、事务员与练习员的任职资格，并简要介绍美国、英国、法国、德国与意大利五国培养图书馆专门人才的制度与办法。

（甲）馆长：馆长责任重大，资格极严，在创办图书馆的时候，更其紧要。倘若馆长选任不得人，经营失当，必定永不能恢复。充当馆长第一要精通图书馆学问，第二要富有图书馆经验。此外更要洞悉社会情状，备具干事才力。

（乙）馆员：馆员是图书馆中坚分子，位置虽然比馆长稍低，事务却比馆长较繁，不但要有学识经验，并且品行才能也要良好，最好是专门大学毕业有学位的，或专门学识的，或是图书馆学校毕业的。此外若有以下各种资格也可以：（一）在新式图书馆有二年以上经验的，（二）有考订或校雠学问的，（三）精通外国语言文字的，（四）有教育上办事成绩的，（五）熟习公事或公文书的。

（丙）事务员：事务员事务比较简单，在馆长或主任指挥监督之下办理图书馆各科专门事务，就是上级助手，要有以下各种资格的一种：（一）专门大学毕业的，（二）图书馆学校或有图书馆科的师范学校毕业的，（三）在新式图书馆办事有经验的，（四）通晓外国语言文字的。

（丁）练习员：练习员就是下级助手，帮助馆员或办事员办理各科简单事务，借以实地练习，造成专门馆员。在附有图书馆学校的图书馆练习员，多半是学生。此外要有下列各种资格的一种：（一）中学校或师范学校毕业的，（二）图书馆学校或图书馆科毕业的，（三）图书馆讲习会毕业的，（四）通晓外国语言文字的。①

在第八篇"促进图书馆教育的机关"中，杨昭悊辟出第二章"图书馆学校"与第三章"图书馆讲习会"，专门介绍欧美图书馆学教育机构。在第二章"图书馆学校"中，他列举了美国 16 所主要的图书馆学校，并且重点介绍纽约州立图书馆学校、"伊里诺威大学图书馆学校"（即伊利诺伊大学图书馆学校）、"威士康新大学图书馆学校"（即威斯康星大学图书馆学校）与"丕咨伯格卡勒几图书馆学校"（即匹兹堡卡内基图书馆学校）四校的概况、招生、学费、课程体系等②。在第三章"图书馆讲习会"中，他指出："研究图书馆学问的地方，除图书馆学校以外，还有图书馆讲

① 杨昭悊. 图书馆学：上［M］. 上海：商务印书馆，1923：196 - 203.
② 杨昭悊. 图书馆学：下［M］. 上海：商务印书馆，1923：423 - 445.

习会。它的宗旨在于讲习简易图书馆学的原理和应用,多半关于实务和管理方面,也有涉于书史方面的,不过比较简单。会期长约七八星期,短只有二三星期,多在夏季六七月。这种讲习会效力很大,凡从事图书馆业务和有其他职业的人员,不能入图书馆学校的,都可以入会听讲,得图书馆的知识和技能。所以欧美各国图书馆或大学校、师范学校每年暑假多半开办图书馆讲习会。"①

暑假

袁同礼第三次到美国国会图书馆中文部担任临时编目员②。

7 月 10 日

国立东南大学第四届暑期学校开学,8 月 10 日闭学③。此届暑期学校实际开设 50 种课程,分为小学教育组、中学毕业生组、高等组、国语组、体育组、职业教育组和特殊学程组 7 组。其中,特殊学程组内含"图书馆概论"和"图书使读法"两门图书馆学专业课程(学员信息见表1923 – 3),均由洪有丰讲授④。

表 1923 – 3　国立东南大学第四届暑期学校"图书馆概论"与"图书使读法"学员一览

姓名	字号	籍贯	所选学程
陈兴模	从野	浙江诸暨	图书馆概论
陈颐庆	养渠	江苏盐城	图书馆概论
董景鳌	占元	山东青城	图书馆概论、图书使读法
顾天枢	斗南	安徽歙县	图书馆概论、图书使读法
何日章	日章	河南商城	图书馆概论、图书使读法
何玉书	瑞麟	湖南鄮县	图书馆概论、图书使读法
洪尚奇	赏文	江苏高邮	图书馆概论、图书使读法
蒋士彰	士彰	江苏江都	图书馆概论
李觉非	昨非	安徽霍邱	图书馆概论、图书使读法

---

① 杨昭悊. 图书馆学:下[M].上海:商务印书馆,1923:446 – 447.

② New York State Library School Association. New York State Library School register 1887 – 1926[M]. New York:New York State Library School Association,1928:157 – 158.

③ 国立东南大学南京高师暑期学校简章[N].无锡新报,1923 – 05 – 27(8).

④ 东南大学暑期学校校友录·教员[M]//国立东南大学. 国立东南大学第四届暑期学校概况. 南京:国立东南大学,1923:7 – 10.

续表

姓名	字号	籍贯	所选学程
李挺苍	一飞	福建闽侯	图书使读法
李彤溪	子常	河南浚县	图书馆概论、图书使读法
刘国光	丰亭	湖南平江	图书馆概论、图书使读法
仇良虎	戚叔	江苏江宁	图书使读法
商秀贞	洁忱	奉天	图书馆概论、图书使读法
盛奎修	醒吾	山东临沂	图书使读法
田豫钧	一洪	江苏泗阳	图书馆概论、图书使读法
王大定	希一	江苏泗阳	图书馆概论、图书使读法
王公弢		浙江绍兴	图书馆概论、图书使读法
吴其铨	衡仲	江苏淮阴	图书馆概论、图书使读法
杨曾矩	子俊	湖北大冶	图书馆概论、图书使读法
俞鹰	天骥	浙江嘉善	图书使读法
张柏炘	子民	福建厦门	图书馆概论、图书使用法
张秉彝	叙伦	奉天沈阳	图书馆概论、图书使读法
张庆昇	平章	湖北沔阳	图书馆概论、图书使读法
赵祖培		福建晋江	图书使读法
周铁汉	练生	浙江松阳	图书馆概论、图书使读法

资料来源:东南大学暑期学校校友录·学员[M]//国立东南大学. 国立东南大学第四届暑期学校概况. 南京:国立东南大学,1923:11－68.

值得一提的是,奉天省立第一师范学校附属小学教员张秉彝自费前往国立东南大学听课,回去后改任该校图书馆管理员,并将所学课程内容及其学习心得整理成《讲习图书馆学程报告》,由该校校长李新榜呈递给奉天省教育厅。1923 年 10 月 27 日,奉天省教育厅厅长谢荫昌签发第三〇二号训令,除转录李新榜的呈文外,还决定将张秉彝的《讲习图书馆学程报告》交由《奉天公报》连载[①]。

7 月 13 日

金陵大学第三届暑期学校开学,8 月 21 日闭学。沈学植接替已经赴美留学的刘国钧担任此届暑期学校图书馆馆长,同时开设一门"学校图

---

① 谢荫昌. 奉天教育厅训令第三〇二号[J]. 奉天公报,1923(4181):11－13.

书馆"(School Libraries)课程。该课程每周二、周四上午 7 时开始授课①,
地点大多是在金陵大学图书馆,每次 1 小时,课后另有实习。该课程主
要讲授中小学图书馆的组织原则与方法,包括图书馆工作与学校其他工
作之间的关系,图书馆的组织,图书的选择、分类与编目,以及其他相关
问题②。沈学植后来在所撰《金陵就学之回顾》(署名"沈丹泥")一文中
指出:"十一年夏,衡如君在本校暑期学校担任儿童图书馆学一门。后衡
如留美,嘱余代课。余因得接近四方学者,稍知各处图书馆之情形实况。
并因编辑讲义,得于此种学术作一番有统系之研究。"③可见,沈学植当
时专门编写了一份讲义,但后来未见其正式发表或印行。

8 月 20 日

中华教育改进社第二届年会在北京清华学校开幕,8 月 26 日闭
幕④。此届年会分成 32 个分组举行分组会议,其中第 30 个分组为图书
馆教育组,戴志骞担任图书馆教育组主任,洪有丰为副主任,程时煃为书
记⑤。共有 23 人报名参加图书馆教育组分组会议,包括陈宗登、戴志骞
及其夫人戴罗瑜丽、冯陈祖怡、何日章、洪有丰、胡庆生、刘昉、刘廷藩、陆
秀、裘开明、施廷镛、陶怀琳、王警宇、王文山、韦棣华、熊景芳、许达聪、许
卓、查修、张嘉谋、周良熙、朱家治⑥。

图书馆教育组共计收到 13 项议案,提交者分别是查修(3 项)、朱家
治(1 项)、洪有丰与施廷镛(1 项)、洪有丰(1 项)、戴志骞(2 项)、文华
图书科全体(1 项)、程湘帆(1 项)、许本震与何巽(1 项)、裘开明(1
项)、冯陈祖怡与陆秀(1 项)。此外,国际教育组向图书馆教育组移交了
由世界教育会议中国代表团提交的 1 项议案。在全部 14 项议案中(见
表 1923 - 4),跟图书馆学教育直接相关的仅有 1 项,即冯陈祖怡与陆秀
共同提交的《呈请中华教育改进社转请各省教育厅增设图书馆学额培植
师资案》。她们于 8 月 24 日图书馆教育组第四次会议临时提交这项议
案,其准确名称当为《呈请中华教育改进社转请各省教育厅增设留学图

---

①② Summer school announcements 1923[J]. University of Nanking bulletin,1923,6(8):
1 - 15.

③ 沈丹泥. 金陵就学之回顾(未完)[J].金陵光,1924(夏季特号):2 - 9.

④ 本届年会时间表[J].新教育,1923,7(2/3):17 - 18.

⑤ 分组委员会职员表[J].新教育,1923,7(2/3):48 - 50.

⑥ 分组会议纪录·第三十 图书馆教育组[J].新教育,1923,7(2/3):295 - 317.

书馆学额培植师资案》①。

表1923-4　中华教育改进社第二届年会图书馆教育组议案一览

序号	议案名称	提交者	结果
1	图书馆事业办法及应用名辞等等应有规定之标准案	查修	保留
2	书籍装订改良案	查修	保留
3	筹划图书馆经费案	查修	未见讨论
4	拟在海关附加税项下酌拨数成建设商业图书馆案	朱家治	保留
5	省立图书馆应征集省县志书及善本书籍案	洪有丰、施廷镛	通过
6	图书馆善本书籍应行酌量开放以供参考案	洪有丰	通过,改为《呈请中华教育改进社转请全国各公立图书馆将所藏善本及一切书籍严加整理布置酌量开放免除收费案》,吸收了韦棣华女士与冯陈祖怡的意见
7	组织各地方图书馆协会案	戴志骞	通过
8	交换重本图书案	戴志骞	保留
9	呈请中华教育改进社转请美国政府以其将要退还之庚子赔款三分之一作为扩充中国图书馆案	文华大学图书科全体	通过
10	请规定图书馆年并请本社图书馆教育委员会速制中等学校图书馆建筑图式及馆中设备计划案	程湘帆	保留
11	请本会图书馆组分期编制各种中小学校需用图书目录以便各校酌量采用案	许本震、何巽	移交给中等教育组与初等教育组讨论,改称《请分期编制各种中小学校需用图书目录以便各校酌量采用案》

---

① 分组会议纪录·第三十　图书馆教育组[J].新教育,1923,7(2/3):295-317.

序号	议案名称	提交者	结果
12	请中华教育改进社备函向国内各大图书公司接洽凡各地学校公立及私立公开之图书馆购书应与以相当折扣案	裘开明	通过
13	呈请中华教育改进社转请各省教育厅增设留学图书馆学额培植师资案	冯陈祖怡、陆秀	保留
14	世界图书馆案	世界教育会议中国代表团	保留

资料来源:分组会议纪录·第三十　图书馆教育组[J].新教育,1923,7(2/3):295－317.

下午 2 时—3 时 50 分,图书馆教育组召开第一次会议。共有 15 名会员与 11 位旁听员出席,戴志骞主持会议。因书记程时煃缺席,戴志骞提名查修担任临时书记。此次会议主要讨论韦棣华女士代表文华图书科全体提交的《呈请中华教育改进社转请美国政府以其将要退还之庚子赔款三分之一作为扩充中国图书馆案》①。

8 月 21 日

下午 1 时 45 分—3 时 40 分,图书馆教育组召开第二次会议。共有 15 名会员与 10 名旁听员出席,戴志骞主持会议②。

8 月 22 日

下午 1 时 45 分—3 时 40 分,图书馆教育组召开第三次会议。共有 16 名会员与 4 名旁听员出席,戴志骞主持会议③。

8 月 24 日

下午 1 时 30 分—3 时 50 分,图书馆教育组召开第四次会议。共有 19 名会员与 7 名旁听员出席,戴志骞主持会议。冯陈祖怡与陆秀临时提交《呈请中华教育改进社转请各省教育厅增设留学图书馆学额培植师资案》。尽管已经逾期,但经戴志骞提议,与会者同意让冯陈祖怡宣读全

①②③　分组会议纪录·第三十　图书馆教育组[J].新教育,1923,7(2/3):295－317.

文。冯陈祖怡宣读完毕后,大家一致同意接收该议案,并且进行详细讨论。裴开明提议、朱家治附议保留该议案,后付诸表决,结果是"保留"①。该议案具体如下:

理由:

(1)图书馆之设立日见增加,而缺乏曾经训练之馆员。推原其故,实以无专门学校以培植之,今之从事斯业者类皆知之。欲补此缺憾,惟有急行筹备设立图书馆专门学校,以广育人才,普及全国图书馆事业。惟以现在情形而论,除少数专门家现在从事于图书馆事业之实行,奔走于宣传之不暇,何能分身兼任教授。纵使设立学校,亦缺乏教师。此不得不先行培植师资之理由也。

(2)我国向无图书馆专门学问。原有旧法失于简略,是否合用,亦有待于研究而后始能规定施行,以期统一之效。研究之标准,则不能不借取先进国以为鉴镜。此必须遣派留学外国之又一理由也。

办法:

(1)由教育部及各省教育厅于每年派送留学名额内,加派图书馆科。

(2)先行选派国内已有图书馆经验人员,以便随时研究本国图书馆应行采取或改良方法。

(3)毕业人才归国后,或任教师,或办图书馆,应实行负责。

备注:本案之交进已逾期限。主席乃付表决。结果:通过收纳;经讨论后复通过保留。②

8 月

姬振铎未能从哥伦比亚大学拿到学位,之后他回到中国③。此后,他历任奉天省立图书馆(1929 年 6 月改称"辽宁省立图书馆")主任、奉天省立女子职业学校校长、国立东北大学教授兼附属中学主任、国立东北大学教育学院院长等职。1932 年,他奉派赴欧美考察教育两年,归国后改任国立北平师范大学教授兼附属中学主任。1943 年,他积劳逝世④。

---

①② 分组会议纪录・第三十 图书馆教育组[J]. 新教育,1923,7(2/3):295 - 317.

③ 留美学生之最近归国者[N]. 申报,1923 - 08 - 21(13).

④ 周邦道. 近代教育先进传略(初集)[M]. 台北:文化大学出版部,1981:415.

9 月

文华图书科图书馆学本科第四班学生注册入学①。

李小缘进入哥伦比亚大学师范学院攻读硕士学位②。

《新教育》第 7 卷第 1 期登载刘国钧撰写的《美国公共图书馆概况》。刘国钧在文中介绍了美国公共图书馆的经费、组织与事务、馆员及其培养、目的等。关于美国公共图书馆馆员及其养成,他指出:"图书馆为一社会人民之智力所托命,其事务之烦剧,内容之复杂,已成为一种专门技术。非有专门训练者,不能胜任而愉快。此上述之建议,所以以图书馆教育之有无,为规定薪俸之一种标准也。昔时各大图书馆多自设'练习部'(training class)以训练初入馆之馆员。近则图书馆学校纷起,馆员多取资于此。而昔日之练习部,多有改成学校者。然而毕业生徒仍有不敷分布之虞。故大图书馆仍有附设练习部以养成下级馆员者。"他列举了美国 16 所主要的图书馆学校,然后指出:"除上列之学校外,尚有各大学举行之暑期讲习会,不一一列入矣。上列各校,除最后二校外,合组一图书馆学校联合会,以互通声气。就中纽约州立及伊利诺二校皆两年卒业,授图书馆学士学位,而入学资格须在大学毕业。其余各校皆一年卒业得卒业证书,而入学资格亦不以大学毕业为限。是数校者,虽程度不齐,皆美国图书馆馆员之所从出也。"③

秋季

袁同礼前往欧洲考察各国图书馆与博物馆事业,并进入伦敦大学学院(University College London)、巴黎大学与法国国立文献学校进修④。

10 月 27 日

《奉天公报》第 4181 期登载张秉彝的《讲习图书馆学程报告》第一

---

① 彭敏惠. 文华图专珍稀史料图录[M]. 武汉:武汉大学出版社,2020:272.

② Directory of students[M]//Columbia University. Catalogue 1923 – 1924. New York:Columbia University,1924:249.

③ 刘衡如. 美国公共图书馆概况[J]. 新教育,1923,7(1):1 – 25.

④ 袁同礼. 袁同礼君致陶孟和教授函[J]. 北京大学日刊,1922(1139):1 – 2;New York State Library School Association. New York State Library School register 1887 – 1926[M]. New York:New York State Library School Association,1928:157 – 158.

部分。此期登载第一章"图书馆之由来"、第二章"图书馆之定义"、第三章"图书馆之沿革"(未完)[①]。

10 月 28 日

《奉天公报》第4182 期续载张秉彝的《讲习图书馆学程报告》第二部分。此期续登第三章"图书馆之沿革",第四章"图书馆之必要"、第五章"图书馆之效果"、第六章"图书馆之种类"、第七章"图书馆之建筑"、第八章"图书馆之职员"(未完)[②]。

10 月 29 日

《奉天公报》第4183 期续载张秉彝的《讲习图书馆学程报告》第三部分。此期续登第八章"图书馆之职员",第九章"图书馆之用具"、第十章"图书馆组织法"、第十一章"图书馆管理法"[第一节"图书选择法"、第二节"图书购入法"(未完)][③]。

10 月 30 日

《奉天公报》第4184 期续载张秉彝的《讲习图书馆学程报告》第四部分。此期续登第十一章"图书馆管理法"第二节"图书购入法",第三节"图书出纳法"(未完)[④]。

10 月 31 日

《奉天公报》第4185 期续载张秉彝的《讲习图书馆学程报告》第五部分。此期续登第十一章"图书馆管理法"第三节"图书出纳法"(未完)[⑤]。

---

① 张秉彝. 讲习图书馆学程报告(未完)[J]. 奉天公报,1923(4181):13 - 15.

② 张秉彝. 讲习图书馆学程报告(续)[J]. 奉天公报,1923(4182):15 - 20.

③ 张秉彝. 讲习图书馆学程报告(续)[J]. 奉天公报,1923(4183):1 - 10. 按:此期的《讲习图书馆学程报告(续)》单独排列页码。

④ 张秉彝. 讲习图书馆学程报告(续)[J]. 奉天公报,1923(4184):23 - 26. 按:此期的《讲习图书馆学程报告(续)》共有五页,第 1 页为此期第 23 页,第 2 至 5 页则单独排列页码,为第 1 至 4 页。为统一起见,此处将其著录为第 23 - 26 页。

⑤ 张秉彝. 讲习图书馆学程报告(续)[J]. 奉天公报,1923(4185):1 - 4. 按:此期的《讲习图书馆学程报告(续)》单独排列页码。

11 月 1 日

《奉天公报》第 4186 期续载张秉彝的《讲习图书馆学程报告》第六部分。此期续登第十一章"图书馆管理法"第三节"图书出纳法"①。

11 月 2 日

《奉天公报》第 4187 期续载张秉彝的《讲习图书馆学程报告》第七部分。此期续登第十一章"图书馆管理法"第四节"图书保护法",第十二章"图书馆图书分类法"、第十三章"图书馆图书编目法"②。

张秉彝的《讲习图书馆学程报告》系其参加国立东南大学第四届暑期学校的学习成果。他选修了洪有丰讲授的"图书馆概论"和"图书使读法"两门课程。《图书馆组织与管理》即洪有丰当时使用的讲义,后来正式出版。通过对比,可以发现《讲习图书馆学程报告》与《图书馆组织与管理》并非全部对应。表 1923 – 5 为《讲习图书馆学程报告》与《图书馆组织与管理》章节对应情况。

表 1923 – 5 《讲习图书馆学程报告》与《图书馆组织与管理》章节对应情况一览

《讲习图书馆学程报告》（张秉彝）		《图书馆组织与管理》（洪有丰）	
第一章	图书馆之由来		
第二章	图书馆之定义		
第三章	图书馆之沿革	第三章	图书馆之沿革
第四章	图书馆之必要		
第五章	图书馆之效果		
第六章	图书馆之种类	第四章	图书馆之种类
第七章	图书馆之建筑	第六章	建筑与设备
第八章	图书馆之职员	第七章	馆员与职务
第九章	图书馆之用具	第六章	建筑与设备
第十章	图书馆组织法		

---

① 张秉彝. 讲习图书馆学程报告(续)[J]. 奉天公报,1923(4186):1 – 3. 按:此期的《讲习图书馆学程报告(续)》单独排列页码。

② 张秉彝. 讲习图书馆学程报告(续)[J]. 奉天公报,1923(4187):15 – 23.

续表

《讲习图书馆学程报告》(张秉彝)				《图书馆组织与管理》(洪有丰)	
第十一章	图书馆管理法	第一节	图书选择法	第九章	选购
		第二节	图书购入法	第九章	选购
		第三节	图书出纳法	第十四章	出纳法
		第四节	图书保护法	第十五章	装订修补法
第十二章	图书馆图书分类法			第十二章	分类法
第十三章	图书馆图书编目法			第十三章	编目法

资料来源:作者根据张秉彝的《讲习图书馆学程报告》和洪有丰的《图书馆组织与管理》制作此表。

注:本表右栏仅列出《图书馆组织与管理》与《讲习图书馆学程报告》对应的章节,未对应者未列出其章节名称。

11 月

《新教育》第 7 卷第 4 期登载戴志骞撰写的《图书馆学简说》。该文分为"图书馆沿革""图书馆趋势""图书馆种类""图书馆学校""图书馆学科"五个部分。关于"图书馆学校",戴志骞首先指出:"图书馆在未公开时代,馆中事务异常简单,只须聘一略具常识者主理其事,即属措置裕如。今日之图书馆迥非昔比,规模既大,而内部一切经营日趋繁复,馆内每年开支动辄数万(取之地方税或普通税)。向之聘用管理员一、二人即足者,今则数十人不为多。他如建筑合式屋子、书架排列、选购书籍、分类以及出纳书籍各种问题,均须主持其事者惨淡经营,始能收效。是以今日之充图书馆管理员者,不有数年之练习、数年之经验,必不能胜任。图书馆管理科,即所以造就此项管理员者也。为管理员者,对于一切管理方法固应洞悉,即对于普通教育如普通参考书之内容及其用法,应宜略识梗概。美国图书馆专门学校只收纳大学毕业之学生,宁非注重普通教育之微意欤?"他进而分门别类地介绍了图书馆专门学校,附设于大学、师范学校或大图书馆的图书馆学专科,附设于州立或公共图书馆的图书馆普通学校,以及大学图书馆或大公共图书馆开设的夏季学校(即暑期学校)。关于"图书馆学科",他详细介绍"纽约州立大学及伊利诺爱大学之图书课程",即纽约州立图书馆学校与伊利诺伊大学图书馆学校的课程体系①。

---

① 戴志骞. 图书馆学简说[J]. 新教育,1923,7(4):227-238.

1924 年

◎ 中华教育改进社第三届年会关注图书馆学教育

◎ 海施女士在第二届华东基督教暑期大学讲授图书馆学

◎ 洪有丰等人在南京暑期学校讲授图书馆学

◎ 杜定友在河南小学教员讲习会讲演图书馆学

◎ 戴志骞、裘开明赴美深造

◎ 中华教育文化基金董事会成立

◎ 袁同礼在北京大学开设"图书学"系列课程

◎ 大夏大学开始开设"学校图书馆管理法"选修课程

1 月

聂文汇、章新民与赵体增从文华大学毕业,获文学士学位和文华图书科毕业证书[①]。他们是文华图书科图书馆学本科第三届毕业生(第二批)。吊诡的是,当前史料一般显示文华图书科图书馆学本科第三届毕业生包括范礼煌、刘廷藩、田洪都、章新民、赵体增 5 人,其中并无聂文汇,且他们的在校时间为 1922 年 9 月至 1924 年 6 月[②]。据查,聂文汇毕业之后赴上海担任中华全国基督教协进会图书主任(即图书馆主任)[③]。1925 年 1 月 18 日下午,上海图书馆协会在商业图书馆召开第七次委员会议,建立一个负责欢迎美国图书馆学家鲍士伟(Arthur Elmore Bostwick)访华事宜的委员会,黄警顽、聂文汇、沈仲峻、杨启昌 4 人被推举为事务委员[④]。1925 年中华图书馆协会成立之后,他加入该会,成为

---

① 私立武昌华中大学. 私立武昌华中大学历届毕业同学录[M]. 武昌:私立武昌华中大学,1935:9.

② 彭敏惠. 文华图专珍稀史料图录[M]. 武汉:武汉大学出版社,2020:272.

③ 拒毒会常务委员会[N]. 民国日报,1925-12-21(10).

④ 图书馆之两会议[N]. 民国日报,1925-01-19(11).

一名个人会员①。可惜的是,他在 1935 年以前就英年早逝②。由此可以断定,聂文汇确实是文华图书科图书馆学本科第三届毕业生之一。此外,范礼煌原名范明霞,字星斋,湖北武昌人③,早年履历为"文华大学图书科修业,一九二六年牯岭图书馆管理员"④。因此,此处暂时认定他亦于 1924 年 1 月从文华图书科毕业,只是未能拿到文学士学位(见表 1924 – 1)。

表 1924 – 1　文华图书科图书馆学本科第三届毕业生(第二批,1924 年 1 月)一览

序号	姓名	字号	性别	籍贯	学位	毕业后最初去向	备注
1	范礼煌	星斋	男	湖北武昌	无	江西九江牯岭图书馆	原名范明霞
2	聂文汇		男	湖北黄陂	文华大学文学士	中华全国基督教协进会图书馆	
3	章新民		男	江西九江	文华大学文学士	长沙雅礼大学图书馆	
4	赵体增		男	浙江绍兴	文华大学文学士	南昌豫章中学	

3 月上旬

中华职业教育社与江苏省立第一中学商定共同筹办南京暑期学校,并推举黄炎培、陆步青、王仲武、薛天游、杨卫玉、俞子夷、周哲准、朱君毅 8 人为委员⑤。

3 月 13 日

南京暑期学校委员会召开第一次会议。经过讨论,议决邀请江苏省教育会加入,增补该会会长袁观澜(袁希涛)为委员,并公推江苏省立第一中学校长陆步青兼任南京暑期学校校长,同时决定设立教务、事务、舍

---

① 本会会员名录[J].中华图书馆协会会报,1926,1(5):12 – 19.

② 私立武昌华中大学.私立武昌华中大学历届毕业同学录[M].武昌:私立武昌华中大学,1935:9.

③ 或称范礼煌的籍贯是江西九江.具体参见:彭敏惠.文华图专珍稀史料图录[M].武汉:武汉大学出版社,2020:272.

④ 国立武汉大学.国立武汉大学一览(中华民国二十年度)[M].武汉:国立武汉大学,1932:244.

⑤ 南京暑期学校筹备讯[N].申报,1924 – 03 – 13(14).

务、讲义、游艺、编辑 6 部,并且分成职业教育组、中学组和小学教员组等三组开设课程①。

3 月 14 日

《清华周刊》第 305 期登载戴志骞讲演、毕树棠记录的《图书馆学》。戴志骞将美国图书馆学校分为图书馆专门学校、大学或师范学校或大图书馆所附设的图书馆专科、普通图书馆学校、夏季图书馆学校 4 类,然后详细介绍"纽约州立大学图书馆学校"(即纽约州立图书馆学校)与"伊利诺爱图书馆学校"(即伊利诺伊大学图书馆学校)的课程体系②。

3 月 25 日

河南教育行政会议开幕,4 月 3 日闭幕。4 月 2 日,会议进入第 7 天,共计讨论 6 项议案,其中包括曾纪堂(字次亮③)提交的《请教育厅开办图书馆讲习会案》。具体如下:

> 图书馆系专门事业,其中馆员,必以具有图书馆之知识技能者充之,始能办有成绩。今本省各县应积极推广图书馆已无疑义,按照本省现在情形,此种合格馆员,实属寥寥。故开办图书馆讲习会,以养成此种人才,实为今日不可缓之图。谨拟办法如左:
>
> 一、讲员:由教育厅聘请省内外图书馆专家担任。
>
> 二、会员:每县一人,由各县教育局长于该局事务员或师范毕业生中选派之。
>
> 三、讲习期限:一个月。
>
> 四、会员旅费:由各县教育局长,于该县教育经费项下,酌量支给。④

3 月 30 日

南京暑期学校委员会召开第二次会议,议决通过《南京暑期学校简章》⑤。

---

① 南京暑期学校筹备讯[N].申报,1924 - 03 - 13(14).

② 戴志骞.图书馆学[J].毕树棠,记.清华周刊,1924(305):42 - 50.

③ 重修河南通志处职员一览表[M]//河南教育厅编辑处.河南教育特刊.开封:河南教育厅编辑处,1929:插页.

④ 河南教育行政会议之第七日[N].时报,1924 - 04 - 08(4);河南教育行政会议之第七日[N].新闻报,1924 - 04 - 08(15);河南教育行政会议之第七日[N].益世报,1924 - 04 - 10(6).

⑤ 南京筹备暑期学校[N].时报,1924 - 04 - 12(5).

3 月

江苏省立第二女子师范学校颁布《江苏省立第二女子师范学校新学制简章》,规定面向后期师范科第一组三年级学生开设一门"图书管理法"选修课程,上学期授毕,每周授课 2 小时,计 2 学分①。

4 月 6—8 日

应河南省教育厅的邀请,沈祖荣到开封做"图书馆教育演讲",旨在"讲演图书馆事业,以应社会之需要"。讲演结束后,他还到设在开封文庙的河南第一学生图书馆举办各校图书馆员讨论会②。

4 月中旬

中华教育改进社收到三篇图书馆学方面的社员征文,即洪有丰的《现在图书馆几个问题》、沈祖荣的《创办图书馆学校为今日急务》与查修的《中文书籍编目问题》③。不过,后来仅见查修的《中文书籍编目问题》正式发表④,其余两篇则未悉详情。

4 月 24 日

江苏省教育厅致函南京暑期学校,请其加开一门"图书管理法"课程。如获允可,江苏省教育厅将通饬江苏省立各学校和各县教育局派人前去听讲⑤。

4 月 25 日

南京暑期学校复函江苏省教育厅,同意增设一门"图书管理法"课程⑥。收到南京暑期学校的复函后,江苏省教育厅立即将《南京暑期学校组织大纲》和《南京暑期学校简章》转发给江苏省内各校和各县,请其

① 江苏省立第二女子师范学校.江苏省立第二女子师范学校新学制简章(民国十三年三月)[M].无锡:江苏省立第二女子师范学校,1924:9.

② 翟桂荣.李燕亭图书馆学著译整理与研究[M].北京:中国社会科学出版社,2016:275.

③ 各省教育界杂讯·北京中华教育改进社征集论文[N].申报,1924-04-13(10).

④ 查修.中文书籍编目问题[J].新教育,1924,9(1/2):191-207.

⑤⑥ 南京暑期学校一览[J].奉天公报,1924(4446):9-10.

迅速选派现任图书馆管理人员或有志图书馆事业者按期报到听讲①。

4 月

山东省立第一师范学校函聘教育界名流莅临讲演新旧学术,为期一个月。桂质柏应邀讲演"儿童图书馆使用法",但未悉详情②。

6 月 13 日

上午,纽约州立图书馆学校举行毕业典礼,袁同礼获颁图书馆学学士学位③。

6 月 19 日

威斯康星大学图书馆学校举行毕业典礼,包括刘国钧在内的 36 人毕业④。不过,刘国钧当时还在芝加哥大学(University of Chicago)的暑期学校学习⑤,所以他并未出席此次毕业典礼。此外,由于学分不够,他只获颁有条件的毕业证书(a limited diploma)⑥。该月,他还凭论文"John Dewey's Logical Theory"(《约翰·杜威的逻辑学》)从威斯康星大学获得文学硕士学位。

6 月 27 日

下午,上海图书馆协会成立大会在上海总商会图书馆举行。此次大会对《上海图书馆协会草章》进行修订,同时选定 11 位职员,杜定友当选为委员长⑦。修订后的《上海图书馆协会章程》规定上海图书馆协会秉持"图书馆之联络与互动""图书馆学术之研究""图书馆事业之改进""图书馆事业之发展"4 项宗旨,应当努力发展包括"设立图书学之图书

---

① 苏教厅通令选送听请图书馆营理法[N].申报,1924 – 05 – 11(10);苏教厅注意图书馆教育[J].教育与人生,1924(32):381.

② 山东教育界近事·一师讲学会[N].申报,1924 – 04 – 03(10).

③ Degrees and commencement[J]. University of the State of New York bulletin,1924(813):12.

④ Library school has graduation event Thursday[N]. The capital times,1924 – 06 – 07(8);36 librarians will graduate on June 19[N]. The Wisconsin state journal,1924 – 06 – 08(11).

⑤ Liu to Hazeltine,25 June,1924[A].威斯康星大学档案馆,案卷号:不详.

⑥ Liu Kowh Chuin's transcript(Wisconsin Library School)[A].威斯康星大学档案馆,案卷号:不详.

⑦ 图书馆协会成立会记[N].时事新报,1924 – 06 – 28(12).

馆""设立图书学讲习会""介绍图书馆人才"等在内的 15 种事业①。这是中国地方图书馆协会首次将发展图书馆学教育写入章程。

6 月 30 日

美国图书馆协会第 46 届年会在纽约州萨拉托加温泉市(Saratoga Springs)开幕,7 月 6 日闭幕。美国图书馆协会理事会一致通过图书馆培训委员会提交的报告,议决成立图书馆学教育委员会(Board of Education for Librarianship)②。会议期间,韦棣华女士在 7 月 1 日举行的第二次全体大会上宣读论文"Recent Library Development in China"(《中国近年图书馆发展概况》),并借机邀请美国图书馆协会派遣代表前往中国考察图书馆事业③,其访华费用将由韦棣华女士组织的一个委员会负责筹募④。

6 月

焦芳泽从匹兹堡卡内基图书馆学校毕业⑤。毕业之后,焦芳泽返回中国图书馆界服务,曾任职于山西公立图书馆⑥、山西大学图书馆⑦,但未悉详情。

商务印书馆出版日本图书馆学家今泽慈海与竹贯宜人原著、陈逸翻译的《儿童图书馆之研究》。该书分为前编七章(包括"公共图书馆与儿童""儿童阅览室""室内之备品""儿童讲演""讲演之时间""朗读与朗读会""小学校图书馆与家庭文库")和后编九章(包括"儿童用图书之要素""儿童图书馆之图书选择""最良之图书""图书之搜集""分类之方法""目录作成""图书之保存""图书馆教课""儿童图书馆经营者")。其中,作者在后编第九章"儿童图书馆经营者"中提出,"受健全普通教

① 上海图书馆协会章程[J].图书馆(上海图书馆协会编印),1925(1):92-93.按:该章程又载于1926年3月30日《中华图书馆协会会报》第1卷第5期.各市图书馆协会章程汇录[J].中华图书馆协会会报,1926,1(5):7-12.

② First annual report of the board of education for librarianship[J]. Bulletin of American Library Association,1925,19(4):226-263.

③ Mary Elizabeth Wood. Recent library development in China[J]. Bulletin of the American Library Association,1924,18(4):178-182.

④ ALA News[J]. Bulletin of the American Library Association,1924,18(6):A2-A5.

⑤ Club news[J]. The Chinese students' monthly,1924,19(4):71-76.

⑥ 山西图书馆近讯[J].中华图书馆协会会报,1933,9(1):20.

⑦ 中华图书馆协会执行委员会.中华图书馆协会第二次年会报告[R].北平:中华图书馆协会事务所,1933:108.

育者,欲为儿童图书馆股员,必受专门训练",并且简要介绍英美两国的儿童图书馆员教育概况①。

暑假

穆耀枢主持举办成都暑期图书馆演讲会②。同期,他撰毕《改良中国图书馆管见》,经卢作孚与唐世芳二人共同校阅,于该年 7 月推出单行本。这其实是其著作《图书馆通论》的部分章节③。《图书馆通论》全书一直未见正式出版,但在穆耀枢逝世之后,《四川晨报》曾于 1934—1935 年连载该书部分章节④。

谭卓垣计划利用为期一年的休假时间赴布法罗大学学习图书馆学⑤。但不知何故,他最终未能成行。

7 月 3 日

中华教育改进社第三届年会在南京国立东南大学开幕,7 月 9 日闭幕。此次会议分成 27 个分组召开分组会议,其中第 26 个分组为图书馆教育组。图书馆教育组共计收到 9 项议案,包括章箴的《请中华教育改进社转请部省凡公立图书馆一律免除券资案》,裘开明的《刊行图书馆学季报案》《各省公立图书馆得附设古物陈列所案》《各省教育行政机关应设图书馆教育科案》,相菊潭的《各县宜酌设农村图书馆案》,上届年会议决保留的《请中华教育改进社转请教育部及各省教育厅于留学学科内添图书馆教育科案》与《世界图书馆案》,国际教育组移交的《世界图书馆事业案》,教育行政组移交的《请政府设立自然科学研究院提高文化培植专门人才案》。其中,只有上届年会保留的《请中华教育改进社转请教育部及各省教育厅于留学学科内添图书馆教育科案》(原称《呈请中华

---

① 今泽慈海,竹贯宜人.儿童图书馆之研究[M].陈逸,译.上海:商务印书馆,1924:103 – 108.

② 严文郁.中国图书馆发展史:自清末至抗战胜利[M].台北:图书馆学会,1983:195.

③ 程祺,袁政.穆耀枢的图书馆学论述与实践[J].四川大学学报(哲学社会科学版),1993(2):108 – 112.

④ 《四川晨报》多有佚缺,笔者目前只看过《图书馆通论》第五章"图书馆科学之功用"、第六章"图书馆种类"、第七章"图书馆利益"、第十章"我国图书馆之缺点"和第十一章"改良我国图书馆办法"的部分内容,未能窥见该书全貌。

⑤ Staff items[J].Lingnan,1924,1(1):7 – 8.

教育改进社转请各省教育厅增设留学图书馆学额培植师资案》①)跟图书馆学教育直接相关②。

此外,图书馆教育组分组会议上还宣读了两篇论文,即沈祖荣与胡庆生合撰的《中学图书馆几个问题》(由王文山代为宣读)以及查修撰写的《中文书籍编目问题》③。沈祖荣和胡庆生在《中学图书馆几个问题》一文中论及中学图书馆馆员的任职条件。具体如下:

（一）专门人才已受图书馆教育训练,而富于经验者。如欲图书馆收绝大的效果,当然用此种人才。无奈经费有限,恐难罗致。

（二）校中教务处主任,或热心图书馆之教员,有愿稍尽义务者,使兼理之。

（三）师范学生或中学毕业生,稍有图书教育之训练者,亦可充当之。

（四）学生助手。学生中有与此种性质相近者,亦可充当此职,但须由主任或教员指导之。

以上四种,除第一种不计外,其余三种,或系兼理或系学生充当,故每月津贴或薪资十五元。其数虽微,实因图书馆初办,职务简单,阅览时间又短。故暂时规定,如此而已。上言学生助手,须选择学生中品学较优者为之,或再送入邻近规模较好之图书馆,实地练习一二月,或至暑期所开之夏令图书馆研究所者,学生助手亦可因此练习。如因财力及其他事故之障碍,上列所计划［上列计划］都做不到,或可请就近专门图书人才来校指导。如此办法,可以渐成熟手。由兹进行,可臻发达。④

7月5日

上午,中华教育改进社第三届年会图书馆教育组举行第二次会议,共有20人出席,洪有丰主持,朱家治记录。上届年会议决保留的《请中华教育改进社转请教育部及各省教育厅于留学学科内添图书馆教育科案》终于获得通过⑤。所列理由不变,相应办法则从三条减为两条,且文字表述有所更改,内称:"（一）由教育部及各省教育厅于每次派送留学

---

① 分组会议纪录·第三十　图书馆教育组[J].新教育,1923,7(2/3):295－317.

②③⑤　第二十六　图书馆教育组[J].新教育,1924,9(3):649－669.

④ 沈祖荣,胡庆生.中学图书馆几个问题[J].新教育,1924,9(1/2):209－220.

名额,就各学科加一图书馆教育科。(二)先行选派国内已有图书馆经验人员,以便随时研究本国图书馆应行采取或改良方法。"[①]

第二届华东基督教暑期大学(简称"华东暑校")在上海圣约翰大学举办,8 月 1 日结束[②]。内设一门"图书馆管理科"课程(或称"初级图书馆科"[③]、"图书馆学科"[④]、"图书馆班"[⑤]、"图书馆学系"[⑥]等,英文称"Library Method"[⑦]或"Library Methods"[⑧])。授课教师为 1922 年 2 月至 1926 年 1 月担任上海圣约翰大学图书馆馆长[⑨]的美国图书馆专家海施女士(Florence Catherine Hays)[⑩],其中一位学员是当时任职于中西女塾图书馆的施荷珍女士[⑪],其余不详。

7 月 7 日

下午,图书馆教育组举行第五次会议,共有 18 人出席,戴志骞主持,朱家治记录。此次会议进行职员改选,最终戴志骞当选为主任,洪有丰为副主任,朱家治为书记,陈长伟、陈宗登、程时煃、杜定友、冯陈祖怡、冯绍苏、何日章、胡庆生、裘开明、沈祖荣、施廷镛、谭新嘉、王文山、吴汉章、许达聪、袁同礼、查修、章箴 18 人(含未到会者)为委员[⑫]。

---

① 第二十六　图书馆教育组[J]. 新教育,1924,9(3):649 - 669.

② 教会大学合组华东暑期学校招男女生广告[N]. 申报,1924 - 05 - 14(1);华东联合暑期学校之组设[N]. 新闻报,1924 - 06 - 12(19);East China union summer school offers wide range of courses[N]. The China weekly review,1924 - 05 - 31(489);Summer school courses offered at St. John's[N]. The China press,1924 - 05 - 22(4).

③ 缘. 华东基督教暑期大学图书馆科[J]. 图书馆学季刊,1926,1(3):539.

④ 陆恩涌. 观察苏州图书馆后评略[J]. 图书馆学季刊,1926,1(3):523 - 526.

⑤ 赵邦鑅. 装订书籍实习记[J]. 图书馆学季刊,1926,1(3):526 - 530.

⑥ 华东暑期大学结束[N]. 时报,1926 - 08 - 07(4);华东暑期大学已结束[N]. 申报,1926 - 08 - 08(11).

⑦ East China union summer school offers wide range of courses[N]. The China weekly review,1924 - 05 - 31(489).

⑧ The East China union summer school[J]. The voice,1924,13(10):9 - 12.

⑨ 孟雪梅. 近代中国教会大学图书馆研究[M]. 北京:国家图书馆出版社,2009:186.

⑩ WILLIAMSON C C, JEWETT A L. Who's who in library service [M]. New York: the H. W. Wilson Company,1933:208.

⑪ A brief history of the library[M]//中西女塾年刊部. 墨梯. 上海:中西女塾年刊部,1925:84. 按:《墨梯》(McTyeire)为上海中西女塾(后改称"中西女子中学校",英文校名为 McTyeire School)年刊部编印的年刊。

⑫ 第二十六　图书馆教育组[J]. 新教育,1924,9(3):649 - 669.

7月10日

南京暑期学校举行开学式①，8 月 7 日结束②。其中，图书馆教育组开设一门"图书馆学"课程，洪有丰等人担任教员，每周授课 10 小时、实习 4 小时，计 3.5 学分③。每日上午 8—10 时上课，下午安排实习④。其授课内容包括"图书馆概说""图书馆史""图书馆建筑与设备""图书馆组织与行政""选购法""登录法""分类法""编目法""出纳法""庋藏法""印刷术概说""装订法""修书法""指导利用图书方法""目录学"，另有演讲与实习⑤。共有 74 人选修图书馆教育组课程⑥，其中包括章以欣（上海浦东中学图书馆主任）⑦、范寿仁（无锡县立图书馆助理员）⑧、俞家齐（字少韩，江苏省立第四师范学校图书馆主任，后改任江苏省立通俗教育馆图书部编目员）⑨等人。

7月15日

何日章奉派来到上海邀请杜定友到河南省教育厅组织的暑期讲习会（一般称"河南小学教员讲习会"⑩或"河南开封小学校教员讲习会"）讲演图书馆学，该讲习会原定 7 月 20 日开始，8 月 10 日结束⑪。不过，杜定友直至 7 月 18 日才从上海出发⑫，7 月 26 日抵达开封，7 月 27 日开始讲演⑬，为期三周。其讲演主题为"小学图书馆管理法"⑭，共有 300 多人

① 南京暑期学校已开学［N］.申报,1924 – 07 – 11(7).

② 南京筹备暑期学校［N］.时报,1924 – 04 – 12(5).

③⑤ 南京暑期学校一览［J］.奉天公报,1924(4437):11 – 12.

④ 南京暑期学校一览［J］.奉天公报,1924(4443):15 – 16.

⑥ 江苏省教育会.江苏省教育会二十年概况［M］.上海：江苏省教育会,1925:7.

⑦ 浦东中学校.浦东中学校廿周纪念刊［M］.上海：浦东中学校,1926:图书馆概况 1 – 2.

⑧ 选定图书管理科听讲员［N］.无锡新报,1924 – 06 – 17(3)；宁垣暑校学员之近况［N］.无锡新报,1924 – 08 – 03(3).

⑨ 杨家骆.图书年鉴（一九三三年份）：上册 中国图书事业志［M］.南京：中国图书大辞典编辑馆,1933:(第三编 全国图书馆概况)19. 按:《图书年鉴（一九三三年份）》上册分为四编,即第一编"杨家骆著中国图书大辞典述略"、第二编"图书事业法令汇编"、第三编"全国图书馆概况"、第四编"全国新出版家一览",各编均单独排列页码.

⑩ 河南暑期讲习会展期举行［N］.申报,1924 – 07 – 19(9 – 10).

⑪⑫ 杜定友赴豫演讲图书馆学［N］.新闻报,1924 – 07 – 16(19)；杜定友赴豫演讲图书馆学［N］.时事新报,1924 – 07 – 16(12).

⑬ 开封苦雨中之教育讲演［N］.时事新报,1924 – 07 – 27(12).

⑭ 杜定友.我与图书馆学教育（《治书生活》之三）［J］.山东图书馆季刊,1985(4):43 – 47.

听讲①。杜定友在短时间内在开封文庙设立一个小模范图书馆,供学员观摩与实习,同时还帮助河南省筹划建设新图书馆②。8 月中旬,他结束讲演,从开封前往汉口探亲③,顺路到文华图书科讲演图书馆学④,然后返回上海⑤。

8 月 3 日

南京暑期学校图书馆教育组师生在国立东南大学孟芳图书馆召开江苏图书馆协会成立大会。经过推选,洪有丰担任会长,施廷镛任副会长⑥。

8 月 22 日

戴志骞与戴罗瑜丽⑦及裘开明⑧一同从上海乘坐"杰弗逊总统号"轮船(S. S. President Jefferson,当时译成"约佛生总统轮")前往美国,9 月 7日抵达华盛顿州西雅图,然后转赴各自的目的地。

8 月

袁同礼返回中国,受聘担任国立广东大学图书馆馆长,同年 10 月便辞职离开⑨。

---

① 杜定友. 我与图书馆学教育(《治书生活》之三)[J]. 山东图书馆季刊,1985(4):43 - 47;图书馆专家回沪[N]. 新闻报,1924 - 08 - 20(19).

②③⑤ 图书馆专家回沪[N]. 新闻报,1924 - 08 - 20(19).

④ 杜定友赴豫演讲图书馆学[N]. 新闻报,1924 - 07 - 16(19);杜定友赴豫演讲图书馆学[N]. 时事新报,1924 - 07 - 16(12).

⑥ 宁一中暑校组织图书馆协会[N]. 时事新报,1924 - 08 - 05(12).

⑦ Washington,Seattle, passenger lists, 1890 - 1957[EB/OL]. [2018 - 07 - 08]. https://www. familysearch. org/ark:/61903/3:1:33S7 - 95FT-J1J? i = 995&cc = 1916081;Washington,Seattle,passenger lists,1890 - 1957[EB/OL]. [2018 - 07 - 08]. https://www. familysearch. org/ark:/61903/3:1:33S7 - 95FT-VMM? i = 996&cc = 1916081.

⑧ Washington,Seattle, passenger lists, 1890 - 1957[EB/OL]. [2018 - 09 - 30]. https://www. familysearch. org/ark:/61903/3:1:33SQ-G5FT-JBL? i = 991&cc = 1916081;Washington,Seattle,passenger lists,1890 - 1957[EB/OL]. [2018 - 09 - 30]. https://www. familysearch. org/ark:/61903/3:1:33SQ-G5FT-JR5? i = 992&cc = 1916081.

⑨ New York State Library School Association. New York State Library School register 1887 - 1926[M]. New York:New York State Library School Association,1928:157 - 158.

9月18日

中华教育文化基金董事会在北洋政府外交部举行成立大会①。

9月

文华大学跟武昌博文书院和汉口博学书院两校的大学部合并,定名为"私立武昌华中大学"②。文华大学文华图书科随之改称"华中大学文华图书科",但依旧简称"文华图书科"。

华中大学编印《武昌华中大学文理科一览(民国十三年)》。据该书所载"章程",华中大学分为文科和理科,文科下设"社会科学""商业""教育""图书管理""神学""宗教事业""普通科学"7个学系,理科暂不分系③。"文科商业系、图书系毕业学生除授予文学士文凭外,另给该学系毕业证书。"④前述的"图书管理系"和"图书系"均指文华图书科,有时还称为"图书学"⑤。此时,文华图书科的正式教职工仍然只有韦棣华、沈祖荣和胡庆生3人⑥。所设课程略有扩充,除原有4门专业课程外,新增一门"图书经营法"(Library Economy)(见表1924-2)。

表1924-2　1924—1925学年文华图书科课程一览

课程名称				课程内容	各学年学分			
中文名称1	中文名称2	英文名称1	英文名称2		二	三	四	合计
		Basic Requirements						86
编辑目录及标题法	目录编辑及标题法	Cataloguing (Including Chinese Cataloguing)	Cataloguing and Subject Heading	讲授字典式目录的编辑方法及问题,学生在教师监督下实习,并研究主题标目之分配。每个学生	2	2	4	8

---

① 伯亮.中华教育文化基金董事会成立始末[M]//北京市档案馆.北京档案史料(2006.4).北京:新华出版社,2006:255.

② 华中大学.华中大学一览(二十二年度)[M].武汉:华中大学,1933:2.

③ 华中大学.武昌华中大学文理科一览(民国十三年)[M].武昌:华中大学,1924:33.

④ 华中大学.武昌华中大学文理科一览(民国十三年)[M].武昌:华中大学,1924:43.

⑤⑥ 华中大学.武昌华中大学文理科一览(民国十三年)[M].武昌:华中大学,1924:15-17.

课程名称				课程内容	各学年学分			
中文名称1	中文名称2	英文名称1	英文名称2		二	三	四	合计
				均须完成一种能够阐明课堂上讲授的各种原则的目录样本				
分类法	目录分类法	Classifi-cation	Classifi-cation	讲授分类的一般原则,以杜威十进分类法为基础,考察三种著名的分类法。每次授课后均须进行分类实习	2	4	0	6
图书选择法评论法	图书选择及评论法	Book Review and Book Selection	Book Selection and Book Review	讲授图书馆选择图书的原则、方法与有益工具,旨在进一步培养学生评判图书价值及其对于不同类型图书馆与读者之适用性的能力	2	4	0	6
参考图书法		Reference Work	Reference Work	介绍一些更为常见的参考书,培养学生使用参考书的能力。字典、百科全书、索引、手册等均在考虑使用的参考书之列。以克鲁格(Alice Bertha Kroeger)原著、马奇(Isadore Gilbert Mudge)增订的《参考书学习及使用指南》(*Guide to the Study and Use of Reference Books*)为基础,课后布置问题,供学生实际练习	2	2	2	6

续表

课程名称				课程内容	各学年学分			
中文名称1	中文名称2	英文名称1	英文名称2		二	三	四	合计
图书经营法		Library Economy	Library Economy	以英文讲授图书馆管理、图书馆史、归档、借阅工作、上架、订购与入库工作、图书馆簿记、图书装订、建筑与设备等。同时用中文补充讲授图书馆相关问题，概述图书馆各个部门工作的各个程序，以使学生能够真正管理好中国急需的中文图书馆	0	2	2	4
第二外国语或社会经济		1 Language or 2 Social Sciences						12
总计								128
备注	学生如果想要拿到文华图书科毕业证书，还须修习"现代史料"（Current History）和"打字法"（Typewriting）两门课程（均为每周授课两小时），并于四年级时实习至少六小时							

资料来源：华中大学．武昌华中大学文理科一览（民国十三年）［M］．武昌：华中大学，1924：26－27，48；Central China University College of Arts and Science. University bulletin No. 1［M］. Hankou：the Central-China Post, Ltd. ,1924：22,33－34.

注：本表系综合《武昌华中大学文理科一览（民国十三年）》及其英文版本 University Bulletin No. 1 所载史料制作而成。值得注意的是，二书不同部分对文华图书科所设图书馆学专业课程的介绍并不完全一致。本表所列"中文名称1"据《武昌华中大学文理科一览（民国十三年）》所载"学程一览表"中的"图书学"课程［华中大学．武昌华中大学文理科一览（民国十三年）［M］.武昌：华中大学，1924：26－27.］，"中文名称2"据同书所载"章程"之"文科基本学程"中的"图书系"课程［华中大学．武昌华中大学文理科一览（民国十三年）［M］.武昌：华中大学，1924：48. ］。"英文名称1"据 University Bulletin No. 1 所载"Requirements for Bachelor of Arts Degree"之" 2. Library Training Sequence"（Central China University College of Arts and Science. University Bulletin No. 1［M］. Hankou：the Central-China Post, Ltd. ,1924：22.），"英文名称2"与"课程内容"均据同书所载"Description of Courses of Instruction"之"Library Training"（Central China University College of Arts and Science. University Bulletin No. 1［M］. Hankou：the Central-China Post, Ltd. ,1924：33－34. ）。

文华图书科图书馆学本科第五班学生注册入学①。

戴志骞进入艾奥瓦大学(University of Iowa)攻读博士学位②。他在该校教育学院主修教育学专业,副修图书馆学专业与哲学专业,所习课程包括"教育统计学"(Educational Statistics)、"心理测量学"(Mental Measurement)、"学校管理学"(School Administration)、"大学管理学"(University Administration)、"图书馆教育"(Library Education)和"现代哲学"(Modern Philosophy)等③。

裘开明入读纽约公共图书馆附属图书馆学校④,同时注册入读哥伦比亚大学商学院(School of Business,Columbia University)⑤。

杨昭悊入读伊利诺伊大学图书馆学校⑥。

10 月

袁同礼回到北京大学工作,先在教育学系(或称"教育系",二者经常混用)开课,后又兼任该校图书部主任。

郎罗得女士受邀到上海中西女塾工作⑦,担任所谓的"图书室指导员"⑧(Organizer of School Library⑨)。除了指导图书馆工作,她还借此机会在该校高等班开设一门图书馆学课程,每周授课2小时⑩。

① 彭敏惠. 文华图专珍稀史料图录[M]. 武汉:武汉大学出版社,2020:272.

② University library has 320000 books,33 workers this Year[N]. Iowa city press-citizen,1924 – 09 – 02(5);Chinese librarian comes to Iowa University to study[N]. Iowa city press-citizen,1924 – 09 – 16(2);Mr. and Mrs. Tai,graduates of S. U. I. ,to sail for England[N]. The daily Iowan,1925 – 06 – 23(1).

③ University of Iowa. Programs announcing candidates for higher degrees(July 1,1925 to July 1, 1926)[M]. Iowa City:University of Iowa Press,1926.

④ New students[J]. Library school notes,1924,12(1):1.

⑤ Directory of students[M]//Columbia University. Catalogue 1924 – 1925. New York:Columbia University,1925:63.

⑥ ROSEBERRY C J. The University of Illinois directory for 1929[M]. Urbana-Champaign,Ill. : University of Illinois,1929:1060.

⑦⑩ A brief history of the library[M]//中西女塾年刊部. 墨梯. 上海:中西女塾年刊部, 1925:84.

⑧ 中西女塾. 中西女塾章程[M]. 上海:中西女塾,1925:6.

⑨ McTyeire School. Catalogue of McTyeire School 1925 – 1926 [M]. Shanghai:McTyeire School,1925:5.

11月18日

北京大学召开教务会议,议决在教育学系内开设"图书学"系列课程,"其重要科目分为:(一)图书利用法。讲授现代图书馆之组织,中西参考书之利用,借以知治学方法之初步。(二)图书馆学。讲授现代图书馆之建筑,各种图书馆之管理,中西文图书分类之编目。(三)目录学。讲授本国史家、官家、藏家目录之沿革,目录分类之变迁,欧美各国目录学之派别,现代之方法及趋势。(四)图书馆史。讲授中西藏书之沿革,并与学术盛衰之关系云"①。

北京大学教务处发布通告,公布1924—1925学年袁同礼计划在北京大学教育学系开设的"图书学"系列课程及选习办法(见表1924 – 3)②。

表1924 – 3　1924—1925学年北京大学教育学系"图书学"系列课程一览

序号	课程	内容	每周时数	教授	参考书目	备注
I	图书利用法	讲授现代图书馆之组织,中西参考书之利用,借以知治学方法之初步	2	袁同礼	1. I. G. Mudge. New Guide to Reference Books. Chicago, 1923 2. Fay, Eaton. Instruction in the Use of Books and Libraries. Boston, 1915	1. 教育学系学生习此种功课者,是否计算单位,如计算单位时,何者为必修,何者为选修,另由教育学系教授会规定后宣布 2. I, II, III 三科目,各系
II	图书馆学	讲授现代图书馆之建筑,各种图书馆之管理,中西文图书之分类编目	2	袁同礼	1. J. D. Brown. Manual of Library Economy, 3rd edition. London, 1920 2. A. Maire. Manuel Pratique de Bibliothécaire. Paris, 1896 3. A. Graesel. Handbuch der Bibliothekslehre. Leipzig, 1902	

---

① 北大添设图书学科[N]. 社会日报,1924 – 11 – 19(4);北大添设图书学科[N]. 晨报,1924 – 11 – 19(6).

② 教务处布告[J]. 北京大学日刊,1924(1572):1;教务处布告[J]. 北京大学日刊,1924(1573):1.

续表

序号	课程	内容	每周时数	教授	参考书目	备注
III	目录学	此科为研究文学史之补助学科,讲授本国史家、官家、藏家目录之沿革,目录分类之变迁,欧美各国目录学之派别,现代之方法及趋势	2	袁同礼	1. J. D. Brown. Manual of Practical Bibliography. London,1906 2. John Ferguson. Some Aspects of Bibliography. Edinburgh,1900 3. C. V. Lnaglois. Manuel de Blibliographie Historique. Premier Fascicule. Paris,1901 4. George Schneider. Handbuch der Bibliographie. Peipzig,1923 5. Giuseppe Fumagalli. La Bibliographia. Roma,1923	学生均可选修,但不算单位,惟既选修者,必须考试,考试及格者,予以证明 3. 以上各科目,各班人数限二十人,愿习者于本月二十二日以前到注册部报名 4. 图书馆史本学年暂不讲授
IV	图书馆史	叙述中西藏书之沿革,并说明其与学术盛衰之关系	2	袁同礼	此科无适当课本,参考书随时指定	

资料来源:教务处布告[J].北京大学日刊,1924(1572):1;教务处布告[J].北京大学日刊,1924(1573):1.

11 月 21 日

北京大学注册部发布通告,内称:"袁同礼先生所授教育系'图书馆学''图书利用法''目录学'三种功课均已排定时间。签名选习各生,如时间冲突,可俟下学年再行选修,望即来注册部将名字取消为要。其时间不冲突,愿学而未签名者,望迅来注册部签名为要。"①

---

① 注册部布告[J].北京大学日刊,1924(1575):1;注册部布告[J].北京大学日刊,1924(1576):1.

11 月 25 日

北京大学教育学系教授会发布通告,公布袁同礼开设的三门"图书学"系列课程的学分及修习办法(见表 1924 – 4)①。

表 1924 – 4　1924—1925 学年北京大学教育学系"图书学"系列课程之学分及修习办法

序号	课程	学分	性质	备注
I	图书利用法	2	教育学系必修科。如教育学系学生与所选他课之时间有冲突者可于下学年选读	如他系学生选修以上三课者,按本月十八日教务处布告之规定办理(即 I,II,III 三科目,各系学生均可选修,但不算单位,惟既选修者必须考试,考试及格者予以证明)
II	图书馆学	2	教育学系选修课	
III	目录学	2		

资料来源:教育学系教授会布告[J].北京大学日刊,1924(1577):1;教育学系教授会布告[J].北京大学日刊,1924(1578):1;教育学系教授会布告[J].北京大学日刊,1924(1579):1.

11 月 29 日

袁同礼开始在北京大学教育学系讲授"图书馆学"课程,授课时间为每周六②。

12 月 1 日

袁同礼提议北京大学图书部开设的图书学阅览室开始对外开放。图书学阅览室藏有北京大学的全部图书馆学和目录学书籍,其中包括袁同礼从美国带回并捐出的若干外文书籍。石道瀋受聘担任图书学阅览室管理员③。

12 月 3 日

袁同礼开始在北京大学教育学系讲授"目录学"课程,授课时间为每

---

①　教育学系教授会布告[J].北京大学日刊,1924(1577):1;教育学系教授会布告[J].北京大学日刊,1924(1578):1;教育学系教授会布告[J].北京大学日刊,1924(1579):1.

②　注册部布告(二)[J].北京大学日刊,1924(1580):1;注册部布告(二)[J].北京大学日刊,1924(1581):1.

③　北大图书部大扩充[N].社会日报,1924 – 11 – 29(4).

周三晚上 7 时半至 9 时半①。

12 月上旬

袁同礼开始在北京大学教育学系讲授"图书利用法"课程,具体时间未见记载②。

江苏省立第二师范学校杨清源等人发起成立图书馆学研究会③,并制定《图书馆学研究会简章》④。

12 月 18 日

江苏省立第二师范学校图书馆学研究会邀请大同大学教授胡卓莅校讲演图书馆学,共有 100 多名听众⑤。

12 月 20 日

袁同礼发布通告,为选修"目录学"课程的学生开列 18 种参考书目⑥。

冬季

杜定友在复旦大学讲演"大学图书馆的需要"⑦,具体日期不详。其讲演内容后载于 1924 年 12 月《中华教育界》第 14 卷第 6 期,明确标注"在复旦大学演讲"⑧。

本年

上海三育大学(后改称"中华三育研究社")面向高级训导组二年级学生开设一门"图书馆学及斋舍研究"必修课程,每周授课 5 次(5 小时)。同时面向高级事务组二年级学生开设一门"高级新闻学及图书馆

---

①② 注册部布告(二)[J].北京大学日刊,1924(1580):1.

③ 小专电[N].小时报,1924 - 12 - 07(9).

④ 江苏省立第二师范学校.江苏省立第二师范学校一览[M].上海:江苏省立第二师范学校,1925:43 - 44.

⑤ 小电[N].时报,1924 - 12 - 20(9).

⑥ 选习目录学学生注意[J].北京大学日刊,1924(1599):1.

⑦ 宋景祁.促进中国图书馆的方法及其经过[J].上海图书馆协会会报,1929(3):18.

⑧ 杜定友.大学图书馆的需要[J].中华教育界,1924,14(6):1 - 14.

学"选修课程,每周授课 5 次(5 小时)①。

　　大夏大学教育科面向计划毕业后从事教育行政工作的学生开设一门"学校图书馆管理法"选修课程(编号:教育 50),计 3 学分②。

---

　　①　基督复临安息日会中华总会教育部．教育手册[M]．上海:基督复临安息日会中华总会教育部,1934:205 - 208.

　　②　大夏大学．大夏大学简章(民国十三年八月)[M]．上海:大夏大学,1924:33.

1925 年

◎ 中华职业学校文书科创办
◎ 中华图书馆协会成立,组织图书馆教育委员会
◎ 鲍士伟考察中国图书馆事业
◎ 中华图书馆协会等合组图书馆学暑期学校
◎ 戴志骞撰就美国教育史上图书馆学领域第一篇博士学位论文
◎ 上海国民大学图书馆学系创办
◎ 洪有丰起草"图书馆管理法"课程纲要
◎ 吴汉章、邓演存赴美留学
◎ 四川图书馆专门学校创办
◎ 清华学校筹设图书馆门

1 月

段祺瑞向韦棣华女士题赠一块精美匾额,上书"导扬文化"①,以示对其在华服务的褒扬。

2 月初

鉴于"现在各机关需用文牍人员,缺乏相当人才",中华职业教育社决定在中华职业学校开办文书科②。黄炎培、刘湛恩、潘仰尧、秦翰才、邱铭九、杨卫玉、赵师复、朱经农、邹恩润 9 人组织委员会并筹备开办事宜,同时制定《中华职业学校文书科简章》,函请江苏与浙江两省各县教育局介绍学生前来就读③。

---

① WARD M D. Boone Library gives thanks[J]. The spirit of missions,1925,90(9):551－552.
② 职业教育社开办文书科[N]. 申报,1925－02－08(12).
③ 文书科之招生[J]. 教育与职业,1925(62):119－120.

2 月

李小缘从哥伦比亚大学毕业，获颁教育与实用文科专业文学硕士学位①。毕业之后，他当即启程回国。

中华教育文化基金董事会制定《中华教育文化基金董事会分配款项之补充原则》共计 6 条，其中第 2 条明确规定："文化事业，拟暂以图书馆为限。"②

3 月

中华书局出版杜定友所著《学校教育指导法》，1931 年 6 月印至第六版。在该书第 5 章"指导方法"第 14 节"指导学校图书馆"中，杜定友指出图书指导员负有 10 种职责。其中，第 7 种职责为"提高图书馆事业标准及性质"，包括"提高图书馆长之资格标准"、"提高馆员之资格标准及其教育"、"设立图书馆学校，以养成图书馆人才"（包括开办图书馆管理员养成所、图书馆专门学校和夏期讲习所）、"规定馆员资格之最低标准"。第八种职责为"提倡学校图书馆之联络"，包括"助各校教授图书科课程""至各校演讲利用图书馆之方法"等。第 10 种职责为"扩充图书馆事业"，包括"劝学生入图书馆学校""引导图书馆之运动""代表出席全国或万国图书馆会议"等③。

春季

王京生紧随丈夫杨昭悊的脚步，亦转入伊利诺伊大学图书馆学校就读④。

裘开明注册入读纽约公共图书馆附属图书馆学校高级班⑤。

金陵大学图书馆开始开展新生入馆培训："每学期对新生演讲图书馆之用法，历述本馆中西文目录使用法与书码之意义、中西文藏书之特

---

① Degrees conferred during 1924 – 1925［M］//Columbia University. Catalogue 1925 – 1926. New York：Columbia University，1926：363.

② 中华教育文化基金董事会. 中华教育文化基金董事会分配款项原则、分配款项之补充原则、发给补助费通则、接受请款书通则［M］. 北平：中华教育文化基金董事会，1926：5 – 6.

③ 杜定友. 学校教育指导法［M］. 上海：中华书局，1925：134 – 136.

④ ROSEBERRY C J. The University of Illinois directory for 1929［M］. Urbana-Champaign，Ill. ：University of Illinois，1929：1060.

⑤ Senior registration［J］. Library school notes，1925，12（2）：1.

点、主要参考书之内容与性质以及借书方法等,讲毕即领导参观,使人人皆知如何使用本图书馆。"①

江苏省立第二师范学校为专修科和本科四年级学生增设一门"图书馆学"课程②,杜定友受聘担任该校图书馆学教员③。他为此编写并试用《学校图书馆学》,后又详细修订,该书由商务印书馆于 1928 年 9 月正式出版④。

4 月 25 日

中华图书馆协会在上海广肇公学举行成立大会,通过组织大纲,并选举蔡元培、丁文江、范源濂、洪有丰、胡适、梁启超、沈祖荣、陶知行(陶行知)、王正廷、熊希龄、颜惠庆、余日章、袁同礼、袁希涛、钟福庆 15 人为董事,戴志骞为执行部部长、杜定友与何日章为执行部副部长⑤。其后,为共同研究图书馆学术或处理特别问题起见,该会迅即组织图书馆教育委员会等 13 个专门委员会⑥。图书馆教育委员会旨在"普及图书馆学识",负责"主持图书馆学校,及短期讲习事宜"⑦,其职员包括洪有丰(主席)、胡庆生(副主席)、朱家治(书记)、戴志骞、杜定友、冯陈祖怡、姬振铎、李长春(李燕亭)、李小缘、刘国钧、彭清鹏、施廷镛、沈祖荣、王文山、韦棣华、吴敬轩、徐鸿宝、杨昭悊、袁同礼、章篯⑧。成立伊始,图书馆教育委员会便计划创办图书馆学校,可惜困难重重,无法立刻实行。于是,执行部决定于该年暑假向国立东南大学商借校舍试办图书馆学暑期学校⑨。

李小缘乘坐"西伯利亚丸"轮船抵达上海,随即参加中华图书馆协会

① 金陵大学秘书处. 私立金陵大学一览[M]. 南京:金陵大学秘书处,1933:146.

② 江苏省立第二师范学校. 江苏省立第二师范学校一览[M]. 上海:江苏省立第二师范学校,1925:23.

③ 江苏省立第二师范学校. 江苏省立第二师范学校职员录[M]. 上海:江苏省立第二师范学校,1925:3.

④ 杜定友. 学校图书馆学[M]. 上海:商务印书馆,1928:例言.

⑤ 中华图书馆协会事务所. 中华图书馆协会概况[M]. 北平:中华图书馆协会事务所,1933:4.

⑥ 中华图书馆协会之进行[N]. 申报,1925 - 05 - 29(11).

⑦ 中华图书馆协会图书馆学暑期学校之经过[J]. 中华图书馆协会会报,1925,1(4):3.

⑧ 中华图书馆协会委员会委员名单[J]. 中华图书馆协会会报,1925,1(2):3 - 4.

⑨ 中华图书馆协会事务所. 中华图书馆协会概况[M]. 北平:中华图书馆协会事务所,1933:28 - 29.

成立大会,并在会上为发表讲演的海施女士担任口译员①。

4 月 26 日

下午 3 时,鲍士伟乘坐"杰弗逊总统号"轮船抵达上海,开启其访华之旅②。鲍士伟是美国图书馆协会执行委员会应韦棣华女士之请被派至中国考察图书馆事业的代表③。在华期间,他辗转大江南北,最终提交两份考察报告,就中国图书馆事业存在的各种问题发表看法,并提出若干建设性意见④。

4 月 27 日

上海图书馆协会等 40 多个团体在上海四川路青年会殉道堂举行欢迎会,宴请鲍士伟及各省图书馆代表⑤。鲍士伟在此次欢迎会上讲演促进图书馆事业发达的四种办法,包括"充实图书馆的内容及改善阅览方法""实现社会联络""关于行政指导事项""调查民众对于图书馆的态度及倾向"。其中,第二种办法"实现社会联络"提到"于师范学校的课程中,加授关于图书馆的功课","于小学的课本中,加入关于图书馆的智识"等内容。第三种办法"关于行政指导事项"提到"于中央设立图书馆学校,于地方则开长期或短期的图书馆讲习所,以养成优良的馆员"⑥。

《新闻报》第 15 版刊登浙江省会图书馆协会撰写的《对于鲍士伟博士来杭之希望》。该文述及对鲍士伟的五点希望,其中第三点为"图书馆学之函授",内称:"希望博士返国后,组织图书馆学术函授部,将博士宏著及其他专家的大作,暨欧美图书馆界的新事业、新改革,继续传播,俾吾国虽无图书馆学校,亦可养成图书馆人才。"⑦

5 月 6 日

中华职业教育社致函江苏省教育会,拟继续合作组织暑期学校,获

---

① 中华图书馆协会昨日成立[N].申报,1925 – 04 – 26(12).

② 美图书馆代表鲍士伟昨日到沪[N].申报,1925 – 04 – 27(11).

③ ALA news[J].Bulletin of the American Library Association,1924,18(6):A2-A5.

④ 鲍士伟博士致本会及中华教育改进社报告书[J].朱家治,译.中华图书馆协会会报,1925,1(2):5 – 7;鲍士伟博士致本会及中华教育改进社第二次报告书[J].中华图书馆协会会报,1925,1(3):3 – 4.

⑤ 各团体欢迎鲍士伟博士纪[N].申报,1925 – 04 – 28(11).

⑥ 良.促进图书馆发达的小方法[J].扬子江,1929(28):1.

⑦ 浙江省会图书馆协会.对于鲍士伟博士来杭之希望[N].新闻报,1925 – 04 – 27(15).

得赞同①。其后,国立东南大学与中华图书馆协会亦加入其中。此届暑期学校计划设立图书馆学组,由中华图书馆协会图书馆教育委员会负责筹划一切事项。

5 月 20 日

戴志骞提交博士学位论文,题为"Professional Education for Librarianship:a Proposal for a Library School at the University of Iowa"(《论图书馆员职业教育——关于在艾奥瓦大学创办图书馆学校的建议》)②。该文通常被视为美国教育史上图书馆学领域第一篇博士学位论文③。

5 月下旬

中华图书馆协会图书馆教育委员会确定聘请杜定友、洪有丰、李小缘、刘国钧、沈祖荣、袁同礼 6 人担任此届暑期学校图书馆学组的授课教师,计划开设"图书馆学术史""图书馆行政""分类法""编目法""图书选购法""图书流通法""参考部""儿童图书馆""学校图书馆""目录学""古书鉴别法""出版物""图书馆建筑""图书馆学术集要"等课程,同时邀请国内外教育界名流莅临讲演④。

6 月 1 日

上海图书馆协会主办的《图书馆》创刊号刊登该会文书王恂如提交的《第一次会务报告》,内称:"拟于今年暑假举行图书学讲习会,普及图书馆教育,养成管理人才。"⑤但不知何故,后来未见上海图书馆协会于此年暑假实际举办图书馆学讲习会。

6 月 2 日

中华图书馆协会在北京欧美同学会会所举行成立仪式⑥。梁启超发

① 中华职业教育社来函拟与本会续办暑期学校文(六日)[J].江苏省教育会月报,1925(5):9.

② TAI T C. Professional education for librarianship:a proposal for a library school at the University of Iowa[D]. Iowa City:the University of Iowa,1925:Cover.

③ 顾烨青,郑锦怀,曹海霞. 探究图书馆学家戴志骞转行与归宿之谜:戴志骞生平再考[J].大学图书馆学报,2013(1):116-122.

④ 中华图书馆协会之进行[N].申报,1926-05-29(11).

⑤ 王恂如. 第一次会务报告[J].图书馆(上海图书馆协会编印),1925(1):109-111.

⑥ 中华图书馆协会事务所. 中华图书馆协会概况[M].北平:中华图书馆协会事务所,1933:4.

表演讲,称中华图书馆协会负有"建设'中国的图书馆学'"与"养成管理图书馆人才"两大责任。关于后者,他指出,"图书馆学在现在已成一种专门科学,然而国内有深造研究的人依然很缺乏。管理人才都还没有,而贸然东设一馆,西设一馆,这些钱不是白费吗? 所以我以为当推广图书馆事业之先,有培养人才之必要。培养之法,不能专靠一个光杆的图书馆学校。最好是有一个规模完整的图书馆,将学校附设其中,一面教以理论,一面从事实习。但还有该注意一点:我们培养图书馆人才,不单是有普通图书馆学智识便算满足,当然对于所谓'中国的图书馆学',要靠他做发源地"。他最后总结指出,应当选择一个合适的都市创办一个大型图书馆,然后"附设一图书馆专门学校,除教授现代图书馆学外,尤注重于'中国的图书馆学'之建设"①。

中华图书馆协会董事部在北京石虎胡同松坡图书馆召开第二次会议,讨论中华教育改进社图书馆教育委员会提出的"拟用美国退还庚款三分之一建设图书馆之提议"及鲍士伟提交的意见书,"议决大体赞同,惟附说明"②。随后,中华图书馆协会致函中华教育文化基金董事会(当时误称"中华教育文化基金委员会"),请求对方照准施行。具体如下:

(一)提出美国退还庚款三分之一,发展图书馆事业。

(二)假定中华教育文化基金委员会决定只准用利,本协会为确定图书馆事业基础起见,认为有立即创办第一图书馆及图书馆学校之必要,拟请将前三年之本准予拨给,每年约美金十万元,共美金三十万元。

(三)假定中华教育文化基金委员会决定许用本,则照原案计划进行,但其中详细办法,得由中华图书馆协会董事部随时斟酌决定之。③

中华教育文化基金董事会第一届年会在天津裕中饭店举行,6月4日结束。此届年会通过了一系列决议案,包括,"兹议决美国所退还之赔款,委托于中华教育文化基金董事会管理者,应用以:(1)发展科学知识,及此项知识适于中国情形之应用,其道在增进技术教育,科学之研究、试验与表证,及科学教学法之训练;(2)促进有永久性质之文化事业,如图

---

① 梁启超. 中华图书馆协会成立会演说辞[J]. 中华图书馆协会会报,1925,1(1):11-15.

② 中华图书馆协会之董事会[N]. 新闻报,1925-06-12(14).

③ 美退款建设图书馆计划之一斑[N]. 新闻报,1925-06-12(14).

书馆之类"①。当月,中华教育文化基金董事会迅即制定《中华教育文化基金董事会分配款项原则》,称其所办事业"以中国驻美公使于民国十四年六月六日致文于美国政府所声明者为范围",即前引中华教育文化基金董事会第一届年会议决通过的两种用途②。

6 月 4 日

《晨报副刊》第 1024 期登载李小缘撰写的《对于鲍士伟博士来华之感想与希望》。李小缘在文中列举当时中国图书馆事业遭遇的八种困难,其中第八种为"人才的缺乏"。他指出:"现在国内知道图书馆的没有几位。知道中国书的亦日少了,能用科学方法研究目录学的更少了。只靠几位学图书馆的,是不够用的。专靠外国人供给我们人才是暂时的,不是永久的;是外国式的,不合中国用的。所以欲办图书馆的第一步,必须首先训练人才。"③

6 月 5 日

上午,戴志骞在艾奥瓦大学图书馆副楼 102 室参加博士学位论文答辩,顺利通过④。

6 月 9 日

戴志骞从艾奥瓦大学毕业,获颁哲学博士学位⑤。因为他就读于艾奥瓦大学教育学院⑥,所以准确而言,他获得的是教育学专业的哲学博士

---

① 中华教育文化基金董事会. 中华教育文化基金董事会第一次报告[R].北平:中华教育文化基金董事会,1926:3.

② 中华教育文化基金董事会. 中华教育文化基金董事会分配款项原则、分配款项之补充原则、发给补助费通则、接受请款书通则[M].北平:中华教育文化基金董事会,1926:1-4.

③ 李小缘. 对于鲍士伟博士来华之感想与希望[J].晨报副刊,1925(1024):1-3.

④ University of Iowa. Programs announcing candidates for higher degrees(July 1,1925 to July 1,1926)[M].Iowa City:University of Iowa Press,1926.

⑤ 参见 2014 年 4 月 21 日艾奥瓦大学图书馆咨询馆员丹尼斯·K. 安德森(Denise K. Anderson)的回复电邮,其原文如下:"According to our collection of commencement programs, Dr. Tse-Chien Tai, of Peking, China, received his Ph. D. at SUI on June 9,1925, in the areas of Education and Library, Philosophy."("根据我们收藏的毕业典礼程序单,来自中国北京的戴志骞博士于 1925 年 6 月 9 日在艾奥瓦大学获得哲学博士学位,其研究领域是教育学、图书馆学和哲学。")

⑥ TAI T C. Professional education for librarianship[D].Iowa City:the University of Iowa,1925:Cover.

学位。

6 月 15 日

《申报》开始刊登《中华图书馆协会、国立东南大学、中华职业教育社、江苏省教育会合组暑期学校招生广告》①。此届暑期学校图书馆学组（或被直接称为"中华图书馆协会图书馆学暑期学校"）计划开设如下课程："图书馆学术史（袁同礼）、图书馆学术集要（全组教员）、图书馆行政（全组教员）、儿童图书馆（李小缘、刘国钧）、学校图书馆（杜定友）、分类法（袁同礼、杜定友、洪有丰）、编目法（李小缘）、目录学（袁同礼）、参考部（洪有丰）、图书选购法（洪有丰）、图书流通法（杜定友）、图书馆建筑与设备（涂羽卿、杜定友）、图书典藏法（杜定友）。"②

6 月 19 日

上午，上海图书馆协会在上海商科大学图书馆举行第 12 次委员会议，推举邓演存和陈友松作为该会代表，使二人分别负责考察美国和菲律宾两国的图书馆事业。同时议决发行一套丛书（即"上海图书馆协会丛书"），已经编竣并付印的有《图书分类法》《著者号码编制法》等书③。

6 月 30 日

《中华图书馆协会会报》在北京创刊，1948 年 5 月 31 日出完第 21 卷第 3—4 期合刊后停刊。该刊是民国时期存续时间最长的图书馆学期刊，跟《文华图书科季刊》（1932 年 3 月第 4 卷第 1 期起改称《文华图书馆学专科学校季刊》）和《图书馆学季刊》并称为民国时期三大图书馆学期刊，刊登了大量图书馆界动态及图书馆学与文献学成果等，极具史料价值和学术价值。

6 月

白锡瑞、罗基焜、皮高品、孙述万、田洪都、严文郁、杨希章、曾宪三 8

---

① 中华图书馆协会、国立东南大学、中华职业教育社、江苏省教育会合组暑期学校招生广告[N].申报,1925 – 06 – 15(2).

② 中华图书馆协会、国立东南大学、中华职业教育社、江苏省教育会合组暑期学校广告[N].申报,1925 – 06 – 27(3).

③ 上海图书馆协会委员会纪[N].申报,1925 – 06 – 20(9).

人从华中大学毕业,获文学士学位和文华图书科毕业证书①,为文华图书科图书馆学本科第四届毕业生②。此外,胡芬与田洪都同时返校继续未完的学业(文科与图书社),而杨先得通常亦被列为文华图书科第四届图书馆学本科毕业生③,故而此处暂时认定胡芬与杨先得两人亦于1925年6月从文华图书科毕业,但未能从华中大学拿到文学士学位(见表1925-1)。

表 1925 - 1　文华图书科图书馆学本科第四届毕业生(1925 年 6 月)一览

序号	姓名	字号	性别	籍贯	学位	毕业后最初去向	备注
1	白锡瑞		男	河北北平	华中大学文学士	广州国立中山大学图书馆	或误作"柏锡瑞"
2	胡芬	卓生	男	湖北沔阳	无	湖北省立图书馆	又名"胡正支""胡正之"
3	罗基焜		男	湖北宜昌	华中大学文学士	宜昌私立哀欧拿女子中学	后改名"罗晓峰"
4	皮高品	鹤楼	男	湖北嘉鱼	华中大学文学士	南开中学图书馆	
5	孙述万	书城、孟贤	男	湖北黄陂	华中大学文学士	厦门大学图书馆	
6	田洪都	京镐、京碻	男	山东安丘	华中大学文学士	燕京大学图书馆	
7	严文郁	绍诚	男	湖北汉川	华中大学文学士	北京大学图书馆	
8	杨希章	行言	男	湖北汉阳	华中大学文学士	上海圣约翰大学图书馆	
9	杨先得		男	湖北武昌	无	成都华西协合中学图书馆	
10	曾宪三	省盦	男	湖北武昌	华中大学学士	清华学校图书馆	

　　刘国钧从威斯康星大学毕业,获哲学专业的哲学博士学位,其博士

　　① 私立武昌华中大学. 私立武昌华中大学历届毕业同学录[M]. 武昌:私立武昌华中大学,1935:17 - 18.

　　②③ 彭敏惠. 文华图专珍稀史料图录[M]. 武汉:武汉大学出版社,2020:272.

学位论文题为"The Problem of Meaning in Contemporary American and British Philosophy"(《当代美国和英国哲学中的意义问题》)。毕业之后,他启程回国,继续在金陵大学工作。

袁同礼开设的"图书利用法"课程尚未讲授完毕,所以没有举行期末考试。不过,选修该课程的学生在1925—1926学年仍须继续参加学习,否则不能获得学分①。

裘开明从纽约公共图书馆附属图书馆学校毕业,同时拿到结业证书和毕业证书②。他提交的毕业作业为"The Trade and Finance of China:a Bibliography"(《中国贸易与财政书目》)③。

杨昭悊因病未能如期从伊利诺伊大学图书馆学校毕业。他只能注册入读伊利诺伊大学暑期学校,同时准备参加特别考试,争取此年10月拿到学位,然后偕同妻子王京生一起返回中国④。不过,根据当前掌握的史料,杨昭悊与王京生夫妇二人后来均未从伊利诺伊大学图书馆学校拿到学位。

《中华教育界》第14卷第12期登载杜定友撰写的《中学图书馆的几个问题》,其中论及在中学开设图书馆学课程的问题⑤。

7月15日

中华图书馆协会、国立东南大学、中华职业教育社与江苏省教育会四方合组的暑期学校开学,8月15日结束⑥。其中,图书馆学组由中华图书馆协会承办,或被直接称为"中华图书馆协会图书馆学暑期学校"。它原拟开设13门课程(见表1925-2),但实际仅开设"分类法""儿童图书馆学""学校图书馆学""图书馆学术集要"4种课程(后三种或作"儿童图书馆""学校图书馆""图书馆学术辑要"⑦),共有69名学员⑧。其

① 教育学系教授会布告[J].北京大学日刊,1925(1578):1.

② Library School of the New York Public Library. Register 1911–1926[M]. New York:the New York Public Library,1929:28.

③ 程焕文.裘开明年谱[M].桂林:广西师范大学出版社,2008:13.

④ School notes[J]. University of Illinois library School association newsletter,1925(5):4.

⑤ 杜定友.中学图书馆的几个问题[J].中华教育界,1925,14(12):1–13.

⑥ 中华图书馆协会、国立东南大学、中华职业教育社、江苏省教育会合组暑期学校广告[N].申报,1925-06-27(3).

⑦ 中华图书馆协会图书馆学暑期学校之经过[J].中华图书馆协会会报,1925,1(4):3.

⑧ 中华图书馆协会事务所.中华图书馆协会概况[M].北平:中华图书馆协会事务所,1933:29.

中,专选者仅有 13 人,兼选者则有 56 人。除了课堂教学,教师还组织学生分组实习及外出参观图书馆。课程考核或在教室进行考试,或根据笔记与参观报告确定成绩,成绩及格者授予学业证明书①。

表 1925 – 2　中华图书馆协会图书馆学暑期学校学程拟设与实际开设情况一览

序号	课程名称	学分	每周课时	教员	实际开设与否
1	图书馆学术史	0.5	2	袁同礼	否
2	图书馆学术集要*	1	4	全组教员	是
3	图书馆行政	1.5	6	全组教员	否
4	儿童图书馆	0.5	2	李小缘、刘国钧	是
5	学校图书馆	0.5	2	杜定友	是
6	分类法	1.5	6	袁同礼、杜定友、洪有丰	是
7	编目法	1	2	李小缘	否
8	目录学	1	2	袁同礼	否
9	参考部	0.5	2	洪有丰	否
10	图书选购法	0.5	2	洪有丰	否
11	图书流通法	0.5	2	杜定友	否
12	图书馆建筑与设备	0.5	2	涂羽卿、杜定友	否
13	图书典藏法	0.5	2	杜定友	否

资料来源:中华图书馆协会图书馆学暑期学校之经过[J].中华图书馆协会会报,1925,1(4):3.

注:* 原文如此。

8 月 6 日

四川成都草堂图书馆在成都陕西街开馆,穆耀枢任馆长②。

8 月 16 日

中华教育改进社在山西大学③举行第四届年会④,8 月 23 日闭幕。

①　中华图书馆协会图书馆学暑期学校之经过[J].中华图书馆协会会报,1925,1(4):3.
②　草堂图书馆周年纪念会盛况[J].图书馆学季刊,1926,1(3):533.
③　年会开幕纪事[J].新教育,1925,11(2):155 – 160.
④　第四届年会开会时间表[J].新教育,1925,11(2):153.

此届年会分为 25 个分组举行分组会议①。其中,第 22 个分组为图书馆教育组,其职员包括袁同礼(主席)与朱家治(书记)②。

8 月 17 日

吴汉章③与邓演存④从上海乘坐"杰克逊总统号"轮船(S. S. President Jackson,当时译为"约克逊总统号")前往美国留学。其中,吴汉章计划"赴哥伦比亚大学研究图书馆学"⑤。

8 月 20 日

上午 7 时半,中华教育改进社第四届年会图书馆教育组举行第一次分组会议⑥。此前,师范教育组向图书馆教育组移交温之秀与王昌富共同提交的《师范学校一律添授图书馆学案》⑦,但该议案最终被撤销,理由是"已有本组第一届年会提过,议决推行。此项提出系属重复提议,故决撤销"⑧。

8 月 22 日

上海国民大学正式成立,并登报招生⑨。与此同时,该校制定并公布《国民大学章程》,其中第 14 条规定该校设立文科、教育科、社会科学科、商科 4 科,教育科下设教育学系和图书馆学系⑩。

8 月

全国教育会联合会新学制师范职业科课程标准起草委员会编印《新学制师范科课程标准纲要》,内含《高中师范科师范后三年公用课程标准

---

① 分组会议议案汇录[J].新教育,1925,11(2):209 - 320.

② 第四届年会各组主席书记一览[J].新教育,1925,11(2):325 - 328.

③⑤ 赴美学生今晨八时放洋[N].申报,1925 - 08 - 17(9).

④ 图书馆协会定期欢送邓演存赴美[N].时报,1925 - 08 - 12(7);图书馆协会定期欢送邓演存赴美[N].新闻报,1925 - 08 - 12(10).

⑥ 中华教育改进社第四次年会图书馆教育组议决案[J].中华图书馆协会会报,1925,1(3):27 - 28.

⑦ 分组会议议案汇录·师范教育组[J].新教育,1925,11(2):224 - 228.

⑧ 分组会议议案汇录·图书馆教育组[J].新教育,1925,11(2):310 - 312.

⑨ 胡朴安.国民大学成立大事记[J].国大周刊,1925(1):10 - 11.

⑩ 国民大学章程[J].国大周刊,1925(1):14 - 17.

草案》①和洪有丰起草的《高中师范科师范后三年公用教育选修科图书馆管理法课程纲要》②。《高中师范科师范后三年公用课程标准草案》规定开设一门"图书馆管理法"公共选修课程,计三学分③。《高中师范科师范后三年公用教育选修科图书馆管理法课程纲要》具体如下:

（一）授课时间及学分

每周授课三小时,一学期授毕,共三学分。

（二）目的

1. 使学生知图书馆与教育之重要。

2. 使学生知图书馆与课程之关系。

3. 使学生知图书馆之组织而得利用图书馆之方法。

（三）内容

甲、概论

1. 图书馆之起源　　　　2. 图书馆与社会之关系

3. 图书馆与学校教育之关系　4. 图书馆之类别

乙、图书馆组织

1. 行政　2. 馆员　3. 建筑与设备

丙、图书馆管理

1. 图书选购与鉴别　2. 登录　3. 分类　4. 编目　5. 庋藏

6. 出纳　7. 规程　8. 统计　9. 参观报告　10. 图书馆协会

丁、指导利用图书方法

1. 图书与课程之关系及参考之方法。

2. 用字典、百科全书之方法。

戊、实习

关于方法方面除讲演外,并须学生实习。④

---

① 全国教育会联合会新学制师范职业科课程标准起草委员会. 新学制师范科课程标准纲要[M].[出版地不详]:全国教育会联合会新学制师范职业科课程标准起草委员会,1925:10－14.

②④ 全国教育会联合会新学制师范职业科课程标准起草委员会. 新学制师范科课程标准纲要[M].[出版地不详]:全国教育会联合会新学制师范职业科课程标准起草委员会,1925:168－169.

③ 全国教育会联合会新学制师范职业科课程标准起草委员会. 新学制师范科课程标准纲要[M].[出版地不详]:全国教育会联合会新学制师范职业科课程标准起草委员会,1925:14.

9 月 2 日

吴汉章与邓演存乘坐"杰克逊总统号"轮船抵达华盛顿州西雅图①。随后,吴汉章转赴纽约,入读哥伦比亚大学和纽约公共图书馆附属图书馆学校②,但后来声息全无。邓演存留美期间则并未学习图书馆学。

9 月 15 日

铁路职工教育委员会公布《铁路职工教育讲习所章程》,规定开设一门"图书馆学"选修课程③。

9 月 16 日

上海国民大学学生开始选课、注册④。当时,该校教育科图书馆学系仅有系主任杜定友一位正式教职员⑤。该系不仅招收正式注册入学的学生,还专门设立若干特别生额,招收图书馆在职人员⑥。学生须修习"教育科前期及师范专修科学程"与"教育科图书馆学系学程"两类课程,但此学期仅由杜定友开设"图书馆学概论"和"图书馆学原理"两门图书馆学专业课程,均计 3 学分⑦。为便利学生起见,该系将这两门图书馆学专业课程全部安排在周六下午⑧。

9 月 17 日

北京大学教育系教授会发布通告,要求上学年选修袁同礼所授"图

---

① Washington, Seattle, passenger lists, 1890 - 1957 [EB/OL]. [2018 - 08 - 14]. https://www. familysearch. org/ark:/61903/3:1:33SQ-G5ND-SLQX? cc = 1916081.

② Personal news[J]. The Chinese students' monthly, 1925, 21(2):68 - 72.

③ 铁路职工教育讲习所章程(十四年九月十五日公布)[J]. 铁路职工教育委员会会报, 1926(1):6 - 7.

④ 胡朴安. 国民大学成立大事记[J]. 国大周刊, 1925(1):10 - 11.

⑤ 国民大学职员一览[J]. 国大周刊, 1925(1):11 - 12;国民大学教员一览[J]. 国大周刊, 1925(1):12 - 13.

⑥ 国大图书馆学系将开课[N]. 时报, 1925 - 10 - 02(7).

⑦ 国民大学各科各系选课表[J]. 国大周刊, 1925(1):17 - 20. 按:"教育科后期教育学系学程"中还有杜定友开设的"学校教育指导"课程,计 3 学分。

⑧ 国大图书馆学系之新计划[N]. 新闻报, 1926 - 03 - 08(16);国大图书馆学系新计划[N]. 民国日报, 1926 - 03 - 08(6).

书利用法"课程的学生必须继续选修该课程,方能给予学分①。

9 月 20 日

下午 3 时,上海图书馆协会在上海总商会图书馆举行第二届执行委员会第二次会议。此次会议议决多项议案,其中包括《通过国民大学图书馆学系来函请求介绍各图书馆管理员及有志研究图书学者到校研究案》②。

9 月

文华图书科图书馆学本科第六班学生注册入学③。

秋季

成都草堂图书馆附设一所图书馆专门学校④,或称"四川图书馆专门学校"。该校开设 20 多门课程,理论与实践并重,每日授课三小时、实习三小时。学生或到成都草堂图书馆、四川女子图书馆、华西协合大学图书馆等处实习;或到图书馆用具店,在图书馆专家和印刷技师的指导下学习自制和监制图书馆用具的基本能力。如此一来,学生能够在较短的时间内掌握管理图书馆的基础知识与技能,并具备一定的实践经验。正因为如此,该校学生毕业之后,或者被四川省内外图书馆聘用,或者能够独当一面,自行创办图书馆⑤。

10 月初

杨昭悊与王京生夫妇二人回到中国。10 月 27 日,北洋政府交通总长叶恭绰签发交通部令第 45 号,任命杨昭悊等人为铁路职工教育委员会专任委员⑥。1929 年 3 月,杨昭悊入职江西省立图书馆,负责管理图

---

① 教育系教授会通告[J].北京大学日刊,1925(1760):1;教育系教授会通告[J].北京大学日刊,1925(1761):1;教育系教授会通告[J].北京大学日刊,1925(1762):1;教育系教授会通告[J].北京大学日刊,1925(1763):1.

② 上海图书馆协会执行委员会纪[N].申报,1925-09-22(9).

③ 彭敏惠.文华图专珍稀史料图录[M].武汉:武汉大学出版社,2020:272-273.

④ 草堂图书馆周年纪念会盛况[J].图书馆学季刊,1926,1(3):533.

⑤ 任家乐,李禾.民国时期四川图书馆业概况[M].成都:四川大学出版社,2013:150-151.

⑥ 交通部令第八四五号(中华民国十四年十月二十七日)[J].铁路职工教育委员会会报,1926(1):(部令)2.

书部兼目录股①；1933年下半年，他离开江西省立图书馆②，返回家乡湖北谷城，1939年11月病逝③。王京生则于1929年9月入职江西省立图书馆，担任编目股股员，1934年下半年离开④。归国之后，杨昭悊与王京生合译一本《学校图书馆》，由蒋梦麟作序，该书计划被列入"尚志学会丛书"出版，但后来未见刊行；杨昭悊独立翻译一套"图书馆丛书"，计划由江西省立图书馆出版，后来亦未见刊行⑤；王京生独立翻译美国图书馆协会出版的《儿童图书馆》，于1929年刊印，由商务印书馆代售⑥。

10月15日

《国大周刊》第2期登载杜定友拟订的《吾校图书馆之计划》。杜定友在文中提出分三步发展上海国民大学图书馆及图书馆学系，"一、草创时代：筹设大学图书馆，成立图书馆学系。二、建设时代：大学图书馆正式成立，图书馆学系改为图书馆学科。三、完成时代：成立图书馆学院"⑦。

11月初

清华学校新校务会议成立⑧，随后多次讨论开办专科教育问题⑨，拟设图书馆门，并请该校图书馆主任戴志骞筹划一切⑩。

11月19日

《国大周刊》第7期登载《计划中之图书馆学系》，介绍上海国民大

---

① 江西省立图书馆职员一览表[M]//江西省立图书馆.江西省立图书馆馆务汇刊.南昌：江西省立图书馆,1929：（组织）8.

② 郑锦怀.民国图书馆学家杨昭悊生平活动考辨[J].大学图书馆学报,2013（2）：119－127.

③ 汤旭岩.续写我国早期图书馆学家杨昭悊[J].图书情报论坛,2009（1）：8－12.

④ 江西省立图书馆前任职员一览表[J].江西图书馆馆刊,1934（1）：210－211；江西省立图书馆现任职员一览表（二十三年度上半年）[J].江西图书馆馆刊,1934（1）：212－213.

⑤ 本馆发售书目[M]//江西省立图书馆.江西省立图书馆馆务汇刊.南昌：江西省立图书馆,1929：（附录）5－6.

⑥ 新书介绍[J].中华图书馆协会会报,1929,5（3）：33－36.

⑦ 杜定友.吾校图书馆之计划[J].国大周刊,1925（2）：1－2.

⑧ 新校务会议成立[J].清华周刊,1925（358）：24.

⑨ 大学专门科筹备处·开办专科[J].清华周刊,1925（361）：15.

⑩ 大学专门科筹备处[J].清华周刊,1925（360）：15－16.

学图书馆学系的十大计划,包括"设立图书学图书馆""调查参观""实习""设介绍部""发行周刊""介绍中国参考书""编印各科应用书目,整理国故""编印各种索引""研究版目""设立暑期图书馆"①。

11 月下旬

清华学校新校务委员会召开会议,以在读学生不多为由,决定将有关各门合并为几组,并从速筹办包括图书管理组(后改称"图书馆组")等在内的 11 组②。

11 月

经过修订,戴志骞的博士学位论文由纽约 H. W. 威尔逊公司(the H. W. Wilson Company)正式出版,书名定为《论图书馆员职业教育》(*Professional Education for Librarianship*)。该书新增约翰·博因顿·凯泽(John Boynton Kaiser)撰写的"导论"(Introduction)及书末的"索引";正文结构保持不变,但部分表述有所变动。该书在中国传播不广,影响甚小。目前仅见王禄申曾节译该书涉及美国和欧洲各国图书馆学教育史的部分章节,以《美国图书馆学的运动史》和《现代图书馆的发展史》为题,分别载于《天津市市立通俗图书馆月刊》第 3 期(1934 年 7 月 31 日)③和第 4—6 期合刊(1934 年 10 月 31 日)④。

12 月 14 日

江苏省立师范分校联合会在江苏省立第二师范学校黄渡分校召开第二届大会,12 月 15 日结束。此次会议共计收到 41 项议案,其中第 11 项议案为江苏省立第五师范学校分校提交的《确定分校教育方针案》,第 33 项议案为江苏省立第四师范学校分校提交的《添设图书馆学课程案》⑤。12 月15 日下午,第 11 项与第 33 项议案合并讨论,最后议决

———————

① 计划中之图书馆学系[J].国大周刊,1925(7):1 – 2.

② 大学专门科筹备处·开办专科[J].清华周刊,1925(361):15.

③ 美国图书馆学的运动史[J].王禄申,译.天津市市立通俗图书馆月刊,1934(3):6 – 8.

④ 现代图书馆的发展史[J].王禄申,译.天津市市立通俗图书馆月刊,1934(4/5/6):15 – 16.

⑤ 苏省师范分校联合会开会记(二)[N].申报,1925 – 12 – 17(10);苏省师范分校联合会开会记(二)[N].新闻报,1925 – 12 – 17(9).

照原案通过①。

12 月中旬

清华学校大学专门科筹备处公布各组课程草案,其中包括图书馆组课程草案(见表 1925 – 3)②。

表 1925 – 3　清华学校大学专门科图书馆组课程草案

专门科第一学年			专门科第二学年		
性质	课程名称	学分	性质	课程名称	学分
必修课程	图书管理概论	2	必修课程	分类编目学(中文)	3
	目录学(中文)	2		中英文参考书之用法	3
	分类学(西文)	3		目录学(西文)	2
	编目学(西文)	3		分类编目法比较	2
选修课程	本组选修课程(任选一门) 图书馆史 书籍之选择	2	选修课程	本组选修课程(任选二门) 公共图书馆管理法 学校图书馆管理法 金石版本学	4
	他组选修课程	6		他组选修课程	4
	共计	18		共计	18

资料来源:大学专门科筹备处[J].清华周刊,1926(365):24 – 27.

12 月

商务印书馆出版杜定友所著的《图书馆通论》,该书被列入"上海图书馆协会丛书",1928 年 7 月再版。在第一章"图书馆教育"第四节"图书馆教育之方法"中,杜定友指出,"盖图书馆教育之方法,其目的有二:一以养成图书馆管理专门人才,一以养成一般读者,使直接受图书馆之利益。故受图书馆教育者,不必尽为将来服务于图书馆之准备,亦以补助其自身之教育也。图书馆教育之方法极多。设立图书馆学校,专授图书馆科学,以养成图书馆管理人才,此其一也。在学校内添设图书馆学科目,使一般学生明了图书馆之用法及各种重要参考书之内容,以谋学识之进步,此其二也。请有图书馆学识者,演讲关于图书馆教育之种种问题,此其三

---

① 苏省师范分校联合会开会记(三)[N].申报,1925 – 12 – 18(10);苏省师范分校联合会开会记(三)[N].新闻报,1925 – 12 – 18(14).

② 大学专门科筹备处[J].清华周刊,1926(365):24 – 27.

也"①。在第一章"图书馆教育"第五节"图书馆教育的职业"中,杜定友又指出:"今日之图书事业,已成为专门职业。欧美各国大学,多设有图书馆科。凡毕业于是科者,其地位与价值,与文医各科同,则其重要可知。"②

本年

胡庆生接替韦棣华女士担任文华图书科主任一职③。

大夏大学教育科继续面向计划毕业后从事教育行政工作的学生开设一门"学校图书馆管理法"选修课程(编号:教育50),计3学分④。

宋景祁在清心中学讲"中国图书馆运动的面面观"⑤。

杜定友在景贤中学讲"学生应怎样利用图书馆",在清心中学讲"图书馆学客观的读书方法"⑥,另在广肇公学讲"小学图书馆利用法"⑦。

"满铁"成立图书馆研究会⑧。

① 杜定友. 图书馆通论[M]. 上海:商务印书馆,1925:7 - 8.

② 杜定友. 图书馆通论[M]. 上海:商务印书馆,1925:9.

③ 徐丽芳,彭敏惠. 世纪映象:武汉大学信息管理学院百年画册[M]. 武汉:武汉大学出版社,2020:5.

④ 大夏大学. 大夏大学一览(民国十五年一月)[M]. 上海:大夏大学,1926:67 - 76.

⑤⑥ 宋景祁. 促进中国图书馆的方法及其经过[J]. 上海图书馆协会会报,1929(3):17 - 21.

⑦ 李明杰,李瑞龙. 民国图书馆学教育编年(1913—1949)[J]. 图书情报知识,2018(2):113 - 121.

⑧ 任家乐,刘春玉. 20世纪上半叶日本在华图书馆学教育研究:以满铁图书馆业务研究会为据[J]. 图书馆建设,2018(11):73 - 74.

1926 年

◎ 中华教育文化基金董事会开始补助文华图书科
◎ 文华图书科开始面向全国招生
◎ 李小缘和黄星辉在第三届华东基督教暑期大学讲授图书馆学课程
◎ 国立东南大学第六届暑期学校开设图书馆讲习科
◎ 桂质柏赴美学习图书馆学
◎ 金陵大学筹划开设图书馆学和目录学课程
◎ 杜定友为上海国民大学图书馆学系拟订图书馆学课程体系

1月1日

上海《时报》以增刊暨赠品的形式推出上海国民大学图书馆学系集体编制的《民国十四年时报索引》单行本。该索引分为普通、社会宗教、教育、政治、经济、军事、科学、交通、文学美术、历史地理 10 大类,时间跨度为 1924 年 12 月至 1925 年 11 月。索引正文共计 32 页,另附大量风景照、人物照及广告等。卷末载有一篇《附言》,介绍报纸的作用与报纸索引的功能,文末标注"编者识"[1]。这是中国报刊史上第一本报纸索引,意义重大[2]。

1月初

清华学校大学专门科筹备处发放志愿申请表,让大学一年级学生填写志愿。其中,图书馆组分为公共图书馆门与学校图书馆门。不过,由于选修者还不足 10 人,开班不易[3],所以清华学校最终并未真正开设图书馆组课程。

---

[1] 附言[M]//上海国民大学图书馆学系. 民国十四年时报索引. 上海:上海时报,1926:32.

[2] 方汉奇,李矗. 中国新闻学之最[M]. 北京:新华出版社,2005:215.

[3] 大学专门科·学生志愿[J]. 清华周刊,1926(367):37 – 38.

1 月

中华图书馆协会主办的《图书馆学季刊》在北京创刊,1937 年 6 月出完第 11 卷第 2 期后停刊。

2 月 12 日

中华基督教教育联合会在上海举行年会。该会图书馆组首次举行分组会议,讨论包括"培植深通图书馆原理之流通部人员"在内的若干重要议题①。

2 月 26 日

中华教育文化基金董事会在北京饭店举行第一次常会,2 月 28 日结束。此次常会议决通过多项筹办及补助事业计划,包括"在武昌华中大学文华图书科设置图书馆学教席及助学金",每年补助一万元,以三年为限②。

3 月 1 日

江西省立图书馆编印的《图书馆》创刊号(第 1 期)刊登江西省立图书馆馆长杨立诚拟订的《本馆发展计划书》,内称:"图书馆管理人员必于图书之门类、编目之程序、保存之方法得切实之了解,始可负此职责。设科讲习所费不多而功效弥著,且可养成若干图书馆人才,为将来各县设立分馆之用。故拟设立图书馆讲习所,募集开办费二千元。"③不过,江西省立图书馆后来未见设立图书馆讲习所。

3 月 26 日

上海国民大学注册处发布通告,称杜定友这个学期将在每周日开设 3 门图书馆学专业课程,即"图书目录学"(计 4 学分)、"图书分类法"(计 3 学分)和"图书馆实习"(计 3 学分)④。

---

① 中华基督教教育联合会图书馆组开会记[J]. 图书馆学季刊,1926,1(2):362 – 363.
② 中华教育文化基金董事会. 中华教育文化基金董事会第一次报告[R]. 北平:中华教育文化基金董事会,1926:4 – 7.
③ 杨立诚. 本馆发展计划书[J]. 图书馆(江西省立图书馆协会编印),1926(1):28 – 30.
④ 通告三[J]. 国大周刊,1926(18):2.

3 月

中华教育文化基金董事会编印《中华教育文化基金董事会第一次报告》,其中提道:"本会筹办永久性质之文化事业,拟先在北京设立图书馆一所,对于全国各地之图书馆事业,亦应早谋改进之方。顾图书馆学一科,系属专门学术,苟非培养专才,改进固难着手。查武昌华中大学文华图书科,为国内唯一之图书馆学校,开办有年,成绩甚佳。主任韦棣华女士,对于我国图书馆事业,夙具热心。现拟委托该校为全国各地培养图书馆人才,就该校设置图书馆学教席,关于中国图书之编目等项,另聘专员主讲。复于该校特设助学金名额,于南北要区招选合格学生入校专修,分年资助,以示鼓励而宏造就。"①

4 月 20 日

《教育杂志》第 18 卷第 4 期登载杜定友所撰《儿童图书馆问题》。杜定友在文中指出,儿童图书馆的管理需要专门人才,其馆长或主任"要有普通图书馆学识,而且要有儿童图书馆的专门训练"②。

4 月

马宗荣入读东京帝国大学文学部教育学科③,1929 年 3 月顺利毕业,获文学士学位④。值得一提的是,1926—1928 学年,植松安担任该校司书官(兼任图书馆分馆南葵文库主事)⑤兼文学部助教授⑥,并于

---

① 中华教育文化基金董事会. 中华教育文化基金董事会第一次报告[R].北平:中华教育文化基金董事会,1926:23 – 24.

② 杜定友. 儿童图书馆问题[J]. 教育杂志,1926,18(4):1 – 15.

③ 东京帝国大学. 东京帝国大学一览(从大正十五年至昭和二年)[M]. 东京:东京帝国大学,1927:485;东京帝国大学. 东京帝国大学要览(昭和二至三年)[M]. 东京:东京帝国大学,1928:350.

④ 东京帝国大学. 东京帝国大学要览(昭和四年)[M]. 东京:东京帝国大学,1929:400.

⑤ 东京帝国大学. 东京帝国大学一览(从大正十五年至昭和二年)[M]. 东京:东京帝国大学,1927:95;东京帝国大学. 东京帝国大学要览(昭和二至三年)[M]. 东京:东京帝国大学,1928:61.

⑥ 东京帝国大学. 东京帝国大学一览(从大正十五年至昭和二年)[M]. 东京:东京帝国大学,1927:199;东京帝国大学. 东京帝国大学要览(昭和二至三年)[M]. 东京:东京帝国大学,1928:161.

1927—1928 学年讲授"图书馆学"①。马宗荣选修了植松安讲授的"图书馆学"课程,并曾赴内阁文库等日本图书馆实习②。

5 月

四川图书馆专门学校第一届学生洪海帆(本名洪沛然,又名洪仿宇③)等 6 人毕业,其后又有两届学生毕业④,未见具体名单,但至少包括涂祝颜⑤和伊瑞棠⑥。

6 月 8 日

中华教育文化基金董事会致函中华图书馆协会,请对方协助文华图书科在北京、南京、上海、武昌、广州五地办理招生事宜⑦。

中华教育文化基金董事会专门制定了《中华教育文化基金董事会图书馆学助学金规程》⑧和《中华图书馆协会、武昌华中大学文华图书科招考图书馆学免费生规程》⑨。后者每年的具体表述均略有变动,但关键内容基本保持不变。

---

① 东京帝国大学. 东京帝国大学要览(昭和二至三年)[M].东京:东京帝国大学,1928:161.

② 范凡. 马宗荣在东京帝国大学留学的时间和专业考[J].图书馆杂志,2015(5):107－111.

③ 杨先农,向自强. 长征路(四川段)文化资源研究:邛崃卷[M].成都:四川人民出版社,2016:14.

④ 草堂图书馆周年纪念会盛况[J].图书馆学季刊,1926,1(3):533. 按:原文称"图书馆专门学校,于去秋开学,四个月前第一班学生洪海帆等 6 人即已毕业,均分往各地创办图书馆,第二班将毕业,第三班正招考中"。《图书馆学季刊》第 1 卷第 3 期于 1926 年 9 月印行,故而推算四川图书馆专门学校第一届学生毕业于 1926 年 5 月.

⑤ 交通大学出版委员会. 交通大学年报[R].上海:交通大学出版委员会,1930:188.

⑥ 杨家骆. 图书年鉴(一九三三年份):上册 中国图书事业志[M].南京:中国图书大辞典编辑馆,1933:(第三编 全国图书馆概况)178;国立四川大学秘书处. 国立四川大学一览(民国二十四年)[M].成都:国立四川大学秘书处出版课,1935:[本大学职员一览表(二十三年度)]3.

⑦ 中华教育文化基金董事会委托本会招生[J].中华图书馆协会会报,1926,1(6):11－12.

⑧ 中华教育文化基金董事会图书馆学助学金规程[J].中华图书馆协会会报,1926,1(6):12;北京图书馆业务研究委员会. 北京图书馆馆史资料汇编(1909—1949):下册[G].北京:书目文献出版社,1992:1031－1032.

⑨ 中华图书馆协会、武昌华中大学文华图书科招考图书馆学免费生规程[J].中华图书馆协会会报,1926,1(6):12－13;中华图书馆协会、武昌华中大学文华图书科招考图书馆学免费生规程[J].北京大学日刊,1926(1934):2;中华图书馆协会、武昌华中大学文华图书科招考图书馆学免费生规程[N].时事新报,1926－06－19(8).

6月

蔡声洪、董明道、葛受元、李汉元、陆华深、汪长炳、徐家麟7人从华中大学毕业,获文学士学位和文华图书科毕业证书①,为文华图书科图书馆学本科第五届毕业生(第一批)(见表1926-1)②。

表1926-1　文华图书科图书馆学本科第五届毕业生(第一批,1926年6月)一览

序号	姓名	字号	性别	籍贯	学位	毕业后最初去向	备注
1	蔡声洪		男	湖北汉川	华中大学文学士	南京中央政治军事学校图书馆	
2	董明道		男	江西九江	华中大学文学士	安徽省立图书馆	或误作"董垂照"
3	葛受元		男	湖南湘乡	华中大学文学士	东吴大学图书馆	
4	李汉元	西林	男	湖北襄阳	华中大学文学士	文华中学	
5	陆华深		男	广东中山	华中大学文学士	南开大学图书馆	或误作"陆华琛"
6	汪长炳	文焕	男	湖北汉川	华中大学文学士	北京图书馆	
7	徐家麟	徐行	男	湖北江陵	华中大学文学士	中华教育改进社图书馆	

《中华教育界》第15卷第12期登载杜定友撰写的《小学图书馆问题》。杜定友在文中探讨小学图书馆的"组织与管理问题""馆舍设备问题""图书经费问题"。他提请读者注意:"若要设立图书馆,而实收效果,则以聘请专门人才管理为上。其次,也要找一个他的学识人格,至少要和学校中的教员一样平等,而且对于图书馆要有研究的兴味。他虽然没有学过图书馆学,但是至少要将普通的图书馆学书籍浏览数种,曾至办理完善的图书馆去参观数处,而且具有改进图书馆的志向者。这是小

---

① 私立武昌华中大学.私立武昌华中大学历届毕业同学录[M].武昌:私立武昌华中大学,1935:19.

② 彭敏惠.文华图专珍稀史料图录[M].武汉:武汉大学出版社,2020:272.

学图书馆管理员的资格最低限度。"①

夏季

成都草堂图书馆设立图书馆青年社,"专为训练图书馆人才而设,并办德文班,将来拟增设日文班。含有实习性质,养成办理图书馆人才"②。

7 月 5 日

文华图书科 1926 年招生考试③报名截止。这是文华图书科首次面向全国举行招生考试。该年考生只能向文华图书科报名,但报名所需的各项文件可就近向北京石虎胡同中华图书馆协会、南京国立东南大学图书馆、上海南洋大学图书馆、武昌华中大学图书馆(即文华公书林)、广州广东大学图书馆 5 个报考处索取。该年计划招收图书馆学本科(当时称"专门班")新生 25 人。被录取者每年可获得 200 元助学金,其中 170 元作为学、膳、宿费,其余 30 元分四次下发充当杂费,故而当时称为"图书馆学免费生"④。

7 月 7 日

东吴大学承办的第三届华东基督教暑期大学开学,8 月 6 日结束⑤。此届实际开设"大学部""大学预科""教育科""国文科""图书馆管理科""社会服务科""体育教育科""新闻学科"8 类课程。其中,"图书馆管理科"仅开设"图书管理法(一)初级图书管理科"一门课程,由李小缘

---

① 杜定友. 小学图书馆问题[J]. 中华教育界,1926,15(12):1 - 10.

② 草堂图书馆周年纪念会盛况[J]. 图书馆学季刊,1926,1(3):533.

③ 1926—1941 年,根据历年招生规程或招生简章的规定,此类招生考试均由中华教育文化基金董事会(有几年还包括袁同礼和文华图专北平同学会)委托、中华图书馆协会与文华图书科(文华图专)联合举办。为表述方便和直观起见,本书统一称之为"文华图书科×××年招生考试"或"文华图专×××年招生考试"。

④ 中华图书馆协会、武昌华中大学文华图书科招考图书馆学免费生规程[J]. 中华图书馆协会会报,1926,1(6):12 - 13;中华图书馆协会、武昌华中大学文华图书科招考图书馆学免费生规程[J]. 北京大学日刊,1926(1934):2;中华图书馆协会、武昌华中大学文华图书科招考图书馆学免费生规程[N]. 时事新报,1926 - 06 - 19(8). 按:图书馆学免费生又称公费生、助费生等,跟自费生性质不同。受社会经济环境影响,不同年度的免费生可以获得的助学金(或称助费、津贴等)数额及相应补助政策可能各不相同,下文恕不一一罗列介绍。

⑤ East China Summer School:curriculum for third session this year[N]. The North-China daily news,1926 - 06 - 25(14).

和黄星辉讲授,计 3 学分。该门课程的教学目标如下:"以各教育机关,如儿童图书馆、学校图书馆、大学图书馆,所最盛行之方法为主。较之务理想而不合实用者,迥然不同。参考材料,实习试验,均将教授;故学生之选此科者,须以完全之时间研究之。"所用教材为美国图书馆学家露提·尤金妮亚·斯特恩斯(Lutie Eugenia Stearns)与埃塞尔·法夸尔·麦科洛(Ethel Farquhar McCollough)合著、美国图书馆协会于 1922 年出版的 *Essentials in Library Administration*(《图书馆管理要旨》)增订第三版①。学员仅有 8 人②,其中两人为赵邦镠③和陆恩涌④,其余不详。

7 月 12 日

国立东南大学第六届暑期学校开始上课,8 月 14 日举行考试,8 月 15 日散学⑤。此届暑期学校开设小学教育组、中学组、大学组 3 组,以及国语、国学、图书馆、公民教育、职业教育、幼稚师范、家事、音乐、中国政治、农业 10 个讲习科。除小学教育组为期四周外,其余均持续五周⑥。洪有丰担任此届暑期学校委员兼图书部主任⑦。图书馆讲习科开设"图书馆行政""学校图书馆""图书馆选购法""分类法""编目法""装订法""图书使用法""检字法"8 门课程⑧。教员包括洪有丰、刘国钧、施廷镛、万国鼎、王云五、朱家治 6 人(见表 1926 – 2)。学员情况尚不明晰,但丁晓元(字晓园、孝原,男,江苏武进人)当是其中一人,因为其 1931 年履历称:"国立东南大学图书馆讲习科毕业,曾任常州维风中学教务长、国文史地教员,又任内政部图书室主任。"⑨

---

① 华东暑期大学. 华东暑期大学章程[M]. 苏州:华东暑期大学,1926:21.

② 缘. 华东基督教暑期大学图书馆科[J]. 图书馆学季刊,1926,1(3):539.

③ 赵邦镠. 装订书籍实习记[J]. 图书馆学季刊,1926,1(3):526 – 530.

④ 陆恩涌. 观察苏州图书馆后评略[J]. 图书馆学季刊,1926,1(3):523 – 526.

⑤ 暑校指南[M]//国立东南大学. 国立东南大学第六届暑期学校一览. 南京:国立东南大学,1926:插页.

⑥ 简章[M]//国立东南大学. 国立东南大学第六届暑期学校一览. 南京:国立东南大学,1926:插页.

⑦ 本大学职员及本届暑期学校委员[M]//国立东南大学. 国立东南大学第六届暑期学校一览. 南京:国立东南大学,1926:插页.

⑧ 学程一览·乙(三)图书馆讲习科[M]//国立东南大学. 国立东南大学第六届暑期学校一览. 南京:国立东南大学,1926:插页.

⑨ 国立中央大学. 国立中央大学一览:第十一种 教职员录[M]. 南京:国立中央大学,1931:12.

表 1926－2　国立东南大学第六届暑期学校图书馆讲习科课程一览

课程名称	学分	每周时数	教员姓名	具体时间					
				星期一	星期二	星期三	星期四	星期五	星期六
图书馆行政	0.5	2	刘国钧 洪有丰		上午8—9时		上午8—9时		
学校图书馆	1	3＋2*	洪有丰	上午10—11时,下午3—5时		上午10—11时		上午10—11时	
图书馆选购法	1	4	洪有丰	上午9—10时	上午9—10时	上午9—10时	上午9—10时		
分类法	1.5	5＋2	刘国钧 朱家治	上午7—8时	上午7—8时	上午7—8时,下午3—5时	上午7—8时		
编目法	1	3＋2	刘国钧 朱家治	上午8—9时		上午8—9时		上午8—9时,下午3—5时	
装订法	1.5	2	施廷镛		上午10—11时		上午10—11时		
图书使用法	1.5		洪有丰					上午9—10时	上午9—10时
检字法	0.5		王云五 万国鼎	讨论时间临时公布					
说明	本科以上习毕上列学程而成绩及格为毕业,由校给予本科毕业证书。课外有:(一)实习指导:学员在图书馆实习。(二)参观:由主讲教员率领学员赴各大图书馆参观。(三)讲演:延请专家公开讲演图书馆与社会之关系,及用幻灯讲述美国图书馆之建筑、设备等等								

资料来源:学程一览·乙(三)图书馆讲习科[M]//国立东南大学.国立东南大学第六届暑期学校一览.南京:国立东南大学,1926:插页.

注:原文如此。后文同。

7 月 19 日

杜定友搭乘"长崎丸"轮船(S. S. Nagasaki Maru)前往日本考察图书馆事业,预计逗留四或五个星期①。

7 月 20 日

文华图书科 1926 年招生考试开始在北京、南京、上海、武昌、广州五地同时举行②。最终录取李巽言、李哲昶、毛坤、钱亚新、沈晋陛(即沈缙绅)、汪缉熙、王慕尊、于熙俭、郑铭勋(字纪菴)9 人③。

8 月 9 日

李小缘在苏州平旦学社发表演讲,部分内容后以《藏书楼与公共图书馆》为题载于 1926 年 9 月《图书馆学季刊》第 1 卷第 3 期。李小缘在文中谈及图书馆学教育问题:"图书馆成为专门的事业,必定有专门职业教育。……要想中国公共图书馆发达,必需先培植人才,从国立学校机关添设图书馆学专门科不可。"④

8 月 19 日

桂质柏从上海乘坐"杰克逊总统号"轮船前往美国⑤,8 月 27 日抵达华盛顿州西雅图⑥。

8 月 26 日

下午,韦棣华女士在马萨诸塞州伍兹霍尔(Woods Hole, Mass.)W. M. 克兰夫人(Mrs. W. M. Crane)的家中发表讲演,介绍中国的图书馆学教育

---

① 杜定友赴日考察图书馆[N].民国日报,1926 - 07 - 10(6);杜定友赴日考察图书馆[N].新闻报,1926 - 07 - 10(14).

② 中华图书馆协会.武昌华中大学文华图书科招考图书馆学免费生规程[J].中华图书馆协会会报,1926,1(6):12 - 13.按:虽然这一年的招生规程并未明确说明,但参考后面几年的情况,此次招生考试应该持续了两天。

③ 图书馆学免费生[J].图书馆学季刊,1926,1(4):707.

④ 李小缘.藏书楼与公共图书馆[J].图书馆学季刊,1926,1(3):375 - 396.

⑤ Washington, Seattle, passenger lists, 1890 - 1957 [EB/OL].[2018 - 09 - 30].https://www.familysearch.org/ark:/61903/3:1:33SQ-G5NN-WPY? i =245&cc =1916081.

⑥ Washington, Seattle, passenger lists, 1890 - 1957 [EB/OL].[2018 - 09 - 30].https://www.familysearch.org/ark:/61903/3:1:33SQ-G5NN-WPY? i =246&cc =1916081.

与图书馆运动①。

8 月 30 日

金陵大学校长包文提交 *Report of the President for the Year 1925 – 1926*[《金陵大学校长报告（1925—1926 学年）》]。他在该报告的"图书馆"部分中指出："根据大学的安排,明年将开设目录学和图书馆学方面的大学课程,每个学期开设一门,均计 2.5 个学分。这些课程旨在为学生提供图书和图书馆利用方面的一般信息。它们将由李小缘先生讲授。他在纽约州立图书馆学校接受过专业训练,曾广泛观察中美两国的图书馆事业,亦曾在 1925 年国立东南大学暑期学校和 1926 年苏州华东基督教暑期大学开设过类似课程,所以他已经为授课做了极其充分的准备。"②

8 月

商务印书馆出版洪有丰所著的《图书馆组织与管理》。这是洪有丰在国立东南大学讲授图书馆学课程时的讲义③。该书卷首载有"自序"和"凡例",正文分为"图书馆学之意义""图书馆与教育之关系""图书馆之沿革""图书馆之种类""创设与经费""建筑与设备""馆员与职务""参考部""选购""鉴别""登录""分类法""编目法""出纳法""装订修补法""目录学"16 章。

商务印书馆出版孙逸园编著的《社会教育设施法》。在该书第四章"地方自治机关为中心的社会教育设施"第二节"属于智的社会教育的设施"中,孙逸园介绍了促进图书馆事业发达的几种方法,其中包括"于中央设立图书馆学校,于地方则开长期或短期的图书馆讲习会,以养成优良的馆员"④,并且指出："如为使一般民众周知图书馆的任务、阅览方法以及图书的选择等事项,则开关于图书馆的讲习会。"⑤

9 月初

上海国民大学决定添设推广部,下设夜校和函授两部,但实际先办

---

① Town topic[J]. The collecting net,1926,1(5):1.

② University of Nanking. Report of the president and the treasurer for the year 1925 – 1926[M]. Shanghai:the Presbyterian Mission Press,1927:50.

③ 洪有丰. 自序[M]//洪有丰. 图书馆组织与管理. 上海:商务印书馆,1926:1 – 2.

④ 孙逸园. 社会教育设施法[M].上海:商务印书馆,1926:102.

⑤ 孙逸园. 社会教育设施法[M].上海:商务印书馆,1926:110.

夜校,聘请刘英士为主任①。推广部迅即编印章程单行本,并登报宣传②。推广部夜校计划开设"图书学概论""图书馆行政学""图书馆实习""图书编目法""图书学原理""图书选择学""图书分类法"7 门图书馆学课程,每学期每门课程各计 3 学分③,由杜定讲授④,但实际有所变动。

上海国民大学图书馆学系计划开设"图书馆［学］概论""图书馆学原理""编目法"三门课程,由杜定友讲授,授课时间定在每周二、三、五晚上 7—9 时,以方便在职人员到校学习⑤。不过,杜定友后来实际仅开设"图书馆学概论"与"图书编目法"两门课程⑥。

9 月 16 日

上海国民大学推广部夜校开放注册⑦,9 月 27 日正式开课,实际开设 24 种课程,其中第 4 种课程"图书编目法"和第 15 种课程"图书馆总论"均由杜定友讲授⑧。

9 月 20 日

《教育杂志》第 18 卷第 9 期登载杜定友所撰《图书馆学的内容和方法》的第一部分。该期登载第一至第四节,分别是"图书馆学的意义""图书馆的历史和需要""图书馆学校的宗旨、种类和组织""图书馆学校入学资格与试验"。在第三节"图书馆学校的宗旨、种类和组织"中,杜定友指出,"中国图书馆学校应认定我们特殊的宗旨和目的",具体包括"提倡图书馆专门学术""养成图书馆专门人才""研究欧美图书馆管理方法""发挥中国图书馆学术""培养图书馆服务精神""图谋图书馆事业之发展"六点。他还制定了一份"图书馆学校学制表",包括"图书馆学研究院""高等图书馆专门学校""图书馆专门学校""图书馆暑期学校""图书馆训练班""图书馆练习生班""师范学校或高等师范学校图书馆

---

① 学务丛报［N］.时事新报,1926 – 09 – 05(6).
② 国民大学推广部章程［N］.时事新报,1926 – 09 – 11(8).
③ 国民大学.国民大学推广部夜校章程［M］.上海:国民大学,1926:10.
④ 国民大学续招新生［N］.时事新报,1926 – 09 – 11(8).
⑤ 国大图书馆学系消息［N］.新闻报,1926 – 09 – 10(10).
⑥ 本校本期学程一览［J］.国大周刊,1926(32):11 – 15.
⑦ 国民大学.国民大学推广部夜校章程［M］.上海:国民大学,1926:7.
⑧ 国民大学推广部夜校开班学程［N］.新闻报,1926 – 09 – 25(9).

科""图书馆函授学校或图书馆推广教育"。在第四节"图书馆学校入学资格与试验"中,杜定友介绍美国各类图书馆学校的入学资格,并且摘译普拉特学院图书馆学校的入学考试试题①。

9 月 30 日

金陵大学图书馆委员会召开会议,议决在该校文理科开设几门图书馆学和目录学普通课程②。

9 月

文华图书科图书馆学本科第七班学生入学,共计 9 人,即何国贵、李哲昶、陆秀、毛坤、钱亚新、沈缙绅、汪缉熙、杨开殿、于熙俭③。此前公布录取的李巽言、王慕尊与郑铭勋并未到校注册,取而代之的则是何国贵、陆秀与杨开殿。其中,李巽言与王慕尊的情况不明;郑铭勋,男,河北永清人④,时为燕京大学历史学专业本科生,1928 年 6 月毕业并获文学士学位⑤,后入海关工作,曾任津海关二等稽查员,1937 年 7 月 29 日在天津东站值班时被日军杀害⑥。

金陵大学批准在该校文理科开设数门图书馆学和目录学普通课程,并且成立一个专门委员会负责处理相关事宜。李小缘率先在金陵大学文理科开设一门图书馆学普通课程,计 5 学分。共有 14 名学生注册修习这门课程,另有 3 名学生获准旁听⑦。学生情况暂不明晰,但蒋一前(原名蒋家骧,或作"蒋嘉骧",字一前,后以字行,江苏江宁人)当为其中一人。他后来回忆称,李小缘"在 1926 年在金大讲授图书馆学课程中,对中国检字法的繁难,影响一切字排工具书的编制和应用问题,作了详尽而有启发性的论述"⑧。

陈友松为大夏大学高等师范专修科国文系一年级学生和教育行政

---

① 杜定友. 图书馆学的内容和方法(未完)[J]. 教育杂志,1926,18(9):1 – 15.

② University of Nanking. University faculty meeting,23 October 1926[A]. 耶鲁大学神学图书馆馆藏亚洲基督教高等教育联合董事会档案之金陵大学档案,案卷号:RG011 – 198 – 3403.

③ 彭敏惠. 文华图专珍稀史料图录[M]. 武汉:武汉大学出版社,2020:273.

④ 燕京大学. 燕京大学毕业同学录[M]. 北平:燕京大学,1931:37.

⑤ 燕京大学. 燕京大学毕业同学录[M]. 北平:燕京大学,1931:7.

⑥ 中国海关博物馆. 烽火硝烟守国门[M]. 北京:中国海关出版社,2016:202.

⑦ University of Nanking. University faculty meeting,23 October 1926[A]. 耶鲁大学神学图书馆馆藏亚洲基督教高等教育联合董事会档案之金陵大学档案,案卷号:RG011 – 198 – 3403.

⑧ 蒋一前. 不能忘怀的老师李小缘[J]. 文教资料简报,1982(3/4):86 – 89.

系二、三年级学生开设一门"图书馆学"课程,一学期授毕,每周授课 3 小时,计 3 学分①。

　　袁同礼继续在北京大学教育学系开设"图书利用法"选修课程,计 2 学分②。

　　纽约州立图书馆学校与纽约公共图书馆附属图书馆学校合并为哥伦比亚大学图书馆学院(Columbia University School of Library Service,或译"哥伦比亚大学图书馆服务学院"等),并于 10 月 1 日举行正式成立典礼③,1993 年停办。桂质柏成为入读哥伦比亚大学图书馆学院的第一个中国人④。他同时还到哥伦比亚大学图书馆兼职,担任该馆中文部主任⑤,后来曾发表"The Chinese Library of Columbia University"(《哥伦比亚大学中文图书馆》)[载于 1927 年 9 月 3 日《密勒氏评论报》(The China Weekly Review)第 20 版]⑥和《哥大之中华图书馆》(载于 1928 年 4 月 1 日《时报》第 3 版⑦和 1928 年 6 月 20 日《留美学生季报》第 13 卷第 2 期⑧)两篇文章,简要介绍哥伦比亚大学图书馆中文部的相关情况。

　　中华书局出版余家菊所著《师范教育》。余家菊在该书第 11 章"师范学校之课程"中转录一份"教联会拟"全国教育联合会拟订的《高中师范科及师范后三年课程标准》,其中的"教育选修科目"中有一门"图书馆管理法"⑨。此外,余家菊还"试拟六年师范课程表",提议在第五、六学年的"教育智能科目"中开设一门"小学行政"课程,"图书馆管理法包

---

　　①　十五至十六年度第一学期开班学程及担任教授一览[M]//大夏大学.大夏大学一览(民国十六年六月).上海:大夏大学,1927:1 - 18.

　　②　本学年之课程大纲[J].北京大学日刊,1926(1989):2.

　　③　School of Library Service,Columbia University. Annual report of the director of School of Library Service 1927[M]. New York:School of Library Service,Columbia University,1927:5;TRAUTMAN R. A history of the School of Library Service,Columbia University[M]. New York:Columbia University Press,1954:36.

　　④　Directory of students[M]//Columbia University. Catalogue 1927 - 1928. New York:Columbia University,1928:125.

　　⑤　Library staff[M]//Columbia University. Catalogue 1926 - 1927. New York:Columbia University,1927:97 - 98.

　　⑥　KWEI J C. The Chinese library of Columbia University[N]. The China weekly review,1927 - 09 - 03(20).

　　⑦　桂质柏.哥大之中华图书馆[N].时报,1928 - 04 - 01(3).

　　⑧　桂质柏.哥大之中华图书馆[J].留美学生季报,1928,13(2):91 - 93.

　　⑨　余家菊.师范教育[M].上海:中华书局,1926:182.

含在内,可缩短于一学期内教授之,每周四学时"①。

10 月 4 日

美国图书馆协会 50 周年纪念大会开幕,10 月 9 日闭幕②。开会地点最初为大西洋城,后改到费城③。共有 5 名中国代表出席此次大会,分别是郭秉文(中华教育改进社与北洋政府教育部代表)、裘开明(中华图书馆协会代表)、桂质柏(济南图书馆协会代表)、寿景伟(华美协进社代表)和韦棣华(文华图书科代表)④。其中,裘开明与桂质柏联合提交"Libraries in China"(《中国图书馆概况》)一文⑤,郭秉文则在 10 月 5 日的第三次全体大会上讲演"The Evolution of the Chinese Library and Its Relation to Chinese Culture"("中国图书馆的演变及其与中国文化的关系")⑥。

10 月 20 日

《教育杂志》第 18 卷第 10 期续登杜定友所撰《图书馆学的内容和方法》的第二部分。该期续登第五至第七节,即"图书馆学校的课程""图书馆学的方法""结论——图书馆学在学术上之贡献"⑦。在第五节"图书馆学校的课程"中,杜定友首先列举美国和菲律宾两国的共四种图书馆学课程表,然后综合自己的研究,制定一个图书馆学课程体系,希望能够在上海国民大学图书馆学系依次推行(见表 1926 - 3)⑧。

---

① 余家菊. 师范教育[M]. 上海:中华书局,1926:190.

② 美洲图书馆协会五十周纪念大会之盛况:郭秉文君寄教育改进社之报告[N]. 时事新报,1926 - 12 - 14(8).

③ Fiftieth anniversary conference[J]. Bulletin of the American Library Association,1926,20(9):155 - 158,171.

④ 美洲图书馆协会五十周纪念大会之盛况:郭秉文君寄教育改进社之报告[N]. 时事新报,1926 - 12 - 14(8).

⑤ CHIU A K,KWEI J C B. Libraries in China[J]. Bulletin of the American Library Association,1926,20(10):194 - 196.

⑥ KUO P W. The evolution of the Chinese library and its relation to Chinese culture[J]. Bulletin of the American Library Association,1926,20(10):189 - 194.

⑦ 杜定友. 图书馆学的内容和方法(续)[J]. 教育杂志,1926,18(10):1 - 13. 按:该期所载各篇文章均单独排列页码。下同。

⑧ 杜定友. 图书馆学的内容和方法(续)[J]. 教育杂志,1926,18(10):1 - 13.

表 1926－3　杜定友所拟上海国民大学图书馆学系课程体系一览（1926 年）

课程种类	序号	课程名称	具体内容
图书馆概论	1	图书馆学通论	图书馆与社会之关系及功用等
	2	学校图书馆	学校图书馆问题及需要,图书馆与学校之关系
	3	组织法大意	图书馆各部之组织、布置、设备等
	4	管理法大意	图书馆之经济、人员、卫生、庶务等
	5	编目分类法大意	学校图书馆分类编目法
	6	阅览指导法	指导学生读书法参考法
	7	利用图书馆方法	目录使用法、书籍排列法、字典及参考书使用法
	8	图书馆略史	中外图书馆略史
图书馆原理大纲	1	图书馆哲学	图书馆之意义,图书馆之成效,图书馆之主义及其理想,图书馆与其他公共机关之比较,图书馆之教育可能性,图书馆之教育化与社会化,图书馆与文化,图书馆与人群幸福,读书之乐,读书与人生
	2	图书馆与教育	图书馆与教育原理,图书馆与教授法及教材,图书馆与教育趋势,图书馆与教员学生,图书馆与学校教育,图书馆与社会教育,图书馆与专门教育,图书馆与科学,图书馆在学术上之贡献
	3	图书馆与国家	图书馆与国家主义,图书馆与世界主义及个人主义,图书馆与一国之文化思想,图书馆与国民道德,我国设立图书馆之需要
	4	图书馆与社会	图书馆与各界——工商农政军学——之关系,图书馆与社会进化,图书馆与人民智识,图书馆与慈善事业,图书馆在社会上之地位及在行政界之地位,图书馆与社会道德
	5	图书馆学教育	图书馆学之意义、历史、课程、方法及成效,图书馆学校之组织与管理

课程种类	序号	课程名称	具体内容
	6	图书馆服务论	图书馆事业之兴趣,图书馆人才之需要,图书馆馆员之资格,图书馆服务之态度与精神,图书馆之工作,图书馆界之希望
	7	图书馆之种类	各种图书馆之定义与范围,各种图书馆之应用及利益,各种图书馆协会之组织、历史与现状
	8	图书馆学术语	各种术语之意义、界说及应用,图书馆学之仿语辞及缩写记号等,中国目录学上之名词,普通书业学用语等
	9	图书馆论文书目	中国关于图书馆藏书治书之书籍,论文杂志报章之论著及演讲,各处图书馆之新闻消息或出版品,其他关于书籍之批评与记载
	10	图书馆历史	中外各国图书馆之历史与现状,及今后图书馆发展之计划
图书馆行政学	1	组织法	各种图书馆之组织分部及各职员之资格与任务,各国图书馆之组织实况
	2	购订法	书籍之购订,杂志之订阅,旧书、古书、折扣、转卖、拍卖、书坊送运、校对、定书、赠书、登记、退换等手续
	3	建筑	公共图书馆之建筑,学校及特殊图书馆之建筑,图样、材料、监工与估值
	4	设备	图书馆之用品、用具、样式、材料、价格
	5	管理法	图书馆财政簿记、人员及商业的管理法,一切记载、各项规程、格式、表格、统计术
	6	文件保管法	方法与用具,排字法,书信法
	7	打字法	打信方法,制卡方法,打字练习书写法,打字机之种类及修理

续表

课程种类	序号	课程名称	具体内容
	8	社会调查	社会现状及图书馆之分配与关系，实习调查法
	9	图书馆调查	图书馆调查标准，估量图书馆之方法，实际调查及参观
	10	图书馆广告术	广告法，新闻登载，图书馆运动，图书馆推广法
	11	图书馆法令	各国图书馆法令及规程，各国出版法，言论法，集会法
	12	印刷术	书之构成及装订，印刷方法及印刷史，插画之研究，书籍之修理，参观及实习
	13	书业学	书坊之组织，书业之调查，书籍之发行及销售
	14	图书馆流通法	流通部之组织，流通机关，出纳方法之研究及实习
	15	图书典藏法	书籍之搜集，典藏法，消毒法，清洁法，点查法，整理法，标目法
	16	学校图书馆管理法	
	17	公共图书馆管理法	
	18	大学图书馆管理法	
	19	商业图书馆管理法	
	20	工业图书馆管理法	
	21	儿童图书馆管理法	
	22	专门图书馆管理法	
	23	盲哑图书馆管理法	
	24	军营图书馆管理法	
	25	医院图书馆管理法	
	26	巡回图书馆管理法	
	27	乡村图书馆管理法	
	28	学会图书馆管理法	
	29	通信图书馆管理法	
	30	法律图书馆管理法	
	31	博物院管理法	
	32	艺术馆管理法	

续表

课程种类	序号	课程名称	具体内容
图书馆实习	1	在附设之图书馆实习	至少半年,每日一小时
	2	图书馆实习	在其他图书馆实习及参观共计至少一个月
图书选择法	1	选择原理	图书选择之需要、原理与标准
	2	选择方法	选择用之参考书,审查用之表格
	3	各科书目	各科应用书目之编辑及各科之分配
	4	儿童文学	儿童文学,儿童心理,及儿童用书
	5	民众文学	民众文学,民众心理,寓言,神话,风俗史等
	6	书目学	书目之种类、价值、编辑及应用
	7	官印刷品	各国官印刷品之种类、购订及应用
	8	课程编配法	各等学校之课程与用书
	9	介绍法、批评法	图书之介绍及批评方法,中外书评提要题跋及编纂方法
	10	书目学会	各国书目学会之组织、事业、历史及现状
	11	版目学	中外图书之版本、版目之辨别与估价
	12	校雠学	古书之校雠、校勘学、章句学、校读法、古书选读法
	13	新闻杂志	新闻杂志之研究、鉴别与应用,杂志索引法
	14	中国目录学	汉书艺文志、经籍志、四库书目和藏书目
	15	国学书目	审定国学用书,整理国学门类,编订各科国学书目
图书分类学	1	分类哲学	分类原理,学术源流
	2	外国分类法	古代分类法,英国分类法,现行美国三大分类法,各法之研究与实习

续表

课程种类	序号	课程名称	具体内容
	3	中国分类法	古代分类法,现代分类法之研究及实习
	4	专门书籍分类法	商业用书,工业用书,音乐及杂类
图书目录学	1	编目原理	编目之需要及种类,编目部之组织
	2	中文编目法	
	3	西文编目法	
	4	官印目录	美国国会目录之利用方法
	5	排字法	中文西文排字法,目录排叠法
	6	著者号码编制法	中文西文著者号码编制及使用法
	7	杂件编目法	图画、乐谱、章程、目录等编目法
图书参考法	1	参考原理	图书参考之需要与范围,参考部与组织,参考书之性质
	2	参考书目	参考书之种类与购订
	3	参考书用法	各种参考书之内容,参考书之用法,难题解答法
	4	参考书编辑法	参考书之结构及编辑法
学术研究法	1	材料搜集法	各生指定研究题目,从事研究
	2	材料整理法	各生指定研究题目,从事研究
	3	材料保管法	各生指定研究题目,从事研究
	4	编辑法	编辑、付印与校对
	5	索引法	索引法原理、书籍索引法、杂志索引法

资料来源:杜定友.图书馆学的内容和方法(续)[J].教育杂志,1926,18(10):1-13.

12 月

《中国留美学生月报》第 22 卷第 2 期登载桂质柏撰写的"Library Conditions in China"(《中国图书馆现状》)。桂质柏在文中分别介绍了中国的公共图书馆、高校图书馆、社团及专门图书馆、文华图书科、中华图书馆协会的基本情况①。

---

① KWEI J C B. Library conditions in China[J]. The Chinese students' monthly,1926,22(2):45-46.

本年

厦门大学教育科开设一门"学校图书馆组织法"选修课程,一学期授毕,计 2 学分,主要讲授"学校图书馆之设备、组织及管理,图书分类之方法,庋藏之方法,阅览书籍之办法,各国学校图书馆概况等各项研究","教本及参考书籍临时酌定"[1]。当时,厦门大学职员名录当中有裘开明(图书馆主任)、冯汉骥(图书馆襄理)、孙述万(图书馆襄理)3 位文华图书科毕业生[2],但裘开明正在美国留学,故而这门"学校图书馆组织法"课程可能是由冯汉骥或孙述万讲授。

---

① 厦门大学.厦门大学布告:第五卷第四册(民国十五年至十六年)[M].厦门:厦门大学,1926:219.

② 厦门大学.厦门大学布告:第五卷第四册(民国十五年至十六年)[M].厦门:厦门大学,1926:7.

1927 年

◎王文山、查修赴美学习图书馆学
◎李小缘拟订《中国图书馆计划书》
◎刘国钧在南京市教育局暑期学校讲演"图书馆与小学教育"
◎李小缘在第四中山大学社会教育暑期讲习会讲授"图书馆学"课程
◎金陵大学文理科图书馆学系创办
◎四川图书馆专门学校停办
◎《图书馆条例》首次规定图书馆馆长任职资格

1 月 15 日

王文山从上海乘坐"太洋丸"轮船前往美国①,2 月 7 日抵达加利福尼亚州旧金山②。他随即转赴纽约,入读哥伦比亚大学图书馆学院③。

2 月

陈普炎从华中大学毕业,获文学士学位和文华图书科毕业证书④。他通常亦被认为是文华图书科图书馆学本科第五届毕业生(第二批)(见表 1927 – 1)⑤。

---

① California, San Francisco, passenger lists, 1893 – 1953 [EB/OL]. [2018 – 09 – 30]. https://www.familysearch.org/ark:/61903/3:1:33SQ-G5G3 – 9J3G? i = 303&cc = 1916078.

② California, San Francisco, passenger lists, 1893 – 1953 [EB/OL]. [2018 – 09 – 30]. https://www.familysearch.org/ark:/61903/3:1:33SQ-G5G3 – 9J3G? i = 304&cc = 1916078.

③ Supplement to directory of students [M]//Columbia University. Catalogue 1927 – 1928. New York:Columbia University,1928:47.

④ 私立武昌华中大学. 私立武昌华中大学历届毕业同学录[M].武昌:私立武昌华中大学,1935:19.

⑤ 彭敏惠. 文华图专珍稀史料图录[M].武汉:武汉大学出版社,2020:272.

表 1927 - 1 　文华图书科图书馆学本科第五届毕业生（第二批，1927 年 2 月）一览

序号	姓名	字号	性别	籍贯	学位	毕业后最初去向
1	陈普炎		男	广东台山	华中大学文学士	文华公书林

裘开明开始担任哈佛大学汉和文库①（The Chinese Library, Harvard University）主管②。他由此成为第一个受聘担任美国东亚图书馆馆长的中国人③。

5 月 17 日

因时局混乱，华中大学及其附属中学提前闭校放假④。文华图书科则继续坚持办学，并在课程、设备、教学等方面积极改进⑤。不过，受时局影响，中华教育文化基金董事会所设图书馆学免费生项目停顿，文华图书科该年停止招考新生⑥。

5 月

南京书店油印李小缘拟订的《中国图书馆计划书》⑦。该计划书后改称《全国图书馆计划书》，载于 1928 年 3 月《图书馆学季刊》第 2 卷第 2 期，内含"缘起"、正文六章及"后记"。李小缘就图书馆学教育问题提出了若干建议。在第二章"国民政府对于中国图书馆发达之责任"中，他提出："关于经济与人才方面，国民政府应搜罗图书馆专门人才，并先筹备充分款项与稳固基金，设立大规模国立中山图书馆及其附设图书馆学校。"在第三章"国立中山图书馆"中，他建议国民政府创办五所国立中山图书馆："此五所国立中山图书馆应附设五所图书馆学校，冀养成图书馆专门人才，供全国之用。并选国内图书馆学深造者数人留学欧美，以期造为成材，备充各处馆长。（各馆选任职员应将国立图书馆学校毕业生尽先录用。）"在第

---

① 1929 年夏改称"哈佛燕京学社汉和图书馆"（The Chinese-Japanese Library of the Harvard-Yenching Institute），1965 年改称"哈佛燕京图书馆"（Harvard - Yenching Library）。

② 程焕文．裘开明年谱[M]．桂林：广西师范大学出版社，2008：17．

③ 张凤．哈佛问学录[M]．重庆：重庆出版社，2015：249．

④ 武昌华大闭校[N]．晨报，1927 - 05 - 30(2)．

⑤ 私立武昌文华图书馆学专科学校．湖北私立武昌文华图书馆学专科学校一览（民国二十三年度）[M]．武昌：私立武昌文华图书馆学专科学校，1934：9．

⑥ 文华图书科之停顿[J]．中华图书馆协会会报，1927，2(6)：20．

⑦ 李永泰，赵长林．李小缘先生著、译、目录[G]//南京大学信息管理系．李小缘纪念文集(1898—2008)．南京：南京大学信息管理系，2008：321．

四章"省立图书馆"中,他提出:"在国立图书馆未开办以前,本馆应负责开办图书馆学校,以训练图书馆专门人才,为全省及他省之用。"在第六章"学校图书馆"第一节"大学图书馆"中,他认为:"学校应有用图书馆、用参考书、目录学之专门课程,如能扩充成系尤佳。"在第六章第二节"中学图书馆及师范图书馆"中,他建议:"学校应有用图书馆、用参考书、用目录学之初级课程。"在"后记"中,他进一步提出:"关于人才方面,无论委员、馆长、职员,皆应选有图书馆学识者充之。国立图书馆学校之毕业生应尽先录用。至于非图书馆学校卒业者,应一律以考试法任用。"①

6 月

曹柏年、黄凤翔、李芳馥、岳良木4人从华中大学毕业,获文学士学位和文华图书科毕业证书②。他们是文华图书科图书馆学本科第六届毕业生(见表1927 – 2)③。

表1927 – 2　文华图书科图书馆学本科第六届毕业生(1927 年6 月)一览

序号	姓名	字号	性别	籍贯	学位	毕业后最初去向
1	曹柏年		男	湖北沔阳	华中大学文学士	
2	黄凤翔		男	湖北汉口	华中大学文学士	南洋新闻报社
3	李芳馥	馨吾	男	湖北黄陂	华中大学文学士	北京图书馆
4	岳良木	荫嘉	男	湖北汉川	华中大学文学士	北京图书馆

7 月中旬

第四中山大学④扩充教育部部长俞庆棠发起开办社会教育讲习会⑤,制定并公布《第四中山大学社会教育讲习会简章》,计划开设"图书馆学"等课程⑥。

---

① 李小缘. 全国图书馆计划书[J]. 图书馆学季刊,1928,2(2):209 – 234.

② 私立武昌华中大学. 私立武昌华中大学历届毕业同学录[M]. 武昌:私立武昌华中大学,1935:19.

③ 彭敏惠. 文华图专珍稀史料图录[M]. 武汉:武汉大学出版社,2020:272 – 273.

④ 该校由东南大学等校于1927 年6 月合并而成,1928 年先后改称"江苏大学""国立中央大学"。

⑤ 第四中山大学要讯[N]. 民国日报,1927 – 07 – 20(14).

⑥ 第四中大开办社会教育讲习会[N]. 申报,1927 – 07 – 18(7);第四中山大学开办社会教育讲习会简章[N]. 新闻报,1927 – 07 – 18(11);第四中山大学开办社会教育讲习会[N]. 民国日报,1927 – 07 – 19(8).

7 月 25 日

南京市教育局暑期学校正式开学①,内分幼稚教育组、小学教育组与中学教育组三组,持续五周②。其中,中学教育组设有一门"学校图书馆之经营"课程,由刘国钧等人讲授③。

8 月 4 日

第四中山大学社会教育暑期讲习会举行开学典礼④,8 月 15 日正式开课⑤,8 月 24 日散学⑥。此次讲习会开设"三民主义""社会教育概论""通俗教育实施法""图书馆学""体育原理""体育场管理法""平民教育""公众卫生""社会娱乐""农村社会学""家庭教育"等课程,且每日下午举行一次学术演讲;学员每人至少选习八门课程,每日上课约三小时⑦。其中,"图书馆学"课程由李小缘讲授⑧。学员情况不明,但其中一人为吴培元,吴培元于 1929 年春受聘担任宜兴县立图书馆馆长⑨。

8 月 10 日

刘国钧在南京市教育局暑期学校讲演"图书馆与小学教育",共有200 多人参加。刘国钧指出:"图书馆是用经济、科学方法将印刷品介绍

① 南京市暑期学校行开学礼[N].申报,1927 – 08 – 04(7).

② 南京市教育局开办暑期学校[N].民国日报,1927 – 06 – 21(14);南京市教育局暑期学校通告[N].申报,1927 – 06 – 23(3).

③ 南京市暑校学程一览[N].民国日报,1927 – 07 – 02(14);董任坚.南京市教育局暑校之课程[N].申报,1927 – 07 – 02(12);董任坚.南京市暑校近讯[N].新闻报,1927 – 07 – 02(11).

④ 四大中社教讲习会开学志盛[N].民国日报,1927 – 08 – 09(12);第四中山大学社会教育讲习会开学[N].新闻报,1927 – 08 – 09(10).按:此处的"四大中"当为"四中大"之误,即指第四中山大学.

⑤ 社会教育讲习会开课[J].第四中山大学教育行政周刊,1927(5):19.

⑥⑦ 第四中大开办社会教育讲习会[N].申报,1927 – 07 – 18(7);第四中山大学开办社会教育讲习会简章[N].新闻报,1927 – 07 – 18(11);第四中山大学开办社会教育讲习会[N].民国日报,1927 – 07 – 19(8).

⑧ 四大中社教讲习会开学志盛[N].民国日报,1927 – 08 – 09(12);第四中山大学社会教育讲习会开学[N].新闻报,1927 – 08 – 09(10).

⑨ 吴培元.自序[M]//吴培元.民众图书馆设施法.宜兴:宜兴县立图书馆,1930:1 – 2.按:原文称,"培元曾在第四中山大学社会教育讲习会和民众教育院,先后听李小缘先生、戴志骞先生演讲'民众图书馆学'"。

送达于社会,志在普遍。"他随后介绍了图书馆对小学教育的四种益处及小学图书馆的办理方法。他指出,虽然办理图书馆应当因地制宜,但办理小学图书馆必须做到以下四点:"(一)预备充分与儿童课程有密切之关系书籍。(二)补充课本。(三)充分收集图画、照片、留音片等,以引起儿童兴趣。(四)要有相当书籍,供给教师阅览,使其教学相长。"他认为小学教师和学生都要掌握图书使用方法:"再者欲引起儿童读书兴趣,要教授其用书方法。而教师要深切可解图书之图书及其用法,宜有相当之训练,以便因材施教,分别指导轮流使用。"①

8月19日

查修从上海乘坐"杰克逊总统号"轮船前往美国②,9月8日抵达加利福尼亚州旧金山③。

9月

金陵大学文理科添设图书馆学系④。李小缘担任系主任兼教授,刘国钧与万国鼎为教授⑤。

穆耀枢在成都被杀⑥,四川图书馆专门学校随之停办。

查修入读伊利诺伊大学图书馆学校⑦。

李小缘开始编印《图书馆学讲义初稿(附图书馆学书目)》,内分12章。正文卷首标注"十六年九月初稿",第1—5章正文下印有"第四中山大学"字样,第6—12章正文下印有"江苏大学"字样。这是李小缘在国立第四中山大学授课时使用的讲义。它并非一次性全部印好,而是在1927年10月至1928年5月之间分三次陆续排印出版。其中,第1—8章由公孚印刷所承印,第9章至第10章的212页由宜春阁印刷局承印,

---

① 刘衡如在南京暑校演讲图书馆与小学教育[N].时事新报,1927 - 08 - 13(8).

② California,San Francisco,passenger lists,1893 - 1953[EB/OL].[2018 - 09 - 30].https://www.familysearch.org/ark:/61903/3:1:33S7 - 95LN-PPL? i =514&cc =1916078.

③ California,San Francisco,passenger lists,1893 - 1953[EB/OL].[2018 - 09 - 30].https://www.familysearch.org/ark:/61903/3:1:33S7 - 95LN-PPL? i =515&cc =1916078.

④ 金陵大学秘书处.私立金陵大学一览[M].南京:金陵大学秘书处,1933:136.

⑤ 李小缘.金陵大学图书馆概况[M].南京:金陵大学图书馆,1929:22.

⑥ 程祺,袁政.穆耀枢的图书馆学论述与实践[J].四川大学学报(哲学社会科学版),1993(2):108 - 112.

⑦ University of Illinois. Annual register 1927 - 1928[M].Urbana:University of Illinois,1928:409.

第 10 章的第 213 页至第 12 章由东南印刷公司承印①。

10 月 24 日

上午 9 时,上海图书馆协会在民立中学图书馆举行会员常会,讨论 7 项议案。其中第 2 项为《如何补救上海缺乏图书馆人才案》,最后议决商请上海中学师范科增设图书馆学科②。

10 月

商务印书馆出版杜定友所著的《图书馆学概论》。在该书第 15 章 "图书馆教育"中,杜定友详细介绍图书馆学教育的内容与方法。他指出:"图书馆是社会事业,属于专门科学之一。因为要养成办理这种事业的人才,所以要有图书馆教育的方法。这种教育,有广义与狭义之分。从广义方面说,图书馆教育是人人所当受的。因为图书馆事业,和其他社会事业、教育事业和各方面的人民,都有关系。比如,医学,是社会事业,专门科学之一。但是社会上的人,个个都应有点医学常识。这种常识,就是广义的医学教育。在图书馆学上,也是一样。人人都应该有图书馆常识。有了这种常识,方才可以研究学术,继续自己的教育。至于狭义的图书馆教育,就是养成图书馆专门人才,以办理专门的事业。"对于他所称的"狭义的图书馆教育",杜定友列举了六种方法,具体如下:

（一）讲习所:养成通俗或小学图书馆人才。
（二）实习班:辅助现任馆员。
（三）师范科:养成教员兼图书馆馆员。
（四）专门科:养成实用图书馆人才。
（五）大学科:养成专门图书馆人才。
（六）研究科:养成图书馆学师资及领袖人才。③

12 月 20 日

国民政府大学院公布《图书馆条例》。该条例第八条规定"图书馆得设馆长一人,馆员若干人。馆长应具左列之资格之一:一、国内外图书馆

① 倪波. 评李小缘先生的《图书馆学》[G]//南京大学信息管理系. 李小缘纪念文集 (1898—2008). 南京:南京大学信息管理系,2008:454.

② 上海图书馆协会常会纪[N]. 申报,1927 - 10 - 26(8).

③ 杜定友. 图书馆学概论[M]. 上海:商务印书馆,1927:59 - 63.

专科毕业者。二、在图书馆服务三年以上而有成绩者。三、对于图书馆事务有相当学识及经验者"①。这是中国首次在国家法规层面明确规定图书馆馆长的任职资格。

12月21日

国立第四中山大学校长张乃燕签发第五五九号训令,颁布《第四中山大学区各县公共图书馆暂行条例》和《第四中山大学区各县通俗教育馆暂行条例》②。《第四中山大学区各县公共图书馆暂行条例》共计12条,其中第三条规定第四中山大学区各县公共图书馆馆长的任职资格。具体如下:

> 公共图书馆馆长以人格高尚、服膺党义而合于左列资格之一者为合格:
> 一、大学或专门学校毕业并于图书馆学有相当之研究者。
> 二、中等学校毕业并曾在图书馆专科学校毕业者。
> 三、中等学校毕业,曾在图书馆主任职务三年以上,确有成绩者。
> 四、国学确有根底,而于图书馆学及社会教育有相当之研究者。③

12月

《浙江省立图书馆报》第一卷出版,内载日本图书馆学家竹内善作原著、张印通翻译的《俄国图书馆员养成之概观》。正文前载有张印通撰写的小引,内称:"我国图书馆事业颇为幼稚。近年以来有识者咸知其重要,极力提倡。惟于图书馆员之养成尚未见有若何设施,故图书馆专门人才颇感缺乏。远观俄国之于图书馆事业及图书馆员之养成经不遗余力,虽其政象无足取,然能孜孜致力于图书馆事业,亦有足资借镜者。"④

---

① 图书馆条例(十六年十二月二十日公布)[J].大学院公报,1928,1(1):32-35.

② 张乃燕.国立第四中山大学训令第五五九号[J].第四中山大学教育行政周刊,1928(24):4-5.

③ 第四中山大学区各县公共图书馆暂行条例[J].第四中山大学教育行政周刊,1928(24):10-11.

④ 竹内善作.俄国图书馆员养成之概观[J].张印通,译.浙江省立图书馆报,1927,1:1-4.

本年

商务印书馆将其此前陆续出版的七种图书馆学著作汇成一套"大学图书馆学专科用书"集中推出,包括杨昭悊的《图书馆学》(上、下册,1923 年 6 月初版),陈逸翻译的《儿童图书馆之研究》(1924 年 6 月初版),郑宗海的《英美教育书报指南》(1925 年 1 月初版),杜定友的《图书馆通论》(1925 年 12 月初版)、《图书选择法》(1926 年 2 月初版)与《图书目录学》(1926 年 7 月初版),洪有丰的《图书馆组织与管理》(1926 年 8 月初版)。

铁岭以北地区的"满铁"各地图书馆在长春成立图书馆业务研究会,由此形成中国东北铁路沿线各图书馆组建图书馆业务研究会的根基①。

---

① 任家乐,刘春玉.20 世纪上半叶日本在华图书馆学教育研究:以满铁图书馆业务研究会为据[J].图书馆建设,2018(11):73－74.

1928 年

◎刘国钧发表《图书馆事业的进行步骤》

◎上海职业指导所与中华职业学校合办文书讲习所

◎第一次全国教育会议关注图书馆学教育

◎商务印书馆暑期图书馆实习所举办

◎曹柏年、陈伟昆赴美留学

◎杨昭悊与李燕亭合译的《图书馆员之训练》出版

◎王正廷提议设立中央图书馆筹备处

◎文华图专校董会成立

2 月 4 日

《现代评论》第 7 卷总第 165 期登载刘国钧撰写的《图书馆事业的进行步骤》。刘国钧在文中指出,当前中国图书馆事业发展有四大要务,即"培育人才""完成全国图书馆系统""完成图书馆行政系统""解决图书馆理论上与实施上的问题"。关于"培育人才",他指出,"有图书馆而没有适当的人去管理经营,就和有琳琅满架的图书而不知道研究的方法一样,终究得不着实益。培育人才不外三个方法:一是办理专门学校,目的在养成深造的人才;二是办理专修科、讲习所,以教授技术的训练为主;三是由各大学设图书馆学系或科,以教授应用之目录学与基本之图书馆学原理为主。此外尚有一种临时方法,便是派人到外国去参观和实习"。此外,他还列举了《图书馆条例》公布以后历年应当完成的工作,其中就包括创办图书馆学教育机构。具体如下:

第一年(民国十七年)

设立图书馆专门学校讲习科(一年毕业)

设立中央图书馆筹备处,规划中央图书总馆及各地中央图书分馆之办法

通令各省区调查境内图书馆情形及经费

协同中华图书馆协会或其他团体开始研究各重要问题

第二年(民国十八年)

完成各省省立图书馆

令各省大学区或教育厅开始设立图书馆指导专员,并由大学院颁布《图书馆指导员任用条例》

第三年(民国十九年)

中央图书馆正式成立,并着手进行各重要都会之分馆

增设图书馆学专门学校本科(二年毕业入学资格,限于大学毕业,以期与欧美最优之图书馆学校颉顽)

令各大学增设图书馆学科

开始促进各县立图书馆及私立图书馆

第四年(民国二十年)

完成各省设立图书馆指导专员

完成各中小学校附设之图书馆(此项图书馆标准应在第一、二年内公布)

开始促进各图书馆与社会之联络,并完成各重要都市之巡回图书馆、代办所等

第五年(民国廿一年)

自本年起各都市之中央图书馆次第成立

完成各县立图书馆,并始促进乡村图书馆

开始设立各县图书馆指导员

第五年以后

应时势之需要增设图书馆学校

积极促进各种专门图书馆

完成乡村图书馆

改进一切图书馆及图书馆行政①

2 月 7 日

中华职业教育社召开委员会会议,议决通过上海职业指导所与中华职业学校合办文书讲习所章程,并决定于 4 月 1 日举行入学考试,4 月 9 日正式开学。另将授课时间定在每日下午 4—6 时及晚上 7—9 时,以便

---

① 刘国钧. 图书馆事业的进行步骤[J]. 现代评论,1928,7(165):5 - 7.

在职人员深造学习①。

2 月 9 日

国立第四中山大学校长张乃燕签发该校第一四二号训令,决定创办第四中山大学区民众教育学校,并于 3 月 8—10 日招考,3 月 12 日正式开学②。《第四中山大学区民众教育学校简章》③和《民众教育学校各县保送学员名额表(第一期)》④同时发布。据《第四中山大学区民众教育学校简章》,该校拟设教育行政系、城市教育系、乡村教育系、文艺教育系、生计教育系、公民教育系 6 系,开设基本学程 8 种、民众教育学程 10 种及分系研究学程各若干种⑤。

2 月 17 日

国民政府大学院发布第一六五号训令,令国立第三中山大学和国立第四中山大学分别改称"浙江大学"和"江苏大学"⑥。

2 月 19 日

江西全省教育局长会议开幕⑦,2 月 26 日上午闭幕⑧。其间,2 月 23 日下午,讨论 35 项议案,其中第 29 项为《各地办理图书馆人员应设法加入训练案》,最后议决"请教育厅办一图书馆人员训练所"⑨。

2 月 29 日

国立第四中山大学本部发布通告,宣布即日起奉令改称"江苏大学"⑩。

---

① 职教社开办文书讲习所[N].民国日报,1928 - 03 - 09(8);职教社文书讲习科开始招生[N].时事新报,1928 - 03 - 09(8);文书讲习所定期行入学试验[N].新闻报,1928 - 03 - 09(12).

② 张乃燕.国立第四中山大学训令第一四二号(为创设民众教育学校颁布简单令各县教育局遵章选送学员由)[J].第四中山大学教育行政周刊,1928(28):6.

③⑤ 第四中山大学区民众教育学校简章[J].第四中山大学教育行政周刊,1928(28):13 - 17.

④ 民众教育学校各县保送学员名额表(第一期)[J].第四中山大学教育行政周刊,1928(28):6.

⑥ 令国立第三、四中山大学校长蒋梦麟、张乃燕(大学院训令第一六五号,十七年二月十七日)[J].大学院公报,1928,1(3):32.

⑦ 江西全省教局长会议开幕纪[N].中央日报,1928 - 02 - 24(7).

⑧ 江西教局长会议闭幕[N].民国日报,1928 - 03 - 02(8).

⑨ 江西教局长会议之第五日[N].民国日报,1928 - 02 - 28(8).

⑩ 校本部奉令更改校名的通知[G]//《南大百年实录》编辑组.南大百年实录:上 中央大学史料选.南京:南京大学出版社,2002:266.

第四中山大学区民众教育学校相应地改称"江苏大学民众教育学校"。

3 月

商务印书馆出版马宗荣所著的《现代图书馆经营论》。在该书第四章"图书馆的组织"第二节"图书员的资格"中,马宗荣指出:"图书馆中管理图书的事务实属一种专门的职业,其图书员必需有特殊的知识与技能,方能堪其任。故欧美诸国,或设有图书馆学校或开图书馆学术讲习会,或于师范学校的正课中加授图书馆学,用种种的方法努力于图书馆人才的养成,因而非此专门的人才必不以之充图书员的任。"在第五章"图书馆员的养成"第一节"总说"中,马宗荣介绍了美国的图书馆学教育的概略情况,包括沿革与课程体系等。在第五章第二节"图书馆学校实际的研究"中,他进一步介绍了纽约州立图书馆学校、"依里诺伊大学图书馆学校"(即伊利诺伊大学图书馆学校)、"希孟止女子大学图书馆学校"(即西蒙斯学院图书馆学校)、"加勒图书馆学校"(即匹兹堡卡内基图书馆学校)、"威斯康新州大学附属图书馆学校"(即威斯康星大学图书馆学校)、"日本图书馆教习所"(即日本文部省图书馆讲习所)以及中国的图书馆学教育情况①。

江苏大学民众教育学校制定第一届第一学期课程一览表。其中,民众教育类课程中含有一门"民众图书馆学"课程,由李小缘讲授,每周授课六小时②。李小缘为此专门编印了一本《民众图书馆大纲》讲义,共计44 双页③。

春季

在蒋孝丰的主持下,集美学校图书馆竭力提倡增进学生智识与读书效率,以达到辅助教育的目的。为此,该馆专门制定《与各校师生合作办法》,共计 18 条,内有三条涉及图书馆学教育:"(三)指导并辅助学生以读书方法,如何读书,如何选读,如何笔记等。""(十四)训练各校学生以

---

① 马宗荣. 现代图书馆经营论[M].上海:商务印书馆,1928:35 - 36.

② 国立中央大学民众教育院. 国立中央大学民众教育院概况[M].南京:国立中央大学民众教育院,1928:7.

③ 倪友春,严仲仪. 李小缘先生系年表[G]//南京大学信息管理系. 李小缘纪念文集(1898—2008).南京:南京大学信息管理系,2008:315;李永泰,赵长林. 李小缘先生著、译、目录[G]//南京大学信息管理系. 李小缘纪念文集(1898—2008).南京:南京大学信息管理系,2008:321.

书籍使用法,由各校教员或图书馆人员与各校当局商定日期,公开讲演。""(十五)训练各校学生应用图书馆法,由图书馆人员与各校当局商酌日期,定期讲演。"①

福州私立女子中学文书科开办,"专收与中学相当程度之女生,授以普通公事学识,使女界得以参加政事,期间以一年毕业"②。

4月1日

上午9时,江苏大学民众教育学校举行开学典礼③。该校校址设在前苏州省立医学专门学校校舍,俞庆棠任校长④。李小缘⑤、洪有丰与刘国钧⑥均曾受聘到该校讲学。

4月3日

李小缘在江苏大学民众教育学校讲演图书馆学,4月5日结束⑦。他还趁机赴东吴大学图书馆、江苏省立苏州图书馆、吴县图书馆、苏州中学图书馆等处进行考察,并与黄星辉、蒋镜寰(原名蒋瀚澄,字镜寰,后以字行,别字吟秋)等苏州图书馆界同人进行交流⑧。

4月9日

上午,上海职业指导所与中华职业学校合办的文书讲习所举行开学

---

① 集美学校图书馆近状[J].中华图书馆协会会报,1928,3(5):18–19.

② 私立女子中学校之进行声[N].闽报,1928–01–18(7).

③ 苏州民众教育学校开学志盛[N].时报,1928–04–02(5);江苏大学民众教育学校成立[N].新闻报,1928–04–02(12).

④ 唐孝纯.人民教育家俞庆棠[M].南京:《江苏文史资料》编辑部,1998:31.

⑤ 倪友春,严仲仪.李小缘先生系年表[G]//南京大学信息管理系.李小缘纪念文集(1898—2008).南京:南京大学信息管理系,2008:315.

⑥ 顾烨青.植根民众教育,造就专业人才:苏州大学图书馆学教育前身(1929—1950)历史贡献述评[C]//南京大学.第十届海峡两岸图书资讯学学术研讨会论文集.南京:南京大学,2010:152–163.

⑦ 1928年4月13日下午,刘国钧在金陵大学图书馆第29次馆员会议上指出:"李君小缘于四月三、四、五日在苏州民众学校演讲图书馆学,以乃推广图书馆之良好机会。"转引自:徐雁"石城虎踞山蟠龙,我当其中":刘国钧先生述职金陵大学时期的业绩[C]//北京大学信息管理系,南京大学信息管理系,甘肃省图书馆.一代宗师:纪念刘国钧先生百年诞辰学术论文集.北京:北京图书馆出版社,1999:52.

⑧ 吴县教育界欢宴图书馆专家[N].申报,1928–04–09(7).

典礼,次日下午开始上课①,8 月 10 日举行毕业典礼②。文书讲习所主任
为潘仰尧和余翼云,教员包括严瀹宣、王乘六、周六平、李肖白、金采之,
他们分别教授"文牍""国文""名著研究""书法""案牍管理"课程③。文
书讲习所计划邀请王云五讲演"四角号码检字法"、胡适讲演"新文学"、
朱绍文讲演"文书研究"④。

4 月 17 日

《申报》第 11 版刊登《文书讲习所近闻》,内称:"上海职业指导所、中
华职业学校合办之文书讲习所,业已正式开课。所聘教授,均系富于文书
上学识经验之专家,学生亦已到齐。所有文牍、文书管理、中文打字、统计、
速记各科,颇有选习之人。此项选科学员,大都系有职业之男女青年。该所
并拟加法学大意,请朱绍文君担任。此外并请名人及专家为临时讲演。"⑤

4 月 25 日

下午 5 时,国民政府大学委员会召开临时会议,议决将江苏大学改
称"国立中央大学"⑥。此后,江苏大学民众教育学校相应地改称"国立
中央大学民众教育学校"。

4 月 30 日

中央大学区立上海中学校召开暑期学校筹备委员会第一次会议,讨
论《暑校范围案》《暑校简章大纲案》《联络及宣传案》《推请主任案》,议
决分成讲习科和补习科两部,开办时间为 7 月 14 日至 8 月 19 日。讲习
科开设 20 门课程,其中包括一门"图书馆学"课程,任何一门课程,选习
学员满 20 人者才能开设,每名学员必须选习 2—4 门课程⑦。

---

① 文书讲习所开学纪[N].申报,1928 - 04 - 10(7);文书讲习所开学[N].民国日报,
1928 - 04 - 10(8);文书讲习所开学志盛[N].新闻报,1928 - 04 - 10(12).
② 文书讲习所昨行毕业礼[N].新闻报,1928 - 08 - 11(19).
③ 文书讲习所筹备开学[N].新闻报,1928 - 04 - 06(16).
④ 文书讲习所开学纪[N].申报,1928 - 04 - 10(7);文书讲习所开学[N].民国日报,
1928 - 04 - 10(8);文书讲习所开学志盛[N].新闻报,1928 - 04 - 10(12).
⑤ 文书讲习所近闻[N].申报,1928 - 04 - 17(11).
⑥ 江苏大学改名中央大学[N].大公报(天津版),1928 - 05 - 02(3);大学委员会之新议
案[N].新闻报,1928 - 04 - 26(4).
⑦ 暑期学校筹备委员会第一次会议记录(四月三十日)[J].中央大学区立上海中学校半
月刊,1929(21):66 - 67.

4 月

中华书局出版庄泽宣所著《教育概论》,后多次重印。在该书第 14 章"特殊教育"中,庄泽宣简要介绍了国内外图书馆学校的开办情况①。

5 月 15 日

中华民国大学院举办的第一次全国教育会议开幕,5 月 27 日闭幕②。本次会议下设 12 个分组,即三民主义教育组、教育行政组、教育经费组、普通教育组、社会教育组、高等教育组、体育及军事教育组、职业教育组、科学教育组、艺术教育组、出版物组(或称"出版物及图书馆组"③)、改进私立学校组。其中,出版物组审查委员会由梁鋆立、钱端升、孙贵定、王云五 4 人组成④。此次会议通过或保留多项跟图书馆事业相关的议案,具体见表 1928 - 1、表 1928 - 2。

表 1928 - 1　第一次全国教育会议通过的图书馆事业相关议案一览

序号	议案名称	提交者
1	筹备中央图书馆案	王云五、韩安、南京特别市教育局等
2	请规定全国图书馆发展步骤大纲案	刘国钧
3	大学院拟建设之中央图书馆应迅筹的款购置国内外历年出版专门研究学术之各种杂志及贵重图书以供各地专门学者参考案	孙贵定
4	请大学院通令全国各学校均须设置图书馆并于每年全校经常费中提出百分之五以上为购书费案	王云五
5	提议请大学院通行全国采用四角号码检字法案	王云五

资料来源:乙编(成立案)[M]//中华民国大学院. 全国教育会议报告. 上海:商务印书馆,1928:603 - 621.

其中,《筹备中央图书馆案》是由王云五提交的《提议请大学院从速设立中央图书馆并以该馆负指导全国图书馆之责任案》、韩安提交的《请

---

① 庄泽宣. 教育概论[M]. 上海:中华书局,1928:234 - 236.

② 甲编[M]//中华民国大学院. 全国教育会议报告. 上海:商务印书馆,1928:33 - 40.

③ 乙编(成立案)[M]//中华民国大学院. 全国教育会议报告. 上海:商务印书馆,1928:575.

④ 甲编[M]//中华民国大学院. 全国教育会议报告. 上海:商务印书馆,1928:31 - 32.

大学院筹设国立中央图书馆案》和南京特别市教育局提交的《请在首都筹办国立中央图书馆案》三项合并而成。其中，王云五的《提议请大学院从速设立中央图书馆并以该馆负指导全国图书馆之责任案》列举六条办法，其中第五条办法称，"中央图书馆于馆长及副馆长之下，设图书、研究、教育、出版四部：图书部主本馆藏书及公开阅览事项；研究部主研究图书馆学及谋图书馆各种方法之改进；教育部主训练图书馆专门人才；出版部主印行孤本及编印各种索引"①。这条办法略加修改后成为最后议决通过的《筹备中央图书馆案》的第五条办法，"中央图书馆于馆长及副馆长之下，设图书、研究、出版三部：图书部主本馆藏书及公开阅览事项；研究部主研究图书馆学及训练图书馆应用人才；出版部主印行孤本及编印各种目录索引"②。南京特别市教育局的《请在首都筹办国立中央图书馆案》列举七条办法，其中第四条办法称："由大学院迅行选派大学毕业生五人至七人，送往英美法德各国之大学，专攻图书馆科，限令二年内学成归国，服务各图书馆。"第五条办法称："自下学年起，由大学院指定国立中央大学特开图书馆学专班，或加重图书馆学学分，养成图书馆专门人才。"③不过这两条办法未被采用。

此外，刘国钧在其提交的《请规定全国图书馆发展步骤大纲案》的理由部分中指出："现在图书馆事业急需进行者，为培养人才。图书馆为专门事业，惟受专门训练者，始足以胜任愉快。年来各省纷纷增设图书馆，而不注意于是项人才，所以管理不得其法之图书馆，所在多有，甚非经济之道也。故培育图书馆人才，实为现今之要务。况全国办理图书馆所需经费甚大，而举办图书馆学校，则费用较少，此就今日教育经费状况言之，又较为易举之事也。"在其办法部分中，刘国钧首先介绍"培养图书馆人才办法"："（1）由国家设立专门学校，招收大学毕业生，授以图书馆学目录学及社会教育学之原理与方法，以求养成深造之专门人才。（2）由国家或各省区大学办理专修科，招收程度适当之学生，以教授图书馆之技术的训练为目的。（3）由各大学设图书馆学系或科，以教授应用之目录学与基本之图书馆学原理为主。（4）私立大学之愿举办是项事业者，

① 乙编（成立案）[M]//中华民国大学院. 全国教育会议报告. 上海：商务印书馆，1928：604-606.

② 乙编（成立案）[M]//中华民国大学院. 全国教育会议报告. 上海：商务印书馆，1928：603-604.

③ 乙编（成立案）[M]//中华民国大学院. 全国教育会议报告. 上海：商务印书馆，1928：609-610.

宜设法奖励并监督之。（5）此上四项在图书馆事业进行程序上，应尽先举行，而第一项为尤要。盖基础不立，无以进行也。"①

表1928－2　第一次全国教育会议议决保留的图书馆事业相关议案一览

序号	名称	提议者
1	设立中央教育图书馆案	邰爽秋
2	国立大学应增设图书馆学专科案	上海图书馆协会
3	公立图书馆应于预算内规定民众教育经费案	刘国钧

资料来源：丁编（附录）［M］//中华民国大学院．全国教育会议报告．上海：商务印书馆，1928：50－54．

值得注意的是，上海图书馆协会提交的《国立大学应增设图书馆学专科案》是唯一一项与图书馆学教育直接相关的议案，可惜未能通过。该议案的理由部分如下："（一）现在图书馆之设立日多，而缺乏曾经训练之专门人员。故宜于大学内设立专科，作育人才，普及图书馆事业。（二）图书馆系最新学问，且系最重要之事业。为统筹融合中西图籍，如何增其效率，广其功效，亦应有专门研究之必要。"②

5月26日

下午3时，孟宪承、王云五、许寿裳3人共同起草中华民国大学院第一次全国教育会议大会宣言，其中提到"第八社会教育组：一、为大规模普遍的民众教育，并组织委员会，督促其进行。二、各地方普设图书馆，望以中央图书馆训练图书馆人才，并研究实施方法"③。

5月

中华书局出版的《中国教育辞典》由王仚等人编辑，内收"图书馆学"词条。王仚等人在该词条中简要介绍图书馆学的研究对象与研究内容，并在最后指出："图书馆学研究之范围，犹不止此。图书馆者教育机关也，故不可不明教育学。图书馆欲歆动公众阅书之兴趣，且使其获益

---

① 乙编（成立案）［M］//中华民国大学院．全国教育会议报告．上海：商务印书馆，1928：611－613．

② 丁编（附录）［M］//中华民国大学院．全国教育会议报告．上海：商务印书馆，1928：52．

③ 闭会宣言纲要以三民主义贯彻各科［N］．民国日报，1928－05－28（7）；起草中之大会宣言［N］．中央日报，1928－05－28（3）．

之机关也,故不可不明心理学。图书馆处处须体察社会之需要而设法满足之,于不良之倾向或且设法纠正之,故尤不可不知社会学。是故从事图书馆者,于其专门知识外,至少必有教育学、心理学、社会学上之修养。然则欧美各国,特设学校以培养图书人才,非曾受专门训练者,不与以重要任务者,非无故矣。"①

截至该月,由杜定友、金敏甫、孙心磐、王云五等人分任编辑的"上海图书馆协会丛书"的编印与出版情况如下:

(1)已经出版者:《图书馆分类法》《著者号码编制法》《汉字排列法》《图书馆通论》《图书选择法》《图书目录学》,均为杜定友所著。

(2)已经付印者:《图书馆学教科书》《图书馆辞典》等。

(3)正在编撰者:《图书馆原理》《图书馆行政》《图书馆设备及用品》《图书馆典藏法》《图书流通法》《图书馆历史》等。

(4)计划编撰者:《图书馆建筑学》《参考书及其用法》《图书编印法》《公共图书馆管理法》《专门图书馆管理法》《特殊图书馆管理法》《博物院管理法》等②。

6 月 4 日

哥伦比亚大学举行毕业典礼③,桂质柏和王文山获颁理学硕士(Master of Science,或译"科学硕士")学位(图书馆学专业)④。其中,桂质柏的硕士学位论文题为"A Historical Survey of Chinese Libraries"(《中国图书馆历史考察》)⑤,王文山的硕士学位论文题为"The Municipal Reference Libraries in the United States of America:a Study of Their Present Status, Activities,and Methods of Administration,with Suggestions for the Creation of a Municipal Reference Library at Peking,China"(《美国市政参考图书馆:关于其现状、活动与管理方法的研究,及关于在中国北京创办都市参考图

① 王倘,等. 中国教育辞典[M].上海:中华书局,1928:851-852.

② 金敏甫. 中国图书馆学术史[J].国立中山大学图书馆周刊,1928(2):1-14.

③ Commencement calendar 1928[M]//Columbia University. Catalogue 1928-1929. New York:Columbia University,1929:537-538.

④ Degrees conferred during 1927-1928[M]//Columbia University. Catalogue 1928-1929. New York:Columbia University,1929:420.

⑤ DERBYSHIRE R. Master's essays in library service, Columbia University 1928-1951[M]. New York:Columbia University School of Library Service,1967:11.

书馆的建议》)①。

6 月 20 日

国立中央大学校长张乃燕发布该校第九〇二号训令,颁布《中央大学区县督学教育委员讲习会简章》②,定于 7 月 15 日至 8 月 19 日举办中央大学区县督学教育委员讲习会,开设"教学指导""小学实际问题""统计与测验""教育调查""地方教育行政""课程编制法""乡村教育实施法""职业教育实施法""社会教育实施法""学校中心的社会教育事业""农村社会组织""社会教育视察指导法"等课程③。

文华图书科 1928 年招生考试报名截止。该年计划招收图书馆学免费生 10 人,考试科目保持不变。不过,该年考生可前往北平中华图书馆协会、南京金陵大学图书馆、上海交通部第一交通大学图书馆、武昌文华图书科、广州中山大学图书馆 5 个报考处就近报名,更为便利④。

6 月 30 日

国民政府大学院拟定《大学院训政时期施政大纲草案》,内分 16 项。其中,第 10 项"博物院及图书馆"所列训政第一年施政计划的第六点为"培养图书馆及其他社会教育需用人才"⑤。

6 月

文华图书科图书馆学本科第七届毕业生离校,共计 9 人,即何国贵、李哲昶、陆秀、毛坤、钱亚新、沈缙绅、汪缉熙、杨开殿、于熙俭(见表

---

① DERBYSHIRE R. Master's essays in library service, Columbia University 1928 – 1951[M]. New York:Columbia University School of Library Service,1967:12;EELS W C. American dissertations on foreign education[M]. Washington D. C. :Committee on International Relations,National Education Association of the United States,1959:86 – 87.

② 张乃燕. 国立中央大学训令院字第九〇二号(令发督学教委讲习会简章由)[J]. 江宁县教育行政月刊,1928(13):5 – 6.

③ 中央大学区县督学教育委员讲习会简章[J]. 江宁县教育行政月刊,1928(13):26 – 27.

④ 招考图书馆学生免费生[J]. 中华图书馆协会会报,1928,3(6):16 – 17. 按:"招考图书馆学生免费生"当为"招考图书馆学免费生"之误。值得注意的是,该年的招生规程补充如下一条规定,"大学毕业生在一年内能将图书科课程习毕者,经考试委员会核准,得于一年内毕业,给予图书科证书"。

⑤ 大学院拟定训政时期施政大纲(十七年六月三十日)[J]. 大学院公报,1928,1(8):87 – 105.

1928－3)①。其中,何国贵、李哲昶、沈缙绅、于熙俭4 人同时获得华中大学文学士学位和文华图书科毕业证书②,陆秀、毛坤、钱亚新、汪缉熙、杨开殿5 人则只获得文华图书科毕业证书。毛坤留校工作,但获准带薪返回北京大学哲学系继续学业③,1929 年6 月毕业④,获文学士学位⑤。

表1928－3　文华图书科图书馆学本科第七届毕业生(1928 年6 月)一览

序号	姓名	字号	性别	籍贯	学位	毕业后最初去向	备注
1	何国贵	驭权	男	安徽宣城	华中大学文学士	北平北海图书馆	
2	李哲昶		男	湖北汉口	华中大学文学士	湖北省立图书馆	
3	陆秀	佛侬	女	江苏无锡	无	浙江大学工学院图书馆	
4	毛坤	体六	男	四川宜宾	无	文华图书科暨文华公书林	1929 年6 月北京大学哲学系毕业生、文学士
5	钱亚新	维东	男	江苏宜兴	无	上海交通大学图书馆	
6	沈缙绅		男	安徽休宁	华中大学文学士	天津北洋大学图书馆	或称"沈晋陞"
7	汪缉熙		男	湖北黄冈	无	武昌中华大学图书馆	
8	杨开殿		男	湖北武昌	无	厦门大学图书馆	

①　彭敏惠. 文华图专珍稀史料图录[M].武汉:武汉大学出版社,2020:273.

②　私立武昌华中大学. 私立武昌华中大学历届毕业同学录[M].武昌:私立武昌华中大学,1935:20.

③　董中锋. 华大精神与人文底蕴:学人·学术·学养[M].武汉:华中师范大学出版社,2013:89.

④　五十周年筹备委员会. 国立北京大学历届同学录[M].北平:国立北京大学出版部,1948:35.

⑤　私立武昌文华图书馆学专科学校. 私立武昌文华图书馆学专科学校一览(二十四年度)[M].武昌:私立武昌文华图书馆学专科学校,1935:12－13.

续表

序号	姓名	字号	性别	籍贯	学位	毕业后最初去向	备注
9	于熙俭	梓琴	男	湖南长沙	华中大学文学士	国立中央大学图书馆	或误作"于熙俊"

　　蒋一前从金陵大学文科毕业,获文学士学位①。毕业之后,他留在金陵大学图书馆工作,同时兼任图书馆学系助教。或称"1928 年 2 月起,蒋一前(原名蒋家骧,时任金陵大学图书馆西文编目主任)任助教"②,但此说存疑,因为蒋一前此时尚未毕业,不大可能提前获得正式职位。

　　沈学植所著《图书馆学 ABC》由 ABC 丛书社出版,世界书局印刷兼发行。该书正文包括"现在需要哪种图书馆""图书馆组织和职务""图书选择与购置""日报、杂志、公报、小册""参考用书""分类编目""图书馆公开的办法""图书馆的用具""图书馆与教育""图书馆学与图书馆事业"10 章。在第 10 章"图书馆学与图书馆事业"中,沈学植指出:"图书馆事业,必须要有专门人才去承当,原不仅希望他们有技术上的本领,并且要能认识技术的理论。"他进而提出,1928 年 5 月第一次全国教育会议议决创办的中央图书馆"要能负训练技术人才的义务"③。

7 月初

　　商务印书馆制定暑期图书馆实习所章程,同时函请江苏与浙江两省的大学、中学及机关派人前来参加学习。此次商务印书馆暑期图书馆实习所或称"东方图书馆之暑期讲习班"④(全称为"东方图书馆之图书馆学暑期讲习班")、"商务印书馆暑期图书馆讲习班"⑤等。为求行文统一,下文一律称之为"商务印书馆暑期图书馆实习所"。

　　　　商务印书馆暑期图书馆实习所章程(1928 年)
　　一、图书馆实习员名额定四十名,计高中二年级以上学生十五

---

　　① 金陵大学总务处文书组. 金陵大学毕业同学录[M].南京:金陵大学总务处文书组,1944:45.

　　② 金陵大学学生要求发毕业证书的有关文书(一九三四年四月起,一九四八年四月止)[A].南京大学档案馆,全宗号:649,案卷号:517. 转引自:刘奕,肖希明. 金陵大学图书馆学教育本土化探索及其启示[J].大学图书馆学报,2021(4):111 - 118.

　　③ 沈学植. 图书馆学 ABC[M].上海:ABC 丛书社,1928:127 - 129.

　　④ 东方图书馆之暑期讲习班[J].中华图书馆协会会报,1928,4(1):15.

　　⑤ 商务印书馆暑期图书馆讲习班摄影[J].教育杂志,1928,20(11):正文前插图.

名,大学二年级以上学生二十五名。

二、实习时期共六星期,由七月十日起至八月十八日止。第一星期研究与练习,第二星期以后服务。

三、研究科目如左:甲、检字法;乙、编卷法;丙、图书分类法;丁、著者排列法;戊、图书馆行政;己、图书选择法;庚、图书馆用具。

四、服务时间:每日六小时半,星期日休息。

五、实习员由各校长选择学生具此志愿而能习劳耐苦者介绍于本馆。

六、实习员每人由本馆津贴洋三十元,自备膳宿。远道须寄宿者,男女实习员得分别寄寓于尚公学校及养真幼稚园宿舍,不收宿费。

附则:各机关办事人员愿加入研究及练习者,得于第一星期偕同实习员研究练习,但无须服务,亦不受津贴。①

7月9日

文华图书科1928年招生考试开始在北平、南京、上海、武昌、广州五地同时举行②。

来自80多所机关与学校的146名学员注册入读商务印书馆暑期图书馆实习所③。上课地点设在商务印书馆附设尚公小学,实习地点设在东方图书馆。实习员分为甲、乙两种。甲种实习员为各机关选派的职员,只须听讲一周,由商务印书馆免费提供膳食及其他用品,且听讲结束后还可获得赠书,无津贴,但无须服务。乙种实习员则是高中或大学学生,由商务印书馆免费提供膳食及其他用品,有津贴,但必须听讲五周,同时参加服务④。

上海暑期学院中学部课程开始授课,8月20日结束,其中设有一门

---

① 商务印书馆招暑期图书馆实习员[N].民国日报,1928-07-04(14);商务印书馆招致图书馆实习员[N].新闻报,1928-07-05(19).

② 招考图书馆学生免费生[J].中华图书馆协会会报,1928,3(6):16-17. 按:"招考图书馆学生免费生"当为"招考图书馆学免费生"之误.

③ 袁仲丞.赴商务印书馆暑期图书馆实习所听讲笔记之一[J].苏中校刊,1928,1(11):9-11.

④ 王廷扬.赴商务印书馆暑期图书馆实习所听讲报告(未完)[J].南菁院刊,1928(2):15-16;袁仲丞.赴商务印书馆暑期图书馆实习所听讲笔记之一[J].苏中校刊,1928,1(11):9-11.

"图书馆管理及用法"课程①。上海暑期学院由林和民(字以德,常以字行)等人筹划,地点设在上海青年会会所,课程分为大学及预科、中学两种②。

7 月 10 日

商务印书馆暑期图书馆实习所正式开始上课③。全体实习员上午听课,下午实习④。每日上午 9—12 时,王云五讲演"一般检字法"及"四角号码检字法";下午 1 时半起,学员分别到四间教室进行实习,每间教室均有 2—3 人负责指导⑤。

7 月 12 日

江西暑期学术讲演会在江西庐山举行开幕式,次日开始举行讲演⑥,8 月 2 日下午举行闭幕式⑦。共有 24 名讲演员受邀到会讲演,总时长达82 小时,共有 163 人到会听讲⑧。其中,刘国钧应邀于 8 月 1 日上午和 8月 2 日下午分两次讲演"学校图书馆之功用及事业"⑨。其讲演内容经曾国权与桂熊祥两人记录成文,以《学校图书馆》为题,载于 1929 年 1 月江西省编审处编辑、江西省教育厅出版的《江西暑期学术讲演集》⑩。

7 月 14 日

上海中学开办暑期学校,8 月 19 日结束。其中,讲习科设有一门"图书馆学"课程,但未悉详情⑪。

---

① 上海暑期学院定期开课[N].申报,1928-07-07(21).

② 上海暑期学院招男女生[N].申报,1928-06-19(6).

③ 王廷扬.赴商务印书馆暑期图书馆实习所听讲报告(未完)[J].南菁院刊,1928(2):15-16.

④ 东方图书馆之暑期讲习班[J].中华图书馆协会会报,1928,4(1):15.

⑤ 商务暑期图书馆讲习所开幕[N].申报,1928-07-11(19);商务暑期图书馆讲习所开讲[N].新闻报,1928-07-11(19).

⑥ 江西暑期学术讲演会开幕纪[N].新闻报,1928-07-18(19).

⑦⑧ 江西暑期学术讲演闭幕[N].新闻报,1928-08-07(11).

⑨ 江西暑期学术讲演会始末记[G]//江西省编审处.江西暑期学术讲演集.南昌:江西省教育厅,1929:1-3.按:该书所载各个部分均单独排列页码。

⑩ 刘国钧.学校图书馆[G]//江西省编审处.江西暑期学术讲演集.南昌:江西省教育厅,1929:1-27.

⑪ 暑期学校筹备委员会第一次会议记录(四月三十日)[J].中央大学区立上海中学校半月刊,1929(21):66-67.

7 月 16 日

商务印书馆暑期图书馆实习所甲种实习员听讲完毕。

中央大学区县督学教育委员会讲习会开始上课①,8 月 19 日结束,共有 136 人到会听讲②。此次讲习会实际开设的课程、授课教员及学时等略有变化③。其中,"社会教育实施法"课程细分为"公共体育场实际问题"(张钟藩讲授)、"通俗教育馆实施法"(刘季洪讲授)和"民众图书馆"(李小缘讲授)三种。李小缘于 7 月 31 日(课时 1 小时)、8 月 1 日(课时 3 小时)、8 月 2 日(课时 2 小时)、8 月 3 日(课时 4 小时)、8 月 6 日(课时 2 小时)分五次讲授"民众图书馆",共计 12 小时④。李小缘为此专门编印了一本《民众图书馆讲义》,计 71 双页⑤。

苏州青年会第一届暑期学术演讲会开始举行⑥,持续六周,每周三期,每期二讲,讲题涵盖文学、哲学、物理、化学、法律、政治、经济、教育、古文、词章、经学、考据、小说、美学等 10 多种⑦。其中,王云五应邀讲演"四角检字法及其应用",但未悉详情⑧。

7 月 17 日

商务印书馆暑期图书馆实习所甲种实习员离开⑨,乙种实习员则进入服务阶段,改为白天实习、晚上听讲⑩。

7 月 23 日

上海暑期学院大学及预科课程开始授课,为期四周,其中设有一门

---

① 中大区县督委讲习会讯[N].申报,1928 - 07 - 15(12).

②④ 中央大学区.中央大学区扩充教育概况[M].南京:中央大学区,1929:74 - 80.

③ 县督委讲习会杂讯[J].国立中央大学教育行政周刊,1928(50):22 - 24.

⑤ 倪友春,严仲仪.李小缘先生系年表[G]//南京大学信息管理系.李小缘纪念文集(1898—2008).南京:南京大学信息管理系,2008:315;李永泰,赵长林.李小缘先生著、译、目录[G]//南京大学信息管理系.李小缘纪念文集(1898—2008).南京:南京大学信息管理系,2008:321.

⑥ 苏州青年会暑期学术讲演[N].苏州明报,1928 - 07 - 04(1).

⑦ 苏德宏.弁言[G]//金蕴琦.暑期学术演讲集.苏州:青年协会书报部,1929:1 - 3.

⑧ 王云五.四角检字法及其应用[G]//金蕴琦.暑期学术演讲集.苏州:青年协会书报部,1929:121 - 133.

⑨ 王廷扬.赴商务印书馆暑期图书馆实习所听讲报告(未完)[J].南菁院刊,1928(2):15 - 16;袁仲丞.赴商务印书馆暑期图书馆实习所听讲笔记之一[J].苏中校刊,1928,1(11):9 - 11.

⑩ 东方图书馆之暑期讲习班[J].中华图书馆协会会报,1928,4(1):15.

"图书馆学"课程①。

7 月

江西省颁布《江西省费欧美留学规程》《江西考送欧美省费留学生考试细则》《江西本年考送欧美省费留学生办法》。其中,《江西本年考送欧美省费留学生办法》规定,江西省该年计划派遣 8 人分赴美国(3 人)、英国(1 人)、法国(2 人)、德国(2 人)留学,7 月 25—26 日举行初试,8 月 1—2 日举行复试、口试与体检。此次考试分为理科、文科和特殊科学三类,特殊科学类又分为教育科、图书馆学和其他特殊科学三种。初试科目均为国文、外国文(作文、翻译)、"三民主义",复试科目各有不同。其中,投考图书馆学的考生须以图书馆学为主要考试科目,并在理科考试科目(数学、物理、化学、博物)或文科考试科目(论理学、历史、地理、社会学)中选考两种②。不过,后来未见江西省派人赴欧美学习图书馆学,可能是无人投考图书馆学,或是有人投考但未被录取。

8 月 11 日

曹柏年从上海乘坐"克利夫兰总统号"轮船(S. S. President Cleveland)前往美国③,8 月 27 日抵达华盛顿州西雅图④。他此次赴美并非学习图书馆学,而是进入华盛顿大学(University of Washington)学习药学。学成归国后,他先后执教于中法工商学院、齐鲁大学、华西协合大学等校,于 1947 年起担任英士大学图书馆主任⑤。

8 月 17 日

商务印书馆暑期图书馆实习所举行图书工作考核,及格者可以获得证书⑥。

---

① 上海暑期学院之教员[N].申报,1928 – 07 – 16(11).

② 江西本年考送欧美省费留学生办法[J].大学院公报,1928,1(9):134 – 136.

③ Washington,Seattle,passenger lists,1890 – 1957[EB/OL].[2018 – 09 – 30].https://www.familysearch.org/ark:/61903/3:1:33SQ-G5N5 – 1Y4? i = 475&cc = 1916081.

④ Washington,Seattle,passenger lists,1890 – 1957[EB/OL].[2018 – 09 – 30].https://www.familysearch.org/ark:/61903/3:1:33SQ-G5N5 – 114? i = 474&cc = 1916081.

⑤ 图书馆主任曹柏年[J].英士大学校刊,1947(复刊 1):4.

⑥ 东方图书馆实习满期[N].时报,1928 – 08 – 16(3).

8 月 18 日

商务印书馆暑期图书馆实习所正式结束①。在此期间,王云五讲授他自己发明的四角号码检字法和中外图书统一分类法②。关于四角号码检字法,王云五首先介绍一般检字法、音韵法、部首法、按首笔法、末笔法、母派法、号码法,然后以实例详细介绍四角号码检字法的法则、优缺点等③。关于图书分类法,王云五则详细介绍了图书分类之历史、图书分类之意义、图书分类法之种类、杜威的十进分类法等④。与此同时,商务印书馆还聘请陈伯逵、陈友松、沈学植、宋景祁、孙心磐5人分期讲演图书馆学⑤。

8 月 25 日

陈伟昆从上海乘坐"皮尔斯总统号"轮船(S. S. President Pierce,当时译成"批挨斯总统号")前往美国⑥,9 月 10 日抵达华盛顿州西雅图⑦。她随后转赴俄勒冈州波特兰(Portland,Oregon)的里德学院(Read College)攻读本科⑧。

8 月

国立中央大学民众教育院从苏州迁至无锡荣巷⑨。

9 月 15 日

文华图书科开学,图书馆学本科第八班[因其将于1930年(庚午年)毕业,所以当时称为"庚午级"]学生陆续注册入学,包括陈颂、耿靖民、

---

① 东方图书馆实习满期[N].时报,1928 – 08 – 16(3).

② 王廷扬.赴商务印书馆暑期图书馆实习所听讲报告(未完)[J].南菁院刊,1928(2):15 – 16.

③ 袁仲丞.赴商务印书馆暑期图书馆实习所听讲笔记之一[J].苏中校刊,1928,1(11):9 – 11.

④ 王廷扬.赴商务印书馆暑期图书馆实习所听讲报告(续)[J].南菁院刊,1928(3):13 – 15.

⑤ 东方图书馆之暑期讲习班[J].中华图书馆协会会报,1928,4(1):15.

⑥ Washington,Seattle,passenger lists,1890 – 1957[EB/OL].[2018 – 09 – 30].https://www. familysearch. org/ark:/61903/3:1:33S7 – 95NW-KPZ? i = 880&cc = 1916081.

⑦ Washington,Seattle,passenger lists,1890 – 1957[EB/OL].[2018 – 09 – 30].https://www. familysearch. org/ark:/61903/3:1:33S7 – 95NW-KPZ? i = 879&cc = 1916081.

⑧ List of students 1928 – 1929[M]//Reed College. Catalogue of Reed College 1929 – 1930. Portland,Oregon:Reed College,1929:72.

⑨ 呈教育部为创设民众教育院暨劳农学院请备案由[J].国立中央大学教育行政周刊,1929(100):2 – 3.

李继先、刘华锦、陶述先、吴鸿志、徐家璧、曾宪文、周连宽 9 人[①]。入学之后,他们很快就确定各自的课外研究选题(应当就是毕业论文选题)(见表 1928 – 4)[②]。

表 1928 – 4　文华图书科图书馆学本科第八班学生课外研究选题一览

序号	姓名	选题
1	陈颂	中国书籍分类法之研究
2	耿靖民	民国以来关于图书馆学中文论文提要
3	李继先	小册与文件保管法
4	刘华锦	国内新旧书坊目录之收集及整理
5	陶述先	中国书籍编目法之研究
6	吴鸿志	汉字索引之研究
7	徐家璧	中国旧时标目提因
8	曾宪文	儿童图书馆
9	周连宽	中国书籍装订之研究

资料来源:吴鸿志. 武昌文华图书科之过去、现在及其将来(续)[J]. 文华图书科季刊,1929,1(2):232 – 236.

文华图书科对其课程体系进行大幅度扩充(见表 1928 – 5),使其日臻完备。

表 1928 – 5　1928—1929 学年文华图书科课程一览

课程名称	学年	课时	授课内容
中国目录学	第一学年	120	讲述目录学的源流、派别和历代图书分类的异同与得失
	第二学年	80	讲述部类次序及隶书之方法与拟设之图书分类法及说明
中文参考书举要	第一学年	80	讲述参考中文书籍的方法及使用目录、字典、丛书、类书等类的参考书
	第二学年	80	讲述中国文学、史地、哲学、科学、宗教、美术、社会学等类之参考书

---

① 本科消息·本科庚午级级友会成立[J]. 文华图书科季刊,1929,1(1):113.

② 吴鸿志. 武昌文华图书科之过去、现在及其将来(续)[J]. 文华图书科季刊,1929,1(2):232 – 236.

课程名称	学年	课时	授课内容
西文参考书举要	第一学年	80	讲述参考西文书籍的方法及使用杂志、字典、百科全书等类的参考书
	第二学年	80	讲授西文之文学、史地、哲理、科学、美术、社会学、传记等类之参考书
西文书籍选读	第一学年	100	选读英美两国著名的文学家、历史家、艺术家、科学家等的著作
	第二学年	80	选读意、法、德、俄诸国大著作家之代表著作
中文书籍选读	第二学年	40	选读中国历代之文学家、思想家、史学家、艺术家、考证学家等之代表著作
西文书籍编目学（含实习）	第一学年	200	讲述编目的原则、种类、形式及各种目录的编制方法
中文书籍编目学	第二学年第一学期	40	讲述编目之历史、批评及中文书籍之编目法
西文书籍分类法	第一学年	40	叙述分类法的原理、种类、批评及杜威十进分类法的应用
中文书籍分类法	第二学年	40	讲述中国旧分类法之大概，并加以批评，及新分类法之组合与应用
现代史料	第一学年	40	讲述最近发生与世界有关之事实，并推源溯流，以明晰其是非
	第二学年	40	续第一学年
图书馆经济学	第一学年	80	讲述图书馆内书籍之收藏、登记、出纳、流通、排列、装订、印刷等部分
	第二学年	80	讲述图书馆之组织、发展、宣传及社会服务等问题
中国图书馆史略	第二学年第一学期	20	讲述：中国历代官私藏书之地点及藏书之数，历代书籍之分类、编目、收藏之概况，历代社会之变迁及于藏书之影响

续表

课程名称	学年	课时	授课内容
西洋图书馆史略	第二学年 第一学期	20	讲述欧美图书馆之起源、发展及近况
图书馆行政学	第二学年 第一学期	20	讲述图书馆之组织、管理、经费及规章等
各种图书馆 之研究	第二学年	40	讲授各种图书馆之行政、组织、管理及经营
图书馆建筑学	第二学年	20	就现代图书馆之建筑,作系统之研究
西文打字法	第一学年	80	讲习机器之构造及打字之方法
各种字体书写法	第一学年	40	上半年习西文各种字体,下半年习中国宋字体
特别讲授 (特别演讲)	第一学年	20	特请图书馆学专家分期来校我担任演讲
	第二学年	20	续第一学年
实习	第一学年	200	
	第二学年	120	

资料来源:吴鸿志. 武昌文华图书科之过去、现在及其将来(续)[J]. 文华图书科季刊,1929,1(2):232 - 236.

9 月

桂质柏进入芝加哥大学图书馆学研究院(Graduate Library School, University of Chicago)攻读博士学位。

金陵大学图书馆学系是金陵大学"文理科"下属的 15 个学系中的一个[1],但"暂不列为主系学程"[2],亦即该系为辅系,所开课程(见表 1928 - 6)仅供他系学生辅修。当时,该系教职工共有 4 人,但均为兼职,包括李小缘(主任兼教授)、刘国钧(教授)、万国鼎(教授)、蒋一前(助教)。

---

① 金陵大学. 金陵大学文理科概况(中华民国十七年至十八年)[M].南京:金陵大学,1929:2.

② 金陵大学. 金陵大学文理科概况(中华民国十七年至十八年)[M].南京:金陵大学,1929:63.

表 1928 - 6 1928—1929 学年金陵大学文理科图书馆学系课程一览

课程编号	课程名称	学分	性质	每周课时	教学内容与教学方法	教材	预修课程
图书馆学140	图书馆学大纲	5	必修/秋季课程	5	注重普通图书馆之内部组织及行政,类别各种图书馆之性质及其管理方法,并分论选择、编目、分类、典藏、装订、特藏、宣传、流通、目录用法等,及其一切附属问题。有习题与实地参观	Bostwick: *The American Public Library*, 3rd ed.（鲍士伟:《美国公共图书馆》第三版）	
图书馆学141	参考书使用法	3	必修/秋季课程	3	研究中西文重要参考书籍之性质及其特色、问题,使学生对各类普通参考书籍能运用自如。逐课皆有习题	Hutchins and others: *Guide to the Use of Libraries*, 3rd ed.（哈勤斯等:《图书馆使用法的指导》第三版）	图书馆学140
图书馆学143	中国重要书籍研究	2	必修/秋季课程	3	研究重要中国书籍之内容,如《永乐大典》、《四库全书》、《古今图书集成》、丛书、类书、志书、档案、敦煌遗书等之考证		图书馆学140
图书馆学144	目录学	3	必修/春季课程	3	研究中西目录学原理及其范围,明目录种类及实用目录之意义与编制法,辨别目录学与编目法之同异,目的在能运用原理而自行编制实用目录。参考、讨论及课外阅读	Van Hoesen and Walter: *Manual of Bibliography*（范霍森,沃尔特:《目录学手册》）	

续表

课程编号	课程名称	学分	性质	每周课时	教学内容与教学方法	教材	预修课程
图书馆学151	分类法	3	必修/秋季课程	3	研究图书分类之性质与原理,对于中西各家图书分类法为比较的研究,中文偏重四部分类法及金大图书馆分类法,英文偏重Dewey十进法与国会图书馆分类法。逐课皆有习题练习	Sayers：*Introduction to Library Classification*(赛耶斯：《图书馆分类法导论》),并参用讲义	图书馆学140
图书馆学152	编目法	3	必修/春季课程	3	讲授中西图书编目原理及其方法,对于各种条例作比较的研究,尤注重现代中国图书编目法之实际问题。逐课皆有习题	Hitchler：*Cataloging for Small Libraries*,3rd ed.(希契勒：《小型图书馆编目》第三版),并参用讲义	图书馆学140
图书馆学154	杂志报纸政府公文	2	必修/秋季课程	2	通论中西杂志报纸及政府公文之保管、整理、使用,并讨论其历史性质及价值。除教科书外,有参考、讨论及课外阅读	戈公振:《中国报学史》	图书馆学141
图书馆学155	特种图书馆	2	选修/春季课程	2	讨论各种特殊图书馆之组织与管理上之特别问题,尤注重于儿童图书馆、学校图书馆及专门图书馆等。有参考、讨论及课外阅读		图书馆学140

续表

课程编号	课程名称	学分	性质	每周课时	教学内容与教学方法	教材	预修课程
图书馆学157	民众图书馆	2	选修/秋季课程	2	讨论中国图书馆与成人教育问题及图书馆之推广方法,并研究各种实际设施	Macleod:*County Rural Libraries*(麦克劳德:《郡县乡村图书馆》)	图书馆学140
图书馆学158	索引与序列	2	必修/秋季课程	2	研究索引与序列之原理及方法,包括各家汉字排列法之比较,书籍索引编制法,杂志索引编制法,书目、辞典、百科全书、商名录等之排列法,各种文件序列及保管法(或称公文归档法),及其他同类之问题,尤注意于本国情形及在读书、编书、治事上之应用		图书馆学140
图书馆学160	书史学	2	三四年级选修/秋季课程	2	研究中西书籍演化之程序,及书籍对于文化与图书馆之关系。凡与书籍有关系之材料如纸、墨、笔等皆在研究之中		
图书馆学161	印刷术	2	选修/春季课程	2	研究印刷技术之各方面,并讨论印刷与图书馆之宣传之关系		
图书馆学162	图书馆问题之研究	2	选修/秋季课程	2	选择图书馆学上之特殊问题为进一步之讨论		图书馆学151、152、154

续表

课程编号	课程名称	学分	性质	每周课时	教学内容与教学方法	教材	预修课程
图书馆学163	图书选择之原理	2	选修/春季课程	2	讨论图书选择之原理及各种图书馆实际之问题,如版本鉴别、书估舞弊、价目之区别、各书铺内容与所出目录之研究		
图书馆学169	图书馆史	2	选修/春季课程	3	研究中西藏书及图书馆发达史,尤注意近代图书馆之发展及各地图书馆之实况		

资料来源:金陵大学文理科.金陵大学文理科概况(中华民国十七年至十八年)[M].南京:金陵大学文理科,1929:63 – 67.

岭南大学教育学系开设一门"图书馆管理法"课程(英文名称为"Library Technique"),一学期授毕,每周授课一小时。这门课程采用授课、讨论与实习相结合的教学方式,旨在"阐述学校图书馆尤其是小型学校图书馆存在的问题,并针对其设备、组织与管理提出切实可行的建议"①。

商务印书馆出版杜定友所著的《学校图书馆学》。这是杜定友在江苏省立第二师范学校讲授"图书馆学"课程时使用的讲义,后经详细修订,得以正式出版。杜定友在书中多处论及图书馆学教育问题。

10 月 10 日

上午 10—12 时,文华图书科图书馆学本科第八班(庚午级)学生在文华公书林罗公纪念室举行庚午级级友会成立大会。文华图书科全体教职员、在武汉供职的文华图书科校友、文华中学校长卢春荣及文华中学学生代表等四五十人出席大会。经过推举,庚午级级友会职员名单确定如下:总务股干事刘华锦、文牍股干事陈颂、会计股干事曾宪文、庶务股干事陶述先、交际股干事徐家璧、研究股干事李继先、体育股干事吴鸿

---

① Lingnan University(Canton Christian College). Bulletin No. 41 , Catalogue 1928 – 29 [M]. Guangzhou:South China Printing Company,1928:76.

志、出版股干事耿靖民[①]。同年 12 月 11 日,刘华锦便以体弱为由提出辞职,陶述先继任总务股干事,吴鸿志改任庶务股干事,周连宽接任体育股干事,其余不变[②]。

10 月 16 日

《苏中校刊》第 1 卷第 11 期登载苏州中学图书馆管理员、商务印书馆暑期图书馆实习所学员袁仲丞(原名袁燮,字仲丞,后以字行)于 1928 年 9 月 25 日撰写的《赴商务印书馆暑期图书馆实习所听讲笔记之一》。袁仲丞在文中记录了王云五在商务印书馆暑期图书馆实习所对四角号码检字法的介绍[③]。

10 月 31 日

河北省政府委员会第 31 次会议议决通过《河北省政府训政学院课程纲目及每月经常费预算审查案》[④]。据《河北省政府训政学院课程纲目》,该校课程分为“公共必修科”与“各班必修科”两种。其中,“公共必修科”分为“党义教材”“社会科学教材”“行政知能教材”三种,“行政知能教材”则包括“国民政府及本省政府现行法令”“公文程式及应用文牍”“统计学”三门课程[⑤]。

10 月

山东省教育厅公布《山东各县公立图书馆暂行规程》,其中第三条规定山东各县公立图书馆馆长的任职资格。具体如下:

> 公立图书馆长,以品行端正,服膺党义,而合于左列资格之一者为合格:
> (一)大学或专门学校毕业,并于图书馆学有相当之研究者;
> (二)中等学校毕业,并曾在图书馆专科学校毕业者;
> (三)中等学校毕业,曾任图书馆主要职务三年以上,确有

---

① 本科消息·本科庚午级级友会成立[J].文华图书科季刊,1929,1(1):113.
② 本科消息·总务股刘华锦女士辞职[J].文华图书科季刊,1929,1(1):113 – 114.
③ 袁仲丞.赴商务印书馆暑期图书馆实习所听讲笔记之一[J].苏中校刊,1928,1(11):9 – 11.
④ 省政府委员会第三十一次会议纪录[J].河北省政府公报,1928(95):30 – 32.
⑤ 河北省政府训政学院课程纲目[J].河北省政府公报,1928(99):27 – 32.

成绩者。①

11 月 3 日

胡庆生辞去文华图书科主任一职,但继续担任文华图书科教授。文华图书科主任一职则由韦棣华女士暂行代理②。

11 月 8 日

下午 1 时,河南省教育厅召开第七十五次厅务会议,宣读各科拟订的《十八年河南省教育行政计划大纲》对应条文③。该大纲包括 32 点,其中第 4 点为"筹设夏期图书馆员训练班",内称:"图书馆学为专门学术之一。训政[练]开始后,本省大小图书馆虽次第设立,但管理员对于图书馆学多未研究,以致管理未臻完善。拟于本年夏期聘请图书馆学专家,招集全省图书馆管理员,开班训练,以期完备。"④从时间上判断,此处所说的"本年夏期"实指 1929 年夏季。不过,后来未见河南省教育厅于 1929 年夏季实际举办夏期图书馆员训练班。

11 月 9—10 日

由刘国钧担任科长的金陵大学文理科向金陵大学提交 *Needs of the College of Arts and Science University of Nanking as Presented to the Board of Directors*(《关于金陵大学文理科发展需求致校董会的报告》)。这份报告指出,金陵大学图书馆学系虽属新办,但前途光明,因为当时社会各方需要更多的接受过图书馆学专业训练的毕业生,而当时唯一一所图书馆学校(即文华图书科)培养的毕业生数量太少,远远无法满足社会需求⑤。

11 月 15 日

《南菁院刊》第 2 期登载王廷扬撰写的《赴商务印书馆暑期图书馆实

---

① 山东发表公立图书馆规程[J].中华图书馆协会会报,1928,4(3):28 – 29.

② 本科消息·胡庆生主任辞职[J].文华图书科季刊,1929,1(1):113.

③ 第七十五次厅务会议纪录[J].河南教育,1928,1(8):(纪录)2 – 4.

④ 河南教育厅编辑处.河南教育特刊[M].开封:河南教育编辑处,1929:(行政计划)9 – 16.

⑤ Needs of the College of Arts and Science University of Nanking as presented to the board of directors[A].耶鲁大学神学图书馆馆藏亚洲基督教高等教育联合董事会档案之金陵大学档案,案卷号:RG011 – 192 – 3343.

习所听讲报告》的第一部分①。

11 月 23 日

国立中央大学及金陵大学图书馆学系学生前往江苏省立国学图书馆参观②。

11 月底

国立中央大学区立民众教育院学生开始外出参观③。在国立中央大学图书馆参观时,戴志骞向他们介绍该馆的计划,包括"另设图书馆学校,以解决各县缺乏人才问题"④。

11 月

商务印书馆出版美国图书馆学家佛里特尔(J. H. Friedel)原著、杨昭悊与李燕亭合译的《图书馆员之训练》(*Training for Librarianship*:*Library Work as a Career*),该书被列入"尚志学会丛书",1929 年 6 月重排初版,1933 年 9 月推出"九一八事变"后第一版。在该书第 17 章"图书馆学校和别种图书馆研究机关"中,杨昭悊详细介绍美国各主要图书馆学校的名称与位置、入学资格、课程体系等相关情况⑤。

国立中央大学民众教育院编印的《教育学术演讲汇编》被列为"国立中央大学民众教育院丛刊"之一,内收李小缘的《民众图书馆学》等 14 篇讲演稿⑥。

---

① 王廷扬. 赴商务印书馆暑期图书馆实习所听讲报告(未完)[J].南菁院刊,1928(2):15 – 16.

② 大事记(自十七年七月至十八年六月)[M]//国学图书馆. 国学图书馆第二年刊. 南京:国学图书馆,1929:3.

③ 李蒸,赵冕. 实验部主任致院长函:代序[R]//中央大学区立民众教育院实验部. 中央大学区立民众教育院民众教育实验报告(第一次).无锡:中央大学区立民众教育院实验部,1929:1 – 3.

④ 中央大学区立民众教育院实验部. 中央大学区立民众教育院民众教育实验报告(第一次)[R].无锡:中央大学区立民众教育院实验部,1929:165.

⑤ 佛里特尔. 图书馆员之训练[M].杨昭悊,李燕亭,译. 上海:商务印书馆,1928:169 – 213.

⑥ 中央教育科学研究所图书资料室. 解放前出版的教育图书目录(中文:按中国人民大学图书馆图书分类法排架)(1949 年以前)[M].北京:中央教育科学研究所图书资料室,1982:61.

12月5日

王正廷在国民党中央政治会议上提议设立中央图书馆筹备处,并拟定组织大纲及预算概略。经过讨论,议决由戴传贤(字季陶,常以字行)等七名委员审查后再行审议。王正廷的议案包括八点,其中第六点和第八点分别跟图书馆学教育和档案学教育相关。具体如下:

> 六、附设图书馆学研究所,提倡图书馆学,并编辑图书索引:为培植中央图书馆及全国图书馆界服务人才起见,该筹备处得附设图书馆学研究所,对于图书分类法、图书编目规则、索引编制法等问题,为深切之研究,将其结果公布于世,以供国内外图书界之应用与参考;并得编辑各种专门及普通分类应用书目、杂志索引、中国各书总目、中央党部各省市县区党部及各院部会新旧公文档案中之重要史料等;或受中央党部、国民政府及其他各机关之委托,代为搜罗关于某种特殊问题之书报,或参考材料。
>
> ……
>
> 八、附设管卷训练班,教授简易检卷方法。各院部会旧有档案,固应加以整理,尔来党务政事较前更繁,即新近文卷,亦当应用科学方法编目,以便易于检查。应由该筹备处附设管理训练班,由各院部会派员前往该筹备处学习保管档案及简易检卷方法。①

此外,王正廷拟定的《中央图书馆筹备处组织大纲》共计十三条,其中第九条和第十条分别与档案学教育和图书馆学教育相关。具体如下:

> 第九条:为教授保管档案及简易检卷方法起见,本筹备处得附设管卷训练处,其条例另定之。
>
> 第十条:为养成中央图书馆与全国图书馆界服务人才起见,本筹备处得附设图书馆学研究所,其条例另定之。②

12月9日

上午,中华教育文化基金董事会董事任鸿隽(字叔永)和武汉大学教授陈西滢(原名陈源,字通伯,笔名西滢)由胡庆生引导参观文华图书科,

---

①② 王正廷提议设立中央图书馆筹备处[N].申报,1928-12-07(8).

并与全体学生举行会谈①。

12 月 15 日

《南菁院刊》第 3 期续登王廷扬撰写的《赴商务印书馆暑期图书馆实习所听讲报告》的第二部分②。

12 月 19 日

下午 4 时,中央研究院总办事处召开会议,审查王正廷提交的关于设立中央图书馆筹备处的议案。蔡元培、胡汉民、蒋梦麟、王正廷、薛笃弼、赵戴文 6 人出席,蔡元培主持会议。审查结果如下:"一、责成教部设计筹办。二、各机关旧有档案,暂由各机关自行保管。三、各机关所有图书,由各机关自行整理,设法扩充,并实行互谋联合办法。四、中央图书馆筹备意见书及组织大纲原案,移交教部参考。"③

12 月

陈时(字叔澄)、陈宗良、戴志骞、冯汉骥、卢春荣、孟良佐、沈祖荣、韦棣华、吴德施、袁同礼、周苍柏、周诒春 12 人成立"私立武昌文华图书馆学专科学校校董会",以此名义向国民政府教育部申请立案,同时在国外成立相应基金会以筹措和管理办学资金④。

本年

文华图书科刊印一本仅有 20 页、载有插图的英文小册 *China's First Library School & The Boone Library and Its Forward Movements*(《〈中国第一个图书馆学校〉与〈文华公书林及其发展〉》),内含韦棣华女士撰写的"Foreword"("前言")、胡庆生撰写的"China's First Library School"(《中

---

① 本科消息·中华文化基金委员会董事任鸿隽先生参观本科[J]. 文华图书科季刊, 1929,1(1):113 – 114.

② 王廷扬. 赴商务印书馆暑期图书馆实习所听讲报告(续)[J]. 南菁院刊,1928(3): 13 – 15.

③ 图书馆案审查结果[N]. 申报,1928 – 12 – 20(6);审查中央图书馆案[N]. 新闻报, 1928 – 12 – 20(7).

④ 陈传夫,董有明. 求实奋进 共谱新篇:从文华图专到武汉大学信息管理学院(1920— 2010)[M]. 武汉:武汉大学出版社,2010:77;彭敏惠. 文华图书馆学专科学校的创建与发展 [M]. 武汉:武汉大学出版社,2015:82.

国第一个图书馆学校》)和沈祖荣撰写的"The Boone Library and Its Forward Movements"(《文华公书林及其发展》)。胡庆生所撰《中国第一个图书馆学校》后又节录转载于1929年2月15日(美国)《图书馆杂志》第54卷第4期。

文华图书科开始陆续推出一套"文华图书科丛书"("Boone Library School Publications"),后改称"武昌文华图书馆学专科学校小丛书"(又称"文华图书馆学专科学校小丛书",英文称"Boone Library School Pamphlets")、"武昌文华图书馆学专科学校丛书"(又称"文华图书馆学专科学校丛书",英文称"Boone Library School Series"),1937年停止出版,此后未再续出。

东北大学教育学院教育心理学系与教育行政学系面向三年级学生开设一门"图书馆学"选修课程(一学年授毕,每周授课2小时,每学期计2学分);教育学院国文专修科面向二年级学生开设"目录学"(上学期授毕)和"图书馆学"(下学期授毕),并面向三年级学生开设"古书校读法"(上学期授毕),均为每周授课2小时,计2学分①。

苏州中学高中师范科开设一门"图书管理法"选修课程,一学期授毕,计1学分②。

南京中学高中师范科面向教育学程组二年级学生开设一门"图书管理法"选修课程,一学年授毕,每周授课1小时,每学期各计1学分③。

陈伯逵在上海中学高中部讲授"实用图书馆分类法"④。

广州市立女子职业学校增设高级公牍科⑤。

湖南省教育厅厅长张炯公布《湖南省立中山图书馆组织规程》,共计八条,其中第三条规定该馆馆长的任职资格,"本馆设馆长一人,总理全馆事务,由教育厅就具有左列资格之一者提请省政府委任之:1. 国内外图书馆专科毕业者;2. 在大学或专门学校毕业者;3. 富有图书馆学识经验者"⑥。

---

① 教育学院[M]//东北大学. 东北大学概览(民国十七年度). 沈阳:东北大学,1929:10-15.

② 苏州中学. 苏州中学校一览[M]. 苏州:苏州中学,1928:17.

③ 南京中学. 四阅月之南京中学指南[M]. 南京:南京中学,1928:23.

④ 宋景祁. 促进中国图书馆的方法及其经过[J]. 上海图书馆协会会报,1929(3):18.

⑤ 中国人民政治协商会议广东省广州市委员会文史资料研究委员会. 广州近百年教育史料[M]. 广州:广东人民出版社,1983:239.

⑥ 湖南省立中山图书馆组织规程[J]. 湖南教育,1928(2):20-21;湖南中山图书馆组织规程[G]//湖南省政府秘书处. 鲁主席主湘任内政治汇编. 长沙:湖南省政府秘书处,1929:144-146.

1929 年

◎ 中华图书馆协会第一届年会关注图书馆学教育
◎ 江苏省省立民众教育院与江苏省立劳农学院添设"图书馆学"课程
◎ 杜定友发表《研究图书馆学指南》,提出构建一个比较完备的图书馆学课程体系
◎ 广州市立女子职业学校增设图书管理科
◎ 沈祖荣出席第一届国际图书馆大会
◎ 莫余敏卿、葛受元、罗懋德、田洪都赴美留学
◎ 江苏省教育厅筹办图书馆专科学校,但未实际开办
◎ 文华图专获准立案

1 月 1 日

《福建教育厅教育周刊》第 12 期(图书馆专号)登载姚大霖(姚雨苍)撰写的《促进图书馆事业管见》。姚大霖在文中提出关于推进图书馆事业发展的三条建议,其中第一条和第二条跟图书馆学教育相关。具体如下:

一、治标办法

设图书馆管理员养成所,各县派送小学教员或中学毕业、有志服务图书馆者若干人于最短时间授以图书馆管理学术,一面就公立图书馆随时实验(其应授学科及实验规则另列)。

二、治本办法

设立图书馆专校。此项学校,专培成管理各种图书馆之人才(如公立图书馆、军营图书馆、学校图书馆、民众图书馆、儿童图书馆等),一年毕业后,实习三个月,由指派见习之图书馆每月酌给津贴若干元,实习期满得由教厅介绍各图书馆服务。若限于经费不能设立时,最少应于高中师范系及职业学校添设图书馆学一科,聘图书

馆专门人才课以浅现各学,毕业后亦可照专校毕业者同一办法(其详细课程另列)。①

福建省立图书馆举行开幕典礼②。该馆此年招募四名练习生,分别是何菁冠、姚子渊(字梓渊)、张德卿(字梦龄)、周其桢(字亭孙)③。

1月3日

应沈祖荣之邀,返回武汉参加留洋考试的陈友松到文华图书科讲演"图书馆使用法"④。

1月11日

福建省立民众教育师范讲习所举行开学典礼⑤,4月20日举行毕业典礼⑥,共有97人获得毕业文凭,另有10人获得修业证书⑦。该讲习所共开设22门课程,授课360小时,其中包括一门"图书馆学"课程⑧,授课教师为姚大霖⑨。学员还应参加工作实习和设计实习。其中,工作实习分为民众学校教学、公立图书馆事务实习、民众音乐会实习、民众图书阅览所事务实习四种⑩。4月9日起,该讲习所学员分成数组于每天晚上7时前往福建省立图书馆实习,由姚大霖负责指导⑪。

国立中央研究院院长蔡元培签发一份致文华图书科的公函,拟派陈

① 姚大霖. 促进图书馆事业管见[J]. 福建教育厅教育周刊,1929(12):9–10.

② 大事记[R]//福建省立图书馆. 福建省立图书馆十八年年报. 福州:福建省立图书馆,1930:27.

③ 本馆职员表[R]//福建省立图书馆. 福建省立图书馆十八年年报. 福州:福建省立图书馆,1930:62–63.

④ 本科消息·陈友松先生演讲[J]. 文华图书科季刊,1929,1(1):114.

⑤ 福建省立民众教育师范讲习所第一周工作报告(一月二十一日至一月二十七日)[J]. 福建教育厅教育周刊,1929(16):34–37.

⑥⑧⑩ 黄裳. 全国民众教育人员训练机关的调查[M]. 广州:广东省立民众教育馆,1935:10–11.

⑦ 民众师范毕业典礼[J]. 福建教育周刊,1929(24):52. 按:或称本期共有96名学生获得毕业文凭,另有11人获得修业证书. 具体参见:黄裳. 全国民众教育人员训练机关的调查[M]. 广州:广东省立民众教育馆,1935:10–11.

⑨ 杨家骆. 图书年鉴(一九三三年份):上册 中国图书事业志[M]. 南京:中国图书大辞典编辑馆,1933:(第三编 全国图书馆概况)349.

⑪ 大事记[R]//福建省立图书馆. 福建省立图书馆十八年年报. 福州:福建省立图书馆,1930:31.

汲前去进修图书馆学①。陈汲,女,字允敏②,1924 年 6 月北京女子高等师范学校英语部毕业生③,国立中央研究院社会科学研究所图书馆管理员④。

1 月 13 日

文华图书科北平同学会筹备委员会成立⑤。

1 月 20 日

《文华图书科季刊》(*Boone Library School Quarterly*)创刊,1932 年 3 月第 4 卷第 1 期改称《文华图书馆学专科学校季刊》(英文刊名不变),1937 年 12 月 15 日出完第 9 卷第 3—4 期合刊后停刊。

《文华图书科季刊》创刊号(第 1 卷第 1 期)刊登陈颂撰写的《图书馆之任务与其在中国之地位》。陈颂在文末建议:"在中等或大学校添设图书一科,以培养学生之好书习惯,且教以运用图书馆之方法。"⑥此外,该期卷首所载《下期要目预告》称《文华图书科季刊》第 1 卷第 2 期将刊登陈颂撰写的《图书馆人才之训练》⑦,但实际却改登其撰写的《图书馆之书籍选择法》⑧。

《文华图书科季刊》创刊号(第 1 卷第 1 期)刊登周连宽撰写的《中国图书馆事业与地方图书馆事业指导团》。周连宽在文中指出:"是故普及图书馆学,诚当今之急务也。然所谓普及者,非仅设立专门学校,以研究其高深学理之谓也。必也经长期之宣传与运动,使图书馆学之普通观

① 中央研究院派员赴华中大学图书科学习的文件(一九二九年一月十一日)[G]//姚乐野,马振犊. 近代图书馆档案汇编:第一辑 第四册. 北京:国家图书馆出版社,2021:435 - 440. 按:该函抬头称"武昌华中大学图书科"。

② 竺可桢. 竺可桢全集:第 21 卷[R]. 上海:上海科技教育出版社,2011:575.

③ 北京女子高等师范学校民国十三年毕业生调查表[J]. 北京女子高等师范周刊,1924(69):2 - 3.

④ 社会科学研究所暂编图书目录例言[M]//国立中央研究院社会科学研究所图书馆. 国立中央研究院社会科学研究所图书馆图书目录(西文部)初编. 上海:国立中央研究院社会科学研究所图书馆,1929:I-II.

⑤ 文华图书馆学专门学校北平同学会启事[J]. 文华图书科季刊,1929,1(2):卷首.

⑥ 陈颂. 图书馆之任务与其在中国之地位[J]. 文华图书科季刊,1929,1(1):7 - 18.

⑦ 下期要目预告[J]. 文华图书科季刊,1929,1(1):卷首.

⑧ 陈颂. 图书馆之书籍选择法[J]. 文华图书科季刊,1929,1(2):117 - 126.

念,灌输于民众脑际;民众既有其学,复知其事之急需,必将群起争先以赴之。夫如是,然后可以匡政府力量之不逮也。"①

《文华图书科季刊》创刊号(第1卷第1期)刊登吴鸿志所撰《武昌文华图书科之过去、现在及其将来》的第一部分,内含"绪言"和第一章"过去的历史"②。

1 月 28 日

中华图书馆协会第一届年会在南京金陵大学开幕,2 月 1 日闭幕③。

1 月 29 日

中华图书馆协会第一届年会开始分成图书馆行政组、图书馆建筑组、编纂组、图书馆教育组、索引检字组、分类编目组 6 组举行分组会议。

上午 8 时 45 分,中华图书馆协会第一届年会图书馆教育组举行第一次会议。共有 15 人出席,胡庆生主持,陶述先记录。此次会议主要分成专门和普通两个方面讨论图书馆专门人才的培养问题。专门方面,包括创立图书馆专门学校,在大学添设图书馆学系,资助派遣留学生出洋研究及考察等。普通方面,包括设立图书馆员速成班、讲习所、暑期学校,在中等学校添加图书馆学课程及添设职业科等④。

1 月 30 日

上午 8 时 45 分,中华图书馆协会第一届年会图书馆教育组举行第二次会议。共有 18 人出席,胡庆生主持,陶述先记录。根据第一次会议的讨论与整理结果,此次会议通过了 5 项决议案(见表 1929 – 1)。

---

① 周连宽. 中国图书馆事业与地方图书馆事业指导团[J]. 文华图书科季刊,1929,1(1):19 – 22.

② 吴鸿志. 武昌文华图书科之过去、现在及其将来(未完)[J]. 文华图书科季刊,1929,1(1):105 – 111.

③ 中华图书馆协会执行委员会. 中华图书馆协会第一次年会报告[R]. 北平:中华图书馆协会事务所,1929:3 – 6.

④ 中华图书馆协会执行委员会. 中华图书馆协会第一次年会报告[R]. 北平:中华图书馆协会事务所,1929:50 – 51.

表 1929 - 1　中华图书馆协会第一届年会图书馆教育组决议案一览

序号	决议案名称	原案		结果
1	由中华图书馆协会拟定图书馆学课程请教育部核定施行案	规定图书馆学校课程案	文华图书科	大会议决合并通过
		请图书馆专门学校或兼办图书馆学系之大学于图书馆学课程中加入流通图书馆学课目案	陈独醒	
		请凡办理图书馆学系之大学对于国内办理图书馆之人员得以特别通融函授以宏造就案	陈独醒	
2	训练图书馆专门人才案	呈请教育部从速培植图书馆专门人才案	李小缘	大会合并整理议决通过
		培养办理图书馆人才案	厦门图书馆	
		请教育部指定国立大学添办图书馆学专科训练图书馆应用人才案	上海图书馆协会	
		请中央大学添设图书馆学科案	施维藩	
		请教育部于最近期间在中央大学或国立北平大学师范院开设图书馆专科,令各省至少派三人入校肄业,以期全国图书馆事业平均发展案	山西公立图书馆	
		呈请中央大学设立图书馆研究部案	姬在沣	
		请求教育部为现在图书馆服务人员谋研究利用及将来养成图书馆人才起见,在中央大学附设图书馆学专科或单独设立图书馆专门学校案	欧阳祖经	
		各省应于最短期间设立图书馆学讲习所一所,各国立大学应添设图书学一科,以便造就图书学人才而谋图书事业之发达案	邓克愚	
		请国民政府转咨教育部设立图书馆学专科及对于民众讲演图书馆之利用案	上海沪江大学图书馆	

续表

序号	决议案名称	原案		结果
		请设立全国图书馆馆员训练所或学校案	陈策云	
		设立图书馆管理学校案	沈孝祥	
		训练图书馆管理人才案	陕西省教育厅	
		呈请主管机关设立图书馆学校或充分津贴已开办之图书馆学校及敷设高级图书馆学研究机关以培养人才案	黄星辉	
		请图书馆协会每年派会员一人赴国外专攻图书馆学以期深造而资应用案	顾天枢	
		请教育部通令各省教育厅于省款留学额内至少派一人赴美专攻图书馆学案	山西公立图书馆	
3	中学或师范学校课程中加图书馆学每周一二小时案	请教育部通饬各省教育厅规定各师范学校一律加授图书馆学案	山西公立图书馆	大会合并议决通过
		师范学校应列图书馆学为必修科案	陈重寅	
		中学师范当以图书馆学为必修科案	高峻	
		中学校应列图书馆学为职业选科案	陈重寅	
4	请中华图书馆协会在每暑假期内组织图书馆学暑期学校案	协会应于每暑假期内组织图书馆学暑期学校培养专门人才案	南开大学图书馆	大会合并议决通过
		中华图书馆协会于每年暑假在各地轮流开办图书馆讲习会以期图书馆教育之普及并谋逐渐增高图书馆员技能案	山西公立图书馆	
		暑期设立图书馆学指导所案	许求己	
		现任图书馆职务人员宜研究目录学以资指导案	邓克愚	
5	各种各级学校应有有步骤的图书馆使用法指导案	各种各级学校对于学生应有有步骤的图书馆使用指导案	李小缘	大会合并议决通过
		请中华图书馆协会转请教育部通令全国大学及师范院添设图书馆学案	北平图书馆协会	
		各大学应设实用目录学课程以为指导学术研究之入门案	李小缘	
		减少科目令学生阅览参考书和作论文案	杨昭悊	

序号	决议案名称	原案		结果
		中学校或师范学校于课程中宜酌加图书馆学识一门	南开大学图书馆	
		中等学校应于最后一学期,大学或专门学校应于最初一学期添设图书馆利用法一科,每周授课二小时案	胡庆生、杨希章	
		请各中学增设图书馆学科案	陆恩涌	

资料来源:中华图书馆协会执行委员会.中华图书馆协会第一次年会报告[R].北平:中华图书馆协会事务所,1929:173 – 190.

注:《中华图书馆协会第一次年会报告》"分组会议纪要"与"议决案汇录"两部分对图书馆教育组决议案的介绍存在若干矛盾之处,此表以"议决案汇录"部分的记载为准。

此外,还有数项议案因时间匆促来不及在此届年会上进行讨论,公决交由中华图书馆协会执行委员会进行处理,其中包括朱金青提交的《请规定本会倡导图书馆事业进行大纲案》。朱金青提交此案的理由是:"训政时期今已开始,图书馆事业为训政工作中之重要事业,夫人知之。本会负倡导全国图书事业之责,亟应确立进行大纲。"他提出了八条办法,其中第四条和第七条涉及图书馆学教育,具体如下,"(四)建议当局从速规定图书馆人才培养办法,并速成立其机关""(七)设图书馆教育部:(A)代理规划图书馆用品商店。(B)解答关于图书馆管理问题。(C)代选图书馆应用图书馆文件用具。(D)设馆员训练班或图书馆学函授科。(E)成立图书馆学图书馆。(F)办理《全国图书馆调查录》及《图书馆推广事业调查录》,以为建议改良张本。(G)其他"[①]。

值得一提的是,陈重寅后来编写了一本面向中学与师范学校学生的《图书馆学教本》,并极力与各大书局接洽出版,但均因对方以销路没有把握为由而被拒绝。1931 年春夏之际,陈重寅函请中华图书馆协会代为出版该书。中华图书馆协会收到书稿后,将其转交给李小缘审定[②]。后来未见中华图书馆协会出版该书,可见李小缘应当是认为该书尚未达到可以公开出版的水平。

---

① 中华图书馆协会执行委员会.中华图书馆协会第一次年会报告[R].北平:中华图书馆协会事务所,1929:35.

② 图书馆学教本稿本之审查[J].中华图书馆协会会报,1931,6(6):13.

1 月

国立中央大学修正公布《中央大学区各县公共图书馆暂行规程》①、《中央大学区各县公共图书馆馆长任免及待遇暂行规程》②与《中央大学区公共图书馆馆员聘任及待遇暂行规程》③。其中,《中央大学区各县公共图书馆馆长任免及待遇暂行规程》第二条规定各县公共图书馆馆长的任职资格。具体如下:

> 公共图书馆馆长,以人格高尚,服膺党义,并具有左列资格之一者为合格:
>
> 一、大学或专门学校毕业,并于图书馆学有相当之研究者;
> 二、中等学校毕业,并曾修习图书馆学专科,得有毕业证书者;
> 三、中等学校毕业,曾任图书馆主要职务三年以上,著有成绩者;
> 四、国学确有根底,而于图书馆学及社会教育,有相当之研究者。④

2 月 6 日

《福建教育厅教育周刊》第 17 期登载侯鸿鉴撰写的《报告赴京出席中华图书馆协会年会开会情形并条陈对于本省图书馆意见书》。除了介绍自己参加中华图书馆协会第一届年会的经过与见闻,侯鸿鉴还提出了发展福建省图书馆事业的四条建议,包括"图书馆事业须宽筹经费以扩充""每县至少须立一图书馆""须速设立福建图书馆协会""培植图书馆专门人才"。关于"培植图书馆专门人才",侯鸿鉴指出:"图书馆人才缺乏,非由各省特设图书馆专科以培植之不可。兹拟变通办理,先由暑期学校特设图书馆专科,讲授图书馆学。再通令各省立高中添设图书馆学一科,为必修科。更由厦门大学、协和大学两校附设图书馆学科,以备有志研究图书馆学者学习之。"⑤

――――――――――

① 中央大学区各县公共图书馆暂行规程[J].国立中央大学教育行政周刊,1929(84):13 - 14.

②④ 中央大学区各县公共图书馆馆长任免及待遇暂行规程[J].国立中央大学教育行政周刊,1929(84):14 - 16.

③ 中央大学区公共图书馆馆员聘任及待遇暂行规程[J].国立中央大学教育行政周刊,1929(84):16 - 18.

⑤ 原文最后为"以备有志研究图书馆学者,以学习之",表述有误,此处径改之。侯鸿鉴.报告赴京出席中华图书馆协会年会开会情形并条陈对于本省图书馆意见书[J].福建教育厅教育周刊,1929(17):34 - 35.

2 月 13 日

文华图书科复函国立中央研究院,表示欢迎陈汲前来就读,并随函附上招生简章与课程指导书各一份①。

2 月

中山大学区立劳农学院成立,开始招考农民师范科新生。同年 8 月,江苏省停止试行大学区制,中山大学区立民众教育院与中山大学区立劳农学院分别改称"江苏省立民众教育院"与"江苏省立劳农学院"②。鉴于创办民众图书馆是发展民众教育的一项必要工作,两院添设一门"图书馆学"课程③,属于选修课程,计 2 学分④。当时,两院关系密切。高阳同时担任两院院长,教师也大都在两院兼职,不少课程均为两院通选⑤。因此,民众教育院五分之四的学生(70 多人)与劳农学院五分之四的学生(40 多人)同时选修这门"图书馆学"课程。两院图书馆主任兼图书科实习指导员徐旭(字寅初,后以字行)担任授课教师,使用他自编的讲义,他特别注重让学生讨论实际问题及在专门工作方面实习⑥。

商务印书馆出版庄泽宣所著的《各国教育比较论》。在第七章"四国职业及补习教育之比较"中,庄泽宣以表格的形式介绍了美国纽约市默里山职业学校(Murray Hill Vocational School)的课程体系,其中包括一门"图书馆利用法"课程,持续 4 个学期,每学期每周各上两小时。在该书第八章"四国成人教育之比较"中,庄泽宣指出:"美国图书馆为数既多,对于图书馆员之训练,自不得不特加注意。任此种训练之学校或讲习

① 文华图专关于办理派员来校学习手续致国立中央研究院的函件(一九二九年二月十三日)[G]//姚乐野,马振犊. 近代图书馆档案汇编:第一辑 第四册. 北京:国家图书馆出版社,2021:441 - 444. 按:该函落款为"武昌文华图书馆学学校谨启"。

② 江苏省立教育学院总务部文书股. 江苏省立教育学院一览[M]. 无锡:江苏省立教育学院,1932:1.

③ 无锡之图书馆学教学[J]. 中华图书馆协会会报,1929,5(3):32.

④ 顺德县政府编辑处. 顺德县行政汇刊[M]. 广州:广州培英印务公司,1931:132 - 135. 按:这本《顺德县行政汇刊》刊印于 1931 年 1 月,书中在介绍江苏省立劳农学院时转录了《江苏省立劳农学院之学则》,共有 14 条。

⑤ 顾烨青. 植根民众教育,造就专业人才:苏州大学图书馆学教育前身(1929—1950)历史贡献述评[C]//南京大学. 第十届海峡两岸图书资讯学学术研讨会论文集. 南京:南京大学,2010:152 - 163.

⑥ 无锡之图书馆学教学[J]. 中华图书馆协会会报,1929,5(3):32.

所,全国亦颇不少。"他还分类介绍了受到美国图书馆协会承认的图书馆学教育机构,如"有一年大学院程度之课程者""大学本科内有图书馆学系,学生毕业程度与他系相同者""仅备初二年课程,二年修毕图书馆学者"①,但十分简略。在第十章"俄国教育之最近发展"中,庄泽宣指出:"莫斯科之全国图书馆附设有图书馆学院,一方面研究图书学,一方面训练图书馆管理员,学生约三百人,毕业生散布全国,对于俄国图书馆事业之促进,为功颇大。"②

《广东省教育会杂志》第1卷第2期登载杜定友撰写的《研究图书馆学指南》③。该文后又载于马崇淦编、勤奋书局于1929年出版的《学生指南》下卷,但题名改为《图书馆学指南》④。该文分成"图书馆学之科学观""图书馆学之职业观""图书馆学之范围""研究图书馆学之准备""研究图书馆学之学校""研究图书馆学之书籍"六部分。在"图书馆学之范围"中,杜定友初步构建了一套比较完备的图书馆学课程体系。具体如下:

> 甲、专研关于图籍之印刷出版等科目
>
> (一)各国书目;(二)各科书目;(三)参考书目;(四)官印书目;(五)书业书目;(六)遗阙书目;(七)绝本书目;(八)善本书目;(九)善本学;(十)校雠学;(十一)书史学;(十二)书评学;(十三)提要学;(十四)著述学;(十五)著述史;(十六)书业学;(十七)印刷术;(十八)编辑术;(十九)装订术;(二十)造纸化学;(二十一)笔记法;(二十二)索引法。
>
> 乙、专研关于图书馆管理方法之科目
>
> (一)选择法;(二)购订法;(三)登记法;(四)分类法;(五)编目法;(六)典藏法;(七)标目法;(八)图书保管法;(九)图书修补法;(十)出纳法;(十一)交换法;(十二)互借法;(十三)邮寄法;(十四)图书参考法;(十五)阅览指导法;(十六)学术研究法;(十七)图书馆建筑学;(十八)设备法;(十九)图书馆广告术;(二十)文件保管法;(二十一)图表保管法;(二十二)照片保管法;(二十三)幻灯影片保管法;(二十四)唱片保管法;(二十五)艺术品保管法;

① 庄泽宣.各国教育比较论[M].上海:商务印书馆,1929:168-169.
② 庄泽宣.各国教育比较论[M].上海:商务印书馆,1929:203.
③ 杜定友.研究图书馆学指南[J].广东省教育会杂志,1929,新1(2):148-159.
④ 杜定友.图书馆学指南[M]//马崇淦.学生指南.上海:勤奋书局,1929:413-426.

（二十六）学校图书馆管理法;（二十七）大学图书馆管理法;（二十八）公共图书馆管理法;（二十九）流通图书馆管理法;（三十）儿童图书馆管理法;（三十一）专门图书馆管理法;（三十二）工厂图书馆管理法;（三十三）机关图书馆管理法;（三十四）军营图书馆管理法;（三十五）水上图书馆管理法;（三十六）病院图书馆管理法;（三十七）私立图书馆管理法;（三十八）通信图书馆管理法;（三十九）巡回文库管理法;（四十）乡村图书馆管理法;（四十一）博物院管理法;（四十二）艺术馆管理法。

丙、专研关于图书馆行政之科目

（一）图书馆组织法;（二）图书馆法规;（三）图书馆推广事业;（四）图书馆运动;（五）图书馆协会组织法;（六）馆员管理法;（七）图书馆经济学;（八）图书馆统计学;（九）社会调查法;（十）图书馆新闻学;（十一）出版法;（十二）言论法;（十三）邮政法;（十四）交通法;（十五）行政法。

丁、其他必修科

（一）文学概论;（二）各国文学史;（三）儿童文学论;（四）小说学;（五）演说学;（六）故事演说法;（七）科学概论;（八）科学方法论;（九）哲学概论;（十）各国史地学;（十一）教育学;（十二）心理学;（十三）儿童学;（十四）社会学;（十五）政治学;（十六）经济学;（十七）教授法;（十八）集会法。[1]

3 月 1 日

文华图书科开学[2]，陈汲按时报到[3]。她后来通常被认为是文华图书科图书馆学本科第八届毕业生[4]。

3 月初

中华图书馆协会组织会员向即将召开的第一届国际图书馆大会

① 杜定友. 图书馆学指南[M]//马崇淦. 学生指南. 上海:勤奋书局,1929:413 - 426.

② 文华图专关于办理派员来校学习手续致国立中央研究院的函件(一九二九年二月十三日)[G]//姚乐野,马振犊. 近代图书馆档案汇编:第一辑 第四册. 北京:国家图书馆出版社,2021:441 - 444.

③ 校闻·陈女士来校[J]. 文华图书科季刊,1929,1(2):237.

④ 彭敏惠. 文华图专珍稀史料图录[M]. 武汉:武汉大学出版社,2020:273.

(The First International Congress of Libraries and Bibliography,即第一届国际图联大会)提交论文。由于时间紧迫,最后仅有戴志骞、沈祖荣、胡庆生与顾子刚4人分别提交一篇英文论文,这四篇论文被汇集成册,称为 *Libraries in China*(《中国图书馆概况》,或译为《中国之图书馆》),并被带去跟国外同行进行交流。其中,戴志骞提交"Development of Modern Libraries in China"(《中国现代图书馆之发展》)①,沈祖荣提交"Indexing Systems in China"(《中国文字索引法》)②,胡庆生提交"Training of Librarianship in China"(《中国之图书馆员教育》,正式刊印时改称"Library Training in China"③),顾子刚提交"Evolution of the Chinese Book"(《中国图书制度之变迁》,正式刊印时改称"The Evolution of the Chinese Book")④⑤。此外,当时在美国留学的裴开明和桂质柏分别答应撰写"A Brief Survey of Bibliography in China"(《中国目录学概况》)和"An Outline of Libraries in China"(《中国图书馆概述》),并直接寄给大会主办方⑥。

3 月 12 日

文华图书科北平同学会正式成立,修改、通过会章,并选举职员⑦。该会会员共有 12 人,包括北平北海图书馆的何国贵、李芳馥、汪长炳、严文郁、岳良木、曾宪三,清华大学图书馆的刘廷藩与章新民,燕京大学图书馆的沈缙绅与徐家麟,北京大学图书馆的田洪都,以及政治学会图书馆的陈宗登。该会执行委员会委员包括陈宗登(主席)、徐家麟(中文书记)、章新民(英文书记)、田洪都(会计)与严文郁(干事)5 人,监察委员

---

① TAI T C. Development of modern libraries in China [M]//Library Association of China. Libraries in China. Peiping:Library Association of China,1929:9 – 16.

② SENG S T Y. Indexing systems in China[M]//Library Association of China. Libraries in China. Peiping:Library Association of China,1929:31 – 43.

③ HU T C S. Library training in China [M]//Library Association of China. Libraries in China. Peiping:Library Association of China,1929:17 – 30.

④ KOO T K. The evolution of the Chinese book[M]//Library Association of China. Libraries in China. Peiping:Library Association of China,1929:1 – 7.

⑤ 中华图书馆协会筹备参加国际图书馆会议报告[J].中华图书馆协会会报,1929,4(5): 4 – 25.

⑥ 中华图书馆协会筹备参加国际图书馆会议报告[J].中华图书馆协会会报,1929,4 (5):4 – 25;国际图书馆大会续志[J].中华图书馆协会会报,1929,4(6):7 – 10.

⑦ 文华图书馆学专门学校北平同学会启事[J].文华图书科季刊,1929,1(2):卷首.按:该会定名为"文华图书馆学专门学校北平同学会",令人深感奇怪。

会委员包括刘廷藩、沈缙绅与岳良木 3 人①。

3 月

马宗荣从东京帝国大学文学部教育学科毕业,获文学士学位②。

春季

沈祖荣取代韦棣华女士担任文华图书科代理主任一职③。

湖北地区的文华图书科校友筹备组织同学会,以便与各地校友互通声息。白锡瑞、冯汉骥、毛坤、陶述先、杨希章 5 人被推举为筹备委员④。

文华图书科组织全体学生赴汉口参观王宠佑的私人图书馆及湖北省立图书馆⑤。

文华图书科先后邀请王宠佑、杜钢百和林澄海 3 人莅校,王宠佑与杜钢百分别讲演"工程学书之分类及其管理"和"古书辨伪",林澄海讲演"现代社会问题"与"英意文学"⑥。

清心中学面向高中一年级和初中三年级学生开设图书馆学课程。该校图书馆主任宋景祁担任授课教师,采用杜定友所编《图书馆学概论》与陈逸所译《儿童图书馆之研究》作为教材。此外,宋景祁还自编讲义,并率领学生到该校图书馆实习及赴校外各图书馆参观⑦。

中华图书馆协会图书馆教育委员会改组,胡庆生当选为主席,毛坤为书记⑧,另有戴志骞、洪有丰、刘国钧、沈祖荣 4 位委员⑨。

4 月 6 日

安徽全省教育局长会议在安庆举行,4 月 14 日结束⑩。涡阳县教育

---

① 文华图书馆学专门学校北平同学会会员名录[J].文华图书科季刊,1929,1(2):卷首.

② 东京帝国大学.东京帝国大学要览(昭和四年)[M].东京:东京帝国大学,1929:400.

③ 校闻·春游[J].文华图书科季刊,1929,1(2):237 - 238.

④ 校闻·同学会之筹备[J].文华图书科季刊,1929,1(2):237 - 238.

⑤ 校闻·参观武汉各图书馆[J].文华图书科季刊,1929,1(2):238.

⑥ 校闻·名人演讲[J].文华图书科季刊,1929,1(2):238.

⑦ 清心中学添设图书馆学课程[J].中华图书馆协会会报,1929,4(5):30.

⑧ 中华图书馆协会事务所.中华图书馆协会概况[M].北平:中华图书馆协会事务所,1933:29.

⑨ 本会新组织之各委员会[J].中华图书馆协会会报,1929,4(5):26 - 27.

⑩ 全省教育局长会议概况一览表[M]//安徽省教育厅.安徽全省教育局长会议录.安庆:安徽省教育厅,1929:13 - 15.

局提交《各县一律建设公共图书馆及培植管理图书馆人才案》,后并入安徽省教育厅厅长程天放交议的《推广社会教育案》,获得通过①。

4月

马宗荣注册入读东京帝国大学大学院(即研究生院),其研究方向为"图书馆教育之研究"②。这无疑是受到植松安开设的"图书馆学"课程的影响③。不过,他于1929年秋提前结束学业,最迟在1929年11月中旬就已经回到中国,受聘担任上海特别市教育局督学④。

"满铁"制定图书馆业务研究会的内部规章。据此,图书馆业务研究会按区域分为三个区,一区是大连地区,二区是奉天地区,三区是铁岭以北地区。二、三区于1930年9月合并为新的二区,合并后的二区又于1932年9月与一区合并⑤。

《安徽省立图书馆季刊》第1期登载周德之撰写的《最简单的中学校图书馆》。周德之在文中指出,中学图书馆主任"要有图书馆专门学识和图书馆实际经验。专任馆员要有一二人以上,也须受过图书馆训练……学生助理员可由选修图书馆学课程者担任(中学校高中部必须设图书馆学)"⑥。

5月9日

北平大学区扩充教育处召开第五次处务会议,议决通过多个规章⑦。其中,《北平大学区通俗图书馆、民众阅报事务所、通俗讲演所主任任免及待遇暂行规程》第二条规定通俗图书馆、民众阅报事务所、通俗讲演所主任的任职资格,其中通俗图书馆主任的任职资格如下:

1. 中学以上学校毕业,对于图书馆学有相当之研究及兴趣者。

2. 县立师范学校毕业,曾在图书馆任重要职务二年以上,著有

① 安徽教育会议之图书馆方面议案[J].中华图书馆协会会报,1929,5(1/2):56.

② 东京帝国大学.东京帝国大学要览(昭和四年)[M].东京:东京帝国大学,1929:301.

③ 范凡.马宗荣在东京帝国大学留学的时间和专业考[J].图书馆杂志,2015(5):107-111.

④ 市教育局之新职员[N].申报,1929-11-21(11);市教育局督察会议纪[N].申报,1929-11-22(11).

⑤ 冈村敬二.满铁图书馆:海外日本图书馆的历史[M].京都:阿吽社,1994:64.转引自:任家乐,刘春玉.20世纪上半叶日本在华图书馆学教育研究:以满铁图书馆业务研究会为据[J].图书馆建设,2018(11):73-74.

⑥ 周德之.最简单的中学校图书馆[J].安徽省立图书馆季刊,1929(1):1-9.

⑦ 扩充教育处第五次处务会议(五月九日)[J].北平大学区教育旬刊,1929(9):53-54.

成绩者。

3. 国学确有根底,对于图书馆学或社会教育有相当之研究或著作者。①

同期,北平大学区扩充教育处还制定了《北平大学区省立图书馆、通俗图书馆暂行规程》,其中第十六条规定省立图书馆与通俗图书馆主任、馆员与事务员的任职资格。具体如下:

第十六条　图书馆主任、馆员、事务员以品格高尚、服膺党义并分具左列各项资格之一者为合格:

Ⅰ. 主任

1. 国内外图书馆专科毕业者。

2. 大学师范院或大学教育系毕业者。

3. 专门以上学校毕业,曾任教育职务二年以上者。

4. 师范学校毕业,曾任教育职务三年以上,并于图书馆事业有相当研究及经验者。

5. 中等学校毕业,曾任社会教育职务三年以上,著有成绩,并于图书馆事业有相当研究及经验者。

前项应征人员应拟具计划书,连同毕业证书、服务证明文件、履历及著作品等一并呈送本大学查核。

Ⅱ. 馆员

1. 大学或专门学校毕业者。

2. 中等学校毕业,曾任教育职务一年以上,对于图书馆事务有兴趣者。

3. 曾在图书馆继续任职三年以上,著有成绩者。

Ⅲ. 事务员

1. 具有第二项资格之一者。

2. 曾任图书馆职务一年以上,有相当处理能力者。

3. 办事勤,工作努力,对图书馆极感兴趣者。②

---

① 北平大学区通俗图书馆、民众阅报事务所、通俗讲演所主任任免及待遇暂行规程[M]//北平大学区. 北平大学区河北省十八年度社会教育计划及预算书. 北平:北平大学区,1929:52－55;本大学区各县通俗图书馆、民众阅报事务所、通俗讲演所主任任免及待遇暂行规程[J].北平大学区教育旬刊,1929(9):48－50.

② 北平大学区省立图书馆、通俗图书馆暂行规程[M]//北平大学区. 北平大学区河北省十八年度社会教育计划及预算书. 北平:北平大学区,1929:59－63.

5 月 18 日

下午 2 时,国民政府教育部召开高中师范科课程会议,马客谈、孟宪承、沈朏斋、吴研因、杨保康(或作"杨葆康")、赵述庭、郑宗海、朱经农等委员出席,会议由朱经农主持,吴研因记录。经过讨论,推选出若干课程的修订办法起草员,其中"图书馆管理法"课程的修订办法由刘国钧负责起草①。

5 月 29 日

太原图书馆协会正式成立,并公布《太原图书馆协会宣言》和《太原图书馆协会简章》。《太原图书馆协会简章》第三条规定该会的六种拟办事项,其中第五种涉及图书馆学教育,具体如下:"设立图书馆学校,或请求教育厅在师范学校附设图书馆专修科,及各班加授图书馆学科,并提倡图书馆讲习会,培养图书馆人才,俾谋改造图书馆事业。"②

5 月 30 日

国立中山大学图书馆向国立中山大学校长戴季陶呈送《国立中山大学图书馆招考实习员章程》,次日获得批准③。

5 月

《文华图书科季刊》第 1 卷第 2 期续登吴鸿志所撰《武昌文华图书科之过去、现在及其将来》的第二部分,内含第二章"现在的实况"与第三章"将来的计划"④。

广州市立女子职业学校校长唐允恭"以图书馆事业之适合于女子,并鉴今日国内此项人才之缺乏,有设科施教之必要"拟订计划,向广州市教育局申请增办图书管理科,以满足公立、私立和学校图书馆对图书馆专业人才的需求。广州市教育局批准该校增办图书管理科,但要求该校呈报经费预算和详细办法⑤。

---

① 教育部高中师范科课程会议[N].申报,1929 – 05 – 20(11).
② 太原图书馆协会成立经过[J].中华图书馆协会会报,1929,4(6):13 – 16.
③ 本馆招考实习员[J].图书馆报,1929,7(4):81.
④ 吴鸿志.武昌文华图书科之过去、现在及其将来(续)[J].文华图书科季刊,1929,1(2):232 – 236.
⑤ 广州市立职业学校添办图书管理科[J].图书馆报,1929,7(4):80.

李小缘转任东北大学图书馆主任①。就职之后,李小缘拟订《东北大学图书馆建设之使命及发展计划》,该计划后载于 1929 年 12 月 5 日《东北大学六周纪念增刊》。他在文中列举图书馆需要注意的若干事项,包括设备、组织、分类、编目、流通、借贷等,进而指出:"此皆图书馆之根本事件,亦即所谓图书馆专门学术,必也从速使现在馆员加紧学习,同时聘请有此专门知识及专门训练之人才,分担各项事务,虽非一朝一夕之功,要须勤恳将事始终一贯,而后始可言见功效也。"在文末所附的"计划大纲"中,他提出须"罗致专门人才,培植东北人才"。关于前者,他建议,"(一)厘定名称。(二)改换待遇:此项人才多系大学毕业,具有学士资格。除具有基本知识而外,又[有]专门知识及训练。事务则介于学术、行政之间,兼有教师、职员之实。凡远从关内观光而来,似宜待遇方面破例为之,而后我东北办事有为之精神,与服务者努力办事之功效可交相辉映也"。关于后者,他建议:"(一)训练现在人员。(二)培植本校同学。"②由上可见,李小缘曾计划在东北大学开办图书馆学教育。不过,迫于形势,他很快就重返金陵大学,所以未见他制订具体方案及采取实际行动。

6 月 11 日

广州市政府举行第 202 次市行政会议,讨论《财政教育两局及李泰初委员会同审查教育局提议十八年度推广教育事业及请将市美改办专门学校案》,内含 21 项具体内容,均获通过。其中第 5 项为"拟请在市立职业学校增设图书管理科及增加公牍科、西药配剂科班额",最终议决:"以图书管理人才尚形缺乏,拟准其增设图书管理科一班。"③

6 月 14 日

第一届国际图书馆大会在意大利罗马开幕,6 月 30 日闭幕。中华图书馆协会原拟派戴志骞、沈祖荣与袁同礼三人作为代表,但最终仅有沈祖荣一人出席此次大会。此次大会分成 16 组举行分组会议,沈祖荣被分在图书馆事业总计组。中国提交的四篇英文论文入选该组并被宣读,

① 李小缘君转职与东北大学图书馆近况[J].中华图书馆协会会报,1929,4(6):20.

② 李小缘.本校图书馆建设之使命及发展计划[M]//东北大学周刊编辑部.东北大学六周纪念增刊.沈阳:东北大学消费社,1929:110-117.

③ 广州市政府.广州市政会议录:第一辑 上[M].广州:广州市政府,1934:857-870.

257

包括戴志骞的《中国现代图书馆之发展》、胡庆生的《中国之图书馆员教育》、顾子刚的《中国图书制度之变迁》、沈祖荣的《中国文字索引法》，此外，该组还宣读了一篇作者不明的《中国图书馆今昔观》。会议结束后，沈祖荣又在欧洲考察图书馆事业，参观访问数十所图书馆、三所图书馆学校及若干与图书馆事业密切相关的图书出版和销售机构①。

6 月 23 日

北平图书馆协会在故宫博物院图书馆举办 1928—1929 年度第六次常会。赵福来等人提交《图书馆学暑期学校案》，经过讨论，最后议决等洪有丰返回北平后再进行商讨②。不过，后来未见北平图书馆协会实际开办图书馆学暑期学校。

6 月 29 日

中华教育文化基金董事会在天津利顺德饭店举行第五届年会，6 月 30 日结束。此次年会议决拨给文华图书科 1929 年年度补助金一万元③，其用途不变，仍是用于设立"图书馆学教席及助学金"④。

6 月

查修从伊利诺伊大学图书馆学校毕业，获颁图书馆学学士学位。

世界书局出版殷芷沅所著的《民众教育概要》。在该书第三章"社会式的民众教育"第四节"图书馆在社会式民众教育中有如何的地位"中，殷芷沅介绍图书馆的优点与种类，并且提出四种促进图书馆发达的方法，其中第三种如下："要行政官署特派图书馆指导员巡视本管区域以内各图书馆，切实指导奖励；于相当时期开图书馆讲习会，以养成优良的馆员。"⑤

---

① 沈祖荣. 参加国际图书馆第一次大会及欧洲图书馆概况调查报告[J]. 中华图书馆协会会报,1929,5(3):3-29.

② 北平图书馆协会十八年度集会纪要[J]. 北平图书馆协会会刊,1929(3):1-4. 按:《北平图书馆协会会刊》第 3 期为"北平各图书馆所藏期刊联合目录"专号,《北平图书馆协会十八年度集会纪要》为该期附录,单独排列页码.

③ 中华教育文化基金董事会. 中华教育文化基金董事会第四次报告[R]. 北平:中华教育文化基金董事会,1929:5-6.

④ 中华教育文化基金董事会. 中华教育文化基金董事会第四次报告[R]. 北平:中华教育文化基金董事会,1929:22.

⑤ 殷芷沅. 民众教育概要[M]. 上海:世界书局,1929:86.

暑假

应国立北平大学图书馆主任马衡之请,陶述先、吴鸿志、徐家璧、曾宪文、周连宽5位文华图书科第八班(庚午级)学生前往该馆代为整理西文书籍,前后持续50余日。与此同时,该班其他学生则留在文华公书林实习①。

国立中山大学图书馆录用15名实习员,实习期限为三周②。

宜兴县教育局在该县县城履善小学举办暑期民众教育讲习会③。吴培元主持此次暑期民众教育讲习会,并亲自讲演"民众图书馆设施法"。他还借此机会编撰《民众图书馆设施法》一书,后由宜兴县立图书馆于1930年1月1日出版④。

7 月 22 日

上午,上海特别市教育局暑期讲习会举行开学典礼,次日开始上课,8月10日结束。按照课程安排,王云五将于8月5日讲演"图书馆管理法",持续两个小时⑤。

7 月

中华图书馆协会执行委员会致函全国各图书馆,称中华图书馆协会第一届年会已于1929年1月28日至2月1日在南京举行,有三项问题尤其值得各图书馆注意,即"采访与流通""专门人才与其保障及待遇""编辑周年报告"。关于"专门人才与其保障及待遇",该函指出:"图书馆乃专门之事业,任用职员必须有图书馆学识及宏富之经验。至于职员之位置,务须有确实保障,并须予优良待遇。"⑥

---

① 本科消息·暑期实习[J].文华图书科季刊,1929,1(3):345.

② 广州之图书馆教育[J].中华图书馆协会会报,1929,5(1/2):62.

③ 江苏省宜兴市地方志编纂委员会.宜兴县志[M].上海:上海人民出版社,1990:633.

④ 吴培元.自序[M]//吴培元.民众图书馆设施法.宜兴:宜兴县立图书馆,1930:1-2.

⑤ 昨日开讲之讲习会课程[N].申报,1929-07-24(11).

⑥ 中华图书馆协会执行委员会函知第一次年会议决案文[M]//北平特别市市立第一普通图书馆.北平特别市市立第一普通图书馆周年纪念刊.北平:北平特别市市立第一普通图书馆,1930:(公函)10-11;中华图书馆协会致全国各图书馆书[J].中华图书馆协会会报,1929,5(3):2.

8月7日

王献唐接掌山东省立图书馆,随即开始制定《山东省立图书馆工作计划大纲》,拟分三期对该馆进行整顿和扩充①。

8月13日

莫余敏卿(原名余敏卿,婚后改称"莫余敏卿")从上海乘坐"林肯总统号"轮船(S. S. President Lincoln)前往美国②,9月4日抵达加利福尼亚州旧金山③。她随后转赴纽约,进入哥伦比亚大学师范学院④,1930年12月获文学硕士学位(教育与实用文科专业)⑤,1932年6月又获理学硕士学位(教育与实用文科专业)⑥。之后,她继续在哥伦比亚大学图书馆学院学习图书馆学⑦,但最终并未拿到图书馆学专业的学位。在校期间,她还曾在哥伦比亚大学师范学院图书馆兼职⑧。

8月14日

国民政府教育部颁布《大学规程》,共计三十条,其中第二十二条规定:"大学各学院或独立学院各科,得分别附设师范、体育、市政、家政、美术、新闻学、图书馆学、医学、药学及公共卫生等专修科。"⑨

---

① 王献唐. 一年来本馆工作之回顾[J]. 山东省立图书馆季刊,1931,1(1):(记载)19 – 37.

② California, San Francisco, passenger lists, 1893 – 1953[EB/OL]. [2020 – 12 – 21]. https://www. familysearch. org/ark:/61903/3:1:33SQ-G5LN-L3Q? i = 690&cc = 1916078.

③ California, San Francisco, passenger lists, 1893 – 1953[EB/OL]. [2020 – 12 – 21]. https://www. familysearch. org/ark:/61903/3:1:33S7 – 95LN-L1J? i = 691&cc = 1916078.

④ Directory of students[M]//Columbia University. Catalogue 1929 – 1930. New York:Columbia University,1930:258.

⑤ Degrees conferred during 1930 – 1931[M]//Columbia University. Catalogue 1931 – 1932. New York:Columbia University,1932:282.

⑥ Degrees conferred during 1931 – 1932[M]//Columbia University. Catalogue 1932 – 1933. New York:Columbia University,1933:263.

⑦ Directory of students[M]//Columbia University. Catalogue 1933 – 1934. New York:Columbia University,1934:224.

⑧ 国立北平图书馆职员录(抗日战争期间)[G]//王余光. 清末民国图书馆史料汇编:第七册[G]. 北京:国家图书馆出版社,2014:105.

⑨ 大学规程(十八年八月十四日教育部公布)[M]//罗廷光. 教育行政:下册. 上海:商务印书馆,1948:346 – 351.

8 月 20 日

陈伯逵向上海特别市政府呈交《上海特别市图书馆建设计划书》。他首先分析图书馆的四大作用,然后建议创办上海特别市图书馆,并为其拟定一份较为完备的组织大纲。他在这份组织大纲中的第四款"组织"提出:"总馆设馆长一人,副馆长一人。下设审查、采办、登记、分类、编目、典藏、出纳、参考、装订、出版、推广、文书、庶务、会计、统计等部,每部设主任一人,干事若干人。必要时,添设学术讲演会、图书馆工作人员养成所及各种有关于图书馆事业之委员会。"第六款"事业"的第八条则建议:"设图书馆学专科,养成图书馆工作人员。"①

8 月 21 日

葛受元从香港乘坐"玛格丽特公主号"轮船[S. S. Princess Marguerite,即"俄罗斯皇后号"(S. S. Empress of Russia)]前往美国②,9 月 7 日抵达华盛顿州西雅图③。他随后转赴明尼苏达州北田(Northfield, Minnesota)的卡尔顿学院攻读历史专业④,1930 年毕业并获文学士学位⑤。

8 月 24 日

罗懋德(后改称"罗念生")从上海乘坐"克利夫兰总统号"轮船前往美国⑥,9 月 2 日抵达华盛顿州西雅图⑦。随后,他转赴俄亥俄州哥伦布市(Columbus, Ohio)的俄亥俄州立大学(Ohio State University),但并非按原计划学习图书馆学,而是改为入读文学院⑧。1931 年 6 月,罗懋德毕业,获

① 陈伯逵. 上海特别市图书馆建设计划书[J]. 上海图书馆协会会报,1929(9 月号):4 - 6.

② Washington, Seattle, passenger lists, 1890 - 1957[EB/OL]. [2018 - 10 - 05]. https://www. familysearch. org/ark:/61903/3:1:33S7 - 95N6-SW3? i = 896&cc = 1916081.

③ Washington, Seattle, passenger lists, 1890 - 1957[EB/OL]. [2018 - 10 - 05]. https://familysearch. org/pal:/MM9. 3. 1/TH - 1951 - 22093 - 1983 - 25? cc = 1916081.

④ List of Students:1929 - 1930[J]. Carleton College bulletin,1930,26(3):163.

⑤ Degrees conferred:1930[J]. Carleton College bulletin,1931,27(3):205.

⑥ Washington, Seattle, passenger lists, 1890 - 1957[EB/OL]. [2018 - 08 - 14]. https://www. familysearch. org/ark:/61903/3:1:33S7 - 95N6-SWX? i = 873&cc = 1916081.

⑦ Washington, Seattle, passenger lists, 1890 - 1957[EB/OL]. [2018 - 08 - 14]. https://www. familysearch. org/ark:/61903/3:1:33S7 - 95N6-S9K? i = 872&cc = 1916081.

⑧ 本届清华出洋学生[N]. 申报,1929 - 08 - 17(17).

文学士学位①。1931—1932 学年,他进入哥伦比亚大学攻读硕士学位②。
1932—1933 学年,他改为入读康奈尔大学(Cornell University)③。1933—
1934 学年,他到雅典美国古典学院(American School of Classical Studies at
Athens)研究古希腊悲剧和艺术④。1934 年学成归国后,他先后在北京大
学、四川大学、武汉大学、清华大学等高校的外语系任教。新中国成立
后,他历任北京大学文学研究所和中国科学院外国文学研究所(后改为
中国社会科学院外国文学研究所)研究员。他一生翻译了大量古希腊文
献,是一位卓越的翻译家和古希腊文学研究专家。

8 月 30 日

辽宁省立图书馆馆长卞鸿儒赴大连参观大连图书馆,次日返程⑤。
其后,他撰写的《参观大连图书馆报告》由辽宁省立图书馆于 1929 年 9
月刊印,被列为"辽宁省立图书馆丛刊"第二种。该报告分为"导言""满
铁之图书馆事业""大连图书馆概况""参观后之感想"四部分。在"参观
后之感想"中,卞鸿儒提出了三条建议:"第一,民众方面,宜速觉悟图书
馆在社会上占重要地位,未可忽视。知识阶级及舆论界,尤宜急起从事
图书馆运动与其宣传。第二,图书馆自身方面,宜力谋振奋,互相联络,
以便协同进展。如组织图书馆协会,举行图书馆讲演会等,均属切要之
图。尤希望内地各图书馆,对于东省图书馆事业,极力援助,共同合作。
第三,教育当局方面,宜一方严厉督促各图书馆之实施,一方设法训练图
书馆人才,增加图书馆经费,以树立发展图书馆之基础。"⑥

8 月

启智书局出版张志澄所著的《社会教育通论》。在该书下编第三章
"心的机能教育之机关"第二节"知育之机关"中,张志澄介绍了五种推

① Members of June 1931 graduating class[J]. Ohio State University monthly,1931,22(10):510.

② Directory of students[M]//Columbia University. Catalogue 1931 – 1932. New York:Columbia University,1932:167.

③ Cornell University. Directory of living alumni 1868 – 1938[M]. Ithaca,N. Y.:Cornell University,1938:581.

④ American School of Classical Studies at Athens. Directory of trustees,managing committee,faculty and students 1882 – 1942[M]. Athens:American School of Classical Studies at Athens,1942:71.

⑤ 卞鸿儒. 参观大连图书馆报告[M].沈阳:辽宁省立图书馆,1929:1.

⑥ 卞鸿儒. 参观大连图书馆报告[M].沈阳:辽宁省立图书馆,1929:19 – 20.

广图书馆的办法,其中第一、二种如下:"(一)各省公立高等图书馆当设图书馆教育讲习会,令各县之曾习师范、愿充图书馆员者入馆研习图书馆教育学三月,造就图书馆教育人才,以备任务。(二)凡各省所设立之师范学校当仿美国制度,一律讲授图书馆学。"①

国民政府教育部发布第一〇四三号令,正式批准文华图书科的立案申请。文华图书科更名为"私立武昌文华图书馆学专科学校"(英文校名为"Boone Library School",简称"文华图专"),学制两年,其办学经费主要来自庚款补助和公私赞助。沈祖荣被该校校董会推举为校长②。

商务印书馆出版美国学者鲍锐斯(Julius Boraas)与绥尔克(George A. Selke)合著、李之鸥翻译的《乡村学校行政与辅导》,被列入"师范丛书"。该书的英文底本为 Rural School Administration and Supervision,原由 D. C. 希思公司(D. C. Heath and Company)于 1926 年出版。作者在该书第 9 章"教师之补充与训练"中列举一种面向乡村教师训练的一年制师范科课程体系,其中包括一门"图书馆学"课程,要求"共须有约三十课之教学实习,或连续举行,或每星期一课,每日实习二十分钟"③。

国立北平大学第一师范学院(其前身为国立北京师范大学)重新独立设置,称"国立北平师范大学"。1937 年 7 月 7 日,卢沟桥事变爆发,日军占领北平。该校被迫迁往西安,与国立北平大学和国立北洋工学院合组为西安临时大学。在此期间,该校教育学院教育系曾为二、三年级学生开设一门"图书馆管理法"选修课程(编号:教选 27),计 4 学分④。

9 月 1 日

辽宁省立图书馆刊印卞鸿儒编述的《辽宁省立图书馆之使命与其实施》,被列为"辽宁省立图书馆丛刊"第一种。该书分为"导言""本馆之使命""本馆之实施""附录"四部分。在"本馆之使命"的第六小节"发展图书馆事业"中,卞鸿儒指出:"图书馆之职责,在昔只以藏书为事,故其业务,不过保存得宜,不至散失而已。殆后渐经改进,始于保存之外,更注意于使用之途。关于管理方法,有所改革,而图书馆事业,乃不仅为

---

① 张志澄. 社会教育通论[M]. 上海:启智书局,1929:145.

② 陈传夫,董有明. 求实奋进 共谱新篇:从文华图专到武汉大学信息管理学院(1920—2010)[M]. 武汉:武汉大学出版社,2010:77 - 78.

③ 鲍锐斯,绥尔克. 乡村学校行政与辅导[M]. 李之鸥,译. 上海:商务印书馆,1929:73 - 77.

④ 国立北平师范大学教育学院. 国立北平师范大学教育学院教育系课程标准及教学大纲[M]. 北平:国立北平师范大学教育学院,[出版年不详]:8.

机械之工作,而有研究之价值,图书馆学于以产生。其后因办理之方针渐改,而研究之问题愈多,图书馆学术遂成为专门之科学。办理其事者,非有专门训练,不足以资应付,于是更有训练人才之图书馆学教育。"①

9 月 15 日

华中大学在停办两年后终于复办开学②。因此,已经获准备案的私立武昌文华图书馆学专科学校其实并未正式独立办学,同时亦未启用已经立案的新校名,而是依然以"文华图书科"的名义依附于华中大学进行办学③。文华图书科学生仍在华中大学其他科系修习课程,修够学分且符合相关条件者依然可以从华中大学拿到学士学位。

9 月 20 日

浙江省政府委员会召开第二百五十四次会议,浙江省政府委员兼教育厅厅长陈布雷提交的《拟派员赴欧调查研究图书馆教育由留学经费节余项下拨办请核议案》获得通过④。陈布雷指出:

> 窃图书馆教育与成人补习教育关系至切,亦于保存本国文献至有关系。现在本省关于此项人才,其具有专门学识而兼有深切之研究经验者尚不多,现亟应养成。兹查有本省海宁县人蒋复璁在国立北京大学哲学系毕业,历充国立北平图书馆馆员、中华图书馆协会分类委员共七年,著有图书馆书籍多种,关于图书馆教育富有经验及兴趣。现拟前往德国及欧西各国进求深造,半以求学,半为公家担负调查研究责任,按月将报告寄省参考,由公家担负一部分之经费。以该员之学术经验派遣调查研究固属相当,而仅由公家担负一部分之经费尤为事轻易举。兹拟派遣该员担任关于图书馆教育之调查研究两年,每月给予调查研究费国币一百二十元,令该员将调查研究之所得按月寄送报告,并于调查研究期间留心搜访流传海外关于本国及本省之文献。该员回国以后,并由本省指派服务,以期改进文化事业。所有此项经费即由本省留学经费节余下支拨,不

---

① 卞鸿儒. 辽宁省立图书馆之使命与其实施[M]. 沈阳:辽宁省立图书馆,1929:10.

② 本科消息·华中大学开学[J]. 文华图书科季刊,1929,1(3):346.

③ 毛坤. 华中大学文华图书科十周年纪念[J]. 文华图书科季刊,1930,2(2):137–139.

④ 浙江省政府委员第二百五十四次会议录(十八年九月二十日)[J]. 浙江省政府公报,1929(716):(会议录)14–18.

零[另]列支。以上各节是否有当,敬请公决。①

9 月 28 日

沈祖荣撰就报告,介绍他参加第一届国际图书馆大会的经过、见闻与思考。随后,他将这份报告及其参会与考察日记一并呈交给国民政府教育部。沈祖荣在其呈文中列举此次大会通过的十五项决议案,其中第四项和第五项决议案跟图书馆学教育相关:"(四)国际图书馆对于馆员与图书馆学校之教授、学员,或有令其交换与自愿求学等事,应先研究其办法,以有一完全之组织,但其开办之基金可与智育协作委员会商筹或请政府拨给。(五)凡属应有图书学校之处而未及设备者,急需设法辅助进行。关于服务馆中必受此科之训练而有凭证者,不分国界,一律承认。再美国在巴黎所开之国际图书馆学校,已有二十五国学员入校之成绩。除请其继续办理外,尤促其努力扩充。"②

9 月

文华图书科该年并未招考新生。只有房兆楹(又名房兆颖,山东泰安人,1928 年 6 月从燕京大学史学系毕业生、文学士)插班入读文华图书科第八班③,后来亦被认为是文华图书科图书馆学本科第八届毕业生④。

经沈祖荣提议,文华图书科图书馆学本科第八班(庚午级)学生组织编目股,"将公书林旧有中国书籍四十余箱,分类整理,股中一切计划、预算、采办材料用具、分配工作事宜,均由本级同学自动办理。地点确定在公书林三楼南端西室,每星期工作四小时,每人轮流作股长一次"⑤。

武汉大学国学系教授李笠受聘到文华图书科兼任目录学教授,徐家

---

① 浙教厅派员赴欧研究图书馆教育[N].民国日报,1929 - 09 - 24(13);拟派员赴欧调查研究图书馆教育由留学经费节余项下拨办请核议案[J].浙江教育行政周刊,1929(4):(议案)2.

② 沈祖荣.国际图书馆大会[J].文华图书科季刊,1929,1(3):335 - 343.

③ 本科消息·新同学[J].文华图书科季刊,1929,1(3):345. 按:令人奇怪的是,武汉大学档案馆现存文华图书科(文华图专)档案中的房兆楹毕业证书存根上标注的入校年月却是"十七年九月"(1928 年 9 月),当是误记。具体参见:私立武昌文华图书馆学专科学校整理伪湖北省政府档卷·图书馆学本科学生毕业证书存根(民国十九年至二十八年)[A].武汉大学档案馆,案卷号:1930 - 1.

④ 彭敏惠.文华图专珍稀史料图录[M].武汉:武汉大学出版社,2020:273.

⑤ 本科消息·编目股[J].文华图书科季刊,1929,1(4):474.

麟则受聘担任文华图书科图书馆学及图书分类法助教①。此外,从国立北京大学哲学系毕业并获文学士学位后,毛坤回到文华图书科执教,负责讲授"中文参考书举要"课程②,后来编有《中文参考书举要》③。

河南大学教育学系开设一门"图书馆学"课程④。

岭南大学教育学系继续开设一门"图书馆管理法"课程⑤。

广州市立女子职业学校增设图书管理科⑥。该科最初招收小学毕业生,后改为招收初中毕业生,学制两年,开设普通科(公共课)和专科(专业课)两类课程。普通科课程包括"国文""英文""日文""科学概论""国学概论""音乐""体育",专科课程包括"图书馆学概论""图书分类""编目""目录学""中文参考书使用法"等。授课教师包括何多源、李景新(字汉超)、胡荫荪等人⑦。其中,何多源讲授图书编目法。他凭借自己在国立中山大学图书馆从事编目工作的经验,并参考国内外图书编目法方面的著作,编撰了一本《图书编目法》讲义,后正式印行⑧。

上海图书馆协会筹备举办图书馆学讲习会,旨在培养图书馆学专门人才,以满足各地图书馆的需求⑨。

10 月 1 日

河北省教育厅颁布《河北乡村师范简易办法》。该办法第七条"乡村师范课程标准"规定了河北省乡村师范学校应当开设的必修课程与选修课程,其中包括一门"儿童图书馆学"选修课程⑩。

---

① 本科消息·新教授[J].文华图书科季刊,1929,1(3):345-346.

② 彭敏惠.文华图书馆学专科学校的创建与发展[M].武汉:武汉大学出版社,2015:125.

③ 彭敏惠.文华图专珍稀史料图录[M].武汉:武汉大学出版社,2020:185.

④ 王昭旭.十八年的河南大学教育概况[J].河南教育,1929,2(10):4-18.

⑤ Lingnan University. Bulletin No. 42, announcements 1929-30[M]. Guangzhou:Knipp Memorial Press,1929:38.

⑥ 广州市教育局.广州市教育局报告书[R].广州:广州市教育局,1934:44.

⑦ 张磊,黄明同.广东省志·社会科学志[M].广州:广东人民出版社,2004:318.

⑧ 何多源.图书编目法[M].广州:广州大学图书馆,1933:序.

⑨ 本市图书馆界简讯[N].申报,1929-09-21(17);本市图书馆筹备图书馆学讲会[N].民国日报,1929-09-21(13).

⑩ 河北乡村师范简易办法[N].益世报(天津版),1929-10-02(16);河北乡村师范简易办法(续)[N].益世报(天津版),1929-10-03(16);河北发展乡村师范教育,教厅拟定简易办法(未完)[N].北平日报,1929-10-01(6);河北发展乡村师范教育,教厅拟定简易办法(未完)[N].北平日报,1929-10-02(6);河北发展乡村师范教育,教厅拟定简易办法(完)[N].北平日报,1929-10-03(6).

10 月 4 日

山东省教育厅核准颁布《山东省立图书馆工作计划大纲》。山东省立图书馆拟分成三个时期对该大纲进行推广。其中,第一个时期的计划包括制定 21 种规程等,第二个时期的计划包括编印《山东省立图书馆季刊》和一套"图书馆学丛刊"以及"设立图书馆学训练班"等。该馆计划出版的"图书馆学丛刊"包括《省立图书馆之组织与管理》《县立图书馆之组织与管理》《通俗图书馆之组织与管理》《学校图书馆之组织与管理》《儿童图书馆之组织与管理》《图书分类编目法》《购置图书选择法》《图书排列法》《图书馆与教育》《图书馆与社会》《现代图书馆概况》《中国藏书源流考》《中国图书目录学》《中国图书版本学》等 14 种,但后来未见实际推出。关于"设立图书馆学训练班",该大纲则指出:"图书馆为专门科学之一,现在本国此项人才,已感缺乏,东省方面,尤为缺少。拟设立训练班,养成图书馆学专门人才,备于扩充分馆附馆及各县立图书馆时担任工作;其详细办法,另行规定。"①

10 月 10 日

袁同礼以中华图书馆协会执行委员会主席的身份向国民政府教育部呈交条陈,并附《中华图书馆协会第一次年会报告》两册。这份条陈包括 12 条,其中第五条为"注重图书馆专门人才","查图书馆为专门之学术,自非任用专门人才不能为功。我国方今建设伊始,亟应努力培植以资应用。窃举左列各条:一、设立图书馆专门学校或充分津贴已开办之图书馆学校。二、通令各大学添设图书馆学课程或图书馆学系。三、逐年举行图书馆学考试,选最优者资送留学。四、中学校及师范学校课程中加授图书馆学,每周一、二小时,在中学校为选科,在师范学校为必修科。五、各种各级学校应有有系统的图书利用法之指导,此应请采择者五"②。

---

① 山东省立图书馆工作计划大纲(十八年十月四日核准)(未完)[J].山东教育行政周报,1929(60):21 - 25;山东省立图书馆工作计划大纲(十八年十月四日核准)(续)[J].山东教育行政周报,1929(61):25 - 32;山东省立图书馆工作计划大纲[J].山东省立图书馆季刊,1931,1(1):(记载)39 - 51.

② 袁同礼.中华图书馆协会呈教育部拟具图书馆条陈请鉴核施行文(教育部训令第六二七号附发)[J].天津特别市教育局教育公报,1930(31):(公牍)15 - 19;教育部训令(字第六二七号)[J].暨南校刊,1930(74):1 - 5;部令酌量添设图书馆学课程[J].国立浙江大学校刊,1930(21):265 - 268.

文华图书科举办辛亥革命纪念日庆祝大会,周鲠生和杨柏森应邀莅校讲演①。其中,周鲠生讲演"国际联盟及研究书目"。此后,沈祖荣又陆续邀请多名专家莅校讲演,如时如瀛讲演"中国外交关系书目",燕树棠讲演"法学及法学之分类",陈西滢讲演"近代文学之趋势"等,但未悉详情②。

10 月 22 日

山东省教育厅核准公布《山东省立图书馆组织章程》,内有十九条,其中第八条规定该馆事务部负有"训练工友及考察事宜"等职责③。同期,山东省立图书馆还制定了《山东省立图书馆图书馆学研究会组织简章》等一系列规章制度。其中,《山东省立图书馆图书馆学研究会组织简章》规定该会"以研究图书馆学,使全馆职员皆能明了运用为宗旨",其研究科目包括"图书馆学史""图书分类编目法""图书馆经营法""中国图书校勘学""中国图书版本学""中国图书目录学"六种,每周在工作时间以外举行至少三次研究④。

10 月 28 日

山东省立民众教育学校开始上课⑤,1930 年 6 月第一期闭学,共有 69 名学生毕业⑥。该校共计开设 37 种课程,其中包括一门"图书馆学"课程⑦。前四个月每周授课 32 小时,后四个月每周授课 36 小时。学生最后还须分成民众学校组、通俗讲演组与编辑组三组前往山东省立民众教育馆实习⑧。

11 月 1 日

江苏省政府委员会召开第二三六次会议,讨论江苏省教育厅呈交的《为遵令陈述江苏增设专科学校意见,祈鉴核汇转案》等议案⑨。江苏省

---

① 本科消息·国庆纪念[J].文华图书科季刊,1929,1(4):473.

② 本科消息·名人演讲[J].文华图书科季刊,1929,1(4):473-474.

③ 山东省立图书馆组织章程(十月二十二日厅令核准)[J].山东教育行政周报,1929(66):28-30.

④ 山东省立图书馆图书馆学研究会组织简章[J].山东省立图书馆季刊,1931,1(1):(记载)68.

⑤⑦⑧ 黄裳.全国民众教育人员训练机关的调查[M].广州:广东省立民众教育馆,1935:14-16.

⑥ 核准山东省立民众教育学校民众教育班第一期毕业学生姓名单[J].山东教育行政周报,1930(105):15-18.

⑨ 江苏省政府委员会第二三六次会议纪录(十八年十一月一日)[J].江苏省政府公报,1929(279):(会议录)1-4.

教育厅计划筹办农业专科学校、蚕丝专科学校、染织专科学校、水产专科学校、工业专科学校、陶业专科学校、图书馆专科学校七所专科学校。关于图书馆专科学校,其开办理由如下:"图书馆教育为增进社会知识能力之利器,其设备管理诸端在在均有专门研究。现在各学校提倡课外阅书,各地施行民众教育,于图书馆之设置需要尤亟。但是项人才尚未有相当学校为之造就,供不应求,不无遗憾。应再筹设图书馆专科学校,以储是项需要人才之选。"①经过讨论,最后议决:"农业、水产,就原校即行改组;蚕丝专校,从速筹办;余由厅妥拟具体办法呈核。其经费,在省府补助教育经费项下开支。"②不过,江苏省教育厅后来实际并未开办图书馆专科学校,殊为遗憾。

11 月 16 日

陈长伟带领金陵大学图书馆学系学生前往江苏省立国学图书馆参观③。

王云五应邀在江苏省立民众教育院讲演图书馆学。其讲演内容经茅宗杰记录成文,以《图书馆学》为题,载于 1929 年 12 月《教育与民众》第 1 卷第 5 期④。

11 月

"满铁"奉天图书馆馆长卫藤利夫受聘到满洲教育专门学校(当时误记成"前波教育专门学校")讲授"图书馆学概论"课程,每周授课两小时,同时还在"满铁"奉天图书馆指导该校学生进行实习⑤。

12 月 8 日

田洪都从北平前往天津,准备在塘沽乘船前往日本,然后转船前往美国。他计划在抵达美国后"径赴哈佛大学,入图书馆科"⑥。

① 苏省筹设专科学校[N].中央日报,1929 - 11 - 09(11);苏省筹设专科学校[N].时事新报,1929 - 11 - 10(8);苏省筹设专科学校[J].湖南教育,1929(13):17 - 19;苏省筹设专科学校[J].湖南教育行政汇刊,1929(4):12 - 14.

② 江苏省政府委员会第二三六次会议纪录(十八年十一月一日)[J].江苏省政府公报,1929(279):(会议录)1 - 4.

③ 图书馆学班考察古书版本[J].金大周刊,1929(3):18.

④ 王云五. 图书馆学[J].茅宗杰,记. 教育与民众,1929,1(5):1 - 10.

⑤ 日人在满洲之公开图书馆讲座[J].中华图书馆协会会报,1930,5(4):24.

⑥ 田洪都赴美行程[J].燕大周刊,1929(13):4.

12 月 17 日

《北京大学卅一周年纪念刊》出版,内载李辛之撰写的《北京大学之教育系》。该文附表呈现北京大学教育学系历年的办学情况,其中包括袁同礼在该系开设的"图书学"系列课程(见表 1929 - 2)。[①]

表 1929 - 2　北京大学教育学系图书馆学课程一览(1924—1929 年)

年度	课程名称	教员	备注
1924	图书馆学、目录学、图书利用法	袁同礼	
1925	图书利用法	袁同礼	
1926	图书利用法	袁同礼	
1927			
1928	图书馆学		下学期复校成功后才开始正式上课
1929		袁同礼	

资料来源:李辛之. 北京大学之教育系[M]//国立北京大学卅一周年纪念会宣传股. 北京大学卅一周年纪念刊. 北平:国立北京大学卅一周年纪念会宣传股,1929:52 - 57.

下午 1 时,北京大学出版部调查该校印刷所该学期的工作情况,并撰就调查报告,该调查报告先后载于《北大日刊》1929 年 12 月 31 日第 2320 期和 1930 年 1 月 4 日第 2321 期。该调查报告提到 1929 年秋北京大学图书馆学课程讲义的印刷情况(见表 1929 - 3)。

表 1929 - 3　1929 年秋北京大学图书馆学课程讲义印刷情况一览

序号	讲义名称	已出版页数	余存原稿页数
1	目录学	46	1
2	图书学(中文)	16	0
3	图书馆学	9	0

资料来源:出版部调查印刷所本学期工作报告(十二月三十日下午一时查)[J].北大日刊,1929(2320):2 - 4;出版部调查印刷所本学期工作报告(十二月三十日下午一时查)[J].北大日刊,1929(2321):1 - 4.

---

① 李辛之. 北京大学之教育系[M]//国立北京大学卅一周年纪念会宣传股. 北京大学卅一周年纪念刊. 北平:国立北京大学卅一周年纪念会宣传股,1929:52 - 57. 按:原表的"教员"与"课程名称"两栏并未将各个教员与各自开设的课程一一对应,但这几年北京大学教育学系开设的图书馆学相关课程其实均由袁同礼讲授。令人奇怪的是,袁同礼并未出现在 1927、1928 年的教员名单中,但 1928 年的课程中却有一门"图书馆学"。此外,袁同礼出现在 1929 年的教员名单中,但 1929 年并未开设图书馆学相关课程。

12 月 31 日

《中华图书馆协会会报》第 5 卷第 3 期登载沈祖荣撰写的《参加国际图书馆第一次大会及欧洲图书馆概况调查报告》。该文正文包括"致中华图书馆协会函""大会缘起""赴会时沿路情形""开会之经过""展览会之概况""欧洲图书馆界概况""结论"7 个部分,后有附录"欧洲出版界发行图书馆学及目录学书目"①。

12 月

罗晓峰(即罗基焜②)受聘担任文华图书科教员,同时兼任文华公书林流通部主任③。

金陵大学图书馆学班全体合影留念,共计 20 人④。

本年

私立大夏大学教育科教育行政系开设一门"学校图书馆管理法"课程(编号:教育 185),计 3 学分⑤。

厦门大学教育科开设一门"学校图书馆组织法"选修课程,一学期授毕,计 2 学分⑥。

安徽省立大学文学院开设一门"图书馆学"普通选修课程(编号:文 197),一学期授毕,每周授课 3 小时,计 3 学分⑦。

江苏省立松江女子中学校开设一门"图书馆管理法"课程。其课程纲要如下:

学习年级与时间、学分:高师二年级选修,每周一小时,半年修

---

① 沈祖荣. 参加国际图书馆第一次大会及欧洲图书馆概况调查报告[J]. 中华图书馆协会会报,1929,5(3):3-29.

② 文华图书科同学录[J]. 文华图书科季刊,1930,2(1):137-139.

③ 本科同门会会员消息[J]. 文华图书科季刊,1930,2(1):135.

④ 宋景祁,黄警顽,沈文华,等. 中国图书馆界人名录[M]. 上海:上海图书馆协会,1930:卷首.

⑤ 教育科课程[M]//私立大夏大学. 私立大夏大学一览(民国十八年六月). 上海:私立大夏大学,1929:9.

⑥ 厦门大学教育科. 厦门大学教育科概况(十八年四月)[M]. 厦门:厦门大学教育科,1929:18.

⑦ 安徽省立大学. 安徽省立大学一览(民国十八年七月)[M]. 安庆:安徽省立大学,1929:(文学院一览)12.

毕,一学分。

目标:1. 了解图书馆之重要。2. 引起对于图书管理的兴趣。3. 明了图书馆之组织。4. 明了图书管理上所需要的各种普通法则。5. 养成能办理小规模图书馆之技能。

纲要:图书馆与教育,图书馆学意义及范围,图书选择法,图书馆的经营及组织,购订与登记,分类法,编目法,藏书法,出纳法,参考法,阅览指导法,儿童文学通论。

教学方法:用讨论研究式,注重实习,帮助本校图书馆分类、编目及其他工作。

标准用书:杜定友著《学校图书馆学》。[①]

江苏省立松江女子中学还专门制定了《师范科学生实习图书馆管理简章》[②]。此外,该校后来提出,为"完成手脑双全之师范教育",应当训练师生科学生"养成自立研究的习惯,组织健全的图书研究室"等[③]。

中央大学区第四分区地方教育研究会举办暑期讲习会,蒋镜寰被推举为执行委员兼图书馆学讲师[④],未悉详情。

南京私立中华女子中学分成文史地组、自然科学组、艺术组与师范教育组四组开设选修课程,其中师范教育组选修课程中含有一门"图书馆管理法"课程,每周授课 1 小时,计 1 学分[⑤]。

南京私立钟英中学校面向初中三年级学生开设一门"图书馆管理法"选修课程,每周授课 2 小时,计 2 学分[⑥]。

上海圣玛利亚女校图书馆开始附设图书馆学课程,"举凡图书之重要、分类、编目与排列之常识,均须研究"。学生"不但只读其书,且有机会实习管理。是以对于图书之兴趣日增,而对于搜寻图书易如反掌,以

---

① 江苏省立松江女子中学校 . 江苏省立松江女子中学校一览[M].上海:江苏省立松江女子中学校,1929:156 – 157.

② 江苏省立松江女子中学校 . 江苏省立松江女子中学校一览[M].上海:江苏省立松江女子中学校,1929:179.

③ 师范生训练方针[J]. 松江女中校刊,1931(19/20):插页 .

④ 本馆历年大事记[M]//江苏省立苏州图书馆年刊编纂委员会 . 江苏省立苏州图书馆年刊. 苏州:江苏省立苏州图书馆,1936:1 – 8.

⑤ 南京私立中华女子中学校 . 南京私立中华女子中学校一览[M].南京:南京私立中华女子中学校,1930:12 – 13.

⑥ 南京私立钟英中学校 . 南京私立钟英中学校学则[M].南京:南京私立钟英中学校,1929:5 – 6.

比未习此科前寻书之费时者,真不可同日而语矣"①。

苏州女子中学面向高中师范普通科二、三年级学生开设一门"图书馆管理及编目法"选修课程,下学期授毕,每周授课 2 小时,计 2 学分②。

安徽省立第一女子中学高中部师范科开设一门"图书管理法"选修课程,每周授课 1 学时,计 1 学分③。

广州市立师范学校面向高中师范科三年级学生开设一门"图书馆管理"专习选修课程,上学期授毕,计 3 学分④。

湖南省制定《湖南师范科公共选修科目学程表》,规定师范科应在第三学年第二学期开设一门"图书馆管理法"公共选修课程,每周授课 1 小时,计 1 学分⑤。

---

① 李桂仙,华庆莲. 本校图书馆之概况[M]//圣玛利亚女校. 圣玛利亚女校五十周纪念特刊. 上海:圣玛利亚女校,1931:19 – 21.

② 高中师范普通科选修学程表[J].苏州女子中学月刊,1929,1(2/3):49 – 51.

③ 本校高中部师范科选修教育学程表[J].女钟,1929(15):插页.

④ 广州市立师范学校. 广州市立师范学校概览(中华民国十八年度)[M].广州:广州市立师范学校,1929:29.

⑤ 湖南师范科公共选修科目学程表[J].湖南教育行政汇刊,1929(2):221 – 222.

发 展

（1930—1936 年）

1930 年

◎上海图书馆协会附设函授学社图书馆行政学系创办
◎金陵大学图书馆学系改为图书馆学组
◎商务印书馆举办四角检字法编制索引实习所
◎文华图专正式开始独立办学,增设图书馆学讲习班
◎江苏省立教育学院社会教育暑期学校开设图书馆学课程
◎谭卓垣、吴光清、梁思庄、严文郁赴美学习图书馆学
◎蒋复璁赴德国考察图书馆事业兼修习图书馆学课程
◎天津特别市市立师范学校图书馆学讲习班开办
◎安徽省立第一中等职业学校图书馆班开办
◎吉林省立职业学校筹办文书科

1 月 3 日

应无锡县立图书馆之邀,杜定友与钱亚新前往无锡指导图书馆工作,1 月 4 日结束。在此期间,杜定友曾在无锡县立民众教育馆讲演图书馆学,并放映图书馆学影片①。

1 月 6 日

田洪都从日本横滨乘坐"麦迪逊总统号"轮船(S. S. President Madison)前往美国②,1 月 22 日抵达加利福尼亚州旧金山③。他随后转赴马萨诸塞州剑桥,服务于哈佛燕京学社汉和图书馆,并从该年 5 月起担任

---

① 图书馆学家到锡[N].新无锡,1930 – 01 – 04(3).

② California,San Francisco,passenger lists,1893 – 1953[EB/OL].[2018 – 09 – 30].https://www.familysearch.org/ark:/61903/3:1:33SQ-G5GH – 9NTN? i = 539&cc = 1916078.

③ California,San Francisco,passenger lists,1893 – 1953[EB/OL].[2018 – 09 – 30].https://www.familysearch.org/ark:/61903/3:1:33SQ-G5GH – 9NTN? i = 540&cc = 1916078.

该馆代理主任①。

2 月 17 日

中华职业教育社附设职业专修学校开学,内设普通簿记科、银行簿记科、调查统计科、华文打字科、文书专修科和日文专修科②。其中,文书专修科内设一门"图书馆管理"课程③。同年夏,第一届学生毕业④;同年9月该学校继续举办第二期,"于文书及案牍管理、统计、速记以外,特注重华文打字"⑤。

2 月 22 日

河北省教育厅颁布《河北省立图书馆规程》⑥。该规程第 16 条规定河北省立图书馆主任的任职资格,具体如下:

(一)国内外图书馆专科毕业者。

(二)大学师范院或大学教育系毕业者。

(三)专门以上学校毕业,曾任教育职务二年以上者。

(四)师范学校毕业,曾任教育职务三年以上,著有成绩,并于图书馆事业有相当研究及经验者。

(五)中等学校毕业,曾任社会教育职务三年以上,著有成绩,并于图书馆事业有相当研究及经验者。⑦

2 月

上海图书馆协会制定并公布《上海图书馆协会附设函授学社图书馆行政学系章程》⑧。

本会函授学社图书馆行政学系章程

一、定名:本社定名为上海图书馆协会附设函授学社图书馆行

---

① 程焕文.裘开明年谱[M].桂林:广西师范大学出版社,2008:52.

② 中华职业教育社附设职业专修学校招收男女学员[N].申报,1930 - 02 - 02(5).

③④ 职教社造就文书专才[N].申报,1931 - 03 - 11(10).

⑤ 职教社造就工商业人才[N].申报,1930 - 09 - 04(12).

⑥ 省图书馆搜集大学人才[N].益世报,1930 - 02 - 24(6).

⑦ 省图书馆搜集大学人才[N].益世报,1930 - 02 - 24(6);河北省立图书馆规程[J].中华图书馆协会会报,1930,5(4):19 - 20.

⑧ 本会函授学社图书馆行政学系章程[J].上海图书馆协会会报,1930(2月号):43.

政学系(The Correspondence School the of Shanghai Library Association：School of Library Administration)。

二、宗旨：灌输图书馆行政学识及养成主管图书馆之技能为宗旨。

三、组织：本社由上海图书馆协会据会章第三条第十一项聘请图书馆学专家组织之。

四、课程：本社图书馆行政学系之课程有下列十组：(1)理论组，(2)设备组，(3)选择组，(4)订购组，(5)登记组，(6)分类组，(7)编目组，(8)出纳组，(9)参考组，(10)装订组。

五、期限：本社图书馆行政学系以一年为毕业期限，自报名日起算，期内将十组修毕，不论何时均可毕业，但学员如有不得已事，来函请假，亦得酌量展期。

六、程度：凡中学毕业或具同等程度而有志研究图书馆学者，不分性别，不拘年岁，均可报名。

七、报名：不论何时，均可报名。

八、学费：现定学费每学员二十元，两期缴付，每期十元；一次缴付者十八元。选修者亦须全缴。

九、讲义：本社延聘图书馆学专家编辑讲义，分订数十小册，发给学员，不另取费。讲义悉用中文语体，间引外国术语，亦有中文详细注释，毋须另阅外国字典。

十、课艺：各组课本均有练习功课，学员逐一演答后寄交本社教授阅看，改正发还。所用课卷纸，本社寄发第一批讲义时，附送三十张，此后可随时向本社购买，以归一律。课卷纸每份五十张，售实洋四角，邮费在内。

十一、质疑：学员对于讲义如有疑难之处，可用课卷纸写出寄交本社，当即答复。

十二、邮费：学员寄交本社之信件，须贴足邮票，以免遗失。本社寄发信件之邮费，由本社担任。

十三、汇款：外埠学员付款，须由邮局汇寄，或由银行兑交。如将纸币或现款封入信内，遇有遗失或被罚，本社概不负责。

十四、毕业：学员修业完毕时，须先寄交本社论文一篇，俟本社连同平日成绩审查及格后，给予中英文对照证书一纸。

十五、奖品：学员毕业成绩在九十分以上者，由本社酌赠奖品。

十六、介绍：学员毕业后得由本社介绍于各图书馆聘用。

十七、退学:学员自请退学者,所交之费,概不发还。

十八、迁移:学员居处如有迁移,请即通知本社,以便将讲义改寄。

十九、通讯:凡与本社通讯,请径寄上海大南门中华路民立中学图书馆转上海图书馆协会本社。①

上海图书馆协会附设函授学社职教员情况见表1930－1:

表1930－1　上海图书馆协会附设函授学社职教员一览

姓名	性别	职务	略历	备注
陈伯逵	男	社长	上海图书馆协会常务委员会主席、国民党上海特别市第一区党部图书馆指导	赞助人:郑洪年、张凤、蔡元培、马宗荣、杨立诚、陈颂春、顾斗南、张群、王云五、戴志骞、马崇淦、陈独醒、张江白、孔敏中
宋景祁	男	副社长	《中国图书馆界人名录》编辑主干、上海清心中学图书馆学教员	
沈文华	男	干事长	之江大学文学士	
黄警顽	男	副干事长	上海广智流动图书馆主任	
程学桢	女	干事	南京女子中学图书馆主任	
鲍益清	女	干事	暨南大学洪年图书馆编目主任	
孙心磐	男	教员	复旦大学图书馆主任	
金敏甫	男	教员	铁道部图书馆主任	
黄维廉	男	教员	圣约翰大学罗氏图书馆主任	
冯陈祖怡	女	教员	中华图书馆协会执行委员、北平女子师范大学图书馆主任	
胡卓	女	教员	大同大学图书馆主任	

资料来源:本社职教员一览表[J].上海图书馆协会会报,1930(2):44.

注:原表"职务"一栏称孙心磐、金敏甫、黄维廉、冯陈祖怡、胡卓5人为"教授",但这仅是雅称,并不意味着他们就是真正的大学教授,故而此处径改为教员。

清心中学和上海中学各自组织两校选修图书馆学课程的学生合影留念②。

---

① 本会函授学社图书馆行政学系章程[J].上海图书馆协会会报,1930(2):43.

② 宋景祁,黄警顽,沈文华,等.中国图书馆界人名录[M].上海:上海图书馆协会,1930:卷首.

3 月 1 日

河北省立民众教育人员养成所第一期举行开学典礼①,8 月 25 日举行肄业典礼,发放修业证明书②。第一期原定开设社会学科、语文学科、教育学科、体育学科、艺术学科 5 种学科的 21 门课程。其中,教育学科中有一门"社会教育事业"课程,内含"图书馆管理法"。因为课程多、时间短,而且相关专家又不易聘请,导致包括"社会教育事业"未能实际开设③。

3 月初

上海图书馆协会在民立中学图书馆召开执委会会议。此次会议通过 5 项议案,其中第 3 项如下:"各地图书馆需才孔亟,女管理员尤见缺乏,推陈伯遼、宋景祁组织图书馆学函授学校。"④

3 月 11 日

因私立学校经常不遵守法定手续进行立案,国民政府教育部再次择要公布私立学校立案手续,其中提道:"专科学校依据专科学校规程第五条,分甲、乙、丙、丁四类……丁类分药学、艺术、音乐、体育、图书馆学、市政、商船及其他不属于甲、乙、丙三类各专科。"⑤

3 月 15 日

下午 2 时,南京图书馆协会举行该年第四次会议,讨论多项议案,其中包括《本京应有图书馆学校或夜班,以励行图书馆教育案》。最终议决请原提议人拟具详细办法,待下次开会时再提交讨论⑥。

---

① 河北省立民众教育人员养成所. 河北省立民众教育人员养成所工作报告(第一期)[R].北平:河北省立民众教育人员养成所,1930:(大事记)5.

② 河北省立民众教育人员养成所. 河北省立民众教育人员养成所工作报告(第一期)[R].北平:河北省立民众教育人员养成所,1930:(大事记)9.

③ 河北省立民众教育人员养成所. 河北省立民众教育人员养成所工作报告(第二期)[R].北平:河北省立民众教育人员养成所,1931:(对于本所课程之回顾)1-3.

④ 上海图书馆协会执会纪[N].申报,1930-03-05(11);上海图书馆协会执委会纪事[N].民国日报,1930-03-05(7).

⑤ 教育部公布私立学校立案手续[N].大公报(天津版),1930-03-18(5).

⑥ 南京协会第四次会议[J].中华图书馆协会会报,1930,5(5):40-41.

3 月 24 日

北平图书馆协会在北平第一普通图书馆举行该年度第二次常会,讨论多项会务,包括"与中华图书馆协会会商举办图书馆学暑期学校"①。

3 月 31 日

上海图书馆协会出版《中国图书馆界人名录》②,该书被列为"上海图书馆协会丛书"之一。该书由宋景祁担任编辑主干(即主编),黄警顽、陈伯逵、冯陈祖怡、沈文华、孙心磐、金敏甫、马崇淦、王恂如 8 人参编。卷首载有戴超(戴志骞)、杜定友、章敦祥与宋景祁四人撰写的序或自序及多幅具有重要历史价值的照片;正文以姓氏笔画数量为序介绍中国各地图书馆界名人,并附个人照片;卷末载有《中国图书馆界人名通信录》,同样是以姓氏笔画数量为序。

3 月

江苏省立上海中学校教务处编印《教育学程纲要》,该书被列为该校"学程纲要之六"。该书内收 20 种学程纲要,其中第 12 种为"图书馆学学程纲要","高中师范科二年级选修,每周二小时,一学年授毕"③。具体如下:

（一）目的

1. 使学生知图书馆之重要及其在教育上之位置

2. 研究图书馆学之学理与管理方法以促图书馆事业之改进

（二）纲要

A. 总论

1. 图书馆的需要　2. 图书馆的定义　3. 图书馆的目的

4. 图书馆学与其他科学之关系　5. 图书馆的种类

6. 中外图书馆史略

B. 图书馆与教育

---

① 北平协会近闻[J]. 中华图书馆协会会报,1930,5(5):37.

② 该书封面载有蔡元培题写的书名《中国图书馆名人录》,但版权页所印书名却是《中国图书馆界人名录》。此处以版权页所印书名为准。

③ 江苏省立上海中学校教务处. 教育学程纲要[M].上海:江苏省立上海中学校教务处,1930:48－52.

1. 近代教育的趋势　2. 近代图书馆的趋势

3. 图书馆与现代教育

a. 图书馆与家庭教育　b. 图书馆与学校教育

c. 图书馆与社会教育

C. 图书馆学与图书馆

1. 图书馆学的意义　2. 图书馆学的范围

3. 图书馆学与图书馆

D. 图书馆的组织

1. 经费　2. 设备　3. 布置　4. 事务分掌

E. 图书馆的管理法

1. 图书选择法

a. 选择的目标　b. 图书的分配

2. 购订与登记

a. 选择　b. 购订　c. 校对　d. 登记　e. 盖章

3. 分类法

a. 分类宗旨　b. 审查书籍内容　c. 归类方法

d. 中国古书分类法

4. 编目法

a. 宗旨与应用　b. 目录的种类　c. 字典式目录排列法

d. 分类目录排列法

5. 藏书法

a. 藏书的要旨　b. 书籍排列法　c. 书籍的点查

d. 书报的装订

6. 出纳法

a. 出纳的要旨　b. 出纳的方法　c. 出纳的规则

7. 参考法

a. 参考部　b. 参考书　c. 参考书目

8. 阅读指导

a. 编订提要　b. 指示阅览

（三）修毕最低限度标准

1. 能明了图书馆之各种重要原则

2. 能明了各种图书分类法之大概并能应用一种方法分类图书

3. 能实施管理上各种手续及方法

（四）课本及参考书

课本：由教者编发讲义

参考书：

1.《图书馆学》——杨昭悊编著

2.《图书馆经营论》——马宗荣著

3.《图书馆组织与管理》——洪有丰著

4.《学校图书馆》——杜定友著

5.《中外图书统一分类法》——王云五著

6.《中外图书分类法》——杜定友著①

李小缘返回金陵大学，担任该校中国文化研究所教授兼专任研究员。令人遗憾的是，此后很长一段时间内，李小缘未再跟金陵大学图书馆学系（组）及后来创办的图书馆学专修科产生交集。

春季

文华图书科增设"图书馆行政学""中文书（籍）选读""中国版本学""特别图书馆""索引法"五门课程，均为每周授课一小时②。其中，"图书馆行政学"由沈祖荣讲授，"中文书（籍）选读"由毛坤讲授，"中国版本学"由徐恕（字行可，后以字行）讲授，"特别图书馆"由徐家麟讲授，"索引法"由罗晓峰讲授③。

文华图书科图书馆学本科第八班（庚午级）学生组织编目讨论会，每周开会一次，旨在探讨编目实习时遇到的困难及其解决办法④。此外，文华公书林韦氏参考室设立询问处，每日下午1时半至5时半开放，由文华图书科图书馆学本科第八班（庚午级）学生轮流负责管理，每次一人⑤。

金陵大学对文理科进行改组，将其分成文学院与理学院，跟农学院三足鼎立⑥。图书馆学系则改为图书馆学组，附设于文学院教育学系

---

① 江苏省立上海中学校教务处. 教育学程纲要[M].上海:江苏省立上海中学校教务处，1930:48 - 52.

② 本科消息·增添科目[J].文华图书科季刊,1930,2(1):133.

③ 本科消息·新聘教授[J].文华图书科季刊,1930,2(1):133.

④ 本科消息·编目讨论会[J].文华图书科季刊,1930,2(1):133.

⑤ 本科消息·参考室新设询问处[J].文华图书科季刊,1930,2(1):134.

⑥ 金陵大学文学院. 五年来之金陵大学文学院[M].成都:私立金陵大学文学院,1943:卷末(文学院历届毕业生统计表).

之下①,仍然"暂不列为主系"②。此时,图书馆学组只有曹祖彬(金陵大学图书馆中文编目主任)与陈长伟(金陵大学图书馆代理馆长)两位专任讲师③,开设 16 门课程,包括新增的一门必修课程"图书流通法"(编号:图书馆学 153,计 2 学分),原必修课程"中国重要书籍研究"(编号:图书馆学 143)由 2 学分增加到 3 学分,原选修课程"图书馆问题之研究"(编号:图书馆学 162)的预修课程之一"编目法"课程(编号:图书馆学 152)被删除,其余保持不变④。

4 月 15 日

第二次全国教育会议在南京开幕,4 月 23 日闭幕⑤。此次会议修正通过国民政府教育部方案编制委员会制定的《改进全国教育方案》,该方案于 1930 年 6 月正式印行。这份方案分为十章。第七章"改进社会教育计划"第三节"筹设并推广各种社会教育主要机关"列举了推进民众图书馆事业的七种方法,其中第六种为"国立省立各大学或已立案的私立大学,酌量开班或设专修科,养成各种图书馆人员"⑥。此外,第二次全国教育会议第三次大会修正通过《筹设各级各种师资训练机关计划》。该计划第五部分"各级师资训练机关的课程"针对"高中师范科及师范学校课程"规定两种课程开设办法:"一种暂行采用中小学课程标准委员会所拟草案,俟施行期满,再由教育部修订作为正式标准。一种参照乡师课程办法,根据小学需要,拟订标准。"其中,中小学课程标准委员会所拟草案规定的选修科目中有一门"图书管理学"课程,计 3 学分⑦。

---

① 私立金陵大学文学院.私立金陵大学文学院概况(民国十九年至二十年):第一卷第一号[M].南京:私立金陵大学文学院,1931:13.

② 私立金陵大学文学院.私立金陵大学文学院概况(民国十九年至二十年):第一卷第一号[M].南京:私立金陵大学文学院,1931:73.

③ 私立金陵大学文学院.私立金陵大学文学院概况(民国十九年至二十年):第一卷第一号[M].南京:私立金陵大学文学院,1931:9.

④ 私立金陵大学文学院.私立金陵大学文学院概况(民国十九年至二十年):第一卷第一号[M].南京:私立金陵大学文学院,1931:73 – 78.

⑤ 第二次全国教育会议宣言[J].中华教育界,1930,18(5):(附录)2 – 4.

⑥ 国民政府教育部方案编制委员会.改进全国教育方案[M].南京:国民政府教育部方案编制委员会,1930:(第七章)8.

⑦ 筹设各级各种师资训练机关计划[J].教育部公报,1930,2(12):45 – 60.

4 月 22 日

袁同礼、任鸿隽与周诒春 3 人共同致函中国学术界，为文华图书科募捐，以便建设韦氏博物馆及设立讲学基金①。

4 月底

中华教育文化基金董事会专门派遣干事处秘书白敦庸②、李仲揆等 4 人到文华图书科进行调查，对文华图书科表示十分满意③。

4 月

山西省教育厅向山西省政府呈交《呈复山西省政府依照地方情形拟定增设各种专科学校计划请核准》，内称："至图书馆及艺术两项，可遵照《大学规程》第二十二条之规定，于原有之省立教育学院增开艺术及图书馆专修科，以期养成实用人才。"④

江苏省立民众教育院拟划定一个城市民众教育区，作为该校学生进行城市民众教育实习的实习场所。当时，该校学生在农民教育馆和图书馆进行实习，时有疑难。于是，该校图书馆馆长徐旭商请学校当局及研究实验部在无锡城北江阴巷设立民众图书馆⑤。其办馆宗旨是"谋选习图书馆学学生实习经营民众图书馆方法计"，亦即可供选修图书馆学专业的江苏省立民众教育院学生到馆实习民众图书馆经营方法⑥。

5 月 10 日

国民政府教育部公布《图书馆规程》，该规程即 1927 年 12 月 20 日

---

① 北京图书馆业务研究委员会．北京图书馆馆史资料汇编(1909—1949)：下册[G]．北京：书目文献出版社，1992：1147 - 1148.

② 中华教育文化基金董事会．中华教育文化基金董事会第六次报告[R]．北平：中华教育文化基金董事会，1931：55.

③ 本科消息·1．基金会南下调查[J]．文华图书科季刊，1930，2(2)：269.

④ 山西省教育厅．呈复山西省政府依照地方情形拟定增设各种专科学校计划请核准[M]//山西省教育厅．山西省教育法令辑览．太原：山西省教育厅，1930：(附录)64 - 65.

⑤ 俞颂明．江苏省立教育学院图书馆概况[J]．图书馆学季刊，1934，8(4)：735 - 739；俞庆英．江苏省立教育学院图书馆概况[J]．无锡图书馆协会会报，1935(4)：55 - 57.

⑥ 江苏省立教育学院鸟瞰[J]．江苏教育，1932，1(6)：147 - 180.

国民政府大学院公布的《图书馆条例》的修订版。其中第 8 条规定图书馆馆长的任职资格,内容不变①。

5 月 24 日

国民政府教育部发布第二五九号批文,对中华图书馆协会根据第一届年会决议案拟具的条陈进行批复,共计 12 条,其中第 5 条为"关于注重图书馆专门人才者"②。具体如下:

（一）图书馆专门学校应暂缓设立。至津贴已开办之图书馆学校,应照私立学校条例办理。

（二）准予通令各大学于文学院或教育学院内酌量添设图书馆学课程或图书馆学系。

（三）准予通令各省教育厅、各特别市教育局及清华大学于每年考送留学生时酌定图书馆学名额。

（四）本部颁布《中小学课程暂行标准》正在试验,俟将来修正时,图书馆学可酌量增添。

（五）各级学校应有有系统的图书利用法之指导,暂时毋庸由部规定。③

5 月 27 日

湖北省政府委员会第 29 次会议通过《湖北省政府教育厅暑期学校简章》,该简章规定暑期学校分成中学教员部、小学教职员部、社会教育人员部和私塾教师部四部招生,为期一个月④。社会教育人员部开设五门必修课程和七门选修课程,其中包括一门"图书管理法"选修课程,共计授课 12 小时⑤。

---

① 图书馆规程[J].教育部公报,1930,2(20):25-28.

②③ 批第二五九号(十九年五月二十四日)[J].教育部公报,1930,2(22):12-15.

④ 湖北省政府教育厅暑期学校简章(十九年五月二十七日省政府委员会第二十九次会议通过)[M]//湖北省政府教育厅秘书办公室.湖北省政府教育厅暑期学校一览.武昌:湖北省政府教育厅第一科第三股,1931:121-123.

⑤ 湖北省政府教育厅暑期学校课程[M]//湖北省政府教育厅秘书办公室.湖北省政府教育厅暑期学校一览.武昌:湖北省政府教育厅第一科第三股,1931:123-127.

5 月

文华图书科举行图书馆学本科第八届毕业考试，并按照要求呈请国民政府教育部派人到校监考。根据国民政府教育部指令，湖北省教育厅派督学邬予担任监考员，每卷每题均由其加盖私章，以杜绝作弊之可能。考试完毕，所有试卷均寄给国民政府教育部查核，然后发还①。

河北省立民众教育人员养成所第一期学员赴保定参观河北省立第二图书馆等②。

6 月 7 日

国民政府发布第一〇七八号指令，"令行政院：呈为奉交中华图书馆协会执委会呈送该协会第一次年会议决案五项请采择施行一案，经交教育部审核开具意见转请鉴核，令遵由呈件均悉，所议各节，尚属可行，候送中央党部查照办理，并由该院分行遵办可也。此令"③。

6 月 9 日

文华图书科在该校罗氏纪念厅举行总第八次暨立案后第一次毕业典礼。湖北省教育厅厅长黄建中讲演"中国目录之源流变迁"，杜定友讲演"新目录学之建设论"。杜定友还携其新著《校雠新义》到校宣传，连讲数日④。此次共有 10 名学生顺利毕业，即陈颂、房兆楹、耿靖民、李继先、刘华锦、陶述先、吴鸿志、徐家璧、曾宪文、周连宽⑤，但只有陈颂、耿靖民与徐家璧 3 人从华中大学拿到文学士学位⑥。以上 10 人连同只拿到修业成绩证书的陈汲一并归为文华图书科图书馆学本科第八届毕业生（见表 1930 – 2）⑦。

①　本科消息·毕业考试[J].文华图书科季刊,1930,2(2):269.

②　河北省立民众教育人员养成所.河北省立民众教育人员养成所工作报告(第一期)[R].北平:河北省立民众教育人员养成所,1930:(大事记)7.

③　国民政府指令第一〇七八号(十九年六月七日)[J].国民政府公报,1930(490):4.

④　本科消息·4.毕业典礼[J].文华图书科季刊,1930,2(2):269 – 270.

⑤　同门会消息[J].文华图书科季刊,1930,2(2):275 – 276.

⑥　私立武昌华中大学.私立武昌华中大学历届毕业同学录[M].武昌:私立武昌华中大学,1935:20.

⑦　彭敏惠.文华图专珍稀史料图录[M].武汉:武汉大学出版社,2020:273.

表 1930 – 2　文华图书科图书馆学本科第八届毕业生（1930 年 6 月）一览

序号	姓名	字号	性别	籍贯	学位	毕业后 最初去向	备注
1	陈汲		女	江苏无锡	无	回国立中央研究院社会科学研究所图书馆	1924 年 6 月北京女子高等师范学校英语部毕业生
2	陈颂	善容	女	湖南长沙	华中大学文学士	国立北平图书馆	
3	房兆楹		男	山东泰安	无	燕京大学图书馆	又称"房兆颖"
4	耿靖民	济安	男	河南上蔡	华中大学文学士	南开大学图书馆	后以字行,改称"耿济安"
5	李继先		男	浙江绍兴	无	北京大学图书馆	
6	刘华锦		女	湖北*	无	安徽省立图书馆	
7	陶述先		男	江苏江宁	无	国民政府外交部图书馆	
8	吴鸿志	汉秋	男	江苏盐城	无	东北大学图书馆	
9	徐家璧	完白	男	湖北江陵	华中大学文学士	国立北平图书馆	
10	曾宪文		女	湖北武昌	无	武汉大学图书馆	
11	周连宽		男	广东开平	无	岭南大学图书馆	

注:＊ 原文如此,有的籍贯只写了省份。

6 月 12 日

国民政府行政院发布第二二六七号训令,"令各部会省市:为令行事案,查前准国民政府文官处函开奉主席发下中华图书馆协会执行委员会呈为该协会在首都举行第一次年会讨论训政时期之图书馆工作问题表决议案五端并附呈报告二册请准予实行一案,奉论交行政院审核等因,相应抄检原件函达,查照办理等由,准此当交教育部审核。去后嗣据呈送审核意见前来,除第四项应从缓议,第五项事属交通部主管,另由院令行该部核议外,其余三项当经转呈国民政府鉴核施行在案。兹奉指令第一零七八号内开呈件均悉,所议各节尚属可行,候送中央党部查照办理,并由该院分行遵照可也此令等因,奉此除分别函咨令行外,合行抄发原件,令仰该会即便查照分别办理此令。计抄发中华图书馆协会执委会原呈一件教育部审核意见书一件"①。

商务印书馆编印《四角检字法编制索引实习所简章》②,并函请全国中等以上学校选派学生参加四角检字法编制索引实习所③。

6 月 15 日

文华图书科图书馆学本科第八班(庚午级)毕业生由白锡瑞带队,开始外出参观各大图书馆④。此行历时 1 个多月,共计参观 18 个图书馆,包括武昌的国立武汉大学图书馆、湖北省立图书馆,南京的金陵大学图书馆、国立中央大学图书馆、铁道部图书馆、江苏省立国学图书馆,苏州的江苏省立苏州图书馆、东吴大学图书馆、吴县图书馆,上海的交通大学图书馆、上海总商会图书馆、圣约翰大学罗氏图书馆、沪江大学图书馆、亚洲文会图书馆、中央研究院社会科学研究所图书馆、东方图书馆,杭州的浙江省立图书馆、浙江大学文理学院图书馆、浙江大学工学院图书馆。白锡瑞后来撰有《图书馆参观记略》一文,载于 1930 年 12 月《文华图书科季刊》第 2 卷第 3—4 期合刊⑤。

6 月 20 日

国民政府教育部部长蒋梦麟签发第六二七号训令《据中华图书馆协会拟具条陈不无可采特饬遵办令》,对袁同礼于 1929 年 10 月 10 日呈交的条陈进行批示。值得注意的是,国民政府教育部发给各地教育行政机关与高等学校的文件似乎略有不同。其中,国民政府教育部发给天津特

① 训令第二二六七号(十九年六月十二日)[J].行政院公报,1930(160):12.

② 四角检字法编制索引实习所简章[J].国立浙江大学校刊,1930(17):199.

③ 商务印书馆来函[J].国立浙江大学校刊,1930(17):199.

④ 本科消息·6.毕业生东下参观[J].文华图书科季刊,1930,2(2):270.

⑤ 白锡瑞.图书馆参观记略[J].文华图书科季刊,1930,2(3/4):425–441.

别市教育局的文件如下:"案据中华图书馆协会呈,以根据十八年一月第一次年会决议案,拟具条陈请予采择施行等情到部,查图书馆规程业经本部修正颁布在案,此种事业为促进学术研究、实施民众识字运动之基本设备,自应努力推行。除分别批示并分行饬办外,合行抄发原呈暨原批各一份,令仰遵照并将下列各事项切实奉行。(一)转饬各级学校对于购书费应特别注意酌量规定。(二)自十九年度起积极增设各种专门、普通、民众、儿童等图书馆。(三)对于图书馆事业应酌量聘请专家指导。(四)每年考选留学生时应视地方需要情形酌定图书馆学名额。(五)关于各教育机关出版之各种书报及刊物应尽量减价,以广流传。(六)转饬省立或私立大学校文学院或教育学院内酌设图书馆学程或图书馆学系。所有以上各节遵办情形并仰随时具报。"①

成立于 1928 年 12 月的私立武昌文华图书馆学专科学校校董会在文华公书林召开年会。陈时、周苍柏、孟良佐、卢春荣、韦棣华、沈祖荣六名董事出席;周诒春、袁同礼、戴志骞、陈宗良、冯汉骥五名董事则因为路途遥远未能到会,但均来电发表意见;另外一名董事吴德施是否出席未见记载。此届年会共计五项议程,具体如下:

1. 沈代理校长报告一年来学校之办理情形。

2. 讨论本校以后进行之计划。

议决:

A. 由各董事分头劝募学校基金。

B. 由校长酌量添聘教职员。

C. 扩充校舍。或新购,或自建,或租赁,务于本年九月以前实现之。

D. 添招新生。专门免费生十人,自费生若干人;讲习班免费生十五人,自费生若干人。

3. 讨论本校与华中大学之关系。

议决:本校已于国民政府教育部立案,为办事便利起见,应行独立。惟课程方面仍可与华中大学协作一切。

4. 修改章程。

---

① 蒋梦麟. 据中华图书馆协会拟具条陈不无可采特饬遵办令[J]. 天津特别市教育局教育公报,1930(31):(命令)8-9. 按:1930 年 6 月 28 日《申报》第 15 版《教部通令核准中华图书馆协会案六件》转录了蒋梦麟签发的教育部训令。具体参见:教部通令核准中华图书馆协会案六件[N].申报,1930-06-28(15).

议决：举孟良佐、陈叔澄、沈祖荣、卢春荣各董事组织校董会章程修改委员会起草修改，于十九年十二月开常会时提出通过。

5. 改选职员。

结果：

陈叔澄先生当选为会长。

沈祖荣先生当选为书记。

卢春荣先生当选为司库。①

此届年会的召开标志着文华图专正式开始独立办学。

6 月 21 日

文华图专就1930年招考新生与增设图书馆学讲习班两件事情呈文湖北省教育厅，并附《私立武昌文华图书馆学专科学校附设图书馆学讲习班简章草案》和《私立武昌文华图书馆学专科学校附设图书馆学讲习班课程暂行标准及学程表》②。

6 月 22 日

安徽图书馆协会在安庆的安徽省立图书馆举行成立大会，通过会章与宣言，选举职员，并通过四项决议案。其中第三项决议案的内容为"建议教育厅关于县立图书馆负责人员应具有图书馆学识经验，并须呈请教育厅加委，方为合格"，第四项的内容为"建议教育厅通令高级中学添设图书馆学选修功课"③。

6 月 23 日

下午5时半，国立北平图书馆举行茶话会，欢送即将分赴德国留学的蒋复璁和美国留学的严文郁，希望二人学成归国后能对中国图书馆界有所贡献④。

---

① 本科消息·9. 本校校董会开会情形[J]. 文华图书科季刊,1930,2(2):271 – 272.

② 武昌图专科关于招收新生并新附设讲习班的呈[A]. 湖北省档案馆,案卷号:LS10 – 6 – 270 – P5. 转引自:王郭舜. 湖北省档案馆馆藏私立武昌文华图书馆学专科学校史料选辑[J]. 档案记忆,2020(7):24 – 37.

③ 安徽图书馆协会成立[J]. 中华图书馆协会会报,1931,6(6):24 – 26.

④ 北平图书馆昨开茶话会[N]. 益世报(北京版),1930 – 06 – 24(6).

6 月

　　建瓯县公立图书馆所编的《福建建瓯县公立图书馆十周年纪念刊》
由芝新印刷所承印。该书的"论坛"部分刊登叶昇撰写的《训政时期的
图书馆问题》。叶昇在文中介绍多种图书馆教育推广方案,其中第一种
为"培植人才","我们欲想推广图书馆,必先从各省设图书馆专门学校、
各县设图书馆讲习会,凡高中以上学校都要添设图书馆学一科,以宏造
就。至若专校与讲习会课程,可分两科:一为图书科,一为图书馆科。图
书科授以目录法、古代典籍学、印刷装订史及目录上的练习,图书馆科课
以图书馆的组织及管理等科目"①。

　　江苏省立民众教育院与江苏省立劳农学院合并,改称"江苏省立教
育学院",内设四年制的民众教育学系和农事教育学系,以及两年制的民
众教育专修科和农事教育专修科②。

　　查修从伊利诺伊大学研究生院毕业,获文学硕士学位(政治学
专业)。

　　陈伟昆从里德学院毕业,获文学士学位③。在校期间,她主修社会
学,但其毕业论文却是以郊区公共图书馆系统研究为主题④。同年9月,
她前往哥伦比亚大学深造,1932年6月毕业,获文学硕士学位(教育与
实用文科专业)⑤。毕业之后,她返回中国,任职于北平协和医院社会服
务部⑥。

　　《文华图书科季刊》第2卷第2期登载毛坤所撰《华中大学文华图书
科十周年纪念》。毛坤在文中总结了文华图书科的"创办人之精神""维
持人之精神""学生之精神",并对政府、中华教育文化基金董事会、华中
大学和文华图书科四方提出希望。对于文华图书科,他"甚望此后于学
生方面,当善为组织,从事于学问之切磋、事功之请求。于教学方面,当

　　① 叶昇. 训政时期的图书馆问题[M]//建瓯县公立图书馆所. 福建建瓯公立图书馆十周
年纪念刊. 建瓯:芝新印刷所,1930:(论坛)1-7.

　　② 江苏省立教育学院总务部文书股. 江苏省立教育学院一览[M]. 无锡:江苏省立教育
学院,1932:2.

　　③⑤ Degrees conferred during 1931-1932[M]//Columbia University. Catalogue 1932-1933.
New York:Columbia University,1933:240.

　　④ Reed College. The Griffin for 1930[M]. Portland,Oregon:Reed College,1930:24.

　　⑥ Peiping Union Medical College Hospital. Twenty-seventh annual report of the superintendent,
July 1,1934-June 30,1935[M]. Peiping:Peiping Union Medical College Hospital,1935:17.

妥订计划,按步进行,以求合乎社会之需要。于教师方面,当网罗人才,优其待遇,使有充分之时间、宽裕之能力"①。

暑假

民立中学与清心中学各自举办暑期学校,均添设图书馆学课程②,但未悉详情。

7月2日

中华教育文化基金董事会在国民政府教育部会议室召开第六届年会。此届年会议决继续补助文华图专三年,每年 1.35 万元,用途为"招设图书馆学新旧特班"③。

7月5日

文华图专1930年招生考试报名截止。该年计划招收图书馆学本科免费生 10 名和图书馆学讲习班免费生 15 名。前者的考试科目跟 1926、1928年一样,后者的考试科目略有不同,包括党义、国文、英文、历史(本国史及西洋史)、普通理化、本国文化史。其中,前四种为必考科目,第五、六种为选考科目,考生可以任选一种。该年考生可向北平北海公园中华图书馆协会、南京国立中央大学图书馆、上海第一交通大学图书馆、武昌文华图专、广州中山大学图书馆、沈阳东北大学图书馆 6 个报考处就近报名④。

7月7日

四角检字法编制索引实习所第一班举行开学典礼⑤,7 月 20 日举行结业典礼⑥。蔡元培与胡适应邀出席开学典礼,分别讲演"索引法之重要"与"四角号码法之优点及其应用"⑦。四角检字法编制索引实习所的职员全部来自商务印书馆编译所。其中,商务印书馆编译所所长何柏丞

① 毛坤. 华中大学文华图书科十周年纪念[J]. 文华图书科季刊,1930,2(2):137-139.

② 上海图书馆界要讯[N]. 申报,1930-06-23(10).

③ 中华教育文化基金董事会. 中华教育文化基金董事会第五次报告[R]. 北平:中华教育文化基金董事会,1930:8-10.

④ 招考图书馆学免费生[J]. 中华图书馆协会会报,1930,5(5):35-36.

⑤⑥⑦ 商务印书馆创办暑期四角检字法编制索引实习所之经过[J]. 教育杂志,1930,22(8):137-138;商务印书馆创办暑期四角检字法编制索引实习所之经过[J]. 学生杂志,1930,17(9):113-114.

亲自担任四角检字法编制索引实习所所长,李伯嘉主持教务工作,徐葆德、林葆蕙、茅诵甘、方孤愤、陈自新、曹仪孔、谢增绥、沈鸿模、赵景源、宗幼泽等熟悉四角号码的职员担任指导员①。

7 月 14 日

江苏省立教育学院开办社会教育暑期学校,"以利用暑假期间研究社会教育之理论及各种实际问题,谋社会教育实施方法之进步及推行之顺利为宗旨",为期四周,8 月 9 日结束。其中设有一门"民众图书馆教育"讲习课程,另外还确定一个"民众图书馆及阅报处之经营"报告讨论课程,采用会议的形式举行分组讨论②。教职员包括马宗荣、徐旭等人③。其中,马宗荣负责"社会教育概论"(6 学时)和"民众图书馆教育"(6 学时)两门讲习课程,徐旭负责"民众图书馆及阅报处之经营"报告讨论课程(4 学时)④。选习"民众图书馆教育"课程的学员将近 50 人,选习"民众图书馆及阅报处之经营"课程的学员超过 50 人⑤。"社会教育概论"课程的考试题目为"试述社会教育的理想","民众图书馆教育"课程的考试题目为"听了'民众图书馆教育'以后之感想","民众图书馆及阅报处之经营"课程的考试题目为"中心图书馆"⑥。来自江苏如皋的任为淦撰写的《听了〈民众图书馆教育〉以后之感想》一文,后收入江苏省立教育学院教务部于 1930 年 8 月编辑的《江苏省立教育学院社会教育暑期学校报告》第三编"考试论文选录"⑦。任为淦还撰有一篇题为《苏州

---

① 商务印书馆创办暑期四角检字法编制索引实习所之经过[J].教育杂志,1930,22(8):137 - 138;商务印书馆创办暑期四角检字法编制索引实习所之经过[J].学生杂志,1930,17(9):113 - 114.

② 暑期学校简章[R]//江苏省立教育学院教务部.江苏省立教育学院社会教育暑期学校报告.无锡:江苏省立教育学院,1930:(第一编 纪事)1 - 3.

③ 教职员名录[R]//江苏省立教育学院教务部.江苏省立教育学院社会教育暑期学校报告.无锡:江苏省立教育学院,1930:(第一编 纪事)20 - 21.

④ 学程及讲师一览表[R]//江苏省立教育学院教务部.江苏省立教育学院社会教育暑期学校报告.无锡:江苏省立教育学院,1930:(第一编 纪事)6 - 8.

⑤ 各学程选习人数比较图[R]//江苏省立教育学院教务部.江苏省立教育学院社会教育暑期学校报告.无锡:江苏省立教育学院,1930:(第一编 纪事)13.

⑥ 各学程考试题目一览表[R]//江苏省立教育学院教务部.江苏省立教育学院社会教育暑期学校报告.无锡:江苏省立教育学院,1930:(第一编 纪事)17 - 19.

⑦ 任为淦.听了《民众图书馆教育》以后之感想[R]//江苏省立教育学院教务部.江苏省立教育学院社会教育暑期学校报告.无锡:江苏省立教育学院,1930:(第三编 考试论文选录)19 - 21.

及其附近民教机关》的参观报告,介绍江苏省立苏州图书馆、吴县县立图书馆等苏州地区民众教育机关的相关情况。该文后收入《江苏省立教育学院社会教育暑期学校报告》第四编"参观报告选录"①。

文华图专1930年招生考试在北平、南京、上海、武昌、广州、沈阳6地同时举行②。最终录取图书馆学本科学生8名(包括免费生正取5名、免费生备取2名、自费生正取1名)和图书馆学讲习班学生19名(包括免费生正取14名、免费生备取2名、自费生正取3名)(见表1930-3),但实际入学者又略有不同。

表1930-3　1930年8月文华图专录取新生名单

录取性质		姓名	性别	籍贯	投考地点	履历
图书馆学本科	免费生正取(5名)	钱存训	男	江苏	南京	南京金陵大学肄业,金陵大学图书馆服务
		徐亮	男	湖南	武昌	武昌华中大学肄业
		朱瑛	女	安徽	南京	南京金陵大学肄业
		朱用彝	男	河北	北平	北平中国大学肄业
		张葆箴	女	湖北	武昌	武昌华中大学肄业
	免费生备取(2名)	李钟履	男	山东	北平	北平财政专门学校毕业,北平图书馆服务
		吕绍虞	男	浙江	上海	上海大夏大学毕业,上海大夏大学图书馆服务
	自费生正取(1名)	黄连琴	女	湖北	武昌	武昌华中大学肄业
图书馆学讲习班	免费生正取(14名)	李絮吟	女	河北	北平	华西协合大学肄业,北平第一普通图书馆服务
		邢云霖	男	河北	北平	永清存实中学毕业,南开大学图书馆服务
		舒纪维	男	安徽	南京	南开大学肄业,安徽大学图书馆服务

---

① 任为淦. 苏州及其附近民教机关[R]//江苏省立教育学院教务部. 江苏省立教育学院社会教育暑期学校报告. 无锡:江苏省立教育学院,1930:(第四编　参观报告选录)19-21.

② 招考图书馆学免费生[J]. 中华图书馆协会会报,1930,5(5):35-36.

续表

录取性质		姓名	性别	籍贯	投考地点	履历
		张树鹄	男	安徽	南京	南京钟英中学毕业,南京钟英中学图书馆服务
		吴立邦	男	安徽	上海	嘉兴秀州中学毕业
		翁衍相	男	江苏	上海	杭州第一中学肄业,杭州流通图书馆服务
		沙鸥	女	江苏	上海	南京东南大学肄业,上海交通大学图书馆服务
		郭应丰	男	广东	广州	广东南海县中学毕业,南海县中学图书馆服务
		喻友信	男	安徽	武昌	芜湖圣雅各中学毕业,武昌文华公书林服务
		黄继忠	男	湖北	武昌	武昌华中大学附中毕业,中华大学图书馆服务
		骆继驹	男	江苏	武昌	武昌文华中学毕业,武昌文华公书林服务
		董铸仁	男	四川	武昌	四川巴中县立中学毕业,万县县立图书馆服务
		邓衍林	男	江西	武昌	南昌宏道中学毕业,江西省立图书馆服务
		林斯德	男	湖北	武昌	湖南楚怡中学毕业,武汉大学图书馆服务
免费生备取(2 名)		宋友英	女	浙江	北平	浙江省立第五中学毕业,浙江流通图书馆服务
		顾恒德	男		上海	上海浦东中学毕业,上海浦东中学图书馆服务
自费生正取(3 名)		谢日齐	男	广东	广州	广州培正中学毕业
		罗家鹤	女	浙江	南京	之江大学肄业
		辛显敏	男	湖北	武昌	武昌博文中学毕业

资料来源:本科消息·10. 本校十九年度招考新生之结果[J]. 文华图书科季刊,1930,2(2):272 – 274.

上午 10 时,湖北省教育厅暑期学校举行开学式①,8 月 12 日结业②。其中,社会教育人员部学员共有 45 人,多为湖北各地民众教育馆馆员或巡回演讲员③。7 月 23 日下午,胡庆生应邀发表讲演④;8 月 11 日上午,沈祖荣补授尚未讲完的课程⑤。

7 月 20 日

中华职业教育社第 11 届社员大会在上海举行,7 月 22 日闭幕⑥。此届大会除了召开两次全体会议,还分成一般职业教育组、农业教育及农村教育组、工商教育组、职业指导组四组举行分组会议。上海图书馆协会在一般职业教育组分组会议上提交《提倡图书馆职业案》,其理由如下:"现在各种职业,人颇注意。独图书馆职业,关心者极少,所以图书馆界极难得相当管理之人,而图书馆事业亦因此不振。夫图书馆职业之地位至为清高,而极有兴趣;欧美各国更为重视,且于女性最是适宜。吾国职业教育正在盛倡之际,几乎多数人主张两性均须有职业。是则图书馆职业之提倡,亦不可或缓矣。此次欣逢全国职业教育机关之盛会,谨具管见。如认为确有提倡图书馆职业之必要者,敝会深愿与各机关共商提倡之方,而为职业界辟一条新出路。"⑦但这项议案其实是在职业指导组分组会议上获得讨论,最终议决并入中华职业社女子职业教育委员会提交⑧、一般职业教育组通过的《如何促进女子职业教育案》一同办理⑨。

---

①　湖北省政府教育厅暑期学校大事记[M]//湖北省政府教育厅秘书办公室. 湖北省政府教育厅暑期学校一览. 武昌:湖北省政府教育厅第一科第三股,1931:1.

②⑤　湖北省政府教育厅暑期学校大事记[M]//湖北省政府教育厅秘书办公室. 湖北省政府教育厅暑期学校一览. 武昌:湖北省政府教育厅第一科第三股,1931:3.

③　社会教育人员部学员名录[M]//湖北省政府教育厅秘书办公室. 湖北省政府教育厅暑期学校一览. 武昌:湖北省政府教育厅第一科第三股,1931:89－92.

④　湖北省政府教育厅暑期学校大事记[M]//湖北省政府教育厅秘书办公室. 湖北省政府教育厅暑期学校一览. 武昌:湖北省政府教育厅第一科第三股,1931:2.

⑥　会务一览表[J]. 教育与职业,1930(116):1－2.

⑦　会议纪事·分组会议·(一)一般职业教育组会议·提倡图书馆职业案[J]. 教育与职业,1930(116):72.

⑧　会议纪事·分组会议·(一)一般职业教育组会议·如何促进女子职业教育案[J]. 教育与职业,1930(116):69－70.

⑨　会议纪事·分组会议·(四)职业指导组会议·(乙)讨论议案[J]. 教育与职业,1930(116):105－106.

7 月 21 日

国民政府教育部部长蒋梦麟签发第 1359 号指令,正式批准文华图专附设图书馆学讲习班备案,但同时强调指出:"惟是项讲习班,既不在学校系统以内,其毕业生自不得与学制上有明文规定之各级毕业生受同等待遇。"①

苏州青年会第三届暑期学术演讲会开始举行,每周一、三、五上午 8—10 时邀请专家讲演,8 月 29 日结束②。原定邀请李小缘、杜定友与洪有丰共同讲演"图书馆学"③,但实际仅有杜定友于 8 月 13 日上午讲演"学术研究法"④。此外,王佩铮于 8 月 29 日讲演"目录学为万有学问之总论"⑤。

7 月 23 日

四角检字法编制索引实习所第二班举行开学典礼,8 月 5 日结束。杨杏佛、欧元怀、郑西谷应邀出席开学典礼,并讲演"四角检字法与中国文化前途之关系""编制索引之重要"等。

四角检字法编制索引实习所主要面向全国著名中等以上学校的学生。第一、二班总共计划招收 360 至 400 名实习员,分保送和投考两种途径。每所学校最多可以保送 4 名学生。商务印书馆将为每所学校保送的 2 名学生免费提供膳食与住宿,并为另外 2 名学生免费提供膳食。实习结束后,商务印书馆还给每名学生发放 15 元津贴。实际上,第一、二班共计招收 377 名保送生及投考生。这些实习员来自江苏、浙江、江西、安徽、湖北、湖南、四川、福建、广东、广西、山东、山西、河北、贵州 14 个省的 209 所学校。其中,江苏 164 所学校的 309 人被录取,几乎占到全部实习员的 82%。学员来源方面,中学生 307 人、大学生 63 人、机关工作人员 7 人;性别方面,男性 316 人、女性 61 人;年龄方面,15—19 岁 170 人、20—24 岁 172 人、25 岁以上 35 人。不过,有人因事或因病请假,

① 教育部关于武昌图专新设讲习班章程等件准予备案的指令(教育部指令第 1359 号)[A].湖北省档案馆,案卷号:LS10 - 6 - 270 - P17.转引自:王郭舜.湖北省档案馆馆藏私立武昌文华图书馆学专科学校史料选辑[J].档案记忆,2020(7):24 - 37.

② 青年会学术演讲结束[N].苏州明报,1930 - 08 - 29(2).

③ 暑期学术演讲讲师与科目之披露[N].苏州明报,1930 - 07 - 14(3).

④ 琐闻[N].苏州明报,1930 - 08 - 14(2).

⑤ 苏州青年会之学术演讲[N].新闻报,1930 - 07 - 26(11).

实际只有 368 人报到。他们最终编就 78 万多张索引卡片,并且编完 19 种重要书籍①。

7 月 31 日

谭卓垣从香港乘坐"秩父丸"轮船(S. S. M. S. Chichibu Maru)前往美国②学习图书馆学,8 月 21 日抵达加利福尼亚州旧金山③。

7 月

吉林省立职业学校校长周翔举向吉林省教育厅呈文,拟添办文书科一班,并附送缮具办法。吉林省教育厅批复:"查该校拟请添办文书科,系为适应地方需要起见,自应准予照办。仍将该科详细办法拟具简章,连同课程分配表各缮二份呈候核准。"④该校随即电请上海职业指导所介绍两名文书科教员,要求"须娴习中文打字、中文速记及公文程序、案牍处理、服务道德、图书馆学等科,月薪百二十元"⑤。

8 月 4 日

浙江省政府公布《浙江省立图书馆暂行章程》。该章程由浙江省政府委员会第三二八次会议通过⑥,共计 15 条,其中第 6 条规定,"本馆馆长由教育厅厅长就具有左列资格之一者遴请省政府委任:一、国内外大学图书馆专科毕业者。二、大学教育学院、师范大学及高等师范毕业,在图书馆服务一年以上,著有成绩者。三、专门以上学校毕业,服务图书馆主要职务二年以上,著有成绩,并于图书馆学术有相当研究者"⑦。

---

① 商务印书馆创办暑期四角检字法编制索引实习所之经过[J].教育杂志,1930,22(8): 137-138;商务印书馆创办暑期四角检字法编制索引实习所之经过[J].学生杂志,1930,17 (9):113-114.

②③ California, San Francisco, passenger lists, 1893-1953[EB/OL].[2018-05-28].https://familysearch. org/pal:/MM9. 3. 1/TH-1942-22275-5473-97? cc=1916078;California, San Francisco, passenger lists, 1893-1953[EB/OL].[2018-05-28]. https://familysearch. org/pal:/MM9. 3. 1/TH-1942-22275-5461-99? cc=1916078.

④ 本厅呈教育部为检送省立职业校新设文书科简章课程表请核备文(二十年二月二日,第五二号)[J].吉林教育公报,1931(98):(公牍)1-3.

⑤ 上海职指所最新事业[N].申报,1930-08-27(12).

⑥ 浙江省馆暂行章程[J].中华图书馆协会会报,1930,6(1):33-34.

⑦ 浙江省立图书馆暂行章程(中华民国十九年八月四日浙江省政府公布)[J].市政月刊,1930,3(8):42-43.

蒋复璁抵达德国柏林。他此次是由浙江省教育厅派赴德国考察图书馆事业兼修习图书馆学课程①。

8 月 5 日

安徽第二届省立中等学校校长会议在安庆开幕,8 月 11 日闭幕②。此届会议分成行政组、教学组、训育组、经费组、设备组五组审核和讨论议案。安徽省立图书馆在行政组提交《应设立图书馆员训练班以推广图书馆事业案》,最终议决"请教育厅于本学期设立",安徽省教育厅的审核结果则是"原则通过"。具体如下:

> 理由:
>
> 图书馆教育向被视为学校教育之辅助,实则因其不受时间数量之限制,效率远在课堂教育之上。国内学者,近顷以怀疑学校教育之故,图书馆教育已日益形其重要。本省省立学校类皆该设有学校图书馆,各县之设有县立图书馆者亦已超过全省六十县四分之一,足征本省教育界对于图书馆事业之扩张并不后人。但据闻见所及,图书馆管理人才极为缺乏。各校及各县图书馆不特效率无以表现,即本省之设备、布置、编目、分类、典藏各端亦多茫无头绪者。此种困难,似有速为设法解除之必要,方足以应新教育之需要耳。
>
> 办法:
>
> 一、全省暂设图书馆员训练班一所,指定省立职业学校或图书馆代办之。
>
> 二、图书馆员训练班,肄业期一年,其经费由教育厅按照高中标准支给。
>
> 三、每班以三十人为足额,一律照师范生待遇。
>
> 四、图书馆员训练[班]之学员,得由省立各中学及社会教育机关保送,余额以考试定之。
>
> 五、学员须在后师毕业,或旧制中学毕业,服务二年以上者。③

---

① 馆讯(十九年七、八月)[J].国立北平图书馆馆刊,1930,4(4):147.

② 第二届省立中等学校校长会议纪要[J].安徽教育行政周刊,1930,3(30):23 - 43.

③ 安徽省政府教育厅编译处.安徽第二届省立中等学校校长会议录[M].安庆:安徽省政府教育厅编译处,1930:65;皖二届中学校长会议成立案[J].中华图书馆协会会报,1930,6(3):24 - 25.

8月9日

湖北省教育厅厅长黄建中签发育字第一一七六号训令,向文华图专转发国民政府教育部第一三五九号指令①。

8月15日

"维多利亚公主号"轮船(S. S. Princess Victoria)从马尼拉出发②,9月6日抵达华盛顿州西雅图③。吴光清应当是从上海登船赴美学习图书馆学,但具体日期不详。

8月23日

辽宁省教育厅厅长吴家象签发该厅第五五六号公函,保送辽宁省立图书馆馆员夏万元④(又称"夏蔓园",辽宁辽阳人,辽阳县立师范学校毕业⑤)与李光萼⑥(或作"李光锷",字睦楼,辽宁盖平人,奉天省立第一中学毕业⑦)二人到文华图专图书馆学讲习班就读⑧。

8月

接到国民政府教育部第六二七号训令后,浙江省教育厅将其遵办情

---

① 训令(育字第一一七六号)[J].湖北教育厅公报,1930,1(9):19.

② Washington,Seattle,passenger lists,1890 – 1957[EB/OL].[2018 – 10 – 04].https://www.familysearch.org/ark:/61903/3:1:33SQ-G5FT-RJC? i =792&cc =1916081.

③ Washington,Seattle,passenger lists,1890 – 1957[EB/OL].[2018 – 10 – 04].https://www.familysearch.org/ark:/61903/3:1:33SQ-G5FT-RJC? i =793&cc =1916081.

④ 在1930年9月辽宁省立图书馆编印的《辽宁省立图书馆馆刊》第一卷中,既有"夏万元"亦有"夏万章"。夏万元编有《馆藏杂志目录》《购置新书目录(自十八年七月至十九年六月)》《十八年度工作报告(十八年七月至十九年六月)》《十八年度馆藏图书统计(十八年七月至十九年六月)》,夏万章编有《东北定期刊物一览(十九年六月调查,以本馆收到为限)》《满铁图书馆一览》。不过,在"本馆现任职员一览表(民国十九年七月)"中只有"夏万章"(字斐然,辽宁辽阳人,民国十九年一月到馆工作,时为流通股管理员)而无"夏万元"。由此推断,"夏万元"与"夏万章"实为同一个人。具体参见:本馆现任职员一览表(民国十九年七月)[J].辽宁省立图书馆馆刊,1930(1):(图表)5.

⑤⑦ [伪]奉天省立图书馆.奉天省立图书馆概览[M].沈阳:[伪]奉天省立图书馆,1932:32.

⑥ 本馆现任职员一览表(民国十九年七月)[J].辽宁省立图书馆馆刊,1930(1):(图表)5.

⑧ 函武昌私立文华图书馆学专科学校为送辽宁省立图书馆馆员[J].辽宁教育公报,1930(16):(公牍)1 – 2.

形分成六点呈报,其中第四点和第六点与图书馆学教育相关。第四点称:"本省已于去岁秋间,由省政府议决,派蒋复璁赴欧调查研究图书馆教育,该员已于本年春间出国,以后并拟酌量情形,于考选留学生时规定图书馆学名额。"第六点称:"除转饬私立之江文理学院,于该院教育学系内,酌设图书馆学程外,本省省立民众教育实验学校社会教育专修科已列图书馆学为必修学程,师范科亦列为选修学程,并拟于该校添办图书馆专修科。"①辽宁省教育厅亦将其遵办情形分成六点呈报,其中第三、四、六点均与图书馆学教育相关:"(三)(聘请专家指导图书馆事业)拟于寒假期内召集各县图书馆职员来省组织图书馆学讲习会,聘请图书馆学专家讲习指导。""(四)(考取图书馆学留学生)俟本省所送留学生毕业归国续行考送时即酌定图书馆学名额一人,最近并由省立图书馆选送馆员一二人赴国内大学肄习图书馆学。""(六)(转饬各大学设图书馆学程成图书馆学系)已转知东北大学、冯庸大学酌量办理。"②

　　浙江省立民众教育实验学校招考社会教育行政专修科与师范科新生各一班③。二科均开设一门"图书馆学"专业课程,计2学分④。

　　天津特别市市立师范学校(或称"天津市立师范学校")图书馆张育扬、北平大学女子文理学院图书馆宋蕙英、上海总税务司图书馆阮寿容3人分别奉派前往国立北平图书馆实习⑤。

9 月初

　　蒋复璁获准进入柏林普鲁士邦立图书馆(Preußische Staatsbibliothe,或称"德意志图书馆")实习,前后达10个月之久。在此期间,他还曾到德意志学术协进社(Die Notgemeiuschaft der Deutschen Wissenschaft)图书馆委员会实习一个月,并到柏林大学图书学院(Institute of Library Science at the University of Berlin,或译为"柏林大学图书馆学研究所")修习图书馆

---

　　① 浙教厅对于南京年会议案之推行[J].中华图书馆协会会报,1930,6(1):33.

　　② 教育部嘉许辽宁教厅[N].申报,1930-09-04(12);教部嘉许辽宁教厅注重图书馆事业[N].民国日报,1930-09-04(11);教部嘉许辽宁教厅注重图书馆事业[N].时事新报,1930-09-04(8).

　　③ 浙江省立民众教育实验学校.浙江省立民众教育实验学校概况[M].杭州:浙江省立民众教育实验学校,1933:1.

　　④ 浙江省立民众教育实验学校.浙江省立民众教育实验学校概况[M].杭州:浙江省立民众教育实验学校,1933:7-9.

　　⑤ 馆讯(十九年七、八月)[J].国立北平图书馆馆刊,1930,4(4):147.

学课程①。

9月8日

严文郁从日本神户乘坐"克利夫兰总统号"轮船前往美国②,9月20日抵达华盛顿州西雅图③。他此次其实是被国立北平图书馆派往哥伦比亚大学办事④,即充当交换馆员。因此,他随即转赴纽约,一边担任哥伦比亚大学图书馆中文部主任⑤,一边在哥伦比亚大学图书馆学院就读⑥。

9月12日

天津特别市教育局局长邓庆澜签发第七三四号令,要求天津特别市各市立馆所、市立小学和私立小学即刻分别指派两人到天津特别市市立师范学校开设的教育行政讲习班和小学教育讲习班学习⑦,同时附发《天津特别市市立师范学校讲习班简章》⑧。其后,天津特别市市立师范学校亦开办图书馆学讲习班,但未悉详情。

天津特别市市立师范学校讲习班简章
第一条　本校为补助地方教育发展设立各科讲习班。
第二条　本校应地方需要暂设教育行政、小学教育、图书馆学等三班。
第三条　每班学员额暂定教育行政、小学教育两班各五十人,图书馆学讲习班二十五人。

---

① 蒋复璁. 留德研究图书馆学工作报告[J]. 浙江教育行政周刊,1932,3(21):1-8.

② Washington, Seattle, passenger lists, 1890-1957[EB/OL]. [2018-10-04]. https://familysearch. org/pal:/MM9. 3. 1/TH-1942-22103-20374-8? cc=1916081.

③ Washington, Seattle, passenger lists, 1890-1957[EB/OL]. [2018-10-04]. https://familysearch. org/pal:/MM9. 3. 1/TH-1942-22103-20458-3? cc=1916081.

④ 国立北平图书馆. 国立北平图书馆馆务报告(民国二十年七月至二十一年六月)[M]. 北平:国立北平图书馆,1932:55.

⑤ Library staff[M]//Columbia University. Catalogue 1930-1931. New York:Columbia University,1931:119-120.

⑥ Directory of students[M]//Columbia University. Catalogue 1930-1931. New York:Columbia University,1931:253.

⑦ 邓庆澜. 令发市立师范讲习班简章仰照办令(第七三四号)[J]. 天津特别市教育局教育公报,1930(36):(命令)10-11.

⑧ 天津特别市市立师范学校讲习班简章(本局训令第七三四号附发)[J]. 天津特别市教育局教育公报,1930(36):(法规)2-5.

第四条　各班学员入学资格暂定如左：

甲、教育行政、小学教育两班：现任本市小学校长教员（私立学校须在本市立案者）。

（附注）上项学员由各校保送免试。

乙、图书馆学讲习班：（1）市立各图书馆、讲演所、阅书报所管理员及有中等以上学校毕业资格之职员。（2）本市人，有中等以上学校毕业资格者（此项学员至多不过十名）。

附注：（1）项学员由各馆所保送免试。（2）项学员须呈交证书、略历，由本校审核或试验，以定去取。

第五条　各科讲习期限暂定如左：

甲、教育行政、小学教育　讲习期限以满二十四周为毕业。

乙、图书馆学　讲习期限以满十三周为毕业。

第六条　各科讲习时间由晚七点半至九点半，共二小时。

第七条　各科讲习期满，考试及格，发给证书。

第八条　各科讲习课程如左：

甲、教育行政讲习班课程

教育心理学　每周一小时

教育原理　每周一小时

测验及统计　每周一小时

学校组织及管理　每周二小时

各国小学教育制度　每周一小时

本国教育行政　每周二小时

教学法　每周二小时

业务概要　每周一小时

公文程式　每周一小时

参观、实习

乙、小学教育讲习班课程

教育心理学　每周一小时

教育原理　每周一小时

教学法　每周四小时

简易自然科学标本及仪器制作法　每周二小时

测验及统计　每周二小时

小学训练及管理　每周二小时

参观、实习

丙、图书馆学讲习班课程

　　目录学　共二十小时

　　参考书举要　共二十小时

　　编目学　共二十小时

　　分类学　共二十小时

　　图书馆经济学　共二十小时

　　书籍选读　共十小时

　　特种图书馆研究　共十小时

　　特别讲述　共八小时

　　图书馆行政学　共六小时

　　图书馆建筑学　共四小时

　　图书馆史略　共二小时

　　打字术及字体写法、参观、实习　共十八小时

　　以上图书馆学统计一百五十八小时。

第九条　讲习班学员免纳学费,学用品自备。

第十条　讲习班管理规则另定。

第十一条　本简章未尽事宜随时修正之。[①]

9月

　　文华图专图书馆学本科第九班新生注册入学,共计9人,即黄连琴、李蓉盛、李钟履、龙永信、马盛楷、徐亮、张葆箴、朱瑛、朱用彝。龙永信与马盛楷同时还是华中大学三年级学生[②]。原本公布录取的吕绍虞与钱存训并未到校,取而代之的则是李蓉盛、龙永信和马盛楷。吕绍虞后来于1931年9月入读文华图专图书馆学本科第十班[③]。钱存训则继续留在金陵大学就读,主修历史,副修图书馆学,1932年6月毕业并获文学士学位[④]。朱用彝后来并未被列入文华图专图书馆学本科第九届毕业生名

　　① 天津特别市市立师范学校讲习班简章(本局训令第七三四号附发)[J].天津特别市教育局教育公报,1930(36):(法规)2-5.

　　② 私立武昌华中大学.私立武昌华中大学一览(中华民国二十年度)[M].武昌:私立武昌华中大学,1931:227.

　　③ 本校消息·(十)三三级友会[J].文华图书科季刊,1931,3(4):577-578.

　　④ 文学院一九三二级秋季毕业生一览表[J].金陵大学校刊,1932(56):1;级友录[J].金陵大学校刊,1932(61):1.

录,甚至也未被列入文华图专校友名录。但是,他确实曾在文华图专图书馆学本科第九班就读两年,先后担任文华图书科季刊社出版股的图表干事①和编辑部的装饰干事②,并且曾于 1931 年 3 月 12 日参加文华图书科季刊社全体职员的合影③。

文华图专图书馆学讲习班第一班新生注册入学,共计 16 人,包括邓衍林、董铸仁、李光尊、林斯德、罗家鹤、骆继驹、沙鸥、舒纪维、宋友英、翁衍相、吴立邦、夏万元、辛显敏、邢云霖、喻友信、张树鹊。原本录取的 19 人当中,顾恒德、郭应丰、黄继忠、李絮吟、谢日齐 5 人未到校,新增辽宁省立图书馆保送的李光尊与夏万元。入学不久,该班学生便邀请毛坤和钱亚新担任指导教师,全体动员,共同编撰《图书集成索引》,计划于半年内完成,并于 1931 年 5 月之前正式出版④。该书后改称《图书集成目录索引(附目录)》,经文华图专出面接洽,准备交由商务印书馆在 1932 年 7 月 31 日之前正式出版⑤。

文华图专增设一门"德文"课程,该课程被列为图书馆学本科必修课程及图书馆学讲习班选修课程。除图书馆学本科第九班 8 名学生外,翁衍相、邢云霖等英文基础较好的图书馆学讲习班第一班学生亦选修这门课程⑥。授课教师是武汉大学的德国籍教授格拉赛(Konrad Glatzer)⑦。此外,该校原本计划同时增开一门"日文"课程,并已聘定教师,但由于已经开设的课程过多,无法安插进去,只能延期一年,准备面向图书馆学本科二年级学生开设⑧。

钱亚新返回文华图专执教,负责讲授索引和检字相关课程及编辑《文华图书科季刊》,同时担任文华公书林流通部主任⑨。另据钱亚新回忆:"当我在 1930 年由上海交大图书馆回到武昌文华图书馆专校去执教

---

① 本刊消息[J]. 文华图书科季刊,1930,2(3/4):479 – 482.

② 本刊消息[J]. 文华图书科季刊,1931,3(4):578;本刊职员略有变更[J]. 文华图书科季刊,1932,4(1):102.

③ 文华图书科季刊社全体职员合影(民国二十年三月十二日)[J]. 文华图书科季刊,1931,3(1):卷首.

④ 本校消息·编辑图书集成索引[J]. 文华图书科季刊,1930,2(3/4):476.

⑤ 同门会消息·新书付印[J]. 文华图书科季刊,1931,3(4):574.

⑥⑧ 文华图书馆学专校校闻[J]. 中华图书馆协会会报,1931,6(5):39.

⑦ 私立武昌文华图书馆学专科学校. 湖北私立武昌文华图书馆学专科学校一览(中华民国二十年度)[M]. 武昌:私立武昌文华图书馆学专科学校,1931:8 – 9.

⑨ 同门会消息[J]. 文华图书科季刊,1930,2(3/4):473 – 474.

时,曾为开'儿童图书馆学'这一课编有讲义。后来因在抗日战争期间,这份讲义失落了。"①

大夏大学教育学院增设社会教育系,由该校图书馆主任马宗荣担任系主任②。

福建省立福州职业学校图书馆文书科创办,学制二年③。1934 年,该科学生共有 28 人,其中福建闽侯籍学生 25 人、建瓯籍学生 1 人、崇安籍学生 1 人,浙江绍兴籍学生 1 人④。

江苏省立教育学院开始招考各系科学生⑤。该校民众教育学系、民众教育专修科和农事教育专修科的选修课程中均有一门"民众图书馆学",计 2 学分⑥。

刘国钧重返金陵大学,担任图书馆馆长并教授"中国哲学"与"目录学"⑦。1930—1931 学年和 1932—1933 学年,金陵大学图书馆学组有 3 位专任教师,刘国钧为教授,曹祖彬与陈长伟为讲师。

《福建图书馆协会会报》创刊号(第 1 期)登载叶昇撰写的《训政时期图书馆的我见》。叶昇在文中论述了"培植图书馆专门人才"的问题,称:"图书馆事业的发达,端赖图书馆人才的培植。因为图书馆注重专门人才,各国皆同。现国内图书馆,日渐扩充,人才实感缺乏。各省非设图书馆专校,各县设图书馆讲习会,以宏造就,是不为功的。"⑧

---

① 钱亚新. 最后十年[M]//钱亚新. 钱亚新别集. 谢欢,整理. 南京:南京大学出版社,2013:232.

② 教育学院添设社会教育系[J]. 大夏周报,1930(84/85):247;大夏大学添设社会教育系[N]. 民国日报,1930 – 06 – 04(7).

③ 福建省立福州职业学校概况[J]. 教育周刊,1934,(184/185):124. 按:原文称,"十八年夏,郁君回籍高就,辞去本职,改委彭传珍为校长。依旧充实,陆续促进。续招土木科、商科(工商补习班合并)、建筑科、化学工艺科、图书馆文书科",但此处的"十八年夏"(1929 年夏)当为"十九年夏"(1930 年夏)之误,因为前文已经指出"十八年夏,簿记、艺术、刺绣等科毕业,添招速记科、石印科、铅印科、护士科、机绣图画科、缝纫科、工商补习班,学生近二百人。添置土木仪器、石印仪器、刺绣机诸设备"。

④ 福建省立福州职业学校概况[J]. 教育周刊,1934,(184/185):133 – 134.

⑤ 江苏省立教育学院总务部文书股. 江苏省立教育学院一览[M]. 无锡:江苏省立教育学院,1932:2.

⑥ 顾烨青. 植根民众教育,造就专业人才:苏州大学图书馆学教育前身(1929—1950)历史贡献述评[C]//南京大学. 第十届海峡两岸图书资讯学学术研讨会论文集. 南京:南京大学,2010:152 – 163.

⑦ 徐雁. 开卷余怀[M]. 南京:东南大学出版社,2002:130.

⑧ 叶昇. 训政时期图书馆的我见[J]. 福建图书馆协会会报,1930(1):3 – 6.

梁思庄、谭卓垣与吴光清 3 人一同入读哥伦比亚大学图书馆学院。其中,吴光清获得卡内基国际和平基金会(Carnegie Endowment for International Peace)的资助①。

10 月初

安徽省立第一中等职业学校校长毛保恒呈文给安徽省教育厅,称:"案查属校添办图书馆班,业经拟具详细计划,呈奉钧厅核准在案。属校遵即着手筹备,现定于十月三十日考试,已刊布招生广告及招生简章,分寄本省省立中等教育机关,及各县教育局,请其代为张贴。惟图书馆班在本省系属初创,而招考日期,又甚短促,若不广为宣传,诚恐有志求学之士不能遍悉。除招生广告及简章,由属校径行分寄外,兹各检一份,送呈鉴核,拟请钧厅令行各中等教育机关及各县教育局广为宣传,俾众周知,实为公便。"后附上招生简章与招生广告各一份②。

10 月 7 日

河北省立民众教育人员养成所第二期第一班正式开学,后又于 10 月 17—18 日、11 月 25—26 日分别补录第二班和第三班学员。第一、二班学员至 1931 年 4 月 5 日肄业,第三班学员至 1931 年 5 月肄业。其间,岳良木于 1930 年 10 月中旬受聘为河北省立民众教育人员养成所"图书馆管理法"教员③。年底,岳良木准备回汉口准备婚事,于是请汪长炳代课,直到本期结束④。

10 月 10 日

文华图专武昌同门会在文华公书林举行成立会,共有白锡瑞、范礼煌、李哲昶、刘华锦、毛坤、钱亚新、汪辑熙、徐家麟、杨开殿、曾宪文 10 名会员。众人公推白锡瑞为会长、毛坤为书记,并议定以后每月召开一次常会⑤。

---

① Columbia University School of library service. Report of the diector of the school of library service, for the period ending June 30,1931[M]. New York:Columbia University School of Library Service,1931:5 – 6.

② 令知介绍一职图书馆班[J]. 安徽教育行政周刊,1930,3(42):12 – 13.

③ 河北省立民众教育人员养成所. 河北省立民众教育人员养成所工作报告(第二期)[R].北平:河北省立民众教育人员养成所,1931:(大事记)1 – 5.

④ 郑锦怀. 岳良木图书馆生涯与贡献考述[J]. 图书馆,2020(7):65 – 72.

⑤ 同门会消息[J]. 文华图书科季刊,1930,2(3/4):473 – 474.

10 月 13 日

安徽省教育厅发布第一七九四号训令，要求安庆的各私立中学及各县教育局与各省立教育机关积极宣传安徽省立第一中等职业学校开办图书馆班一事①。

10 月 18 日

陈长伟带领金陵大学图书馆学组"图书馆学一四〇班"（即选修"图书馆学大纲"课程）的 16 名学生先赴金陵女子大学图书馆参观，由该馆主任钱存训引导介绍；然后又赴江苏省立国学图书馆参观，并聆听该馆馆长柳诒徵（字翼谋）讲演②。柳诒徵在讲演中回顾了江苏省立国学图书馆的发展历史，并勉励金陵大学图书馆学专业学生"努力唤醒民众图书馆意识及需求，以彰显图书馆之意义"③。

10 月 25 日

陈长伟带领金陵大学图书馆学组"图书馆学一四〇班"的 30 多名学生前往中央大学图书馆参观，该馆代理馆长朱家治接待并做讲演④。朱家治在讲演中介绍了图书馆的种类与性质，该馆职员的具体职责与遇到的困难，图书馆的创办、组织、管理与设备等⑤。

10 月 30 日

安徽省立第一中等职业学校举行图书馆班招生考试，考试科目包括"党义""国学常识""应用文字""英文""算术"⑥。

10 月

浙江省立图书馆制定《浙江省立图书馆十九年度各组织进行计划大纲》。其中，"阅览组进行计划"中"关于指导事项者"如下："（1）指导目录的用法；（2）指导用书的方法；（3）来馆参考者本馆当予以充分之便利；（4）商聘各科专家为本馆名誉阅览指导员。""推广组进行计划"中

---

① ⑥　令知介绍一职图书馆班[J].安徽教育行政周刊，1930，3（42）：12 – 13.

②　张赓祖.图书馆学班参观记事[J].金陵大学校刊，1930（3）：2 – 3.

③⑤　顾延龄.一四〇班参观中大图书馆[J].金陵大学校刊，1930（4）：1.

④　顾延龄.一四〇班参观中大图书馆[J].金陵大学校刊，1930（4）：1；金陵大学图书馆学系参观本馆纪事[J].图书馆副刊，1930（11）：1.

"关于辅导事项者"如下:"(1)发行图书馆周刊于报端,以鼓吹图书馆教育之重要;(2)编辑'民众图书馆丛书',以供给各县市图书馆之参考;(3)派员考察各县市图书馆,并协助其发展;(4)乘寒暑假中附设图书馆学讲习所,以增进市县图书馆员之学识。"①

11 月 8 日

国民政府教育部部长蒋梦麟签发指令,要求湖北省教育厅转饬文华图专领用"湖北私立武昌文华图书馆学专科学校钤记"②。

11 月 12 日

安徽省立第一中等职业学校图书馆班举行开学典礼。共有 33 名学生入学,包括陈廷璋、段松延、方朗、方质彬、韩镇、胡延臬、黄昌义、黄电华、霍怀恕、金步鳌、李健夫、李萍、刘会斌、陆哲夫、倪允煌、邵行格、宋幼刚、苏琼、孙玉瓒、汪荫祖、汪兆增、王德馨、吴楚材、吴盘、杨翠华、杨起田、杨毓华、姚俊德、张杰、张濬远、张志道、章昂霄、赵筱梅。其中,段松延、黄电华、杨翠华、杨毓华、赵筱梅 5 人为女性,其余 28 人为男性③。

11 月 13 日

安徽省立第一中等职业学校图书馆班开始上课。该班共有 3 位教员,分别是刘华锦(1930 年 6 月文华图书科图书馆学本科第八届毕业生)、董明道(1926 年 6 月文华图书科图书馆学本科第五届毕业生,安徽省立图书馆编藏股主任)、鲍昀(字哲文,安徽合肥人,安徽大学文学院兼任讲师④,历任安徽省立第一中学等校的国文教员及安徽大学预科专任教员)⑤。该班每周的功课包括"党义"(一小时)、"图书馆概论"(二小时)、"图书馆经营法"(三小时)、"图书选择法"(一小时)、"参考书使用法"(二小时)、"中国目录学"(二小时)、"分类法"(三小时)、"编目法"(三小时)、"中国重要书籍研究"(二小时)、"外国文重要书籍

---

① 浙江省立图书馆十九年度各组织进行计划大纲[J].浙江教育行政周刊,1930,2(6):(附录)2 - 5.

② 柳丽.私立武昌文华图书馆学专科学校概述[J].档案记忆,2020(7):38 - 41.

③⑤ 新.安徽省立图书馆创办图书馆专班[J].文华图书科季刊,1930,2(3/4):470;省立图书馆专班情形[J].学风,1930,1(2):30 - 32.

④ 安徽省立安徽大学.安徽省立安徽大学一览(十九年度)[M].安庆:安徽省立安徽大学,1930:(职教员一览)12.

研究"(二小时)、"英文"(三小时),另有实习(十二小时)①。

11 月 15 日

晚上,天津特别市市立师范学校图书馆学讲习班的李子受、孔昭怡等 16 名学生在该班讲师陆华深的带领下,乘坐火车来到北京②。这 16 名学生大多是天津市各通俗图书馆的在职工作人员,陆华深当时则是南开大学图书馆主任③。他们先后参观北平第一普通图书馆(11 月 16 日)④、清华大学图书馆(11 月 18 日)⑤等处,11 月 20 日下午 4 时 25 分乘坐火车返回天津⑥。

11 月

国民政府教育部颁行《中小学课程暂行标准》。其中,高级中学师范科选修课程中含有一门"图书管理法",计 3 学分⑦。

12 月 1 日

文华图专举行"总理纪念周"(或称"国父纪念周",旨在纪念孙中山先生)活动,沈祖荣即席讲演文华图专历史,同时正式启用国民政府教育部颁给该校的钤记⑧。

12 月 23 日

安徽省立安徽大学教务会议课程审查委员会议决通过《各学院课程

---

① 新. 安徽省立图书馆创办图书馆专班[J]. 文华图书科季刊,1930,2(3/4):470;省立图书馆专班情形[J]. 学风,1930,1(2):30 – 32.

② 津图书馆讲习班学生来平参观[N]. 华北日报,1930 – 11 – 17(6);津图书馆讲习班学生来平参观北平各图书馆[N]. 京报,1930 – 11 – 17(7);津师校图书馆讲习班至平参观[J]. 中华图书馆协会会报,1930,6(3):17.

③ 津图书馆讲习班学生来平参观[N]. 华北日报,1930 – 11 – 17(6);津图书馆讲习班学生来平参观北平各图书馆[N]. 京报,1930 – 11 – 17(7);天津师范学校图书馆讲习班莅馆参观[J]. 图书馆增刊,1930(116):1.

④ 津师校图书馆讲习班至平参观[J]. 中华图书馆协会会报,1930,6(3):17.

⑤ 天津师范学校图书馆讲习班莅馆参观[J]. 图书馆增刊,1930(116):1.

⑥ 津市师范学生返津[N]. 新天津,1930 – 11 – 21(3).

⑦ 国民政府教育部中小学课程标准起草委员会. 中小学课程暂行标准:第五册　高级中学师范科之部[M]. 上海:中华书局,1930:5.

⑧ 本校消息·校章之启用[J]. 文华图书科季刊,1930,2(3/4):476.

标准》①。其中,文学院哲学教育学系面向教育学组三年级学生开设一门
"图书馆学"必修课程,一学期授毕,每周授课 3 小时,计 2 学分②。

12 月 26 日

全亚教育会议(All Asia Educational Conference)在印度东北部城市
贝拿勒斯[Benares,即瓦腊纳西(Varanasi)]举行,12 月 30 日闭幕。戴志
骞提交《中国现代图书馆之发展》("Development of Modern Libraries in
China"),胡庆生提交《中国之图书馆员教育》("Library Training in China")。
二文后均被收入印度教育学家 D. P. 卡特里(D. P. Khattry,即 Devi Prasad
Khattry)主编、印度出版社(the Indian Press)于 1931 年在阿拉哈巴德
(Allahabad)出版的《全亚教育会议报告(印度贝拿勒斯,1930 年 12 月
26—30 日)》[*Report of All Asia Educational Conference*(*Benares*,*December
26 - 30 ,1930*)]③。

12 月

吉林省立职业学校制定《吉林省立职业学校文书科简章》和《吉林省
立职业学校文书科课程分配表》④。

吉林省立职业学校文书科简章

(一)宗旨 [以适应]社会需要,专修应用智能,造就各机关之
文书人才为宗旨。

(二)入学资格 以初中毕业或具有同等学力,年在十八岁以
上、三十岁以下,文理通顺,书法工秀,品性纯良,绝无嗜好者为
合格。

(三)班数及学额 本期暂设一班,定额三十名。

---

① 安徽省立安徽大学. 安徽省立安徽大学一览(十九年度)[M].安庆:安徽省立安徽大
学,1930:(各学院课程标准)1.

② 安徽省立安徽大学. 安徽省立安徽大学一览(十九年度)[M].安庆:安徽省立安徽大
学,1930:(各学院课程标准)11.

③ TAI T C. Development of modern libraries in China[M]//KHATTRY D P. Report of All Asia
Educational Conference(Benares,December 26 - 30,1930). Allahabad:The Indian Press,1931:658 -
664;HU T C S. Library training in China[M]//KHATTRY D P. Report of All Asia Educational Confe-
rence(Benares,December 26 - 30,1930). Allahabad:The Indian Press,1931:664 - 674.

④ 本厅呈教育部为检送省立职业校新设文书科简章课程表请核备文(二十年二月二日,
第五二号)[J].吉林教育公报,1931(98):(公牍)1 - 3.

（四）学习科目　分主要、次要、选习三类。

主要科目：1. 中文打字　2. 国音速记　3. 实用统计　4. 党义

次要科目：1. 公文程式　2. 案牍处理法　3. 书法　4. 服务道德　5. 国文

选习科目：1. 簿记　2. 英文　3. 图书馆学　4. 数学

（五）修业期限　本期速成班暂定一年，将来再行添招时得斟情形改为修业二年，以资深造。

（六）毕业及介绍　学生毕业后，成绩倘能及格，则依程度高下顺序，荐之各机关，以备任使。①

年底

大东书局出版潘文安（潘仰尧）与陆伯羽共同编著的《青年升学指导》，至 1932 年 3 月推出三版。该书正文分为 24 章，卷末载有两种附录"东西洋各国升学概况"与"升学青年心理测验之一"。其中，第 17 章"敬告有志研究图书馆学的青年"详细介绍图书馆学的内容和对图书馆学感兴趣者应当做何准备，尤其是转录杜定友在《研究图书馆学指南》一文中构建的图书馆学课程体系。该章最后还指出："关于研究图书馆学的专门学校，国内尚不多见。据编者所知道的有武昌文华大学设图书馆学专科，由中华教育基金委员会拨款补助。中华图书馆协会襄办，为国内研究图书馆学者一个最好的学校。此外有金陵大学的图书馆学系（属于文学院），也很著名。"②

本年

彭道真从伦敦大学毕业，1933 年又从伦敦大学学院毕业③。或称其履历为"国立北京大学肄业，英国伦敦大学图书馆学院毕业，合肥私立三育女子中学校教务主任"，后来还曾担任河北省立法商学院图书

---

① 本厅呈教育部为检送省立职业校新设文书科简章课程表请核备文（二十年二月二日，第五二号）[J].吉林教育公报,1931(98):(公牍)1-3.

② 潘文安,陆伯羽.青年升学指导[M].上海:大东书局,1932:129-135.按:该书封面与书名页均标注"潘文安　陆伯羽著"，但版权页仅署"编著者　潘文安"，此处据封面与书名页著录。此外，该书版权页并未标注初版时间，仅标注"中华民国二十一年三月三版"。不过，该书卷首所载"卷头语"的落款为"民国十九年十一月一日　潘文安"，故而推断该书于1930年底(11月或12月)推出初版。

③ 上海留英同学会.留英同学录[M].上海:上海留英同学会,1943:插页.

馆主任①、国立中央图书馆编目组组长②等职。

厦门大学教育学院教育行政系开设一门"学校图书馆学"选修课程，一学期授毕，每周授课三小时，计三学分③。其课程纲要如下：

> 本学程内容包括：(一)图书馆与学校之关系，(二)学校图书馆之建筑，(三)学校图书馆之组织及管理(包括图书分类、编目、庋藏之方法，及阅览书籍之办法等)，(四)图书之选择及购置，(五)各国学校图书馆概况等各项研究。
>
> 主要教本及参考用书：
>
> Wilson：School Library Management
>
> Wilson：School Library Experience
>
> The Faculty of the Library School of the University of Wisconsin：An Apprentice Course for Small Libraries
>
> Hutchins & Others：Guide to the Use of Libraries
>
> 洪有丰：图书馆组织与管理(商务印书馆)④

大夏大学教育学院社会教育系开设"图书馆通论"(编号：社教106，计2学分)、"图书馆教育论"(编号：社教107，计2学分)和"图书馆组织与管理"(编号：社教109—110，计6学分)三门图书馆学专业课程⑤。

河南大学文学院教育学系开设一门"图书馆学研究"甲类选修课程(编号：150)⑥，由河南大学理学院化学系教授兼图书馆主任李燕亭讲授⑦。

江苏省立上海中学校面向高中师范科二年级学生开设一门"图书馆学"(或称"图书管理学"⑧)选修课程，由上海交通大学图书馆编目

---

① 河北省立法商学院. 河北省立法商学院职教员录[M].天津：河北省立法商学院，1934：1.

② 蒋复璁彭道真定期赴美考察图书馆事业[N].申报，1948 - 07 - 15(7).

③④ 厦门大学. 厦门大学一览(中华民国十九年至二十年)[M].厦门：厦门大学，1930：(辰)63 - 64；厦门大学教育学院. 厦门大学教育学院概况(中华民国十九年一月)[M].厦门：厦门大学教育学院，1930：45 - 46.

⑤ 教育学院课程[M]//私立大夏大学. 私立大夏大学一览(民国十九年六月)[M].上海：私立大夏大学，1930：8.

⑥ 河南大学. 河南大学一览[M].开封：河南大学，1930：96.

⑦ 翟桂荣. 李燕亭图书馆学著译整理与研究[M].北京：中国社会科学出版社，2016：324.

⑧ 江苏省立上海中学校教务处. 上中课程标准[M].上海：江苏省立上海中学教务处，1930：18.

主任钱亚新讲授,一学年授毕,每周授课 2 小时,每学期各计 2 学分①。

上海圣玛利亚女学校继续开设图书馆学科②。

江苏省立苏州女子中学面向高中普通科和高中师范科二、三年级学生开设一门"图书管理法"选修课程,一学期授毕,每周授课 2 小时,计 2 学分③。

江苏省立无锡中学师范科面向三年级学生开设一门"图书馆学概论"选修课程,下学期授毕,每周授课 3 小时,计 3 学分④。

暨南大学附属高级中学师范科为三年级学生开设一门"图书馆学"选修课程,上学期授毕,每周授课 2 小时,计 2 学分⑤。

①　江苏省立上海中学校. 江苏省立上海中学校师范科概况[M]. 上海:江苏省立上海中学校,1930:7.

②　KOO N N. The library course[J]. 凤藻(Phoenix),1930(10):(英文部分)39.

③　江苏省立苏州女子中学. 江苏省立苏州女子中学概况[M]. 苏州:江苏省立苏州女子中学,1930:6. 按:原书用繁体字印作"圖畫管理法",但该校另外开设了"圖畫"课程,故而"圖畫管理法"当为误印,实为"圖書管理法"。此处径改之。

④　江苏省立无锡中学师范科. 江苏省立无锡中学师范科概况[M]. 无锡:江苏省立无锡中学师范科,1930:12.

⑤　本学期中学部学程一览[J]. 暨南校刊,1930(84):22.

1931 年

◎ 桂质柏成为中国第一个图书馆学博士

◎ 韦棣华女士逝世

◎ 沈祖荣在湖北省教育厅暑期学校讲授图书馆学

◎ 马宗荣在浙江省教育服务人员暑期进修讲习会讲授图书馆学

◎ 杜定友、徐旭等人在江苏省社会教育暑期讲习会讲授图书馆学

◎ 上海图书馆学函授社登报招生

◎ 孙楷第赴日访书，冯汉骥赴美留学

◎ 陈伯逵编印《实用图书馆学讲义》

1 月 27 日

国民政府考试院考选委员会召开第 39 次会议，共计通过 6 项决议，其中包括保留《特种考试图书馆管理员考试条例草案》①。

1 月 28 日

应国民政府教育部的要求，河北省立民众教育人员养成所第二期对其课程表进行修订，其中"'图书馆管理法、经营法'每周由'社会教育事业'时间内改授一小时"②。

2 月 13 日

集美学校附属男小学校儿童自治讲习所图书馆科学生开始于每日下午 1 时至 1 时 45 分学习一门"图书馆概要"课程，2 月 16 日举行考试，

---

① 考选委员会之决议[N]. 申报,1931 - 01 - 28(7).

② 河北省立民众教育人员养成所. 河北省立民众教育人员养成所工作报告(第二期)[R].北平:河北省立民众教育人员养成所,1931:(对于本所课程之回顾)1 - 3.

共有 12 人毕业①。

2 月 17 日

国民政府考试院考选委员会召开第 42 次会议，通过 6 项决议，其中包括修正通过《特种考试图书馆管理员考试条例》②，但未悉详情。

2 月

世界书局出版李康复所编的《儿童自治指导书》。该书第 12 章"儿童自治实施的步骤"第 4 节"自治人员的训练"收录《自治人员训练所学则》和《自治人员训练所各科讨论资料纲要》。其中，《自治人员训练所学则》第 4 条规定，自治人员训练所下设 12 门科目，其中包括一门"图书馆大要"③，"图书馆大要"的授课内容包括："规程细则指示，图书分类法，图书借还手续，图书管理法，阅览人数统计法，调查各区阅书人数统计法，阅书笔记指导，阅书问题片的编造，整理修订图书，图书编目，参观大图书馆。"④

马宗荣受聘担任大夏大学教育学院社会教育系主任兼该校图书馆主任⑤。

3 月 5 日

李蒸通过中央广播无线电台讲授《全国社会教育设施概况》⑥。李蒸指出："办理图书馆须有专门人才。图书馆事业进步既如是之速，图书馆人才一定有供不应求之势，所以本部于去年通令各省市于师范课程内酌加图书馆选修科；并饬令于大学文科内酌设图书馆系，同时令各省市及清华学校于选派留学生时酌留图书馆名额，俾养成专门人才。"⑦

---

① 陈延庭，王登沂，林琼新，等．将满二十岁的集美小学［J］．初等教育界，1931，2（8）：2－50.

② 考选委员会之决议［N］．申报，1931－02－18（4）.

③ 李康复．儿童自治指导书［M］．上海：世界书局，1931：65－66.

④ 李康复．儿童自治指导书［M］．上海：世界书局，1931：68－69.

⑤ 职员名录［M］//大夏大学．大夏大学一览（民国十九年六月）．上海：大夏大学，1931：5；教员名录［M］//大夏大学．大夏大学一览（民国十九年六月）．上海：大夏大学，1931：4.

⑥ 李蒸．民众教育讲演辑要［M］．北平：文化学社，1931：59.

⑦ 全国图书馆设施概况［J］．中华图书馆协会会报，1931，6（5）：26；李蒸．民众教育讲演辑要［M］．北平：文化学社，1931：71.

3 月 12 日

文华图书科季刊社全体职员合影留念,共计 9 人,包括邓衍林、董铸仁、黄连琴、骆继驹、毛坤、钱亚新、徐亮、朱瑛、朱用彝①。

3 月 17 日

桂质柏从芝加哥大学图书馆学研究院毕业,获哲学博士学位。他是在图书馆学校或图书馆学院系获得博士学位的第一个中国人,后被誉为"中国第一个图书馆学博士"②或"中国图书馆学博士第一人"③。其博士学位论文题为"Bibliographical and Administration Problem Arising from the Incorporation of Chinese Books in American Libraries"(《美洲图书馆中文藏书编目及管理问题》④),同年即由北平导报社(the Leader Press)正式出版。毕业之后,他乘船归国,同年 4 月抵达武汉⑤。

3 月 26 日

国民政府教育部公布《修正专科学校规程》。该规程第五条规定专科学校分为甲、乙、丙、丁四类,图书馆专科学校属于丁类⑥。

3 月

邓衍林、董铸仁、吴立邦与舒纪维 4 人合作编就一套《四库全书著者书名索引》(最终定名为《四角号码四库全书著者书名混合索引》⑦)。该书共含 2.5 万多条索引、30 多万字,计划在该年暑假内跟《图书集成索引》同时出版,以供中国学术界和图书馆界参考⑧。4 人还合撰《编制四库全书总简目录索引简述》一文,该文后载于 1931 年 6 月《文华图书科

① 文华图书科季刊社全体职员合影(民国二十年三月十二日)[J].文华图书科季刊,1931,3(1):卷首.

② 白国应.中国第一个图书馆学博士:桂质柏先生[J].图书情报论坛,2001(4):63-65.

③ 刘峻明,桂裕民.中国图书馆学博士第一人:桂质柏先生[J].图书情报知识,2009(6):115-118.

④ 王玮.桂质柏先生早年图书馆生涯与著述[J].图书馆杂志,2020(6):26-34.

⑤ 同门会消息·欢迎博士[J].文华图书科季刊,1931,3(2):280.

⑥ 修正专科学校规程[G]//国民政府教育部参事处.教育法令汇编:第一辑.上海:商务印书馆,1936:150-153.

⑦ 文华图书馆学专科学校刊物一览[J].文华图书馆学专科学校季刊,1932,4(1):卷首.

⑧ 本校消息·四库全书著者书名索引的编制[J].文华图书科季刊,1931,3(1):119.

季刊》第 3 卷第 2 期①。

春季

清心中学继续开设图书馆学课程，共有 50 多位学生选修此门课程。宋景祁继续承担教学工作，以马宗荣所著的《现代图书馆经营论》为教材，同时积极指导学生参加课外实习②。

4 月 5 日

北平图书馆协会在艺文中学仁山图书馆举行该年度第一次常会。此次常会预先收到 6 项议案，其中第五项和第六项与图书馆学教育密切相关。第五项议案是李文裿（原名李翰章）提交的《市立师范学校应加授图书馆学或小学图书馆组织与管理等课程案》，内称："教育部规定《师范学校课程标准》虽有图书馆管理一门，因系选修，但本市师范学校并未遵照选授，亟应改善。由协会函知教育局令行师范学校自下季起增授图书馆学或小学图书馆组织与管理等课程。"第六项议案是于震寰（字镜宇，后以字行）提交的《各中小学应于课外讲授图书馆利用法案》，内称："各中小学学生不能尽量利用图书馆，始在不能尽了然图书馆之利用法，欲推广图书馆之效用，此举盖不可缺。"经过讨论，第五项议案"议决由执行委员会分函北平市立师范学校及教育局采择施行"，第六项议案"议决建议市教育局，如感觉讲授乏人时，本会可承受委托轮流在各校讲授之"③。

4 月 9 日

《华北日报》副刊《图书馆学周刊》创刊，由文华图专校友李继先、房兆楹等人负责编辑④。

4 月 25 日

下午，因印刷事业与图书馆事业关系紧密，文华图专组织师生赴汉

---

① 邓衍林,吴立邦,董铸仁,等. 编制四库全书总简目录索引简述[J]. 文华图书科季刊, 1931,3(2):247-258.

② 清心中学图书馆学班之发展[J]. 中华图书馆协会会报,1931,6(4):22-23.

③ 北平图书馆协会常会[J]. 中华图书馆协会会报,1931,6(5):27-29.

④ 同门会消息·图书馆学周刊[J]. 文华图书科季刊,1931,3(2):280.

口参观西文楚报馆与圣教书局①。

5 月 1 日

下午 1 时,韦棣华女士在武昌病逝,次日举行葬礼,被送至汉口日本火葬场火葬②。为了纪念韦棣华女士的功绩,文华图专将每年 5 月 1 日定为"韦氏纪念日",举行纪念仪式,但不放假③。同年,文华图专校董会推举孙洪芬继任韦棣华女士逝世后空出的董事席位④。

5 月 5 日

福建第二届全省教育局长会议在福州举行,5 月 15 日结束⑤。此次会议分成教育行政组、教育经费组、学校教育组、义务教育组、民众教育组 5 组举行分组会议。在民众教育组分组会议上,福鼎县教育局局长梁镜寰提交《请培养图书馆人才案》,但该案未获得通过,而是议决保留⑥。具体如下:

> 理由:图书馆为补助学校教育及推行文化之重要机关,除各校应附设图书馆外,每县至少须特设一所。惟图书馆为专门事业,非受有专门训练者不能胜任愉快。近来各县虽有图书馆之设立,而缺乏此项人才,管理每不得法。故培养图书馆人才,亦为今日之要务。
>
> 办法:请教育厅令省会大学或专门以上学校增设图书馆专修科,各县选送程度相当之学生入校训练。⑦

5 月 9 日

文华图专师生赴汉口参观王宠佑私人图书馆⑧。

---

① 本校消息·参观印刷局[J].文华图书科季刊,1931,3(2):279.

② 本校消息·韦女士逝世及追悼会[J].文华图书科季刊,1931,3(2):279.

③ 本校消息·(二)韦氏纪念日[J].文华图书科季刊,1931,3(4):575.

④ 本校消息·(一)校董更替[J].文华图书科季刊,1931,3(4):575.

⑤ 福建省教育厅. 福建第二届全省教育局长会议报告[R].福州:福建省教育厅,1931:(甲编)4.

⑥⑦ 福建省教育厅. 福建第二届全省教育局长会议报告[R].福州:福建省教育厅,1931:(乙编)101 - 102.

⑧ 本校消息·参观私人图书馆[J].文华图书科季刊,1931,3(2):279.

5月24日

中午,上海图书馆协会在上海市商会召开第六届执行委员会和监察委员会第二次会议,通过8项决议案,其中第一项的内容为"筹办图书馆学暑期讲习会,推定马宗荣、孙心磐、杜定友为筹办委员"①。

下午,桂质柏在武昌青年会会所讲演"美国图书馆概况",同时放映幻灯片②。

5月

文华图专全体师生合影留念③。

6月1日

《首都教育研究》第1卷第4期登载裴庆余撰写的《怎样建设中国图书馆事业!》。裴庆余在文中论及"国内人才的培植"问题,内称:"图书馆学在现代也可说是一种新兴科学,与社会学、心理学都有密切的关系。我国研究图书馆学的专门人才,现时寥若晨星。虽有几个学校里有图书馆科之设,但是依[旧是]少数而不多见的。美国在十七世纪中才产生一种私人图书馆(private libraries),十八世纪里复创设了图书馆专校,如今造就出来的图书馆人才已属不少。我国现在既要兴建这种事业,就要先养成若干图书馆的专才,然后才能从事建设。这种人才的培植,治本的方法,在多设专门图书馆学校;治标的办法,只有先在各处设立讲习所、补习学校,聘请专家于短期间里训练。人才为治事之本。图书馆人才之培植,实是振兴图书馆事业的基本问题。"④

6月2日

哥伦比亚大学举行毕业典礼⑤,梁思庄、谭卓垣和吴光清3人均获颁

---

① 图书馆协会开委员会议[N].申报,1931 – 05 – 25(7).

② 同门会消息·欢迎博士[J].文华图书科季刊,1931,3(2):280.

③ 湖北私立武昌文华图书馆学专科学校师生全体合影(廿年五月)[J].文华图书科季刊,1931,3(2):卷首.

④ 裴庆余.怎样建设中国图书馆事业![J].首都教育研究,1931,1(4):18 – 22.

⑤ Columbia University. Annual report of the president and treasurer to the trustees with accompanying documents for the year ending June 30,1931[M]. New York:Columbia University,1931:386.

图书馆学专业理学士学位①。毕业之后,谭卓垣和吴光清留在美国继续深造,梁思庄则迅即返回中国,此后长期投身于中国图书馆事业,1986年逝世。

6 月 10 日

江苏省教育厅厅务会议修正通过《江苏省社会教育暑期讲习会委员会组织大纲》②。随后,根据该大纲第五条的规定,江苏省社会教育暑期讲习会委员制定《江苏省社会教育暑期讲习会章程》,共计 16 条。其中,第九条规定采用讲习、演讲和参考实习 3 种形式,讲习课程中含有"民众图书馆教育"和"图书馆管理法"等选修课程③,但实际开设时略有变动。

6 月 20 日

下午,文华图专举行第一届图书馆学讲习班毕业典礼,共有 16 人毕业,即邓衍林、董铸仁、李光蕚、林斯德、罗家鹤、骆继驹、沙鸥、舒纪维、宋友英、翁衍相、吴立邦、夏万元、辛显敏、邢云霖、喻友信、张树鹄(见表1931－1)④。

表 1931－1　文华图专图书馆学讲习班第一届毕业生(1931 年 6 月)一览

序号	姓名	字号	性别	籍贯	毕业后最初去向	备注
1	邓衍林	竹筠	男	江西吉安	国立北平图书馆	
2	董铸仁	力光	男	四川巴中	留在文华图专	后改称"刘黎光"

① Degrees conferred during 1930 － 1931 [M]//Columbia University. Catalogue 1931 －1932. New York:Columbia University,1932:246 － 247.

② 江苏省社会教育暑期讲习会委员会组织大纲[J].民众教育通讯,1931,1(3):79 － 80;江苏省社会教育暑期讲习会委员会组织大纲[R]//江苏省立教育学院. 江苏省社会教育暑期讲习会报告. 无锡:江苏省立教育学院,1931:(第一编　纪事)1 － 2.

③ 江苏省社会教育暑期讲习会章程[J].民众教育通讯,1931,1(3):80 － 84;江苏省社会教育暑期讲习会章程[R]//江苏省立教育学院. 江苏省社会教育暑期讲习会报告. 无锡:江苏省立教育学院,1931:(第一编　纪事)1 － 4.

④ 同门会消息·毕业典礼[J].文华图书科季刊,1931,3(2):280. 沙鸥的毕业证书存根上的姓名为"沙切言",而邢云霖的毕业证书存根上的姓名已改为"邢云林". 具体参见:私立武昌文华图书馆学专科学校整理伪湖北省政府档卷·图书馆学科讲习班学生毕业证书存根(民二十年至二十九年)[A].武汉大学档案馆,案卷号:7－1931－1.

续表

序号	姓名	字号	性别	籍贯	毕业后最初去向	备注
3	李光萼	睦楼	男	辽宁盖平	返回辽宁省立图书馆	或作"李光锷"
4	林斯德	颂斋	男	湖北浠水	青岛大学图书馆	
5	罗家鹤	梦梅	女	浙江绍兴	浙江省立图书馆	
6	骆继驹	家驹	男	江苏句容	武昌博文中学图书馆	
7	沙鸥	筱宇、啸宇	女	江苏江阴	金陵女子文理学院图书馆	又称"沙切言"
8	舒纪维	扬仁	男	安徽怀宁	上海交通大学图书馆	
9	宋友英	涌沁	女	浙江绍兴	国立北平图书馆	
10	翁衍相	剑禅	男	浙江杭县	上海圣约翰大学图书馆	后改称"翁玄修"
11	吴立邦		男	安徽休宁	之江文理学院图书馆	后改称"吴克昌"
12	夏万元	斐然	男	辽宁辽阳	返回辽宁省立图书馆	或作"夏万章""夏蔓园"
13	辛显敏	约之	男	湖北安陆	武汉大学图书馆	后改称"辛显铭"
14	邢云霖	叔平、树屏、述评	男	河北永清	齐鲁大学图书馆	后改称"邢云林"
15	喻友信	鸿先	男	江苏江阴	东吴大学法学院图书馆	或作"喻有信"
16	张树鹊	正侯	男	安徽滁县	国立北平图书馆	

资料来源:同门会消息·毕业典礼[J].文华图书科季刊,1931,3(2):280.

6 月 22 日

上海实用职业补习夜校所办的暑期学校开始上课,内设华文打字科和图书馆管理科,实际授课六周①。

6 月底

田洪都离开美国,经欧洲返回中国②。在美国期间,他曾到哈佛大学和哥伦比亚大学修习课程,但均未拿到学位,故而他后来提供的履历只称"美国哈佛大学及哥伦比亚大学肄业"③。

6 月

私立江苏女子职业中学校登报招生,计划该年秋季在高中部开设图书馆科、文书科等科④。

上半年

金陵大学图书馆学组学生组织图书馆学会,"借以砥砺学行,联络校内外同学感情"⑤。

7 月 2 日

陕西省政府公布《陕西省立图书馆暂行规程》,其中第二条规定陕西省立图书馆馆长的任职资格。具体如下:

> 图书馆设馆长一人,由教育厅长就具有左列资格之一者提请省政府委员会通过委任。
> 一、国内外大学图书馆专科毕业者。
> 二、大学教育系、师范大学毕业,对于图书学术具有相当研究与经验者。

---

① 实用职业夜校开办暑校[N].申报,1931 – 05 – 28(10).

② 程焕文.裘开明年谱[M].桂林:广西师范大学出版社,2008:61.

③ 私立武昌文华图书馆学专科学校.私立武昌文华图书馆学专科学校一览[M].武昌:私立武昌文华图书馆学专科学校,1949:7.

④ 私立江苏女子职业中学校招生[N].苏州明报,1931 – 06 – 14(2);十七年立案私立江苏女子职业中学校招生[N].申报,1931 – 06 – 26(6).

⑤ 图书馆学会消息[J].金陵大学校刊,1931(41):2.

三、大学或专科学校毕业,在图书馆担任主要职务二年以上者。[1]

7月5日

文华图专1931年招生考试报名截止。该年计划招收图书馆学本科免费生15名,考试科目保持不变。该年考生可向北平文津街中华图书馆协会、南京金陵大学图书馆、上海第一交通大学图书馆、武昌文华图专、广州中山大学图书馆、沈阳东北大学图书馆6个招考处就近报名[2]。

7月9日

《华北日报》第11版刊登李继先于1931年7月3日撰写的《参观国立北平图书馆记》。李继先在文末指出:"最后一点,希望北平图书馆设立图书馆学速成研究科或设立夜校,训练人才。近来因图书馆学专门人才之缺乏,常有以各大学毕业生充作图书馆之用。此类毕业生素不谙图书馆学者,一旦管理此事,自觉无从着手,因此去北平图书馆各部学习者日有其人。愚见以为不如设立图书馆学速成研究科或夜校,较之今日去一人明日去一人至各部学习者,所得之成效实有过之而无不及也。至于教授与校址,可由该馆当局组织委员会设备聘请之;来校学生,亦可征收学费,补助学校之用途。"[3]

7月10日

湖北省教育厅1931年暑期学校举行开学典礼,7月13日正式开始上课[4],8月13日举行散学典礼[5]。此次暑期学校分为中学教员部、小学教职员部与社会教育人员部,均开设一门"图书馆管理法"选修课程,授

---

[1] 陕西省立图书馆暂行规程[J].中华图书馆协会会报,1931,7(1):18-19;陕西省立图书馆暂行规程(二十年七月二日省令公布)[M]//陕西省政府法规审查委员会.陕西省单行法规:第一辑.西安:陕西省政府法规审查委员会,1932:51-52.

[2] 招考图书馆学免费生[J].中华图书馆协会会报,1931,6(6):11-13.

[3] 李继先.参观国立北平图书馆记[N].华北日报,1931-07-09(11).

[4] 湖北省政府教育厅秘书处办公室.湖北省政府教育厅第二次暑期学校报告[R].武昌:湖北省政府教育厅第一科第三股,1931:1-3.

[5] 湖北省政府教育厅秘书处办公室.湖北省政府教育厅第二次暑期学校报告[R].武昌:湖北省政府教育厅第一科第三股,1931:78-80.

课 10 小时①,授课教师为沈祖荣②。

7 月 13 日

上午,浙江省教育厅与浙江大学合办的浙江省教育服务人员暑期进修讲习会举行开学式,礼毕便开始上课,8 月 1 日下午举行闭学式。此次讲习会分为初等教育组、中等教育组与社会教育组三个组别,聘请钱穆、钟敬文等教育界名人莅临授课。共有 467 人参加此次讲习会,其中初等教育组 311 人、中等教育组 67 人、社会教育组 89 人。7 月 21—24 日,马宗荣应邀讲授"公共图书馆组织与实施",每日授课 2 小时,共计 8 小时③。他主要讲述"什么是图书馆""图书馆的种类""图书馆的沿革""图书馆的特征",并向学员推荐洪有丰所著的《图书馆组织与管理》及其自著的《现代图书馆经营论》。其授课内容经周祖昌记录,以《图书馆组织及管理》为题载于 1932 年 5 月 7 日《浙江教育行政周刊》第 3 卷第 36 期④。

7 月 14 日

文华图专 1931 年招生考试开始在北平、南京、上海、武昌、广州、沈阳 6 地同时举行⑤,7 月 15 日结束⑥。最终录取 9 人,包括 8 名免费生(陈鸿飞、陈季杰、吕绍虞、强佩芬、童世纲、吴元清、于震寰、赵福来)和 1 名自费生(陶善缜)⑦。

江苏省社会教育暑期讲习会开始上课⑧,8 月 8 日结束⑨。其中,第

① 湖北省政府教育厅秘书办公室. 湖北省政府教育厅第二次暑期学校报告[R]. 武昌:湖北省政府教育厅第一科第三股,1931:1 - 3.

② 湖北省政府教育厅秘书办公室. 湖北省政府教育厅第二次暑期学校报告[R]. 武昌:湖北省政府教育厅第一科第三股,1931:61.

③ 三年来浙江教育行政概况·七·与浙江大学合办教育服务人员暑期进修讲习会[J]. 浙江教育行政周刊,1932,4(7):45 - 48.

④ 马宗荣. 图书馆组织及管理[J]. 周祖昌,记. 浙江教育行政周刊,1932,3(36):1 - 7.

⑤ 招考图书馆学免费生[J]. 中华图书馆协会会报,1931,6(6):11 - 13.

⑥ 招考图书馆学免费生广告[N]. 申报,1931 - 06 - 23(6).

⑦ 本校消息·(八)招收一九三三级专科生[J]. 文华图书科季刊,1931,3(4):577.

⑧ 苏社教暑期讲习会开学[N]. 申报,1931 - 07 - 15(12);苏社教暑期讲习会开学[N]. 大公报(无锡版),1931 - 07 - 15(3);苏社教暑期讲开学[N]. 民国日报,1931 - 07 - 15(12).

⑨ 社教暑期讲习会定于今日结束,分赴外埠参观[N]. 民报(无锡版),1931 - 08 - 08(3);苏社教暑期讲习会结束,听讲员出发参观[N]. 国民导报,1931 - 08 - 08(2);苏社教暑期讲习会结束,听讲员分组出发参观[N]. 新闻报,1931 - 08 - 09(20);教厅开办社会教育暑期讲习会[J]. 教育与民众,1931,3(1):178 - 180.

二周每日上午 7—8 时开设一门"民众图书馆教育"课程,第四周星期一和星期二上午 8—10 时及下午 3—4 时开设一门"图书馆与成人教育之实施法"课程①。"民众图书馆教育"课程属于选修讲习科目,由徐旭讲授,共计授课 6 小时,有 59 人选修;"图书馆与成人教育之实施法"课程属于选修讲习兼选修讨论科目,由杜定友讲授,共计授课 6 小时,有 51 人选修②③。此外,7 月 24 日,柳诒徵应邀讲演"民众教育之根本";7 月 31 日,马宗荣应邀讲演"社会教育者今后的进路";8 月 5 日,杜定友应邀讲演"汉字形位排检法"④。8 月 10 日起,学员分组前往上海、苏州、镇江、南京等地参观各地图书馆等社会教育机构。其中,上海组两队 21 人,参观东方图书馆等处;苏州组两队 29 人,参观江苏省立苏州图书馆、吴县县立图书馆等处;镇江组三队 35 人,未参观任何图书馆;南京组四队 55 人,参观江苏省立国学图书馆、南京市立民众图书馆、南京市立图书馆等处。参观完毕后,学生须将参观报告提交给讲习会教务部。最后,讲习会教务部将学生的参观报告与其选修的各种课程的考试成绩合并评定,依据评定结果决定是否发放修业证书⑤。其中,上海组的李孔枢提交《参观上海各社教机关报告》,苏州组的何蔚苍提交《参观苏州社教机关报告》,南京组的朱晋蕃提交《院外民教机关参观报告》,介绍各组的参观经过⑥。

---

①　课程表[R]//江苏省立教育学院. 江苏省社会教育暑期讲习会报告. 无锡:江苏省立教育学院,1931:(第一编　纪事)20 - 23.

②　各学程选习人数比较表[R]//江苏省立教育学院. 江苏省社会教育暑期讲习会报告. 无锡:江苏省立教育学院,1931:(第一编　纪事)30 - 31.

③　社会教育暑期讲习会讲师任课一览表[R]//江苏省立教育学院. 江苏省社会教育暑期讲习会报告. 无锡:江苏省立教育学院,1931:(第一编　纪事)24 - 25.

④　临时讲演员姓名及讲题一览[R]//江苏省立教育学院. 江苏省社会教育暑期讲习会报告. 无锡:江苏省立教育学院,1931:(第一编　纪事)26.

⑤　社教暑期讲习会定于今日结束,分赴外埠参观[N].民报(无锡版),1931 - 08 - 08(3);苏社教暑期讲习会结束,听讲员出发参观[N].国民导报,1931 - 08 - 08(2);苏社教暑期讲习会结束,听讲员分组出发参观[N].新闻报,1931 - 08 - 09(20);教厅开办社会教育暑期讲习会[J].教育与民众,1931,3(1):178 - 180.

⑥　江苏省立教育学院. 江苏省社会教育暑期讲习会报告[R].无锡:江苏省立教育学院,1931:(第四编　参观报告选录)1 - 53.

7 月 20 日

察哈尔全省教育行政会议开幕,7 月 24 日闭幕①。其间,7 月 23 日,特殊教育组举行分组会议,讨论各项议案。察哈尔省通俗教育馆提交《筹设民众教育人员养成所案》,后附《察哈尔省立民众教育人员养成所暂行章程草案》《社会教育行政专修科学程学分表》《图书馆学专修科学程学分表》,最后被议决保留②。其中,《察哈尔省立民众教育人员养成所暂行章程草案》第四条规定:"暂招社会教育行政一班、图书馆学一班,入学资格为初级中学、初级师范及同等学力者,修业期限三年或二年。"③此处所说的"社会教育行政一班、图书馆学一班"实为社会教育行政专修科与图书馆学专修科,所设课程均分为普通课程与专业课程两种。图书馆学专修科开设的专业课程当中含有"图书馆原理"(计 4 学分)、"图书馆史"(计 2 学分)、"图书索引法"(计 2 学分)、"图书馆法规"(计 2 学分)、"图书目录学"(计 2 学分)五门图书馆学专业课程,社会教育行政专修科开设的专业课程当中亦有一门"图书馆学"课程(计 4 学分)④。

7 月

根据统计,此时金陵大学文学院以图书馆学作为辅系的学生(即图书馆学组学生)只有 5 人,二、三年级学生各 2 人,四年级学生 1 人,均为男性⑤,但未悉具体姓名。

安徽省立第一中等职业学校图书馆班第一届毕业生离校,共计 30 人,包括陈廷璋、段松延、方质彬、韩镇、胡延皋、黄昌义、黄电华、霍怀恕、金步鳌、李萍、刘会斌、陆哲夫、倪允煌、邵行格、宋幼刚、苏琼、孙玉瓒、汪

---

① 察哈尔全省教育行政会议议事日程[M]//察哈尔省教育厅编译处. 察哈尔全省教育行政会议特刊(民国二十年七月). 张家口:察哈尔省教育厅编译处,1931:7.

② 筹设民众教育人员养成所案[M]//察哈尔省教育厅编译处. 察哈尔全省教育行政会议特刊(民国二十年七月). 张家口:察哈尔省教育厅编译处,1931:137 – 142.

③ 筹设民众教育人员养成所案[M]//察哈尔省教育厅编译处. 察哈尔全省教育行政会议特刊(民国二十年七月). 张家口:察哈尔省教育厅编译处,1931:139.

④ 筹设民众教育人员养成所案[M]//察哈尔省教育厅编译处. 察哈尔全省教育行政会议特刊(民国二十年七月). 张家口:察哈尔省教育厅编译处,1931:140 – 141.

⑤ 文学院院长室. 私立金陵大学文学院概况(民国十九年至二十年):第二号[M]. 南京:金陵大学文学院,1931:卷末.

荫祖、汪兆增、王德馨、吴楚材、吴盘、杨翠华、杨起田、杨毓华、姚俊德、张潏远、张志道、章昂霄、赵筱梅①。方朗、李健夫与张杰3人则未能顺利毕业。此后未见安徽省立第一中等职业学校续办图书馆班。

浙江省立民众教育实验学校第一届社会教育行政专修科学生毕业②,共计57人,大多被分配到各地民众教育馆、图书馆、学校、教育局等处任职③。

8月1日④

上海图书馆协会附设函授学社图书馆行政学系改称"上海图书馆学函授社"。据统计,1931年8月至1932年6月,上海图书馆学函授社共计招收75名学员,分别来自浙江、广东、安徽、山东、江苏、四川、广西等13个省⑤。

8月12日

浙江省立民众教育实验学校继续招收师范科新生一班⑥。该校对师范科课程进行修订,并呈交浙江省教育厅查核通过。其中设有一门"图书馆学"选修课程,计3学分⑦。

8月

思明县教育局创办思明县小学师资养成所,开设图书馆学课程,"俾

---

① 省立一职图书馆专班毕业介绍[J].学风,1931,1(8):30-32;图书馆班毕业[N].申报,1931-07-25(12).

② 浙江省立民众教育实验学校.浙江省立民众教育实验学校概况[M].杭州:浙江省立民众教育实验学校,1933:1.

③ 浙江省立民众教育实验学校社会教育行政专修科毕业生服务调查一览(二十一年十一月)[J].浙江教育行政周刊,1932,4(12):3-4.

④ 段民怀.图书馆服务门径[M].上海:上海图书馆学函授学校毕业同学会,1936:9.

⑤ 上海市教育局关于图书馆函授学校、电影迷养成传习所立案[A].上海档案馆,案卷号:Q235-1-1830.转引自:任家乐,姚乐野.民国时期图书馆学函授教育研究[J].大学图书馆学报,2016(1):112-120.

⑥ 浙江省立民众教育实验学校.浙江省立民众教育实验学校概况[M].杭州:浙江省立民众教育实验学校,1933:2.

⑦ 浙江省立民众教育实验学校.浙江省立民众教育实验学校概况[M].杭州:浙江省立民众教育实验学校,1933:10-14.

养成图书馆学识,供各小学附设图书馆的应用"①。

9 月初

孙楷第获中国大辞典编纂处与国立北平图书馆资助,乘船前往日本,于 9 月 19 日抵达东京,开始其访书之旅。同年 11 月初,他取道大连,于 11 月 15 日抵达塘沽②。

9 月 5 日

冯汉骥与裘开明从上海乘坐"秩父丸"轮船赴美③,9 月 23 日抵达加利福尼亚州旧金山④。冯汉骥转赴哈佛大学研究生院攻读人类学专业,同时在该校汉和文库兼职。1933 年 9 月,他前往宾夕法尼亚大学(Department of Anthropology,University of Pennsylvania)攻读人类学博士学位,1936 年 6 月获人类学专业哲学博士学位,其博士学位论文题为"The Chinese Kinship System"(《中国亲属制》)。

9 月

谭卓垣进入芝加哥大学图书馆学研究院攻读博士学位⑤。

吴光清进入密歇根大学图书馆学系(Department of Library Science,University of Michigan)攻读硕士学位。

朱家治受聘担任金陵女子文理学院兼职教师,负责讲授"图书馆学"选修课程⑥。这门课程每周授课四小时,计 4 学分,共有 18 名学生

---

① 中外图书馆消息[J].厦门图书馆声,1932,1(2):3 - 4.

② 孙楷第.序[M]//孙楷第.日本东京、大连图书馆所见中国小说书目提要.北平:国立北平图书馆,1932:1 - 3.

③ California,San Francisco,passenger lists,1893 - 1953[EB/OL].[2018 - 10 - 05].https://familysearch. org/pal:/MM9. 3. 1/TH - 1942 - 22264 - 55978 - 51? cc = 1916078.

④ California,San Francisco,passenger lists,1893 - 1953[EB/OL].[2018 - 10 - 05].https://familysearch. org/pal:/MM9. 3. 1/TH - 1942 - 22264 - 55873 - 79? cc = 1916078.

⑤ Directory of the Chinese students in U. S. A. ,1932[M]//WEI W S. The handbook of the Chinese students in U. S. A. ,1932. New York:Chinese Students Handbook Co. ,1932:96.

⑥ Ginling College. Minutes of the board of directors of Ginling College. October 16th and 17th,1931[A].耶鲁大学神学图书馆馆藏亚洲基督教高等教育联合董事会档案之金陵女子文理学院档案,案卷号:RG011 - 127 - 2618.

选修①。

文华图专图书馆学本科第十班新生注册入学,共计9人,即陈鸿飞、陈季杰、吕绍虞、强佩芬、陶善缜、童世纲、吴元清、于震寰、赵福来。入学之后,他们迅即组织三三级友会,每个季度推举常务委员3人。陈鸿飞、强佩芬和于震寰被推举为第一届常务委员②。

桂质柏受聘担任文华图专教授兼教务主任,负责讲授"西文目录学""西文书选评"等课程。其薪酬来自中华教育文化基金董事会新近向文华图专增拨的每年3600元补助金③。

文华图专同时添设"日文"和"法文"两门外语课程。该校专门聘请日本东京帝国商科大学毕业生高伯勋前来讲授"日文"课程,但选修"法文"课程的学生必须前往华中大学合班上课④。当时,"法文"课程是由瑞典传教士韩德霖(Sam Sköld)讲授⑤。此外,该校还通过美国差会跟弗朗西斯·沃克女士(Miss Francis Walker)接洽,准备聘请对方到校执教⑥,但对方后来并未成行。

在韦德生的建议和支持下,文华图专开始组织群育讨论会,决定于每周二下午在沈祖荣家中举行讨论会,主要讨论道德、宗教、文艺、科学等各种主题⑦。群育讨论会后来发展成"邀请武汉中西名人或各大学著名教授莅临演说,并讨论各问题"⑧。

金陵大学图书馆学会进行职员改选,选举毕慕康、高小夫、彭耀南、钱存训、周德洪5人为执行委员,并邀请陈长伟、曹祖彬、李小缘、刘国钧、万国鼎5人担任顾问。该会还议决通过该学期工作大纲,包括以下7条:①吸收对图书馆学感兴趣的金陵大学在校学生入会,并邀请在图书馆界工作的金陵大学校友担任名誉会员;②在《中央日报》主办《图书馆学附刊》,每十日出版一次,并筹划独立出版刊物;③邀请该会顾问或其

---

① Departmental work. 1931–32,fall semester[A].耶鲁大学神学图书馆馆藏亚洲基督教高等教育联合董事会档案之金陵女子文理学院档案,案卷号:RG011–128–2635.

② 本校消息·(十)三三级友会[J].文华图书科季刊,1931,3(4):577–578.

③ 本校消息·(三)增加补助费及添设教席[J].文华图书科季刊,1931,3(4):575–576.

④ 本校消息·(四)增置学程[J].文华图书科季刊,1931,3(4):576.

⑤ 校闻·关于教员的三事[J].文华图书馆学专科学校季刊,1935,7(3/4):565.

⑥ 本校消息·(五)添聘专任教授[J].文华图书科季刊,1931,3(4):576.

⑦ 文华图书馆学专科学校近讯[J].中华图书馆协会会报,1931,7(3):48.

⑧ 校闻·课外集会[J].文华图书馆学专科学校季刊,1933,5(1):130.

他专家莅会作学术研究或指定题目讨论;④请刘国钧出面接洽,到各大图书馆进行参观学习;⑤建议金陵大学当局扩充图书馆学系,并及时筹划设立图书馆学专修科等;⑥建议金陵大学当局留意图书馆界职位空缺,为会员介绍工作,或允许会员到金陵大学图书馆实习;⑦每两周开会一次,由各会员轮流提供茶点,以便会员之间联络感情①。

金陵大学图书馆学组继续附设于文学院教育学系之下,仍然不是主系,且所设课程数量降到 10 门。其中,"中国重要书籍研究"必修课程(编号:图书馆学 143,计 3 学分)、"民众图书馆学"选修课程(编号:图书馆学 157,计 2 学分)、"索引与序列"必修课程(编号:图书馆学 158,计 2学分)、"印刷术"选修课程(编号:图书馆学 161,计 2 学分)、"图书馆问题之研究"选修课程(编号:图书馆学 162,计 2 学分)与"图书馆史"选修课程(编号:图书馆学 169,计 2 学分)6 门停开,"图书馆学大纲"必修课程(编号:图书馆学 140)由 5 学分减至 4 学分。与此同时,图书馆学组的学程纲要不再开列各门课程采用的教材②。

江苏省立松江女子中学从初中一年级和高中一年级开始面向学生开设课外职业训练课程,"期使学生毕业后无论升学与否,必有一技之长,以谋独立之生活"。其中,面向初中学生开设"园艺"、"饲畜"和"文书"三门课外职业训练课程,面向高中学生开设"图书管理学"(或称"图书管理法"③,后又改称"图书馆学"④)、"银行学"和"文书"三门课外职业训练课程,全都"专重实习,继续作三年之研究,务达到研究之目标也"⑤。孙心磐受聘担任"图书管理学"课程的指导员⑥。此外,该校还组织图书馆管理研究会,供普通科和师范科一年级学生选习,平均

① 图书馆学会消息[J].金陵大学校刊,1931(41):2.

② 文学院院长室.私立金陵大学文学院概况(民国十九年至二十年):第二号[M].南京:金陵大学文学院,1931:96 - 100;金陵大学秘书处.私立金陵大学一览[M].南京:金陵大学秘书处,1933:210 - 212.

③ 教务部消息·一、职业科目之增设[J].松江女中校刊,1931(22):2.

④ 历届职业训练班加入人数及出席全勤统计表(二十一年十月制)[J].松江女中校刊,1932(33/34):68.

⑤ 校务消息·一、增设课外职业训练[J].松江女中校刊,1931(21):3;教务部消息·一、职业科目之增设[J].松江女中校刊,1931(22):2.

⑥ 校务消息·四、本学期新聘教职员[J].松江女中校刊,1931(21):4 - 5;教务部消息·一、职业科目之增设[J].松江女中校刊,1931(22):2.

每日学习 30 分钟以上,由孙心磐负责指导①。1931—1932 学年,第一学期共有 16 名学生选习"图书馆学"课程,包括师范科一年级学生 10 人和普通科一年级学生 6 人②,8 人全勤;第二学期共有 13 名学生选习,5 人全勤③。

上海图书馆学函授社登报招生,其招生广告内容如下:

(一)宗旨　养成管理图书馆之一切技能。

(二)讲义　有理论、设备、选择、订购、登记、分类、编目、出纳、参考、装订、法规、广告等十二组,均系图书馆学家编辑。

(三)程度　中学毕业或同等学力。

(四)细章及报名单　函索附邮三分,空函不复。

(五)社址　上海大南门外中会路民立中学图书馆内。④

与此同时,陈伯逵主编了一套《实用图书馆学讲义》,包括"理论"(或印成"论理")、"设备"、"选择"、"订购"、"登记"、"分类"、"编目"、"出纳"、"参考"、"装订"、"法规"、"广告"等 12 组,各组讲义称为《实用图书馆学××组讲义》。其中,《实用图书馆学编目组讲义》署名"胡卓著",《实用图书馆学广告组讲义》未注明著者或编者姓名,其他 10 组讲义均署名"陈天鸿伯逵甫著"。另有《实用图书馆学讲义补充教材(一)》和《实用图书馆学讲义补充教材(二)》。《实用图书馆学讲义补充教材(一)》收录陈祖怡(即冯陈祖怡)的《图书馆之责任与人生》、黄维廉的《著者号码编制法》与《目录片排列法》、金敏甫的《标题目录概述》;《实用图书馆学讲义补充教材(二)》署名"陈天鸿伯逵甫编",内含"中国历代著者的别名、真名对照表""图书著者号码简明编制法(概说、中日文著者号码、外国文著者号码、结论)""图书册数号码与复本号码的编制法"。这套讲义还曾由上海素行图书馆编译社推出合订本,署名"陈天鸿伯逵主编",但未注明出版时间,卷末附载"编订经过情形",其文末标注"中华民国三十二年岁次昭阳协洽春日陈天鸿伯逵识",故而该合订本应当是出版于 1943 年春季。

---

①　教务部消息[J].松江女中校刊,1931(21):5.

②　教务部消息·二、各学科研究会人数统计[J].松江女中校刊,1931(22):2.

③　历届职业训练班加入人数及出席全勤统计表(二十一年十月制)[J].松江女中校刊,1932(33/34):68.

④　上海图书馆学函授社招男女学员[J].中国图书馆声,1931(1):6.

表 1931 - 2 《实用图书馆学讲义》一览

序号	讲义题名	页数	内容	著者/编者	备注
1	实用图书馆学理论组讲义	35 页	怎样叫图书馆，怎样叫图书馆学，图书馆的种类，图书馆的沿革，图书馆和图书馆学	陈天鸿伯逵	本组目的，在使一般学员确切了解一切理论之有关于图书馆和图书馆学的精蕴；同时还要使学员认识清楚图书馆学理论是研究图书馆学的基础
2	实用图书馆学设备组讲义	16 页	馆舍的设计，馆舍内各室地位的安排，馆舍内各室应用的器具，用品图	陈天鸿伯逵	本组目的，在使学员确切了解关于图书馆的一切设备，如馆舍的地位、馆舍内外的安排和所有应用的器具
3	实用图书馆学选择组讲义	15 页	关于图书馆地位的选择（附图书馆委员的选择），关于图书馆员的选择，关于图书的选择（附旧籍书页的格式和名称）	陈天鸿伯逵	本组目的，在使学员得到选择上应用的知识，如图书馆地位的选择、馆员的选择和图书的选择等等
4	实用图书馆学订购组讲义	12 页	订购方法，订购手续	陈天鸿伯逵	本组目的，在使一般学员确切了解图书订购的方法，订购的手续和其他关于订购的知识
5	实用图书馆学登记组讲义	6 页	登记的效用，图书的登记，期刊的登记，用品的登记	陈天鸿伯逵	本组目的，在使学员确切了解登记图书和其他一切的方式，并讲明各种方式的利解
6	实用图书馆学分类组讲义	26 页	分类法史要，各个数目字在图书分类法上的意义，对象和用法，分类号码倒装的方法和它的用处	陈天鸿伯逵	本组目的，在使学员确切说明了现代通行的分类法。凡分类的方法和举一反三的捷径，均在本组讲义内讲授

续表

序号	讲义题名	页数	内容	著者/编者	备注
7	实用图书馆学编目组讲义	62页	引端,编目总论,编目规则,中文字典式目录,西文字典式目录排列法	胡卓	本组目的,在使学员确切了解图书目录的意义和功用,及一切编目应用的方法
8	实用图书馆学出纳组讲义	12页	出纳的意义,出纳的用品,出纳的手续,出纳员的言语,出纳员的仪容,出纳员的意志,出纳用品图	陈天鸿伯逵	本组目的,在使学员确切了解图书馆中出纳图书之手续和出纳员应注意之言语和仪容
9	实用图书馆学参考组讲义	8页	什么叫参考工作,怎样是参考工作,哪几种是不可少的参考书	陈天鸿伯逵	本组目的,在使学员确切了解参考工作在图书馆事业上的重要,并讲参考材料怎样搜集,必不可少的参考书有哪里几种
10	实用图书馆学装订组讲义	7页	装订法(中式装订法,西式装订法),修补法(中式装订书修补法,西式装订书修补法)	陈天鸿伯逵	本组目的,在使学员得到装订图书之技能,并指示旧书如何整理,如何修补
11	实用图书馆学法规组讲义	34页	图书馆法规概论,现行图书馆规程,节录《改进全国教育方案》,华侨商会倡办民众图书馆或附设民众书报阅览处办法,国立北平图书馆组织大纲,江苏省立苏州图书馆章程,东方图书馆流通部图书出借简章,上海民立中学图书馆组织规程,上海民立中学图书馆借阅规则,上海民立中学图书馆参观规则,上海民立中学图书馆对	陈天鸿伯逵	本组目的,在使学员确切了解现行的图书馆法令及条例,私立图书馆呈请设立图书馆必要的规章等

续表

序号	讲义题名	页数	内容	著者/编者	备注
12	实用图书馆学广告组讲义	8 页	于寄存图书办法,上海民立中学图书馆纪念捐助人办法 图书馆广告学实际的效用,图书馆广告学名词的来历,采用图书馆广告的方法,怎样的广告容易使人注意,怎样的标语容易使人明白		本组目的,在使学员确切了解用怎样的广告可以引起阅览的兴趣,用怎样的广告可以增加阅书的人数,其他凡图书馆需要的广告和标语都在本组讲义内讲授
13	实用图书馆学讲义补充教材（一）	24 页	图书馆之责任与人生 著者号码编制法 目录片排列法 标题目录概述	陈祖怡 黄维廉 黄维廉 金敏甫	
14	实用图书馆学讲义补充教材（二）	22 页	中国历代著者的别名,真名对照表,图书著者号码简明编制法(概说,中日文著者号码,外国文著者号码,结论),图书册数号码与复本号码的编制法	陈天鸿伯逵	
15	编订经过情形	2 页		陈天鸿伯逵	文末标注:"中华民国三十二年岁次昭阳协洽春日陈天鸿伯逵识"

资料来源:陈伯逵.实用图书馆学讲义(合订本)[M].上海:上海秦行图书编译社,1943.

国立北平图书馆接收张仲华与胡先晋两位女士到馆实习①。其中，胡先晋为湖北沔阳人，北京大学史学系 1932 届毕业生②，后曾任国立北京大学图书馆事务股兼西文编目股股员③。

9 月 25 日

河北省教育厅公布《河北省各县民众教育传习所暂行办法大纲》，规定开设 10 门函授课程，其中包括一门"乡村民众图书馆办法大要"④。

10 月 16 日

青岛市教育局呈文青岛市政府，报告筹办社会教育人员训练班办法事宜，同时抄送《青岛市教育局社会教育人员训练班办法大纲》。该大纲规定开设一门"图书馆学"课程，每周授课两小时⑤。

10 月 22 日

下午 2 时，中华教育文化基金董事会第 42 次执行委员会和财政委员会联席会议在该会会所举行。此次会议通过 8 项决议，其中第 4 项为"关于中国图书馆协会请在文华图书馆学专科学校设立图书馆学讲座一案，议决：不便照准，但于二十年度及二十一年度每年增加该校补助费三千六百元，以为该校添聘教员及基本急需之用"⑥。

11 月 17 日

青岛市政府发布内字第八六三〇号训令，向青岛市教育局转发国民政府教育部的审核意见，并附《青岛市教育局社会教育人员训练班修正课程单》。该课程单规定"图书馆学"课程从每周授课两小时改为每周

---

① 馆讯（二十年九、十月）[J].国立北平图书馆馆刊，1931，5（5）：131 – 132.

② 五十周年筹备委员会.国立北京大学历届同学录[M].北平：国立北京大学出版部，1948：155.

③ 国立北京大学.国立北京大学一览（民国十四年度）[M].北平：国立北京大学，1935：248.

④ 河北省各县民众教育传习所暂行办法大纲（民国二十年九月二十五日河北省教育厅公布）[J].河北民政刊要，1931（2）：39 – 41.

⑤ 青岛市政府咨（第七八七三号）[J].青岛市政府市政公报，1931（27）：（公牍）3 – 5.按：原刊将"第七八七三号"误印成"等七八七三号"，此处径改之.

⑥ 中华教育文化基金董事会.中华教育文化基金董事会第七次报告[R].北平：中华教育文化基金董事会，1932：4 – 6.

授课一小时①。

12 月

浙江省第二学区图书馆协会建议"各师范学校一律加授图书馆学及图书馆人员讲习会,经令所属教育机关酌量办理"②。

本年

金陵大学文学院开始"有添办图书馆专修科之新计划"③。

大夏大学教育学院中等教育系开设一门"图书馆通论"课程(编号:社教 106,计 2 学分)④,社会教育系开设"图书馆通论"(编号:社教 106,计 2 学分)、"图书馆教育论"(编号:社教 107,计 2 学分)和"图书馆组织与管理"(编号:社教 109,计 6 学分)三门图书馆学专业课程⑤,均由马宗荣讲授⑥。

河北省立女子师范学院教育学系开设一门"图书馆管理法"教育行政类选修课程(编号:教育 46,计 2 学分)⑦。

辽宁省立第二师范学校文理两科面向三年级学生开设一门"图书馆学"选修课程,下学期授毕,每周授课 1 小时,计 1 学分⑧。

广东省立第四师范学校面向高中师范科三年级学生开设一门"图书馆管理"选修课程,下学期授毕,计 3 学分⑨。

上海私立华东中学高中部开设一门"图书馆管理学"各科共同选修

---

① 青岛市政府训令(内字第八六三〇号)[J].青岛市政府市政公报,1931(28):(训令)4-5.

② 第二学区图书馆协会建议案[J].浙江省政府行政报告,1931(12):13.

③ 图书馆学会消息[J].金陵大学校刊,1931(41):2.

④ 教育学院课程[M]//大夏大学.大夏大学一览(民国十九年六月).上海:大夏大学,1931:6.

⑤ 教育学院课程[M]//大夏大学.大夏大学一览(民国十九年六月).上海:大夏大学,1931:8.

⑥ 教员名录[M]//大夏大学.大夏大学一览(民国十九年六月).上海:大夏大学,1931:4.

⑦ 河北省立女子师范学院.河北省立女子师范学院课程组织大纲[M].天津:河北省立女子师范学院,1931:40.

⑧ 辽宁省立第二师范学校教务委员会.辽宁省立第二师范学校一览[M].沈阳:辽宁省立第二师范学校,1931:29.

⑨ 广东省立第四师范学校.广东省立第四师范学校概览[M].肇庆:广东省立第四师范学校,1931:33.

课程,计 3 学分①。

江苏如皋中学高中师范科开设一门"图书馆管理法"选修课程②。

河南省教育厅计划开办河南图书馆员训练班："图书馆为社会教育之一,关于增长人民知识、发扬国家文化至属重要。河南各县图书馆,业经迭令督催,多数成立。惟各该馆主管人员对于图书馆之设备、组织、管理、统计及图书之登记、分类等项事宜,率多不甚了解。长此以往,遗误殊多。兹拟开办河南图书馆员训练班,以最要方法,于最短时间,授以图书馆方面之必要知识。所有河南各县图书馆员均须来受训练,毕业后回馆工作,当各有相当进步。"③但后来未见实际施行。

李燕亭所编的《图书馆学讲义》由河南大学铅印出版④。这是他在河南大学讲授图书馆学课程使用的讲义。

① 上海私立华东中学校. 上海私立华东中学校章程[M]. 上海:上海私立华东中学校,1931:11.

② 沈冠群,郑光浩. 江苏之中等教育[M]. 南京:国立中央大学教育学院,1931:91.

③ 河南省教育厅河南教育年鉴编辑委员会. 河南教育年鉴(十九年度)[M]. 开封:河南省教育厅河南教育年鉴编辑委员会,1931:38－52.

④ 翟桂荣. 李燕亭图书馆学著译整理与研究[M]. 北京:中国社会科学出版社,2016:325.

1932 年

◎浙江省立图书馆招收艺友

◎山东省立民众教育馆举办图书馆讲习会

◎刘廷藩、汪长炳、崔叔青赴国外留学

◎上海图书馆学函授社改称"上海图书馆学函授学校"

◎文华图专增设研究部

◎河北省教育厅举办社会教育暑期讲习会,以图书馆学为主科

◎李燕亭在河南省暑期教育讲习会讲授"图书馆学"课程

◎创制中学女子部开设图书馆组

◎江苏省立教育学院民众教育学系下设图书馆组

1 月 7 日

中华职业学校派该校职员俞铸成到东方图书馆学习图书管理法①。

1 月 23 日

《浙江教育行政周刊》第 3 卷第 21 期登载蒋复璁的《留德研究图书馆学工作报告》。蒋复璁在报告中介绍了柏林普鲁士邦立图书馆与德意志学术协进社图书馆的概况,他在两馆的实习经过,以及柏林大学图书学院开设的图书馆学专业课程②。

1 月下旬

上海市商会商业夜校决定将华文打字班改为文书科,并添设商业科。其中,文书科暂定招收 50 名学员,男女兼收;所设课程包括华文打字法、文牍、图书馆学(可选修),授课时间为每日上午 6 时 45 分至 8 时 30 分③。但

---

① 中华职业学校.中华职业学校十五周年纪念刊[M].上海:中华职业学校,1933:236.

② 蒋复璁.留德研究图书馆学工作报告[J].浙江教育行政周刊,1932,3(21):1-8.

③ 市商会夜校新发展[N].申报,1932-01-22(13).

后来未见实际施行。

1 月

浙江省立图书馆"为补充各县市、学校图书馆或图书部工作人员智能起见,在可能范围内酌收艺友①来馆实习,项目分选购、鉴别、登记、分类、编目、出纳、装修、典藏、庶务等,进修方式为阅读、参观、讨论、实习、设计,依照工作报告、笔记等评定成绩"。为此,该馆拟具《浙江省立图书馆收受艺友暂行办法》②,呈交浙江省教育厅备案③。该办法后经修订,正式公布,称为《浙江省立图书馆收受艺友办法》④。

2 月 25 日

上海东陆中学开学。该校旨在收容受战事影响没有学校就读的学生,分成小学、初中和高中三部。其中,高中部招收普通科、师范科和商科三科学生,图书馆科和体育科则暂不招生⑤。

2 月

《厦门图书馆声》第 1 卷第 2 期登载余少文撰写的《抗战救国声中的福建图书馆扩充问题》。余少文指出:"在这抗日救国声中,欲唤醒民众、养成对外学识,图书馆事业的扩充诚为紧要。"为此,他提出四点建议,其中第三点如下:"请本省大学及师范学校等添授图书馆学科,或设立图书馆学讲习所,以养成图书馆人才,对于图书馆事业方有渐改良的希望。"⑥

3 月 2 日

山东省立民众教育馆图书馆讲习会开始接受报名,3 月 11 日截止⑦。

---

① 艺友制是对传统学徒制的改革与升华。据陶行知所言:"凡用朋友之道教人学做艺术或手艺便是艺友制。"陶行知. 艺友制师范教育答客问(上)[N]. 申报,1928 – 01 – 09(7).

② 浙江省立图书馆收受艺友暂行办法[J]. 浙江教育行政周刊,1932,3(36):(附录)6.

③ 浙江省政府一月份行政报告·省立民众教育馆及图书馆招收艺友办法[J]. 浙江省政府行政报告,1932(1):15.

④ 浙江省立图书馆. 浙江省立图书馆章则一览[M]. 杭州:浙江省立图书馆,1935:30 – 31.

⑤ 上海东陆中学启事[N]. 申报,1932 – 02 – 18(4).

⑥ 余少文. 抗战救国声中的福建图书馆扩充问题[J]. 厦门图书馆声,1932,1(2):1 – 2.

⑦ 本馆举行盛大之图书馆讲习会[J]. 山东民众教育月刊,1932,3(3):87 – 88;本馆图书馆讲习会结束[J]. 山东民众教育月刊,1932,3(5):158 – 159;本馆举行图书馆讲习纪要[J]. 山东民众教育月刊,1932,3(8):327 – 330.

最终共有 198 人报名,内有 117 名女性、81 名男性;另外还有 20 多人未能及时报名,但要求旁听①。该讲习会旨在"普及民众图书馆之组织、设备、管理的知识与技能","讲习时间为每星期日上午九时至十一时,四星期毕业,遇必要时得延长之"②。

3 月 4 日

刘廷藩从上海乘坐"林肯总统号"轮船(S. S. President Lincoln)前往美国③,3 月 22 日抵达加利福尼亚州旧金山④。他此行是以清华大学留美学生监督处秘书的身份跟随新任监督赵元任一同前往华盛顿哥伦比亚特区任职,并计划在工作之余前往华盛顿哥伦比亚特区大学(University of the District of Columbia,简称 UDC)修习图书馆学课程⑤,但未悉详情。

3 月 19 日

山东省立民众教育馆图书馆讲习会举行开学仪式⑥,次日开始上课,4 月 24 日授课完毕⑦,5 月 1 日举行毕业仪式⑧。山东省立民众教育馆宣传部主任赵波隐(又称赵为容⑨)担任此次讲习会的授课教师,并以其编写的《民众图书馆设施法》为讲义。该讲义由山东省立民众教育馆于

① 为容. 后记[M]//赵为容. 民众图书馆设施法. 济南:山东省立民众教育馆出版部,1932:141.

② 山东省立民众教育馆. 山东省立民众教育馆规章一览[M]. 济南:山东省立民众教育馆,1933:76.

③ California,San Francisco,passenger lists,1893 – 1953[EB/OL]. [2018 – 10 – 04]. https://www. familysearch. org/ark:/61903/3:1:33SQ-G5G3 – 9LR1? i =64&cc =1916078.

④ California,San Francisco,passenger lists,1893 – 1953[EB/OL]. [2018 – 10 – 04]. https://www. familysearch. org/ark:/61903/3:1:33S7 – 95G3 – 9GR7? i =65&cc =1916078.

⑤ 同门会消息·北平同门会消息[J]. 文华图书科季刊,1931,3(4):574. 按:原文称刘廷藩计划"公余之暇入 University of Washington 攻图书馆学",明显有误,因为华盛顿大学位于美国西部华盛顿州西雅图,而华盛顿哥伦比亚特区则位于美国东部,两地相隔极远。

⑥ 本馆举行盛大之图书馆讲习会[J]. 山东民众教育月刊,1932,3(3):87 – 88;本馆图书馆讲习会结束[J]. 山东民众教育月刊,1932,3(5):158 – 159;本馆举行图书馆讲习会纪要[J]. 山东民众教育月刊,1932,3(8):327 – 330.

⑦ 本馆举行图书馆讲习会纪要[J]. 山东民众教育月刊,1932,3(8):327 – 330. 按:原刊称"计毕业者仅有七十三人",但所列名单其实只有 70 人。

⑧ 本馆图书馆讲习会结束[J]. 山东民众教育月刊,1932,3(5):158 – 159;本馆举行图书馆讲习会纪要[J]. 山东民众教育月刊,1932,3(8):327 – 330;图书馆讲习会[N]. 山东民国日报,1932 – 05 – 03(5).

⑨ 民教设施丛书[J]. 山东民众教育月刊,1932,3(5):封底.

1932 年 4 月正式刊印,被列入"民众教育设施丛书",内含"民众图书馆的理论""民众图书馆的经营""民众图书馆的管理""民众图书馆的活动"四章,及"规程,函稿,标语"与"儿童图书馆概论"两种附录①。授课结束之际,赵波隐奉命带领巡回讲演团出差,所以并未要求学员进行实习,而是仅仅进行测验。最终仅有 70 人顺利毕业,包括:白春生、岑文德、陈鹭、丁毓荼、杜振英、段雨汀、冯淑兰、傅镜泉、傅舜卿、谷祥庆、顾安贞、顾玉玲、郭挠农、郭岫云、果昌图、果昌莘、果鲁英、侯玉贞、胡庭英、贾壁庭、姜玉斌、金锡瑛、康淑琹、李澄波、李充华、李兰华、李配俊、李琹、李淑英、李淑贞、李鑫垿、刘春荣、刘德芳、刘玉英、孟庆亭、邱淑珍、沈钟汶、宋行瑞、孙淑文、孙玉亭、王环、王淑莲、王玉涧、王贞美、王宗舜、吴玉珍、武绪英、萧秉鉴、徐曾熙、杨竹酩、姚大法、姚莲君、叶剑华、于英宪、喻衍芬、袁兆彬、张大田、张静爽、张平、张淑韬、张相桓、张芝云、张子仪、赵文芳、郑金娜、周汉南、周人俊、周顺生、周希杰、左福聪②。

3 月

上海图书馆学函授社改称"上海图书馆学函授学校",并登报招生③。此后,该校呈请上海市教育局进行审查,同年 6 月 9 日奉令连同校章等一并准予登记,并转呈上海市政府备案;1933 年 5 月 3 日,上海市教育局发给该校 41 号学校登记证书,次日又颁发一颗编号为"学校登字第35 号"的钤记,内容为"私立上海图书馆学函授学校钤记"④。

陈伯逵编印《图书馆服务人员应用文书》,介绍图书馆服务人员常用的文书格式,如征募、通告、招标、聘请、谋事、复谢等,每册售价一角⑤。除此之外,陈伯逵还曾编印 12 种讲义单行本(见表 1932 – 1),均为非卖品,仅供上海图书馆学函授学校学员作为讲义及实习之用⑥。

---

① 本馆举行盛大之图书馆讲习会[J].山东民众教育月刊,1932,3(3):87 – 88;本馆图书馆讲习会结束[J].山东民众教育月刊,1932,3(5):158 – 159;本馆举行图书馆讲习会纪要[J].山东民众教育月刊,1932,3(8):327 – 330.

② 本馆举行图书馆讲习会纪要[J].山东民众教育月刊,1932,3(8):327 – 330. 按:原刊称"计毕业者仅有七十三人",但所列名单其实只有 70 人。

③ 上海图书馆学函授学校招男女学员[N].申报,1932 – 03 – 15(4).

④ 陈伯逵. 实用图书馆学讲义[M].上海:素行图书馆编译社,[出版日期不详]:编订经过情形.

⑤ 答薛君纹[J].中国图书馆声,1932(7):55.

⑥ 陈伯逵. 陈伯逵所著图书馆学书目[M]//中国古今作家真名笔名笔名真名便检.上海:上海图书馆用品社,1936:插页.

表 1932 - 1　陈伯逵所编图书馆学讲义一览

序号	讲义题名
1	图书馆学理论
2	图书馆设备法
3	图书选择法及关于图书馆事务上一切的选择
4	图书订购法
5	图书登记法
6	图书分类法要义
7	图书编目法要义
8	图书出纳法
9	图书参考法
10	图书装订法
11	图书馆法规及公文程式
12	图书馆广告法

资料来源:陈伯逵. 陈伯逵所著图书馆学书目[M]//中国古今作家真名笔名笔名真名便检. 上海:上海图书馆用品社,1936:插页.

《文华图书科季刊》自第 4 卷第 1 期起正式更名为《文华图书馆学专科学校季刊》,英文刊名不变。该期登载桂质柏所撰《纽约哥伦比亚大学图书馆学专校杂述》,介绍哥伦比亚大学图书馆学院的历史、现状与费用,及桂质柏的所思所想[1]。

文华图专全体师生合影留念[2]。

春季

文华图专增设研究部,徐家麟为主任,"专以收集关于图书馆学之著作,供本校师生之研究及计编译与出版事宜为目的"[3]。

4 月 8 日

商务印书馆善后办事处致函文华图专,称商务印书馆总厂、编译所、

---

① 桂质柏. 纽约哥伦比亚大学图书馆学专校杂述[J]. 文华图书馆学专科学校季刊,1932,4(1):1 - 5.

② 湖北私立武昌文华图书馆学专科学校师生全体合影(廿一年三月)[J]. 文华图书馆学专科学校季刊,1932,4(1):卷首.

③ 校闻·设研究部[J]. 文华图书馆学专科学校季刊,1932,4(1):103.

东方图书馆等处均被日军炸毁,文华图专交由该馆代为印行的两部书稿(即钱亚新所译《儿童图书馆》与文华图专图书馆学讲习班第一班学生合编的《图书集成索引》)亦毁于战火,无法继续出版①。

4月17日

文华图专学生服务组开始开展巡回文库和儿童主日学两种活动,并于该年4月20日和11月2日发起两次巡回文库募捐活动②。

4月18日

河北省中学、师范、职业教育委员会联席会议开幕,4月23日闭幕。此次会议分成中学行政组、师范行政组、中学编制组、师范编制组、中学师范设备组、中学师范管训组、中学课程组、师范课程组、中学师范杂项组、职业实施方针行政杂项合组、职业编制课程合组、体育组等召开分组审查会。在师范课程组分组审查会上,河北省立第一师范学校校长杨绍思提交《师范学校酌设各种教育人才训练班案》,其中涉及图书馆人才的培养问题。具体如下:

理由:

建设伊始,每感人才缺乏,急宜按照本省需要分期训练教育干才,以增进教育之效率。

办法:

一、按本省所需要,现在必需实行训练者为图书馆人才、体育人才、童子军人才。

二、就现在服务人员须补行训练者为教育行政人员、自然科学教员、职业学校教员。

三、按照需要情形分期训练。

四、训练上项人才应由师范学校主办,或因科目关系委托其他学校办理亦可。

五、经常费由省库支给,学生个人用费分自备及本县贷款两种。本县贷款者必须回县服务。

---

① 校闻·丛书稿沪难被毁[J].文华图书馆学专科学校季刊,1932,4(2):221.

② 赵福来.文华图书馆学专科学校学生服务组工作报告[J].文华图书馆学专科学校季刊,1932,4(3/4):404-406.

六、修业期限得酌量科目情形分别订定之。

七、简易之科目或召集假期讲习会。①

4 月

《中国图书馆声》第 8 期登载施政钊撰写的《我对于图书馆员进修的管见》。施政钊在文中指出:"图书馆是专门事业,馆员应受专门的训练。但是我国图书馆正在幼稚时期,国内外图书馆学校毕业者,能有几人?所以现在办理图书馆,真有才难之叹。因此,不能不希望现任馆员的进修。"他随后介绍"入图书馆学函授学校函授""完成图书馆学丛书作馆员的参考""图书馆学杂志应优待馆员""留学""暑期讲习"等多种进修途径②。

5 月 30 日

下午 2 时,中华教育文化基金董事会第 53 次执行财政委员会联席会议在该会会所举行,胡适、金绍基、周诒春等董事出席。此次会议通过六项决议,其中第四项为"关于文华图书馆学专科学校请求将本会前所议决捐赠建筑韦棣华女士纪念馆之款一万元改充该校基金一案,议决:维持原案,但自本年七月起,在该款未经付出期内,由本会给予八厘年息,于每年十二月底及六月底支给该校,作为经常费用;该项捐款并由本会另立帐户,至该校履行原定捐赠条件时,即行支付"③。

6 月 18 日

上午,文华图专在文华公书林罗瑟厅举行第九届毕业典礼,黄连琴、李蓉盛、李钟履、龙永信、马盛楷、徐亮、张葆箴、朱瑛 8 人顺利毕业④。他们是文华图专图书馆学本科第九届毕业生(见表 1932 - 2)。龙永信与马盛楷同时还从华中大学拿到文学士学位⑤。

---

① 杨绍思. 师范课程组成立案·师范学校酌设各种教育人才训练班案[J]. 河北省教育公报,1932,5(16/17/18):121 - 122.

② 施政钊. 我对于图书馆员进修的管见[J]. 中国图书馆声,1932(8):57 - 58.

③ 中华教育文化基金董事会. 中华教育文化基金董事会第七次报告(民国二十年七月至二十一年六月)[R]. 北平:中华教育文化基金董事会,1932:16 - 17.

④ 同门会消息·本年毕业同学[J]. 文华图书馆学专科学校季刊,1932,4(3/4):407.

⑤ 同门零讯[J]. 文华图书馆学专科学校季刊,1933,5(1):131 - 132.

表 1932 - 2　文华图专图书馆学本科第九届毕业生（1932 年 6 月）一览

序号	姓名	字号	性别	籍贯	学位	毕业后最初去向	备注
1	黄连琴		女	湖北汉口	无	实业部汉口商品检验局	
2	李蓉盛	得民	男	辽宁复县	无	山东省立图书馆	
3	李钟履	仲和	男	山东阳谷	无	国立北平图书馆	笔名有"李仲和""奚为生""李东凡"等
4	龙永信		男	湖北宜昌	华中大学文学士	汉阳益智中学	
5	马盛楷		男	湖北汉川	华中大学文学士	国立中央大学图书馆	
6	徐亮	家范	男	湖南益阳	无	齐鲁大学图书馆	
7	张葆箴		女	湖北鄂城	无	国立中央大学图书馆	
8	朱瑛		女	安徽寿县	无	国立北京大学图书馆	

6 月 22 日

吴光清从密歇根大学图书馆学系毕业，获文学硕士学位（图书馆学专业）①。

6 月

严文郁从哥伦比亚大学图书馆学院毕业，获理学硕士学位（图书馆学专业）②，其硕士学位论文题为"Ssu K'u Ch'uan Shu, 'The Four Treasuries

---

① RINEHART C O. Students receiving degrees in Library Science from the Uniersity of Michigan, June 1927 – June 1947, as listed in the commencement programs[M]. Ann Arbor, Michigan: University of Michigan Department of Library Science, 1947.

② Degrees conferred during 1931 – 1932[M]//Columbia University. Catalogue 1932 – 1933[M]. New York: Columbia University, 1933: 265.

Library' and Its Influence upon Chinese Cultures: an Historical and Critical Study"(《〈四库全书〉及其对中国文化的影响:历史批判研究》)①。

河北省教育厅原拟在该年暑假举办图书馆讲习会,后决定改为举办社会教育暑期讲习会(或称"暑期社会教育讲习会"),以图书馆学为主科②。

河南省教育厅计划利用暑假开办暑期教育讲习会,"以补助教育工作人员之进修,介绍教育理论与方法,而增进其教育之兴趣,与充实其教育之知识"③。为此,该厅专门制定《河南省暑期讲习章程》,呈报河南省政府备案,并寄发各县教育局、省立各小学校及省立各社教机关,令其遵照办理。此次讲习会分为小学教育与社会教育两组,后者开设"党义""社会教育概论""社会教育实施法""民众职业指导""民众学校概论""图书馆学""社会教育问题讨论""教育社会学"8 门课程④。

山东省教育厅公布《山东省社会教育服务人员训练班简章草案》,规定开设"图书馆之设施与管理"在内的 18 门基本课程⑤,但"山东省社会教育服务人员训练班课程表"却未含图书馆学相关课程⑥。山东省社会教育服务人员训练班后来分别于 1933 年 10 月⑦、1934 年 2 月⑧和 1934 年 8 月⑨举办三期,为期五个月。

《文华图书馆学专科学校季刊》第 4 卷第 2 期刊登张葆箴撰写的《中

---

① DERBYSHIRE R. Master's essays in library service, Columbia University 1928 – 1951[M]. New York: Columbia University School of Library Service, 1967: 11 – 12.

② 教部社教司长视察河北山东社教之报告[N]. 时事新报, 1932 – 06 – 23(9); 李蒸. 视察河北山东两省社会教育实施状况报告书[J]. 民众教育季刊, 1932(1): 143 – 147; 李蒸视察冀鲁社教所见之图书馆事业[J]. 中华图书馆协会会报, 1932, 8(1/2): 45 – 46.

③ 蔡衡溪. 弁言[J]. 河南教育, 1932, 12(2): 插页.

④ 拟办河南省暑期教育讲习会[J]. 河南政治, 1932, 2(6): 3 – 4.

⑤ 山东省社会教育服务人员训练班简章草案[J]. 山东民众教育月刊, 1932, 3(6): 252 – 253.

⑥ 山东省社会教育服务人员训练班课程表[J]. 山东省政府公报, 1935(338): 85.

⑦ 山东省政府. 山东省政府行政报告(中华民国二十三年二月份)[R]. 济南: 山东省政府, 1934: 10. 按: 或称山东省第一期社会教育服务人员训练班于 1933 年 9 月开始举办。具体参见: 山东省·社会教育服务人员训练班之续办[J]. 中国国民党指导下之政治成绩统计, 1934(8): 215 – 216;

⑧ 山东省·社会教育服务人员训练班之续办[J]. 中国国民党指导下之政治成绩统计, 1934(8): 215 – 216. 按: 或称 1933 年 10 月开始举办。具体参见: 山东省政府. 山东省政府行政报告(中华民国二十三年二月份)[M]. 济南: 山东生活上政府, 1934: 10.

⑨ 山东省·社会教育服务人员训练班之续办[J]. 中国国民党指导下之政治成绩统计, 1934(8): 215 – 216.

国图书馆运动》。该文包括"引言""中国图书馆之过去""草创时期""新运动之展望""将来进展之管测""结论"六节,内有多处论及中国图书馆学教育的发展情况。其中,第二节"草创时期"介绍了韦棣华女士在"建设文华公书林""造就图书馆专门人才""退还庚款与图书馆"三个方面的功绩;第四节"新运动之展望"论及"图书馆馆员之地位及待遇问题"和"图书馆教育",后者简要介绍历年开办的图书馆讲习会(讲习班)及文华图书科、上海国民大学图书馆学系和金陵大学图书馆学系(组)①。

至少有三名副修图书馆学的金陵大学学生毕业。其中,袁涌进的主修专业不详,其毕业论文题为《中文图书编目》②;钱存训主修历史,其毕业论文题为《隋唐文化对于日本古代文明之贡献》③;王宏道主修教育学,其毕业论文题名不详④。

暑假

桂质柏离开文华图专,转任国立中央大学图书馆馆长。文华图专决定改聘查修继任该校图书馆学讲座教授,另聘请克若维女士⑤(Miss Crosswell,当时称"柯小姐")与颜格兰女士(Miss Ingram,当时称"殷小姐",或称"殷格荣女士"⑥、"盈格兰女士"⑦)到校执教,但他们3人全部因故无法即刻到校任教⑧。

7月7日

河南省暑期教育讲习会在河南大学正式开课⑨,8月5日举行毕业考试,8月6日闭学⑩。此次讲习会聘请15位教师,并邀请名人进行五次演讲。共有344名正式学员和74名旁听学员;370人为男性、48人为女性;小学教育组有291名学员,社会教育组有127名学员。小学教育

---

① 张葆箴. 中国图书馆运动[J]. 文华图书馆学专科学校季刊,1932,4(2):119-138.
② 文学院学生毕业论文题目(未完)[J]. 金陵大学校刊,1932(57):1.
③ 文学院学生毕业论文题目(续)[J]. 金陵大学校刊,1932(59):1.
④ 级友录[J]. 金陵大学校刊,1932(61):10-14.
⑤⑥ 校闻·新聘教授[J]. 文华图书馆学专科学校季刊,1933,5(1):129.
⑦ 校闻·欢送盈格兰女士[J]. 文华图书馆学专科学校季刊,1933,5(3/4):510.
⑧ 校闻·校务简述[J]. 文华图书馆学专科学校季刊,1932,4(3/4):401.
⑨ 暑期教育讲习会会议纪录[J]. 河南教育,1932,12(2):(甲编)18-21.
⑩ 王海涵. 暑期教育讲习会之经过[J]. 河南教育,1932,12(2):(甲编)1-3.

组开设 12 种课程,共计授课 139 小时;社会教育组开设 13 种课程,共计授课 144 小时[2]。其中,李燕亭负责讲授"图书馆学"课程,共计 16 小时[2]。最终共有 283 名学员考试合格,包括小学教育组 193 人、社会教育组 90 人、旁听 9 人,均获颁毕业证明书[3]。

7 月上旬

上海福煦路创制中学添设女子部,跟男子部一样开办普通科职业科(内含师资组、文书组、商业组),另设图书馆组,旨在养成中小学图书馆与公共图书馆实用人才。其课程设置由高乃同与杜定友共同拟定[4]。此外,该校还请戴志骞及其夫人戴罗瑜丽、杜定友、洪有丰、李小缘、刘国钧、沈祖荣 7 人担任指导委员,高君珊、钱用和、王立明、杨保康、俞庆棠 5 人担任顾问[5]。

7 月 11 日

上午 8 时,河北省教育厅暑期社会教育讲习会在天津的河北省立工业学院(简称"河北工学院")中山堂举行开幕式,8 月 10 日结束。此次讲习会"以图书馆事业为中心,副以教学讲演,及通俗艺术等科"。所设图书馆学课程由李文祎和于震寰二人讲授。共有 160 名学员,分为甲、乙、丙三组。其中,甲组有 60 名学员,乙、丙两组各有 50 名学员。学员每日上午上课四小时,下午实际练习,周日则赴各社教机关参观[6]。值得一提的是,此次讲习会还专门刊印刘国钧所编的《中国图书分类法(未定稿)》,并将其作为教材,题名为《中国图书分类法(刘国钧未定稿)》[7]。

---

① ③　举办河南省暑期教育讲习会[J].河南政治,1932,2(8):3.

②　暑期教育讲习会会议纪录[J].河南教育,1932,12(2):(甲编)18 - 21;河南省暑期教育讲习会讲座一览表[J].河南教育,1932,12(2):(乙编)2 - 3.

④　创制中学添设女子部及图书馆科[N].申报,1932 - 07 - 10(14);创制中学添设女子部图书馆科[N].民报,1932 - 07 - 10(8).

⑤　瑛.创制中学女子部图书馆科的创设:女子职业的曙光[J].妇女生活,1932,1(13):308.

⑥　派员参加河北省暑期社会教育讲习会并参加社会教育设施事项[J].山西省政府行政报告,1932(6):(教育)10.

⑦　中国国家图书馆缩微文献阅览室现藏有河北省教育厅暑期社会教育讲习会印刷的《中国图书分类法(刘国钧未定稿)》的缩微胶片,亦可在线浏览。

7 月

华西协合大学计划派邓光禄到文华图专学习图书馆学。经过接洽,文华图专同意让邓光禄以特别生的身份入学,为期一年,"所读课程与实习,一听学校选派"①。

钱亚新回到上海,经吕绍虞介绍,结识大夏大学图书馆馆长兼社会教育系主任和教授马宗荣②。在马宗荣的邀请下,钱亚新受聘担任大夏大学图书馆图书主任③,后又被推为该校事务委员会委员④。他同时兼任该校教育学院社会教育系讲师,负责讲授一门"图书馆学"课程⑤。

川东共立师范学校乡村师范专修科公布第一届招生简章,决定于该年 8 月 15 日起和 9 月 2 日起分别举行一次招生考试,最终录取 26 人⑥。该科的课程标准规定面向三年级学生开设一门"图书馆学"专修课程,一学年授毕,每学期各计 1 学分⑦。

8 月 1 日

浙江省立民众教育实验学校继续招收师范科新生一班⑧。

日据台湾之台中州立图书馆举办简易图书馆讲习会,8 月 3 日结束,共有 30 多人参加。山中樵讲"图书馆事情"(侧重于儿童文库与青年文库之实际)(3 小时),山口尚之讲"社会教育之图书馆"(11 小时),小林藤吉讲"简易图书馆管理学"(4 小时)与"儿童文库经营法"(2 小时),荻原スマ讲"图书修理实习指导"(3 小时)⑨。

---

① 校闻·新加特生[J].文华图书馆学专科学校季刊,1932,4(3/4):402.

② 谢欢.钱亚新年谱[M].上海:上海古籍出版社,2021:47.

③ 校闻[J].大夏周报,1932,9(1):15;本学期职教员姓名一览[J].大夏周报,1932,9(1):19-20.

④ 推聘各种委员会委员[J].大夏周报,1932,9(2):32.

⑤ 本学期职教员一览(续前)[J].大夏周报,1932,9(2):39-40.

⑥ 川东共立师范学校.川东共立师范学校一览[M].重庆:川东共立师范学校,1933:181-183.

⑦ 川东共立师范学校.川东共立师范学校一览[M].重庆:川东共立师范学校,1933:168,173.

⑧ 浙江省立民众教育实验学校.浙江省立民众教育实验学校概况[M].杭州:浙江省立民众教育实验学校,1933:2.

⑨ 台中主办简易图书馆讲习会[J].中华图书馆协会会报,1932,8(1/2):51.

8 月 19 日

汪长炳从上海乘坐"麦金莱总统号"轮船(S. S. President McKinley)前往美国①,9 月 6 日抵达加利福尼亚州旧金山②。

8 月

新国民图书社出版、中华书局印刷兼发行杜定友所编的《图书管理学》,同年 9 月再版,版权页书名印作《新中华图书管理学》。该书按照国民政府教育部最近颁布的《高级中学师范科暂行课程标准》编撰而成,充当高中师范科学生选修图书馆学课程时使用的教材,旨在"使读者充分利用图书馆,及参考图书,以研究学问;并使读者毕业后,担任教务的时候,能指导学生读书,兼能办理小规模的图书馆"③。正文分为 38 课(每课相当于一章),第 1—14 课论述图书馆及参考书的用法,第 15—38 课论述图书馆的各种管理方法;每课约需 1 小时,一学期(以 15 周为准)授毕,上课之余还有实习与参观,计 3 学分。

上海图书馆学函授学校学员方承谟、李启若、谭祥烈、王佩瑶、杨梅巷 5 人毕业④。

9 月 1 日

钱亚新到大夏大学工作。当天,马宗荣亲自引导他参观大夏大学图书馆。此后,他就在马宗荣的领导下,"一边教书,一边工作,每周还率领学生十数人在馆中实习图书的分类和编目一次"⑤。他在大夏大学教育学院社会教育系讲授"分类学和编目学"课程,编有《分类与编目》讲义⑥,号称"将分类与编目合而论之最当最善之书"⑦,但后来未见正式刊

---

① California,San Francisco,passenger lists,1893 – 1953 [EB/OL]. [2018 – 10 – 04]. https://familysearch. org/pal:/MM9. 3. 1/TH – 1951 – 22245 – 1240 – 46? cc = 1916078.

② California,San Francisco,passenger lists,1893 – 1953 [EB/OL]. [2018 – 10 – 04]. https://familysearch. org/pal:/MM9. 3. 1/TH – 1942 – 22245 – 1326 – 46? cc = 1916078.

③ 杜定友. 编辑大意[M]//杜定友. 图书管理学. 上海:新国民图书社,1932:1 – 2.

④ 上海市教育局关于图书馆函授学校、电影迷成传习所立案[A].上海档案馆,案卷号:Q235 – 1 – 1830. 转引自:任家乐,姚乐野. 民国时期图书馆学函授教育研究[J]. 大学图书馆学报,2016(1):112 – 120.

⑤ 钱亚新. 忆马宗荣与我国近代图书馆学[J].江苏图书馆工作,1981(3):49 – 51.

⑥ 谢欢. 钱亚新年谱[M].上海:上海古籍出版社,2021:48.

⑦ 同门零讯[J].文华图书馆学专科学校季刊,1934,6(1):157 – 158.

印,仅有"导论"部分流传下来。其教学目的包括:"1. 为提高图书馆学地位。""2. 为获得求学门径。""3. 为管理图书方便。""4. 为完成社教使命。"其教学范围包括:"1. 图书研究。""2. 分类研究。""3. 编目研究。""4. 管理研究。"其教学方法包括:"1. 自修。2. 参考。3. 问题。4. 实习。"①

9 月 12 日

上午 9 时,安徽图书馆协会在安庆的安徽省立图书馆召开第二届年会,最后通过七项决议案,其中第五项为"每年应请国内图书馆专家来皖演说案。议决:遇有机会,尽量聘请"②。

9 月底

严文郁在哥伦比亚大学图书馆的服务期满,随即奉派到德国柏林大学图书馆担任交换馆员,负责该馆中文馆藏的分编工作③。或称他先到柏林普鲁士邦立图书馆(德意志图书馆)服务半年,然后转到柏林大学图书馆服务半年④。在德国工作期间,他留心观察德国图书馆事业,撰有《德国联合目录概述》(载于 1934 年 9 月《图书馆学季刊》第 8 卷第 3 期)等文章。

汪长炳接替严文郁,以交换馆员的身份到哥伦比亚大学图书馆中文部工作⑤,同时还到哥伦比亚大学图书馆学院学习图书馆学⑥。

9 月

文华图专该年停招新生,只有邓光禄以特别生的身份插班入读图书馆学本科第十班。

文华图专添设"版本学"与"金石学"两门课程,并聘请金石学专家、日本早稻田大学政治经济科毕业生、前湖北省立图书馆馆长易均室(原名易忠箓,字均室,后以字行)负责这两门课程的教学工作⑦。

---

① 谢欢. 钱亚新年谱[M].上海:上海古籍出版社,2021:48 - 50.

② 安徽图书馆协会第二届年会纪事[J].中华图书馆协会会报,1932,8(3):19 - 20.

③ 北图馆与德美交换馆员[N].益世报(北京版),1932 - 09 - 28(7).

④ 蓝文钦. 严文郁先生年谱简编[J].图书馆学会会报(台北),2004(73):77 - 85.

⑤ Library staff[M]//Columbia University. Catalogue 1932 - 1933. New York:Columbia University,1933:107.

⑥ Directory of students[M]//Columbia University. Catalogue 1932 - 1933. New York:Columbia University,1933:232.

⑦ 校闻·新聘教员[J].文华图书馆学专科学校季刊,1932,4(3/4):401.

为培植图书馆员及灌输师范生指导儿童阅读的能力,浙江省立杭州师范学校开设一门图书馆学选修课程,由邱鹤讲授,一学年授毕①。这门课程为"图书管理",1932—1933 学年共有 56 人选修,1933—1934 学年共有 30 人选修,其后未见续开②。邱鹤,字漱汀,江苏武进人,1930 年 6 月毕业于大夏大学教育学院③,1931 年 8 月至 1934 年 7 月在浙江省立杭州师范学校担任普通心理教员兼教务员④。

江苏省立教育学院修订学则,规定"各学系学生于四学年内连实习须修满一百六十学分,专修科学生于二年内连实习须修满九十七学分"⑤。"分组选修学程之设,所以备学生服务乡村、民众教育馆以外其他关于农事机关之用,每生均各于第三学年开始认定一组,选其全部学程,其余未认各组得任意选修"⑥。民众教育学系分为图书馆组、体育场组与社会教育行政组三组。其中,图书馆组开设的分组选修课程包括"图书馆通论""图书馆组织与管理""民众图书馆实施法""目录学""图书馆实习"(见表 1932 - 3)。

表 1932 - 3　江苏省立教育学院民众教育学系图书馆组课程一览

性质	组别	课程名称	学分				总计
			三年级上学期	三年级下学期	四年级上学期	四年级下学期	
分组选修科目	图书馆组	图书馆通论	2				14
		图书馆组织与管理		3			
		民众图书馆实施法				3	
		目录学		2			
		图书馆实习				4	

资料来源:江苏省立教育学院总务部文书股. 江苏省立教育学院一览[M]. 无锡:江苏省立教育学院,1932:26.

---

①　馆讯鳞爪·杭师学生来馆实习[J]. 浙江省立图书馆馆刊,1933,2(3):216 - 218.

②　历年各种选修科目选习学生数统计[M]//浙江省立杭州师范学校. 浙江省立杭州师范学校一览. 杭州:浙江省立杭州师范学校,1937:(统计)4.

③　大夏大学. 大夏大学同学录(民国二十六年春季)[M]. 上海:大夏大学,1937:36.

④　前任教职员[M]//浙江省立杭州师范学校. 浙江省立杭州师范学校一览. 杭州:浙江省立杭州师范学校,1937:(校友录)4.

⑤　江苏省立教育学院总务部文书股. 江苏省立教育学院一览[M]. 无锡:江苏省立教育学院,1932:20.

⑥　江苏省立教育学院总务部文书股. 江苏省立教育学院一览[M]. 无锡:江苏省立教育学院,1932:29.

此后,图书馆组分组选修课程不断进行扩充和调整,先后增设"图书馆行政"(计 2 学分)、"图书馆史"(计 2 学分)、"分类编目"(计 3 或 4 学分)、"参考书使用法"(计 2 或 3 学分)、"图书流通法"(计 2 学分)、"图书馆推广(扩充)事业"(计 2 学分)、"检字法"(计 2 学分)、"索引法"(计 2 学分)、"打字"(计 3 学分)等课程。值得一提的是,江苏省立教育学院图书馆主任一般同时兼任图书馆组教员,部分经验较为丰富、学术水平较高的图书馆员也会承担一些课程的教学任务。徐旭、孔敏中、俞爽迷(又名俞素昧、俞颂明)、沈学植、刘子亚等人先后担任该校图书馆主任,并在图书馆学组兼授课程。该校还积极聘请校外图书馆学专家与学者担任兼职教授,如洪有丰、李小缘、刘国钧等[①]。其中,刘国钧受聘讲授"目录学"课程,其讲义《目录学大纲》分四次分别载于 1947 年 7 月 6 日、7 月 27 日、9 月 11 日、10 月 23 日《甘肃民国日报》第三版[②]。

湖北省立教育学院招考民众教育专修科新生一班 24 人,但最后仅有 22 人顺利毕业,其中 11 人任职于各级民众教育馆[③]。"凡曾在公立或已立案之私立高级中学毕业或同等学校毕业者,得应入学试验。"[④]所设课程"暂定为一百学分,以二年修毕","上午上课,下午为实习服务等时间"。内含一门"图书馆学"选修课程,第一学年第二学期授毕,计二学分[⑤]。

江苏省立松江女子中学继续开设一门"图书馆学"课程,除原有第一班外,新招第二班。1932—1933 学年第一学期第一班有 12 人选习,第二班有 21 人选习[⑥]。

---

① 顾烨青. 植根民众教育,造就专业人才:苏州大学图书馆学教育前身(1929—1950)历史贡献述评[C]//南京大学. 第十届海峡两岸图书资讯学学术研讨会论文集. 南京:南京大学,2010:152 – 163.

② 刘国钧. 目录学大纲[N]. 甘肃民国日报,1947 – 07 – 06(3);刘国钧. 目录学大纲(续前)[N]. 甘肃民国日报,1947 – 07 – 27(3);刘国钧. 目录学大纲(续前)[N]. 甘肃民国日报,1947 – 09 – 11(3);刘国钧. 目录学大纲(续前)[N]. 甘肃民国日报,1947 – 10 – 23(3).

③ 湖北省立教育学院出版委员会. 湖北省立教育学院四周年纪念特刊[M].武汉:湖北省立教育学院,1935:37.

④ 黄裳. 全国民众教育人员训练机关的调查[M].广州:广东省立民众教育馆,1935:41 – 42.

⑤ 湖北省立教育学院. 湖北省立教育学院一览[M].武昌:湖北省立教育学院,1933:72.

⑥ 历届职业训练班加入人数及出席全勤统计表(二十一年十月制)[J].松江女中校刊,1932(33/34):68.

10 月 12 日

程长源开始以艺友的身份在浙江省立图书馆接受各项工作训练①。他是浙江省立图书馆第一位到馆实习的艺友②,后来又被保送到文华图专求学,最终成长为一位图书馆学和档案学专家。

10 月 16 日

无锡图书馆协会召开第二次大会(年会)③,讨论 13 项议案,其中第 10 项议案内容如下:"现在急须开办图书馆学训练所,聘请专家为讲师,以训练本图书馆学人才案。议决交执委会规定办理法。"④

10 月 26 日

金陵大学图书馆学组学生由陈长伟带领,前往金陵大学图书馆和金陵女子文理学院图书馆参观⑤。

10 月 31 日

广西省立民众教育馆筹备主任办事处主办的《民众园地》第 1 卷第 1 期登载裴邦佐撰写的《广西省立民众教育馆进行计划草案并说明书》。该文分为"引言""目标""原则""事业""设备""经费"6 个部分。该馆计划开办的事业分为固定事业(25 种)和活动事业(10 种)两类。固定事业中的第 20 种为"函授学社",是"为不能来馆学习而又有相当程度的民众补习而设的"。活动事业中的第 8 种为"辅导各县民教馆",又可细分为"编印辅导丛刊""组织民教协进团""开办民众教育人员训练班""播音讲演"四种。其中,民众教育人员训练班是"为各县民教服务人员补习之用,课程为比较成人教育、成人学习心理学、社教行政、民教理论及实施、社会问题、社会调查及统计概要、民众图书馆设施法等,约二个月毕业"⑥。

---

① 馆务大事记·十月份[J].浙江省立图书馆月刊,1932,1(7/8):182 – 183.

② 《浙江图书馆志》编纂委员会.浙江图书馆志[M].北京:中华书局,2000:137.

③ 图书馆协会举行年会[N].民报,1932 – 10 – 12(3).

④ 无锡图书馆协会第二次大会[J].中华图书馆协会会报,1933,8(4):26 – 27.

⑤ 图书馆学实地经验[J].金陵大学校刊,1932(70):3.

⑥ 裴邦佐.广西省立民众教育馆进行计划草案并说明书[J].民众园地,1932,1(1):1 – 7.

10 月

上海图书馆学函授学校学员邓焕然（男，广西怀集人，曾任广西怀集县立图书馆馆员）毕业①。

11 月 9 日

文华图专师生赴湖北省立图书馆参观，由该馆馆长谈锡恩和图书部主任蒋希曾两人引导参观②。

11 月 10 日

金陵大学图书馆学组学生参观国立中央大学图书馆③。

11 月 23 日

文华图专师生赴汉口参观英文楚报馆印刷厂④。

12 月 6 日

上午，应沈祖荣之邀，王文山到文华图专讲演"美国国会图书馆近况"，"除将美国国会图书馆之沿革、设备、庋藏等项目作精细之说明外，更详述其将来计划与参考工作之进行"⑤。

12 月 15 日

《学风》第 2 卷第 10 期登载《本会会员对于本省图书馆业之意见》，介绍安徽图书馆协会会员针对安徽省图书馆事业发展提出的各种意见。其中，韩镇提出如下建议："欲谋本省图书馆业发展，首要启用专才，次要各学校加图书馆学一课。"⑥

---

① 上海市教育局关于图书馆函授学校、电影迷成传习所立案［A］. 上海档案馆，案卷号：Q235 - 1 - 1830. 转引自：任家乐，姚乐野. 民国时期图书馆学函授教育研究［J］. 大学图书馆学报，2016（1）：112 - 120.

②④ 校闻·参观回忆［J］. 文华图书馆学专科学校季刊，1932，4（3/4）：402 - 403.

③ 图书馆班参观中大［J］. 金陵大学校刊，1932（72）：4.

⑤ 校闻·课外讲演［J］. 文华图书馆学专科学校季刊，1932，4（3/4）：403 - 404.

⑥ 本会会员对于本省图书馆业之意见［J］. 学风，1932，2（10）：82.

12 月 22 日

申报流通图书馆开始对外开放①。该馆制定《申报流通图书馆组织规程》，共计 7 条，其中第 5 条规定该馆为推进馆务起见，应依时举行馆务会议、部务会议、图书选购委员会会议、练习生教育委员会会议及其他临时会议②。其中，练习生教育委员会旨在"训练本馆练习生以科学上的基本知识，图书馆的专门技能，以及待人处世上应有的常识。俾各个练习生于练习期满后，均能单独去管理一个小规模的图书馆；或在大规模的图书馆指导下，能担任任何部分的工作"③。

12 月 30 日

《中华图书馆协会会报》第 8 卷第 3 期登载毛坤的《调查四川省图书馆报告》。毛坤在报告中指出："多数青年馆员，胥望研究或深造，对于文华图书馆学专科学校之取录资格，咸叹过高。若协会能辅助文华办理一民众图书馆班，或自办类似之训练班于北平或各省之省城，定有良好之效果。"④

《中华图书馆协会会报》第 8 卷第 3 期登载《本年度第一次执行委员会议决案》，内附八项决议案。其中，第三项为《各委员会人选建议案》，建议推选沈祖荣担任该会图书馆教育委员会主席，徐家麟任书记。第四项为《增加图书馆馆员学识案》，具体如下：

> 理由：
> 学术演讲日新月异，图书馆馆员学识亦必随时增高，方足以应付环境。故馆员于工余或可能范围之内，须尽量增加其学识。
> 办法：
> （一）建议全国各图书馆遇必要时，可派馆员至大图书馆实习，但须预先接洽。

---

① 申报流通图书馆开放[N].申报,1932 – 12 – 23(12).

② 创设本馆的缘起及本馆各种规章[R]//申报流通图书馆.申报流通图书馆第二年工作报告:纪念史量才先生.上海:申报流通图书馆,1933:110 – 135.

③ 本馆两年来的进展过程和今后一年的计划[R]//申报流通图书馆.申报流通图书馆第二年工作报告:纪念史量才先生.上海:申报流通图书馆,1933:1 – 33.

④ 毛坤.调查四川省图书馆报告[J].中华图书馆协会会报,1932,8(3):1 – 6.

(二)建议各图书馆可以互相交换馆员,但详细办法须自行决定。①

12 月底

蒋复璁莅临文华图专参观,并应邀讲演"德国图书馆情形与目录事业之进步"②。

12 月

上海图书馆学函授学校学员傅翼、刘楚翘、罗光复、马耿阶、谭兰荪、杨竞志、张桂田、朱震寰 8 人毕业③。至此,该年共有 14 名学员从上海图书馆学函授学校毕业,他们被合称为该校第一届毕业生④。

本年

崔叔青由河北省教育厅派往日本专攻社会教育⑤。

湖南省立第一师范学校面向三年级学生开设一门"图书馆管理法"选修课程,上学期每周授课 1 小时,计 1 学分⑥。该课采用"口授笔记"的形式,由杨国础讲授⑦。

因为跟国民政府教育部制定的规章不合,上海清心中学停止开设图

---

① 本年度第一次执行委员会议决案[J].中华图书馆协会会报,1932,8(3):13 - 15. 按:中华图书馆协会执行委员会鉴于"各执行委员散居各地,集会不易,本年度改变方针,一切应讨论事项,先由平执委开会议决作为建议议案,分发平外各执委征求意见,俟复信多数通过后,即为议决案,然后由事务所分别实行"。此外,原文并未注明中华图书馆协会 1932 年第一次执行委员会议决案的通过日期。

② 校闻·课外讲演[J].文华图书馆学专科学校季刊,1932,4(3/4):403 - 404. 按:原刊印作《德国图书馆形情与目录事业之进步》。

③ 上海市教育局关于图书馆函授学校、电影迷成传习所立案[A].上海档案馆,案卷号:Q235 - 1 - 1830. 转引自:任家乐,姚乐野. 民国时期图书馆学函授教育研究[J].大学图书馆学报,2016(1):112 - 120.

④ 图书馆函授校讯[N].时事新报,1933 - 02 - 13(10).

⑤ 崔叔青. 对社会教育机关两个小建议(附容若谨案)[J].山东民众教育月刊,1933,4(1):53 - 58.

⑥ 湖南省立第一师范学校. 湖南省立第一师范学校一览[M].长沙:湖南省立第一师范学校,1931:插页.

⑦ 湖南省立第一师范学校. 湖南省立第一师范学校一览[M].长沙:湖南省立第一师范学校,1931:81 - 83.

书馆学课程①。

苏州中学初中部面向三年级学生开设一门"图书管理"选修课程,上学期或下学期皆可选修,每周授课 2 小时,计 2 学分②;高中普通科面向三年级学生开设一门"图书馆学及实习"选修课程,下学期授毕,每周授课 2 小时,计 2 学分③;高中师范科面向三年级学生开设一门"图书馆管理法"选修课程,下学期授毕,每周授课 1 小时,计 1 学分④。

广州市立女子职业学校改称"广州市立第一职业学校",将初级图书管理科改为高级图书管理科,将公牍科改为公务科⑤。

天津私立三八女子职业中学校职业训练班文科开设一门"图书馆学"选修课程,每周授课 2 小时,计 2 学分⑥。

北平私立育英中小学校所设"各项课程,悉遵部章,并授以独立生活之技能。故于各项课程外,复设各种职业科(如图书馆管理法、体育训练班、商业工业常识等),以养成实用人才。学生毕业后,纵不升学,亦具有独立之技能,服务于社会"⑦。

① 冯陈祖怡. 上海各图书馆概览[M].上海:中国国际图书馆,1934:116.

② 苏州中学. 江苏省立苏州中学学则[M].苏州:苏州中学,1932:4 - 5.

③ 苏州中学. 江苏省立苏州中学学则[M].苏州:苏州中学,1932:8 - 11.

④ 苏州中学. 江苏省立苏州中学学则[M].苏州:苏州中学,1932:15 - 17.

⑤ 中国人民政治协商会议广东省广州市委员会文史资料研究委员会. 广州近百年教育史料[M].广州:广东人民出版社,1983:239.

⑥ 天津私立三八女子职业中学校. 天津私立三八女子职业中学校概览[M].天津:天津私立三八女子职业中学校,1932:26.

⑦ 北平私立育英中小学校. 北平私立育英中小学校章程[M].北平:北平私立育英中小学校,1932:5.

1933 年

◎文华图专成立编纂委员会
◎袁同礼和文华图专北平同学会分别在文华图专设立奖学金
◎沪江大学暑期学校大学部开设"图书馆学"课程
◎陆秀、房兆楹、杜联喆赴美留学或工作
◎中华图书馆协会第二届年会关注图书馆学教育
◎袁同礼提请洛克菲勒基金会资助中国图书馆员赴美留学
◎山东省立民众教育馆开办民教馆员训练班

2 月上旬

邱鹤跟浙江省立图书馆接洽,请求带领浙江省立杭州师范学校图书馆学班学生到该馆实习,以提升其实际工作能力①。

2 月 11 日

下午 1 时,浙江省立图书馆在图书馆学术参考室举行第五次馆务会议,讨论六项事项,其中第六项为《省立杭州师范学校图书馆学班学生来馆实习应如何办理案》②。经过讨论,最终议决:"除予以周密之招待、参观外,并指定局部工作酌予实习之机会。"③

2 月

查修从伊利诺伊大学毕业,获颁哲学博士学位(政治学专业),但他在读期间其实主修政治学、副修图书馆学④。其博士学位论文题为

---

① 馆讯鳞爪・杭师学生来馆实习[J].浙江省立图书馆馆刊,1933,2(3):216 - 218.

② 馆务大事记・二月份[J].浙江省立图书馆馆刊,1933,2(2):199 - 202.

③ 浙江省立图书馆第五次馆务会议常会会议录[J].浙江省立图书馆馆刊,1933,2(2):205 - 206.

④ Alumni gossip[J]. University of Illinois Library Association news letter,1933(18):12.

"Liability in the Law of Aviation"(《航空法中的责任问题》)。他随即乘船返回中国,担任文华图专教授兼研究部暨编纂部主任,负责讲授"西洋目录学"等课程①。

文华图专成立编纂委员会,共有 6 名师生被聘为委员,包括 5 名教师代表(毛坤、皮高品、徐家麟、易均室、查修)和 1 名学生代表(于震寰)。成立之后,编纂委员会很快就召开了两次会议。在第一次会议上,众人推举查修任主席,毛坤任书记,负责处理相关事务。在第二次会议上,众人议决通过《暂定出版事宜则例》(共计 9 条),并计划推进三类研究(即编纂图书馆必需的工具书、文华图专急需的教材、韦棣华纪念册)与编纂工作②。

文华图专南京同学会成立,共有 10 名会员。经过推举,桂质柏任主席,陶述先任书记,张葆葳任会计③。

春季

袁同礼致函沈祖荣,请其到北平、上海等地接洽办学事宜时顺路到河北、山东、河南、江苏、浙江等省调查图书馆事业和图书馆教育现状。沈祖荣接受袁同礼的请求,计划组织毕业班学生赴省外调查,但受经费和时局等因素的影响,迟迟未能出发④。

文华图专研究部开始指导陈鸿飞、陈季杰、吕绍虞、强佩芬、陶善缜、童世纲、吴元清、于震寰、赵福来等图书馆学本科第十班学生撰写毕业论文。他们的选题包括"图书馆建筑家具用品,图书馆使用法,四库书标题,藏书配事诗索引,图书馆主任人员之职任,军营中图书馆服务,中文分类法,清代丛书之刊行,美国与英国协会订定编目条例"⑤,但目前尚不清楚何人选定哪个选题。

4 月 1 日

胡正支就任浙江省立图书馆编目组兼征集组主任一职,接替已经辞

① 校闻·中国教授[J].文华图书馆学专科学校季刊,1933,5(1):129;同门零讯[J].文华图书馆学专科学校季刊,1933,5(1):131 – 132.

② 查修.暂定本校研究及编纂工作之计划[J].文华图书馆学专科学校季刊,1933,5(1):127 – 128.

③ 同门零讯[J].文华图书馆学专科学校季刊,1933,5(1):131 – 132.

④ 校闻·校长旅行调查图书馆[J].文华图书馆学专科学校季刊,1933,5(2):249 – 250.

⑤ 校闻·专科第十届毕业[J].文华图书馆学专科学校季刊,1933,5(2):250 – 251.

职的于熙俭[1]。其后,他到浙江省立民众教育实验学校兼授一门"图书馆学"课程。这门课程为一学期授毕,其教学安排较为匆促。其间,该班学生曾到浙江省立图书馆参观两次,均由胡正支亲自引导参观[2]。

4 月初

国民政府教育部督学钟道赞开始视察湖北省教育事业,为期三周[3]。在此期间,他亲赴文华图专进行考察,认真巡视教室、研究室、图书馆、办公室、宿舍等处[4]。4 月 29 日,他在国民党湖北省党部大礼堂介绍其视察湖北教育事业的经过并提出今后的改进方针。他认为文华图专"设备完全,学生人数虽属不多,成绩尚优,堪称国内图书馆教育之最高学府"[5]。

4 月 4 日

陈伯逵在上海中西大药房广播无线电台播讲"怎样利用上海公私立图书馆的图书"[6]。

4 月 6 日

鉴于毕业考试渐近,而华北等处时局依旧不稳,沈祖荣决定独自一人出发考察各地图书馆事业及图书馆教育现状。他先沿平汉路北上,再转赴他处,途经开封、定县、北平、天津、济南、青岛、上海、杭州、南京 9 地,共计考察 23 所大学图书馆,6 所国立、省立及其他公共图书馆,13 所部立及专门图书馆,5 月 6 日返回文华图专[7]。返校之后,他撰就《中国图书馆及图书馆教育调查报告》,该报告载于 1933 年 10 月 30 日《中华图书馆协会会报》第 9 卷第 2 期[8]。

---

① 四月份馆务大事记[J].浙江省立图书馆馆刊,1933,2(3):207-214.

② 五月份馆务大事记[J].浙江省立图书馆馆刊,1933,2(3):214-222.

③⑤ 教育部督学钟道赞视察湖北省教育总报告[J].湖北教育月刊,1933(1):96-103;钟道赞.视察湖北省教育总报告[J].教育部公报,1933,5(27/28):47-58;湖北教育厅编审委员会.教育部督学视察湖北教育总报告[R].武汉:湖北教育厅编审委员会,1934:1-8.

④ 校闻·教育部督学来校视察[J].文华图书馆学专科学校季刊,1933,5(2):250.

⑥ 图书馆学播音演讲[N].申报,1933-04-05(15).

⑦ 校闻·校长旅行调查图书馆[J].文华图书馆学专科学校季刊,1933,5(2):249-250.

⑧ 沈祖荣.中国图书馆及图书馆教育调查报告[J].中华图书馆协会会报,1933,9(2):1-8.

4 月 12 日

鉴于《浙江省立图书馆联络各县市图书馆暂行办法》、《浙江省立图书馆学术通讯研究暂行办法》与《浙江省立图书馆担任学术讲演暂行办法》的试行效果良好,浙江省立图书馆将其呈送浙江省教育厅备案①。

4 月 29 日

上午,沈祖荣到浙江省立图书馆参观。下午 2 时,浙江省立图书馆举行第四次学术讲演会,沈祖荣应邀讲演"对于中国图书馆事业之感想",浙江省立图书馆全体职员、杭州各中学图书馆管理员、浙江省立杭州师范学校图书馆学班学生等数十人参加②。

5 月 4 日

下午 2—5 时,浙江省立图书馆在图书馆学术参考室举行第六次馆务会决议,讨论七项事项,其中第四项为《省立杭州师范学校图书馆学班学生来本馆实习办法请复议案》③。经过讨论,最后议决:"以本馆改组以来,百端待理,各组日常工作甚繁,而编目部分尤为紧张。关于阅览、征集、推广各部分工作,准予来馆实习;关于编目部分工作,仅得见习,惟可提出问题,请由编目组解答。"④

5 月 10 日

浙江省立民众教育实验学校图书馆学班 25 名学生到浙江省立图书馆实习⑤。

5 月 16 日

浙江省立图书馆将学生分组实习草案寄给浙江省立杭州师范学校图书馆学班⑥。

5 月 21 日

浙江省立杭州师范学校图书馆学班学生开始到浙江省立图书馆实

---

①② 四月份馆务大事记[J].浙江省立图书馆馆刊,1933,2(3):207-214.

③⑤⑥ 五月份馆务大事记[J].浙江省立图书馆馆刊,1933,2(3):214-222.

④ 馆讯鳞爪·杭师学生来馆实习[J].浙江省立图书馆馆刊,1933,2(3):216-218.

习。56 名学生被分为 7 组,逢周三和周日轮流实习,7 月结束①。

5 月 22 日

文华图专学生服务组与巡回文库读者合影留念②。

6 月 8 日

下午 2 时半,曹祖彬带领金陵大学图书馆学组 8 名学生到江苏省立国学图书馆参观③。

6 月 17 日

下午 4 时,文华图专在文华公书林罗瑟厅举行毕业典礼,陈鸿飞、吕绍虞、强佩芬、陶善缜、童世纲、吴元清、于震寰、赵福来 8 人毕业离校。此外,陈季杰必须补修"西洋目录学"一年,待考试成绩及格后,才能呈报国民政府教育部授予毕业证书;邓光禄是以特别生身份入学,故而只能拿到文华图专颁发的修业成绩证书④。上述 10 人通常被认为是文华图专图书馆学本科第十届毕业生(见表 1933 – 1)⑤。

表 1933 – 1　文华图专图书馆学本科第十届毕业生(第一批,1933 年 6 月)一览

序号	姓名	字号	性别	籍贯	履历	毕业后最初去向	备注
1	陈鸿飞	宝斋	男	山东益都	山东济南齐鲁大学毕业,齐鲁大学图书馆服务 2 年	齐鲁大学图书馆	
2	邓光禄		男	四川巴县		返回华西协合大学图书馆	特别生

① 馆讯鳞爪·杭师学生来馆实习[J].浙江省立图书馆馆刊,1933,2(3):216 – 218.

② 赵福来.文华图书馆学专科学校学生服务组一年来之巡回文库报告[J].文华图书馆学专科学校季刊,1933,5(2):卷首.

③ 金陵大学图书馆函[M]//国学图书馆.江苏省立国学图书馆第六年刊.南京:国学图书馆,1933:(本年度案牍辑录)13.

④ 校闻·专科第十届毕业[J].文华图书馆学专科学校季刊,1933,5(2):250 – 251.

⑤ 彭敏惠.文华图专珍稀史料图录[M].武汉:武汉大学出版社,2020:273.

序号	姓名	字号	性别	籍贯	履历	毕业后最初去向	备注
3	吕绍虞		男	浙江新昌	上海大夏大学教育专修科毕业,大夏大学图书馆服务3年	大夏大学图书馆	又名"吕型孝"
4	强佩芬		女	福建闽侯	北平培华女子中学毕业,武昌华中大学肄业3年	湖南岳州私立贞信女子中学	
5	陶善缜		女	浙江嘉兴	北平女子师范大学毕业	之江大学图书馆	
6	童世纲	敦三	男	湖北汉川	武昌中山大学文科三年级肄业,国立北平图书馆服务2年	南京中央陆军军官学校图书馆	
7	吴元清		女	湖北汉川	武昌希理达女子中学校毕业,武昌华中大学肄业2年	南京金陵女子大学图书馆	
8	于震寰	镜宇	男	山东蓬莱	北平盐务学校肄业二年,中华图书馆协会及国立北平图书馆服务6年	国立北平图书馆	
9	赵福来	辑五	男	河北北平	北平高等师范职工教育专修科毕业,北平育英中学图书馆服务3年	河北定县中华平民教育改进社图书馆	

6月21日

文华图专校董会在汉口周苍柏寓所召开年会。陈时、卢春荣、孟良佐、沈祖荣、吴德施、周苍柏6名董事出席，戴志骞、孙洪芬、袁同礼、周诒春4名董事则电请沈祖荣代表出席。沈祖荣报告文华图专1932年度办学情况及其代表中华图书馆协会调查各地图书馆事业的经过情形，提交讨论文华图专下一学年的招生与预算、文华图专与美国差会之关系的增进等问题，并且介绍他着手编纂《韦棣华女士在华图书馆事业略纪》以纪念韦棣华女士的计划。此外，由于冯汉骥赴美留学，众人推举汉口市市长吴国桢接任校董①。

6月

谭卓垣从芝加哥大学图书馆学研究院毕业，获颁哲学博士学位（图书馆学专业）。其博士学位论文题为"The Development of Chinese Libraries under the Ch'ing Dynasty,1644－1911"（《清代图书馆发展史》）。该论文于1935年由芝加哥大学图书馆发行私藏版，该书实由商务印书馆在上海印刷，所以其封面直接加印中文书名《清代图书馆发展史》。

袁同礼在文华图专设立免费学额一名，以纪念其母韩氏。双方共同订定《袁母韩太夫人免费学额简则》，自该年起开始实行②。

文华图专北平同学会捐资在文华图专设立纪念韦棣华女士奖学金，并制定暂行简章，拟于1934年秋季起实行，旨在奖励在校就读已满一年、家境贫寒但品学兼优的学生③。

受中华教育文化基金董事会、文华图专北平同学会及袁同礼三方委托，中华图书馆协会与文华图专制定并发布该年《私立武昌文华图书馆学专科学校招考免费新生及自费新生简章（民国二十二年秋季适用）》，计划招收图书馆学本科（当时又称"专门班"）和图书馆学讲习班（当时又称"民众班"）免费新生各15人及自费生若干人。其中，图书馆学讲习班该年只面向山西、陕西、甘肃、四川、云南、贵州、广西、湖北8省招考。值得注意的是，自获得中华教育文化基金董事会的补助以来，文华图专

① 校闻·校董会年会[J].文华图书馆学专科学校季刊,1933,5(2):249.
② 校闻·半年来本校大事略记[J].文华图书馆学专科学校季刊,1933,5(3/4):511.
③ 私立武昌文华图书馆学专科学校.湖北私立武昌文华图书馆学专科学校一览（民国二十三年度）[M].武昌:私立武昌文华图书馆学专科学校,1934:35－36;文华专校新设两奖学金[J].中华图书馆协会会报,1934,10(1):27.

该年第一次在招生简章中增加针对自费生的条款①。

与此同时,文华图专专门制定《旁听生规程草案》,拟从 1933 年秋季起于每年招收新生时酌量招收旁听生②。不过,根据当前掌握的资料,旁听生制度似乎并未受到中国图书馆界的认可,所以后来并未真正推行开来。

夏季

严文郁在德国服务期满,取道英、法两国,从意大利那不勒斯乘船返回中国,于中秋前数日抵达上海。之后,他携家人返回湖北汉川探望祖父、祖母,再从汉口乘坐火车沿平汉铁路前往北平,返回国立北平图书馆继续服务③。其间,他在文华图专讲演"德国图书馆事业之现势",其讲演内容由刘子钦记录成文,载于 1933 年 12 月《文华图书馆学专科学校季刊》第 5 卷第 3—4 期合刊④。

7 月 1 日

文华图专 1933 年招生考试开始报名,7 月 10 日截止。该年计划招收图书馆学本科和图书馆学讲习班免费生各 15 名,考试科目保持不变。该年考生可到武昌文华图专教务处、北平文津街中华图书馆协会、南京金陵大学图书馆、广州岭南大学图书馆、成都四川省教育厅 5 个招考处就近报名⑤。

7 月 3 日

沪江大学暑期学校大学部开始上课,8 月 2 日结束,开设"图书馆

① 图书馆学免费新生招考[J].中华图书馆协会会报,1933,8(6):24 – 26;私立武昌文华图书馆学专科学校招考免费新生及自费新生简章(民国二十二年秋季适用)[A].湖北省档案馆,案卷号:LS10 – 6 – 280(2) – P91.后者转引自:王郭舜.湖北省档案馆馆藏私立武昌文华图书馆学专科学校史料选辑[J].档案记忆,2020(7):24 – 37.

② 私立武昌文华图书馆学专科学校.湖北私立武昌文华图书馆学专科学校一览(民国二十三年度)[M].武昌:私立武昌文华图书馆学专科学校,1934:24 – 25.

③ 蓝文钦.严文郁先生年谱简编[J].图书馆学会会报(台北),2004(73):77 – 85.

④ 校闻·严文郁讲德国图书馆事业之现势[J].文华图书馆学专科学校季刊,1933,5(3/4):505 – 507.

⑤ 图书馆学免费新生招考[J].中华图书馆协会会报,1933,8(6):24 – 26;私立武昌文华图书馆学专科学校招考免费新生及自费新生简章(民国二十二年秋季适用)[A].湖北省档案馆,案卷号:LS10 – 6 – 280(2) – P91.后者转引自:王郭舜.湖北省档案馆馆藏私立武昌文华图书馆学专科学校史料选辑[J].档案记忆,2020(7):24 – 37.

学"等多门课程①。其中,"图书馆学"课程由沪江大学图书馆主任汤美森女士(Miss Lillian Thomason,或译"汤姆荪"等)与副主任杨希章(文华图书科图书馆学本科第四届毕业生)共同讲授②。

7月14日

中华教育文化基金董事会在上海都城饭店召开第九届年会。此届年会议决拨给文华图专1933年年度补助金1.5万元,其用途为"维持费及增加研究设备"③。

7月17日

文华图专1933年招生考试在武昌、北平、南京、广州、成都5地同时举行,7月18日结束④。该年实际录取21人,远远少于原本计划招收的30人,其中还包括2名资送生(国立北平图书馆资送丁濬,广州协和神学校资送李景新)与3名保送生(浙江省立图书馆保送程长源与于子强,云南省立昆华图书馆保送秦建中)⑤。

8月19日

陆秀从上海乘坐"柯立芝总统号"轮船(S. S. President Coolidge)前往美国⑥,9月4日抵达加利福尼亚州旧金山⑦。随后她前往纽约,入读哥伦比亚大学师范学院⑧。

---

① 沪江大学暑期学校通告[N].申报,1933-05-19(4).

② Shanghai University begins summer session[N]. The China press,1933-07-05(9).

③ 中华教育文化基金董事会.中华教育文化基金董事会第八次报告[R].北平:中华教育文化基金董事会,1933:1-3.

④ 图书馆学免费新生招考[J].中华图书馆协会会报,1933,8(6):24-26;私立武昌文华图书馆学专科学校招考免费新生及自费新生简章(民国二十二年秋季适用)[A].湖北省档案馆,案卷号:LS10-6-280(2)-P91.后者转引自:王郭舜.湖北省档案馆藏私立武昌文华图书馆学专科学校史料选辑[J].档案记忆,2020(7):24-37.

⑤ 校闻·半年来本校大事略记[J].文华图书馆学专科学校季刊,1933,5(3/4):511.

⑥ California,San Francisco,passenger lists,1893-1953[EB/OL].[2019-12-03]. https://www.familysearch.org/ark:/61903/3:1:33S7-95GJ-9CMP? i=308&cc=1916078.

⑦ California,San Francisco,passenger lists,1893-1953[EB/OL].[2019-12-03]. https://www.familysearch.org/ark:/61903/3:1:33SQ-G5GJ-9CVK? i=307&cc=1916078.

⑧ Directory of students[M]//Columbia University. Catalogue 1933-1934. New York:Columbia University,1934:151.

8 月 28 日

上午 9 时,中华图书馆协会第二届年会在清华大学大礼堂举行开幕式,8 月 30 日晚上 8 时举行闭幕式①。

8 月 29 日

中华图书馆协会第二届年会图书馆教育组分组会议在清华大学第三院第 12 号教室举行,共计讨论 8 项议案。其中,《请本会选聘专家组织图书馆与成人教育委员会,负责研究及推行图书馆与成人教育之理论及实施方法案》移交给民众教育组讨论,《庚子退还赔款应提出一部份,分配与各省图书馆为建设发展之用》一案移交给图书馆经费组讨论②,侯鸿鉴提交的《拟本会函各省公私立图书馆选派馆员送各大学肄业图书馆学专科案》则议决交由中华图书馆协会执行委员会酌办。侯鸿鉴提交的这项议案内容如下:

> 理由:
>
> 各省公私立图书馆若无专门人才,往往暗中摸索,自己研究。故培植人才实为急要。倘各省公私立图书馆皆能选派馆员送各大学肄业图书馆学专科,一方面不但为公众培植人才,一方面亦增加个人图书馆学知识,实为不可不注意者。
>
> 办法:
>
> 1. 由馆长选馆员成绩佳良、满一年或二年之服务[者]送往各大学学习图书馆学,毕业后仍在本馆服务。其年限以馆中资送学费多寡定之。
>
> 2. 由馆员请求馆长。须有下列三项资格者:甲、须高中毕业;乙、年龄须十八岁以上廿四岁以下;丙、须服务至少在一年以上者。③

其他 5 项议案均与图书馆学教育密切相关,一项直接通过,四项修正后通过(见表 1933 - 2)。

---

① 中华图书馆协会执行委员会. 中华图书馆协会第二次年会报告[R]. 北平:中华图书馆协会事务所,1933:5 - 8.

② 中华图书馆协会执行委员会. 中华图书馆协会第二次年会报告[R]. 北平:中华图书馆协会事务所,1933:29 - 30.

③ 中华图书馆协会执行委员会. 中华图书馆协会第二次年会报告[R]. 北平:中华图书馆协会事务所,1933:72 - 73. 按:原文称"须有下列两项资格者",其下却列出三项资格要求,故而此处径改之。

表1933－2　中华图书馆协会第二届年会图书馆教育组图书馆学教育议案一览

序号	议案名称（原始）	议案名称（修正后）	提交者	结果	理由	办法
1	请教育部通令全国公私立图书馆经费设备充足者，附设图书馆学讲习所，以培育人才案	请本会函通各省市图书馆，经费设备充足者，附设图书馆学讲习所，以培育人才案	史悠经、王维麟、蓝达仁	议决照修正案通过	窃以图书馆员学识重在实验，不尚虚饰，是故所以由学校培植图书馆学人才，虽其间不无明达之士，然多偏重理论，而少实验，筑室道谋，而为扣槃扪烛之诮。盖自抡才典废，群趋于黉缘攀附，狗苟蝇营，有志之士，欲求图书馆学相当学识，限于学校肄业文凭，囿于耳濡目染所习末由。然考其专在学学以致用之旨，背道而驰。盖自文明兑进，日新月异，世界事物愈繁。而办理图书馆欲求适合潮流需要，首重图书馆员才学兼优，经验宏富，欲矫斯弊，而使图书馆学教育普及人群，自应由本会函请各省市图书馆讲习所，延揽人才，经费设备充足者，各自附设图书馆学讲习所，延揽人才，讲授实习，两者兼施。凡有志致身于图书馆学者，得免费预听所讲，互相磋切，增进高深学术，作育培育人才之阶梯，诚为一举两得之计	1. 请执行委员会通函国内各大图书馆附设图书馆学经验富于经验者为讲习所，聘当地名宿为讲师，招生讲授，概免学费。其课程以讲授实习两者兼施。然后甄别确属才学兼优，授以相当职任 2. 凡在图书馆与图书馆学专科学校毕业学员，其资格与图书馆学专科学校出身者相同。一经考试合格，除由该讲习所所发给文凭外，并由该省教育厅发给证明书，以资鼓励

续表

序号	议案名称（原始）	议案名称（修正后）	提交者	结果	理由	办法
2	请将世界语及国罗马字作为图书馆学校或班级中之必修科目案	由本会函请图书馆学校应注重语言案	胡英、宋友英、曾宪文、顾华、袁涌进	议决照修正案通过	世界语文，种类厥多，繁简各趋，音形各异，断非个人毕生所能同悉者。图书馆搜罗典籍，皮藏图书，各种语文，实际上亦感相当困难。况吾国文字与世界大部流通者，极行隔阂，此为人所共知。图书馆中服务人员不能同悉各种语文，每因是项困难，常将读者所需要之优良书籍，而不能编目分类，是亦一图书馆之大损失也。图书馆中服务人员，亟应具备各种中外国语文书籍之阅读常识。又国语罗马字自民国十七年大学院公布以来，本会上届年会，曾有数案论及，并已规定此后新版书籍，必须加注国语罗马字书名及著者姓氏，请求教部转行各省出版处遵照。自去夏国音常用字汇公布之后，本年四月二十日教部复通令嗣后各项论文作者姓名，须用国语罗马字为标准，不得自译与国语罗马字不符之姓名，及不准用外国名字，否则不准注册，通行，各存案。近来国语罗马字在国内及南洋各地，以及俄德各国学术机关，均有甚佳之发展及应用。在图书馆中，于编目检索上，均有校汉字优良之成绩，记音准确，排检便利，初非其他各种拼音法式所可比拟也。故其趋势，自日益进步，图书馆学者，自日益进步，图书馆学者之可能。实有将来代替汉字为中国新文字之新兴字为应付此种新兴	请本会执行委员会函请国内现有校班即加注意

续表

序号	议案名称（原始）	议案名称（修正后）	提交者	结果	理由	办法
					环境起见，此国定优良之拼音文字——国语罗马字——亦宜为图书馆学学校所注重焉	
3	各省省立高中每年于毕业生中，必需考选学生二人，分送武昌文华或南京金陵图书馆学科读书，其学膳宿费由省教育费中指拨案	函请各省教育厅，每年考选学生二人，分送国立武昌文华或南京金陵图书馆学肄业，其学膳宿费由省教育费中指拨案	陈独醒	议决照修正案通过	凡欲求事业之发达与改良，第一当从人才着手。图书馆人才，在中国境内盖若晨星。各地图书馆之不能步上轨道，力谋进展者，经济缺少，固为原因之一，而乏相当人才之领导，亦不无关系。武昌文华，南京金陵，办理图书馆学科，历有年所，且各具相当成绩。然考其每年加入各该学科求学之人数甚少。推缘其故：一因目下各地图书馆事业加入人各该事业不景气，前途不但发展为难，即希望亦少，故为一般学子所不乐就。二因图书馆事业范围太狭，深恐一旦毕业，出路稀少，致受生活上影响，此为一般学子所过虑。三因负担等于大学相同之用费，将来毕业仅可以勉强获得鸡助生活之发达，比之加入政治，法律，经济系之得以为官发财者，已不相去天壤。此更为一般学子所不愿就。欲救济此项原因，已足以直接阻止图书馆学科之进展，间接影响图书馆事业之发达。然欲救济此项情形，非从奖励办法入手不可。一，使来学者轻其负担。二，且此项能由省款指拨，为鼓励学者于毕业后得行其所志，则当为若辈广阔途径，竭力介绍。如是则学者自多，人才亦可以源源不绝矣	由中华图书馆协会以广育人才，发展图书馆事业之理由，函请各省教育厅，自二十二年度起，每年考选学生二人，分送国内图书馆学校读书。其学膳宿费由省教育费中指拨。其省教育会开会之际，能奏效，再请各省图书馆协会，于省教育会开会之际，派员出席力争

续表

序号	议案名称（原始）	议案名称（修正后）	提文者	结果	理由	办法
4	请教育部令国立大学添设图书馆学专科案	再请教育部令全国国立大学添设图书馆学专科案	侯鸿鉴	议决通过	前届第一次年会，曾有本案之提议，迄今三年，国立大学尚未能添设图书馆学专科。仅南京金陵大学有图书馆之设，毕业人才，为各地应用者，不敷需求。倘再不于国立大学内添设图书馆学专科，则图书馆专门人才，究应如何养成乎？所以继续第一次提议，在本届第二次年会提出本案，请到会诸君公决。仍由本会呈请教育部令国立大学，如中大、交大、武大、北大等校，添设专科，以培养图书馆专门人才，实为根本至要之办法也	中华图书馆协会呈请教育部令国立中央大学、交通大学、北京大学等校，务必于二十二年度添设图书馆学专科
5	请协会建议及行政院、教育部，指拨借麦借款一部，于首都设立中央图书馆专门学校案	请协会建议及行政院及教育部，指拨的款，于北平设立图书馆专科学校案	李燕亭、杜定友、何日章、刘国钧、刘纯甫、钱存训、吴子平	照修正案议决通过	建设事业，以提高人民知识，增加其生产能力为重要。图书馆事业为推广并提高人民智识最有效力而最经济之机关，故政府当努力建设努力推广之时，有指拨的款办理图书馆专门学校之必要。现在全国图书馆专门学[学]校一所，而全国图书馆专门事业日渐发达，专门人才不敷分配，只有私立文华图书科专门学校一所，实感不足，且又偏在武昌，图书馆推广图书馆事业，非多养成专门人才不可。现在各省市县多设有图书馆，但无适当之人才，亦为大半为经费所限。虽大半为经费所限，而效果并未大著。故欲增加图书馆效率，亦非添办图书馆专门专门	1. 由本会分呈行政院及教育部聘请专家组织北平图书馆专门学校委员会，拟定计划，以资进行 2. 由政府指拨的款以为该校基金及开办等费 3. 图书馆专校在创设之初，先设于北平，统筹一切。次设于各重要都市

续表

序号	议案名称（原始）	议案名称（修正后）	提交者	结果	理由	办法
					学校不可。北平为我国故都，学府林立，文物所聚，凤称全国文化中心，自当集中全国推动文化之力量，以求发展。而图书馆为推动文化最重要之机关，若干北平设立图书馆专校，最为相宜。我国建设农村事业，以恢复农村经济最为要途。而农村建设，首重农民教育。图书馆与农民教育关有密切关系，故宜多养成图书馆专门人才，以便推广农民图书馆	

资料来源：中华图书馆协会执行委员会．中华图书馆协会第二次年会报告［R］.北平：中华图书馆协会事务所，1933：29－30,62－66.

此外,此届年会收到 4 项迟到议案,包括舒纪维提交的《请中华图书馆协会派员赴苏俄考查图书馆事业案》与《请中华图书馆协会派员赴日本考查图书馆事业案》,以及陈准提交的《县立图书馆经费之支绌人才之缺乏应请教育当局极力设施案》和岭南大学图书馆提交的《资送图书馆学专门人才赴美留学案》①。后两项与图书馆学教育密切相关。

表 1933 - 3　中华图书馆协会第二届年会图书馆学教育迟到议案一览

序号	议案名称	提交者	理由	办法
1	县立图书馆经费之支绌人才之缺乏应请教育当局极力设施案	陈准	1. 县立图书馆规模既小,人才又缺乏,所以办事员因按月薪水不丰,每多兼任他职(薪水多按节发给,不能月支),而致不专心于图书馆学,乡镇更不堪设想矣。此图书馆事业不进展一大原因也。2. 图书馆办事员之待遇,时有不及学校教育,所以图书馆学人才异常缺乏,终无专心学习者	1. 教育局必须注重图书馆之功效,极力设法经费划归独立,或依据厅令,于社教项下,百分二十之标准数,定足发给。2. 薪水应按月发给,不得节支。3. 学校自高级起,必须添图书馆学几小时,以便培养人才,及引起读者之兴趣
2	资送图书馆学专门人才赴美留学案	岭南大学图书馆	窃以我国图书馆事业正在萌芽之秋,管理方面固当竭力栽培人才,以应时需,武昌文华图书馆学专科学校慨然负起此责,诚为图书馆界之福音。惟关于提倡及发展图书馆事业者,此项人才则寥寥无几。且各因工作关系,无力顾及,亦为一因。而其最大原因,当为缺乏上乘人才也。如求此类人才之造就,非得设法资送外国深究,以作发展我图书馆事业之预备	1. 请求中华文化基金会拨款每年资送图书馆专门人才二名往美国深造。2. 由大会拨款若干,资助有志赴外国深究图书馆学者

资料来源:中华图书馆协会执行委员会.中国图书馆协会第二次年会报告[R].北平:中华图书馆协会事务所,1933:84 - 86.

---

①　中华图书馆协会执行委员会.中华图书馆协会第二次年会报告[R].北平:中华图书馆协会事务所,1933:84 - 86.

值得一提的是,此届年会结束后,袁同礼以中华图书馆协会执行委员会主席的身份向国民政府教育部呈文,并附决议案清单。所附决议案清单分为"甲、推广民众教育""乙、订定图书馆经费标准""丙、专材之培植与指导事业""丁、善本之流传"四种。其中,第三种"专材之培植与指导事业"决议案包括《请协会建议行政院及教育部,指拨的款,于北平设立图书馆学专科学校案》《再请教育部令国立大学添设图书馆学专科案》《呈请教育部于〈图书馆规程〉中规定省立图书馆应负辅导全省各图书馆之责任案》《请协会呈请教育部通令各省市县教育行政机关应聘请图书馆专家指导各中小学图书馆一切推行事宜案》四项①。

此外,中华图书馆协会还专门刊印了沈祖荣的《中华图书馆协会第二次年会图书馆教育组报告暨意见书》。

9 月 21 日

在华考察的洛克菲勒基金会(Rockefeller Foundation,当时多译为"罗氏基金会")副主席冈恩(Selskar Michael Gunn)致函洛克菲勒基金会人文部主任戴维·H. 史蒂文斯(David H. Stevens),称袁同礼刚刚拜访他,并且尝试提出洛克菲勒基金会资助中国图书馆员赴美留学的设想,甚至直接询问图书馆专业留学生是否属于人文部的资助范畴②。

9 月 30 日

房兆楹与杜联喆夫妇二人从上海乘坐"林肯总统号"轮船前往美国③,10 月 17 日抵达加利福尼亚州旧金山④。同年 11 月⑤,房兆楹入读哥伦比亚大学图书馆学院⑥,杜联喆则到哈佛燕京学社汉和图书馆兼职⑦。

---

① 呈教育部推行议案[J].中华图书馆协会会报,1933,9(2):26-27.

② 雷强.国立北平图书馆排印中文卡片目录研究[J].图书资讯学刊,2020,18(2):167-201.

③ California,San Francisco,passenger lists,1893-1953[EB/OL].[2018-10-04].https://www.familysearch.org/ark:/61903/3:1:33S7-95GK-3QY?i=69&cc=1916078.

④ California,San Francisco,passenger lists,1893-1953[EB/OL].[2018-10-04].https://www.familysearch.org/ark:/61903/3:1:33SQ-G5GK-3JZ?i=68&cc=1916078.

⑤ 程焕文.裘开明年谱[M].桂林:广西师范大学出版社,2008:107.

⑥ Directory of students[M]//Columbia University. Catalogue 1933-1934. New York:Columbia University,1934:14.

⑦ 程焕文.裘开明年谱[M].桂林:广西师范大学出版社,2008:121.

9 月

文华图专图书馆学本科第十一班和图书馆学讲习班第二班新生注册入学。两班学生共计 21 人①，均为男性，其中 13 人为免费生，可以获得中华教育文化基金董事会提供的助学金②。其中，图书馆学本科第十一班新生共有 9 人，即戴镏龄、黄元福、李景新、李永安、彭明江、汪应文、邬学通、熊毓文、张鸿书；图书馆学讲习班第二班新生共有 12 人，即蔡国铭、曹钟瑜、程长源、丁潽、李尚友、李仲甲、刘子钦、秦建中、徐世俊、于子强、余炳元、袁仲灿③。

为适应社会需要，文华图专增设"图书馆与民众教育"和"图书馆应用簿记统计"两门课程④。

胡能显受聘担任文华图专国文教员兼事务主任，可惜很快就积劳成疾，于 10 月 6 日在仁济医院去世。10 月 23 日，文华图专在文华公书林二楼为其举行追悼会⑤。

文华图专学生为贯彻服务社会之宗旨，组织学生服务团（英文称"Boone Library School Student Service League"，其前身为学生服务组），旨在利用闲暇时间，设立巡回文库，为社会大众提供有益读物⑥。

秋季开学后，文华图专学生于每周六下午前往圣希理达女校（St. Hilda's School）图书馆代为整理图书，或编目，或分类，或修补，或装订。前后共计 4 次，每次均于中午 12 时 30 分抵达，下午 5 时离开⑦。

江苏省立松江女子中学继续开设"图书馆学"课程，由鲍益清担任指导员。甲班（面向高三年级学生）共有 12 人选习，乙班（面向高二年级学生）共有 10 人选习。每周集会一次，每次二小时⑧。

《图书馆学季刊》第 7 卷第 3 期登载李钟履的《图书馆参考论（三续）》。该文多处涉及图书馆学专业教育问题。比如，李钟履指出："近

---

① 校闻·半年来本校大事略记[J].文华图书馆学专科学校季刊,1933,5(3/4):511.

② 中华教育文化基金董事会. 中华教育文化基金董事会第九次报告[R].北平:中华教育文化基金董事会,1934:35.

③ 校闻·参观汉口王氏藏书记[J].文华图书馆学专科学校季刊,1933,5(3/4):508.

④ 校闻·半年来本校大事略记[J].文华图书馆学专科学校季刊,1933,5(3/4):511;中华教育文化基金董事会. 中华教育文化基金董事会第九次报告[R].北平:中华教育文化基金董事会,1934:35.

⑤ 校闻·追悼胡能显先生[J].文华图书馆学专科学校季刊,1933,5(3/4):508-509.

⑥⑦ 校闻·同学努力社会服务[J].文华图书馆学专科学校季刊,1933,5(3/4):507-508.

⑧ 二十二年度第一学期职业训练概况表[J].松江女中校刊,1933(46):12-13.

二三十年来图书馆学一门在美国学校中已获得相当之地位。倡议增加此门者,概系图书馆主任,受训练者则为教员及学生,教员与学生不同,而学生又有大中小之别,故仍分而论之。"又如,关于训练教员,李钟履指出:"所谓教员者,如确切言之,实系指未来教员而言。其训练之法即系于师范学校课程中增加图书馆学一门,其目的乃在增加、提高并充实学校中之优美读物。故教授之法,特重书籍之选择,与如何使书籍适合学校与学生之方法。充其量而言,无非使未来教员(尤其初级小学教员)对于图书馆之技能有所认识,而具有几分图书馆学专家之能力。如所在之学校中无图书馆时,能自行组织之。如有时能管理之,并能知其书藏是否优良,管理是否完善,及如何可增扩其正当之用途。诸如上述,概皆美国最初训练教员之目的也。迨乎近今该国学校所需要者,已有由教员兼具几分图书馆学识者而转为图书馆学专家之趋势矣。在不久的将来,此种趋势或将普遍于全国,而为学校当局所公认。大学固无论矣。惟言中学数年前其特聘之图书馆主任,不过寥寥有数之人,今则千百不止矣。因是之故,图书馆学一门乃广见增加于师范学校及暑期学校中,类是之设施亦可见诸城市教员训练处所,是则非教育局所举办即省市图书馆委员会所要求者也。观乎上述,可知昔日训练教员无非使其略悉图书馆之梗概,并非使其完全成为图书馆学专家。而今日训练教员,则有不得不求其详尽之必要。甚或竟由教员而变为图书馆学专家,趋势使然,训练方法亦须因之而改变也。"①

10月8日

浙江省第一学区图书馆协会举行第四次大会,次日闭幕②。下午3时起举行讲演会,一直持续到夜间③。其中,洪有丰讲演"如何使图书馆成为社会中心",沈学植讲演"公开阅览之前后",陈训慈讲演"参与中华图书馆协会年会及考察平津图书馆之观感"④。

---

① 李钟履. 图书馆参考论(三续)[J]. 图书馆学季刊,1933,7(3):441 - 506. 按:1933年,中华图书馆协会将李钟履在《图书馆学季刊》第5卷第2期、第6卷第2期、第6卷第3期、第7卷第3期上分四次发表的《图书馆参考论》汇成一册刊印。

②③ 浙江省第一学区图书馆协会. 浙江省第一学区图书馆协会第四次大会纪[M]. 杭州:浙江省第一学区图书馆协会,1933:3.

④ 浙江省第一学区图书馆协会. 浙江省第一学区图书馆协会第四次大会纪[M]. 杭州:浙江省第一学区图书馆协会,1933:6 - 12.

10 月 22 日

上海图书馆协会在爱群女子中学图书馆召开执委会与监事会联席会议,讨论通过十项决议案。其中,第二项《摄制图书馆教育影片》、第三项《用无线电广播图书馆事业》和第六项《函请全国各图书馆主管机关尽先聘用上海图书馆学函授学校毕业学员》均跟图书馆学教育密切相关①。

10 月 30 日

《中华图书馆协会会报》第 9 卷第 2 期登载沈祖荣的《中国图书馆及图书馆教育调查报告》。沈祖荣在总结部分提出 13 点意见,其中 7 点与图书馆学教育问题密切相关。现摘录如下:

（五）学生方面,常难以求合作。我图书馆界同仁,亦常苦之。意者若教授能与图书馆人员协力指导学生晓然于利用图书馆之方法,以及公共道德之养成等等,其结果必将大异也。

……

（七）许多图书馆中之助理,多未经专门训练者,似应授以若干图书馆工作必需知识。若某馆能资助馆员到邻馆考查实习,借收观摩之效,似较为经济也。

……

（九）各地宜成立图书馆学研究会、图书馆俱乐部等,以谋推进本界专门事业发展之地步。

（十）图书馆学训练与各专门学术研究,亟须打成一片。吾人深愿曾研究各专门学术者,仍能加入图书馆学校再受两年图书馆学之训练。盖图书馆学训练,启示用书方法及致力学问方法之处特多,对于治学方法与工具指导特详。故修习各专门学术者如能得图书馆学训练,将更易于成为该科之专家,必无疑也。

（十一）现时我国民众教育馆,各省皆是。民众教育馆为当前之急务,故民众图书馆人才之训练,此时亦刻不容缓也。

（十二）簿记之学,似应成为图书馆学训练必修科目之一种,以养成图书馆员管理经济记录帐簿之技能。即在大学图书馆中,虽常

---

① 上海图书馆协会执监会议[N].申报,1933 – 10 – 23（12）.

有专司之机关,此项训练亦属必要。各公立省立图书馆中司帐人员,即可不必延请,设此种知识果已成为我图书馆员具备之技能者。

（十三）在大规模图书馆中,如北平之国立北平图书馆等处,图书馆员专精某项图书馆事业,诚为必要。将来图书馆学学生应习高深图书馆学学术如编目、分类、参考、官书、管理等项,以应其需求,似无疑义。但为普通一般图书馆设想,则图书馆人员,仍应对图书馆整个工作有所谙习,应可应付图书馆中各方面之业务,如俗所谓生旦净丑,样样俱能也。[1]

10 月

上海的民智书局出版张文昌所著的《中学图书及科学设备研究》。在该书上编"图书设备研究"第七章"几个建议"中,张文昌提出七点建议,其中第一点如下:"对于师资训练机关——无论大学教育学院或教育系、高等师范、高中师范科及初中师训班等师资训练机关,皆当至少有几门关于图书馆学的科目,因为图书馆学的训练机关太少。据作者所知,此种训练机关只武昌一所,乃私立文华大学图书馆学专科受文化基金之补助者,但太专门,他们培植出来的人才大都供给大学图书馆或大都会的地方图书馆则可。现各中学所需要者乃普通人才,且最要紧同时须有师范训练能指导学生者,所以希望各级师训学校的课程中都能至少有一门图书馆科目为公共必修科。"[2]

广西省立民众教育馆开始编写《活的民众图书馆设施法》讲义,1934年3月编就,并陆续将该讲义寄发给广西各县民众教育馆使用[3]。

11 月 8 日

中华图书馆协会致函各省市立图书馆,要求对方附设图书馆学讲习所,以培养图书馆专门人才[4]。

---

[1] 沈祖荣. 中国图书馆及图书馆教育调查报告[J]. 中华图书馆协会会报,1933,9(2):1-8.

[2] 张文昌. 中学图书及科学设备研究[M]. 上海:民智书局,1933:106.

[3] 广西省立民众教育馆展览部. 活的民众图书馆设施法[M]. 桂林:广西省立民众教育馆研究部,1934:2.

[4] 培育图书馆人才,中华图书馆协会函各图书馆设讲习所[N]. 华北日报,1933-11-09(6);推广图书馆教育[J]. 中华图书馆协会会报,1933,9(3):18-19.

11 月 9 日

山东省立民众教育馆附设民教馆员训练班开始办理入学手续,11 月 14 日上午举行开学典礼并正式上课①,1934 年 6 月结束,共有 29 名男性学员毕业②。开设"民众图书馆"等 10 门课程,每日上午讲授 4 小时,夜晚讲授 1 小时,逢周一休息③。

11 月 16 日

晚上 10 时,因患牙病不得不休养的颜格兰女士在平汉铁路汉口火车站乘坐火车前往北平,准备在其弟住处颐养晚年。文华图专师生齐赴火车站为她送行④。

11 月 20 日

邱鹤撰就《师范学校之图书设备》一文,该文后载于 1933 年 12 月 9 日《浙江教育行政周刊》第 5 卷第 14—15 期合刊。该文分为"图书馆设备与师范生"、"师范学校图书馆之设施"与"师范学校应置备些什么图书"三个部分。在第一部分"图书馆设备与师范生"中,邱鹤指出:"此刻社会上普通图书馆一天一天的加多起来,然而管理图书的人才实属很少。环观国内,据作者所知的训练图书馆人才机关,只有武昌文华大学的图书馆专科一处。他所训练的人才,为数既属有限,不敷分配。然而也太专门些,叫他们的毕业生到内地普通通俗的图书馆去服务,未免大才小用,使无用武之地。图书馆的人才既不敷分配,于是所有之通俗图书馆,大都用非其人,以致失去了图书馆的效用者,所在都是。于是不得不亟想方法,训练一批合宜于管理通俗图书馆的人才出来。鄙意师范教育原来是训练教育工作人员之处,图书馆也是教育工作之一。如果师范学校能对于师范生附加一种管理图书的训练,实在是惠而不费,扩展师范教育效能的一种举动。"⑤

---

① 民教馆员训练班开学[J].山东民众教育月刊,1933,4(9):131 - 132.

② 山东省立民众教育馆附设民教馆员训练班毕业学员姓名表[J].黄县教育行政月刊,1934,2(9):81 - 82.

③ 民教馆员训练班开学[J].山东民众教育月刊,1933,4(9):131 - 132;山东省立民众教育馆.山东省立民众教育馆规章一览[M].济南:山东省立民众教育馆,1933:77.

④ 校闻·欢送盈格兰女士[J].文华图书馆学专科学校季刊,1933,5(3/4):510.

⑤ 邱鹤.师范学校之图书设备[J].浙江教育行政周刊,1933,5(14/15):124 - 132.

12 月 16 日

河北省教育厅发布第一五三零号训令,颁布《河北省立民众教育馆及图书馆职员任用暂行办法》①。

12 月 25 日

国民政府教育部民众教育委员会定于 1934 年 1 月 11—13 日②召开第一次会议③。次日,国民政府教育部将印好的民众教育议案及各种规程寄给民众教育委员会各位委员提前进行审查④。此次会议计划讨论九大议题,包括:"(一)推广民众学校办法;(二)民众学校规程草案;(三)修正民众教育馆暂行规程草案;(四)民众学校课程标准编订委员会章程草案;(五)编审民众读物案;(六)推行职业补习教育办法草案;(七)改进及充实全国图书馆案;(八)社会教育人员任用及待遇规程草案;(九)各省市县民众教育区规程草案。"⑤其中,第七项《改进及充实全国图书馆案》是根据中华图书馆协会第二届年会的相关决议案改编而成。具体如下:

一、图书馆经费及其设备

1. 规定省市县图书馆经费应占各该省市县社教经费之成数。

2. 规定各级图书馆等级及其经费标准。

3. 规定图书馆经常费之支配标准(比照民众教育规程规定经常费之支配标准)。

4. 规定各级学校图书馆最低应占全校经费之成数。

5. 规定各级图书馆设备最低标准。

6. 学校图书馆经费应由学校及教职员学生三方面共同负担。

7. 补助私立图书馆。

二、补助乡村图书馆

1. 尽量开放乡村学校图书馆。

---

① 河北省教育厅训令(第一五三零号,中华民国二十二年十二月十六日)[J].河北教育公报,1933,6(35):(命令)14.

② 教部定期召集民教委会会议[N].申报,1933 - 12 - 27(12);教部民教委员会提案[N].申报,1933 - 12 - 28(13).

③ 教部民教委员会征求各委员方案意见[N].申报,1933 - 12 - 26(11).

④ 教部定期召集民教委会会议[N].申报,1933 - 12 - 27(12).

⑤ 教部定期召集民教委会会议[N].申报,1933 - 12 - 27(12);教部民教委员会提案[N].申报,1933 - 12 - 28(13).

2. 充实民众学校书报室。

3. 多设巡回文库。

4. 宗祠附设民众图书馆。

三、市县图书馆

1. 市县图书馆与民众教育馆应并行设立。

2. 令上海、天津、汉口、广州、南京各市酌量增加市立图书馆设备,扩大图书馆工作范围。

四、指导图书馆事业

1. 省立图书馆应负辅导各该省内各图书馆之责。

2. 各省市教育行政机关酌设图书馆指导员。

五、训练图书馆人才

1. 指令中央大学或其他大学二十三年度开办图书馆学科。

2. 令国立北平图书馆筹办图书人员训练班,招收高中或初中毕业生,各予以一年之训练,以供各种小规模图书馆之需要。

六、其他

1. 传抄孤本秘籍。令国立中央及北平图书馆会同办理,并由部令各省市教育行政机关协助。①

收到国民政府教育部寄来的议案之后,中华图书馆协会经费标准委员会主席柳诒徵和书记陈东原两人临时就《改进及充实全国图书馆案》第一项内容提出修改意见。刘国钧、洪有丰与蒋复璁三人亦对其逐项发表意见。其中,针对"五、训练图书馆人才"中的两点,刘国钧、洪有丰与蒋复璁三人提出:"1. 设立图书馆学校实有必要,但其内容、经费、课程、程度、人才、设备等均须详细讨论,非短时间所能拟定。或先由部调查各地已设有此项学科之学校,酌量予以鼓励亦可。2. 令行该馆酌量办理,惟程度似以高中毕业为宜。"②

12 月

《文华图书馆学专科学校季刊》第 5 卷第 3—4 期合刊登载沈祖荣撰写的《我国图书馆事业之改进》。沈祖荣在文中论及图书馆专门人才的训练问题,指出,"事业之发展,须有适当人才。现在我国图书馆界,对于训练专才一事,颇为认真。有的留学欧美深造图书馆专业者,

---

①② 教部民教委会会议[J]. 中华图书馆协会会报,1934,9(4):10 – 12.

回国服务本界,如美国图书馆事业之开创人士,皆为一时英杰,大有贡献。惟以新开事业,此种专门人才仍属寥寥,常有不敷应用之叹。故训练尤应积极。至训练之步骤:(A)应订定各项标准,严格遵办,严格考核,对于学历、成绩、资格,以及学科、体格,均须合乎学校的标准。(B)学校之实施,须下详审切实工夫,凡对于图书馆用品之创制,工具之运用,图书馆学教科书与参考书之编纂,图书馆学应用图书及杂志之选购与流通,以及图书馆学讲演,图书馆学专门教育之指导,并位置之介绍等等,均为重要之事功。(C)须有良好之品格,健全之身体,并有热心服务,任事忠诚,言词温和,以及学术技能,均极优越精到。凡此种种,皆为训练中应有之要素"①。

青岛市教育局修订并公布《青岛市教育局社会教育人员训练班办法大纲》,其内容与1931年版《青岛市教育局社会教育人员训练班办法大纲》略有不同,但仍然规定开设一门"图书馆学"课程,计1学分②。

本年

广州大学文学院教育学系面向二年级学生开设一门"图书馆学"选修课程,一学年授毕,上、下学期每周授课2小时,共计4学分③。该课由何多源讲授。何多源对其编写的《图书编目法》讲义进行增订,作为教学参考书,该讲义后连载于《广州大学图书馆季刊》第1卷第1期④和第1卷第2期⑤,1933年11月汇订成册并由广州大学图书馆刊印⑥。

广东省立第三师范学校面向高中师范科三年级学生开设一门"图书馆管理"选修课程,下学期授毕,计3学分⑦。

"鉴于各县民教馆皆有图书馆之设置,关于图书馆之管理各项手续,

---

① 沈祖荣. 我国图书馆事业之改进[J]. 文华图书馆学专科学校季刊,1933,5(3/4):261-266.

② 青岛市教育局. 青岛市教育局社会教育人员训练班办法大纲[J]. 青岛教育,1933,1(7):(附录)33-35;青岛市教育局. 教育行政计划(民国二十二年)[M]. 青岛:青岛教育局,1933:34-35.

③ 广州大学. 私立广州大学概览(二十一年度)[M]. 广州:广州大学,1933:12.

④ 何多源. 图书编目法(未完)[J]. 广州大学图书馆季刊,1933,1(1):8-92.

⑤ 何多源. 图书编目法(续)[J]. 广州大学图书馆季刊,1933,1(2):225-340.

⑥ 何多源. 图书编目法[M]. 广州:广州大学图书馆,1933:序.

⑦ 广东省立第三师范学校. 三师概览[M]. 曲江:广东省立第三师范学校,1933:15. 按:原书印作"图书管理",此处径改为"图书馆管理"。

当为各县民教馆所急需,尤其是图书馆活用的方法——推广和指导阅览,更须加以辅导,方能使图书馆得以发挥其效能",广西省立民众教育馆展览部开始分章编印《图书馆学讲义》(或称《民众图书馆学讲义》①),并分发给广西各县民众教育馆。该讲义着重介绍民众图书馆的理论、方法、手续等,每章附若干思考题②。该讲义还曾在广西省立民众教育馆研究部主办的《民教通讯》连载③,可惜多有佚失。

河北省教育厅第三科主任科员赵鸿志第四次奉派赴日本考察社会教育与特殊教育事业。考察归来后,他撰写并公开发表《参观日本社会教育报告》④、《参观日本东京帝国图书馆报告》⑤、《参观日本东京盲学校报告》⑥等考察报告。

伪满洲国奉天省立图书馆计划增设图书馆讲习学校,以养成图书馆专门人才⑦。

---

① 广西省立民众教育馆研究部. 民教通信第一集[M].南宁:广西省立民众教育馆研究部,1934:7 - 8,37.

② 广西省立民众教育馆研究部. 本馆一年来工作概况[M]. 南宁:广西省立民众教育馆研究部,1934:166 - 167.

③ 广西省立民众教育馆函授民众图书馆学(四)[J].民教通讯,1934(8):5.

④ 赵鸿志. 参观日本社会教育报告(续)[J].河北教育公报,1933,6(14):(报告)1 - 6.

⑤ 赵鸿志. 参观日本东京帝国图书馆报告[J].河北教育公报,1933,6(17):(报告)1 - 7.

⑥ 赵鸿志. 参观日本东京盲学校报告[J].河北教育公报,1933,6(17):(报告)7 - 14.

⑦ [伪]奉天省公署总务厅总务科. 奉天省公署要览[M].奉天:[伪]奉天省公署,1933:125.

1934 年

◎洛克菲勒基金会设立专门奖学金,资助中国图书馆员赴美深造
◎浙江省立图书馆举办馆员进修讲演
◎岳良木、黄星辉、王重民、李芳馥、黄维廉赴国外留学或交流
◎福建省立图书馆开始招收见习员
◎上海图书学校创办
◎吕绍虞在浙江省第四学区暑期社会教育讲习会讲授"图书馆实施法"课程
◎文华图专设立档案管理特种教席
◎商务印书馆第一届业务讲习班开设"图书馆学概要"课程

1月11日

国民政府教育部第一次民众教育委员会会议在南京国民政府教育部会议室举行,1 月 13 日结束。出席者包括民众教育委员会 19 位委员及国民政府教育部特邀的各部代表与专家委员,另有国立中央图书馆筹备主任蒋复璁等人列席。上午讨论各项议案,并交换意见。下午,19 位委员分成三组审查议案。其中,第三组由陈泮藻、彭百川、余井塘与钟道赞四人组成,郭蒲峰、蒋复璁与厉家祥三人列席,负责审查包括《改进及充实全国图书馆案》在内的五项议案①。

1月12日

国民政府教育部第一次民众教育委员会会议进入第二日。经过讨论,包括《改进及充实全国图书馆案》在内的九项议案"大体亦均修正通过,内含甚广,头绪亦繁,不久将由该部公布"②。

---

① 教部民教委会会议[J].中华图书馆协会会报,1934,9(4):10-12.
② 教部民教委员会议决要案[N].申报,1924-01-15(14).

1 月底

华玛丽女士(Miss Mary Hamilton Watts,或称"叶玛利"[①])抵达文华图专执教。2 月 21 日下午 4 时,文华图专为其举行欢迎会,共有 70 多位中外来宾出席[②]。华玛丽生于加拿大不列颠哥伦比亚省,1929 年 6 月获加拿大温哥华不列颠哥伦比亚大学(University of British Columbia)文学士学位(教育学专业),1932 年 6 月获哥伦比亚大学图书馆学院图书馆学专业理学士学位[③]。华玛丽曾任温哥华公共图书馆流通部职员、温哥华当地某所高级中学英文与历史教员等职[④]。

2 月 1 日

杜联喆辞职离开哈佛燕京学社汉和图书馆,房兆楹接替其职[⑤]。房兆楹最终未能完成学业,没有从哥伦比亚大学图书馆学院拿到学位。

2 月 21 日

上午,河北省立女子师范学院举行开学典礼[⑥]。钱亚新受邀开设一门"图书馆学"课程,以利用该校图书馆为出发点,先介绍该校图书馆概况,然后讲授分类、编目常识,最后重点讲述图书馆利用法[⑦]。

2 月 23 日

上午,袁同礼从天津乘船前往日本,逗留大约一周[⑧],于 3 月 2 日从

---

① 中华教育文化基金董事会.中华教育文化基金董事会第九次报告[R].北平:中华教育文化基金董事会,1934:35.

② 校闻·华玛丽女士到校掌教[J].文华图书馆学专科学校季刊,1934,6(1):147.

③ Degrees conferred during 1931 – 1932 [M]//Columbia University. Catalogue 1932 – 1933. New York:Columbia University,1933:222.

④ 校闻·华玛丽女士到校掌教[J].文华图书馆学专科学校季刊,1934,6(1):147.

⑤ 程焕文.裘开明年谱[M].桂林:广西师范大学出版社,2008:121.

⑥ 举行开学典礼记录[J].河北省立女子师范学院周刊,1934(138):3.

⑦ 钱亚新.工作阶段[M]//钱亚新.钱亚新别集.谢欢,整理.南京:南京大学出版社,2013:214.

⑧ 袁同礼今晨东渡[N].申报,1934 – 02 – 23(4);袁同礼赴日转往欧美考察[N].时报,1934 – 02 – 23(6);袁同礼东渡,转欧美考察文化[N].时事新报,1934 – 02 – 23(5);袁同礼昨抵津,定今日搭轮赴美[N].大公报(天津版),1934 – 02 – 23(4);袁同礼放洋[N].中央日报,1934 – 02 – 23(3);袁同礼今东渡[N].民报,1934 – 02 – 23(2).

横滨乘坐"亚洲皇后号"轮船（S. S. Empress of Asia）前往北美①，3月11日抵达加拿大温哥华，随即转赴华盛顿州西雅图②，考察美国各地图书馆事业，6月初启程前往欧洲，于6月6日在法国马赛上岸③。在美国逗留期间，他成功接洽"北京大学与哥伦比亚大学图书之交换，美西根大学（即密歇根大学）图书馆学系设奖学金（为中国女生而设）"等事宜④。最值得一提的是，他于3月26日和4月13日两次前往纽约洛克菲勒基金会总部与人文部主任戴维·H. 史蒂文斯面谈，商讨洛克菲勒基金会资助选派国立北平图书馆馆员赴美交流及文华图专毕业生赴美深造等事宜⑤，最终"商妥专为我国图书馆界设立图书馆奖学金，以期多得赴美深造机会。首次获领奖金者为李芳馥、黄维廉两君"⑥。

3月17日

国立中央大学教育学院系务联席会议修订通过的《国立中央大学教育学院教育学系选课指导书》，于1934年11月20日经该校校务会议审核通过。其中，该系面向三、四年级学生开设一门"图书馆学"选修课程，一学年授毕，计四学分⑦。具体如下：

图书馆学　一学年　四学分　第三、四年级选修
本课目主旨：
（1）能利用图书及图书馆之工具，如目录、索引等
（2）能指导他人使用图书馆
（3）能担任或兼任中学校图书馆事务

---

① Washington, Seattle, passenger lists, 1890 – 1957［EB/OL］.［2019 – 11 – 18］. https://www.familysearch.org/ark:/61903/3:1:33S7 – 95N8 – 9R4M? i = 424&cc = 1916081.

② Washington, Seattle, passenger lists, 1890 – 1957［EB/OL］.［2019 – 11 – 18］. https://www.familysearch.org/ark:/61903/3:1:33S7 – 95N8 – 9R4G? i = 425&cc = 1916081.

③ 袁同礼赴欧［N］.中央日报，1934 – 06 – 08（2）；袁同礼抵马赛［N］.民报，1934 – 06 – 08（2）；袁同礼抵马赛［N］.申报，1934 – 06 – 08（3）；袁同礼抵马赛［N］.时事新报，1934 – 06 – 08（6）；袁同礼抵马赛［N］.新闻报，1934 – 06 – 08（15）.

④ 多默.促进中西文化：袁同礼已由美赴欧，在美接洽圆满［N］.益世报（天津版），1934 – 06 – 24（3）.

⑤ 雷强.国立北平图书馆排印中文卡片目录研究［J］.图书资讯学刊，2020，18（2）：167 – 201.

⑥ 中华图书馆协会第十年度会务报告（二十三年七月至二十四年六月）［J］.中华图书馆协会会报，1935，10（6）：3 – 7.

⑦ 国立中央大学教育学院.国立中央大学教育学院教育学系选课指导书［M］.南京：国立中央大学出版组，1934：8.

（4）能终身继续利用图书馆

本课目之内容大纲：

（1）图书馆学之意义与范围

（2）图书选购法

（3）图书编目分类法

（4）参考书使用法

（5）图书出纳法

（6）图书馆之组织及其设备

教本及主要参考书：

桂质柏：《中文图书编目规则》

戴超：《国立中央大学图书馆图书目录》

杜定友：《图书管理学》

洪有丰：《图书馆组织与管理》

桂质柏：《分类大全》

杨昭悊：《图书馆学》①

3 月 18 日

吕绍虞、翁玄修（翁衍相）、喻友信、林斯德等人在上海圣约翰大学校内翁玄修住处举行文华图专上海同学会筹备会②。

3 月 24 日

上午，文华图专师生赴洪山和珞珈山踏青，并赴武汉大学图书馆参观，受到在该馆任职的皮高品、骆继驹和吴立邦三位校友的款待。此后，文华图专还组织学生参观湖北官书局和汉阳兵工厂，但具体时间不详③。

刘国钧提交一份"Report of the College of Arts"（《金陵大学文学院报告》）。他在报告中指出：数年来金陵大学文学院一直将图书馆学设为辅系学程，辅修图书馆学的毕业生容易就业。自 1927 年来，已有超过 12 名毕业生在图书馆界工作。1933 年秋天，社会各界向金陵大学校长陈裕

---

① 国立中央大学教育学院. 国立中央大学教育学院教育学系选课指导书［M］. 南京：国立中央大学出版组，1934：53－54. 按：原书将杜定友所著《图书管理学》误作《图书馆管理学》，此处径改之。

② 同门零讯［J］. 文华图书馆学专科学校季刊，1934，6（2）：381.

③ 校闻·参观［J］. 文华图书馆学专科学校季刊，1934，6（2）：379－380.

光请求开办为期一至两年的图书馆学特别课程(即后来的图书馆学专修科)。如果学校决定开设此种图书馆学特别课程,可以聘请李小缘及其他图书馆职员授课,无须花费更多①。

3月25日

文华图专上海同学会在东吴大学法律学院图书馆举行成立大会,当场通过简章十条,讨论多项议案,并推举林斯德为总干事,吕绍虞与喻友信为副干事②。

3月

国民政府教育部派陈亚忠、郭有守、郝更生、刘英士、孙国封等人视察济南、天津、北平、保定、开封、武汉、长沙、安庆等地的专科以上学校③。其中,刘英士等人曾赴文华图专视察,并在视察报告中指出:"查该校办理尚属认真,其所造就人才,颇能适应社会需要,殊堪嘉许。惟中文书尚觉缺少,亟应添购图书,或设法扩充实习机会,以利训练。"④

文华图专全体师生合影留念⑤。

4月1日

浙江省立图书馆公布《馆员进修办法》⑥,"凡本馆主任组员以外之职员,皆应加入。进修方式,以讲授为主,科目多为关于图书馆学及基本常识之训练","规定每星期三次,时间则为上午八时至九时",其目的在于"增进馆员对于业务之认识及学业之修养"⑦。

《安徽教育》第1卷第3期登载陈东原撰写的《发展中国图书馆事业刍议》。陈东原在文中论及图书馆学教育问题,指出:"至图书馆之人才问题。现在国内造就图书馆人才之处,惟武昌文华专科学校一处。其不

---

① LIU K C. Report of the College of Arts[A].耶鲁大学神学图书馆馆藏亚洲基督教高等教育联合董事会档案之金陵大学档案,案卷号:RG011－193－3353.

② 同门零讯[J].文华图书馆学专科学校季刊,1934,6(2):381.

③ 教育大事记·三月[J].湖北教育月刊,1934,1(8):331－332.

④ 校闻·教育部嘉许本校[J].文华图书馆学专科学校季刊,1934,6(3):541.

⑤ 文华图书馆学专科学校全体师生合影(二十三年三月)[J].文华图书馆学专科学校季刊,1934,6(1):卷首.

⑥ 进修讲习之结束[J].浙江省立图书馆馆刊,1934,3(3):(馆讯麟爪)1－2.

⑦ 馆员进修办法之实施[J].浙江省立图书馆馆刊,1934,3(2):(馆讯麟爪)5.

足以应中国图书馆事业扩展之需要,已有明显的事实。故最近协会主张
于北平或南京设一国立图书馆专科学校,并令各大学添设图书馆学系,
俱为切要之图。文华招收学生,以在各大学本科修业两年之程度,然后
施以两年的图书馆学训练,此最合理。将来国立专科或各大学设图书馆
学系,自亦应仿此办法。惟是图书馆之责任,既不仅在图书之设备、分
类、编目完善而已。则图书馆之领导者,亦不能以仅具有图书分类编目
之技能而止。必也有深邃之学养,好学之习惯,而于历史、文学或社会科
学有一种以上专科之擅长,能深切明了民族文化之实质,而以提倡学术,
转移风气为志趣之人。此种训练,为造就图书馆人才所不可忽略。文化
前途,所深切利赖者也。"①

4 月 4 日

浙江省立图书馆开始举办馆员进修讲演(见表 1934 - 1),5 月 23 日
结束,共计 20 场②。

表 1934 - 1　1934 年浙江省立图书馆馆员进修讲演一览

序号	讲演时间	讲演者	讲题	备注
1	4 月 4 日	陈训慈	浙江省立图书馆馆史及使命	原刊印作"本馆馆史之使命",有误
2	4 月 6 日	王鞠侯	新书到馆之处理	
3	4 月 8 日	张慕骞	文渊阁《四库全书》过去与现在	
4	4 月 11 日	王鞠侯	现代图书馆分类法	
5	4 月 13 日	夏朴山	中国图书分类法之沿革	
6	4 月 15 日	陈训慈	中国图书馆事业之过去与现在	
7	4 月 18 日	陈豪楚	工具参考书略说	
8	4 月 20 日	王文萊	主要检字法与本馆排卡法	
9	4 月 22 日	王季欢	版本学	
10	4 月 25 日	王鞠侯	从编目至入库与书库管理法	
11	4 月 27 日	王文萊	如何应付图书出纳	

① 陈东原. 发展中国图书馆事业刍议[J].安徽教育,1934,1(3):1-5.
② 进修讲习之结束[J].浙江省立图书馆馆刊,1934,3(3):(馆讯麟爪)1-2.

续表

序号	讲演时间	讲演者	讲题	备注
12	4月29日	夏朴山	中国私家藏书略说	
13	5月2日	张慕骞	版本琐谈	
14	5月4日	陈豪楚	关于社会科学之基本读物	
15	5月10日	陈训慈	史地之基本知识与重要读物	
16	5月11日	张慕骞	国学基本读物	
17	5月16日	郁望尧	主要定期刊物	
18	5月18日	史叔同	自然科学基本读物	
19	5月19日	王鞠侯	图书馆学图书述要	
20	5月23日	邱漱江	阅读指导之实施	

资料来源：进修讲习之结束［J］.浙江省立图书馆馆刊，1934，3（3）：（馆讯麟爪）1－2.

4月15日

无锡图书馆协会在无锡蠡园召开第三届年会，议决通过11项重要议案，其中第4项为《建议本省省立图书馆组织暑期讲习所，以灌输图书馆专门智识案》[①]。

4月

崔叔青获准进入日本文部省图书馆讲习所进修[②]，为期一年。

《中国出版月刊》第3卷第1—2期合刊（"流通图书馆专号"）登载《九年的浙江流通图书馆》，内附《浙江流通图书馆组织规程》（原文称《本馆组织规程》）和《浙江流通图书馆练习生规则》（原文称《练习生规则》），但二者的制定时间不详。《浙江流通图书馆组织规程》共计10条，其中第5条规定："馆长主持全馆一切事务。馆长以下设主任若干人、馆员若干人、练习生若干人（人数视馆务繁简情形而定），分任各项工作。"该馆据此制定了《浙江流通图书馆练习生规则》[③]。

中华书局出版刘国钧所著《图书馆学要旨》。在该书第一章"图书馆学的意义与范围"中，刘国钧指出："图书馆人员的研究包括人员养成的

---

① 无锡图书馆协会年会［J］.中华图书馆协会会报，1934，10（2）：27－28.

② 入所許可［J］.官报，1934（2215）：613.

③ 九年的浙江流通图书馆［J］.中国出版月刊，1934，3（1/2）：1－42.

方法(如图书馆教育、图书馆学、课程编制等)和图书馆人员资格标准的研究(如人员选择标准的制定、人员等级的区分等)。"①在第八章"图书馆行政"的结论部分,刘国钧指出:"总之,图书馆行政和组织只有两个字的大标准,就是效率。要达到这目的全在用人得当,然后能组织得宜。但是,如我们前面所说,图书馆内的事务既是很复杂而专门,自然是非经过专门训练的人不能胜任。所以培养图书馆人才,是发展中国图书馆所必采的办法,而图书馆在中国正如在其他国家一样,必逐渐成为一种专门的职业。美国、英国、法国、德国都有专门培养人才的机关。在美国尤其发达,有和大学程度相当或必须大学毕业后才能进去的学校十三所,这也无怪它们的图书馆所以能成为社会的中心了。不幸在中国这种学校只有一所,便是武昌私立文华图书馆学专科学校。其余就是附设图书馆学课程的大学也不过一二而已!急起直追,我们应当为中国的图书馆学努力!"②

商务印书馆出版马导源编著的《书志学》,该书被列入"百科小丛书"。在该书第一编"书志学的概念"第二章"书志学的对象、范围、分类"之第二节"书志学的范围及分类"中,马导源指出,美国图书馆事业最为发达,而图书馆学校亦是日益发展。"至若关于图书讲习之事,(一)图书馆学校,(二)图书馆夏期讲习会,(三)图书馆讲习所,(四)图书馆员教习所,(五)师范学校、教育专门学校等图书馆科,(六)函授学校等,尤其是从一八八一年对畏(Davis,R. C.)于明加大学讲书志学以来,一般大学,都公认图书馆学为大学之必修科目。""今日美国图书馆学校的学程科目,大别有四:(一)管理科,(二)实务科,(三)书志学及史学科(定书史学为最狭义的),(四)批评科。其中以管理科及实务科为最紧要。"他随后简单介绍了"纽育州立图书馆附属图书馆学校"(纽约州立图书馆学校)、"阿替拉克纳(Carnegie Library Atlanta)图书馆附属图书馆学校"(亚特兰大卡内基图书馆附属图书馆学校)、"俾期倍歌(Pittsburgh)图书馆附属图书馆学校"(匹兹堡卡内基图书馆学校)、"生托(St. Louis)图书馆附属图书馆学校"[圣路易斯图书馆学校(St. Louis Library School)]、"伯来图学院(Pratt Institute)附属图书馆学校"(普拉特学院图书馆学校)五所美国图书馆学校及日本文部省图书馆讲习所与东

---

① 刘国钧. 图书馆学要旨[M]. 上海:中华书局,1934:13.

② 刘国钧. 图书馆学要旨[M]. 上海:中华书局,1934:144 – 145.

京立教大学开设的图书馆学课程①。

5 月 16 日

无锡图书馆协会致函江苏省立国学图书馆,建议江苏省立国学图书馆、江苏省立镇江图书馆与江苏省立苏州图书馆三馆开展合作,利用假期设立图书馆学讲习所②。此后,江苏省立国学图书馆馆长柳诒徵、江苏省立镇江图书馆馆长童致旋（童履吉）与江苏省立苏州图书馆馆长陈定祥（陈渭士）三人之间多次通信,讨论图书馆学讲习所的授课教师、地点、经费、课程、时间等问题,但一直没有定论。1935 年 3 月 5 日,江苏省立国学图书馆复函无锡图书馆协会,称因为经费紧张,三馆已经呈报江苏省教育厅,拟到下一年度再筹办图书馆学讲习所③。不过,未见后续有何进展。

5 月 18 日

国民政府教育部发布第五六二七号训令,颁布《私立专科以上学校补助费分配办法大纲》④。

5 月 20 日

广西省立民众教育馆展览部将之前陆续编写的《活的民众图书馆设施法》讲义汇集成册,《活的民众图书馆设施法》由该馆研究部发行,被列为"辅导小丛书"第 10 种。该书包括"民众图书馆的定义""民众图书馆与民众""民众图书馆与民众教育""民众图书馆的沿革""民众图书馆的经营""民众图书馆的组织""民众图书馆的选购及登记""民众图书馆的分类及编目""民众图书馆的图书管理""民众图书馆的阅读指导""民众图书馆的图书流通"11 章。

伪满洲国文教部在辽宁锦县（今辽宁省凌海市）伪奉天省立第四师范学校礼堂举办第一次社会教育指导者讲习会,5 月 21 日结束。共有

---

① 马导源. 书志学[M]. 上海:商务印书馆,1934:42 - 48.

② 无锡图书馆协会来函[M]//国学图书馆. 江苏省立国学图书馆第七年刊. 南京:国学图书馆,1934:(本年度案牍辑录)12 - 13.

③ 致无锡图书馆协会函[M]//国学图书馆. 江苏省立国学图书馆第八年刊. 南京:国学图书馆,1935:(本年度案牍辑录)42.

④ 教育部训令(第五六二七号,二十三年五月十八日)[J]. 教育部公报,1934,6(21/22):(命令)5 - 6.

49 人参加,多为各类学校校长或其他行政人员。此次讲习会期间,还举办社会教育研究座谈会,其中一项议题是"文化机关之设施与利用法(图书馆、教育馆、讲习所、阅报所等)"①。

6 月 4 日

福建省教育厅周刊编辑委员会编印的《教育周刊》第 192 期登载《福建省立图书馆见习员简章》②。福建省立图书馆的见习员制度一直延续至 1940 年。第一期共计招收 10 名见习员,次年见习结束后,部分见习员留在福建省立图书馆工作,其余见习员到福建省政府、私立格致中学、英华中学等单位的图书馆服务③。

6 月 15 日

下午四时,文华图专举行图书馆学讲习班第二届毕业典礼④,蔡国铭、曹钟瑜、程长源、丁濬、李尚友、李仲甲、刘子钦、于子强、余炳元、袁仲灿 10 人顺利毕业(见表 1934 - 2),秦建中与徐世俊二人则未能拿到毕业证书⑤。

表 1934 - 2 文华图专图书馆学讲习班第二届毕业生(1934 年 6 月)一览

序号	姓名	性别	字号	籍贯	毕业后最初去向	备注
1	蔡国铭	男		云南缅宁	南京财政部行政效率研究会	
2	曹钟瑜	男	公奇	云南蒙自	山东邹平乡村建设学院	
3	程长源	男		浙江永康	浙江兰溪县政府	或误作"程长原"
4	丁濬	男	汇川	河北东鹿	国立北平图书馆	或作"丁浚"
5	李尚友	男		山西临县	山西大学图书馆	
6	李仲甲	男		广西邕宁	广西省教育厅第三科	
7	刘子钦	男		山西离石	山西大学图书馆	

① 社会教育科. 第一回社会教育指导者讲习会概要[J]. 文教月刊,1934,2(6):33 - 39.
② 省立图书馆订定见习员简章[J]. 教育周刊,1934(192):44.
③ 刘德城,刘煦赞. 福建图书馆事业志[M]. 北京:方志出版社,2006:106.
④ 校闻·毕业典礼[J]. 文华图书馆学专科学校季刊,1934,6(2):232.
⑤ 校闻·讲习班毕业同学[J]. 文华图书馆学专科学校季刊,1934,6(3):541.

续表

序号	姓名	性别	字号	籍贯	毕业后最初去向	备注
8	于子强	男		湖南长沙	留在文华图专	
9	余炳元	男		湖北黄陂	国立北平图书馆	
10	袁仲灿	男		浙江桐庐	留在文华图专	或作"袁仲燦"

6月25日

国民政府文官处职员补习教育教务委员会开设第一期补习班。该班开设一门"公文程式(练习)"课程,授课时间为每周二、周六上午8—9时,暑假(7月1日起)则改在每周四上午8—9时①。这门课程或称"公文程式概要",由许静芝、张占厘、刘毅夫讲授②,该课程讲义分为"通论""体例""结构""撰拟""用语""标点""行款"7章,每章各有若干节③。

6月29日

中华教育文化基金董事会在北平南长街该会会所召开第十届年会。此届年会议决拨给文华图专1934年年度补助金1.5万元国币,其用途为"开设图书馆学专班及补助图书馆学研究设备"④。

6月

中国国际图书馆李石曾、吴稚晖等人与世界书局合作创办上海图书学校,校址设在杨树浦龙江路225号世界书局内龙江大楼⑤。该校分设图书科、出版科、印制科和组织科。图书科和出版科学制六年,印制科和

---

① 各期上课时间表[M]//国民政府文官处职员补习教育教务委员会.国民政府文官处职员补习教育汇刊(第一期).南京:国民政府文官处职员补习教育教务委员会,1934:(附录)7-8.

② 各课讲师指导员名录[M]//国民政府文官处职员补习教育教务委员会.国民政府文官处职员补习教育汇刊(第一期).南京:国民政府文官处职员补习教育教务委员会,1934:(附录)2;毛坤.档案经营法[M].武汉:武汉大学出版社,2013:149.

③ 公文程式概要[M]//国民政府文官处职员补习教育教务委员会.国民政府文官处职员补习教育汇刊(第一期).南京:国民政府文官处职员补习教育教务委员会,1934:(各课教材选录)1-20.

④ 中华教育文化基金董事会.中华教育文化基金董事会第九次报告[R].北平:中华教育文化基金董事会,1934:2-4.

⑤ 李明杰,李瑞龙.民国图书馆学教育编年(1913—1949)[J].图书情报知识,2018(2):113-121.

组织科学制三年,均采用半工半读制,每日上午授课四小时,下午安排实习工作。图书科以上海中国国际图书馆为工作场,出版科和印制科以世界书局为工作场,组织科则随时支配。学生分初中毕业生和高中毕业生两种,无须缴费,一切宿膳、制服、书籍用品等均由学校提供,另有若干零花钱[①]。其中,图书科的师资包括主任兼教授杜定友、上海中国国际图书馆主任冯陈祖怡[②]以及程伯群[③]等人。

上海图书学校各科的课程设置如下:

图书科:

一、图书馆学、选购、登记、编目、分类、检字、索引、保管、目录、版本、校勘、参考、书史、设备、行政、建筑、打字、会计、统计、编译等。

二、制版、排校、石印、铅印、装订、摄影、书法、图画、雕刻等。

三、国文、法文、英文、哲学史、社会科学概要、自然科学概要、应用科学概要、艺术概要、文学概要、史地、文化史、金石学概要、文字学概要、应用文等。

出版科:

一、制底、制版、排校、石印、铅印、装订等。

二、编译、校订、书法、图画、摄影、美术研究等。

三、成本会计、广告学、实用法令等。

四、图书馆学、编目、分类、图书馆管理等。

五、国文、法文、英文、史地等。

印制科:

一、中排、西排、铅印、石印、铸字(刻字、铜模、浇字)、浇胶、浇版、装订、制版(纸版、电版、锌版、铜版、三色版)、铁工等。

二、图书馆学、编目、分类、图书馆管理等。

三、国文、法文、英文、社会、史地、书法、图画等。

组织科:

一、政治概论、经济概论、社会概论、法学概论、实用法令、公牍概论、行政组织、工商管理、工厂管理、簿记、会计、统计、速记、打

① 上海图书馆学校[J].中华图书馆协会会报,1934,10(3):27.

② 张武耕.张世泰与图书馆[M]//广东省立中山图书馆.情书:致中山图书馆.广州:广东教育出版社,2012:170–178.

③ 崔竹溪.崔序[M]//程伯群.比较图书馆学.上海:世界书局,1935:2;程伯群.自序[M]//程伯群.比较图书馆学.上海:世界书局,1935:3–4.

字等。

二、图书馆学、编目、分类、图书馆管理等。

三、排校、制版、石印、铅印、装订等。

四、国文、法文、英文等。①

国民政府教育部汇编出版《职业学校各科教材大纲、课程表、设备概要汇编》，共计四册。其中，第三册载有中华职业学校不知于何时编订的文书科教材大纲、课程表与设备概要，内含"文书处理""文书处理实习""公文程式""图书馆学大意"等课程。其中，"图书馆学大意"的课程大纲如下：

图书馆学大意　第三学年每周一小时，共计四十小时。

上学期：

1. 图书馆组织法大意　2. 管理法大意　3. 分类法　4. 编目法

下学期：

5. 图书选择法　6. 阅览指导法　7. 藏书法②

暑假

陈普炎计划赴美国学习图书馆学③，但不知何故，后来并未成行。

7 月 3 日

沪江大学暑期学校大学部开始上课，8 月 2 日结束，内设一门"图书馆学"课程④。

7 月 10 日

浙江省第四学区暑期社会教育讲习会在浙江鄞县浙江省立宁波中学附属小学举行，7 月 24 日结束。内设一门"图书馆实施法"课程⑤，由

---

① 补志上海图书学校二十三年六月招考工读生简章[J].艺文印刷月刊,1937,1(6):54 – 58.

② 国民政府教育部.职业学校各科教材大纲、课程表、设备概要汇编:第三册[G].南京:国民政府教育部,1934:(文书科)1 – 44.

③ 同门零讯[J].文华图书馆学专科学校季刊,1934,6(2):381.

④ 沪江大学暑期学校通告[N].申报,1934 – 05 – 27(4).

⑤ 浙江省代用第四学区社教辅导机关,浙江省鄞县县立中山民众教育馆.二十三年度浙江省第四学区暑期社会教育讲习会工作报告[R].鄞县:浙江省代用第四学区社教辅导机关,浙江省鄞县县立中山民众教育馆,1934:7 – 8.

吕绍虞讲授[1],具体授课时间为 7 月 13 日下午 2 时 30 分至 5 时 5 分,7月 14 日上午 7 时 30 分至下午 3 时 15 分,共计六节课[2]。这门"图书馆实施法"课程主要涵盖"图书馆的意义""图书馆的效用""图书馆成立的要素""图书馆学与图书馆实施法"四个方面,内容十分丰富[3]。

7 月 16 日

文华图专 1934 年招生考试开始接受报名,7 月 21 日截止。该年计划招收图书馆学本科免费生 15 名及自费生若干名,考试科目包括党义、国文、英文、社会学及经济学、历史及口试。该年考生可向武昌文华图专教务处、北平文津街中华图书馆协会、南京国立中央大学图书馆、上海交通大学图书馆四个招考处就近报名[4]。

7 月 20 日

延期一年之后,陈季杰终于从文华图专拿到毕业证书(见表 1934 - 3)[5]。

表 1934 - 3 文华图专图书馆学本科第十届毕业生(第二批,1934 年 7 月)一览

序号	姓名	字号	性别	籍贯	履历	毕业后最初去向
1	陈季杰	士骏	男	江苏无锡	苏州公学英文专修科毕业,上海大同大学英文专修科毕业	南京首都宪兵训练所图书馆

---

① 浙江省代用第四学区社教辅导机关,浙江省鄞县县立中山民众教育馆. 二十三年度浙江省第四学区暑期社会教育讲习会工作报告[R].鄞县:浙江省代用第四学区社教辅导机关,浙江省鄞县县立中山民众教育馆,1934:10 - 11.

② 浙江省代用第四学区社教辅导机关,浙江省鄞县县立中山民众教育馆. 二十三年度浙江省第四学区暑期社会教育讲习会工作报告[R].鄞县:浙江省代用第四学区社教辅导机关,浙江省鄞县县立中山民众教育馆,1934:11 - 13.

③ 浙江省代用第四学区社教辅导机关,浙江省鄞县县立中山民众教育馆. 二十三年度浙江省第四学区暑期社会教育讲习会工作报告[R].鄞县:浙江省代用第四学区社教辅导机关;浙江省鄞县县立中山民众教育馆,1934:60 - 64.

④ 私立武昌文华图书馆学专科学校. 湖北私立武昌文华图书馆学专科学校一览(民国二十三年度)[M].武昌:私立武昌文华图书馆学专科学校,1934:37 - 40.

⑤ 武汉大学档案馆现存文华图专档案中的陈季杰毕业证书存根上标注的毕业日期为"中华民国二十三年七月二十日"(1934 年 7 月 20 日)。具体参见:私立武昌文华图书馆学专科学校整理伪湖北省政府档卷·图书馆学科本科学生毕业证书存根(民十九年至二十八年)[A].武汉大学档案馆,案卷号:1930 - 1.

7 月 23 日

文华图专 1934 年招生考试在武昌、北平、南京、上海四地同时举行,7 月 24 日结束①。共有 22 人投考,包括 16 名男性和 6 名女性。最终仅录取 11 人,包括 6 名男性和 5 名女性②。或称共计录取 12 人,包括 7 名男性和 5 名女性。按籍贯统计,江苏 4 人,河北 3 人,安徽 2 人,山东、湖南、湖北各 1 人。按学历统计,大学毕业生 5 人,大学肄业两年以上者 7 人;4 人就读于官立(公办)学校,8 人就读于私立学校③。

国民政府教育部私立专科以上学校补助费分配审查委员会开始举行会议,为期一周。此次会议议决的补助费总额为 72 万元,其中拨给文华图专 5000 元④。

7 月 24 日

国民政府教育部发布第八九三〇号训令,"令湖北省教育厅:本部前经派员视察私立文华图书馆学专科学校,汇据报告前来,查该校办理尚属认真,其所造就人才,颇能适应社会需要,殊堪嘉许。惟该校所有之设备殊嫌简单,应力求充实。学生实习处所,仅为华中大学图书馆,其中藏书并不甚多,中文书尤觉缺少,亟应添购图书,或设法扩充实习机会,以利训练。合行令仰转饬遵照办理。此令"⑤。

7 月

豫文印刷局出版崔尚之所著《实验民众教育问题纲要》。该书第八章"实验民教人员的资格"指出,民众教育人员应当具有"特殊的学识"(十种)和"一般的学识"(八种)两类的理论学识,后者就包括图书馆学。"图书馆学是研究图书保管、搜集、借阅的一种科学,民众教任者,必须在研究图书馆学中,而后才能理解关于登及[记]、编目、分类、排列、选购的技巧。"⑥

---

① 私立武昌文华图书馆学专科学校. 湖北私立武昌文华图书馆学专科学校一览(民国二十三年度)[M].武昌:私立武昌文华图书馆学专科学校,1934:37 - 40.

② 招考新生[J].中华图书馆协会会报,1934,10(1):18.

③ 校闻·本届招考新生发表[J].文华图书馆学专科学校季刊,1934,6(3):542.

④ 补助费案核定经过[N].申报,1934 - 08 - 11(13).

⑤ 国民政府教育部. 教育部改进专科以上学校训令汇编[G].上海:中华书局,1935:172 - 173.

⑥ 崔尚之. 实验民众教育问题纲要[M].北平:豫文印刷局,1934:79 - 80.

8 月 21 日

岳良木①与黄星辉②从上海乘坐"格兰特总统号"轮船(S. S. President Grant)前往美国,9 月 4 日抵达华盛顿州西雅图。

8 月

房兆楹与杜联喆二人同赴美国国会图书馆东方部(Division of Orientalia,Library of Congress)工作③。

奉国立北平图书馆之派,王重民乘船前往法国④,在巴黎法国国立图书馆(Bibliotheque Nationale)担任交换馆员,整理中文藏书⑤及影印敦煌写本⑥。1937 年 4 月 10 日,王重民与刘修业在巴黎结婚⑦。1937 年夏,王重民转赴英国,继续影印敦煌写本及中国古代佚书⑧。1939 年 8 月,王重民离开英国,赴美国国会图书馆从事中文编目工作⑨,直至 1947 年返回中国。

9 月 4 日

李芳馥从上海乘坐"杰弗逊总统号"轮船前往美国⑩,9 月 20 日抵达华盛顿州西雅图⑪。

---

① Washington,Seattle,passenger lists,1890 – 1957[EB/OL].[2018 – 10 – 04].https://www. familysearch. org/ark:/61903/3:1:33SQ-G5NX – 95LF? i = 670&cc = 1916081;Washington,Seattle,passenger lists,1890 – 1957[EB/OL].[2018 – 10 – 04].https://www. familysearch. org/ark:/61903/3:1:33S7 – 95NX – 9BS2? i = 671&cc = 1916081.

② Washington,Seattle,plassenger lists,1890 – 1957[EB/OL].[2018 – 10 – 04].https://www. familysearch. org/ark:/61903/3:1:33S7 – 95NX – 9B3P? i = 666&cc = 1916081;Washington,Seattle,passenger lists,1890 – 1957[EB/OL].[2018 – 10 – 04].https://www. familysearch. org/ark:/61903/3:1:33S7 – 95NX – 9B7L? i = 667&cc = 1916081.

③ 程焕文. 裘开明年谱[M].桂林:广西师范大学出版社,2008:121.

④ 会员简讯[J].中华图书馆协会会报,1934,10(1):19.

⑤ 会员简讯[J].中华图书馆协会会报,1934,10(3):11 – 12.

⑥ 会员消息[J].中华图书馆协会会报,1938,13(1):17 – 18.

⑦ 会员消息[J].中华图书馆协会会报,1937,12(5):18 – 20.

⑧ 会员消息[J].中华图书馆协会会报,1937,12(6):22 – 23.

⑨ 会员消息[J].中华图书馆协会会报,1939,14(2/3):13.

⑩ Washington,Seattle,passenger lists,1890 – 1957[EB/OL].[2018 – 10 – 04].https://www. familysearch. org/ark:/61903/3:1:33S7 – 95NT – 7ZZ? i = 350&cc = 1916081.

⑪ Washington,Seattle,passenger lists,1890 – 1957[EB/OL].[2018 – 10 – 04].https://www. familysearch. org/ark:/61903/3:1:33SQ-G5NT – 787? i = 351&cc = 1916081.

9月6日

上海图书馆学函授学校举行第四届毕业典礼,共有陈影鹤、梅鸿英、温克中、张育姜四人毕业,并获上海市教育局核准备案。①

9月10日

国民政府文官处职员补习教育教务委员会开设第二期补习班。该班继续开设一门"公文程式(练习)"课程,授课时间为每周三、周五下午1—2时及每周四上午9—10时②。

9月上旬

蒋廷黻和袁同礼一同考察苏联首都莫斯科的图书馆事业,包括一所"新设的图书馆专门学校,校长是个美国留学女生,所采的学制是芝加哥大学图书馆专科的"③。

9月11日

黄维廉从上海乘坐"柯立芝总统号"轮船前往美国④,9月26日抵达加利福尼亚州旧金山⑤。

9月

黄维廉⑥、李芳馥⑦与岳良木⑧一同进入哥伦比亚大学图书馆学院攻

---

① 上海图书馆学函授学校第四届毕业讯[J].厦门图书馆声,1934,2(12):6.

② 各期上课时间表[M]//国民政府文官处职员补习教育教务委员会.国民政府文官处职员补习教育汇刊(第一期).南京:国民政府文官处职员补习教育教务委员会,1934:(附录)7-8.

③ 蒋廷黻.欧游随笔(三)[J].独立评论,1934(125):15-19.

④ California,San Francisco,passenger lists,1893-1953[EB/OL].[2018-10-04].https://www.familysearch.org/ark:/61903/3:1:33SQ-G5GW-99WZ? i=469&cc=1916078.

⑤ California,San Francisco,passenger lists,1893-1953[EB/OL].[2018-10-04].https://www.familysearch.org/ark:/61903/3:1:33SQ-G5GW-997Q? i=468&cc=1916078.

⑥ Directory of students[M]//Columbia University.Catalogue 1934-1935.New York:Columbia University,1935:274.

⑦ Directory of students[M]//Columbia University.Catalogue 1934-1935.New York:Columbia University,1935:181.

⑧ Directory of students[M]//Columbia University.Catalogue 1934-1935.New York:Columbia University,1935:276.

读图书馆学。岳良木同时还以交换馆员的身份担任哥伦比亚大学图书馆中文部主任①。

黄星辉到哈佛燕京学社汉和图书馆工作,1935 年 6 月离开②。

文华图专图书馆学本科第十二班新生注册入学,共计 9 人,即顾家杰、胡文同、胡延钧、蒋元枚、李永增、唐月萱、王铭悌、颜泽霈、杨漪如。另外两人(或称三人)并未到校,但未悉具体名单。

美国图书馆专家费锡恩女士(Miss Grace D. Phillips;或作"裴锡恩""斐锡恩",时有混用)受聘到文华图专任教。她是伊利诺伊大学图书馆学学士,芝加哥大学神学学士、硕士,具有丰富的图书馆工作经验③。

国民政府教育部资助文华图专设立档案管理特种教席,在图书馆学本科和图书馆学讲习班分别开设"中文档案管理"和"西文档案管理"课程,均为一学年授毕,每周授课两小时。毛坤负责讲授"中文档案管理"课程,费锡恩女士负责讲授"西文档案管理"课程④。

毛坤开始着手编写《档案经营法》(或称《档案经营法概要》)讲义,此后该讲义持续修订多年⑤。现有手稿和少量油印本存世,武汉大学出版社亦于 2013 年推出整理本,其正文分为"通论篇""公文篇""官书篇""现档篇"四个部分,其下各有若干章节;卷末附有"要籍摘录",摘录多种文献中与档案管理相关的目录或内容。

国民政府教育部颁布《师范学校课程标准》,1934 年 10 月 6 日正式公布⑥。其中,《师范学校国文课程标准》规定,"一、二年级应有选修学科十二分,得就下列各科目酌量支配之:(1)文学概论;(2)中国文学史;(3)文学批评;(4)文字学;(5)名著提要;(6)古书校读法"⑦。此外,《师

① Library staff[M]//Columbia University. Catalogue 1934 – 1935. New York:Columbia University,1935:103 – 104.

② 程焕文. 裘开明年谱[M]. 桂林:广西师范大学出版社,2008:144.

③ 校闻·教员之来去[J]. 文华图书馆学专科学校季刊,1934,6(3):541 – 542.

④ 李明杰,李瑞龙. 民国图书馆学教育编年(1913—1949)[J]. 图书情报知识,2018(2):113 – 121. 按:1936 年 3 月 15 日《文华图书馆学专科学校季刊》第 8 卷第 1 期所载《校闻》仅称文华图专"自前年秋季起增设'中西文档案管理'二课"。参见:校闻·试验新的档案管理[J]. 文华图书馆学专科学校季刊,1936,8(1):139.

⑤ 《档案经营法》手稿整理小组. 序[M]//毛坤. 档案经营法. 武汉:武汉大学出版社,2013:1 – 12.

⑥ 师范学校课程标准公布[N]. 大公报(天津版),1934 – 10 – 07(4).

⑦ 师范学校国文课程标准[M]//国民政府教育部师范学校课程标准编订委员会. 师范学校课程标准. 上海:商务印书馆,1934:1 – 13.

范学校小学行政课程标准》的"教材大纲"包括总论、小学校长、小学教员、建筑及设备、行政组织、教导实施、学校卫生、事务管理、研究工作、推广事业、学校与教育行政、公文与表册 12 个部分，其中"事务管理"分为经济管理、图书管理、文件管理、校具管理、校舍管理、校工管理、杂务处理 7 项[①]。

钱亚新开始为河北省立女子师范学院四年级学生讲授"汉字排检法"课程，同时为该校附设师范学校四年级学生讲授"图书馆利用与管理"课程[②]。他为此专门编撰了《河北省立女子师范学院图书馆指南》一书作为教材，该书于 1934 年底由河北省立女子师范学院印行[③]。

查修转任暨南大学图书馆主任，同时担任该校文学院兼任教授[④]，1936 年 6 月离开。在此期间，该校文学院开设"参考指导"（编号：公153）和"图书馆学"（编号：公154）两门公共选修课程，均为一学期授毕，每周授课 3 小时，计 3 学分。前者"介绍中西文参考书，如类书、百科全书、字典、年鉴、公私机关之报告及统计、学术团体之期刊及索引等；使习者检寻资料。此外于刊刻之源流、版本之优劣，亦特为注意"。后者的"内容为图书馆组织、分类、编目、参考、出纳等项；俾习者能了解图书馆，且能利用其所藏资料，以作自动的研究"[⑤]。这两门课程应当都是由查修讲授。

金陵大学图书馆学组仍是附设在文学院教育学系之下的非主系学组，共计开设 13 门课程，其中包括复开的必修课程"索引与序列"（课程编号由"图书馆学 158"改成了"图书馆学 156"），以及新增的"图书馆行政"（使用原"印刷术"课程的编号，即图书馆学 161，计 3 学分）和"高级参考工作"（课程编号为图书馆学 165，计 3 学分）两门选修课程[⑥]。共有

① 师范学校小学行政课程标准[M]//国民政府教育部师范学校课程标准编订委员会. 师范学校课程标准. 上海：商务印书馆，1934：1 - 8.

② 谢欢. 钱亚新年谱[M]. 上海：上海古籍出版社，2021：59.

③ 钱亚新. 工作阶段[M]//钱亚新. 钱亚新别集. 谢欢，整理. 南京：南京大学出版社，2013：214.

④ 校闻·教员之来去[J]. 文华图书馆学专科学校季刊，1934，6（3）：541 - 542；国立暨南大学秘书处. 国立暨南大学一览（民国廿五年度）[M]. 上海：国立暨南大学出版课，1936：245.

⑤ 国立暨南大学秘书处. 国立暨南大学一览（民国廿五年度）[M]. 上海：国立暨南大学出版课，1936：147.

⑥ 文学院院长室. 私立金陵大学文学院概况（民国二十三年至二十四年）：第三号[M]. 南京：私立金陵大学文学院，1934：93 - 98；文学院院长室. 私立金陵大学文学院概况（民国二十三年至二十四年）：第三号[M]. 南京：私立金陵大学文学院，1934：108 - 112.

10 多人辅修图书馆学。此外,图书馆学组学生再次筹备成立图书馆学会①。

俞爽迷担任江苏省立教育学院图书馆主任,兼任该校民众教育系副教授,主讲图书馆学课程②。出于授课的需要,他编撰了一部《图书馆学通论》作为讲义③。该讲义于 1936 年 3 月由南京正中书局正式出版,并被列入"师范丛书"。不过,1934—1935 学年结束之后,他便转任厦门大学图书馆主任。

10 月 2 日

晚上 6 时,文华图专南京同学会在南京新街口金陵咖啡馆聚餐,并举行年会,改选下届职员,然后讨论会务。经过推举,王文山当选为新任会长,陆华深为书记兼文牍,周连宽为会计兼庶务④。

10 月 16 日

福建协和大学校长林景润在美国致函该校代理校长陈文渊,请他通知该校图书馆主任金云铭赶紧填写申请表,向洛克菲勒基金会人文部申请奖学金⑤。不过,金云铭直到 1948 年秋才得以赴美深造。

10 月

汪长炳从哥伦比亚大学拿到图书馆学专业理学硕士学位⑥,其硕士学位论文题为"The Problem of Selecting Occidental Reference Books for Chinese College Libraries"(《中国高校图书馆选择西方参考书籍的问题》)⑦。

---

① 图书馆学会成立[J].金陵大学校刊,1934(138):2.

② 俞颂明.江苏省立教育学院图书馆概况[J].图书馆学季刊,1934,8(4):735-739;本馆出版物著作人履历(六五)[J].商务印书馆出版周刊,1936(新 174):22.

③ 俞爽迷.编辑大意[M]//俞爽迷.图书馆学通论.南京:正中书局,1936:1.

④ 同门零讯[J].文华图书馆学专科学校季刊,1934,6(4):708.

⑤ A Letter from President Lin to Dr. W. Y. Chen, October 26,1934. [A].耶鲁大学神学图书馆馆藏亚洲基督教高等教育联合董事会档案之福建协和大学档案,案卷号:RG011-112-2445.

⑥ Degrees conferred during 1934-1935[M]//Columbia University. Catalogue 1935-1936. New York:Columbia University,1936:248.

⑦ DERBYSHIRE R. Master's essays in library service, Columbia University 1928-1951[M]. New York:Columbia University School of Library Service,1967:20.

申报流通图书馆登报招考练习生①。

11 月 9 日

金陵大学图书馆学组学生在北大楼会客室召开图书馆学会成立大会。刘国钧亲临并发表讲话,论及社会各界对图书馆专门人才的迫切需求、图书馆学的内涵与意义、图书馆学会开展工作的注意事项等。然后,与会学生共同讨论会章与会务方针,并选举职员。胡绍声当选为总务干事,余文豪为研究干事,贾逢源为事务干事②。

11 月 16 日

《四川晨报》第 5 版登载周子君撰写的《图书馆界之检讨》,内称:"其在我国,清末始有公开图书馆之设立。三、四十年,国家多故,政治经济皆呈不景之象,国内图书馆之可道者无多。盖缘于人才之缺乏,留学国外专习图书馆学者不过十数人耳。国内图书馆专科学校,数年前尚有上海国民大学图书馆科,及成都之四川图书馆专门学校。现仅存者,文华一校;三年之中,毕业只二三十人。是以多数市县之公立图书馆,亦苦无人经营,遂使一般投机分子,或拾牙慧,或仅见表皮,乃自标名家,且著述而指导于人矣。""近者上海民立中学,有所谓图书馆学函授学校,每人一期纳费至廿元,不知其中是何名人主持,而名人之成绩著述可得而见否?自己果有授人之资料否?"③

11 月 17 日

上午 10 时,商务印书馆第一届业务讲习班举行开班仪式④,1935 年 1 月 27 日上午 9 时举行结束仪式⑤。此届业务讲习班以庄伯俞为主任,史久芸为副主任⑥,共有 34 名学员,开设"现行学制概要""图书馆学概要""讲演式练习""营业概要""本版图书概要""一般售品概要""印刷

---

① 申报流通图书馆招考练习生启事[N].申报,1934 – 10 – 21(23).

② 图书馆学会成立[J].金陵大学校刊,1934(138):2.

③ 周子君.图书馆界之检讨[N].四川晨报,1934 – 11 – 16(5).

④ 第一届业务讲习班举行开班仪式[J].商务印书馆通信录,1934(404):21 – 23;第一届业务讲习班开讲仪式[J].同舟,1934,3(4):26 – 33.

⑤ 第一届业务讲习班举行结束仪式[J].商务印书馆通信录,1935(406):14 – 15.

⑥ 举办第一届业务讲习班[J].商务印书馆通信录,1934(403):16 – 18.

常识"法律常识"八门课程,并请总经理、协理及部长等训话;上课与实习并重,另有参观。学员每日上午听讲,下午轮流到各部门实习。无论是听讲还是实习,学员均须做笔记,作为成绩考核的依据①。商务印书馆第一届业务讲习班课程信息见表1934 – 4。

表1934 – 4 商务印书馆第一届业务讲习班课程一览

序号	课程名称	具体内容	时长	教员
1	现行学制概要		6 小时	黄觉民
2	图书馆学概要	组织及设备	3 小时	董元芳
		分类法	6 小时	徐能庸
3	讲演式练习		9 小时	潘光迥
4	营业概要	门市管理	3 小时	孔士谔
		应付同行	3 小时	唐文光
		通讯现购	3 小时	许季芸
		调查交际	6 小时	朱慰元
		广告新闻使用法	3 小时	戴孝侯
		传单招贴使用法	3 小时	
		目录样本使用法	3 小时	
		营业部分与会计方面之关系	6 小时	赵叔诚
		备货标准	3 小时	韦传卿
		轧销纲要(附四角号码)	6 小时	宋以忠、周承莆
		运输纲要	6 小时	穆华生
5	本版图书概要	初级学校教科目及教科书	4 小时	沈百英
		中级学校教科目及教科书	4 小时	黄绍绪
		高级学校教科目及教科书	4 小时	何柏丞
		儿童用书	2 小时	徐应昶
		大部参考书	2 小时	邹尚熊
		杂书杂志	3 小时	周莲轩

---

① 第一届业务讲习班开讲仪式[J].同舟,1934,3(4):26 – 33.

续表

序号	课程名称	具体内容	时长	教员
6	一般售品概要	物理学用品设备	12 小时	张家昌
		化学用品设备	9 小时 (在校实习 12 小时)	谭勤余
		生物学用品设备	6 小时	周建人
		推销文具	3 小时	张子宏
		推销铅件	2 小时	王雨楼
		西书	2 小时	周伯伊
7	印刷常识	凸版印刷	6 小时	陆懋功
		平版印刷	6 小时	糜文溶
		古书印刷	3 小时	丁英桂
8	法律常识		6 小时	徐百齐
9	训话		不定时	总经理、 协理、部长等
10	实习	本版柜	6 日	
		栈务科书籍股	6 日	
		栈务科杂志股	6 日	
		文仪柜	3 日	
		西书柜	3 日	
		通讯现购股	3 日	
		分庄科	2 日	
		推广科	2 日	
		出版科	2 日	
11	参观	制版厂	3 日	
		印刷厂	3 日	
		平版厂	3 日	
		图书馆	1 日	
		重要学校	不定时	
		重要工厂	不定时	

资料来源:举办第一届业务讲习班[J].商务印书馆通信录,1934(403):16 - 18.

11 月 20 日

王云五为商务印书馆第一届业务讲习班学员讲演"关于在职训练"，要求他们特别注意"关于图书馆的学程"（即"图书馆学概要"课程）和"关于教育概论的学程"（即"现行学制概要"课程）。他指出："关于图书馆的学程，应当知其大概。我们的事业与图书馆学很有关系。我们对于学术的分类，必须能知其大意，才能了解出版事业。况且现在各地办理图书馆，多苦于缺乏图书馆的人才。我们同人要是对这种学识能够相当了解，便可随时帮助他们，并指导他们应行购置的基本图书。因此，对于社会和本馆是两利的。"①

11 月 25 日

下午 2—4 时，北平图书馆协会在北京大学宴会厅举行常会。严文郁应邀讲演"图书馆之新责任及馆员之训练"。关于馆员训练问题，他着重指出："（一）须注重科学方法，（二）于图书学问之外，须注重其他学问。"②

11 月

开明书店出版日本学者村岛靖雄原著、毛春翔翻译的《图书分类法》。该书是 1932 年村岛靖雄在日本文部省图书馆讲习所讲授"图书分类法"课程时使用的讲义③。

12 月 3 日

参加在日内瓦举行的国际博物院会议及考察欧洲多国和苏联的图书馆事业之后，袁同礼乘船回到上海④。

12 月 6 日

晚上，南京图书馆界设宴款待袁同礼。首先由刘国钧致欢迎词，继

---

① 王云五. 关于在职训练[M]//王云五. 王云五全集:13 论教育·论为人. 北京:九州出版社,2013:492-497.

② 北平图书馆协会昨日举行常务会议[N]. 华北日报,1934-11-26(9).

③ 陈训慈. 序[M]//村岛靖雄. 图书分类法. 毛春翔,译. 上海:开明书店,1934:1-3.

④ 袁同礼由欧返国已抵沪[N]. 大公报(天津版),1934-12-06(4);袁同礼已抵沪[N]. 益世报(天津版),1934-12-06(8).

由袁同礼报告其考察欧美图书馆事业经过情形。袁同礼指出："略谓此次考察之结果，觉美国图书馆有惊人之进展，不独我国图书馆与之相差甚远，即英、法、德各国亦不克与之并驾齐驱。以行政而论，迩来美国图书馆利用机械以输送馆中之各项卡片及文件，手续迅速异常。以经费而言，纽约市立图书馆有二万万五千万美金之基金，超越我国每年全国教育经费，诚令吾人惭愧不止。且一切文化事业，均须赖图书馆、博物馆与文献馆而保存。此三者之管理方法，在各国均成为专门学术，养成专门人才，经过极严格之训练，然后方能将图书、古物、档案收藏有法，使用便利。深盼我国政府及社会，于此种专门人才之养成特加注意，庶几文化资料得以保存，而学术研究易于进步。"①

12 月 9 日

袁同礼接受《京报》记者采访，指出："关于创办图书馆学校事，本人认为此种专门教育，非常重要。刻仅有此拟议，尚无具体计划。欧美各国任何事业，均有专门人才，即国家政治亦然。本人刻鉴于我国国内图书馆专门人才缺少（全国仅有图书馆学校二），极愿训练此项专门人才，借以发展图书事业，图书馆学校将来或可实现云。"②此外，在南京逗留期间，袁同礼曾跟国民政府教育当局商讨图书馆学校创办问题。对方认为有此必要，但经费问题难以解决。返回北平后，袁同礼"亦认各关系方面筹备已略有头绪，决定阳历年后赴武汉一带，与文华图书馆专科学校协商。或将该校扩充，或另行设立，须视经费及师资而定"③。

12 月 11 日

上海中国国际图书馆馆长冯陈祖怡带领 4 名练习生从上海乘坐"康托威特号"轮船出发，准备前往日内瓦中国国际图书馆④。这 4 名练习生均为上海图书学校毕业生，即陈树义、刘崇仁、萧暄宗与齐济侪⑤。1935年 1 月 5 日，他们安全抵达日内瓦，次日便开始在日内瓦中国国际图书

① 京市各图书馆人员前晚欢宴袁同礼[N].中央日报,1934 – 12 – 08(8).

② 邀游欧美考察归来之袁同礼昨抵平[N].京报,1934 – 12 – 10(7).

③ 逸文. 袁同礼提倡设立图书馆学校[N].益世报(天津版),1934 – 12 – 19(8).

④ 国际图书馆扩大组织[N].申报,1934 – 12 – 15(15);国际图书馆扩大组织[N].民报, 1934 – 12 – 15(8).

⑤ 雷强,汤更生. 日内瓦中国国际图书馆与《东西文化》[J].图书资讯学刊,2015,13 (1):135 – 161.

馆办公。当时,另外两名上海图书学校毕业生孙永龄与游保良亦在该馆服务,但起始时间不详①。

12 月 14 日

陕西省政府第150次会议审核通过《陕西省小学教师训练所附设社会教育人员训练班办法》。该办法规定:"本班以六个月为一期,自二十四年一月起开办。第一期先自关中区起,以次及于南北二区,至全省社教机关职教员训练完毕时停止。"该训练班开设一门"图书馆学"课程,每周授课两小时②。

12 月 25 日

福建举行该年度全省社会教育机关主任人员会议,称为"全省社教机关主任人员会议",12 月 28 日闭幕。此次会议分成社教行政组、民教中心机关组、图书馆组、体育场组、民众学校组五组审查议案。图书馆组议案于 12 月 27 日下午和 12 月 28 日上午审核③。其中,李岳与王孝总二人分别提交、审查委员会合并整理的《养成图书馆学人才案》于 12 月 27 日下午审查通过,并交议事组修改文字表达④。具体如下:

> 理由:图书馆学术为发展图书馆事业之原动力,所以图书馆学课程应在必修之范围。
>
> 办法:一、由教育厅饬令师范学校以图书馆学为必修课程,高中学校以图书馆学为选修课程。二、省立图书馆及师范学校应于暑假期间办理图书馆学短期讲习所。三、由教育厅通令省内各大学增设图书馆学一科。⑤

此外,此次会议共计收到社教行政类议案 25 项⑥。其中,福建省立图书馆提交的《师范学校附设有社会教育科者应添图书馆学课程案》经大会议决送福建省教育厅参考。具体如下:

---

① 陈树义. 自从到日内瓦中国国际图书馆之后[J]. 工读周刊,1935,1(1):27 - 31.

② 陕西省小学教师训练所附设社会教育人员训练班办法(二十三年十二月十四日省政府第一五零次会议通过)[J].陕西教育旬刊,1934,2(32/33/34):120 - 121.

③ 全省社教机关主任人员会议记录[J].福建教育,1935(1):95 - 103.

④⑤ 全省社教机关主任人员会议记录[J].福建教育,1935(1):95 - 103;图书馆类议案[J].福建教育,1935(1):61 - 69.

⑥ 社教行政类议案[J].福建教育,1935(1):24 - 40.

理由:图书馆之处理为专门学术,能精造则事业方能发展。所以,图书馆学为增进办理图书馆者之能力,亦即发展图书馆事业之原动力。社会教育科所以研究社会教育机关之设施,与管理图书馆为社会教育机关之一。而图书馆学课程自在必修之范围,以养成办理图书馆之人才,则社会教育进展可期也。

办法:由教育厅饬令师范学校应将图书馆学编入课程标准,按修学时间分配图书馆学课程。

12 月 26 日

华玛丽女士嫁给文华中学的美国籍教员马休林(Maslin Thomas Paul)①,随后辞职离开文华图专②。

12 月 30 日

金陵大学图书馆学会举行第一次学术演讲,国立中央图书馆筹备主任蒋复璁应邀讲演"中国图书馆的几个问题"③。其讲演内容由余文豪记录成文,先是分成上、下两个部分连载于《金陵大学校刊》第 142、143 期④,后又载于 1935 年 1 月 14 日《民报》第 6 版⑤。蒋复璁主要论述了"图书馆任务的分歧问题""管理图书馆的机关问题""图书馆馆员养成的问题"三大问题。关于"图书馆馆员养成的问题",他指出,"图书馆是一种专门事业,所以它需要一种专门人才去办理。如今中国图书馆事业已日益发达,所需人才自当日益增加,但实际上并不能如此。其中原因,一为全国图书馆专科学校太少,二为经费困难,不能聘请专门图书馆人才去办理图书馆。所以今后图书馆人才之培养,是极其需要。人才培养的标准,分两种:一是高等图书馆人才。这种人才的理想,第一需要各

---

① Who's who in Colorado(Centennial anniversary edition) [M]. Colorado:Who's Who in Colorado,Inc. ,1958:359 - 360. 按:原文称马休林与华玛丽于 1935 年 12 月 26 日结婚。结合其他史料,可知这个年份有误,但月、日当属准确。

② 校闻·教员之更动[J].文华图书馆学专科学校季刊,1935,7(1):163. 按:原文称华玛丽"因于寒假期间与文华中学教员马休林君结婚,辞去教职"。

③ 图书馆学会第一次学术演讲,主办图书馆学季刊时论提要栏[J].金陵大学校刊,1934(141):2.

④ 蒋复璁. 中国图书馆的几个问题(上)[J]. 余文豪,记. 金陵大学校刊,1934(142):4;蒋复璁. 中国图书馆的几个问题(下)[J]. 余文豪,记. 金陵大学校刊,1934(143):3.

⑤ 蒋复璁. 中国图书馆的几个问题[N].余文豪,记. 民报,1935 - 01 - 14(6).

门学术的基础,第二须受过图书馆的训练,然后方能胜任愉快。一是民众图书馆人才之培养。此种人才不需大学的知识,其训练的目标是要能辅助大学图书馆之进行,是要能管理小规模的图书馆。此种人才的成绩纵然优良,只能提高薪金,而不能提高其职位。此为吾人须加以注意者"。

12 月

金陵大学图书馆学会向《图书馆学季刊》主编刘国钧提出主办该刊《时论撮要》栏目[1],获得同意。《图书馆学季刊》第 8 卷第 4 期《时论撮要》栏目注明:"本栏系本刊编辑部与南京金陵大学图书馆学会诸君同辑,即希注意为幸。"此后,从 1935 年 3 月第 9 卷第 1 期到 1937 年 6 月第 11 卷第 2 期,《图书馆学季刊》各期的《时论撮要》栏目均注明:"本栏承南京金陵大学图书馆学会诸君合作,特此志谢。"《时论撮要》栏目的宗旨是:"将各杂志中关于图书馆学及目录学之论文择尤撮其要旨,以便研讨。"《时论撮要》辑范围是:"中文方面暂以普通杂志中所见者为好,其专门讨论图书馆学之刊物,如《国立北平图书馆馆刊》《文华图书馆学专科学校季刊》等概不列入。外国方面,则以专门讨论图书馆学之杂志为限,其他暂不列入。草创之始,挂漏必多,以后当极力扩充,期其赒备。"这无疑要求图书馆学会会员们广泛阅读国内出版的各种普通杂志及国外出版的各种图书馆学专业杂志。

河北省立女子师范学院刊印钱亚新所编的《河北省立女子师范学院图书馆指南》。这是钱亚新在该校讲授"图书馆学"课程时使用的教材[2]。

本年

国立北平大学女子文理学院下设文史系、哲学教育学系、经济学系、数理系、化学系、音乐专修科、体育专修科与公共讲习所。其中,文史系国文组面向三年级学生开设一门"目录学(附图书馆实习)"必修课程,每周授课 2 小时,计 4 学分。其课程说明如下:"目录为治学门径,本课程应说明学术之流别,及古今书籍分类之概要。"[3]此外,公共讲习所负

---

① 图书馆学会成立[J].金陵大学校刊,1934(138):2.

② 钱亚新.工作阶段[M]//钱亚新.钱亚新别集.谢欢,整理.南京:南京大学出版社,2013:214.

③ 国立北平大学校长办公处.国立北平大学一览(廿三年度)[M].北平:民制版印局,1934:66.

责在主科之外开设家事科、图书馆科、幼稚教育科、会计科与新闻科五种公共讲习科课程（即公共选修课程）①。其中，图书馆科课程包括以下七种：

1. 图书馆学通论：注重现代图书馆学之通常的理论，以至各种图书馆之性质，及其管理方法。并讲明图书馆使用法与图书馆馆史，提示一系统智识之基础。每周二小时，四学分。

2. 分类法：特重图书馆分类之性质与原理，以西洋最新分类之方式调剂中国分类之略例。附课外实习。每周一小时，一学分。

3. 编目法：研究近代编目之原理及其方法，尤重类例之比较，卡片之剖析，索引及排字制片之便捷。附课外实习。每周一小时（下学期），一学分。

4. 图书馆经营法：指示图书馆之内部组织与行政类列，并及图书馆建筑陈设等之理论。又分述图书、典藏、装订、特藏、出纳、宣传、流通及一切附属问题。重参考讨论与实地参观。每周二小时，计二学分。

5. 版本学：讲授中国版本之源流与宋元以来版本之比较，于一切善本书籍之特色，亦阐示说明之体系。每周三小时，六学分。

6. 目录学：本课于刘略班志以逮最近目录之编制意义与其功用，作一整个有系统的叙述。重在阐明研读群书之捷径，于历代学术变迁、思想升降之风尚，亦得窥其大凡。每周三小时，六学分。

7. 校勘学：本课以清代段王校勘之义例与其研治校勘之方法为主体，特重文字声韵训诂及避讳学等，与校勘互相联属之要点，更及于古籍之考订，讹伪之检讨，以至版刻与异本之校雠。每周一小时，计二学分。②

江苏省立教育学院民众教育学系分为乡村教育组、工人教育组、图书馆组、健康教育组、社会教育行政组、艺术教育组、民众科学教育组，其课程体系由普通必修学程、本系必修学程、分组学程与公共选修学程四部分组成。该系学生自第四学期（艺术教育自第三学期起分组）起在系

---

① 国立北平大学校长办公处. 国立北平大学一览（廿三年度）[M]. 北平：民制版印局，1934：111.

② 国立北平大学校长办公处. 国立北平大学一览（廿三年度）[M]. 北平：民制版印局，1934：113－114.

主任的指导下各选一组为主组,并在其余各组或其他学系各组中另选一组为副组。主组课程须选修 12—20 学分,副组课程须选修 8—12 学分①。其中,图书馆组必修课程包括"图书馆学通论"(计 4 学分)、"目录学"(计 2 学分)、"分类编目"(计 4 学分)、"参考书"(计 2 学分)、"图书流通法"(计 2 学分)、"图书馆扩充事业"(计 2 学分)②。

河北省立女子师范学院国文学系面向四年级学生开设一门"图书馆学"本系选修课程,一学年授毕,上、下学期每周授课 2 小时,各计 2 学分③。

江苏省立上海中学校面向高中师范科三年级学生开设一门"图书管理学"必修课程,计 2 学分,由杜定友讲授④。

江苏省立南通中学师范科面向二年级学生开设一门"图书管理学"选修课程,下学期授毕,每周授课 3 小时,计 3 学分⑤。

汕头市立女子中学校开设一门"图书管理学"选修课程,计 3 学分⑥。

河南省图书馆开办图书馆学训练班,由李燕亭主办,该培训班既是对该馆职员进行业务辅导和培训⑦,亦可为河南省内各县与各学校图书馆培养图书馆人才⑧。

青岛市教育局举办社会教育人员训练班,开设一门"图书馆学"课程。共有 80 人参加学习,分为两班⑨。

河北省教育厅第三科主任科员赵鸿志第五次奉派赴日本考察社会教

① 江苏省立教育学院总务部文书股. 江苏省立教育学院一览[M]. 无锡:江苏省立教育学院,1934:22.

② 江苏省立教育学院总务部文书股. 江苏省立教育学院一览[M]. 无锡:江苏省立教育学院,1934:28.

③ 河北省立女子师范学院. 河北省立女子师范学院一览[M]. 天津:河北省立女子师范学院,1934:32 – 33.

④ 高中师范科三年级必修及选修学程[J]. 江苏省立上海中学校半月刊,1934(81):27 – 28.

⑤ 江苏省立南通中学师范科选修学程表[M]//江苏省立南通中学. 江苏省立南通中学师范科概况. 南通:江苏省立南通中学科,1934:插页.

⑥ 汕市女中校务辅助委员会编译出版组. 汕头市立女子中学校组织及行政概况[M]. 汕头:汕市女中校务辅助委员会编译出版组,1934:51.

⑦ 王爱功,张松道. 河南省图书馆百年[M]. 长春:吉林文史出版社,2009:60 – 61.

⑧ 河南图书馆. 河南图书馆概况[M]. 开封:河南图书馆,[出版日期不详]:5.

⑨ 马宗荣,黄雪章. 中国成人教育问题(下)[M]. 上海:商务印书馆,1937:258 – 259.

育与特殊教育事业。考察归来后,他撰写并发表《参观日本上宫教会》①、《参观日本东京自由学园报告》②、《参观日本东京市大桥图书馆报告》③、《参观日本东京藤山工业图书馆报告》④等考察报告。

---

① 赵鸿志. 参观日本上宫教会报告[J]. 河北教育公报,1934,7(9):(报告)1-3.

② 赵鸿志. 参观日本东京自由学园报告[J]. 河北教育公报,1934,7(10):(报告)1-5.

③ 赵鸿志. 参观日本东京市大桥图书馆报告[J]. 河北教育公报,1934,7(11):(报告)1-8.

④ 赵鸿志. 参观日本东京藤山工业图书馆报告[J]. 河北教育公报,1934,7(12):(报告)1-5.

1935 年

◎李文祎在北平市立社会教育人员养成所讲授"图书馆学"课程

◎汪长炳和冯陈祖怡出席第二届国际图书馆大会

◎陈东原、曹祖彬、徐家麟、赵廷范、向达、齐济侨赴国外留学或交流

◎安徽省立图书馆接收各区立图书馆保送员到馆实习

◎艺文专修学校改称"私立尚志高级文书科职业学校",培养文书职业人才

1 月 24 日

北平市立社会教育人员养成所正式开课①,1936 年 1 月 16 日奉令结束②。该养成所分成两个学期授课,且两个学期均开设一门"图书馆学"课程,每周授课一小时③,由李文祎讲授④。该养成所专门创办了一个小型图书馆供学生实习,实习内容为整理、登记、分类、编目等,同时组织学生参观国立北平图书馆、北平市第一普通图书馆和北京师范大学附属小学图书馆,要求学生撰写参观报告及提出研究问题⑤。

1 月

毕爱莲女士(Miss Elsie Eleanor Booth)受聘担任文华图专教员⑥,接

---

① 社教人员养成所开课日期定于二十四日[N].华北日报,1935 – 01 – 22(9).

② 秦德纯.指令社会局据呈报按照二十四年度行政计划教育事项第三十八条规定已饬社教人员养成所即日结束请备案准予备案由(指令第二一四号)[J].北平市市政公报,1936(338):(命令)8.

③⑤ 萧述宗.市立社会教育人员养成所概况[J].时代教育,1935,3(1):31 – 47.

④ 萧述宗.市立社会教育人员养成所概况[J].时代教育,1935,3(1):31 – 47;社会局关于筹办社会教育人员养成所情形及呈报该所组织大纲、经费计算书的呈文及教育部、市政府的指令[A].北京市档案馆,案卷号:J002 – 003 – 00286.

⑥ Alumni news[J].University of Illinois bulletin,1935,32(40):31.

替辞职离开的华玛丽女士①。她于 1929 年 6 月 17 日获美国西北大学 (Northwestern University)文学士学位②,后又于 1934 年获伊利诺伊大学理学士学位(图书馆学专业)③。

商务印刷所图书馆部出版吕绍虞所编的《简明图书馆管理法》。该书书名页标明吕绍虞时任上海大夏大学图书馆学讲师,故而该书应当是他在大夏大学讲授图书馆学课程时使用的讲义。该书"是为帮助未受训练的馆员怎样管理小规模的民众图书馆或中小学图书馆(藏书数在一二千册上下的),以及购备此类工作的重要用品而作的"④。正文分为"引言""图书之搜集与整理""分类编目前之准备""图书之登记与分类""图书之记号""图书之排列与入架""图书之流通""书架目录""图书之编目""图书之检点""重要用品一览"11 章。

浙江省第九省学区地方教育辅导会议办事处出版浙江建德县立民众教育馆编的《通俗讲演材料专号》,该书被列入"第九省学区地方教育辅导丛书"。该书收有程长源的《阅〈浙江图书馆图书总目〉后一点感想贡献给县民众图书馆》。程长源在文末提出四点建议,其中第二点为:"举办短期民众图书馆员训练,趁在暑期各县民众图书馆清理图书时,集中各县民众图书馆员,施以简要的课程和实习经验,定一、二个月之实际训练。"⑤

2 月 13 日

《中央日报》第 11 版(《中央日报副刊》第 160 期)刊登余文豪撰写的《我们需要图书馆教育》。余文豪在文中论述图书馆的三大功能,即"培养国民的爱国心""补教育之不足""作民众的高尚娱乐机关",然后就图书馆学教育问题提出五点建议。具体如下:

---

① 校闻·教员之更动[J].文华图书馆学专科学校季刊,1935,7(1):163.

② Northwestern University. Seventy-first annual commencement, Monday, June 17, 1929[M]. Evanston, Illinois:Northwestern University,1929:10.

③ Alumni news[J]. University of Illinois bulletin,1935,32(40):31;ALLEN W C,DELZELL R F. Ideals and standards:the history of the University of Illinois Graduate School of Library and Information Science,1893 - 1993[M]. Urbana-Champaign,Illinois:the board of trustees of the University of Illinois,1992:210.

④ 吕绍虞. 简明图书馆管理法[M].上海:商务印刷所图书馆部,1935:1 - 3.

⑤ 程长源. 阅《浙江图书馆图书总目》后一点感想贡献给县民众图书馆[M]//浙江建德县立民众教育馆. 通俗讲演材料专号. 建德:第九省学区地方教育辅导会议办事处,1935:761 - 763.

（一）根据意、法、德诸国家办法，由教育部聘请图书馆专家、国立图书馆长、大学图书馆长组织一管理图书馆事业委员会，以收指挥、考察、铨叙与统计之专责。

（二）应就图书馆人才荟萃之地举办图书馆专科学校。

（三）大学文学院应添设图书馆学系。

（四）民众图书馆与参考图书馆宜分别予以扩充，而前者尤为当今之急务。

（五）图书馆经费应积极扩充。①

2 月

申报业余补习学校试办日班，开设"图书馆学"等 15 科。每科每周授课 6 小时，一学期授毕；每班人数，以 15—30 人为准；每人每科每期收学费 14 元、杂费 0.5 元②。

3 月初

金陵大学图书馆学会在金陵大学北大楼会客室举行新学期第一次大会，改选职员并讨论会务。胡绍声连任总务干事，余文豪连任研究干事，事务干事则改由张忠祥担任。会务方面，该会决定该学期每半个月举行一次学术演讲，继续编辑《图书馆学季刊》的《时论撮要》栏目，同时聘请刘国钧为学会顾问，并请曹祖彬、汪兆荣、周克英与陈长伟四人担任学会指导③。

崔叔青从日本文部省图书馆讲习所顺利毕业，随即乘船离开日本，于 3 月 22 日回到中国④，"历任河北教育厅视察员、国立北洋工学院图书馆主任、省立保定莲池图书馆馆长及河北教育厅社会教育股主任，于民国二十八年就职河北省女子家事职业学校校长"⑤。

3 月 6 日

下午 3 时，袁同礼乘坐平沪快车前往南京。除报告国立北平图书馆

---

① 余文豪. 我们需要图书馆教育[N]. 中央日报, 1935 - 02 - 13(11).

② 上海市私立申报馆附设申报业余补习学校一校日班招生[N]. 申报, 1935 - 02 - 18(6).

③ 图书馆学会聘请顾问及指导, 敦请名人演讲, 产生新干事[J]. 金陵大学校刊, 1935(148):4.

④ 会员简讯[J]. 中华图书馆协会会报, 1935,10(5):22 - 23.

⑤ 北京市立女子职业学校访问记[J]. 妇女杂志, 1940,1(3):100 - 101.

事务外,他还计划向国民政府教育部接洽筹办国立图书专科学校事宜①。

3月10日

袁同礼应邀到文华图专讲演两次②,讲题为"欧美图书馆之新趋势",讲演内容经胡延钧与邬学通追记后发表在《文华图书馆学专科学校季刊》第7卷第1期上③。袁同礼还到中华大学与湖北省立图书馆各讲演一次,后于3月14日晚乘船沿长江南下。在此期间,文华图专借机召开校董会特别会议。袁同礼不仅对文华图专各项办学事宜进行指导,还答应在筹划经费、添聘教员、向国民政府教育部与中华教育文化基金董事会申请资助、招考新生及为该届毕业生谋划出路等方面提供帮助④。此外,此次文华图专校董会特别会议还议决资派遣徐家麟赴美国哈佛大学深造,而徐家麟所遗职务拟请由即将学成归国的汪长炳负责⑤。

3月15日

《湖北教育月刊》第2卷第4期登载沈祖荣撰写的《谈图书馆专业教育》。该文分为"图书馆专业教育的意趣""图书馆的职任和工作""办理图书馆专业教育之各种方式""我国现有之图书馆学专业教育""对于实施我国图书馆专业教育所感到的几点困难暨愿望""结论"六个部分。沈祖荣在"办理图书馆专业教育之各种方式"部分中介绍"学徒制的训练""利用暑期作讲习的训练""师范科所设的图书馆课程""大学图书馆学系的训练""大图书馆的附设图书馆学学校的训练""图书馆学研究院的训练"六种方式,在"对于实施我国图书馆专业教育所感到的几点困难暨愿望"部分中就课程、师资、学生和经费四大问题发表己见,最后还在"结论"部分中提出三点建议,即"提高图书馆专业教育的价值""确定图书馆专业教育的地位""增进图书馆专业教育的效率"⑥。

《文华图书馆学专科学校季刊》第7卷第1期登载毛坤所撰《档案序说》。这其实是毛坤编写的《档案经营法》讲义之"通论章"的内容精要,文

① 袁同礼鲁荡平昨相继赴京[N].益世报,1935-03-07(9).

② 校闻·袁守和先生来校讲演[J].文华图书馆学专科学校季刊,1935,7(1):163-164.

③ 袁守和.欧美图书馆之新趋势[J].胡延钧,邬学通,记.文华图书馆学专科学校季刊,1935,7(1):1-4.

④ 校闻·袁守和先生来校讲演[J].文华图书馆学专科学校季刊,1935,7(1):163-164.

⑤ 校闻·派送教员赴美深造[J].文华图书馆学专科学校季刊,1935,7(2):312.

⑥ 沈祖荣.谈图书馆专业教育[J].湖北教育月刊,1935,2(4):66-75.

末附有他拟定的《档案经营法》讲义篇章纲要,包括"通论章""函件章""公文章""旧档章""官书章""馆务章"六大部分,但实际编写时有所调整①。

3 月 28 日

刘国钧提交一份 *Report of the College of Arts*(《金陵大学文学院报告》),称金陵大学应当更加关注图书馆学教育。他在报告中提到社会各方经常向文学院请求帮助。比如,在过去一年内,行政院、司法院、山西省立图书馆、国立北京师范大学、浙江大学等政府部门或高等院校都请文学院推荐毕业生前去其图书馆工作,或者想请金陵大学图书馆放行几个职员前去暂时或长期帮忙,但文学院根本就没有足够的图书馆学毕业生。此外,还有许多机构,尤其是中学,派遣图书馆馆长或助理到金陵大学图书馆接受为期数周或数月的专业培训②。

3 月

毛坤到湖北省立教育学院兼任讲师,7 月结束③。他当是受聘到该校兼授图书馆学课程,但未悉详情。

春季

国民政府教育部颁布《乡村师范学校课程标准》。其中,《乡村师范学校教育心理课程标准》的"教材大纲"包括"基础教材""儿童心理""差别心理""心理卫生""学习心理""学科心理"6 个部分,而"儿童心理"包括"儿童图书之研究"等 13 项④。

4 月 1 日

国民政府文官处职员补习教育教务委员会开办第四期补习班⑤。该

① 毛坤. 档案序说[J]. 文华图书馆学专科学校季刊,1935,7(1):113 – 128.

② LIU K C. Report of the College of Arts[A]. 耶鲁大学神学图书馆馆藏亚洲基督教高等教育联合董事会档案之金陵大学档案,案卷号:RG011 – 193 – 3355.

③ 湖北省立教育学院出版委员会. 湖北省立教育学院四周年纪念特刊[M]. 武汉:湖北省立教育学院,1935:63.

④ 乡村师范学校教育心理课程标准[M]//国民政府教育部师范学校课程标准编订委员会. 乡村师范学校课程标准. 上海:中华书局,1935:1 – 10.

⑤ 国民政府文官处职员补习教育第四期课时表(二十四年四月一日)[M]//国民政府文官处职员补习教育教务委员会. 国民政府文官处职员补习教育汇刊(第二期). 南京:国民政府文官处职员补习教育教务委员会,1935:(附录)1.

期开始开设一门"图书馆学"课程,选习者须前往"金陵大学图书馆学科"(即金陵大学文学院图书馆学组)实习,并撰写论文①。

4 月 19 日

上午,中华教育文化基金董事会在国际饭店召开第十一届年会,上午报告各项会务,下午讨论预算和补助金以及改选职员。最终,此届年会议决拨给文华图专 15 000 元补助金②。

金陵大学图书馆学会邀请中央大学图书馆馆长桂质柏到校讲演"中国公共图书馆问题"两小时。桂质柏讲述清代以来中国教育变迁的四大特点、公共图书馆的五大目的及发展公共图书馆的三大方法,最后放映美国公共图书馆影片,以便帮助听众更好地了解美国公共图书馆的组织结构、设备与活动情况③。

4 月 21 日

《工读试刊》创刊,1935 年 6 月 23 日推出第 9 号后停刊。该刊为周刊,编辑部职员均为上海图书学校各科学生。

4 月

文华图专毕业班学生由各专任教员带领,赴湖北省立图书馆实习,包括实习编制该馆所藏善本书目录、丛书目录及各项不经见书之目录④。

安徽省政府公布《安徽省各行政专员区设立图书馆办法大纲》,其中规定:"本省每一行政专员区内各设图书馆一所,名曰安徽省第几图书馆。""图书馆设立计划经省政府核定后,由馆址所在县之县长保送师范学校毕业或高中以上学校毕业生两人来省,由教育厅派往省立图书馆予以至少三个月之训练,经认为合格后,再由教育厅分别委充主任或馆员。"⑤

① 国民政府文官处职员补习教育教务委员会. 国民政府文官处职员补习教育汇刊(第二期)[M]. 南京:国民政府文官处职员补习教育教务委员会,1935:编辑例言.

② 中华文教基金会十一届年会[N]. 申报,1935 - 04 - 20(15).

③ 图书馆学会学术演讲,并映美国公共图书馆幻灯影片[J]. 金陵大学校刊,1935(154):3.

④ 校闻·校外实习[J]. 文华图书馆学专科学校季刊,1935,7(2):312.

⑤ 安徽省各行政专员区设立图书馆办法大纲[M]//安徽省教育厅. 安徽省教育法规. 安庆:安徽省教育厅,1935:1 - 4;安徽省各行政专员区设立图书馆办法大纲[J]. 安徽政务月刊,1935(6):4 - 8;皖省各专员区设立图书馆办法大纲[J]. 中华图书馆协会会报,1935,10(6):30 - 31. 按:《安徽省教育法规》所收各项法规均单独排列页码.

世界书局出版徐旭所著的《民众图书馆学》。该书分为"民众图书馆教育""各国民众图书馆概况""我国民众图书馆运动""创立民众图书馆之步骤""民众图书馆之设备簿表与章则""民众图书馆图书之来源""民众图书馆图书之分类编目法""民众图书馆图书管理法""民众阅读指导法""民众图书馆之推广事业"10 章。在该书第三章"我国民众图书馆运动"第四节"从训练图书馆人才方面来剖视"中,徐旭介绍了中国早期图书馆学教育的概况,并指出:"训练图书馆人才,有二种作用,一为鼓吹提倡图书馆事业用,一为供应经营图书馆事业用。查我国最近十年来,有图书馆专科学校之创办,有各地图书馆短期讲习会之举行,皆足以证明我国图书馆运动的剧烈、图书馆事业的发展,所以需要图书馆人才有如是急迫的表示。"①

5 月 8 日

下午 2 时,吕绍虞带领大夏大学图书馆分类及实习班学生前往震旦大学图书馆和博物馆及徐家汇藏书楼参观②。

5 月 11 日

下午 4 时,蔡元培应邀到上海图书学校发表演讲③。他指出:"对于文化传布有极大贡献的另一个机构则为图书馆。图书馆的任务乃是搜集并整理各种图书,以之公开,任人阅览,借广文化的传布。但这一种工作并不怎样简单。图书馆为要适应阅览人的趣味和便利起见,必须在图书馆的建筑设备以及图书的选购、编目上下很大的研究工夫。因之,在外国有很多研究图书馆技术的学校的存在。但单是研究建筑及设备还是不够的,在积极方面还须致力于读书的提倡和指导。比如说,外国的儿童图书馆就都设有专任的读书指导员。吾国过去专门研究图书馆学的只有武昌文华图书馆专科学校一所,对于图书馆人才是很感到缺乏的。"④

---

① 徐旭. 民众图书馆学[M]. 上海:世界书局,1935:53 – 55.

② 简闻[J]. 大夏周报,1935,11(26):718.

③ 魏雅丽. 蔡元培佚文《在上海图书学校的演讲》述略[J]. 大学图书情报学刊,2019(3):125 – 128.

④ 王克伦. 蔡元培先生讲演记录[J]. 工读试刊,1935(5):30.

5 月 20 日

第二届国际图书馆大会(the Second International Congress of Libraries and Bibliography)在西班牙举行,5 月 30 日闭幕。此次大会分为全体大会、分组会议和委员会会议。其中,分组会议分为"民众图书馆组""专门图书馆组""研究图书馆和高校图书馆组""职业培训组""馆际合作组""期刊过量出版研究组""西班牙图书馆及目录组"7 组。汪长炳和冯陈祖怡两人代表中国出席此次大会并做发言,并将中华图书馆协会汇编的英文论文集赠给与会人员。汪长炳在发言中简要介绍了中华图书馆协会的工作职能,强调公共图书馆学教育须与大众教育相结合,他还介绍了国立北平图书馆和浙江省立图书馆的相关情况。冯陈祖怡则在发言中详细介绍了中国国际图书馆日内瓦总馆和上海分馆的发展概况。此外,章新民提交的英文论文《中国图书馆宣示馆中藏品之方法》在民众图书馆组分组会议上获得宣读①。

5 月中旬

应金陵大学图书馆学会的邀请,王文山到校讲演"美国国会图书馆对于图书馆行政之贡献"②。

5 月 22 日

下午,国民政府教育部专员孙国封与谢树英奉派视察文华图专,对其"办理情形及毕业同学在外服务之勤恳,颇为满意"③。

5 月 31 日

江苏省政府委员会第 747 次会议通过《江苏省各县县立图书馆馆长任免及待遇暂行规则》。其中第二条规定县立图书馆馆长的任职资格。具体如下:

---

① 丘东江,等. 国际图联 IFLA 与中国图书馆事业(下)[M]. 北京:华艺出版社,2002: 4 - 5.

② 王文山. 美国国会图书馆对于图书馆行政之贡献(上)[J].豪,记略. 金陵大学校刊, 1935(158):4;王文山. 美国国会图书馆对于图书馆行政之贡献(下)[J].豪,记略. 金陵大学校刊,1935(160):3.

③ 校闻·教部专员到校视察[J].文华图书馆学专科学校季刊,1935,7(2):312.

第二条　图书馆馆长以人格高尚、服膺三民主义并具有左列资格之一者为合格。

一、大学或专门学校毕业,并于图书馆学有相关研究者。

二、高级中等学校毕业,并曾修习图书馆学专科,得有毕业证书者。

三、高级中等学校毕业,曾任图书馆主要职务三年以上,著有成绩者。

前项被选荐人员应先行拟具计划书,连同履历、毕业证书、服务证书及著作品,送县教育局审查后,由局呈县政府转呈教育厅核委。①

5 月

文华图专毕业班学生由各专任教员带领,赴武汉大学图书馆实习,主要任务是帮助该馆整理各种杂志和中国官书②。

无锡省立教育学院副教授兼图书馆主任俞爽迷与南京市立第一中学教员陈重寅先后率领两校图书馆学班学生前往金陵大学图书馆参观③。

甘纯权所编的《小贡献》由人文印书馆印刷、上海职业指导所发行、生活书店总经售。该书附有"国内各级著名学校概况",其中"职业实习学校"部分提到"上海四川路五九九号青年会中学夜校"内有一个"图书馆学研究班",该班开设"图书馆科"课程④,但未悉详情。

商务印书馆出版陈重寅、喻鉴清与朱锦江合编的《中学课外活动》,该书被列入"师范丛书"。该书第七章"课外活动的种类和实施法"中包含"图书馆实施法"一节,当为陈重寅所撰。该节主要介绍图书馆实施法的原则、功用与步骤,图书馆的设备、图书的来源、选购图书的标准,并列举一些图书馆规程。其中,施行步骤包括"聘请有图书馆专门学识和经验的指导员""由指导员讲授图书分类、登录、储藏、编目、管理各方法"

①　江苏省各县县立图书馆馆长任免及待遇暂行规则(二十四年五月三十一日江苏省政府委员会第七四七次会议通过)[J].丹阳教育,1935,1(3/4):38.

②　校闻·校外实习[J].文华图书馆学专科学校季刊,1935,7(2):312.

③　图书馆馆务会议:报告馆务近况极详[J].金陵大学校刊,1935(158):1.

④　甘纯权.国内各级著名学校概况[M]//甘纯权.小贡献.上海:上海职业指导所,1935:11.

等 10 步。文末载有附注,内称:"图书馆学是一种专门学识,图书的分类、编目和器具表格的样式,都要有专门的研究。担任本活动的指导员,要预备几本图书馆学的参考书才行。重寅编了一本中学暨师范学校适用《图书馆学教本》,是为教授图书馆学选课用的,内容还简要明白,可供参考。"①

6 月 1 日

国民政府文官处职员补习教育教务委员会开办第五期补习班②。该期继续开设一门"图书馆学"课程,选习者仍须前往"金陵大学图书馆学科"(实为金陵大学图书馆学组)实习,并撰写论文③。

6 月 20 日

下午 3 时至 5 时半,文华图专举行毕业典礼④,戴镏龄、黄元福、李景新、李永安、彭明江、汪应文、邬学通、熊毓文、张鸿书 9 人顺利毕业,他们为文华图专图书馆学本科第十一届毕业生(见表 1935 – 1)。其中,汪应文留在文华图专担任助教⑤。

表 1935 – 1 文华图专图书馆学本科第十一届毕业生(1935 年 6 月)一览

序号	姓名	字号	性别	籍贯	毕业后最初去向
1	戴镏龄		男	江苏泰兴	武汉大学图书馆
2	黄元福		男	湖北武昌	燕京大学图书馆
3	李景新	汉超	男	广东东莞	岭南大学图书馆
4	李永安		男	河北昌平	国立北平图书馆
5	彭明江		男	四川宜宾	同济大学图书馆
6	汪应文	膺闻、莲只	男	安徽旌德	文华图专
7	邬学通		男	湖北汉阳	汉口博学中学图书馆

① 陈重寅,喻鉴清,朱锦江. 中学课外活动[M].上海:商务印书馆,1935:97 – 104.

② 国民政府文官处职员补习教育第五期课时表(二十四年六月一日)[M]//国民政府文官处职员补习教育教务委员会. 国民政府文官处职员补习教育汇刊(第二期).南京:国民政府文官处职员补习教育教务委员会,1935:(附录)2.

③ 国民政府文官处职员补习教育教务委员会. 国民政府文官处职员补习教育汇刊(第二期)[M].南京:国民政府文官处职员补习教育教务委员会,1935:编辑例言.

④ 校闻·一九三五级毕业典礼[J].文华图书馆学专科学校季刊,1935,7(3/4):564.

⑤ 校闻·一九三五级毕业生均有出路[J].文华图书馆学专科学校季刊,1935,7(3/4):564.

序号	姓名	字号	性别	籍贯	毕业后最初去向
8	熊毓文		男	湖北黄陂	汉口市政府图书馆
9	张鸿书		男	云南顺宁	天津河北工学院图书馆

6 月中旬

金陵大学图书馆学会邀请朱家治到校演讲"开架式图书馆的效率问题"。朱家治详细论述了开架式之意义、开架式之原则、开架式之设施、开架式之利弊等问题①。

6 月 25 日

国民政府教育部发布第八六四三号训令,"令武昌文华图书馆学专科学校:该校前经本部提示要点,令饬改进在案。此次据视察员报告,经详加审核,该校学生实习机会,业已增多;对于所领补助费之用途,亦无不合。惟该校设备除图书稍有增置外,仍属简单,应设法增加设备;如能筹款改造新式图书馆,以代替现时陈旧而不合用之图书馆大楼,亦甚为有益。合行令仰该校遵照改进具报。此令"②。

6 月

黄维廉从哥伦比亚大学毕业,获得理学士学位(图书馆学专业)③。

陆秀从哥伦比亚大学师范学院毕业,获得文学硕士学位④。

暑假

文华图专法文教员韩德霖返回瑞典⑤。

费锡恩通过文华图专介绍前往国立北平图书馆服务一个多月,以便了解该馆实际情形,为其开展教学工作提供参考⑥。返校之后,费锡恩撰

---

① 图书馆学会本学期末次学术演讲[J]. 金陵大学校刊,1935(162):4.

② 国民政府教育部. 教育部改进专科以上学校训令汇编[G]. 上海:中华书局,1935:173.

③ Degrees conferred during 1934 – 1935 [M]//Columbia University. Catalogue 1935 – 1936. New York:Columbia University,1936:215.

④ Degrees conferred during 1934 – 1935 [M]//Columbia University. Catalogue 1935 – 1936. New York:Columbia University,1936:236.

⑤⑥ 校闻·关于教员者三事[J]. 文华图书馆学专科学校季刊,1935,7(3/4):565.

就"Behind the Scenes in the Peiping National Library"(《国立北平图书馆之内部情形》)一文,该文载于 1935 年 12 月 15 日《文华图书馆学专科学校季刊》第 7 卷第 3—4 期合刊①。

7 月 4 日

沪江大学暨附属中学暑期学校大学部开始上课,8 月 3 日结束,开设一门"图书馆学"课程②。

7 月 8 日

国民政府颁布第一七三八号指令,准许国民政府教育部呈报的私立专科以上学校补助费数额表、决议案等备案③。其中,文华图专该年分得4852 元补助费,加上补足上一年度少发的 970 元,合计 5822 元④。

7 月 15 日

文华图专 1935 年招生考试开始接受报名,7 月 20 日截止。该年计划招收图书馆学本科免费生 11 人及自费生若干人,考试科目有所变化,包括国文、英文、中外历史、各科常识及口试。该年考生可至武昌文华图专注册处、北平文津街国立北平图书馆、南京金陵大学图书馆、上海交通大学图书馆 4 个招考处就近报名⑤。

7 月 25 日

文华图专 1935 年招生考试开始在武昌、北平、南京、上海 4 地同时举行,7 月 26 日结束⑥。共有 28 人投考,最终录取 14 人⑦。

---

① PHILLIPS G D. Behind the scenes in the Peiping National Library[J]. 文华图书馆学专科学校季刊(Boone library school quarterly),1935,7(3/4):(英文部分)561 – 571.

② 沪江大学暨附中暑期学校通告[N]. 申报,1935 – 06 – 01(6);沪大暑校暨中等学教员讲习班同时开学[N]. 申报,1935 – 06 – 25(13).

③ 国民政府指令(第一七三八号,二十四年七月八日)[J]. 国民政府公报,1935(1789):(指令)6.

④ 二十四年度私立专科以上学校补助费详数[N]. 申报,1935 – 07 – 13(15).

⑤⑥ 私立武昌文华图书馆学专科学校. 私立武昌文华图书馆学专科学校一览(二十四年度)[M]. 武昌:私立武昌文华图书馆学专科学校,1935:85 – 87.

⑦ 校闻·本年度投考新生情形[J]. 文华图书馆学专科学校季刊,1935,7(3/4):564 – 565.

7 月

世界书局出版程伯群编著、杜定友校订的《比较图书馆学》。该书系程伯群在上海图书学校执教之余编著而成①。卷首载有杜定友于 1935 年 2 月 15 日在上海交通大学撰写的"杜序"、崔竹溪撰写的"崔序"及程伯群于 1935 年 1 月在上海图书学校撰写的"自序";正文包括"图书馆行政""图书馆技术""分类编目学""书志目录学"4 编,每编各含若干章。

8 月 25 日

陈东原从上海乘坐"俄罗斯皇后号"轮船前往美国②,9 月 9 日抵达华盛顿州西雅图③。他先进入密歇根大学攻读研究生④。1936 年 9 月,他转入哥伦比亚大学师范学院⑤,1937 年 2 月获文学硕士学位(教育学专业)⑥,随后回国。

8 月

达仲格、过苏民、罗一薰、孙蕴璞、王惠亭、吴衢生、许人济、郑建安、朱培凤 9 人从上海图书馆学函授学校毕业,为该校第六届毕业生,其毕业证明书由上海市教育局验印发出⑦。

商务印书馆出版赵建勋所著的《乡村巡回文库经营法》,该书被列入"师范小丛书"。该书包括"绪言""文库构造""选择图书""图书分类""编目""巡回路线的规定""代办处所""文库出发前注意事项""文库巡

① 崔竹溪. 崔序[M]//程伯群. 比较图书馆学. 上海:世界书局,1935:2.

② 俄皇后轮今日起碇,三批赴美生放洋[N]. 时事新报,1935 – 08 – 25(7);三批赴美生昨乘俄皇后放洋[N]. 时事新报,1935 – 08 – 26(6);Washington,Seattle,passenger lists,1890 – 1957[EB/OL]. [2019 – 11 – 03]. https://www. familysearch. org/ark:/61903/3:1:33SQ-G5NC – 9WVZ? i = 351.

③ Washington,Seattle,passenger lists,1890 – 1957[EB/OL]. [2019 – 11 – 03]. https://www. familysearch. org/ark:/61903/3:1:33SQ-G5NC – 9WRQ? i = 350&cc = 1916081.

④ University of Michigan. University of Michigan official students' directory 1935 – 1936[M]. Ann Arbor,Michigan:University of Michigan,1936:168.

⑤ Directory of students[M]//Columbia University. Catalogue 1936 – 1937. New York:Columbia University,1937:102.

⑥ Degrees conferred 1936 – 1937[M]//Columbia University. Catalogue 1937 – 1938. New York:Columbia University,1938:229.

⑦ 图书馆学函授校[N]. 申报,1935 – 09 – 07(16).

回时接交及运输""视导""文库归还后注意事项""统计""读书会的组织和训练"13 章,书末附载国民政府教育部于 1929 年公布的《巡回文库暂行规程》。

中华图书馆协会刊印 *Libraries in China. Papers Prepared on the Occasion of the Tenth Anniversary of the Library Association of China*（《中国图书馆概况——中华图书馆协会成立十周年纪念论文集》）。该书卷首载有袁同礼于 1935 年 8 月 1 日撰写的英文"前言";正文收录 9 篇英文论文,作者包括裘开明、吴光清、沈祖荣、查修、严文郁、蒋复璁、柳诒徵、戴罗瑜丽、杜定友 9 人。其中,沈祖荣在所撰"Professional Training of Librarianship in China"（《中国图书馆员专门教育》）一文中考察中国图书馆学教育的历史与现状,论及文华图书科(文华图专)、图书馆管理员养成所、上海国民大学图书馆学系、金陵大学、河南大学、大夏大学、河北省立女子师范学院、上海图书馆学函授学校、北京高等师范学校图书馆讲习会等,同时分析了中国图书馆学教育面临的困难及其原因①。

9 月 3 日

曹祖彬②、徐家麟③与赵廷范④（或作"赵庭范"⑤）三人从上海乘坐"麦金莱总统号"轮船前往美国,9 月 17 日抵达华盛顿州西雅图。曹祖彬⑥

---

① SENG S T Y. Professional training of librarianship in China[M]//YUAN T L. Libraries in China. Papers prepared on the occasion of the tenth anniversary of the Library Association of China. Peiping:Library Association of China,1935:59 - 65.

② Washington,Seattle,passenger lists,1890 - 1957[EB/OL].[2018 - 10 - 04]. https://www. familysearch. org/ark:/61903/3:1:33S7 - 95NC - 9MPX? i = 52&cc = 1916081;Washington, Seattle,passenger lists,1890 - 1957[EB/OL].[2018 - 10 - 04]. https://www. familysearch. org/ark:/61903/3:1:33S7 - 95NC - 9MNJ? i = 51&cc = 1916081.

③ Washington,Seattle,passenger lists,1890 - 1957[EB/OL].[2018 - 10 - 04]. https://www. familysearch. org/ark:/61903/3:1:33SQ-G5NC - 93HM? i = 56&cc = 1916081;Washington, Seattle,passenger lists,1890 - 1957[EB/OL].[2018 - 10 - 04]. https://www. familysearch. org/ark:/61903/3:1:33SQ-G5NC - 93W4? i = 55&cc = 1916081.

④ Washington,Seattle,passenger lists,1890 - 1957[EB/OL].[2018 - 10 - 04]. https://www. familysearch. org/ark:/61903/3:1:33SQ-G5NC - 93SS? i = 60&cc = 1916081;Washington,Seattle,passenger lists,1890 - 1957[EB/OL].[2018 - 10 - 04]. https://www. familysearch. org/ark:/61903/3:1:33S7 - 95NC - 9MX8? i = 59&cc = 1916081.

⑤ 赵庭范. 独具风格的协和图书馆[M]//政协北京市委员会文史资料研究委员会. 话说老协和. 北京:中国文史出版社,1987:409 - 413.

⑥ Directory of students[M]//Columbia University. Catalogue 1935 - 1936. New York:Columbia University,1936:261.

与赵廷范①共同进入哥伦比亚大学图书馆学院学习图书馆学,赵廷范同时还到纽约医学科学院(New York Medical College,或译"纽约医学研究院""纽约医学院"等)图书馆实习②。徐家麟则到哈佛大学学习历史③,同时在哈佛燕京学社汉和图书馆兼任技术助理④。

9 月 10 日

留美归来的莫余敏卿进入国立北平图书馆工作⑤,担任阅览部参考组组长⑥。

9 月 29 日

上海图书馆学函授学校毕业生在爱群女子中学图书馆举行毕业同学会总部及上海分部成立大会。陈伯逵致辞,许晚成发表演讲。经过推举,段民怀(字尧襄)担任总部理事长,谭祥烈、蔡澄、陈影鹤、王静山、达仲格为理事;任素珍为上海分部干事长,汪蕴真、朱培凤为干事,傅翼、过苏民为评议⑦。

9 月

黄星辉进入密歇根大学研究生院(School of Graduate Studies)就读,1936 年 6 月毕业,获文学硕士学位⑧。

文华图专图书馆学本科第十三班新生注册入学,共计 9 人,即黄慕

① Directory of students[M]//Columbia University. Catalogue 1935 – 1936. New York:Columbia University,1936:106.

② 赵庭范. 独具风格的协和图书馆[M]//政协北京市委员会文史资料研究委员会. 话说老协和. 北京:中国文史出版社,1987:409 – 413.

③ YOUNG A A. Directory of Chinese students in America 1935 – 1936[M]. New York:Chinese Students' Christian Association,1936:31.

④ 程焕文. 裘开明年谱[M]. 桂林:广西师范大学出版社,2008:143 – 144.

⑤ 国立北平图书馆职员录(抗日战争期间)[G]//王余光. 清末民国图书馆史料汇编:第七册. 北京:国家图书馆出版社,2014:105.

⑥ 本馆职员一览(二十五年六月)[R]//国立北平图书馆. 国立北平图书馆馆务报告(民国二十四年七月至二十五年六月). 北平:国立北平图书馆,1936:1 – 7.

⑦ 上海图书馆学函授校毕业同学会[N]. 时报,1935 – 09 – 30(10);图书馆学函校开毕业同学会[N].民报,1935 – 09 – 30(5);上海图书馆学函授学校第六届毕业讯[J].厦门图书馆声,1935,3(5/6):12.

⑧ University of Michigan. Register of staff and graduates(July 1,1936,through June 30,1937)[M]. Ann Arbor,Michigan:University of Michigan,1937:127.

龄、黄作平、廖维祜、刘济华、彭道襄、吴尔中、杨承禄、杨桂籍、张行仪。原本已经录取的其余5人因为遭遇水灾而未能到校报到,且姓名不详①。此外,因韩德霖离校,文华图专改聘张春蕙讲授法文②。

金陵大学文学院图书馆学组师资仍为三人,即陈长伟(金陵大学文学士,金陵大学图书馆流通部主任兼总务主任)、汪兆荣(金陵大学文学士,金陵大学图书馆西文编目主任)、周克英(金陵大学文学士,金陵大学图书馆文书兼西文编目员)③。此时,刘国钧担任金陵大学图书馆馆长兼文学院院长④,李小缘仍为中国文化研究所教授兼专任研究员⑤,但相关资料并未标注他们是否还在图书馆学组讲授图书馆学课程。

安徽省立图书馆订定《区立图书馆保送学员实习规程》,开始接收安徽省各区立图书馆保送学员到馆实习⑥。其保送办法经安徽省政府核准施行,称为《安徽省立图书馆指导各行政专员公署保送来馆实习员办法》,规定实习员的实习期限为三个月,实习范围包括:"1. 选购 2. 登记 3. 分类 4. 编目 5. 出纳 6. 阅览指导 7. 典藏 8. 装修 9. 事务。"⑦

10 月 4 日

晚上7时,金陵大学图书馆学会在金陵大学北大楼举行该学期第一次大会。先由总务干事胡绍声报告该会发展历史、以往开展的工作及上届的收支情况,然后修改会章,最后改选职员,胡绍声、余文豪与张忠祥三人分别连任总务二号、研究干事和事务干事⑧。

---

① 校闻·本年度投考新生情形[J].文华图书馆学专科学校季刊,1935,7(3/4):564 – 565.

② 校闻·关于教员者三事[J].文华图书馆学专科学校季刊,1935,7(3/4):565.

③ 文学院院长室. 私立金陵大学文学院概况(民国二十五年至二十六年):第四号[M].南京:私立金陵大学文学院,1936;7 – 8.

④ 文学院院长室. 私立金陵大学文学院概况(民国二十五年至二十六年):第四号[M].南京:私立金陵大学文学院,1936;3.

⑤ 文学院院长室. 私立金陵大学文学院概况(民国二十五年至二十六年):第四号[M].南京:私立金陵大学文学院,1936;11.

⑥ 本馆开始办理区图书馆学员实习事宜[J].学风,1935,5(8):(安徽文化消息)1 – 2;皖省馆办理区图书馆学员实习事宜[J].中华图书馆协会会报,1935,11(2):50.

⑦ 安徽省立图书馆指导各行政专员公署保送来馆实习员办法(第三百十三期公报教高字○○四五○五号训令附件)[J].安徽政务月刊,1935(11/12):95 – 96.

⑧ 图书馆学会大会纪要[J].金陵大学校刊,1935(167):3.

10 月 29 日

奉国立北平图书馆的委派①,向达(字觉明、觉民)从上海乘坐意大利轮船"喀萃其号"赴英国考察图书馆事业,兼搜集史料②。抵达英国后,他先前往牛津大学图书馆(University of Oxford Library),以交换馆员的身份整理中文藏书。1936 年秋,他转赴不列颠博物馆(The British Museum)研究敦煌写卷和太平天国文书。1937 年冬,他赴法国国立图书馆(Bibliothèque nationale de France)研究敦煌写卷和明清天主教文献,其间曾赴德国普鲁士科学院(Prussian Academy of Sciences)等处考察。1938 年 8 月,他从法国乘船回国③。

11 月上旬

因为新馆落成、馆务扩展,江苏省立教育学院图书馆制定办法,准备招考练习干事,以便协助处理馆务,"兼寓训练图书馆服务人员之意"④。

11 月 18 日

上午 8 时,黄警顽受邀为私立大夏大学社会教育系图书馆学班学生讲演"汽车图书馆之构造及其方法"⑤。

江苏省立教育学院图书馆举行考试,招考练习干事⑥。

11 月 20 日

《文化与教育》第 72—73 期合刊登载徐国棨撰写的《我国图书馆教育的探讨》。该文分为"图书馆教育的意义及其需要""图书馆的种类及其功能""我国图书馆教育的现状""我国图书馆教育不发达的原因""我国图书馆教育今后应走的途径"五个部分。在第四个部分"我国图书馆

① 北京图书馆业务研究委员会. 北京图书馆馆史资料汇编(1909—1949):上[G]. 北京:书目文献出版社,1992:413 – 414;李致忠. 中国国家图书馆馆史资料长编(1909—2008):上[G]. 北京:国家图书馆出版社,2009:269.

② 平图书馆长向觉民赴英考察[N]. 时事新报,1935 – 10 – 28(7);向觉民定今日放洋赴英考察图书馆事业[N]. 绥远西北日报,1935 – 10 – 28(2);平图书馆长向觉民赴英考察[N]. 时事新报,1935 – 10 – 28(7).

③ 向达的自传[M]//沙知. 向达学记. 北京:生活·读书·新知三联书店,2010:1 – 4.

④⑥ 省教育院招考图书馆干事[N]. 国民导报,1935 – 11 – 09(3).

⑤ 大夏大学社会教育系名人讲演[N]. 申报,1935 – 11 – 20(11).

教育不发达的原因"中，徐国棨列出四点，其中第四点为"图书馆教育的人才缺乏"。在第五节"我国图书馆教育今后应走的途径"中，他建议"培养图书馆教育的人才"："图书馆教育人才的缺乏，已如前述。欲补救这种缺乏，无疑地是要政府负责，但是我国政府对此从来没有注意过。为图书馆服务人员而开的讲习会固属很少，而专门的训练机关也只有广州图书馆员养成所、武昌文华图书馆学专科学校与金陵大学图书馆学系几处而已！假如教育要改良或推广的话，则人才立刻感到缺乏，所以现在不觉缺乏的，并不是已有人才，而是滥竽充数的多把位置占了。总之，人才的培养总是推进图书馆教育的原动力，而［这］是行政当局所当注意的。"①

11 月 21 日

文华图专全体师生合影留念②。

11 月

商务印书馆出版陈礼江所著的《民众教育》，该书被列入"江苏省立教育学院丛书"，1938 年 4 月出版第三版。在该书第十三章"其他民众教育设施"中，陈礼江论及改进图书馆事业的四点问题，其中第三点如下："要用专门人才，因为图书馆中管理图书的事务乃属一种专门的职业，图书员必需有特殊的知识和技能，方能胜任。欧美各国或设有图书馆学校或图书馆学术讲习会，或于师范学校的正课中加授图书馆学，用各种的方法努力于图书馆人才的养成，因而非此专门的人才，必不以之充图书馆员之任。我国对于这点，向不讲究，此后应当注意效法施行为要。"③后来，陈礼江在所著的另外一种《民众教育》（正中书局于 1937 年 2 月出版）第七章"其他民众教育事业"第一节"图书馆"中指出："……今后图书馆工作的动向，是在认识图书馆不仅是藏书的场所，更应设法尽量流通。尤须注重推广工作，例如设巡回文库、阅读竞赛会等，以引起民众阅读兴趣，使其与图书馆发生密切的关系。其次要培

---

① 徐国棨. 我国图书馆教育的探讨［J］. 文化与教育，1935（72/73）：71－77.

② 私立武昌文华图书馆学专科学校师生合影纪念（廿四年十一月二十一日）［J］. 文华图书馆学专科学校季刊，1935，7（3/4）：卷首.

③ 陈礼江. 民众教育［M］. 上海：商务印书馆，1935：371－372.

养管理图书馆的专门人才,一方面负建设健全的新时代图书馆的责任,一方面对于下级图书馆事业须负指导改进使命。"①

12 月 7 日

《工读周刊》创刊(第 1 卷第 1 期),1936 年 2 月 22 日推出第 1 卷第 10 期后停刊。该刊职员均为上海图书学校学生。

12 月 20 日

金陵大学农学院农业专修科乡村图书馆学班全体学生参观金陵大学图书馆,参观之后听刘国钧讲演乡村图书馆事业。刘国钧的讲演内容经赵志钧记录成文,以《刘国钧氏论乡村图书馆》为题,载于 1936 年 1 月 1 日《金大农专》第 5 卷第 10 期②。该乡村图书馆学班的具体情况有待后续进一步挖掘。

本年

齐济侪赴瑞士日内瓦中国国际图书馆担任实习馆员,同时到日内瓦社会学院图书馆学系就读,1938 年毕业③。

大夏大学教育学院社会教育系开设一门"图书馆学"必修课程(编号:教 407—408,6 学分),以及"图书分类及实习"(编号:教 412,计 3 学分)与"图书编目及实习"(编号:教 413,计 3 学分)两门选修课程④。"图书馆学"必修课程面向三年级学生⑤,一学年授毕,每周授课 4 小时或 2 小时,主要"讨论图书馆的理论及实际";"图书分类及实习"选修课程一学期授毕,每周授课 3 小时,主要"介绍图书分类的各种方法及手续";"图书编目及实习"选修课程一学期授毕,每周授课 3 小时,主要

① 陈礼江. 民众教育[M].南京:正中书局,1937:75 – 76.

② 赵志钧. 刘国钧氏论乡村图书馆[J].金大农专,1936,5(10):419 – 420. 按:原文称"本科刘国钧氏论乡村图书馆班同学",当指选修"乡村图书馆学"课程的金陵大学农学院农业专修科学生。关于这门"乡村图书馆学"课程未见更多记载,未悉详情。

③ 麦群忠,朱育培. 中国图书馆界名人辞典[M].沈阳:沈阳出版社,1991:275.

④ 私立大夏大学. 私立大夏大学一览(民国二十四年六月)[M].上海:私立大夏大学,1935:131.

⑤ 私立大夏大学. 私立大夏大学一览(民国二十四年六月)[M].上海:私立大夏大学,1935:135.

"介绍图书编目的方法及手续"①。

广东国民大学文学院中国文学系开设一门"图书馆学概论"选修课程,计 2 学分。其课程纲要如下:"(1)设备及组织;(2)图书分类法;(3)庋藏;(4)管理及阅览手续;(5)各国学校图书馆概况。"②

私立广州大学文学院教育学系为二年级学生开设一门"图书馆学"选修课程,一学年授毕,每周授课 2 小时,共计 4 学分③。

艺文专修学校(原中州国学专修馆)经国民政府教育部批准立案,改称"私立尚志高级文书科职业学校",学制三年。其办学宗旨是为青年开辟就业门路,为国家培养文书职业人才。为此,该校开设"公民""国文""书法""文书处理""公文程式""应用文""文法""图书馆学""广告学""统计学""簿记学""会计学""珠算""地理""历史""经济概论""伦理学""法制""速记学""体育"等系列课程④。其中,"图书馆学"课程由李燕亭讲授⑤。该校还经常组织学生赴河南大学图书馆与河南省图书馆参观⑥。

上海市立务本女子中学校高级中学师范科面向一年级学生开设一门"图书馆学"选修课程,下学期授毕,每周授课 2 小时⑦。

广州市立第一职业学校开设公务科、商业科、图书管理科、西药配剂科、缝纫科、刺绣科,共有 11 个班,约 300 多名学生。其中,图书管理科只有二年级一个班,共 24 名女生⑧。

圣玛利亚女学校继续开设图书馆学科⑨。

---

① 私立大夏大学.私立大夏大学一览(民国二十四年六月)[M].上海:私立大夏大学,1935:143.

② 广东国民大学.广东国民大学概览(中华民国二十四年)[M].广州:广东国民大学,1935:68 - 69.

③ 广州大学.私立广州大学课程(民国二十四年改订)[M].广州:广州大学,1935:4.

④ 《开封市教育志》编委会.开封市教育志(1840—1985)[M].郑州:中州古籍出版社,1991:386 - 387.

⑤ 贾连汉.从河南国学专修馆到尚志文书学校[G]//中国人民政治协商会议河南省委员会文史资料研究委员会.河南文史资料:第 12 辑.郑州:河南人民出版社,1984:87.

⑥ 贾连汉.从河南国学专修馆到尚志文书学校[G]//中国人民政治协商会议河南省委员会文史资料研究委员会.河南文史资料:第 12 辑.郑州:河南人民出版社,1984:86 - 89.

⑦ 上海市立务本女子中学校.上海市立务本女子中学校章程[M].上海:上海市立务本女子中学校,1935:10 - 12.

⑧ 广州年鉴编纂委员会.广州年鉴(下)[M].广州:广州年鉴编纂委员会,1935:175 - 176.

⑨ Art and library courses[J].凤藻(Phoenix),1936(16):(英文部分)No page;In library class[J].凤藻(Phoenix),1936(16):(英文部分)107.

湖北省教育厅举办中小学教员讲习会,沈祖荣负责讲授图书馆学课程①,未悉详情。

陕西省小学教师训练所分成甲、乙、丙三个班级进行教学。其中,丙班开设一门"图书馆学"课程,每周上 6 节课,"图书馆学"课程分别被安排在星期一的第 5 节(下午 1 时至 1 时 50 分)和第 6 节(下午 2 时至 2 时 50 分),以及星期五和星期六的第 1 节(上午 7 时 30 分至 8 时 20 分)和第 2 节(上午 8 时 30 分至 9 时 20 分)②。

---

① 沈祖荣. 中华图书馆协会第三次年会图书馆教育委员会报告[J]. 中华图书馆协会会报,1936,12(2):1 - 2.

② 陕西省小学教师训练所每周课程时间表[R]//国立暨南大学西北教育考察团. 西北教育考察报告书. 上海:上海国立暨南大学出版课,1936:插页.

1936 年

◎杜定友在广东省社会教育讲习会讲演图书馆学
◎戴镏龄、刘修业、曾宪三、吕湘赴国外留学或交流
◎上海市私立大东书局函授学校开设文书科
◎中华图书馆协会第三届年会关注图书馆学教育
◎国立中山大学图书馆成立图书馆训练委员会
◎广东省立民众教育馆开办文牍班

1 月 11 日

广东省立民众教育馆举办广东省社会教育讲习会。该讲习会于 1 月 17 日结束①，开设一门"图书馆与中国民众"课程，由杜定友讲演两次②。

1 月

文华图专上海同学会举行第三次全体大会，议决跟文华图专各地同学会随时互通消息，以联络感情及砥砺学行③。

2 月 29 日

《商务印书馆出版周刊》新第 170 期登载马宗荣撰写的《怎样研究图书馆学？》。马宗荣在文中分类介绍了一系列图书馆学著作，以便引导读者由浅入深地步入图书馆学研究领域④。该文后又载于李伯嘉选编、商

---

① 黄麟书. 广东省立民众教育馆笺函(廿四年十二月十六日)[J]. 勷大旬刊,1936,1(13):11-12;派员参加广东社会教育讲习会[J].广东蚕声,1936,2(3):29.

② 黄麟书. 广东省立民众教育馆笺函(廿四年十二月十六日)[J]. 勷大旬刊,1936,1(13):11-12;省民教定期举行社教讲习会[J].国立中山大学日报,1935(2084):1-2.

③ 同门消息[J].文华图书馆学专科学校季刊,1936,8(1):140.

④ 马宗荣. 怎样研究图书馆学？[J].商务印书馆出版周刊,1936(新170):1-7.

务印书馆 1936 年 11 月出版的《读书指导（第二辑）》①。

2 月

　　李芳馥从哥伦比亚大学获颁理学硕士学位（图书馆学专业）②，其硕士学位论文题为"Financing of Chinese Public Libraries"③（《中国公共图书馆的经费问题》，或被译成《中国公共图书馆网的建立与经费》④）。李芳馥在文中主要分析了中国公共图书馆的经费现状。他还回顾了中国公共图书馆的发展历史，讨论其发展现状及社会各界的支持情况，指出现行经费支持与管理制度的薄弱之处，并且提出若干建议⑤。其后，他前往芝加哥大学图书馆学研究院深造⑥，修习部分博士课程，但同年 6 月学期结束后便离开该校，所以未能完成博士学位论文，更没能拿到博士学位⑦。此后，他先后任职于美国国会图书馆⑧和哥伦比亚大学图书馆⑨，1941 年 6 月才得以返回中国，在国立北平图书馆上海办事处工作⑩。

　　文华图专开始将该校所有档案施以科学管理，同时作为该校档案学

　　① 马宗荣．怎样研究图书馆学［M］//李伯嘉．读书指导：第二辑．上海：商务印书馆，1936：1 - 7.

　　② Degrees conferred 1935 - 1936［M］//Columbia University. Catalogue 1936 - 1937. New York：Columbia University，1937：242.

　　③ WAPLES D. Graduate theses accepted by library schools in the United States from July，1935，to June，1938［J］. The library quarterly，1939，9（2）：193 - 203.

　　④ 陈燮君．李芳馥：圆上一个世纪之梦［M］//陈燮君，盛巽昌．二十世纪图书馆与文化名人．上海：上海社会科学院出版社，2004：348.

　　⑤ WEI K T. Library and Information Science in China：an annotated bibliography［M］. Westport，Conn.：Greenwood Press，1988：105.

　　⑥ LI A F. Review of libraries in China. Papers prepared on the occasion of the tenth anniversary of the Library Association of China［J］. The library quarterly，1936，6（3）：316 - 320.

　　⑦ 上海图书馆，上海科技情报研究所．沉痛悼念李芳馥同志［J］.图书馆杂志，1997（5）：63；吴仲强．中国图书馆学情报学档案学人物大辞典［M］.香港：亚太国际出版有限公司，1999：159 - 160；陈燮君．李芳馥：圆上一个世纪之梦［M］//陈燮君，盛巽昌．二十世纪图书馆与文化名人．上海：上海社会科学院出版社，2004：347 - 356.

　　⑧ Library of Congress. Report of the librarian of Congress，for the fiscal year ending June 30，1937［M］. Washington D. C.：Library of Congress，1937：188 - 189.

　　⑨ Columbia University. Annual report of the president and treasurer to the trustees，with accompanying documents for the year ending June 30，1939［M］. New York：Columbia University，1939：366 - 367.

　　⑩ 会员消息［J］.中华图书馆协会会报，1941，15（6）：7 - 8.

教育的一种试验。相关工作由新近转任文华图专档案管理员①的程长源负责②。

经毛坤发起，文华图专武汉同学会进行改组，皮高品被推举为主席，戴镏龄为书记③。

陈乃和、陈兴亚、成龙骧、丛政门、龚其禄、贺秉钧、洪曾植、李浣九、刘绍曾、刘钰、楼琬瑛、倪征墺、潘德宁、潘寺川、秦燕娥、让璧、谭祖厚、王协之、王蕴懿、吴谨心、张行肃21人从上海图书馆学函授学校毕业，为该校第七届毕业生，其毕业证明书由上海教育教局验印后发出。

段民怀所编的《图书馆服务门径》由上海图书馆学函授学校毕业同学会刊印④⑤。这是一本仅有10页的小册子，包括卷头语、绪论、正文、结论。段民怀在正文中介绍了12种图书馆服务门径，具体如下：

第一径：明白图书馆是怎样的，图书馆学又是怎样的。

第二径：明白各种设备。

第三径：明白人选、图书选和用品选。

第四径：明白订购的方法。

第五径：明白图书应如何登记。

第六径：明白普天之下，有几种图书分类法。

第七径：明白目录的种类与编制。

第八径：明白图书借出的手续有几种，是怎样的。

第九径：明白怎样解答阅众。

第十径：明白装订和修补的方法。

第十一径：明白开办图书馆的合法手续。

第十二径：明白馆内各室标语的作法和布置法。

3月15日

商务印书馆第二届业务讲习班举行开班仪式，次日开始上课，同年5月11日上午10时举行结束仪式⑥。蔡公椿任该届业务讲习班主任，史

---

①③ 同门消息[J].文华图书馆学专科学校季刊,1936,8(1):140.

② 校闻·试验新的档案管理[J].文华图书馆学专科学校季刊,1936,8(1):139.

④⑤ 上海图书馆学函授学校七届毕业讯:印赠图书馆服务门径[N].申报,1936-02-25(14);图书馆学函校七届毕业讯[N].民报,1936-02-26(7).

⑥ 第二届业务讲习班结束[J].商务印书馆通信录,1936(422):10.

久芸任副主任,共有总馆各部门和各地分馆选派的 35 名学员①,仍然开设"图书馆学"课程②。

3 月

正中书局出版俞爽迷编著的《图书馆学通论》,该书被列入"师范丛书"。该书共含 25 章,大致可以分为理论、史料、应用三大部分,"为图书馆学提纲撷要,在初学者最为适宜。其目的在使学者明了图书馆学之原理与应用,对于图书馆学术进而得深切之了解,及充分运用之能力"③。

4 月 18 日

中华教育文化基金董事会第十二届年会在上海沧洲饭店举行。上午董事会报告各项会务,下午讨论各项事业预算,确定教育文化机关补助经费,以及改选职员和分配职务。此次会议最终议决补助文华图专15 000元④。

4 月

中华教育文化基金董事会派秘书林伯遵及特约视察员万册至文华图专视察。沈祖荣陪同视察,并对各事项逐加以解释说明。林伯遵对文华图专开设的档案管理课程极感兴趣,对其他事项亦表示满意⑤。

5 月 1 日

由上海图书学校学生主办的《工读半月刊》创刊("创刊特大号",即第 1 卷第 1 期)。该刊为半月刊,每月 1、16 日出版。1937 年 1 月 1 日发行第 2 卷第 5 期("新年号")后结束。

5 月 11 日

因为即将毕业,文华图专图书馆学本科第十二班 9 名学生由教员带

---

① 筹办第二届业务讲习班,总分馆听讲人员已派定[J]. 商务印书馆通信录,1936(419):20 – 21.

② 同人加入函授学校图书馆学科函授优待办法(附图书馆学科章程摘要)[J]. 商务印书馆通信录,1938(436):35.

③ 俞爽迷. 编辑大意[M]//俞爽迷. 图书馆学通论. 南京:正中书局,1936:1.

④ 第十二届中华教育文化基金会年会[N]. 申报,1936 – 04 – 19(14).

⑤ 校闻·基金会派人来查并继续补助本校[J]. 文华图书馆学专科学校季刊,1936,8(2):276 – 277.

领前往国立武汉大学图书馆实习,5 月 14 日结束。第一日实习编制官书,第二日实习参考工作,第三日实习中文书籍及杂志编目,第四日实习西文杂志管理及订购书籍方法[①]。

5 月 15 日

中华教育文化基金董事会董事顾临与干事孙洪芬二人莅临文华图专视察[②]。

文华图专图书馆学本科第十二班 9 名学生由教员带领前往湖北省立图书馆实习,5 月 16 日结束。第一日实习中国志书之分类编目,第二日实习金石古物编目管理方法[③]。

5 月 16 日

张鸿书撰就《图书馆与教育》一文,该文载于 1936 年 9 月 15 日《文华图书馆学专科学校季刊》第 8 卷第 3 期[④]和 1937 年《河北省立工业学院学报》第三期[⑤]。该文分为"图书馆事业即广义的教育"与"图书馆与学校"两个部分,后附有参考文献。在第二部分"图书馆与学校"中,张鸿书在谈及师范学校时指出:

> 今世社会教育甚形发达,民众学校与图书馆等更盛极一时。社会所需社会教育人才为数颇巨,程度亦异常迫切。是[则]社会教育学诸课程,急当设置。实际上无锡已有民众教育学院,各省亦皆有社会教育人才训练机关。只单独之图书馆人才培植机关,尚不多见。今既不能普遍设置独立之图书馆人员训练机关,而社会对此之需要又不能置之不顾。是则与此有关之师范学校当添设图书馆学课程,已无疑义。实际上如湖北省立教育学院、河北省立女子师范学院、江苏省立教育学院、大夏大学教育学院等,皆早设有图书馆学课程。自他方面言,师范教育目的在培养师资。为教师者,自己当能充分利用图书,增进自己学识;搜求参考材料,供讲授之用。教师

---

① ③　校闻·毕业班学生之校外实习[J].文华图书馆学专科学校季刊,1936,8(2):276.

②　校闻·基金会派人来查并继续补助本校[J].文华图书馆学专科学校季刊,1936,8(2):276 - 277.

④　张鸿书.图书馆与教育[J].文华图书馆学专科学校季刊,1936,8(3):305 - 313.

⑤　张鸿书.图书馆与教育[J].河北省立工业学院学报,1937(3):181 - 187.

具有图书馆学智识,亦始能教导学生利用图书,研读书诗。故图书馆学,亦应列为师范生之课程。至教育学中原有社会教育学(包括图书馆)一项,更无需多言。①

5 月 31 日

文华图专武汉同学会在汉口江汉路广州酒家举行该学期第二次常会,进行职员改选。结果邬学通任主席,熊毓文任书记②。

5 月底

戴镏龄从国立武汉大学图书馆辞职,经西伯利亚铁路赴英国爱丁堡大学(University of Edinburgh)深造,"预定至少在彼三年研究语言文字之学,毕业后再转伦敦入伦敦大学入其图书科"③。1939 年夏,他从爱丁堡大学毕业并获文学硕士学位(英国文学专业)。毕业之后,他并未按计划前往伦敦大学学习图书馆学,而是立刻返回中国④,先后在武汉大学、安徽大学、中山大学、广州外语学院等高校从事外语教学工作⑤。

5 月

经上海市教育局核准,上海市私立大东书局函授学校正式创办,开始招生办学⑥。该校校长为蒋息岑,下设文书科(主任为姚谷孙)和日文科(主任为孙珍田)。文书科开设 7 门课程,"除指导文书之体例、程式及作法外,尤注重文书统计及档案管理之科学方法。修毕全科,即成一文书专门人才"⑦。后增至 8 门课程,包括"公文程序精义""公文成语例释""公文作法""各体文书例释""文件举要""文书统计""档案管理""尺牍作法特别讲座"。每门课程分成若干部分,每个部分均附习题,供学员研究;如有疑义,学员可以随时咨询,直到完全明了为止⑧。

---

① 张鸿书. 图书馆与教育[J]. 文华图书馆学专科学校季刊,1936,8(3):305 – 313.

②③ 同门消息[J]. 文华图书馆学专科学校季刊,1936,8(2):278.

④ 王辛笛. 梦馀随笔[M]. 南京:凤凰出版社,2003:87.

⑤ 易汉文. 中山大学专家小传[M]. 广州:中山大学出版社,2004:63.

⑥ 本局函授学校文书科之实况[J]. 大东月报,1936(新 2):34 – 35.

⑦ 上海市私立大东书局函授学校[N]. 申报,1936 – 05 – 26(2).

⑧ 大东书局函授学校文书科[N]. 申报,1937 – 03 – 19(2).

私立江苏女子职业中学校重订的《私立江苏女子职业中学校简章》，规定该校高中文书科(三年制)开设"图书馆大意""档案(文书处理)""公文程式"等课程。其中:"图书馆大意"课程于第1—6学期开设,计二学分;"档案(文书处理)"于第4—6学期开设,计3学分;"公文程式"课程于第1—6学期开设,计2学分①。

6月5日

下午,吕绍虞带领大夏大学图书馆同人及该校编目班学生赴上海市中心区图书馆参观②。

6月15日

下午4时,中华图书馆协会召开第三届年会筹备会议,何日章、田洪都、吴光清、严文郁、袁同礼、袁仲灿6人出席。此次会议通过六项决议案,其中第六项为《民众图书馆暑期讲习会案》,内称:"年会闭幕后,设一民众图书馆讲习会,授课三星期,除推定陈训慈君至各处视察民教状况,即以调查所得作为参考外,关于其他课程之内容,另请沈祖荣、刘国钧、严文郁、吴光清、莫余敏卿五人,组织一委员会,拟具具体计划。讲习会由七月二十七日起开课,八月十五日止结束。凡非会员而愿出席年会兼听课者,可临时加入本会为会员,与本会会员同等待遇。除缴纳年会会费外,会后之伙食概归自备,另缴杂费及讲义费三元。"③但是,该民众图书馆讲习会后来其实并未举办。

6月20日

下午3时至5时半,文华图专举行毕业典礼④,顾家杰、胡文同、胡延钧、蒋元枚、李永增、唐月萱、王铭悌、颜泽霍、杨漪如9人顺利毕业,为图书馆学本科第十二届毕业生(见表1936 – 1)⑤。

---

① 私立江苏女子职业中学校. 私立江苏女职中校刊[M].苏州:私立江苏女子职业中学校,1936:12.

② 参观市图书馆[J].大夏图书馆报,1936,2(4):2.

③ 第三次年会之筹备[J].中华图书馆协会会报,1936,11(6):25 – 26.

④ 校闻·一九三六级举行毕业典礼[J].文华图书馆学专科学校季刊,1936,8(3):429.

⑤ 校闻·毕业生之出路[J].文华图书馆学专科学校季刊,1936,8(3):430.

表 1936 – 1　文华图专图书馆学本科第十二届毕业生（1936 年 6 月）一览

序号	姓名	性别	字号	籍贯	毕业后最初去向
1	顾家杰	男	忍吾	江苏吴县	国立武汉大学图书馆
2	胡文同	女		湖北武昌	陕西西北农林专科学校图书馆
3	胡延钧	男	飞鸿	山东济宁	山东济南齐鲁大学图书馆
4	蒋元枚	女	文慰	湖南邵阳	南京国立中央图书馆筹备处
5	李永增	男		河北延陵	江西九江牯岭图书馆
6	唐月萱	女		安徽泾县	上海医学院图书馆
7	王铭悌	女		江苏江宁	湖南湘雅医学院图书馆
8	颜泽霑	男	希渊	广东连平	国立北平图书馆
9	杨漪如	女	毅凡	安徽泗县	天津河北省立工学院图书馆

6 月 22 日

国民政府教育部社会教育司致函中华图书馆协会,内附《改进图书馆行政要点》一份,并委托该会借召开第三届年会之机商订具体办法①。收到来函后,中华图书馆协会迅速将《改进图书馆行政要点》寄发给部分会员,请他们发表意见②。

《改进图书馆行政要点》共计七点,其中第七点涉及图书馆学教育。具体如下:

（一）县立图书馆至少限度应备图书标准

（二）县立民众教育馆阅览部应备图书标准

（三）县立图书馆工作标准

（四）县立图书馆全县巡回图书办法

（五）各县木刻古版保存办法

（六）县立图书馆或民教馆阅览部分类编目标准

（七）省立图书馆辅导及推进全省图书馆教育工作办法③

6 月 30 日

上午,国民政府行政院公布该年度私立专科以上学校补助费分配情

---

①③　教部委本会拟具改进图书馆行政要点[J].中华图书馆协会会报,1936,12(1):18.

②　李靖宇.改进图书馆行政要点[J].山东民众教育月刊,1936,7(7):95 – 100.

况,文华图专获得 7000 元补助费①。

文华图专校董会第六次会议在汉口中华圣公会举行,议决加办讲习班、改造学生宿舍、编制下一年度预算、改订校董会集会时间、改选任满校董及职员等事项②。

6 月

曹祖彬从哥伦比亚大学毕业,获颁理学士学位(图书馆学专业)③,赵廷范则没有拿到学位。

张世泰与杨学游从上海图书学校毕业,同年 8 月进入中山大学图书馆工作④。

《图书馆学季刊》第 10 卷第 1 期登载冷淑媛的《儿童图书馆馆员之训练及责任》。该文分为"儿童图书馆员的责任"与"儿童图书馆员的训练"两部分。在"儿童图书馆员的训练"中,冷淑媛指出:"儿童图书馆的馆员,他的责任有这样的重要,那这种职务决不是可以随便交给一个普通人去担任的。所以对于图书馆的馆员要施以严格特殊的训练,使他有特殊的技能去管理图书馆;尤其是儿童图书馆馆员,还要陶冶儿童,训育儿童。所以要想馆员对于图书馆事业有良好的成绩,一定要根据他们所负的责任,分别的去训练。"她随后列举儿童图书馆员必须接受的训练科目,包括"智能的训练""德性的修养""仪态的修养"三种。其中,"智能的训练"又分为"图书馆智识的训练"(包括"图书馆教育""图书馆组织""图书馆管理")和"师范教育的训练"两类⑤。

7 月 10 日

文华图专就招考图书馆学讲习班第三班公费生事宜向湖北、湖南、四川、陕西、甘肃、河南、安徽、江苏、浙江、福建 10 省教育厅呈文,称"决定于本年秋季开办第三届图书馆学讲习班一班,专门训练中等学校图书馆员,并规定在鄂、湘、川、陕、甘、豫、皖、苏、浙、闽十省招收公费生十名。

---

① 私专各校之补助费[N].大公报(天津版),1936 - 07 - 01(3).

② 校闻·校董会开会[J].文华图书馆学专科学校季刊,1936,8(3):429.

③ Degrees conferred 1935 - 1936 [M]//Columbia University. Catalogue 1936 - 1937. New York:Columbia University,1937:210.

④ 张武耕.张世泰与图书馆[M]//广东省立中山图书馆.情书:致中山图书馆.广州:广东教育出版社,2012:170 - 178.

⑤ 冷淑媛.儿童图书馆员之训练及责任[J].图书馆学季刊,1936,10(1):83 - 89.

此项公费生由本校函请以上十省教育厅,就各该省已设有图书馆之省立中学或师范学校中择定一校,着其保送学生一名来校肄业"①。

7 月 13 日

北平市小学教员暑期讲习会开始举行,8 月 9 日结束。此次讲习会分成小学行政组、普通教育组、简小教育组、义务教育组、民众教育组 5 组。其中,民众教育组授课两周,开设"民众教育"(8 小时)、"民众学校课程标准"(6 小时)、"各科教学法"(10 小时)、"图书馆管理法"(8 小时)、"注音符号"(4 小时)、"讨论实际问题"(12 小时)6 门课程,共计授课 48 小时②。

7 月 16 日

毛宗荫撰就《图书馆事业合理化之刍见》一文,该文载于 1936 年 9 月 15 日《学觚》第 1 卷第 8 期③和 1936 年 9 月《图书馆学季刊》第 10 卷第 3 期④。毛宗荫在该文第七节"图书馆教育"中指出:

> 欲培养图书馆人才,则必须提倡图书馆教育。兹将此项教育暂分为积极与消极二种,分述如左:
> 甲、积极图书馆教育
> 设立图书馆学训练班及学校。
> 乙、消极图书馆教育
> 编行有关于图书馆学之图书及刊物。
> 以上二则,间亦可视其环境之需要,而由其他机关办理之。然总不如以图书馆界最高机关办理之,似较适宜与便利耳。⑤

7 月 18 日

李小缘在南京撰就《中国图书馆事业十年来之进步》初稿,随即印成

① 私立武昌文华图书馆学专科学校关于本年秋季在十省招收讲习班公费生十名的呈 [A].湖北省档案馆,案卷号:LS10 - 6 - 275 - P7. 转引自:王郭舜. 湖北省档案馆馆藏私立武昌文华图书馆学专科学校史料选辑[J].档案记忆,2020(7):24 - 37.
② 小学教员暑期讲习会[N].华北日报,1936 - 07 - 11(9).
③ 毛宗荫. 图书馆事业合理化之刍见[J].学觚,1936,1(8):1 - 10.
④ 毛宗荫. 图书馆事业合理化之刍见[J].图书馆学季刊,1936,10(3):371 - 384.
⑤ 毛宗荫. 图书馆事业合理化之刍见[J].学觚,1936,1(8):1 - 10;毛宗荫. 图书馆事业合理化之刍见[J].图书馆学季刊,1936,10(3):371 - 384.

小册,于7月21日寄出,7月23日寄达青岛,随即提交给中华图书馆协会第三届年会供参会人员讨论①。李小缘在文中论及"社会乐用曾受训练者为职员""图书馆学专门人才增多""图书馆学书籍出版增多""图书馆新式建筑""行政效能增进""设备""装订""书籍购置""书籍选择""目录之编制""目录""目录学""索引""流通参考""对政府建议""出版事业之进步"等诸多问题②。

7月20日

中华图书馆协会、中国博物馆协会联合年会(即中华图书馆协会第三届年会与中国博物馆协会第一届年会)在青岛国立山东大学开幕,7月24日结束。其中,7月20—22日为会议,7月23—24日为游览。中华图书馆协会第三届年会下设图书馆行政组、分类编目组、图书馆教育组、索引检字组、民众教育组,中国博物馆协会第一届年会下设博物馆行政组、建筑及陈列组、发掘及考古组、古物保存组、档案整理组③。

7月21日

下午2—4时,中华图书馆协会第三届年会举行讨论会,讨论会由沈祖荣主持。最终通过一系列决议案,其中5项与图书馆学教育密切相关。具体如下:

一、呈请教育部明令中等以上学校增设图书馆学课程案。

二、请各省教育当局办理图书馆学暑期讲习会,并请以训练图书馆服务人员案。

三、为图书馆员谋进修机会请厘订方案案。

四、武昌文华图书馆学专科学校增设图书馆学函授部案。

五、呈请教育部在每届英庚款及清华留美公费生名额内,列入图书馆学一科俾资深造案。④

---

① 李小缘. 中国图书馆事业十年来之进步[J]. 图书馆学季刊,1936,10(4):507-549.

② 李小缘. 中国图书馆事业十年来之进步[M]. 南京:[出版者不详],1936:1-35.

③ 到会须知[M]//中华图书馆协会,中国博物馆协会. 中华图书馆协会、中国博物馆协会联合年会指南. 青岛:中华图书馆协会,中国博物馆协会,1936:3-5.

④ 李文裿. 写在第三届年会之后[J]. 中华图书馆协会会报,1936,12(1):1-5. 按:或称共有4件与图书馆学教育相关的决议案,分别是《呈请教育部明令中等以上学校增设图书馆课程》《请各省教育当局办理图书馆学暑期讲习会训练图书馆服务人员》《请武昌文华图书馆学专科学校增设函授部》《呈请教育部在每届英庚款及清华留美公费生名额内列入图书馆学一科》。具体参见:严文郁. 中国图书馆发展史:自清末至抗战胜利[M]. 台北:图书馆学会,1983:218.

沈祖荣代表中华图书馆协会图书馆教育委员会做工作报告,即《中华图书馆协会第三次年会图书馆教育委员会报告》[①]。可惜的是,受日本全面侵华等因素的影响,中华图书馆协会图书馆教育委员会规划的各省市图书馆学暑期讲习会后来未见实际举办。

7 月 22 日

下午 4 时,中华图书馆协会第三届年会继续召开会务会,由袁同礼主持,共计报告 6 项会务。其中,第一项为"本会会员无论出外留学或在图书馆学校肄业本会均尽力协助",第二项为"协会主张在中国图书馆事业幼稚时期,维持免费生办法",第六项为"美国图书馆专家将来华视察指导,经与教育部商洽,已由本会复函欢迎"[②]。

7 月 29 日

李小缘撰就《中国图书馆事业十年来之进步》终稿,其内容是对初稿的扩充和修订,该文载于 1936 年 12 月《图书馆学季刊》第 10 卷第 4 期。李小缘在文中论及"社会乐用曾受训练者为职员""图书馆学专门人才增多""图书馆学书籍出版增多""图书馆新式建筑""行政效能增进""设备""装订""书籍购置""书籍选择""目录之编制""分类法之创立""编目条例""印行目录卡片""目录""目录学""索引""流通参考""对政府建议""出版事业之进步"等诸多问题,并附 1936 年 7 月 29 日李小缘脱稿讲演的"第三次年会感言"。关于"社会乐用曾受训练者为职员",李小缘指出:"中华图书馆协会自民国十四年成立迄今已历十有一载。回忆此十一载之中,其参加工作者人数日见增加,而曾受训练之人参加工作,尤令吾人感觉其趋势之醇正,其进步之合理,而不越普通常轨。社会之接受此种曾受训练之人,较之平日已臻采用无疑之地位。倘曾受图书馆训练者成绩不良,社会亦不定乐于选用也。而况往往需求甚殷,每求过于供。社会机关不时邀请专家,从中主导,此为十余年来显明之进步也。"关于"图书馆学专门人才增多",李小缘指出:"此十一年中,非特人才之增加也,人才之学识亦有相当之增进。无论专门或普通,皆有所增进。专门方面,则在海外专攻图书馆学者,已由五、六人而增多至

---

① 沈祖荣. 中华图书馆协会第三次年会图书馆教育委员会报告[J]. 中华图书馆协会会报,1936,12(2):1-2.

② 李文裿. 写在第三届年会之后[J]. 中华图书馆协会会报,1936,12(1):4.

十余人矣。国内图书馆专校卒业者，亦由十余人增加至百人以上，其他大学附设专科或训练班，亦有相当成绩，分道扬镳，各贡所长于社会国家，方克有底于今日所谓图书馆界地位。社会一般人士，虽非专门服务图书馆事业者，然亦渐知杜威分类法、王云五分类法、索引引得等对于读书人之功效，而亦津津乐道，研求其中之方法矣。此在十年前为未曾有之事实。此普通知识之进步，确为使多数人了解图书馆事业之良好方法。此种人当为吾人服务之环境对象。今环境对象之图书馆学识增进矣，故吾人自身之专门学识，亦非增进不可。增进之外，犹需适应我国之环境焉。"在"第三次年会感言"中，李小缘转录了《大公报》和《青岛时报》所载中华图书馆协会第三届年会议决通过的 9 条重要议案，并一一进行评析。针对其中的第六条《请教育部明令各级学校增设图书馆常识或专门图书馆课程案》，李小缘认为："既有人提出，似已不费力。盖已感觉需要而提出，故可利用此时机，请教育部采纳此种办法，研究法令条文而后推行。"他最后提议，"更促进各县当局使其：（一）注意培植其县立图书馆需要之人才。（二）规定县立图书馆经费标准。（三）实行努力其图书馆之工作标准"①。

7 月 30 日

江苏省立教育学院开始在无锡通惠路该校校园内举行招生考试，7 月 31 日结束。此次计划招收民众教育学系（含图书馆学组等）新生 25 名、农事教育学系新生 35 名、劳作师资专修科新生 45 名和电影电播教育专修科新生 30 名②。

7 月

上海的中国图书馆服务社出版杜定友的《明见式编目法》，该书被列入"上海图书学校丛书"。

赵廷范被北平协和医学院从美国召回，负责该校图书馆的日常工作③。

江苏省立苏州图书馆出版《江苏省立苏州图书馆年刊》，内载蒋镜寰

---

① 李小缘. 中国图书馆事业十年来之进步[J]. 图书馆学季刊,1936,10(4):507 – 549.

② 江苏省立教育学院招考男女新生[N]. 申报,1936 – 06 – 26(6).

③ 赵庭范. 独具风格的协和图书馆[M]//政协北京市委员会文史资料研究委员会. 话说老协和. 北京:中国文史出版社,1987:409 – 413.

撰写的《图书馆与社会教育》一文。该文分为"专门研究""改进精神"
"真切认识""充分利用"四节。在第一节"专门研究"中,蒋镜寰指出:
"图书馆既为专门之事业,即应有专门之研究……故办理图书馆不难,而
得专门之人才实难。昔之主持图书馆者,多未能运用科学方法,结果仅
成藏书楼之变相,难著图书馆之实效。近年以来,研究机关,既有协会之
组织、出版刊物,复多专家之著述。造就人才,更有专科之学校。不可谓
非图书馆界之进步。顾各地情形不同,每因限于经费,难致专才。则应
多备图书馆学之参考书,随时研究。遇有困难问题,则提交协会,共同讨
论。或参加图书馆学讲习会等,以研究所得。见之实行,则图书馆之设
施,必有可观者矣。"①

上海市博物馆刊印陈端志所著的《博物馆学通论》,该书被列为"上
海市博物馆丛书"甲类第一种。在该书第 18 章"工作人员的养成"中,陈
端志论及"工作人员养成的必要""专业的准备""继续进修""博物馆人
才的训练问题""训练的方法分二方面说""训练服务生的意义"6 个方
面。他还将博物馆人才训练的内容分成"基本训练"和"专业训练"两
种。前者包括社会科学、自然科学、教育等普通学识,后者包括博物馆的
各种知识、技能等②。

8 月 3 日

文华图专 1936 年招生考试开始在武昌、北平、南京、上海、广州、成
都六地同时举行,8 月 4 日结束③。

8 月 11 日

邹越与程慕贞夫妇二人从上海乘坐"胡佛总统号"轮船赴美④,8 月
26 日抵达加利福尼亚州旧金山⑤。邹越计划入读康奈尔大学,程慕贞则

---

① 蒋镜寰. 图书馆与社会教育[M]//江苏省立苏州图书馆年刊编纂委员会. 江苏省立苏
州图书馆年刊. 苏州:江苏省立苏州图书馆,1936:1 – 4.

② 陈端志. 博物馆学通论[M]. 上海:上海市博物馆,1936:249 – 260.

③ 招考图书馆学免费(学费、食费、宿费)生广告[N]. 大公报(天津版),1936 – 06 – 24(8).

④ 赴美生今放洋,乘俄皇后轮启程渡美[N]. 申报,1936 – 08 – 09(16);California,San
Francisco,passenger lists,1893 – 1953[EB/OL]. [2021 – 04 – 28]. https://www. familysearch. org/
ark:/61903/3:1:33S7 – 95GQ-WC3? i = 449&cc = 1916078.

⑤ California,San Francisco,passenger lists,1893 – 1953[EB/OL]. [2021 – 04 – 28]. ht-
tps://www. familysearch. org/ark:/61903/3:1:33SQ-G5GQ-WJB? i = 448&cc = 1916078.

计划修习图书馆学①。不过,囿于史料,目前尚不清楚程慕贞在美期间是否确实修习图书馆学及其详情。

8月15日

文华图专图书馆学讲习班第三班报名截止。此次计划在安徽、福建、河南、湖北、湖南、甘肃、江苏、四川、陕西、浙江10省招收公费生10名,公费生由上述10省教育厅保送入学,但只限男性②。

8月28日

刘修业从上海乘船前往法国③。她此行是由国立北平图书馆派往巴黎法国国立图书馆的,以协助王重民整理中文馆藏。

8月30日

文华图专1936年招生考试结果揭晓。该年原本计划招收图书馆学本科免费生11名及自费生若干名,实际录取图书馆学本科免费生13人和自费生2人,包括13名男性和2名女性④。他们是文华图专图书馆学本科第十四班(见表1936-2)。

表1936-2　1936年8月文华图专图书馆学本科第十四班录取名单

序号	姓名	字号	性别	籍贯	学历	备注
1	陈友潜		女	广东新会	燕京大学	
2	程时学	永年	男	四川井研	清华大学	后以字行,改称"程永年"
3	胡宝康		男	广东*	燕京大学	
4	姜文锦		男	江苏铜山	辅仁大学	
5	蓝乾章		男	四川仪陇	燕京大学	
6	李启寿		男	湖南湘潭	武汉大学	
7	梁慕秦		女	广东四会	光华大学	

① 冯双.邹鲁年谱(下)[M].广州:中山大学出版社,2010:844.
② 私立武昌文华图书馆学专科学校附设讲习班第三届招收公费生简章[A].湖北省档案馆,案卷号:LS10-6-275-P11.转引自:王郭舜.湖北省档案馆藏私立武昌文华图书馆学专科学校史料选辑[J].档案记忆,2020(7):24-37.
③ 李墨.王重民年谱[D].保定:河北大学,2008:26.
④ 校闻·招考专科新生结果[J].文华图书馆学专科学校季刊,1936,8(3):430.

序号	姓名	字号	性别	籍贯	学历	备注
8	罗维勤		男	河北	高等考试检定及格	
9	任宗炎	景辉	男	江苏泰兴	南开大学	
10	陶维勋		男	湖北黄陂	中华大学	
11	王溶	又溶	男	河南沈丘	北京大学	
12	熊飞		男	江西奉新	中华大学	
13	张桂森	月如	男	河北宛平	北平财政商业专门学校	
14	张正鹄		男	湖南长沙	华中大学	
15	张遵俭		男	河北南皮	清华大学	

注：＊ 原文如此，有的籍贯只写了省份。后文同。

与此同时，文华图专图书馆学讲习班第三班录取名单确定，共计 14 人。河南、陕西、湖北、湖南、甘肃、四川、安徽 7 省教育厅各自保送一人，江苏省教育厅保送两人。此外，广州培正中学保送林恩光，上海中西女塾保送阙培珍，成都青年会保送艾俊之，北平崇慈女中保送高韵琇，武汉大学图书馆田清濂则是自费入学①。

表 1936－3 1936 年 8 月文华图专图书馆学讲习班第三班录取名单

序号	姓名	字号	性别	籍贯	保送机关	性质	备注
1	艾俊之		男	四川成都	成都青年会	保送	或误作"艾俊芝"
2	高韵琇	青子	女	福建长乐	北平崇慈女中	保送	
3	韩宗唐		男	河南博爱	河南省教育厅	保送	
4	胡寿宝		男	江苏宝应	江苏省教育厅	保送	
5	雷甲荣		男	陕西华阴	陕西省教育厅	保送	
6	林恩光		男		广州培正中学	保送	
7	刘鉽远		男	湖北长阳	湖北省教育厅	保送	
8	邱亦高	逸皋	男	湖南南县	湖南省教育厅	保送	
9	阙培珍		女	江苏吴县	上海中西女塾	保送	

① 校闻·开办第三届讲习班[J].文华图书馆学专科学校季刊,1936,8(3):431.

续表

序号	姓名	字号	性别	籍贯	保送机关	性质	备注
10	田清濂		男	湖北武昌	武汉大学图书馆	自费	
11	张继贤		男		江苏省教育厅	保送	
12	张鉴	寿千	男	甘肃会宁	甘肃省教育厅	保送	
13	章达夫		男	四川成都	四川省教育厅	保送	
14	章作人		男	安徽桐城	安徽省教育厅	保送	

8 月

钱亚新所著的《汉字排检法概论》由河北省立女子师范学院出版。该书由钱亚新讲授"汉字排检法"课程使用的讲义合并而成,正文包括"排检法的定义和范围""排检法的对象——文字""排检法的种类""排检法的例举(一)""排检法的例举(二)""排检法的例举(三)""排检法的例举(四)""排检法的例举(五)""排检法的例举(六)""排检法的功用""排检法的原理""排检法的规则""排检法的导卡""排检法的指引"14 章①。其中,第 11 章"排检法的原理"和第 12 章"排检法的规则"此前已经分别载于 1932 年 3 月《文华图书科季刊》第 4 卷第 1 期②和 1931 年 12 月《文华图书科季刊》第 3 卷第 4 期③。

《山东民众教育月刊》第 7 卷第 6 期登载尹延杰与朱智贤合撰的《改进图书馆行政要点》。尹延杰与朱智贤在文中针对国民政府教育部社会教育司所拟的《改进图书馆行政要点》七点逐一发表意见。针对第七点"省立图书馆辅导及推进全省图书馆教育工作办法",他们提出五点建议,包括第四点"训练人才,时常集会研究,或举办训练班",及第五点"组织团体以加重辅导及推进上的力量"④。

9 月 1 日

曾宪三从上海乘坐"杰弗逊总统号"轮船赴美⑤,9 月 16 日抵达华盛

---

① 谢欢.钱亚新年谱[M].上海:上海古籍出版社,2021:66 – 67.

② 钱亚新.排检法的原理[J].文华图书科季刊,1932,4(1):7 – 12.

③ 钱亚新.排检法的规则[J].文华图书科季刊,1931,3(4):425 – 432.

④ 尹延杰,朱智贤.改进图书馆行政要点[J].山东民众教育月刊,1936,7(6):81 – 84.

⑤ Washington,Seattle,passenger lists,1890 – 1957[EB/OL].[2018 – 10 – 04].https://fami-lysearch.org/pal:/MM9.3.1/TH – 1942 – 22103 – 37294 – 94?cc = 1916081.

顿州西雅图①。

9 月 15 日

汪长炳回到文华图专②,任图书馆学教授兼教务主任③。

9 月

徐家麟④和曾宪三⑤到哥伦比亚大学图书馆学院学习图书馆学。两人均获得洛克菲勒基金会的资助⑥。

曹祖彬进入芝加哥大学图书馆学研究院就读一年,1937 年 6 月离开,未能获得更高学位。之后,他返回中国,继续在金陵大学工作。

查修受聘担任大夏大学教育学院社会教育系讲师⑦。该系主任马宗荣在假,吴学信(育成)担任代理主任⑧。当时,该系开设一门"图书馆学"必修课程,计 6 学分⑨;另有"图书编目及实习"和"图书分类及实习"两门选修课程,均各计 3 学分⑩。

郝露斯女士(Miss Ruth A. Hill,或称"郝路得""郝女士")受聘担任文华图专教员,接替因病返回美国的费锡恩女士。她是华盛顿大学图书馆学学士,曾在纽约公共图书馆、西班牙山洛利塔图书馆、巴黎美国图书馆等处任职,具有丰富的图书馆工作经验⑪。

教学之余,毛坤还必须负责文华图专研究部与出版部的相关事务⑫。

文华图专图书馆学本科第十四班学生注册入学,共计 12 人,即陈友

---

① Washington, Seattle, passenger lists, 1890 – 1957[EB/OL].[2018 – 10 – 04]. https://familysearch. org/pal:/MM9. 3. 1/TH – 1951 – 22103 – 36841 – 28? cc = 1916081.

② 同门消息·同学位置之转动[J].文华图书馆学专科学校季刊,1936,8(3):433.

③ 校闻·新聘教员[J].文华图书馆学专科学校季刊,1936,8(3):429.

④ Directory of students[M]//Columbia University. Catalogue 1936 – 1937[M]. New York:Columbia University,1937:152.

⑤ Directory of students[M]//Columbia University. Catalogue 1936 – 1937[M]. New York:Columbia University,1937:239.

⑥ Columbia University School of library service. Report of the dictor of the school of library service,for the period ending June 30, 1937[M]. New York:Columbia University School of Library Service,1937:5 – 6.

⑦ 大夏大学一览(1937)[M]//汤涛. 王伯群与大夏大学. 上海:上海人民出版社,2015:419.

⑧ 大夏大学一览(1937)[M]//汤涛. 王伯群与大夏大学. 上海:上海人民出版社,2015:414.

⑨ 大夏大学一览(1937)[M]//汤涛. 王伯群与大夏大学. 上海:上海人民出版社,2015:443.

⑩ 大夏大学一览(1937)[M]//汤涛. 王伯群与大夏大学. 上海:上海人民出版社,2015:445.

⑪⑫ 校闻·新聘教员[J].文华图书馆学专科学校季刊,1936,8(3):429.

潜、程时学、姜文锦、蓝乾章、李启寿、罗维勤、任宗炎、王溶、熊飞、张桂森、张正鹄、张遵俭。此外，陶维勋延至 1937 年 9 月入读图书馆学本科第十五班，梁慕秦则转入图书馆学讲习班第三班，胡宝康未来校报到。

文华图专图书馆学讲习班第三班学生注册入学，共计 13 人，即艾俊之、高韵琇、韩宗唐、胡寿宝、雷甲荣、梁慕秦（从图书馆学本科第十四班转入）、刘鋆远、阙培珍、邱亦高、田清濂、张鉴、章作人、章达夫。原本已经录取的林恩光与张继贤两人并未报到。

金陵大学图书馆学会首次在金陵大学成功备案，负责人为胡绍声，性质是"对图书馆学有兴趣之同学组织"、"学术研究组织"①。

《图书馆学季刊》第 10 卷第 3 期登载毛坤所撰的《档案处理中之重要问题》。这其实是毛坤编写的《档案经营法》讲义之"公文章"及后文的内容精要②。

《山东民众教育月刊》第 7 卷第 7 期登载李靖宇撰写的《改进图书馆行政要点》。李靖宇在文中亦是针对国民政府教育部社会教育司所拟的《改进图书馆行政要点》七点逐一发表意见。针对第七点"省立图书馆辅导及推进全省图书馆教育工作办法"，他提出五点建议，包括第四点"举办讲习会，将全省划为数区，分期招集各区之图书馆界工作人员作短期之讲习"，及第五点"设立图书馆专科学校，培养有志斯道之专门人才"③。

10 月 16 日

下午 1 时，汪长炳、毛坤与范礼煌三人带领文华图专全体学生赴汉口参观圣教书局和英文楚报馆④。

10 月 22 日

下午 4 时，国立中山大学图书委员会在该校图书馆召开第二次会议，议定国立中山大学图书馆的分馆组织系统、购书办法、图书馆职员训练办法、馆徽等相关事宜⑤。其后，国立中山大学图书馆专门成立图书馆

① 本季学生社团一览[J].金陵大学校刊,1936(206):1.
② 毛坤.档案处理中之重要问题[J].图书馆学季刊,1936,10(3):335-370.
③ 李靖宇.改进图书馆行政要点[J].山东民众教育月刊,1936,7(7):95-100.
④ 校闻·(七)往汉口参观印刷机件[J].文华图书馆学专科学校季刊,1936,8(4):600.
⑤ 图书委员会第二次会议记录[J].国立中山大学日报,1936(2281):8-10.

训练委员会,设主席一人、秘书一人、委员五人、干事二人[①],成员包括陈潜、陈若霖、杜定友、黄德馨、黎沛霖、梁景峰、杨学游、张世泰、张英敏等人,并且先后于 11 月 10 日、11 月 24 日、12 月 7 日、12 月 30 日召开四次会议,讨论职员训练、招收练习生等相关问题[②]。

国立中山大学图书馆职员训练办法

一、本馆为改善管理技术及增加工作效率起见,特定本馆职员训练办法。

二、凡本馆职员,从前未受过图书馆学专门训练者,均需依本办法受相关训练。

三、关于训练事宜,由本馆馆主任暨各部主任组织训练委员会办理之,并聘请校外图书馆学者担任讲授。

四、训练时间另定之。

五、训练方法,分讲授、讨论及实习三项。

六、训练期间暂定六个月,如规定课程未能授毕时,得酌量延长之。

七、训练完毕时,各员笔记及实习报告,经训练委员会审查合格后,转呈校长发给证明书。

八、训练科目暂定如左

(甲)图书馆学概要

(一)图书馆之意义

(二)图书馆之略史

(三)图书馆之职业的兴趣

(四)图书馆员之修养

(乙)总务

(一)文件之收发

(二)档案之管理

(三)物产之购置与保管

(四)清洁卫生

(五)统计报告

---

① 杜定友. 国立中山大学图书馆工作报告(中华民国廿五年八月至十二月)[M]//杜定友. 杜定友文集:第 9 册. 广州:广东教育出版社,2012:64.

② 杜定友. 国立中山大学图书馆工作报告(中华民国廿五年八月至十二月)[M]//杜定友. 杜定友文集:第 9 册. 广州:广东教育出版社,2012:238－256.

（丙）征集

（一）图书之选择与介绍

（二）图书之征求与交际

（三）图书购订法

（四）图书登记法

（丁）编目

（一）分类法

（二）书码编制法

（三）目录用法

（四）汉字排检法

（戊）流通

（一）借书法

（二）排书法

（三）藏书法

（四）装订法

（己）参考

（一）图书指导

（二）参考材料

（三）杂志索引

九、本办法经图书委员会议决呈请校长核准后施行。①

文华图专全体师生合影留念②。

10 月

岳良木从哥伦比亚大学获颁理学硕士学位（图书馆学专业）③，其硕士学位论文题为"The Methods of American Public Library Extension and

---

① 国立中山大学图书馆职员训练办法［J］. 国立中山大学日报,1936(2281):9 - 10;杜定友. 国立中山大学图书馆工作报告(中华民国廿五年八月至十二月)［M］//杜定友. 杜定友文集:第9册. 广州:广东教育出版社,2012:127 - 130.

② 私立武昌文华图书馆学专科学校师生摄影(民国二十五年十月二十二日)［J］. 文华图书馆学专科学校季刊,1936,8(4):卷首.

③ Degrees conferred 1936 - 1937［M］//Columbia University. Catalogue 1937 - 1938. New York:Columbia University,1938:248.

Their Possible Application in China"(《美国公共图书馆扩充方法及其在中国的可能应用》)①。毕业之后,他返回中国,担任国立北平图书馆附设之工程参考图书馆主任②。

正中书局出版邢云林所著的《图书馆图书购求法》,该书被列入"师范丛书"。该书分为"引言""总论""图书经费预算与使用""选择图书""书店""订购""赠送与交换"7 个部分。

11 月 8 日

无锡图书馆协会在江苏省立教育学院举行第四次大会。此次会议讨论七项议题,其中第五项为"请本会联合江苏省各县图书馆协会呈请教育厅办理暑期图书馆学讲习会,以训练服务人员",最后议决"交执行委员会酌量情形办理"③。

11 月上旬

国立中山大学图书馆制定《招收练习生办法》,并呈请校长批准④。之后,该馆又陆续制定《练习生管理规则》(后改称《练习生管理细则》)、《练习生信条》、《练习生宿舍规则》、《练习生自修规则》等一系列配套管理规章⑤。

11 月

北平市立第一普通图书馆制定《北平市立第一普通图书馆实习规则》,旨在"发扬图书馆学术,并谋从事图书馆事业人员之研究便利"⑥。

———————

① DERBYSHIRE R. Master's essays in library service, Columbia University 1928 – 1951[M]. New York:Columbia University School of Library Service, 1967:17;GRAY R A. Bibliography of research studies in education 1936 – 1937[M]. Wathington D. C. :United States Government Printing Office,1938:23.

② 郑锦怀. 岳良木图书馆生涯与贡献考述[J]. 图书馆,2020(7):65 – 72.

③ 无锡图书馆协会开会[J]. 中华图书馆协会会报,1936,12(3):32 – 33.

④ 杜定友. 国立中山大学图书馆工作报告(中华民国廿五年八月至十二月)[M]//杜定友. 杜定友文集:第 9 册. 广州:广东教育出版社,2012:238.

⑤ 杜定友. 国立中山大学图书馆工作报告(中华民国廿五年八月至十二月)[M]//杜定友. 杜定友文集:第 9 册. 广州:广东教育出版社,2012:102 – 109.

⑥ 市立图书馆实习规则已拟定公布[N]. 华北日报,1936 – 11 – 27(9).

12 月 8 日

国立中山大学图书馆训练委员会举行招收练习生考试,考试包括口试(9 时至 12 时)、国文(下午 1 时 30 分至 2 时 45 分)、书法(下午 3 时至 4 时 20 分)和英文(下午 4 时 30 分至 5 时)4 场。同年 12 月 28 日该委员会发布通告,公布图书馆练习生录取名单,包括正取生 12 名(陈炳灿、董子良、郭祖光、黎鹏根、李炳章、梁英武、梁子庭、廖衍沅、马信职、潘国良、单理康、冼玮琰)和备取生 10 名(陈家祜、冯煜勋、关荣炜、黄成成、黎国强、林文磊、潘家骅、王义达、温命予、杨廷玮)。①

12 月 15 日

《文华图书馆学专科学校季刊》第 8 卷第 4 期登载汪长炳撰写的《一种研究图书馆学之方法》。汪长炳在文中对文华图专办学经验进行总结,亦对民国时期图书馆学高等教育课程设置问题进行思考。他对"图书馆学训练"与"图书馆教育"两个概念进行区分,指出:"凡与图书馆事业有关者,亦当在图书馆学研究之列。研究图书馆学者,必先修习其有关系之各科学,图书馆学学校招收新生,有定高中毕业者,有定大学二年肄业者,有定大学卒业者,为研究图书馆学应有之准备……据以上所论,则图书馆学训练(Training)与图书馆教育(Education)不无分别。训练之意义在于事务之执行、工作之练习、方法之学习、步骤之指导,而对于一己之学识与所受之相关科学无多大关系。反之,图书馆学教育则计工作问题之研究与解决、环境之适合、方法之修改、人事之对付,且图书馆教育须先有相当学识,有责任判断创造能力之养成,及其他有关于应用图书馆学之一切。图书馆学训练与图书馆学教育,有如医药学之护士之训练与医学士之教育,共分别之点甚明。"他还指出,接受图书馆学教育的基础包括"须有基本的国学智识之准备""须有社会科学上之基本知识""须有统计学之应用知识""须有与图书馆学相关各科学之学识"②。

---

① 图书馆训练委员会. 图书训练委员会布告[J]. 国立中山大学日报,1936(2308):1.
② 汪长炳. 一种研究图书馆学之方法[J]. 文华图书馆学专科学校季刊,1936,8(4):455-462.

本年

吕湘(字叔湘,后以字行)赴英国留学,先后入牛津大学人类学系和伦敦大学图书馆学院(或称"伦敦大学图书馆学系""伦敦大学图书馆学专修科"等)就读,1938 年学成回国①。回国后,他历任国立云南大学史学系教授、华西协合大学中国文化研究所教授兼研究员②、金陵大学中国文化研究所研究员、清华大学中文系教授、中国科学院语言研究所研究员、中国社会科学院研究员等职,1955 年当选中国科学院哲学社会科学部委员③。

国立四川大学文学院教育学系面向二年级学生开设一门"图书馆学"选修课程,一学年授毕,每周授课 2 小时,共计 4 学分④。该课由桂质柏讲授,其课程说明如下:

> 本学程为图书馆学理论及实施之初步研究,其目的在使学者:
> 1. 能运用图书及图书馆之工具,如目录、期刊索引等。
> 2. 能兼任或专任图书馆事务。
> 3. 能指导他人使用图书馆。
> 主要参考书:
> 桂质柏:《分类大全》
> 桂质柏:《中文图书编目规则》
> 杜定友:《图书管理学》
> M. Dewey:Decimal Classifcation(13th Ed.)
> Library of Congress:Classification
> D. Fellows:Cataloging Rules⑤

桂质柏为此专门编印一本《图书馆学大纲》讲义⑥,内含"图书学之

---

① 周川. 中国近现代高等教育人物辞典[M].福州:福建教育出版社,2012:112.

② 华西协合大学. 私立华西协合大学一览(1941—1942)[M].成都:华西协合大学,1942:32.

③ 周川. 中国近现代高等教育人物辞典[M].福州:福建教育出版社,2012:112.

④ 国立四川大学. 国立四川大学一览(民国二十五年)[M].成都:国立四川大学,1936:(各学院概况、课程及课程内容)21.

⑤ 国立四川大学. 国立四川大学一览(民国二十五年)[M].成都:国立四川大学,1936:(各学院概况、课程及课程内容)59 - 60. 按:原书将杜定友所著的《图书管理学》误作《图书馆管理学》,此处径改之。

⑥ 丘东江. 图书馆学情报学大辞典[M].北京:海洋出版社,2013:314.

意义与范围""图书馆分类法""图书馆编目法""参考书使用法""图书选购法(附'欧美各国书目工具')""图书出纳法""汉字排检问题""图书馆之种类""图书馆之创设""图书馆建筑""图书馆之组织"11 章,每章各含若干节。

国立暨南大学文学院开设"参考指导"(编号:公 153)和"图书馆学"(编号:公 154)两门公共选修课程,均为一学期授毕,每周授课 3 小时,计 3 学分。前者主要"介绍中西文参考书,如类书、百科全书、字典、年鉴、公私机关之报告及统计、学术团体之期刊及索引等,俾习者检寻资料。此外于刊刻之源流、版本之优劣,亦特为注意"。后者的"内容为图书馆组织、分类、编目、参考、出纳等项,俾习者能了解图书馆,且能利用其所藏资料,以作自动的研究"①。

私立光华大学文学院教育系面向三、四年级学生开设一门"图书馆学"选修课程(编号:A452),一学期授毕,计 6 学分②。

江苏省立教育学院民众教育学系分为乡村教育组、工人教育组、图书馆组、健康教育组、艺术教育组、社会教育行政组、民众科学教育组7 组③。

河北省立女子师范学院国文系面向四年级学生开设一门"图书馆学"公共选修课程,下学期授毕,每周授课 2 小时,计 2 学分④。

厦门大学附属中学开办高级职业训练班,先办文书簿记组,内设"公文程式""书法""英文打字""打字实习"等课程,分两学期授毕,每日下午安排各科实习⑤。

湖南私立明宪女子高级商业学校招收文书科一班⑥。

广东省立民众教育馆文牍班开办,为期 4 个月,考试及格者授予毕

---

① 国立暨南大学秘书处. 国立暨南大学一览(民国廿五年度)[M].上海:国立暨南大学出版课,1936:147.

② 私立光华大学. 私立光华大学章程(民国二十五年八月)[M].上海:私立光华大学,1936:56.

③ 江苏省立教育学院文书股. 江苏省立教育学院概况[M].无锡:江苏省立教育学院,1936:4 – 5.

④ 河北省立女子师范学院. 河北省立女子师范学院招考新生简章[M].天津:河北省立女子师范学院,1936:13.

⑤ 厦大附中高级职业训练班[J].囊萤,1936,1(1):1.

⑥ 杨卓新. 湖南私立明宪女子高级文书科职业学校概况[J].湖南教育,1942(29):32 – 35.

业证书。该班开设"文书处理""公文程式""应用文法制""社会学概论"4 门课程,每周授课 6 小时,另须实习或参观一次①。

湖北举办全省民众教育馆讲习会,沈祖荣应邀讲授图书馆学课程②,但未悉详情。

① 广东省立民众教育馆. 广东省立民众教育馆业务规程汇编(附二十五年度上学期工作概况)[G]. 广州:广东省立民众教育馆,1937:176.

② 沈祖荣. 中华图书馆协会第三次年会图书馆教育委员会报告[J]. 中华图书馆协会会报,1936,12(2):1-2.

求　变

（1937—1945 年）

1937 年

◎ 谢福德在文华图专讲授博物馆学
◎ 山东省教育厅开办民众图书馆管理员班
◎ 云南大学教育系增设图书馆学课程
◎ 私立商务印书馆函授学校增设图书馆学科,编印系列教材
◎ 耿靖民、陆华深、陈晋贤、曾宪文等人赴国外留学或交流

年初

国立中山大学图书馆油印杜定友所著的《图书馆学讲义大纲》。该书正文分为"图书馆之意义""图书馆学之内容""书释""书类""图书馆组织法""图书检查法""图书参考法""图书选购法""图书登记法""图书分类法""图书编号法""图书编目法""图书流通法""阅览指导法"14章,卷末附载"图书馆学书目"①。

1 月

龚传元、胡福尧、李鞠侪、李清瑞、梁克中、林龢昌、刘洁泉7人从上海图书馆学函授学校毕业,为该校第九届毕业生②。

鉴于上海图书馆学函授学校章程存在夸大之处,学费过高,且校长陈伯逵并不常驻该校,上海市社会局严令该校删改章程,降低学费,切实整饬,以观后效,否则定将予以取缔③。

① 杜定友. 图书馆学讲义大纲[M]//杜定友. 杜定友文集:第9册. 广州:广东教育出版社,2012:347 - 488.

② 图书馆学函授校[N]. 申报,1937 - 02 - 07(23);上海图书馆学函授学校第九届毕业[J].中华图书馆协会会报,1937,12(5):30.

③ 社会局严令图书馆学函校改进[N].民报,1937 - 01 - 20(6).

2 月 7 日

金陵大学图书馆学会在北大楼举行新学期首次大会，20 多名会员到会，刘国钧与陈长伟出席。张忠祥报告会务，然后刘国钧与陈长伟分别发表讲话，最后讨论会务及改选职员。张忠祥当选为总务干事，余文豪为研究干事，李英如为事务干事①。

2 月

严文郁担任北京大学图书馆主任，并在该校文学院开设一门"图书馆学"选修课程，有 20 多人选修。他曾带领学生赴北平市立第一普通图书馆参观②。

美国专家谢福德（或称"喜德门"）担任文华图专博物院顾问，每周讲授博物馆学（或称"博物管理学"）两次③。为方便学生实习，文华图专在华德楼举办两次展览，展出古玉器、古漆器、文房古玩、古钱、古器拓片、辛亥起义遗物、版本书影、动植物标本、化石、古砖、名家书画、文华图专校友服务区域地图、国内外图书馆照片等。武汉学术界名流和中外来宾等数百人到校参观。更有来宾临时捐赠物品作为纪念，如沈肇捐赠汉瓦名拓一纸，钟可托捐赠黎元洪所发勋章一枚，李辉祖捐赠福建鼓山石龟等④。

3 月 7 日

下午 2—6 时，北平图书馆协会在北京师范大学附属小学美术馆举行该年度春季会员大会。会上，裘开明讲演"最近美国图书馆之新趋向"，述及馆员、收藏、分类、编目四个方面。关于馆员，他指出："除必须受有图书馆教育外，其程度亦较前提高。图书馆学校之学生，多为大学毕业者。除行政馆员外，尚有一种研究馆员，多由专门学者担任，有时并罗致大学教授参与工作。"⑤

---

① 图书馆学会[J].金陵大学校刊,1937(217):2.

② 北大添图书馆学选科[J].中华图书馆协会会报,1937,12(4):22.

③ 博物院管理学之真谛[J].华大通讯,1937,1(1):11;校闻及同门消息·（五）博物馆学练习展览[J].文华图书馆学专科学校季刊,1937,9(2):303 – 304.

④ 校闻及同门消息·（五）博物馆学练习展览[J].文华图书馆学专科学校季刊,1937,9(2):303 – 304.

⑤ 北平图书馆协会昨开春季大会[N].华北日报,1937 – 03 – 08(9).

3 月 15 日

《文华图书馆学专科学校季刊》第 9 卷第 1 期登载汪长炳撰写的《哥伦比亚大学图书馆学研究院五十周年纪念》。汪长炳在文中主要介绍了哥伦比亚大学图书馆学研究院(包括其前身纽约州立图书馆学校与纽约公共图书馆附属图书馆学校)的办学历史①。

《文华图书馆学专科学校季刊》第 9 卷第 1 期登载熊毓文所译的《儿童图书馆员之训练》一文。除了"导言",该文正文分为"大学应准备之课程""专业训练""时间的支配""结论"四个部分,对于儿童图书馆员训练具有较高的现实指导意义②。该文原题"Training of Children's Librarians",载于 1935 年 4 月美国《图书馆季刊》(The Library Quarterly)第 5 卷第 2 期,原系美国图书馆协会儿童图书馆专业训练委员会(Section for Library Work with Children Professional Training Committee, American Library Association)于 1933 年提交的调查报告③。

3 月 25 日

余文豪在金陵大学图书馆撰就《美国五十年来图书馆教育之简述》一文,介绍近 50 年来美国图书馆学教育的发展概况④。

3 月

鉴于云南省内各图书馆职员缺乏专门技能,云南省教育厅第三科图书教育专员张鸿书拟具详细训练办法,呈请该厅核办。结果该厅转令云南大学在该校教育学系加授图书馆学课程,除该系学生参加听讲外,并可酌收校外人员。收到训令之后,云南大学迅即筹备相关事宜⑤。该校校长何瑶很快就向云南省教育厅呈请增设图书馆学课程,并附一份

---

① 汪长炳. 哥伦比亚大学图书馆学研究院五十周年纪念[J]. 文华图书馆学专科学校季刊,1937,9(1):1-8.

② 儿童图书馆员之训练[J]. 熊毓文,译. 文华图书馆学专科学校季刊,1937,9(1):60-91.

③ Section for Library Work with Children Professional Training Committee, American Library Association. Training of children's librarians[J]. The library quarterly,1935,5(2):164-188.

④ 中国国家图书馆缩微文献阅览室现藏有余文豪所撰的《美国五十年来图书馆教育之简述》的缩微胶片,亦可在线浏览.

⑤ 云南省大教育系加授图书馆学程[J]. 中华图书馆协会会报,1937,12(5):36.

具体计划。他在呈文中指出："本校为培植本省图书馆人才,以适应需要起见,特于本校教育学系增设图书馆学课程。原拟加授图书馆经营法、分类法、编目法及参考学四科目。兹值试验时间,拟自本学期起,暂定为图书馆学,每周二小时,以一年授毕。所有本校教育系四年级学生均应学习。又凡本省图书馆在职人员曾在大学肄业三年以上,或高中毕业、在图书馆服务三年以上者,拟请钧厅通令各图书馆选派此项合格人员,送来参加听讲,以宏造就,期臻奖用。"①

鉴于各县民众图书馆管理员负有管理、广播、收音及图书巡回等责任,山东省教育厅拟在山东省地方行政人员训练所开办图书馆管理员甲班(即民众图书馆管理员班),抽调各县民众图书馆管理员入所受训,使其懂得如何节省电料和利用图书。为此,山东省教育厅制定了调训办法,决定抽调各县民众图书馆管理员40人接受为期一个半月的训练②。

4月2日

云南省教育厅厅长龚自知发布该厅第七三五号训令,正式批准云南大学在教育系增设图书馆学课程③。

4月10日

文华图专武汉同学会在汉阳伯牙台召开常会,讨论会务并改选职员。汪长炳被推选为下届主席,汪应文为书记④。

4月12日

下午4时半,应上海市民众常识指导委员会的邀请,江苏省立上海中学图书馆主任宋禀钦在上海南京路大中华无线电台播讲图书馆学,主要是向听众介绍图书选择与保管方法⑤。

4月15日

《建国月刊》第16卷第4期登载濮秉钧撰写的《中国图书馆事业的

---

①③ 为抄发省立大学教育系增设图书馆学课程计划给省立昆华职业学校的训令[A].云南省档案馆,案卷号:1012-012-00097-019.转引自:任家乐.民国时期图书馆学教育研究[M].北京:国家图书馆出版社,2018:308-309.

② 鲁省分期调训各县图书馆员[J].中华图书馆协会会报,1937,12(5):25.

④ 校闻及同门消息·(六)武汉本校毕业同学开会[J].文华图书馆学专科学校季刊,1937,9(2):304.

⑤ 宋禀钦讲图书馆学[N].申报,1937-04-12(8).

回顾和展望》。濮秉钧在该文第二部分"未来的展望"中谈到"增强行政""训练人才""改进管理""扩大功能"四点。关于"训练人才"，他指出：

> 图书馆的管理经营已成为一种专门的技术。图书馆的工作人员必须经过专门的训练，才能称职。中国现在训练图书馆工作人员的机关，只有武昌的文华图书馆学专科学校，和金陵大学的图书馆学科。这两处都注重训练高级工作人员，招收的名额很少，入学的资格也很高，造就的人才并不多。过去像北京高师、东南大学、东方图书馆及山东省立民教馆等也曾办过图书馆学讲习会、实习班等，但次数不多，时期也很短暂，受训人人数有限。所以现在全国各图书馆的工作人员，特别是县立图书馆及民众图书馆的工作人员，多半是没有受过专门训练的人们在滥竽充数，因此办理都少优异的成绩。这对于图书馆事业的推进，是一块很大的礁石。今后对于此种图书馆专门人才宜积极的训练。
>
> (1)扩充文华图书馆学专科学校及金陵大学图书馆学科，江苏省立教育学院增办图书馆学专修科。上列三处可由教育部补助相当经费，特约训练高级工作人员。
>
> (2)各省民众教育实验学校增设图书馆科或图书馆讲习班，训练初级工作人员。
>
> (3)各省师范学校增设图书馆学。
>
> (4)中华图书馆协会及国立北平图书馆、国立中央图书馆于每年暑期举办图书馆讲习会或讲习班。
>
> (5)各省省立图书馆举办现行县图书馆工作人员图书馆练班，由各省教育厅插调训班。①

4 月 30 日

上午 9 时，中华教育文化基金董事会第十三届年会在上海中央研究院会议室举行。此次年会议决发给文华图专 15 000 元补助费②。

---

① 濮秉钧.中国图书馆事业的回顾和展望[J].建国月刊,1937,16(4):1-8.
② 中华教育文化基金董事会通过下年度预算及补助费[N].申报,1937-05-01(19);中华教育文化基金会昨在沪开十三届年会,通过补助费及奖励金各案[N].大公报(天津版),1937-05-01(4).

4 月

中华书局出版杜元载所著的《非常时期之社会教育》。在该书第三章"非常时期社会教育的实施机关"第十节"中国社会教育机关的现状"中，杜元载介绍"图书馆的基本知识"与"非常时期的民众图书馆"，其中提道："图书馆的组织，通常分为馆长一人，馆员若干人，分司总务、流通、选购、分类、藏书、编目、装修、阅览、参考、出版、推广、研究、统计等事务。馆长人选，以国内外图书馆专科毕业，或在图书馆服务三年以上，或对于图书馆事务有相当学识及经验者为合格（民国十九年公布之《图书馆规程》第八条）。"①

《浙江省图书馆协会会刊》第 2 期刊登王文莱撰写的《图书馆学自修的途径》。王文莱在文中指出："图书馆是一种专门的事业，服务人员自需要对图书馆学有相当的研究，才能胜任愉快。研求图书馆学的地方，图书馆学校自是最合式的地方。但是在目下环境不允许我们再进图书馆学校去学习，同时服务机关却需要我们做关于图书馆的工作的时候，那末我们只有求之于自修一路，以求事业的胜任。我以为凡是热心于图书馆事业的同志，假若热诚地需要有图书馆的知识，自修虽不能像受学于图书馆学校的那样速而有效，但日久也会使你得到相当的学识。何况图书馆学正和其他学科一样日新月异的进展着，就是受过图书馆学教育的人们也需要不绝的自修，俾得和新时代相适应。"他进而介绍自修图书馆学的三种途径，包括参阅书籍、实地练习和参观、参加协会和请教，最后还附上一份"自修用图书馆学图书拟目"②。

5 月 18 日

上海市教育局发布指令教字第八〇八七号，准许私立商务印书馆函授学校备案③。

大夏大学 6 名毕业班学生，包括社会教育系学生曹淮、林金藻、郑希介，师范专修科学生潘秋桂、邢逸如、赵瑨，一同前往上海市立民众教育馆实习，5 月 20 日结束。此次实习的具体安排如下：

---

① 杜元载. 非常时期之社会教育[M]. 上海：中华书局，1937：69.

② 王文莱. 图书馆学自修的途径[J]. 浙江省图书馆协会会刊，1937（2）：6 - 8.

③ 上海市私立商务印书馆函授学校. 上海市私立商务印书馆函授学校简章[M]. 上海：上海市私立商务印书馆函授学校，1937：卷首.

5 月 18 日,上午由该馆负责人介绍该馆的基本情况并引导学生参观,下午学生开始实习,实习内容包括编目、审查、典藏、流通等。

5 月 19 日,上午的实习内容为民众学校的开办与管理,然后学生讨论民众学校的教材、招生、留生、教训合一等问题,下午,学生继续讨论民众读物的编辑取材、编辑形式及编辑方法等问题。

5 月 20 日,上午的实习内容为民众演讲,下午的实习内容为民教行政等实际问题①。

5 月 20 日

《书林》第 1 卷第 6 期登载李惠君撰写的《图书馆教育改进之我见》。李惠君在文中论及"意识上的错误""专门人才的缺乏""没有认清图书馆的责任""经费的薄弱"四大问题。关于"专门人才的缺乏",他指出:"由于这个旧观念的结果,在教育上,对于图书馆人才的养成,亦就置之度外。据一般人的统计,中国图书馆的专门人才不过十数人。那样少的人,要他们来负这个重大的责任,实在非易事。因而知中国图书馆教育的落后,并不是偶然的一回事。现在我们应该注意到怎样培养专门的人才。"②

5 月③

国民政府教育部视察专员谢树英到文华图专视察,由沈祖荣引至校内各部参观。谢树英对该校实习室添购的钢制档案文件橱、地图柜、中英文打字机及装订机件等颇为嘉许④。

6 月 8 日

汪长炳与毛坤带领文华图专图书馆学本科第 13 班和图书馆学讲习班第 3 班学生赴湖北省立图书馆及其附设的崇文书局见习及参观⑤。

---

① 民教馆大夏学生实习[N].民报,1937 - 05 - 19(6).

② 李惠君. 图书馆教育改进之我见[J].书林,1937,1(6):31 - 32.

③ 原文并未注明谢树英视察文华图专的时间,但他曾于 1937 年 5 月视察同在武汉的中华大学。参见:私立武昌中华大学校史编写组. 中华大学[M].武汉:华中师范大学出版社,2003:92.

④ 校闻及同门消息·(三)教育部视察专员莅校[J].文华图书馆学专科学校季刊,1937,9(2):303.

⑤ 校闻及同门消息·(十一)毕业学生之见习与参观[J].文华图书馆学专科学校季刊,1937,9(2):305.

6月9日

汪长炳带领文华图专图书馆学本科第十三班和图书馆学讲习班第三班学生赴国立武汉大学图书馆见习及参观①。

6月15日

《文华图书馆学专科学校季刊》第9卷第2期登载范国仁所译的《美国图书馆学校史略》的第一部分。原文题为"Accredited Library School Histories",载于1937年1月1日美国《图书馆杂志》第62卷第1期,简要介绍了26所通过认证的美国与加拿大图书馆学校的办学历史。该期介绍10所图书馆学校②。

6月23日

江西省政府秘书处在江西省教育厅礼堂举办文档人员培训班,6月29日结束,共有来自江西省各厅、处、会的67名文档管理人员参加培训。前三天由江西省政府秘书处人员讲解有关文书档案的规则与办法,以及"文书档案连锁法"的要点和各环节之间的相互关系;后四天进行实际操作演练,旨在让学员进一步熟悉新的公文和档案管理的运作程序③。

6月24日

下午4—6时,文华图专在该校礼堂举行图书馆学本科第十三届和图书馆学讲习班第三届毕业典礼④。图书馆学本科第十三届毕业生共计7人,即黄慕龄、黄作平、廖维祜、彭道襄、吴尔中、杨承禄、张行仪(见表1937－1);图书馆学讲习班第三届毕业生共计13人,即艾俊之、高韵琇、韩宗唐、胡寿宝、雷甲荣、梁慕秦、刘铚远、阙培珍、邱亦高、田清濂、张鉴、章作人、章达夫(见表1937－2)⑤。

---

① 校闻及同门消息·(十一)毕业学生之见习与参观[J].文华图书馆学专科学校季刊,1937,9(2):305.

② 美国图书馆学校史略[J].范国仁,译.文华图书馆学专科学校季刊,1937,9(2):289－301.

③ 郑海滨.民国时期的江西档案教育[J].档案学通讯,2001(3):53－55.

④ 武昌文华图专举行毕业典礼,各生出路均无问题[N].大公报(天津版),1937－06－30(10).

⑤ 文华图书馆学专科学校消息一束[J].中华图书馆协会会报,1937,12(6):31－32.

表 1937 – 1　文华图专图书馆学本科第十三届毕业生(1937 年 6 月)一览

序号	姓名	性别	籍贯
1	黄慕龄	女	广东台山
2	黄作平	男	广东番禺
3	廖维祜	男	四川富顺
4	彭道襄	女	安徽合肥
5	吴尔中	男	浙江吴兴
6	杨承禄	男	湖北武昌
7	张行仪	女	河北天津

表 1937 – 2　文华图专图书馆学讲习班第三届毕业生(1937 年 6 月)一览

序号	姓名	性别	籍贯	备注
1	艾俊之	男	四川成都	
2	高韵琇	女	福建长乐	
3	韩宗唐	男	河南博爱	
4	胡寿宝	男	江苏宝应	
5	雷甲荣	男	陕西华阴	或误作"雷家荣"
6	梁慕秦	女	广东四会	
7	刘銈远	男	湖北长阳	
8	阚培珍	女	江苏吴县	
9	邱亦高	男	湖南南县	
10	田清濂	男	湖北武昌	
11	张鉴	男	甘肃会宁	
12	章作人	男	安徽桐城	
13	章达夫	男	四川成都	

6 月 30 日

《中华图书馆协会会报》第 12 卷第 6 期登载李仲甲撰写的《广西图书馆现状及改进意见》。在该文第三部分"改进意见"中,李仲甲论及"图书馆人员训练的需要""图书馆行政组织问题""联络及辅导问题"。关于"图书馆人员训练的需要",他指出:"现任图书馆工作人员,完全未受过图书馆学专业训练,对于学识技能,均甚缺乏,所以不能把此种事业推广发展。要使本省图书馆事业发展,训练适当人才,实为当务之急。

训练的方法,应由本省政府举办图书馆人员训练班,就现任图书馆工作人员调班训练,务使受训人员能具图书馆学识技能,具有服务的热忱和毅力等为原则。"关于"图书馆行政组织问题",他指出:"现有各种图书馆对于这个问题,极不注意。言组织则无所谓组织,言经费则无指定预算,言人员则无专门学识。由这种缺点观之,欲使图书馆效能增高,实在不可能。故省政府应严密厘定各种图书馆组织规程、设备标准、经费支给标准、馆员任用条例等,令饬各馆切实遵行。"关于"联络及辅导问题",他指出:"现在本省图书馆事业,是沉寂未发展时期。省立县立图书馆,经费缺乏,事业不易发展。学校图书馆不予注意,师生不能善为利用。机关图书馆认为点缀品,可有可无。从事此种工作的人,不但不思互相联络,共同研讨图书馆学术,反因维持地位,妒忌有学识的人,而政府方面亦不予注意辅导改进。为免除上述种种观念,谋图书馆事业发展计,省政府应先委用图书馆学专门人才,把省立图书馆严密组织,积极设备完善,以为全省图书馆辅导机关,同时严厉纠正互相妒忌的心理,然后才能使事业发展。"①

6月

黄维廉从哥伦比亚大学毕业,获理学硕士学位(图书馆学专业)②。其硕士学位论文题为"A Study of Chinese Library Personnel"(《中国图书馆人员研究》)③。

私立商务印书馆函授学校增设图书馆学科④。该科主任为文华图专图书馆学本科第9届毕业生徐亮,该科开设"图书馆行政""目录学""图书分类法""图书编目法""图书选择法""图书运用法"6门课程,每名学生须一次性缴清学费5元⑤。该科针对6门课程编印了6种同名教材,"以浅显文字编纂而成,教材皆合实用。学者如能循序研求,则毕业后对

① 李仲甲. 广西图书馆现状及改进意见[J].中华图书馆协会会报,1937,12(6):10 - 12.

② Degrees conferred 1935 - 1936 [M]//Columbia University. Catalogue 1936 - 1937. New York:Columbia University,1937:242.

③ DERBYSHIRE R. Master's essays in library service, Columbia University 1928 - 1951[M]. New York:Columbia University School of Library Service,1967:11;EELLS W C. American dissertations on foreign education[M]. Washington D. C. :Committee on International Relations, National Education Association of the United States,1959:86.

④ 舟. 图书馆学科[N]. 晶报,1937 - 06 - 29(3).

⑤ 上海市教育局登记私立商务印书馆函授学校[N].时事新报,1937 - 07 - 03(5);上海市教育局登记私立商务印书馆函授学校[N].申报,1937 - 07 - 04(10).

于图书馆学之基本知识,皆已具备,自有担任普通图书馆中任何职务之能力"①。

7 月上旬

国民政府教育部核定私立专科以上学校补助费,并经行政院开会审核通过,由其呈请国民政府鉴核备案。其中,文华图专获得 8000 元补助费②。

7 月 12 日

商务印书馆人事科发布通告,宣传《同人加入函授学校图书馆学科函授优待办法》,并附《图书馆学科章程摘要》③。

7 月 19 日

"玛格丽特公主号"轮船从菲律宾马尼拉启程④,8 月 9 日抵达加拿大不列颠哥伦比亚省省会维多利亚及温哥华⑤,船上旅客随即转赴美国。耿靖民与刘愈之夫妇二人乘坐该船赴美,但目前尚不清楚他们于何日在何地登船。耿靖民入读加利福尼亚大学伯克利分校,但仍为本科生⑥,学习经济学⑦;刘愈之则进入加利福尼亚大学伯克利分校攻读地理学研究生⑧,1940 年毕业⑨。1939 年夏,耿靖民向哈佛燕京学社汉和图书馆申请职位,但为时过晚。于是,裘开明于当年 7 月 18 日致函耿靖民,建议

① 上海市私立商务印书馆函授学校. 上海市私立商务印书馆函授学校简章[M]. 上海:上海市私立商务印书馆函授学校,1937:11 – 12.

② 教部核定专科以上校补助费共计八十六万元[N]. 申报,1937 – 07 – 08(12).

③ 同人加入函授学校图书馆学科函授优待办法[J]. 商务印书馆通信录,1938(436):35.

④ Washington,Seattle,passenger lists,1890 – 1957[EB/OL].[2018 – 10 – 05]. https://www.familysearch.org/ark:/61903/3:1:33S7 – 95ND – 9W37? i = 341&cc = 1916081.

⑤ Washington,Seattle,passenger lists,1890 – 1957[EB/OL].[2018 – 10 – 05]. https://www.familysearch.org/ark:/61903/3:1:33S7 – 95ND – 9W37? i = 342&cc = 1916081.

⑥ University of California. Officers and students 1937 – 38. Section I[M]. Berkeley:University of California,1938:297.

⑦ 驻马店市地方史编纂委员会. 驻马店地区志(下)[M]. 郑州:中州古籍出版社,2001:1930.

⑧ University of California. Officers and students 1937 – 38. Section I[M]. Berkeley:University of California,1938:166.

⑨ 中华人民共和国人事部专家司. 中华人民共和国享受政府特殊津贴专家、学者、技术人员名录:1992 年卷 第 1 分册[M]. 北京:中国国际广播出版社,1995:11.

他尝试向加利福尼亚大学伯克利分校图书馆申请职位,并随函附上他于同日写给加利福尼亚大学东方语言系主任费迪南德·戴德里希·莱辛(Ferdinand D. Lessing)的一封推荐信①。1940年6月起,耿靖民担任加利福尼亚大学伯克利分校图书馆中文部副主任,同时在该校讲授中文②。1946年12月③,耿靖民④与刘愈之⑤一同返回中国。此后,耿靖民一般改称"耿济安"。

7月26日

文华图专1937年招生考试开始接受报名,7月31日截止。该年计划招收图书馆学本科免费生11人及自费生若干人,考试科目略有变化。其中,大学毕业生只要考国文(包括中国文学史)、英文(包括英国文学史)及口试,大学肄业两年以上但尚未毕业者则必须考国文(包括中国文学史)、英文(包括英国文学史)、中外史地、各科常识及口试。该年考生可向武昌文华图专教务处、北平中海增福堂中华图书馆协会、南京国立中央图书馆筹备处、上海中心区上海市图书馆、广州国立中山大学图书馆、成都国立四川大学图书馆6个招考处就近报名⑥。

7月27日

沈祖荣呈文国民政府教育部,称文华图专决定继续办理图书馆学讲习班第四班,并计划在福建、广东、广西、贵州、湖北、江西、山东、山西、绥远、浙江10省招收10名男性公费生,请求鉴核备案⑦。

① 程焕文. 裘开明年谱[M]. 桂林:广西师范大学出版社,2008:224.

②③ 上蔡县地方史志编纂委员会. 上蔡县志[M]. 北京:生活·读书·新知三联书店,1995:676;驻马店市地方史编纂委员会. 驻马店地区志(下)[M]. 郑州:中州古籍出版社,2001:1930.

④ 中外名人研究中心. 中华文化名人录[M]. 北京:中国青年出版社,1993:937;中华人民共和国人事部专家司. 中华人民共和国享受政府特殊津贴专家、学者、技术人员名录:1992年卷 第2分册[M]. 北京:中国国际广播出版社,1996:205.

⑤ 中华人民共和国人事部专家司. 中华人民共和国享受政府特殊津贴专家、学者、技术人员名录:1992年卷 第1分册[M]. 北京:中国国际广播出版社,1995:11.

⑥ 私立武昌文华图书馆学专科学校招考新生(二十六年度招生简章)[J]. 中华图书馆协会会报,1937,12(6):53-54.

⑦ 文华图专校长沈祖荣关于检送二十六年度招收讲习班简章上教育部的呈(附简章)(一九三七年七月二十七日)[G]//姚乐野,马振犊. 近代图书馆档案汇编:第一辑 第四册.北京:国家图书馆出版社,2021:231-236.

7 月

国立中央图书馆筹备处选派陆华深前往普鲁士邦立图书馆实习,并考察英、法等国图书馆事业,1940 年 4 月工作完毕,返回国立中央图书馆服务①。

美国《图书馆季刊》第 7 卷第 3 期登载黄维廉撰写的"A Study of Chinese College Library Personnel"(《中国大学图书馆人员研究》)。这是其硕士学位论文的修订压缩版。黄维廉对中国 35 所大学图书馆(包括 12 所国立大学图书馆、3 所省立大学图书馆、8 所私立大学图书馆和 12 所教会大学图书馆)发放问卷进行调查,但只收到 26 所大学图书馆(包括 8 所国立大学图书馆、2 所省立大学图书馆、4 所私立大学图书馆和 12 所教会大学图书馆)的回复。在此基础上,他首先呈现各馆在藏书规模、职员数量、经费收支等方面的差异,然后分析各馆职员在职责、地位、薪酬、工作条件与时长、休假、各种福利待遇等方面的不同②。

8 月 2 日

文华图专 1937 年招生考试原本计划在武昌、北平、南京、上海、广州、成都 6 地同时举行,8 月 3 日结束③。不过,受时局影响,北平考区延至 8 月 9—10 日举行考试④,其余考区无变化。

8 月 15 日

文华图专图书馆学讲习班第四班报名截止⑤。

8 月

钱亚新接替沈缙绅担任湖南大学图书馆馆务主任一职,同时在该校文学院兼授图书馆学课程⑥。

---

① 国立中央图书馆. 国立中央图书馆概况[M]. 南京:国立中央图书馆,1947:7.

② WONG V L. A study of Chinese college library personnel[J]. The library quarterly,1937,7(3):401 – 432.

③ 招考图书馆学免费(学费、食费、宿费)生广告[N]. 大公报(天津版),1937 – 07 – 01(5).

④ 武昌文华图书馆免费生今晨在平考试[N]. 华北日报,1937 – 08 – 09(4).

⑤ 文华图专校长沈祖荣关于检送二十六年度招收讲习班简章上教育部的呈(附简章)(一九三七年七月二十七日)[G]//姚乐野,马振犊. 近代图书馆档案汇编:第一辑 第四册. 北京:国家图书馆出版社,2021:231 – 236.

⑥ 国立湖南大学. 国立湖南大学概况(民国二十六年度)[M]. 长沙:国立湖南大学,1937:27.

9 月 13 日

陈晋贤从香港乘坐"格兰特总统号"轮船赴美[①],9 月 30 日抵达华盛顿州西雅图[②]。他随后入读伊利诺伊大学图书馆学校,1938 年 6 月毕业,获理学士学位(图书馆学专业)[③]。

9 月

文华图专图书馆学本科第十五班和图书馆学讲习班第四班新生注册入学[④]。

金陵大学图书馆学组师资增至 5 人,包括曹祖彬(教授)、李小缘(教授)、陈长伟(讲师)、汪兆荣(讲师)、周克英(讲师)(见表 1937 - 3)[⑤]。

表 1937 - 3   1937—1938 学年金陵大学图书馆学组教师一览

序号	姓名	字号	籍贯	性别	职务	备注
1	曹祖彬	又彬	安徽青阳	男	教授	金陵大学文学士,哥伦比亚大学图书馆学专业理学士,芝加哥大学图书馆学研究院肄业一年,金陵大学图书馆阅览参考部主任

---

①　Washington, Seattle, passenger lists, 1890 - 1957 [EB/OL]. [2018 - 10 - 04]. https://www. familysearch. org/ark:/61903/3:1:33S7 - 95NX - 99QS? i = 46&cc = 1916081.

②　Washington, Seattle, passenger lists, 1890 - 1957 [EB/OL]. [2018 - 10 - 04]. https://www. familysearch. org/ark:/61903/3:1:33SQ-G5NX - 1JQ? i = 47&cc = 1916081.

③　University of Illinois. Thirty-ninth report of the board of trustees of the University of Illinois. July 1, 1936, to June 30, 1938 [M]. Urbana-Champaign, Illinois: University of Illinois, 1938:885.

④　1937 年 12 月,《文华图书馆学专科学校季刊》出完第 9 卷第 3—4 期合刊后停刊。此后,仅《中华图书馆协会会报》等少数报刊偶尔登载文华图书科(文华图专)各班新生和各届毕业生的相关信息,但很不全面。当前,记载文华图书科(文华图专)历届校友信息的史料以《文华图专珍稀史料图录》之"文华图专毕业生名录"和《武汉大学信息管理学院校友名录(1920—2020)》之"文华图专时期(1920 年 3 月—1953 年 8 月)校友名录"较为权威。前者仅列表介绍历届毕业生,而后者所列名单常多于前者,疑是将入学而未能正常毕业者亦包含在内,且多有姓名不一之处。囿于史料,笔者在此无法对两种名录进行考察和辨析,只能集中介绍历届毕业生情况,而暂不介绍各班入学名单。

⑤　金陵大学教职员名册、履历册及教授一览表(一九三七年起,一九三八年四月止)[A]. 南京大学档案馆,全宗号:649,案卷号:171;金陵大学教授担任课目调查表、选课指导一览表、教职员接洽时间表等表册及有关文书(一九三七年一月起,一九四六年九月止)[A]. 南京大学档案馆,全宗号:649,案卷号:470. 转引自:刘奕,肖希明. 金陵大学图书馆学教育本土化探索及其启示[J]. 大学图书馆学报,2021(4):111 - 118.

续表

序号	姓名	字号	籍贯	性别	职务	备注
2	李小缘		江苏江宁	男	教授	金陵大学文学士,纽约州立图书馆学校图书馆学学士,哥伦比亚大学文学硕士,金陵大学中国文化研究所教授兼专任研究员
3	陈长伟		江苏江宁	男	讲师	金陵大学文学士,金陵大学图书馆流通部兼总务主任
4	汪兆荣	少甫	安徽休宁	男	讲师	金陵大学文学士,金陵大学图书馆西文编目主任
5	周克英	郾君	浙江鄞县	男	讲师	金陵大学文学士,金陵大学文学院院长室秘书兼图书馆文书

资料来源:刘奕,肖希明. 金陵大学图书馆学教育本土化探索及其启示[J]. 大学图书馆学报,2021(4):111-118;文学院院长室. 私立金陵大学文学院概况(民国二十五年至二十六年):第四号[M]. 南京:私立金陵大学文学院,1936:3-12.

因抗战军兴,湖南私立明宪女子高级商业学校未能如期开办会计与商业两科,于是奉令改称"湖南私立明宪女子高级文书科职业学校"。该校面向二年级学生开设一门"应用文(公文程式)"课程,下学期授毕,每周授课二小时;面向三年级学生开设一门"档案处理"课程,一学年授毕,每周授课三小时[①]。

10 月 1 日

曾宪文从香港乘坐"玛格丽特公主号"轮船赴美[②],10 月 19 日抵达华盛顿州西雅图[③]。她随后入读密歇根大学图书馆学系,1939 年 6 月 17 日获颁毕业证书,但并未获得学位[④]。

---

① 杨卓新. 湖南私立明宪女子高级文书科职业学校概况[J]. 湖南教育,1942(29):32-35.

② Washington,Seattle,passenger lists,1890-1957[EB/OL].[2018-10-05]. https://www.familysearch.org/ark:/61903/3:1:33SQ-G5NZ-8R9? i=41&cc=1916081.

③ Washington,Seattle,passenger lists,1890-1957[EB/OL].[2018-10-05]. https://www.familysearch.org/ark:/61903/3:1:33SQ-G5NZ-8GZ? i=42&cc=1916081.

④ RINEHART C O. Students receiving degrees in Library Science from the University of Michigan,June 1927-June 1947,as Listed in the commencement programs[M]. Ann Arbor,Michigan:University of Michigan,1947.

10 月

刘修业转入伦敦大学图书馆学院学习图书馆学①。

曾宪三从哥伦比亚大学获得理学硕士学位(图书馆学专业)②,其硕士学位论文题为"Chinese Cataloging Principles and Practices in the Ch'ing Dynasty,1644 – 1900"[《清代中国的编目原则与实践(1644—1900)》]③。

11 月中旬

金陵大学决定迁往四川成都,同时组织留京委员会留在南京保管校产。西迁的金陵大学师生及眷属历时三个月的艰苦跋涉才抵达成都,随即商借华西协合大学校园继续办学④。

11 月

受日本全面侵华的影响,江苏省立教育学院开始西迁⑤。

12 月 15 日

《文华图书馆学专科学校季刊》第 9 卷第 3—4 期合刊续登范国仁所译的《美国图书馆学校史略》的第二部分。该期介绍 16 所图书馆学校⑥。

本年

大夏大学教育学院社会教育系面向三年级学生开设一门"图书馆学"(编号:社教 302—303)专门必修课程,另有"图书分类及实习"(编号:社教 309,计 3 学分)和"图书编目及实习"(编号:社教 310,计 2 学分)两门选修课程。这三门图书馆学专业课程的课程说明如下:

---

① 会员消息[J].中华图书馆协会会报,1938,13(1):17 – 18.

② Degrees conferred 1937 – 1938 [M]//Columbia University. Catalogue 1938 – 1939. New York:Columbia University,1939:239.

③ DERBYSHIRE R. Master's essays in library service,Columbia University 1928 – 1951[M]. New York:Columbia University School of Library Service,1967:6.

④ 南京大学高等教育研究所校史编写组.金陵大学史料集[G].南京:南京大学出版社,1989:49.

⑤ 田晓明.苏州大学大事记(1900—2012)[M].苏州:苏州大学出版社,2015:609.

⑥ 美国图书馆学校史略(续)[J].范国仁,译.文华图书馆学专科学校季刊,1937,9(3/4):387 – 404.

社教 302—303　图书馆学　六学分　一学年　每星期三小时

本学程上编包括图书馆通论与图书馆经营法,凡图书馆行政、图书馆购置、图书馆出纳、图书馆建筑及公共图书馆与学校图书馆管理上之区别,俱详加讲授,理论与实用并重。

下编讲述各种参考内容及检查方法,俾习者通晓资料所在,借得指导,引阅者作研究工作。[1]

社教 309　图书分类及实习　三学分　一学期　每星期三小时

本学程内容为检讨吾国图书分类历史,讨论分类法中用杜威原法与改变杜威法两种派别得失,并以杜威原法之有华文译述者作分类实验。[2]

社教 310　图书编目及实习　二学分　一学期　每星期二小时

本学程讲述中西图书编目原理及其实习方法,注重实际编目,缮写卡片,期有实用。[3]

国立中山大学文学院教育学系面向三、四年级学生开设一门“图书馆学概论”选修课程,一学期授毕,每周授课 2 小时,计 2 学分[4]。

广州私立真光女子中学高中部面向一年级学生开设一门“图书馆学”自由选修课程,一学年授毕,每周授课 1 小时[5]。当时该校图书馆主任为罗蕙芳,女,广东南海人,其学历为“广州市立一职图书科毕业”[6]。

---

①　私立大夏大学教育学院. 私立大夏大学教育学院一览(民国二十六年六月)[M].上海:私立大夏大学教育学院,1937:25,32－33.

②③　大夏大学教育学院. 私立大夏大学教育学院一览(民国二十六年六月)[M].上海:大夏大学教育学院,1937:39.

④　国立中山大学. 国立中山大学现状(中华民国二十六年)[M].广州:国立中山大学出版部,1937:93.

⑤　私立真光女子中学. 私立真光女子中学入学简章[M].广州:私立真光女子中学,1937:15.

⑥　私立真光女子中学. 私立真光女子中学入学简章[M].广州:私立真光女子中学,1937:19.

1938 年

◎ 江苏省立教育学院、金陵大学、文华图专等校陆续西迁办学
◎ 吴光清、王恩保赴美留学
◎ 广州市立第一职业学校图书管理科停办
◎ 中国教育学术团体第一届联合年会关注图书馆学教育

1月

江苏省立教育学院迁至广西桂林①。

2月

进修业余补习学校在上海创办,开设十多种课程,其中有一门"图书馆学"课程。每日上午授课二节,晚上授课四节,另外,上、下午特设妇女补习班。初级和中级学费各为三元五角,高级班五元,公司职工及清寒学生另有减费、免费等办法②。

商务印书馆出版何鲁成编著的《档案管理与整理》,同年7月再版。该书分为"概论""行政""文书档案连锁法之理论与实施""点收与登记""分类""编目""归卷与调卷""庋藏""旧卷之整理""行政参考资料"10章,每章又分为若干节。在第二章"行政"第四节"人员"中,何鲁成谈及档案管理人员的训练与待遇问题。他指出:"我国向无档案学校,管卷者不仅未受专门训练,即普通常识,亦付缺如。"③"关于训练一层,我国既无档案学校,事前训练一事,当然谈不到。惟各机关为培养档案管理人员起见,可在平时用考试方法,拔取一二优秀分子,置档案室中,使之实习实际工作,每月并将研究心得,作成报告,判其甲乙。档案学校

---

① 田晓明.苏州大学大事记(1900—2012)[M].苏州:苏州大学出版社,2015:609.
② 进修业余补习学校[N].申报,1938-12-29(8).
③ 何鲁成.档案管理与整理[M].长沙:商务印书馆,1938:60.

之设立,亦为可行之事。否则大量合格档案管理员更无法产生。法国国立档案学校成立于拿破仑时代,历史悠久,成绩卓著(美国行政家魏特曾以美国无此类学校为憾)。"①在第九章"旧卷之整理"第一节"整理旧卷之必要利益"中,何鲁成称整理旧卷可获得节省经费、便利调阅、庋藏妥善、训练人员四大益处。他还指出:"我国无档案学校,而档案管理又无有系统之科学方法。管卷人员,不仅须遵守所定办法,努力做去,尚须随时改革所定方法,创造新法。此项人员须有较高能力,方可胜任。此项人员之培养,最好利用整理旧卷之机会。"②

3 月

金陵大学在成都开学,借用华西协合大学校园③。此后直至 1940 年夏,该校图书馆学组照常办学,依旧有学生辅修图书馆学课程。1940 年秋季,该校创办图书馆学专修科并正式招生,但 1939—1940 学年招收的最后一届辅修图书馆学课程的学生直到 1941 年夏才毕业。1940—1941 学年,图书馆学组与图书馆学专修科在事实上已经融为一体。

4 月

商务印书馆出版江康黎所著的《市行政学》。在该书第九章"市图书馆"第三节"图书馆管理人员与其工作"中,江康黎指出:"图书馆工作在今日已渐成为一种专门学识。图书馆中之职位,大多须为受过专门训练者始可充任。故现代有专门学校之设立,或于大学校中附设专科以训练图书馆专门人才,并有设立学校附属于大图书馆者。"④

中华教育文化基金董事会第十四届年会在香港九龙召开,议决补助文华图专 15 000 元⑤。

6 月 3 日

文华图专举行图书馆学本科第十四届和图书馆学讲习班第四届毕

---

① 何鲁成. 档案管理与整理[M].长沙:商务印书馆,1938:62.
② 何鲁成. 档案管理与整理[M].长沙:商务印书馆,1938:361.
③ 南京大学高等教育研究所校史编写组. 金陵大学史料集[G].南京:南京大学出版社,1989:49.
④ 江康黎. 市行政学[M].上海:商务印书馆,1938:129 - 130.
⑤ 中华教育文化基金董事会会务概况[N].申报,1939 - 08 - 24(11).

业考试,6 月 7 日结束。该年毕业考试委员会①由包鹭宾、刘赜、毛坤、沈祖荣、谈锡恩、唐义精、汪长炳、王介庵、严绂苹 9 人组成②。

6 月 11 日

文华图专举行图书馆学本科第十四届和图书馆学讲习班第四届毕业典礼。其中,图书馆学本科第十四届毕业生共计 11 人,即陈友潜、程时学、姜文锦、蓝乾章、李启寿、罗维勤、任宗炎、王溶、熊飞、张正鹄、张遵俭(见表 1938 - 1);图书馆学讲习班第四届毕业生共计 9 人,即富兰英、高韵璋、何友涞、黄本清、黄凤和、双爱棠、孙咏芳、张吉辉、章有成(表1938 - 2)③。

表 1938 - 1　文华图专图书馆学本科第十四届毕业生(1938 年 6 月)一览

序号	姓名	字号	性别	籍贯	毕业后最初去向	备注
1	陈友潜		女	广东新会	贵阳国立贵阳医学院图书馆	
2	程时学	永年	男	四川井研	成都国立四川大学图书馆	后以字行,改称"程永年"
3	姜文锦	苏民	男	江苏铜山	重庆两路口三民主义青年团中央团部登记处	
4	蓝乾章		男	四川仪陇	四川嘉定国立武汉大学图书馆	
5	李启寿		男	湖南湘潭	湖南沅陵人民教育委员会	
6	罗维勤		男	河北*	北平燕京大学图书馆	
7	任宗炎		男	江苏泰兴	重庆盐务总局档案室	

① 文华图专历届毕业考试委员均须负责某门(或若干门)考试科目的监考工作,故而有时又称为监考委员。

② 私立武昌文华图专档卷·图书馆学科本科学生成绩(一九二八年至一九三五)(本八届至十三届)[A].武汉大学档案馆,案卷号:7 - 1928 - 1.

③ 文华图书馆学专科学校由鄂迁渝后工作概况[J].中华图书馆协会会报,1939,13(5):22 - 23.

序号	姓名	字号	性别	籍贯	毕业后最初去向	备注
8	王溶		男	河南沈丘	重庆经济部地质调查所图书馆	
9	熊飞		男	江西奉新	江西泰和江西省立图书馆	
10	张正鹄		男	湖南长沙	重庆油市街财政部贸易委员会图书馆	
11	张遵俭		男	河北南皮	贵阳经济部农本局档案室	

注：* 原文如此，有的籍贯只写了省份。

表1938－2　文华图专图书馆学讲习班第四届毕业生(1938 年 6 月)一览

序号	姓名	性别	籍贯	毕业后最初去向	备注
1	富兰英	女	黑龙江龙江	重庆民生实业公司图书馆	
2	高韵璋	女	福建长乐		曾就读于北平崇慈女中
3	何友涞	男	福建闽侯	厦门大学图书馆	
4	黄本清	女	湖南黔阳	湖南泸溪湖南地方行政干部学校图书馆	
5	黄凤和	男	湖南临县	岳州湖滨高级农业学校图书馆	
6	双爱棠	男	湖北监利	长沙雅礼中学图书馆	
7	孙咏芳	女	安徽黟县		
8	张吉辉	男	湖北宜昌	重庆民生实业公司档案室	
9	章有成	男	江西崇仁	江西临川中学图书馆	

6 月

私立商务印书馆函授学校修订《私立商务印书馆函授学校简章》。此时,该校中学部设有国文科、英文科、日文科、算学科、自然科、史地科及图书馆学科。其中,图书馆学科开设"图书馆行政""目录学""图书分类法""图书编目法""图书选择法""图书运用法"六门课程①。

7 月 24 日

文华图专召开校务会议,并取得校董会同意,决定将学校迁往重庆,并派员前去筹备一切②。

8 月 5 日

吴光清从香港乘坐"亚洲皇后号"轮船前往美国③,8 月 22 日抵达华盛顿州西雅图④。他随后转赴华盛顿哥伦比亚特区,从 9 月 1 日⑤起进入美国国会图书馆东方部工作。

8 月 20 日

沈祖荣呈文国民政府教育部,称文华图专已在重庆曾家岩求精中学借得数间房屋作为临时校舍⑥。不过,在其开学之前,为工作便利起见,该校暂在重庆罗家湾川东联立师范学校大礼堂国立中央图书馆筹备处内办公,积极筹备开学及招考新生等相关事宜⑦。

王恩保(字雪航,河北宛平人,1932 年 6 月辅仁大学英文学系毕业生、文学士⑧)从上海乘坐"加拿大皇后号"(S. S. Empress of Canada)前往美国⑨,

————————

① 私立商务印书馆函授学校.私立商务印书馆函授学校简章[M].上海:私立商务印书馆函授学校,1938:1 – 37.

② 文华图专校长沈祖荣关于告知该校迁渝地址上教育部的呈(一九三八年八月二十日)[G]//姚乐野,马振犊.近代图书馆档案汇编:第一辑 第四册.北京:国家图书馆出版社,2021:455 – 458.

③ Washington,Seattle,passenger lists,1890 – 1957[EB/OL].[2019 – 09 – 01].https://familysearch. org/pal:/MM9. 3. 1/TH – 1951 – 22083 – 57210 – 12? cc = 1916081.

④ Washington,Seattle,passenger lists,1890 – 1957[EB/OL].[2019 – 09 – 01].https://familysearch. org/pal:/MM9. 3. 1/TH – 1951 – 22083 – 57105 – 72? cc = 1916081.

⑤ 会员消息[J].中华图书馆协会会报,1938,13(2):18 – 19.

⑥ 文华图专校长沈祖荣关于告知该校迁渝地址上教育部的呈(一九三八年八月二十日)[G]//姚乐野,马振犊.近代图书馆档案汇编:第一辑 第四册.北京:国家图书馆出版社,2021:455 – 458.

⑦ 文华图书馆学专校迁渝招生[J].教育通讯,1938(20):9.

⑧ 辅仁大学.辅仁大学毕业同学录[M].北平:辅仁大学,1943:1.

⑨ Washington,Seattle, passenger lists, 1890 – 1957 [EB/OL].[2019 – 12 – 18]. https://www. familysearch. org/ark:/61903/3:1:33S7 – 95NW – 9D27? i = 146&cc = 1916081.

9 月 6 日抵达华盛顿州西雅图①。他先到印第安纳州南湾（South Bend, Indiana）的圣母大学（University of Notre Dame）攻读英语专业，1941 年 8 月 5 日获颁文学硕士学位②。1941 年 9 月，他入读雪城大学图书馆学校，1943 年 6 月毕业并获得理学士学位（图书馆学专业）③。1943 年 9 月，他进入哥伦比亚大学图书馆学院学习图书馆学④，但最终并未拿到学位。其后，他先后就职于布鲁克林公共图书馆（Brooklyn Public Library）、宾夕法尼亚大学图书馆（University of Pennsylvania Library）、美国国会图书馆东方部等处⑤。

9 月 22 日

沈祖荣呈文国民政府教育部，请求准许文华图专举行 1938 年招生考试。此外，由于文华图专计划于 11 月 14 日秋季开学，沈祖荣还请求准许该校取消该学年的寒假与春假，并将春季学期延至 1939 年 6 月底⑥。

9 月 29 日

沈祖荣呈文国民政府教育部，称拟聘请张祖尧和杨叔荪到校分别讲授"法文"（两班，每周共计授课六小时）和"民众教育"（两班，每周共计授课四小时）两门课程。不过，张祖尧和杨叔荪最终均未如约前往文华图专执教。其中，"法文"课程后来改由袁刚讲授⑦。

---

①　Washington, Seattle, passenger lists, 1890 – 1957［EB/OL］.［2019 – 12 – 18］. https://www. familysearch. org/ark:/61903/3:1:33S7 – 95NW – 9DLH? i = 147&cc = 1916081.

②　University of Notre Dame Commencement exercises Summer session, 1941［M］. South Bend, Indiana: University of Notre Dame, 1941:9.

③　COLE D E. Who's who in library service［M］. 3rd ed. New York: The Grolier Society Inc. , 1955:512.

④　Directory of students［M］//Columbia University. Directory number for the sessions 1943 – 1944. New York: Columbia University, 1944:209.

⑤　Staff news［J］. Library of congress information bulletin, 1975, 34（5）:40.

⑥　文华图专校长沈祖荣关于检送二十七年度招生简章并拟请准予将春假、寒假取消并将春季延长至明年六月底为止上教育部的呈（附简章）（一九三八年九月二十二日）［G］//姚乐野，马振犊. 近代图书馆档案汇编:第一辑　第四册. 北京:国家图书馆出版社,2021:241 – 246.

⑦　文华图专校长沈祖荣关于已选定登记合格战区专科以上教员张祖尧、杨叔荪二人分别担任该校法文及民众教育二课上教育部的呈（一九三八年九月二十九日）［G］//姚乐野，马振犊. 近代图书馆档案汇编:第一辑　第四册. 北京:国家图书馆出版社,2021:459 – 468.

9 月

文华图专教职员及学生陆续迁往重庆。除了借用求精中学的校舍，该校还在求精中学校园内自建一栋临时校舍，称为"康宁楼"①。该楼用途多样，同时充当大礼堂、教职员宿舍、女生宿舍、饭厅、厨房等②。

大夏大学教育学院对所设学系进行改革。其中，社会教育系分图书馆学组、民众教育组和电化教育组三组，系主任为喻任声③。该系开设一门"图书馆学"课程，由查修讲授，每周二、四、六各上一次课，每次授课 3 小时，计 3 学分④。

10 月 11 日

文华图专 1938 年招生考试开始接受报名，10 月 23 日截止。该年计划招收图书馆学本科公费生 20 名及自费生若干名，考试科目与 1937 年一样。该年设有重庆川东联立师范学校大礼堂楼上文华图专办事处、成都国立四川大学图书馆、汉口特三区鄱阳街圣保罗座堂、昆明国立西南联合大学图书馆四个招考处，考生可就近报名。值得一提的是，受战事影响，文华图专从该年起准许考生以通信方式报名，但该年的通信报名截止日期为 10 月 20 日⑤。

10 月 20 日

全国高级师范教育会议在重庆举行，10 月 22 日闭幕⑥。蒋复璁提交《请于师范学院第二部添设图书馆学系案》⑦，或称《请师范学院第二

---

① 文华图专学校概况［G］//姚乐野，马振犊. 近代图书馆档案汇编：第一辑　第一册. 北京：国家图书馆出版社，2021：17 - 37.

② 孟国祥. 抗战时期的中国文化教育与博物馆事业损失窥略［M］. 北京：中共党史出版社，2017：72.

③ 教育学院新讯［J］. 大夏周报，1938，15（5）：6 - 7.

④ 二十七年秋季各院科开班学程索引［J］. 大夏半月刊，1938（7）：111.

⑤ 文华图专校长沈祖荣关于检送二十七年度招生简章并拟请准予将春假、寒假取消并将春季延长至明年六月底为止上教育部的呈（附简章）（一九三八年九月二十二日）［G］//姚乐野，马振犊. 近代图书馆档案汇编：第一辑　第四册. 北京：国家图书馆出版社，2021：241 - 246. 按：从 1938 年起，文华图专的招考简章基本不再使用"免费生"之说，而是改称"公费生"。

⑥ 全国高级师范教育会议记（上）［N］. 申报，1938 - 12 - 29（8）.

⑦ 边振方，张光涛. 全国高级师范教育会议纪事［J］. 教育通讯，1938（34）：11 - 14.

部设立图书馆学系案》,最终议决保留①。

10 月 24 日

文华图专 1938 年招生考试计划在重庆、成都、昆明、汉口四地同时举行,10 月 25 日结束②。不过,由于武汉已被日军占领,汉口考区无人应考。最终此次招生考试共计录取 9 人③。

10 月

在日军占领广州前夕,广州市立第一职业学校图书管理科停办。广州市立第一职业学校被公认为中国最早开办图书馆学教育的中专学校,前后培养了近百名毕业生④。

中国图书服务社出版吕绍虞所著的《怎样利用图书馆》,该书被列入"上海图书馆协会丛书"。该书卷首载有吕绍虞撰写的"序言",正文包括"图书馆及其图书的排列""怎样利用目录""怎样利用字典""怎样利用辞典""怎样利用类书和百科全书""怎样利用参考书""怎样利用期刊索引和日报索引""余话"8 章,卷末附载"杜氏图书分类法简表"。该书旨在"作为利用图书馆的课程大纲及讲演材料"⑤。

11 月 14 日

文华图专在重庆开学⑥。图书馆学本科第十六班新生注册入学,共计 7 人,即常遗生、崔慎之、蒋观瀛、李廉、孙雁征、周斯美、左绮芸。原本已经录取的另外两人并未报到,其姓名不详。此外,国立中央图书馆保送李鼎芳(男,浙江长兴人,1935 年 6 月国立清华大学历史系毕业生、文学士⑦)与钟静夫二人到文华图专选修图书馆学课程,但他们后来并未被

① 全国高级师范教育会议决议案提要[J].教育通讯,1938(34):11 – 13.

②⑥ 文华图专校长沈祖荣关于检送二十七年度招生简章并拟请准予将春假、寒假取消并将春季延长至明年六月底为止上教育部的呈(附简章)(一九三八年九月二十二日)[G]//姚乐野,马振犊.近代图书馆档案汇编:第一辑 第四册.北京:国家图书馆出版社,2021:241 – 246.

③ 文华图书馆学专科学校由鄂迁渝后工作概况[J].中华图书馆协会会报,1939,13(5):22 – 23.

④ 张磊,黄明同.广东省志·社会科学志[M].广州:广东人民出版社,2004:318.

⑤ 吕绍虞.序言[M]//吕绍虞.怎样利用图书馆.上海:中国图书服务社,1938:1 – 2.

⑦ 国立清华大学校长办公室.清华同学录(民国二十六年四月)[M].北平:国立清华大学校长办公室,1937:405.

归入文华图专图书馆学本科第十六届毕业生①。

11月27日

中国教育学术团体第一届联合年会在重庆川东师范学校开幕,11月30日闭幕②。中华图书馆协会第四届年会随之召开。洪有丰、蒋复璁、沈祖荣三人被中华图书馆协会推举加入此届联合年会筹备委员会③。

11月29日

上午9时至下午5时,中国教育学术团体第一届联合年会分成"各类教育问题""体育卫生""社会教育、电化教育、图书馆"三组讨论相关议案,另有临时动议。此次会议收到13项与图书馆相关的议案,其中有2项与图书馆学教育相关,即《请开办西南及西北各省图书馆服务人员讲习会案》和《请教育部筹设国立图书馆专科学校,在未成立前先于各师范学院添设图书馆学系,并指定"目录学"及"参考书使用法"为大学一年级必修课程案》。

表1938-3 中国教育学术团体第一届联合年会图书馆学教育议案一览

编号	名称	提交者	理由及办法	决议
87	请开办西南及西北各省图书馆服务人员讲习会案	中华图书馆协会	理由: 一、现时西南及西北各省图书馆教育缺点甚多,应予改进;二、过去图书馆畸形发展,专门人才未能深至内地;三、将来西南及西北各省教育之推进,有赖图书馆界努力 办法: 择定一处或分区开办讲习会,由各省教育厅分已设有图书馆之各县,酌派现在工作人员一人或二人保送入会,受六星期至十星期之新式图书馆学训练	修正通过

---

① 文华图书馆学专科学校由鄂迁渝后工作概况[J].中华图书馆协会会报,1939,13(5):22-23.

②③ 中国教育学术团体第一届联合年会报告[J].建国教育,1939,1(2):1-95.

续表

编号	名称	提交者	理由及办法	决议
90	请教育部筹设国立图书馆专科学校,在未成立前先于各师范学院添设图书馆学系,并指定"目录学"及"参考书使用法"为大学一年级必修课程案	中华图书馆协会	图书馆为文化食粮之供给场所,战时急要迫切,平时更无论矣。如欲发展图书馆事业,非培植专门人才不可。至今公立之图书馆学校尚付阙如,应请教育部从速筹设。在未成立之前,先于各师范学院添设图书馆学系以资教济。再大学学生不知利用图书馆及参考书者大有人在,须于入学之初予以相当训练,俾能于治学之工具充分利用,故有以"目录学"及"参考书使用法"为一年级必修课程之必要	交中华图书馆协会办理

资料来源:中国教育学术团体第一届联合年会报告[J].建国教育,1939,1(2):1-95;中国教育学术团体联合年会有关图书馆专业议决案汇录[J].中华图书馆协会会报,1939,13(4):9-10.

《建国教育》创刊号(第1卷第1期)刊登以"中华图书馆协会"名义发表的《抗战建国时期中之图书馆》。该文分为"制度之确立""设置之普及""人才之培养""图书馆之搜采""建筑与设备""政策与技术"6个部分,后又载于1939年1月30日《中华图书馆协会会报》第13卷第4期。关于人才之培养,该文指出:"事业之兴举,全赖服务之得人。昔日每视图书馆为闲散人员之尾闾,至今其风尚未尽革。实则今日图书馆之重要缺点乃在专门人才尤少,不敷支配。故欲改进各种图书馆求其效率确切,不可不注重人才之训练、进修与保障。现有之图书馆专科学校亟应加以扩充,并斟设新校;师范学院及各级师范学校宜设置图书馆学科系;同时订定课程标准以宏造就。现有图书馆人员之未受专门训练或经验未充者,宜由省教育厅分期召集举办讲习班,予以相当时期之训练。并尽量利用现有之图书馆学专门刊物,指导图书馆业务,以推广进修之机会。图书馆员之等级与待遇,养老金与恤金之给予宜早明定,以使与其他公务员及教育人员立于同等地位,保障其安心任事,以图书馆为终身之业。凡此皆事业发展之大计也。"[①]

---

① 中华图书馆协会.抗战建国时期中之图书馆[J].建国教育,1938,1(1):54-57;中华图书馆协会.抗战建国时期中之图书馆[J].中华图书馆协会会报,1939,13(4):2-4.

本年

私立尚志高级文书科职业学校先是迁往信阳,后因信阳沦陷,又迁至南阳。此时该校课程精减为"国文""数学""历史""地理""法律常识""公文程式""会计学""测绘"8门,未再开设"图书馆学"课程①。

---

① 《开封市教育志》编委会. 开封市教育志(1840—1985)[M].郑州:中州古籍出版社,1991:386-387.

1939 年

◎社会教育讨论会关注图书馆学教育
◎第三次全国教育会议关注图书馆学教育
◎国际劳工局中国分局举办图书管理讲演会
◎《修正图书馆规程》和《图书馆工作大纲》颁布
◎广州大学开办档案管理及公牍训练班
◎文华图专开办档案管理讲习班
◎朱士嘉、于震寰赴美留学或交流
◎中华图书馆学函授学校创办
◎国民政府教育部开办民众教育馆馆长训练班

1 月 10 日

国民政府教育部召开社会教育讨论会,1 月 13 日结束①。蒋复璁作为国立中央图书馆筹备处代表出席此次讨论会②,并提交《请确定图书馆员养成制度以弘造就案》,经审查会通过,送呈国民政府教育部参考③。此外,国民政府教育部交议的《训练社会教育人员案》经审查会修正通过,并议决办法;大夏大学代表喻任声(当时误作"喻任彭")提交的《请设立专门机关以训练社教人员案》亦合并讨论④。

蒋复璁提交的《请确定图书馆员养成制度以弘造就案》具体如下:

---

① 国民政府教育部社会教育司. 社会教育讨论会报告[R]. 重庆:国民政府教育部社会教育司,1939:7 – 8.

② 国民政府教育部社会教育司. 社会教育讨论会报告[R]. 重庆:国民政府教育部社会教育司,1939:2.

③ 国民政府教育部社会教育司. 社会教育讨论会报告[R]. 重庆:国民政府教育部社会教育司,1939:50.

④ 国民政府教育部社会教育司. 社会教育讨论会报告[R]. 重庆:国民政府教育部社会教育司,1939:18 – 19.

理由：

一、图书馆事业因需要而渐次发展，但专门人才甚少，深感供不应求。

二、世界各主要国家之图书馆已发展至相当程度，我国宜急起直追，需要基础知识充足之高级图书馆员。

三、晚近专习图书馆学之人才，皆有数处大图书馆所吸引，而一般民众图书馆无从延致。

办法：

分设图书馆学院及图书馆学专科学校：

一、图书馆学院：目的在造就各大图书馆之高级馆员，招收大学毕业生(不拘科系)，修学一年，派往各大图书馆实习一年，然后考试毕业，呈请分发各馆录用。此学院最好为国立，或由现有之专科学校改组。全国可有一所或二所，每年按照需要情形决定招生名额。

二、图书馆学专科学校：目的在造就一般普通图书馆员，招收高级中学毕业生，分二部教授。一部训练大图书馆中之助理人员，一部训练民众图书馆之管理员。修学二年，在各图书馆实习一年，然后考试毕业。此种专科学校宜多设数所，可就现有图书馆学专科学校或大学图书馆学系改办。①

国民政府教育部交议的《训练社会教育人员案》具体如下：

理由：

社会教育人员须对三民主义有坚定之信仰，而人格高尚，学理通达，技能纯熟者，方能奏化民成俗之效。本部拟于二十八年度筹设国立社会教育学院，训练国立省立社教机关服务人员，各省应视社会教育发展之需要，设社会教育人员训练所，训练县立民众教育馆、民众学校及其他各项社会教育人员。

办法：

各省社会教育人员训练机关由各省教育厅订定，呈请教育部核准后施行。②

---

① 国民政府教育部社会教育司. 社会教育讨论会报告[R]. 重庆:国民政府教育部社会教育司,1939:50.

② 国民政府教育部社会教育司. 社会教育讨论会报告[R]. 重庆:国民政府教育部社会教育司,1939:18.

喻任声提交的《请设立专门机关以训练社教人员案》具体如下:

理由:

1. 社会教育范围广大,事业繁多,非受专门训练者,对此难有适当之认识。

2. 办理社会教育除需要教育之基本知识外,尚需关于社会、政治、经济、工商业等各方面之知识,非受普通师范训练者所能胜任。且现在师范学校及师范学院亦无养成此种人才之学系课程,故需另立机关。

3. 目前各地因办理社教,往往应事实上之需要,创设种种训练班,但以缺乏标准,难趋统一,故应通盘筹划,设立专门机关以司其事。

办法:

1. 由教育部召集专家订定社教人员之资格能力与训练标准。

2. 由教育部委托一二国立大学依照上项标准办理社教人员训练所,以养成此项专门人才,其他各公立及已立案私立大学得教育部之许可,亦得设立。

3. 各大学各师范学校及各师范学院均得设立社会教育系,或扩充原有之图书馆学、博物馆学各系及推广事业各部分,以便利有志社会教育之青年。

4. 各省市教育行政机关,依其需要,得按部颁标准,设立各种短期训练班,以养成在各地方服务之社教干部人员。

5. 办理社教训练机关之经费如有不敷,得请求教育部补助。①

1 月 30 日

《中华图书馆协会会报》第 13 卷第 4 期登载沈祖荣撰写的《图书馆教育的战时需要与实际》。在论及"一般民众的教育"时,沈祖荣指出:

事业的成败得失实在由于得人和不得人。图书馆员是一行专业,不是人人都可以胜任的。过去好多的图书馆就抱着这种谬误的观念,以为办图书馆事务的人并不一定要受过图书馆学专门训练,犹之乎作官并不一定要经过大学政治学系一样。近年来跟着政治的进步,图书馆方面渐觉得非有专门人才参加工作不可。这是一种

---

① 国民政府教育部社会教育司. 社会教育讨论会报告[R].重庆:国民政府教育部社会教育司,1939:18 – 19.

好的转变。不过现在国内专门训练图书馆人才的机关太少了。独立的机关可以说只有武昌文华图书馆学专科学校一处。现在亟谋建国的时候,西南西北各省的图书馆事业要积极发展。以后,被敌人破坏的图书馆要一一恢复,所用人才一定很多。所以我们希望负责的当局和社会人士要注意这件事。在战争进行期间,对于原有的图书馆学专校和大学图书馆学系,要尽力维持,改善扩充;对于在职的未经专门训练的图书馆员,要举行讲习会,补充他们的知识和技能;对于战区出来的图书馆员或其他社会教育人员,要集中举办短期的图书馆训练班,然后分发到相当的地方工作。①

2 月 28 日

《建国教育》第 1 卷第 2 期登载沈祖荣撰写的《今后二年之推进图书馆教育》。该文包括"图书馆教育的目的""我们所能利用的材料""我们所需用的人才""服务的对象和方法""行政的系统和经费""结论"6 节。在第三节"我们所需用的人才"中,沈祖荣指出:

在今后二年中,既然推进图书馆教育,那么,必须要训练人才,来供给我们应用。否则,再有怎样良好的计划,是不容易达到美满的境界的。对于人才方面,以为:

(1)原在图书馆服务的人员,未经受过专门训练者,须加以短期训练。办法可由教育部社会司或各省教育厅与某大图书馆或图书馆学校合作,将各处人员轮流调训,时间三月或半年,予以基本的图书馆技术训练及最近图书馆教育的政策和目的。

(2)从战区转到后方来的图书馆人才,一时没有工作的,我们应当设法登记,尽先引用。因为他们是受过训练或已用丰富经验,比任意引用的人员或短期训练的人,要来得经济而有效。

(3)原在图书馆服务的人才现在因种种关系而改别业者,我们要用一种有效的鼓励吸引的办法,将他们重新拉回图书馆界来。本来在图书馆工作,而能在别职业上获得地位的人,其人必是很能干的,失掉了很是可惜。

(4)今后二年中,推进图书馆教育,原有人才定不足用,尚须训练新的人才。训练时可以分高级的人才和初级的人才两种,使其对

---

① 沈祖荣. 图书馆教育的战时需要与实际[J]. 中华图书馆协会会报,1939,13(4):4-6.

于图书馆教育领导方面和辅助方面的人都不致缺乏。办法或由政府自办,或令某某较大的图书馆附办,或请某种适宜的学校特办亦可。大学毕业生,有志于图书馆事业者,若能加以短期训练应用,一定是经济而有效的。

我们最后还要训练一种图书馆员,后方的中学数量加多了,学生加多了,教职员也跟着加多了。在这种奋发、紧张、烦闷的情境当中,人人都需要精神的粮食。至于教员之需要参考,学生之需要印证,那是不消说的了。但是一向,中学对于图书馆设备不大完全。并不是教育当局没有看到这其间重要,实在也是由于没有相当的人才。听说四川省政府教育厅,此后要特别重视学校图书馆的设备,所以急需要为这事养成一批可用的人才。而且要办到学校图书馆公开阅览的,中学图书馆的可能性最大,也最适于公开给予一般社会阅览的条件。大学图书馆的书太专门、太深邃,小学图书馆的书太些微、太浅俗的。①

3 月 1 日

国民政府教育部在重庆举行第三次全国教育会议,3 月 10 日闭幕。此次会议通过数十项议案,但只有国立中央图书馆筹备处与国立北平图书馆联合提交的《请确定图书馆员教育制度以宏造就案》与图书馆学教育密切相关。具体如下:

理由

一、图书馆为专门事业,需要专门人才管理。现在图书馆事业亟待发展,但曾受专门训练人才甚少,深感供不应求。

二、晚近专习图书馆学之少数人员,皆为数处大图书馆所吸引,而一般民众图书馆无由延致。

三、世界各主要国家之图书馆,已发展至相当程度,我国宜急起直追,需要基础知识充足之高级图书馆员。

办法

分设图书馆学院及图书馆专科学校:

一、图书馆学院目的在造就各大图书馆之高级馆员,招收大学毕业生(不拘科系),修学一年,派往各大图书馆实习一年,然后考试毕业,呈请分发各馆录用。此学院最好为国立,或由现有之专科学

---

① 沈祖荣. 今后二年之推进图书馆教育[J]. 建国教育,1939,1(2):169－174.

校改组,全国可有一所或二所,每年按照需要情形,决定招生名额。

二、图书馆学专科学校,目的在造就一般普通图书馆员,招收高级中学毕业生,分二部教授,一部训练大图书馆中之助理人员,一部训练民众图书馆之管理员,修学二年,在各图书馆实习一年,然后考试毕业。

三、各大学及师范学院添设图书馆学科系,其教育目的及训练方法比照前两项办理。

审查:

1. 办法第二项改为第一项照原案通过。

2. 办法第三项改为第二项,修正为"各大学及师范学院得特设图书馆学科系"。

3. 办法第一项改为第三项。修正为:"为培植高级图书馆人员起见,得设图书馆训练机关,其详细办法,由教育部规定之。"①

春季

金陵大学图书馆学会仍是在金陵大学备案的学生社团之一,负责人为张忠祥,其性质"为对图书馆学有兴趣之教职员同学所组织"②。

4月1日

成都市各业同业公会举办文书会计训练班,5月12日结束③。内有一门"公文程式"课程,由刘云樵(四川华阳人,北平中国大学毕业)讲授④,每周授课3小时⑤。

5月30日

《中华图书馆协会会报》第13卷第6期登载朱焕尧撰写的《战时军

---

① 第三次全教会通过有关图书馆之议案[J].中华图书馆协会会报,1939,13(6):14-18.

② 本季学生社团一览(28年春)[G]//《南大百年实录》编辑组.南大百年实录:中 金陵大学史料选.南京:南京大学出版社,2002:396-398.

③ 成都市各业同业公会文书会计训练办法大纲[J].成都市政府周报,1939,1(24/25/26):8-9.

④ 成都市各业公会文书会计训练班教职员履历表[J].成都市政府周报,1939,1(24/25/26):14-16.

⑤ 成都市各业公会文书会计训练班课程钟点分配表[J].成都市政府周报,1939,1(24/25/26):10.

民图书流通计划》。朱焕尧在文中述及如何解决战时军民图书流通过程中的人才保障问题,指出:"前线流动图书团团员需二千人,后方一县须添设五六人,现计尚有千余县,共需六七千人。连及总部、分部、辅导、视察等工作人员,总计殆及万人,一时似难得如许专门人才。然据中华图书馆协会去年十一月统计,全国图书馆之沦陷敌人后方者已二千五百余所。平均每馆有一人西来,亦计有二千五百余人。倘政府于其职业加以调整,至少可得二千人。是于主持馆务、编目、分类、视导、设计等重要职务,宜可敷用。或犹不足,则招收初高中学学生加以短期训练,亦可济用。至如流动图书队队员、巡回人员为急切需用计,但能略具学术常识并有灵敏手头之人,临时予以指导,自可胜任。"[1]

6 月 28 日

文华图专举行图书馆学本科第十五届毕业典礼。图书馆学本科第十五届毕业生共计 6 人,即黄执中、鲁乐义、裴湘纹、任蔺、陶维勋、周杰(见表 1939 – 1)。

表 1939 – 1　文华图专图书馆学本科第十五届毕业生(1939 年 6 月)一览

序号	姓名	性别	籍贯	备注
1	黄执中	男	湖北随县	借读生
2	鲁乐义	女	湖北武昌	
3	裴湘纹	女	安徽寿县	
4	任蔺	女	江苏泰县	或误作"任简""任兰"
5	陶维勋	男	湖北黄陂	
6	周杰	女	湖南长沙	

6 月

刘修业从伦敦大学图书馆学院毕业[2]。

文华图专制定《武昌文华图书馆学专科学校函请各大学选送毕业生

---

① 朱焕尧.战时军民图书流通计划[J].中华图书馆协会会报,1939,13(6):2 – 5.

② 卢美松.福建北大人[M].北京:方志出版社,2002:158 – 159.

入学肄习图书馆学简章》,函请各大学选送毕业生到校就读①。

7月19日

吕绍虞应邀在国际劳工局中国分局举办的图书管理讲演会上讲演"图书馆利用法"②。或称查修、陈鸿飞、喻友信等人亦曾应邀到该图书管理讲演会讲演图书馆学③,但未悉详情。

7月中旬

文华图专成立该年招考委员会,负责办理该年招考事宜。其成员包括毛坤、汪长炳、汪应文,毛坤被推举为主任委员④。

7月22日

国民政府教育部第一七○五五号训令颁布《修正图书馆规程》。该规程第13—19条详细规定了各级各类图书馆馆长、各部主任、干事等的任职资格。具体如下:

第十三条　省市立图书馆馆长,须品格健全,才学优良,且具有左列资料之一者:

(一)图书馆专科学校或图书馆专修科毕业,曾任图书馆职务一年以上,著有成绩者。

(二)师范学院、教育学院或教育科系毕业,曾任图书馆职务二年以上,著有成绩者。

(三)大学或其他专科学校毕业,曾受图书馆专业训练,并曾任图书馆职务三年以上,著有成绩者。

---

① 文华书图馆专科征选毕业生前往肄业[N].国立四川大学校刊,1939-06-21(8).按:此处"文华书图馆专科"当为"文华图书馆专科"之误。此外,《国立四川大学校刊》继承1932年创办的《国立四川大学旬刊》,创刊于1939年6月1日,仍为旬刊。不过,该刊1939年各期均只标注出版日期,而未标注卷号和期次,1940年及以后各期才标注卷号和期次。为求严谨,此处只能将其当成报纸进行著录。

② 吕绍虞明日讲图书馆利用法[N].申报,1939-07-18(13).

③ 李明杰,李瑞龙.民国图书馆学教育编年(1913—1949)[J].图书情报知识,2018(2):113-121.

④ 文华图专校长沈祖荣关于检送二十八年招生简章备案教育部的呈(附简章)(一九三九年七月二十八日)[G]//姚乐野,马振犊.近代图书馆档案汇编:第一辑　第四册.北京:国家图书馆出版社,2021:251-256.

（四）在学术上确有特殊贡献,并对于图书馆学素有研究者。

第十四条　省市立图书馆各部主任,须品格健全,其所任职务,为其所擅长,且具有左列资格之一者:

（一）图书馆专科学校或图书馆专修科毕业者。

（二）师范学院、教育学院或教育科系毕业者。

（三）大学或其他专科学校毕业,曾受图书馆专业训练者。

（四）中等学校毕业,曾任图书馆职务三年以上者。

第十五条　省市立图书馆干事,须品格健全,且具有左列资格之一者:

（一）具有前条各款资格之一者。

（二）中等学校毕业,曾任教育职务二年以上者。

（三）对于图书馆职务有相当学识及经验者。

第十六条　县市立图书馆馆长,须品格健全,才学优良,且具有左列资格之一者:

（一）图书馆专科学校或图书馆专修科毕业者。

（二）师范学院、教育学院或教育科系毕业者。

（三）大学或其他专科学校毕业,曾受图书馆专业训练者。

（四）在学术上确有贡献,并对于图书馆学素有研究者。

第十七条　县市立图书馆各组主任及干事,须品格健全,且具有左列资格之一者:

（一）具有前条各款资格之一者。

（二）中等学校毕业,曾任教育职务一年以上者。

（三）对于图书馆职务有相当学识及经验者。

第十八条　图书馆得酌用助理干事。

第十九条　地方自治机关、私法人或私人设立之图书馆,其内部组织及职员资格,应比照县市立图书馆之规定。①

7 月 24 日

国民政府教育部第一七二一九号部令公布《图书馆工作大纲》。该大纲第七条规定省市(行政院直辖市)立图书馆须设置总务部、采编部、阅览部、特藏部、研究辅导部。研究辅导部的职责包括 11 条,其中第 6

---

① 修正图书馆规程(二十八年七月二十二日教育部第一七〇五五号训令颁布)[J].浙江省政府公报,1939(3179):4 - 9.

条为"举办图书馆员暑期讲习会,促进图书馆事业之发展",第7条为"举办全省图书馆员研究会,交换专门知识"①。

7月28日

沈祖荣呈文国民政府教育部,请求准许文华图专举行1939年招生考试②。

8月15日

文华图专1939年招生考试开始接受报名,8月22日截止。该年计划招收图书馆学本科公费生15名及自费生若干名,考试科目与1937、1938年一样。该年考生可在重庆曾家岩求精中学内文华图专与成都华西协合大学图书馆两个招考处就近报名③。

8月23日

文华图专1939年招生考试开始在重庆和成都两地同时举行,8月24日结束④。

8月

《教育杂志》第29卷第8期登载何多源撰写的《论"目录学"及"参考书使用法"应列为大学一年级必修课程》。何多源在文中强烈建议将"目录学"及"参考书使用法"两门课程列为大学一年级学生必修课程,并列举其课程内容及讲授方法⑤。

文华图专决定附设档案管理讲习班,制定并公布招生章程⑥具体如下:

(一)名额:廿人,男女兼收。

---

① 图书馆工作大纲[M]//国民政府教育部社会教育司.图书馆重要法令.重庆:国民政府教育部社会教育司,1942:10 - 18.

②③④ 文华图专校长沈祖荣关于检送二十八年招生简章备案教育部的呈(附简章)(一九三九年七月二十八日)[G]//姚乐野,马振犊.近代图书馆档案汇编:第一辑　第四册.北京:国家图书馆出版社,2021:251 - 256.

⑤ 《目录学研究资料汇辑》编辑组.目录学研究资料汇辑:第1分册　目录学基础理论[M].武汉:武汉大学图书馆学系,1979:212 -214.

⑥ 私立武昌文华图书馆学专科学校开设档案管理讲习班[J].中华图书馆协会会报,1939,14(2/3):17.

（二）资格：高中毕业或具有高中毕业之同等学力，而年在二十二岁以下者。

（三）报名：九月十二日起十五日止，在求精中学内本校，报名时除验证件外，并缴相片二张，报名费五角。

（四）考试日期及科目：九月十六日上午八时起，考试国文、英文、史地、口试。

（五）待遇：每生年给公费二百元，修业期限一年。毕业后，由校介绍工作。①

9 月 1 日

广州大学附设的计政训练班（会计组）、档案管理及公牍训练班、工商管理训练班开始上课。其中，档案管理及公牍训练班分为下午班（男女生各一班，每日上午 8 时 30 分至 11 时 20 分授课）和夜班（男生一班，每日晚上 6 时 30 分至 9 时 20 分授课）两种，开设"行政学""书法""法学通论""公文研究""档案管理法""应用文""公牍名著选读"7 门课程。修业年限定为一年，期满考试及格者由广东省教育厅验发毕业证书②。

9 月 12 日

文华图专档案管理讲习班开始接受报名，报考处就设在重庆曾家岩求精中学内文华图专，报名于 9 月 15 日截止③。

9 月 16 日

文华图专在重庆曾家岩求精中学内文华图专举行档案管理讲习班招生考试④。

9 月 25 日

文华图专开学⑤，图书馆学本科第十七班新生注册入学。

---

①③④ 私立武昌文华图书馆学专科学校开设档案管理讲习班[J]. 中华图书馆协会会报，1939，14(2/3)：17.

② 吕家伟，赵世铭. 港澳学校概览（民国二十八年秋季）[M]. 香港：中华时报社，1939：（丙）23.

⑤ 文华图专校长沈祖荣关于检送二十八年招生简章备案教育部的呈（附简章）（一九三九年七月二十八日）[G]//姚乐野，马振犊. 近代图书馆档案汇编：第一辑 第四册. 北京：国家图书馆出版社，2021：251 - 256.

9月27日

朱士嘉从上海乘坐"柯立芝总统号"轮船赴美[①],10月12日抵达加利福尼亚州旧金山[②]。他先入美国国会图书馆东方部工作,后于1942年9月到哥伦比亚大学研究生院攻读博士学位[③]。1946年7—12月,他受美国图书馆协会资助,赴美国国家档案馆(The National Archives)学习档案管理[④]。

9月

管理中英庚款董事会(Board of Trustees for the Administration of the Indemnity Funds Remitted by the British Government)讨论通过该年教育文化事业补助费支配办法,其中包括补助文华图专建筑设备费5500元[⑤]。

中华图书馆服务社创办中华图书馆学函授学校,校址设在上海南京路486号(上海邮政信箱第499号)。其宗旨为"培植图人才增进现在图馆员学识",内设"图书馆学通论""图书分类法""图书编目法""图书馆利用法实习"等课程,一年授毕。高中毕业或同等学力者均可入读[⑥]。吕绍虞担任校长,震旦大学图书馆主任景培元、中国国际图书馆主任陈鸿飞等人担任教授[⑦]。

吴良铸(江苏江宁人,1935年6月金陵大学文学院经济系毕业生、文学士[⑧],金陵大学图书馆阅览部参考组主任)开始兼任金陵大学图书馆学组讲师[⑨]。

---

① California, San Francisco, passenger lists, 1893 – 1953 [EB/OL]. [2018 – 10 – 05]. https://www. familysearch. org/ark:/61903/3:1:33S7 – 95GD – 9T3? i = 363&cc = 1916078.

② California, San Francisco, passenger lists, 1893 – 1953 [EB/OL]. [2018 – 10 – 05]. https://www. familysearch. org/ark:/61903/3:1:33SQ-G5GD – 9K3? i = 362&cc = 1916078.

③ Directory of students [M]//Columbia University. Directory number for the sessions 1942 – 1943. New York:Columbia University 1943:92.

④ Foreign visitors at the National Archives[J]. The American archivist,1947,10(4):394.

⑤ 中英庚款教育文化事业本届补助费[N]. 申报,1939 – 09 – 25(7).

⑥ 中华图书馆服务社主办中华图书馆学函授学校招男女生[N]. 申报,1939 – 09 – 22(5).

⑦ 中华图书馆学函授学校[N]. 申报,1939 – 10 – 04(7).

⑧ 金陵大学总务处文书组. 金陵大学毕业同学录[M]. 南京:金陵大学总务处文书组,1944:94.

⑨ 金陵大学一九三九年教职员名录、调查表及聘约底册(一九三九年)[A]. 南京大学档案馆,全宗号:649,案卷号:173;金陵大学一九四零年度教职员名册及送部审查资格教员名册(一九四零年)[A]. 南京大学档案馆,全宗号:649,案卷号:174. 转引自:刘奕,肖希明. 金陵大学图书馆学教育本土化探索及其启示[J]. 大学图书馆学报,2021(4):111 – 118.

10 月 16 日

中华图书馆学函授学校开始上课。为扶助清寒学生,该校特设半费学额 20 名,额满为止①。

10 月

文华图专档案管理讲习班新生注册入学。该班学生主修档案管理,兼习图书馆学②,相关课程由徐家麟、毛坤等人负责讲授③。

11 月 3 日

于震寰乘坐"日本皇后号"轮船东渡,同月 8 日抵达横滨,却因为护照问题被日本警察拘讯。11 月 22 日,他改乘"亚洲皇后号"轮船继续前往美国,12 月 1 日起正式开始在哈佛燕京学社汉和图书馆工作④。他此行系由国立中央图书馆筹备处派往哈佛燕京学社汉和图书馆实习并研究现代图书馆技术工作,1946 年 8 月工作完毕,返回国立中央图书馆继续服务⑤。

11 月 4 日

《教育通讯》第 2 卷第 43 期"教育法令"栏目刊登《师范学院教育学系必修科目表草案》与《师范学院教育学系选修科目表草案》。其中,《师范学院教育学系选修科目表草案》中包括一门"图书馆学"课程,计 2 学分,在第三、四、五学年开设⑥。

国民政府教育部第二七六四六号部令公布《图书馆辅导各地社会教育机关图书教育办法大纲》。该大纲共有 15 条。第四条规定了 9 种"省

---

① 中华图书馆服务社主办中华图书馆学函授学校开课通告[N].申报,1939 – 10 – 16(10);中华图书馆学函授学校[N].申报,1939 – 10 – 17(7);中华图书馆设立函授学校[N].总汇报,1939 – 10 – 17(4).

② 梁建洲,梁鳣如.我国图书馆学、档案学专业教育的摇篮:记武昌文华图书馆学专科学校[J].四川图书馆学报,1996(5):68 – 85.

③ 私立武昌文华图书馆学专科学校开设档案管理讲习班[J].中华图书馆协会会报,1939,14(2/3):17.

④ 程焕文.裘开明年谱[M].桂林:广西师范大学出版社,2008:236.

⑤ 国立中央图书馆.国立中央图书馆概况[M].南京:国立中央图书馆,1947:7.

⑥ 师范学院教育学系选修科目表草案[J].教育通讯,1939,2(43):10.

市图书馆应行辅导之工作",包括第六种"接受教育行政机关之委托办理关于本区图书馆馆员实习训练事项"和第七种"举办本区图书馆研究会,交换专门智识"①。

11 月 11 日

严文郁致函胡适,请求胡适以国立西南联合大学文学院院长的名义向洛克菲勒基金会或其他基金会申请奖学金,以使其能够赴美深造。严文郁在信中还提到,七七事变以前,胡适曾为陈宗登向洛克菲勒基金会申请奖学金,可惜陈宗登因健康状况不佳而无法赴美②。

11 月 30 日

《中华图书馆协会会报》第 14 卷第 2—3 期合刊登载杜定友撰写的《国立中山大学图书馆民国二十七年度工作报告(廿七年七月至廿八年六月)》。杜定友在报告中介绍了"图书之迁运""图书之损失""现存图书统计""图书之补充""图书杂志之征求""组织之变更""总馆之开放""图书之阅览""图书之流通""图书委员之改聘""人事之更动""馆员之训练""练习生之训练""《西行杂记》之编撰""今后之计划"15 个方面的情况。关于"馆员之训练",杜定友指出:"本馆以图书馆管理为专门科学,而行政效率之增进,尤赖精神之修养,故对于馆员之精神智识,无不注意训练。在石牌时,曾有训练计划之订定,惜为环境所迫,未能全部实施……抵澄后,在各室未开放前,全体动员制造椅桌、书架、刈草、修路。开放之后,每日上午九时至下午九时,分班工作。上午八时至九时,则举行各种训练集会,举行周会报告、馆务及精神训话。每星期三举行图书馆学演讲,每星期二、四英语讲授,每星期六下午一时至三时,讲授国语,每期一、三、五上午七时半至八时举行歌咏及体育运动,但近因天雨暂停。"关于"练习生之训练",杜定友称:"本馆练习生,现商得师范学院教育系林主任派高年级生担任教授,由林锦成先生为指导,一方面即作为该院学生教学实习,故双方受益。每星期上课十小时,每晚七时至九时,在本馆集会室上课,课程分国文、英文、算术、国语等科,约以初中程度为

---

① 图书馆辅导各地社会教育机关图书教育办法大纲[M]//国民政府教育部社会教育司.图书馆重要法令. 重庆:国民政府教育部社会教育司,1942:19 – 22.

② 邹新明. 二十世纪三四十年代严文郁写给胡适的两封信:史料、纪念与思想[J]. 大学图书馆学报,2009(2):105 – 110.

限。该生等工作之余,尚能勤敏求学,除上课外,并参加各种馆员训练,及各种集会,精神甚佳。"①

11 月

国民政府修订公布《师范学院国文学系必修科目表草案》与《师范学院国文学系选修科目表草案》。其中,《师范学院国文学系选修科目表草案》内含一门"要籍目录"课程和一门"图书馆学"课程。前者面向三、四年级学生开设,涵盖目录学、分类法、题解学术源流、版本读法及介绍批评等内容,计 6 学分;后者面向四、五年级学生开设,计 3 学分②。

12 月 1 日

于震寰开始到哈佛燕京学社汉和图书馆工作③,直至 1946 年 6 月离开④。

12 月 25 日

国民政府教育部举办的民众教育馆馆长训练班第一期开学,12 月 28 日正式开始上课,1940 年 2 月 24 日结束。该期抽调四川、云南、贵州、西康与湖北五省的 62 名民众教育馆馆长参加⑤。开设 20 多门课程,多由对社会教育素有研究之人或各种专门学术领域的专家讲授,其中包括一门"图书阅览"课程⑥。1940 年,国民政府教育部续办民众教育馆馆长训练班第二、三、四期,仍然开设图书馆学相关课程⑦,但未悉详情。

---

① 杜定友. 国立中山大学图书馆民国二十七年度工作报告(廿七年七月至廿八年六月)[J]. 中华图书馆协会会报,1939,14(2/3):7－10.

② 师范学院国文学系选修科目表草案[J]. 教育通讯,1939,2(46):10－11.

③ 程焕文. 裘开明年谱[M]. 桂林:广西师范大学出版社,2008:236.

④ 程焕文. 裘开明年谱[M]. 桂林:广西师范大学出版社,2008:331.

⑤ 教部各省民教馆馆长训练班第一期结业志略[J]. 教育通讯,1940,3(10):9.

⑥ 教育部各省民众教育馆馆长训练班近况[J]. 教育通讯,1940,3(3):9;教育部训练各省民教馆长,在青木关设训练班[N]. 申报,1940－02－16(8).

⑦ 蒋复璁. 抗战四年来之图书馆事业[M]//张道藩,陈立夫,等. 抗战四年来的文化运动(下集). 重庆:国民党中央宣传部文化运动委员会,1941:59－66.

本年

杜定友开始在中山大学开设一门"图书馆学"选修课程,历年选修该课的学生人数在 12—80 人之间变动不定①。

湖南大学油印钱亚新所编的讲义《图书馆学讲稿》②。

---

① 杜定友. 我与图书馆学教育(《治书生活》之三)[J]. 山东图书馆季刊,1985(4):43 - 47.

② 钱亚新. 最后十年[M]//钱亚新. 钱亚新别集. 谢欢,整理. 南京:南京大学出版社,2013:231 - 232.

1940 年

◎金陵大学图书馆学专修科创办

◎文华图专开办一年制档案管理训练班,后改为两年制档案管理科

◎福建省地方行政干部训练团设立文书系管卷组,训练档案管理人员

◎福建省县立图书馆馆长训练班开办

◎四川省立成都女子职业学校开办高级图书管理科

◎香港华侨工商学院博物馆学专修科创办

◎四川省立教育学院举办图书管理员讲习班第一期

1月24日

金陵大学拟就一份关于"增设计政"(或称"统计")专修科与图书馆学专修科的公文,内附一份包括"理由""图书馆学专修科简章""图书馆学专修科学程"三个部分的《金陵大学文学院附设图书馆学专修科计划》,准备呈给国民政府教育部审核①。

1月

重庆市社会局拟订《重庆市中小学教员兼办社会教育讲习会办法大纲》,并报重庆市政府和国民政府教育部备案。重庆市中小学教员兼办社会教育讲习会计划于1940年寒假在重庆市三元庙街重庆市立民众教育馆讲习两周,每周讲习30小时,其中包括一门"图书管理"课程(4小时)②。

留在上海的大夏大学教育学院社会教育系修订课程表,内有一门

---

① 郑锦怀,顾烨青.金陵大学图书馆学专修科创办历程与成绩考察(1940—1946)[J].图书馆理论与实践,2019(5):106-112.

② 重庆市中小学教员兼办社会教育讲习会办法大纲[J].重庆市政府公报,1940(6/7):52-53.

"民众图书馆与巡回文库"该系必修课程,面向三年级学生开设,下学期授毕,计3学分[1];教育学院教育学系则开设"图书馆学"和"公文程式"两门选修课程,均计2学分[2]。

2 月

徐家麟从哥伦比亚大学获得理学硕士学位(图书馆学专业)[3],其硕士学位论文题为"A Study of Occupational Information Relating to Librarianship:a Survey and a Review of the Relevant Literature"(《关于图书馆事业的职业信息研究:对相关文献的调查与评述》)[4]。

江西省政府秘书处在江西省泰和县再次举办文档人员培训班,为期两天,旨在解决江西省政府机关因日寇入侵江西而由南昌迁往泰和县以后文档管理工作中出现的各种问题。参训人员主要为各厅、处、会文档负责人及一些主要厅、处的文档管理人员[5]。

3 月 4 日

重庆基督教青年会所办蟾秋图书馆开始组织夜间训练班以培训新老职员,由毛坤讲授图书馆学,每晚授课1小时[6]。

3 月 11 日

国民政府教育部部长陈立夫签发部令,批准金陵大学增设图书馆学专修科[7]。

① 古楳. 社会教育指南:社会教育系成立十周年纪念特刊[M]. 上海:大夏大学教育学院,1940:插页;大夏大学. 大夏大学学生手册[M]. 上海:大夏大学,1940:53.

② 大夏大学. 大夏大学学生手册[M]. 上海:大夏大学,1940:51 - 52.

③ Degrees conferred 1939 - 1940[M]//Columbia University. Catalogue 1940 - 1941. New York:Columbia University,1941:212 - 273. 264.

④ DERBYSHIRE R. Master's essays in library service,Columbia University 1928 - 1951[M]. New York:Columbia University School of Library Service,1967:9;REAGAN A L. Study of factors influencing college students to become librarians[M]. Chicago:Association of College and Research Libraries,1958:21.

⑤ 郑海滨. 民国时期的江西档案教育[J]. 档案学通讯,2001(3):53 - 55.

⑥ 重庆蟾秋图书馆训练职员[J]. 中华图书馆协会会报,1940,14(6):10.

⑦ 郑锦怀,顾烨青. 金陵大学图书馆学专修科创办历程与成绩考察(1940—1946)[J]. 图书馆理论与实践,2019(5):106 - 112.

3 月

文华图专档案管理训练班第一期新生入学。档案管理训练班每年春季和秋季面向高中毕业生(或同等学力者)分别招考一班,学制一年。

福建省地方行政干部训练团在福建三元创办,1943 年 2 月迁往永安茅坪,抗战胜利后又迁回福州[①]。

4 月

金陵大学修订并正式公布《金陵大学图书馆学专修科简章》和《金陵大学图书馆学专修科学程》。其中,《金陵大学图书馆学专修科简章》规定,图书馆学专修科附设于文学院,"为文学院之一部,设主任一人,秉承院长主持科务;教授、讲师、助教若干人,担任教课事宜。本校图书馆为本专修科之实习图书馆"。其办学目的是"促进图书馆专业精神,培养图书馆专门人才","特别注重专门技能之养成,以求合于大学、中学及民众图书馆之需要"[②]。

图书馆学专修科学程

一年级上:十八学分

国文:三学分

英文:四学分

图书馆学通论:二学分

图书馆组织与管理:三学分

参考书使用法:三学分

社会科学概论:三学分

军训:必修

党义:必修

一年级下:十八学分

中国文学史或中国通史(上):三学分

图书编目法(中文):三学分(每周上课二次,实习二次)

图书分类法(中文):三学分(每周上课二次,实习二次)

图书选购法(附商业目录学):三学分

---

① 徐天胎. 福建民国史稿[M]. 福州:福建人民出版社,2009:498.

② 增设图书馆学专修科[J]. 金陵大学文学院通讯,1940(2/3):11 - 16.

图书流通法：二学分

目录学：三学分

社会教育法令：一学分

军训：必修

党义：必修

暑假实习：四至六星期（交报告一篇）

二年级上：十七学分

中国文学史或中国通史（下）：三学分

图书编目法（西文）：三学分（每周上课二次，实习二次）

图书分类法（西文）：三学分（每周上课二次，实习二次）

民众图书馆：二学分

参考实习（上）：二学分

图书馆推广：二学分

大学图书馆：二学分

二年级下：十七学分

中小学图书馆：二学分

参考实习（下）：二学分

期刊管理及应用：三学分

官书处理法：二学分

选修：八学分

选修学程：

档案管理法：三学分

博物院管理法：三学分

书史学：二学分

教育学：三学分

英文：四学分

法文：三至六学分

论理学：四学分

图书馆与成人教育：二学分

儿童用书研究：二学分

索引与序列：二学分

国文：三学分

德文：三至六学分

哲学概论：三学分

科学概论：三学分[①]

北平近代科学图书馆职员朱君焙获准进入日本文部省图书馆讲习所进修[②]，为期一年。

5 月中旬

四川省政府颁布《四川省立图书馆组织规程》，共计 20 条，其中第四条规定该馆研究辅导部的 12 条职责，包括"接受教育行政机关之委托，办理图书馆馆员实习训练事项"[③]。

6 月 13 日

沈祖荣呈文国民政府教育部，请求准许文华图专举行 1940 年招生考试。此前，文华图专已经成立该年招考委员会负责处理招考事宜，其成员包括徐家麟、汪长炳、毛坤[④]。

6 月

文华图专图书馆学本科第十六届和档案管理讲习班毕业生离校。其中，图书馆学本科第十六届毕业生共计 7 人，包括常遗生、崔慎之、蒋观瀛、李廉、孙雁征、周斯美、左绮芸（见表 1940－1）；档案管理讲习班毕业生共计 12 人，包括郭培端、何孚、李葆箴、裴珩、宋玺、唐翘浦、田济康、王竹筠、徐安百、喻可威、张有葳、朱守森（见表 1940－2）[⑤]。

---

① 增设图书馆学专修科[J]．金陵大学文学院通讯，1940(2/3)：11－16.

② 入所許可[J]．官报，1940(4003)：626.

③ 四川省立图书馆组织规程[J]．四川省政府公报，1940(189)：17－20.

④ 文华图专校长沈祖荣关于检送该校二十九年度秋季招生简章备案上教育部的呈（附简章）（一九四〇年六月十三日）[G]//姚乐野，马振犊．近代图书馆档案汇编：第一辑　第四册．北京：国家图书馆出版社，2021：261－266.

⑤ 或称文华图专档案管理讲习班毕业生共计 15 人。除此处所列 12 人外，另外 3 人为黄环云（女，江苏吴江人）、王世芳（男，陕西咸阳人）、赵继生（男，江苏江阴人）。黄环云、王世芳、徐安百、赵继生 4 人均转入档案管理科第一期。（具体参见：彭敏惠．文华图专珍稀史料图录[M]．武汉：武汉大学出版社，2020：280.）但据笔者所见，徐安百从档案管理讲习班毕业之后又于 1941 年 2 月插班入读档案管理科第一期，黄环云、王世芳与赵继生 3 人并未从档案管理讲习班毕业，而是直接转入档案管理科第一期。此外，当前武汉大学档案馆所藏文华图书科（文华图专）档案当中只能找到郭培端、何孚、李葆箴、裴珩、宋玺、唐翘浦、田济康、王竹筠、徐安百、喻可威、张有葳、朱守森 12 人的毕业证书存根。具体参见：私立武昌文华图书馆学专科学校整理伪湖北省政府档卷·图书馆学科讲习班学生毕业证书存根（民二十年至二十九年）[A]．武汉：武汉大学档案馆，案卷号：7－1931－1.

表1940 - 1　文华图专图书馆学本科第十六届毕业生（1940年6月）一览

序号	姓名	字号	性别	籍贯	学历	备注
1	常遗生	慰先	男	江苏泰兴	江苏省立第二师范学校文科毕业,上海光华大学法律系肄业三年	
2	崔慎之		男	湖北武昌	武昌中华大学数学系毕业	
3	蒋观瀛		男	河北博野	国立北平师范大学数学系毕业	
4	李廉		男	湖北罗田	天津南开中学毕业,国立清华大学化学系肄业二年	
5	孙雁征		女	江苏青浦	上海私立清心中学毕业,国立西南联合大学肄业一年	又名"孙玉",以同等学力录取;1946年6月金陵女子大学社会学系毕业生、文学士
6	周斯美		女	湖北黄冈	北平燕京大学教育学系毕业	
7	左绮芸		女	江苏上海	国立中央大学教育学系毕业	

表1940 - 2　文华图专档案管理讲习班毕业生（1940年6月）一览

序号	姓名	性别	籍贯	备注
1	郭培端	男	河南洛阳	
2	何孚	男	福建闽侯	
3	李葆箴	男	陕西长安	
4	裴玗	女	河北宛平	
5	宋玺	男	湖南衡山	
6	唐翘浦	男	广东中山	或误作"唐翅浦"

续表

序号	姓名	性别	籍贯	备注
7	田济康	男	四川巴县	
8	王竹筠	女	湖北汉川	
9	徐安百	男	四川资阳	
10	喻可威	男	湖北汉川	
11	张有葳	女	江西萍乡	
12	朱守森	男	安徽庐江	

资料来源:私立武昌文华图专档卷·图书馆学科本科学生成绩(一九二八年至一九三五)(本八届至十三届)[A].武汉大学档案馆,案卷号:7-1928-1.

注:原表题为"私立武昌文华图书馆学专科学校二十九年第五届讲习班应届毕业学生一览表",分栏介绍12名毕业生的姓名、性别、年龄、籍贯、肄业院系、入学年月、各个学期的平均成绩、操行等第、服务志愿、希望待遇、毕业后详细通讯处等信息。此处有所调整。

福建省政府制定《福建省政府所属各机关管卷人员训练办法》,决定在福建省地方行政干部训练团设立文书系管卷组,分两期训练管卷人员(档案管理人员)。第一期自1940年7月16日起,第二期自1940年10月1日起,每期授课四周、实习两周,可视情况适当延期。授课地点设在永安,实习地点设在省政府,但省政府各厅、处、局现任管卷人员可以不用参加实习。福建省政府各厅、处、局、各专员公署、各县政府、特种区署及其他省政府所属机关可选派20岁以上45岁以下且体格健全的现任管卷人员前往受训,学员在受训期间按原职支付全薪。受训期满且成绩及格者准予毕业,仍回原机关服务,并给予工作保障①。另据《福建省地方行政干部训练团课程》,文书系管卷组开设"应用文"(每周授课5小时)、"行政学"(每周授课4小时)、"档案管理法"(每周授课12小时)、"处理公文手续"(每周授课3小时)、"统计方法"(每周授课4小时)等一系列课程,为期8周②。

7 月 22 日

文华图专1940年招生考试开始接受报名,7月27日截止。该年计

---

① 子敬·一月来省政要闻[J].闽政月刊,1940,6(5):65-77.

② 福建省地方行政干部训练团.福建省地方行政干部训练团课程[M].三元:福建省地方行政干部训练团,1941:1-2.

划招收两年制图书馆学专科公费生（分成甲、乙两种）和一年制档案管理训练班公费生（分成乙、丙两种）各 20 名，以及自费生各若干名。投考图书馆学本科（当时称"图书馆学专科班"，但面向"在立案大学毕业或修业二年期满以上、持有合格之成绩证书并具有图书馆学兴趣者"）和档案管理训练班（当时称"档案训练班"，面向"在立案高级中学毕业并具有档案服务兴趣者"）的考生均须考党义、国文（包括中国文学史及国学常识）、英文（包括英国文学史）、中外史地及口试，但考试难度各不相同；投考图书馆学本科的大学毕业生则只需考国文和英文两科。该年考生可向重庆曾家岩求精中学内文华图专、成都华西协合大学图书馆、昆明国立西南联合大学图书馆 3 个报考处及重庆两岸米市街私立武昌中华大学图书馆、重庆沙坪坝重庆大学图书馆、乐山国立武汉大学图书馆、峨嵋山国立四川大学图书馆、贵阳国立贵阳医学院图书馆、桂林省立广西大学图书馆、辰溪国立湖南大学图书馆、城固国立西北大学图书馆 8 个招考代办处就近投考①。

7 月 23 日

国民政府行政院第 474 次会议通过《大学及独立学院教员资格审查暂行规程》和《大学及独立学院教员聘任待遇暂行规程》②。

7 月 25 日

福建省教育厅向福建省政府呈递《关于拟就福建省县立图书馆馆长训练班章程及学员招考办法的签函》③，并附《福建省县立图书馆馆长训练班章程》④和《福建省县立图书馆馆长训练班学员招考办法》⑤。

---

①　文华图专校长沈祖荣关于检送该校二十九年度秋季招生简章备案上教育部的呈（附简章）（一九四〇年六月十三日）[G]//姚乐野，马振犊. 近代图书馆档案汇编：第一辑　第四册. 北京：国家图书馆出版社，2021：261 - 266.

②　简讯[J]. 教与学，1940,5(6)：46.

③　关于拟就福建省县立图书馆馆长训练班章程及学员招考办法的签函[A]. 福建省档案馆，案卷号：0002 - 006 - 003239 - 0017.

④　福建省县立图书馆馆长训练班章程[A]. 福建省档案馆，案卷号：0002 - 006 - 003239 - 0019.

⑤　福建省县立图书馆馆长训练班学员招考办法[A]. 福建省档案馆，案卷号：0002 - 006 - 003239 - 0025.

7 月 29 日

文华图专 1940 年招生考试在重庆、成都、昆明三地同时举行①。

7 月

四川省立成都女子职业学校发布《四川省立成都女子职业学校三十年度秋季招生简章》,其中高级图书管理科计划招生 40 名,学制三年。投考者须在 22 岁以下,尚未结婚,并且符合以下两个条件之一:①初级中学或初级职业学校毕业,领有教育厅颁发的毕业证书者;②具有初级中学或初级职业学校毕业相当程度同等学力者。投考者需参加公民、国文、数学(算数、代数、几何、三角)、史地、英语五科考试,且体检和口试合格,方准入学。学生无须缴交学费和住宿费,但需缴交卫生费 2 元、餐费 412 元(含灯油、茶水费)、讲义费 5 元。此外,该校为家庭清贫、学业优秀者提供 10 名公费学额,每人可得 40 元奖金,但申请者需于入校时缴交证明材料并接受核验②。

8 月上旬

鉴于国内博物馆事业蓬勃发展,却没有培养博物馆专门人才的机构,而且在国内设科办学和购置教材较为困难,中国博物馆协会专门委托香港华侨工商学院开办博物馆学专修科。接到委托后,华侨工商学院聘请胡肇椿为博物馆学专修科主任,迅速开始招生,计划于该年 9 月正式开学。该专修科计划开设"博物馆学总论""博物馆教育方法论""布置陈列专论""标本制造""典藏方法""博物馆行政""广告学""人类进化史""摄影""电影与播音""水族馆""动物园与植物园行政""中国通史""地方志""心理学""儿童心理"等一系列课程,注重实习。学生于两年内修满 100 学分方可毕业③。

---

① 文华图专校长沈祖荣关于检送该校二十九年度秋季招生简章备案上教育部的呈(附简章)(一九四〇年六月十三日)[G]//姚乐野,马振犊.近代图书馆档案汇编:第一辑 第四册.北京:国家图书馆出版社,2021:261–266.按:虽然尚未获国民政府教育部批准,但文华图专已在该年招生简章中明确规定档案管理训练班的学制为一年。

② 任家乐,姚乐野.民国时期四川省立成都女子职业学校高级图书管理科办学研究[J].大学图书馆学报,2015(5):117–126.

③ 华侨工商学院筹设博物馆学专修科[N].大公报(香港版),1940–08–07(6);华侨工商学院筹设博物馆学专修科[N].新闻报,1940–08–16(11).

8 月 20 日

福建省地方行政干部训练团拟具《关于拟具教育系县图书馆长组学员训练办法的函》①，并附《福建省地方行政干部训练团教育系县图书馆馆长组学员训练办法》。此次计划招收 65 名学员，除调训福建省各县县立图书馆馆长外，另外考选"曾在公立或经立案之私立高级中学或其他同等学校毕业者"和"具有中等学校毕业之同等学力，现任或曾任相当于委任职之图书馆工作三年以上者"作为补充②。

8 月 25 日

上午 8 时，国民政府教育部各省民众教育馆馆长训练班学友通讯处四川分处在成都市民众教育馆儿童阅览室举行第一届年会，四川省政府委员兼教育厅厅长郭有守莅临讲话。该次会议通过 17 项决议案，包括第 11 项"遵照郭厅长指示，各县馆尽先派遣职员赴教厅受训关于图书馆管理之技术，并请教厅扩大范围，从事训练民教工作干部人员"③。会后，该处向四川省教育厅呈文，请求对方扩大训练范围，增办民众教育馆干部人员训练班，"一面由各馆派员来省受训，一面招考师范艺术学校毕业男女生，训练期满分派各馆服务"④。

9 月 1 日

福建省县立图书馆馆长训练班在三明沙县福建省立图书馆开学，11月 20 日结束⑤，实际共有 49 名学员入班受训⑥。福建省县立图书馆馆长训练班课程信息见表 1940－3。

---

① 关于拟具教育系县图书馆长组学员训练办法的函[A].福建省档案馆,案卷号:0002－006－003239－0005.

② 教育系县图书馆长组学员训练办法[A].福建省档案馆,案卷号:0002－006－003239－0007.

③ 教育部各省民教馆长训练班学友通讯处四川分处第一届年会纪盛(二十九年八月二十五日)[J].民众教育,1940(3):24－27.

④ 呈教育厅为请扩大训练范围增办民教馆干部人员训练班[J].民众教育,1940(3):30.

⑤ 福建省县立图书馆馆长训练班学员招考办法[A].福建省档案馆,案卷号:0002－006－003239－0025.

⑥ 刘德城,刘煦赞.福建图书馆事业志[M].北京:方志出版社,2006:106.

表 1940 – 3　福建省县立图书馆馆长训练班课程一览

课程名称	学时	课程名称	学时
总理纪念周及精神讲话	13	图书馆学通论	6
总理遗教及总裁言论	13	图书馆行政与管理	32
专题讲演	10	目录学	32
军事训练	39	分类法	48
现代教育趋势	8	编目法	48
国民教育理论与实际	12	图书流通法	12
社会教育概论	12	图书参考法	12
教育法令	2	图书选购法	12
应用文	4	图书馆建筑与设备	8

资料来源:福建省县立图书馆馆长训练班章程[A].福建省档案馆,案卷号:0002 – 006 –
003239 – 0019.

福建省教育厅中等学校图书仪器管理人员讲习班在三明沙县开学,"授以图书编目、物理、化学、生物、算学各科仪器、标本图表等中英文名词,及各项仪器之简明使用法,陈列保管等简要方法,以养成各校前项管理人员之知能"①。

9 月 3 日

汪伪立法院通过《修正师范学校法》。其后,汪伪国民政府教育部据此将原教员养成所改组成立伪国立师范学校,以造就小学师资为宗旨,开设高中师范科一年级两班和乡村师范科一班,并附设小学师资班两班、中学师资班两班与社教人员训练班一班②。其中,社教人员训练班主要抽调各省市民众教育馆馆长或主任,名额不足时则抽调图书馆馆长进行补充。调训名额暂定为 80 人,分为两期,每期 40 人。每期暂定两个月,第一期于 1941 年 2 月 15 日开课,第二期于 1941 年 4 月 25 日开课。内设一门"图书管理"课程,"注重编目及流动图书"③。

---

① 筹设中等学校图书仪器管理人员讲习班[J].福建教育,1940,新 1(9):73.

② 曹必宏,夏军,沈岚.日本侵华教育全史:第 3 卷　华东华中华南卷[M].北京:人民教育出版社,2005;223 – 224.

③ 社教人员训练班设施计划[J].国师月刊,1941(1):37 – 38.

9 月 26 日

鉴于档案管理训练班的学制太短,学生根本无法在一年之内学完全部课程,文华图专特地向国民政府教育部呈文,"拟请于本年度(二十九年度)起,于图书科之外,添设档案管理科",同时申请"将原有二十九年春季所招训练班旧生(已肄业半年)准其在该专科一年级下学期继续肄业,二十九年秋季所招训练班新生准其开始入该科一年级上学期肄业"①。

9 月 28 日

伪满洲国奉天省公署与伪满洲国奉天省图书馆联合研究会第一部("日系")委员会共同在伪满洲国奉天省公署礼堂举办"日系"图书馆员讲习会,9 月 30 日结束②。该讲习会讲师主要情况详见表 1940 - 4。

表 1940 - 4 1940 年伪满洲国奉天省图书馆联合研究会
"日系"图书馆员讲习会讲师一览

序号	讲师姓名	职务	讲演题目
1	中岛犹冶郎	伪满洲国中央图书馆筹备处司书官	目录法
2	卫藤利夫	"满铁"奉天图书馆馆长	图书馆三位一体式作业的五大原则
3	井上正义	伪满洲国奉天市立八幡町图书馆馆长(伪满洲国奉天省图书馆联合研究会第一部副会长)	图书馆经营实践概况
4	郑孝达	伪满洲国奉天省民生厅社会科科长	满洲社会教育的特点
5	岩井	伪满洲国奉天省民生厅事务官	奉天省教育现状

资料来源:二、日系图书馆员讲习会记事[R]//[伪]奉天省民生厅民生科,[伪]奉天省图书馆联合研究会. 奉天省图书馆联合研究会年报:第一辑. 奉天:[伪]奉天省民生厅民生科,[伪]奉天省图书馆联合研究会,1941:28 - 30.

---

① 梁建洲,梁鳣如. 我国图书馆学、档案学专业教育的摇篮:记武昌文华图书馆学专科学校[J]. 四川图书馆学报,1996(5):68 - 85.
② 日系图书馆员讲习会记事[R]//[伪]奉天省民生厅民生科,[伪]奉天省图书馆联合研究会. 奉天省图书馆联合研究会年报:第一辑. 奉天:[伪]奉天省民生厅民生科,[伪]奉天省图书馆联合研究会,1941:28 - 30.

9 月

文华图专档案管理训练班第二期新生注册入学,共计 11 人①。此外,有必要指出,虽然有明确的招生计划,但文华图专该年实际并未招收图书馆学本科生②。

金陵大学图书馆学专修科开始办学,共有 4 名教师,包括曹祖彬(主任兼教授)、陈长伟(讲师,后晋升为副教授)、曹祖杰(讲师)、张忠祥(助教)。

为"联络情感交换常识,及提高图书馆事业之兴趣"③,金陵大学图书馆职员、图书馆学系与图书馆学专修科学生④共同组织一个学生团体,仍称"图书馆学会"。因其不时举办座谈会,该会经常被直接称为"图书馆座谈会"⑤或"图书馆学座谈会"⑥。该会最初计划每隔一两周举办一次座谈会⑦,但实际间隔时间并不确定。该会注重"学理与实行打成一片",积极开展实践活动,先后完成成都市出版情形调查与成都市图书馆考察并撰写调查报告,还整理和编辑成都华西坝各图书馆馆藏目录之目录。该会充分意识到社会教育工作的重要意义,于是联合金陵大学图书馆及有关系,计划开办巡回文库与民众书报阅览室,举办各种文化展览,及开展民众阅读指导⑧。

10 月 4 日

国民政府教育部公布《大学及独立学院教员资格审查暂行规程施行细则》⑨。

---

① 武昌图专科上报廿九年度图书、档案两科新生入学名单暨档案科一下学生成绩的呈[A].湖北省档案馆,LS10 - 6 - 261(2)- P54. 转引自:王郭舜. 湖北省档案馆馆藏私立武昌文华图书馆学专科学校史料选辑[J].档案记忆,2020(7):24 - 37.

② 这极可能是因为图书馆学本科第十七班学生此时仍然在读,文华图专无法容纳更多图书馆学本科学生。值得注意的是,图书馆学本科第十七班学生于 1939 年 9 月入学,1942 年 7 月毕业离校,前后历时三年。这在文华图科(文华图专)办学史上是绝无仅有的一届。

③ 图书馆近讯[J].金陵大学校刊,1940(280):3.

④⑥⑦ 金陵大学图书馆学座谈会成立[J].中华图书馆协会会报,1941,15(3/4):16 - 17.

⑤ 图书馆第五次座谈会与新年同乐会同时举行[J].金陵大学校刊,1941(285):6;图书馆消息[J].金陵大学校刊,1941(286):3;图书馆座谈会[J].金陵大学校刊,1941(292):3;图书馆座谈会一周岁[J].金陵大学校刊,1941(295):3.

⑧ 金陵大学文学院. 五年来之金陵大学文学院[M].成都:金陵大学文学院,1943:8 - 9.

⑨ 大学及独立学院教员资格审查暂行规程施行细则[J].私立岭南大学校报,1940(83):5.

10 月 7 日

四川省政府委员兼教育厅厅长郭有守发布训令("廿九年厅三字第 14190 号"),调派四川省内 28 所中等学校的图书管理员参加四川省立教育学院图书管理员讲习班第一期①。

10 月 13 日

金陵大学图书馆学会在成都中莲池横街二号举行成立大会暨第一次座谈会,共有 15 人到会。刘国钧莅临并讲演"营业目录之参考价值"②。其讲演稿后载于 1941 年 4 月 30 日《中华图书馆协会会报》第 15 卷第 5 期,题名后明确标注"金大图书馆学座谈会讲演"③。

10 月 15 日

福建省地方行政干部训练团教育系县图书馆长组在三明永安开课,为期 3 个月④。据《福建省地方行政干部训练团课程》,教育系县图书馆长组开设"图书馆学通论"(每周授课 5 小时)、"图书馆建筑与设备"(每周授课 2 小时)、"图书编目法索引法"(每周授课 3 小时)、"图书参考法"(每周授课 2 小时)、"图书分类法"(每周授课 3 小时)、"图书选择法"(每周授课 3 小时)、"书史学"(每周授课 2 小时)等课程⑤。学员情况不明,但至少包括受训结束后被任命为连城县立图书馆馆长的浙江人宋光中⑥。

10 月 17 日

国民政府教育部发布高字三四六三五号指令,正式批准文华图专设立档案管理科,并将现有档案管理训练班学生改入该科就读。接到指令

---

① 任家乐,李禾. 民国时期四川图书馆业概况[M]. 成都:四川大学出版社,2013:152 – 153.

② 图书馆近讯[J]. 金陵大学校刊,1940(280):3.

③ 刘国钧. 营业目录之参考价值[J]. 中华图书馆协会会报,1941,15(5):1 – 2.

④ 教育系县图书馆长组学员训练办法[A]. 福建省档案馆,案卷号:0002 – 006 – 003239 – 0007.

⑤ 福建省地方行政干部训练团. 福建省地方行政干部训练团课程[M]. 三元:福建省地方行政干部训练团,1941:13 – 14.

⑥ 谢桂犀,杨永松. 县立图书馆简况[M]//中国人民政治协商会议福建省连城县委员会文史资料委员会. 连城文史资料(第 13 辑). 龙岩:中国人民政治协商会议福建省连城县委员会文史资料委员会,1990:112 – 119.

后,文华图专立即将"档案管理训练班"改为两年制的"档案管理科"(或称"档案科""档案班"),档案管理训练班第一期(1940 年 3 月入学)和档案管理训练班第二期(1940 年 9 月入学)相应地改称"档案管理科一下"(即档案管理科第一期)和"档案管理科一上"(即档案管理科第二期),并且宣布凡是不愿肄业两年者可以自动退学。结果原档案管理训练班第一期一名学生(王能掀)及第二期四名学生(崔志珍等)自动退学①。

10 月 27 日

金陵大学图书馆学会第二次座谈会在成都青春岛举行。刘国钧主持讨论"如何使读者还书迅速",与会者讨论热烈,意见不一②。

10 月

李景新受聘担任国立广西大学图书馆主任③,后兼任讲师,讲授"图书馆学"④。

11 月 7 日

四川省立教育学院图书管理员讲习班第一期正式开课,共有来自四川省立教育学院、民政厅、建设厅、财政厅及若干所中等学校的 25 位图书管理员报到⑤。该讲习班由四川省立教育学院主办、四川省立图书馆协办,正、副班长分别由四川省立教育学院院长颜实甫与四川省立图书馆馆长曹祖彬担任。曹祖彬全权处理教务工作,四川省立教育学院另外派人主持教导工作,四川省立图书馆职员曹祖彬、吕洪年、陶吉庭、陶述先等人均承担教学工作,金陵大学的陈长伟、戴安邦、李小缘、刘国钧 4 人也被特聘为讲师,前来开课⑥。讲习班开设"图书馆行政"(9

---

① 武昌图专科上报廿九年度图书、档案两科新生入学名单暨档案科一下学生成绩的呈[A].湖北省档案馆,LS10 – 6 – 261(2) – P54. 转引自:王郭舜. 湖北省档案馆馆藏私立武昌文华图书馆学专科学校史料选辑[J].档案记忆,2020(7):24 – 37.

② 图书馆消息二则[J].金陵大学校刊,1940(282):3 – 4.

③ 国立广西大学. 国立广西大学手册[M].桂林:国立广西大学,1941:68.

④ 国民政府教育部. 专科以上学校教员名册:第二册[M].国民政府教育部,1945:95 – 98.

⑤⑥ 成都四川省立图书馆办理图书管理员讲习班[J].中华图书馆协会会报,1941,15(3/4):16.

小时）、"图书分类法"（18 小时）、"图书馆编目法"（20 小时）、"参考工作"（18 小时）、"图书选购法"（12 小时）、"图书馆经营法"（36 小时）、"索引与序列"（12 小时）、"党义"（9 小时）、"社会教育法令"（6 小时）、"仪器管理法"（8 小时）等课程①。每日上午授课，下午实习，实习场所包括华西协合大学图书馆、金陵大学图书馆与金陵女子大学图书馆②。其中，金陵大学图书馆是主要实习场所，该馆职员李英如、胡令晖与李通绪担任实习指导员③。

11 月 10 日

金陵大学图书馆学会举办第三次座谈会，由李英如主讲"剪裁（剪报）工作的方法及功用"④（或称"剪裁工作之方法为功用"⑤）。

11 月

四川省立成都女子职业学校向四川省教育厅呈文介绍高级图书管理科第一班的办学情况，称其"系属初办，社会未明了情形，招生略感困难，故同等学历生超出规定比额二名，合并陈明"。第一班实招 31 人，其中有 14 名同等学力者（初中各级肄业者），另外 17 人包括已获毕业证书者、考试合格尚未拿到毕业证书者、参加会考但成绩尚未公布者、会考暂停者、会考尚应补试者、因病未参加会考者。可见，四川省立成都女子职业学校高级图书管理科设定的入学条件相当宽松，学生学历普遍偏低。第一班最后仅有 14 人顺利毕业⑥。

四川省政府决定委托四川省立教育学院开办民众教育馆工作人员短期训练班，定名为"四川省立教育学院民众教育馆工作人员讲习班"，从该年 11 月起开始办理第一期，办完第四期后结束⑦。四川省立教育学院随即制定《四川省立教育学院民众教育馆工作人员讲习班办法》，规定

① 任家乐,李禾.民国时期四川图书馆业概况[M].成都:四川大学出版社,2013:152.

② 成都四川省立图书馆办理图书管理员讲习班[J].中华图书馆协会会报,1941,15(3/4):16.

③ 图书馆近讯[J].金陵大学校刊,1940(280):3.

④ 峰峦夕照.金陵大学图书馆馆史(3)[EB/OL].[2017 – 12 – 18].http://blog.sina.com.cn/s/blog_7ff04e98010188zo.html.

⑤ 金陵大学图书馆学座谈会成立[J].中华图书馆协会会报,1941,15(3/4):16 – 17.

⑥ 任家乐,姚乐野.民国时期四川省立成都女子职业学校高级图书管理科办学研究[J].大学图书馆学报,2015(5):117 – 126.

⑦ 省政府分期调训各县民教馆主任[J].民众教育,1940(3):31.

开设一门"图书档案管理"课程(14 小时)①。

12 月 1 日

金陵大学图书馆学会举办第四次座谈会,陈长伟主讲"小册管理及功用"②。

12 月 3 日

伪国立师范学校订定《国立师范学校学则》,内附各科暂行课程表。其中,《社教人员训练班暂行课程表》规定开设一门"图书馆学概论"课程,"注重图书管理",计 2 学分③。同月改订的《国立师范学校第二届社教人员训练班学程一览表》亦规定开设一门"图书馆学概论"课程,"注重图书管理",计 2 学分④。此外,该校还制定了《社教人员训练班课外活动计划》,规定语文教育组学员的活动计划包括"民众夜校"和"流动书库"两种。后者的说明如下:"设置简单文库巡回供给图书,以增进民众自修之机会。阅读、介绍、考核等由组内学员负其责,保管则由本校图书馆约定地方教育机关或相当机关负其责。"⑤

12 月 31 日

晚上,金陵大学图书馆学会举办第五次座谈会暨新年同乐会。曹祖彬应邀讲演"开架式与闭架式"(或称"开架式及闭架式之利弊"⑥)。他指出,开架式便利省时,而且也可以激发读者的读书兴趣。但是,中国图书馆事业尚不发达,读者公德、教育程度等方面存在颇多问题,所以不宜实行开架式。不过,金陵大学图书馆已经计划将部分馆藏实行

———————

① 四川省立教育学院民众教育馆工作人员讲习班办法[J]. 政教旬刊,1940(7):9 – 11.

② 金陵大学图书馆学座谈会成立[J]. 中华图书馆协会会报,1941,15(3/4):16 – 17;峰峦夕照. 金陵大学图书馆馆史(3)[EB/OL].[2017 – 12 – 18]. http://blog. sina. com. cn/s/blog_7ff04e98010188zo. html.

③ [伪]国立师范学校. 国立师范学校概况[M]. 南京:[伪]国立师范学校,1941:36 – 43.

④ [伪]国立师范学校. 国立师范学校概况[M]. 南京:[伪]国立师范学校,1941:134 – 135.

⑤ [伪]国立师范学校. 国立师范学校概况[M]. 南京:[伪]国立师范学校,1941:109 – 112.

⑥ 金陵大学图书馆学座谈会成立[J]. 中华图书馆协会会报,1941,15(3/4):16 – 17.

开架式①。

本年

江苏省立教育学院民众教育学系改称"社会教育学系"②。

福建协和学院教育学系开设一门"图书馆学"本系选修课程(编号：教育 434),计 2 学分③。

本年,文华图专教师编撰完成但未正式出版的讲义共有 10 种,包括汪长炳的《图书馆行政》,毛坤的《目录学》《中文参考书》《中文编目法》《档案经营法》《档案编目法》,徐家麟的《西洋目录学》,汪应文的《图书分类法》《档案分类法》《书籍选择》④。

---

① 图书馆第五次座谈会与新年同乐会同时举行[J].金陵大学校刊,1941(285):6.

② 顾烨青.植根民众教育,造就专业人才:苏州大学图书馆学教育前身(1929—1950)历史贡献述评[C]//南京大学.第十届海峡两岸图书资讯学学术研讨会论文集.南京:南京大学,2010:152 - 163.

③ 福建协和学院教务处.私立福建协和学院课程一览(中华民国二十九年度)[M].邵武:福建协和学院教务处,1940:19.

④ 私立武昌文华图书馆学专科学校[M]//国民政府教育部.全国专科以上学校要览.南京:正中书局,1942:403 - 414.

1941 年

◎《普及全国图书教育暂行办法大纲》颁布
◎ 苏皖联立技艺专科学校创办,下设行政管理科
◎ 国立社会教育学院创办,下设图书博物馆学系
◎ 陈鸿舜赴美交流
◎ 文华图专筹办档案管理短期职业训练班

1 月 9 日

四川省立教育学院图书管理员讲习班第一期举行结业典礼,郭有守发表讲话,该讲话后以《学校图书馆的经营——三十年一月九日图书馆工作人员讲习班结业训词》为题载于 1941 年 3 月《中等教育季刊》第 1 卷第 3 期[①]。

1 月 15 日

《华中大学图书馆馆刊》第 1 卷第 1 期登载徐家璧撰写的《庚款留学考试学门之检讨》。徐家璧在文中对庚款留学考试未开设图书馆学一科表示不满。他指出:"英美两国庚款归还而后,派遣留学欧美者,联将十届。但试察其学门,则十九均为理工;而文法学门,则仅居其十一。进而察其名额,则理工每门可遣二名,而文法各门最多亦仅一名,且常规定为女生特额,而男子不与焉。如此负提倡学术发扬文化之责者,浔谓之平乎?再就文法学门而言,所招考者,多为经济学、教育学、外国文学、史学及法律等科,而图书馆学曾未尝一次列入。是习图书馆学者,将永远摒诸门外,永无深造之机矣。"他认为,图书馆学是一门综合性学科,内容庞杂,即便穷尽毕生精力亦难掌握其中十分之一。他还指出,欧美大学"无

---

① 郭有守. 学校图书馆的经营:三十年一月九日图书馆工作人员讲习班结业训词[J]. 中等教育季刊,1941,1(3):14-15.

不有图书馆利用法之教学，加之全国图书馆学研究院林立，程度高深，在校学子，大都系大学毕业、修养有素之士，故研究之风甚盛。昔日认为附庸、内容肤浅之末学，近已蔚为大盛矣。且我国民智低弱，教育尚未普及，盖为晓见之事实。际此抗战建国之时，启迪民智，推进民众教育，尤赖图书馆为之辅导。将来抗战胜利，学校教育、社会教育以及学术研究事业，势必益为发达；而图书馆之需求，亦将愈为迫切，诚非言之过甚。是则专门人才之训练培植，实为急不可待之举；预为筹谋，正在此时。"他还简要介绍了韦棣华女士创办文华图书科、鲍士伟来华考察等情况，最后建议在庚款留学名额中"专设韦棣华女士图书馆学纪念奖学金"①。

1月19日

文华图专在《大公报》刊登招生广告，拟于1月24日在该校举行1941年春季招生考试。不过，由于事起仓促，沈祖荣直到1月22日才正式呈文国民政府教育部，请求准予备案②。

1月20日

文华图专1941年春季招生考试开始接受报名，1月23日截止，报考处设在重庆曾家岩求精中学内文华图专。此次计划面向高中毕业生或大学肄业者招收图书馆学专科新生一班40名，考试科目包括党义、国文、英文、中外史地及口试③。这是文华图专首次面向高中毕业生招收图书馆学专业学生④，与以往仅招收大学毕业或肄业两年以上者完全不同。文华图专从此时起正式开办真正意义上的图书馆学专科，或称"新制图书科"。

1月24日

文华图专1941年春季招生考试在重庆曾家岩求精中学内文华图专

---

① 徐家璧. 庚款留学考试学门之检讨[J]. 华中大学图书馆馆刊,1941,1(1):5-7. 按：此时，华中大学已经迁至云南喜洲，办学条件较为困难，导致《华中大学图书馆馆刊》只能油印，文字模糊。因此，此处仅摘录其中部分内容。

②③ 文华图专校长沈祖荣关于检送该校招生简章备案上教育部的呈（附简章）（一九四一年一月二十二日）[G]//姚乐野,马振犊. 近代图书馆档案汇编：第一辑 第四册. 北京:国家图书馆出版社,2021:269-274.

④ 中国第二历史档案馆. 民国时期文书工作和档案工作资料选编[G]. 北京:档案出版社,1987:658.

举行①。

1 月

国民政府教育部发布总字第一三九九号部令,指派陈礼江、高阳、刘季洪、马宗荣、钱云阶、邵鹤亭、王星舟、吴俊升、相菊潭 9 人为国立社会教育学院筹备委员会委员,同时指定陈礼江为主任委员。筹备委员会先后召开数次会议,其中第一次会议议决"院址设在首都,在抗战期间暂设重庆附近"。后来,国民政府教育部核准国立社会教育学院设在四川璧山,并请四川省政府转饬璧山县政府将原璧山县立中学、璧山县立女子中学与璧山县立职业学校三校校舍借给该校使用②。

2 月 24 日④

国民政府教育部第二八九七一号部令公布《普及全国图书教育暂行办法大纲》,共计 17 条,其中第 15 条规定:"中央图书馆对于图书馆干部人员,应积极设法训练以应各方需要。"⑤

2 月 28 日⑥

《中华图书馆协会会报》第 15 卷第 3—4 期合刊登载吕绍虞撰写的《再论浙省图书馆事业》。吕绍虞在文中论及"增加省县图书馆之经费""训练图书馆员""设置图书馆督学"三点。关于"训练图书馆员",他指出:"浙省各县除少数图书馆办理有相当成绩外,多数实难令人满意,名不符实。症结所在,缺乏适宜的管理人员,也是一个很大的原因。已经单独设立各县图书馆之现任职员没有专门学识及经验者,急应分期抽调

① 文华图专校长沈祖荣关于检送该校招生简章备案上教育部的呈(附简章)(一九四一年一月二十二日)[G]//姚乐野,马振犊. 近代图书馆档案汇编:第一辑 第四册. 北京:国家图书馆出版社,2021:269 – 274.

② 国立社会教育学院院长室. 国立社会教育学院概况(三十七年五月)[M]. 苏州:国立社会教育学院院长室,1948:1.

④ 施金炎,施文岚. 中国书文化要览·近现代部分[M]. 长沙:湖南教育出版社,1997:30;陈源蒸,张树华,毕世栋. 中国图书馆百年纪事(1840—2000)[M]. 北京:北京图书馆出版社,2004:83.

⑤ 普及全国图书教育暂行办法大纲[M]//国民政府教育部社会教育司. 图书馆重要法令. 重庆:国民政府教育部社会教育司,1942:23 – 26. 按:《普及全国图书教育暂行办法大纲》或被误作《普及全国图书馆教育办法》。

⑥ 原刊误印为"中华民国三十年二月三十日出版"。

受训。其余未设各县则令各该县教育科选送高中毕业生,施以专业训练,然后命其各回本馆筹设县馆。这样,各县图书馆才能有稳固的基础,而事业的推动也易于着手了。"①

2 月

文华图专图书馆学专科第一班新生注册入学②。

文华图专档案管理讲习班毕业生徐安百插班入读档案管理科第一期③。

3 月 2 日

上午 9 时,金陵大学图书馆学会在成都的加拿大小学举行该学期第一次(总第六次)座谈会,李小缘应邀讲演"图书馆之将来"④。

3 月上旬

国民政府行政院拨款 100 万元救济迁到四川的私立院校师生,文华图专获拨 1 万元⑤。

3 月

文华图专增设"图书馆设计""立排序列法""政府组织概要""行政管理学"四门课程。与此同时,该校拟订了如下办学计划:

(甲)训练方面

(一)拟收大学毕业之学生训练一年,给以必要之图书馆或档案管理之学识,以便为国内图书馆及档案室之领袖人物。

(二)档案管理短期职业训练班两班均办毕后,拟仍请教育部补助办理图书馆管理短期职业训练班数班,以养成图书馆干部人员。

---

① 吕绍虞.再论浙省图书馆事业[J].中华图书馆协会会报,1941,15(3/4):3-4.

② 彭敏惠.文华图专珍稀史料图录[M].武汉:武汉大学出版社,2020:274-275.

③ 私立武昌文华图书馆学专科学校整理伪湖北省政府档卷·图书馆学科专科、档专科学生毕业证书存根(民二十九年至三十六年)[A].武汉大学档案馆,案卷号:1940-1.

④ 图书馆消息[J].金陵大学校刊,1941(286):3.

⑤ 政院拨款百万救济迁川员生[N].时事新报,1941-03-05(3).

（三）拟开办博物馆专科，以完成本校图书、档案、博物
三科之计划。

（乙）世事稍平静时即拟选派现在服务之教职员赴外国深造。

（丙）拟即建筑礼堂一座，图书馆一座。

（丁）拟聘考古专家及博物馆学专家各一人来校讲授。①

朱君焴从日本文部省图书馆讲习所毕业②。毕业之后，他返回中国，曾在 1942 年 9 月《中国留日同学会季刊》第 1 期发表《日本中央图书馆制度》一文③。后来，他曾任职于华北日报社④，但未悉详情。

春季

国民政府教育部视学钟遗莅临文华图专视察。借此机会，文华图专商得他的同意，计划请求国民政府教育部指定该校办理档案管理短期职业训练班⑤。

4 月 18 日

中华教育文化基金董事会第十七届年会在香港举行。文华图专此次申请 24 560 元补助费，包括 13 560 元教席薪金、8500 元助学金和 2500 元图书费⑥。

4 月 30 日

《民族文化》创刊号（第 1 期）登载杜定友拟订的《省立图书馆的计划》。杜定友在文中高度强调图书馆人才的培养工作，指出："本省图书馆事业尚极幼稚，而图书馆专门人才尤感缺乏。故欲推进图书馆事业，应以训练人才为首要。""省立图书馆欲达到上述两大目的、三大工

---

① 文华图专三十学年度下学期概况（一九四一年）[G]//姚乐野，马振犊. 近代图书馆档案汇编：第一辑 第一册. 北京：国家图书馆出版社，2021：1 - 16.

② 生徒修了[J]. 官报，1941（4003）：503.

③ 朱君焴. 日本中央图书馆制度[J]. 中国留日同学会季刊，1942（1）：78 - 87.

④ 北平市军管会文管会新闻出版部接管《华北日报》社工作总结（1949 年 3 月）[M]//中共北京市委党史研究室，北京市档案馆. 北平的和平接管. 北京：北京出版社，1993：449 - 458.

⑤ 梁建洲，梁鱣如. 我国图书馆学、档案学专业教育的摇篮：记武昌文华图书馆学专科学校[J]. 四川图书馆学报，1996（5）：68 - 85.

⑥ 中华教育文化基金会在港举行预备会议，报告二十三团体声请补助情形[N]. 申报，1941 - 04 - 24（7）.

作,必须有完密之组织,充余之经费,专门之人才,与宏大的馆址。"①

《中华图书馆协会会报》第 15 卷第 5 期登载陈准撰写的《谈设立图书馆专科学校之必要》②。

5 月 4 日

金陵大学图书馆学会第七次座谈会在成都黉门街 38 号陈长伟住宅内举行,刘国钧等 30 多人冒雨出席。刘国钧讲演"图书馆员之补充问题",论及中国图书馆员补充的现状、遇到的困难及解决办法③。

5 月 7 日

伪满洲国奉天省公署与伪满洲国奉天省图书馆联合研究会在伪满洲国奉天省教育会会议堂(5 月 17—20 日)和伪满洲国奉天市立沈阳图书馆(5 月 21—23 日)联合举办"满系"图书馆员讲习会,前后持续 7 日④。此次讲习会讲师的主要情况详见表 1941 - 1。

表 1941 - 1 1941 年伪满洲国奉天省图书馆联合研究会
"满系"图书馆员讲习会讲师一览

序号	姓名	职务	讲义题目
1	邵鸿日	伪满洲国民生部厚重司属官	社会教育与图书馆
2	郑孝达	伪满洲国奉天省民生厅 社会科科长	
3	郭士缙	伪满洲国奉天省民生厅 社会科高等官试补	民众教育馆概说
4	龙俊起	伪满洲国奉天省民生厅 社会科属官	民众讲习所
5	林尚本	伪满洲国奉天市公署行政处 行政科吏员	民众教育馆讲演注意事项
			问字问事

① 杜定友. 省立图书馆的计划[J]. 民族文化,1941(1):88 - 90.

② 陈准. 谈设立图书馆专科学校之必要[J]. 中华图书馆协会会报,1941,15(5):2.

③ 图书馆座谈会[J]. 金陵大学校刊,1941(292):3.

④ "满系"图书馆员讲习会开催要项[R]//[伪]奉天省民生厅民生科,[伪]奉天省图书馆联合研究会. 奉天省图书馆联合研究会年报:第二辑. 奉天:[伪]奉天省民生厅民生科,[伪]奉天省图书馆联合研究会,1942:109 - 114.

续表

序号	姓名	职务	讲义题目
6	片冈宪三	伪满洲国奉天市立沈阳图书馆馆长	图书馆经营概说
7	松尾四郎	伪满洲国奉天市立沈阳图书馆庶务股长	文书处理事务（文书整理及保管）
			图书馆及民众教育馆的资料调查
8	王泰富	伪满洲国奉天市立沈阳图书馆司书股长	司书一般
			图书分类法
			图书目录法
9	史东泉	伪满洲国奉天市立沈阳图书馆阅览系主任	阅览和参考

资料来源："满系"图书馆员讲习会开催要项[R]//[伪]奉天省民生厅民生科,[伪]奉天省图书馆联合研究会. 奉天省图书馆联合研究会年报：第二辑.奉天：[伪]奉天省民生厅民生科,[伪]奉天省图书馆联合研究会,1942:109 – 114.

5 月 9 日

文华图专在求精中学的办公室被日军战机炸毁①。

5 月

钱亚新受聘担任国立师范学院教育系讲师②。

6 月 30 日

沈祖荣呈文国民政府教育部,请求准许文华图专举行 1941 年秋季招生考试③。

6 月底

金陵大学图书馆学会举行第八次座谈会,曹祖彬讲演"现代图书馆

---

① 孟国祥. 抗战时期的中国文化教育与博物馆事业损失窥略[M].北京:中共党史出版社,2017:72.

② 谢欢. 钱亚新与中国近代师范院校图书馆学教育[J].大学图书馆学报,2020(3):112 – 118.

③ 文华图专校长沈祖荣关于检送该校招生简章备案上教育部的呈(附简章)(一九四一年一月二十二日)[G]//姚乐野,马振犊. 近代图书馆档案汇编:第一辑 第四册. 北京:国家图书馆出版社,2021:269 – 274.

之新设施",同时欢送辅修图书馆学的毕业班学生①。

6 月

沈祖荣谒见国民政府教育部部长陈立夫,就档案管理短期职业训练班的开办事宜征得对方的同意②。

夏季

受经费问题影响,江苏省立教育学院暂时停办③,但该校社会教育学系部分高年级学生后来转入在重庆璧山新办的国立社会教育学院④。

7 月 7 日

文华图专在求精中学校园内自建的康宁楼被日军战机炸毁⑤,幸好部分重要图书与实习用具此前已经及时转移⑥。此后,求精中学校方不愿续借校舍给文华图专⑦。沈祖荣等人只得积极筹款,陆续获得国民政府行政院所拨救济费 7 万元、赈济委员会所拨救济费 1 万元和中华教育文化基金董事会所拨紧急补助费 2.5 万元,购得重庆江北香国寺(或称"相国寺")附近的廖家花园作为校址,并自建校舍⑧,先后建成办公室、礼堂、图书馆、教室、宿舍等,共计 7 栋建筑⑨。

---

① 图书馆消息四则[J].金陵大学校刊,1941(293):6.

② 梁建洲,梁鳣如.我国图书馆学、档案学专业教育的摇篮:记武昌文华图书馆学专科学校[J].四川图书馆学报,1996(5):68 – 85.

③ 田晓明.苏州大学大事记(1900—2012)[M].苏州:苏州大学出版社,2015:610.

④ 顾烨青.植根民众教育,造就专业人才:苏州大学图书馆学教育前身(1929—1950)历史贡献述评[C]//南京大学.第十届海峡两岸图书资讯学学术研讨会论文集.南京:南京大学,2010:152 – 163.

⑤ 孟国祥.抗战时期的中国文化教育与博物馆事业损失窥略[M].北京:中共党史出版社,2017:72.

⑥ 陈传夫,董有明.求实奋进 共谱新篇:从文华图专到武汉大学信息管理学院(1920—2010)[M].武汉:武汉大学出版社,2010:82.

⑦ 沈祖荣.私立武昌文华图书馆专科学校近况[J].中华图书馆协会会报,1942,16(3/4):7 – 8.

⑧ 陈传夫,董有明.求实奋进 共谱新篇:从文华图专到武汉大学信息管理学院(1920—2010)[M].武汉:武汉大学出版社,2010:82 – 83.

⑨ 文华图专学校概况[G]//姚乐野,马振犊.近代图书馆档案汇编:第一辑 第一册.北京:国家图书馆出版社,2021:17 – 37.

7 月 8 日

国民政府行政院召开第 522 次会议,议决筹设苏皖联立技艺专科学校①。一年制的苏皖联立临时政治学院就此升格为三年制的苏皖联立技艺专科学校。

7 月 10 日

伪满洲国奉天省图书馆联合研究会在伪满洲国奉天省教育会会议堂举办"日系"图书馆员讲习会,7 月 12 日结束②。此次讲习会讲师的主要情况详见表 1941 – 2。

表 1941 – 2　1941 年伪满洲国奉天省图书馆联合研究会
"日系"图书馆员讲习会讲师一览

序号	讲师姓名	职务	讲演题目
1	坂野龟一	伪满洲国奉天省民生厅高科教育科科长	
2	国本昌平	伪满洲国奉天省民生厅社会科事务官	
3	盐谷孝次郎	"满铁"奉天图书馆运用主任	阅览部事务整理法——以奉天图书馆阅览部实际事务为例
4	井上正义	伪满洲国奉天市立八幡町图书馆馆长(伪满洲国奉天省图书馆联合研究会第一部副会长)	关于公共图书馆庶务与管理
5	神吉三良	伪满洲国鞍山市立图书馆馆长	图书馆管理法
6	大津义信	"满铁"大连图书馆馆员	装订实习指导

资料来源:日系图书馆员讲习会[R]//[伪]奉天省民生厅民生科,[伪]奉天省图书馆联合研究会. 奉天省图书馆联合研究会年报:第二辑. 奉天:[伪]奉天省民生厅民生科,[伪]奉天省图书馆联合研究会,1942:52 – 55.

---

① 行政院例会[N]. 前线日报,1941 – 07 – 10(1).

② 日系图书馆员讲习会[R]//[伪]奉天省民生厅民生科,[伪]奉天省图书馆联合研究会. 奉天省图书馆联合研究会年报:第二辑. 奉天:[伪]奉天省民生厅民生科,[伪]奉天省图书馆联合研究会,1942:52 – 55.

7 月 14 日

国民政府教育部公布《补习学校规程》,共计 16 条,其中第三条规定,"补习学校补习之学科,得为下列之一种或数种:(一)属于一般知识者,如国文、历史、地理、外国文、数学、注音符号、公文等。(二)属于专门知识者,如化学、物理、生物、统计、会计、簿记、工程、绘画、测量、图书馆学等"①。

7 月 23 日

文华图专将档案管理短期职业训练班开办计划、招生简章及开办费与经常费预算书草案各一份呈送国民政府教育部,请求对方指定该校办理档案管理短期职业训练班②。

7 月 28 日

文华图专1941年秋季招生考试开始接受报名,8 月 9 日截止。该年计划招收一个班的图书馆学专科公费生,名额未定。考试科目略有变化,包括"三民主义"、国文(包括中国文学史及国学常识)、英文、中外史地及口试。凡在立案高级中学毕业或大学肄业、具有图书馆学术研究和图书馆服务兴趣者皆可投考,有图书馆工作经验者更佳。该年考生可在重庆曾家岩求精中学内文华图专与国立中央图书馆白沙分馆两个招考处及成都华西协合大学图书馆这个招考代办处就近报考③。

7 月

国民政府教育部颁行《师范学校社会教育(选科)课程标准》。该课程标准第三部分"教材大纲"第四点"社会教育主要机关及其工作"列举 14 种主要的社会教育机关,其中包括图书馆④。

---

① 补习学校规程[J].教育通讯,1941,4(32/33):8-10.

② 梁建洲,梁鱣如.我国图书馆学、档案学专业教育的摇篮:记武昌文华图书馆学专科学校[J].四川图书馆学报,1996(5):68-85.

③ 文华图专校长沈祖荣关于检送该校招生简章备案上教育部的呈(附简章)(一九四一年一月二十二日)[G]//姚乐野,马振犊.近代图书馆档案汇编:第一辑　第四册.北京:国家图书馆出版社,2021:269-274.

④ 国民政府教育部.师范学校课程标准[M].沪一版.上海:正中书局,1946:190.

8 月 1 日

国立社会教育学院筹备处奉令结束,国立社会教育学院正式宣告成立,陈礼江担任院长①。该校下设图书博物馆学系,汪长炳担任该系首任系主任兼图书馆主任。该系招收高中毕业生,学制四年。第二学年开始学习专业课程,第三学年分为图书馆学和博物馆学两组,第四学年上学期实习、下学期撰写毕业论文,毕业生可获颁教育学学士学位。

钱亚新正式入职国立师范学院教育系②,担任讲师,直至 1946 年夏③。该系面向三、四年级学生开设了一门"图书馆学"选修课程④,由钱亚新讲授⑤。这是钱亚新在师范院校专职从事图书馆学教育之开始。在校期间,他编写相关讲义,并撰写《师范学院中的图书馆学》一文⑥。

8 月 3 日

国民政府教育部发布训令,拟派人视察文华图专。该视察员后来提交了一份视察报告,分"一般行政与教学""训育与管理""事务与人事""经费与会计"四个部分介绍文华图专的相关情况及相应的改进意见。比如,关于"一般行政与教学",该报告认为文华图专的设备过于简陋,因此可以与国立中央图书馆及各机关合作,派学生前去就分类、装订、打字、保管等项内容进行实习⑦。

---

① 国立社会教育学院院长室. 国立社会教育学院概况(三十七年五月)[M].苏州:国立社会教育学院院长室,1948:1.

② 国立师范学院一九四二年度员工生活补助费、米代金表册及有关文书[A].中国第二历史档案馆,案卷号:五-4438(2).转引自:谢欢. 钱亚新年谱[M].上海:上海古籍出版社,2021:80.

③ 谢欢. 钱亚新与中国近代师范院校图书馆学教育[J].大学图书馆学报,2020(3):112-118.

④ 国立师范学院及国立女子师范学院呈报各系科科目表及新添重要图书目录等文书[A].中国第二历史档案馆,案卷号:五-5689(1).转引自:谢欢. 钱亚新年谱[M].上海:上海古籍出版社,2021:80.

⑤ 钱亚新. 六十年来生活工作简表、论著编译年录[M]//创新、求新、育人:图书馆学家钱亚新的一生. 吴志勤,钱亮,钱唐,整理. 自印本.[出版地不详]:[出版者不详],1993:23.转引自:谢欢. 钱亚新年谱[M].上海:上海古籍出版社,2021:80.

⑥ 谢欢. 钱亚新与中国近代师范院校图书馆学教育[J].大学图书馆学报,2020(3):112-118.

⑦ 教育部关于该部派员视察文华图专的训令(一九四一年八月三日)[G]//姚乐野,马振犊. 近代图书馆档案汇编:第一辑　第四册. 北京:国家图书馆出版社,2021:473-482.

8月11日

文华图专1941年秋季招生考试在重庆曾家岩求精中学内文华图专和国立中央图书馆白沙分馆两处同时举行①。

8月25日

国立社会教育学院开学,9月1日正式开始上课②。

8月

苏皖联立技艺专科学校开设行政管理、会计、银行、应用化学、机械工程、茶业6科。原苏皖联立临时政治学院毕业学生大半转入苏皖联立技艺专科学校继续求学③。其中,行政管理科依据学生志愿分为人事管理组、文书管理组、财务管理组、财物管理组、事务管理组、行政机构组6组。不过,这种划分"只是各人依志愿专精一组,搜集研究数据,作深入有系统研究,撰为专论。期能改进当前行政措施,以提高各机关之行政效率"④,而不是对学生在课程安排上予以区分,故而行政管理科学生实际仍需修习6组课程⑤。据载,行政管理科当时面向三年级学生开设一门"文书管理纲要"必修课程,下学期授毕,每周授课3学时,计3学分;另外开设"图书馆学""各国文书程式及管理""文书管理专题研究"3门文书管理组学生必选的选修课程,均为每周授课2学时,计2学分⑥。

---

① 文华图专校长沈祖荣关于检送该校招生简章备案上教育部的呈(附简章)(一九四一年一月二十二日)[G]//姚乐野,马振犊.近代图书馆档案汇编:第一辑 第四册.北京:国家图书馆出版社,2021:269-274.

② 国立社会教育学院院长室.国立社会教育学院概况(三十七年五月)[M].苏州:国立社会教育学院院长室,1948:1.

③ 江苏省江苏学院.江苏省立江苏学院概况暨发展计划[M].徐州:江苏省立江苏学院,1947:3.

④ 刘胜旃.行政管理系简介[M]//江苏省立江苏学院旅台校友会.江苏学院四十年.台北:江苏学院四十年编辑小组,1980:43.转引自:张衍.江苏学院档案学教育溯源[J].档案学研究,2016(1):51-56.

⑤ 张衍.江苏学院档案学教育溯源[J].档案学研究,2016(1):51-56.

⑥ 朱华.教育系统上的一个新学科:行政管理科[J].地方行政,1942(3):448-455.

9 月 19 日

文华图专原定于该日开学①,但因校舍被日军炸毁,只能延期。

9 月

受洛克菲勒基金会资助,吴光清进入芝加哥大学图书馆学研究院攻读博士学位,师从西方印刷史研究权威学者、图书馆学家皮尔斯·巴特勒(Pierce Butler)。

金陵大学图书馆学专修科举行第二次招生考试。此次共有 39 人投考,最终录取 11 人②。

四川省立成都女子职业学校招收高级图书管理科第二班。该班共有 18 人入学,最终仅有 12 人顺利毕业③。

岳良木应邀在四川省立教育学院开设图书馆学课程,该课程至 1942 年 6 月结束④,但未悉详情。

正中书局出版蒋复璁所著的《图书室管理法》,该书被列为"民众教育馆实施小丛书"第五种,1946 年 1 月推出沪一版。该书包括"布置与设备(布置、设备)""征购与登录(藏书标准、征购、分录)""分类与编目(分类、编目)""典藏与阅览(典藏、阅览)""宣传与推广(宣传、推广)"五章,每章又分为若干节。"民众教育馆实施小丛书"既可以作为民众教育馆工作人员必备的参考用书,亦可以充当民众教育馆工作人员训练机关使用的教材⑤。

10 月 9 日

陈鸿舜从上海乘坐"柯立芝总统号"轮船赴美⑥,10 月 23 日抵达加

---

① 文华图专校长沈祖荣关于检送该校招生简章备案上教育部的呈(附简章)(一九四一年一月二十二日)[G]//姚乐野,马振犊. 近代图书馆档案汇编:第一辑 第四册. 北京:国家图书馆出版社,2021:269 – 274.

② 金大图书馆学专修科成立周年[J]. 中华图书馆协会会报,1941,16(1/2):18.

③ 任家乐,姚乐野. 民国时期四川省立成都女子职业学校高级图书管理科办学研究[J]. 大学图书馆学报,2015(5):117 – 126.

④ 郑锦怀. 岳良木图书馆生涯与贡献考述[J]. 图书馆,2020(7):65 – 72.

⑤ 蒋复璁. 图书室管理法[M]. 重庆:正中书局,1941:编辑凡例.

⑥ California,San Francisco,passenger lists,1893 – 1953 [EB/OL]. [2018 – 10 – 05]. https://www. familysearch. org/ark:/61903/3:1:33SQ-G5GN – 45H? i = 181&cc = 1916078.

利福尼亚州旧金山①。其后,他赴哈佛燕京学社汉和图书馆担任助理一年。

10 月 10 日

钱亚新开始为国立社会教育学院图书博物馆学系二、三年级学生讲授"图书分类法"和"图书馆经营法"两门必修课程②。据钱亚新回忆,"图书分类法"课程"是二年级一学年每周两小时的课",其内容包括三大部分:"一为'中国分类法史略',除讲授我国分类法的变迁外,并介绍重要的各种分类法。二为'介绍刘国钧中国图书分类法',因为这个方法当时在图书馆界最为流行,将来同学毕业后去搞图书馆工作十九会接触的,所以把它详为介绍,分类讲解。三为'西方分类法',除介绍它的历史外,还着重讲解六大分类法。时间的支配,第一部分占半学年,第二第三部分各占其余半学年的一半。不用讲义,只作笔记。重要的资料如各种分类法的类表,油印出来以供参考。""图书馆经营法"则分为十章,"完全是根据我以前所写的《图书馆续谈》,但在教学上却以使用各种有关的表格来经营图书馆,实际上是管理图书馆。""共十九周三十八小时,小考期考占去四小时,尚余三十四小时,把其中一小时讲《开场白》,二十小时讲其他,十小时做实习,二小时进行复习,一小时作结束。"③

10 月中旬

汪伪统治下的天津市教育局派遣社会教育人员赴北京集中受训,受训内容包括"图书馆管理问题""新秩序建设与图书教育"等④。

10 月 25 日

晚上,金陵大学图书馆学会扩大会议暨第九次座谈会在华西协合大学图书馆举行。刘国钧报告金陵大学图书馆学会召开扩大会议的意义,

---

① California,San Francisco,passenger lists,1893 – 1953 [EB/OL].[2018 – 10 – 05]. htps://www. familysearch. org/ark:/61903/3:1:33S7 – 95GN – 4L5? i = 180&cc = 1916078.

② 钱亚新. 六十年来生活工作简表、论著编译年录[M]//创新、求新、育人:图书馆学家钱亚新的一生. 吴志勤,钱亮,钱唐,整理. 自印本.[出版地不详]:[出版者不详],1993:23. 转引自:谢欢. 钱亚新年谱[M]. 上海:上海古籍出版社,2021:104.

③ 钱亚新. 工作阶段[M]//钱亚新. 钱亚新别集. 谢欢,整理. 南京:南京大学出版社,2013:222 – 223.

④ 津社教受训人员返津,昨日举行报告会[N]. 新天津,1941 – 10 – 23(5).

邓光禄讲演"图书馆界对于我国抗战建国之任务及其推进"①。

10 月 28 日

文华图专迁入重庆江北香国寺附近廖家花园新校址,当月 30 日注册,31 日开始上课②。新近招收的图书馆学专科第二班新生随即注册入学。

11 月 27 日

江苏省地方行政干部训练团第二期开学,共有 40 名中心小学校长和 71 名乡镇长接受培训③。该期开设一门"公文处理"课程,四学时,"讲述公文之性质、种类与程度,普通、紧要、机密各种公文之处理程序"④。

12 月 20 日

国民政府教育部发布中字四九七二九号训令,批准文华图专办理档案管理短期职业训练班的呈文,内称:"查本部前以后方极需各项技术员工,乃于二十七年起,历年拨款指定学校机关举办各种短期职业训练班。所有二十九年度举办各班,现在大部将次结业,并本部拟定三十年度继续举办短期职业训练班办法,呈奉行政院核定照准。兹指定该校办理三十年度档案管理短期职业训练班一年,共计三期,每期三个月,规定经费共 25 000 元。兹随颁发短期职业训练班暂行办法,三十年度举办各项短期职业训练班办法各一份。本年并发经费半数计 12 500 元,由国库径进拟支该校具领,仰即迅予举办,并拟具计划三份,经费分配表五份呈部备核。并将办理进行情况,随时具报。"⑤

12 月 30 日

沈祖荣呈文国民政府教育部,请求批准文华图专举行 1942 年春季

① 图书馆座谈会一周岁[J].金陵大学校刊,1941(295):3.

② 文华图专校长沈祖荣关于告知迁移地址及开课日期请予备案上教育部的呈(一九四〇年十月三十一日)[G]//姚乐野,马振犊.近代图书馆档案汇编:第一辑 第四册.北京:国家图书馆出版社,2021:469-472.

③ 江苏省地方行政干部训练团第二期开学[J].训练通讯,1941(9):14.

④ 江苏省地方行政干部训练团.江苏省地方行政干部训练团第二期训练工作报告[R].[出版地不详]:江苏省地方行政干部训练团,1942:54-57.

⑤ 梁建洲,梁鳣如.我国图书馆学、档案学专业教育的摇篮:记武昌文华图书馆学专科学校[J].四川图书馆学报,1996(5):68-85.

招生考试①。

冬季

广东省立文理学院社会教育学系参考私立大夏大学社会教育系与中正大学社会教育学系的课程表,对其课程体系进行第一次修订。其中,面向三年级学生开设一门"图书馆学"必修课程,面向四年级学生开设一门"图书编目学"选修课程。杜定友担任该校图书馆学兼任教授②。

本年

迁至贵阳的私立大夏大学教育学院社会教育系面向四年级学生开设一门"图书馆学"必修课程,一学年授毕,计3学分。另外还开设一门"图书编目及实习"选修课程,计3学分③。当时,马宗荣担任私立大夏大学教育学院专任教授、社会教育系主任兼总务长④。

汪伪统治下的国立中央大学教育学院教育学系开设一门"图书馆学"选修课程⑤。

---

① 文华图专校长沈祖荣关于检送该校三十一年度春季招生简章请予备查上教育部的呈(附简章)(一九四一年十二月三十日)[G]//姚乐野,马振犊.近代图书馆档案汇编:第一辑第四册.北京:国家图书馆出版社,2021:285 – 290.

② 陈子明.广东省立文理学院社会教育学系概况[J].社会教育年刊,1943(1):2 – 5.

③ 私立大夏大学.私立大夏大学概况[M].贵阳:私立大夏大学,1941:77 – 78.

④ 私立大夏大学.私立大夏大学概况[M].贵阳:私立大夏大学,1941:22.

⑤ [伪]国立中央大学.国立中央大学要览(中华民国三十年度)[M].南京:[伪]国立中央大学,1941:31.

1942 年

◎ 中国教育学术团体第三届联合年会关注图书馆学教育
◎ 文华图专增设档案管理短期职业训练班
◎ 无锡国学专修学校增设文书专修科
◎ 国立中央图书馆开办图书馆学补习学校
◎ 国民政府要求各省举办县政府档案管理人员训练班
◎ 杜定友等 6 人通过全国高等学校图书馆学门教员资格审查

1 月 26 日

文华图专 1942 年春季招生考试开始接受报名,报名于 1 月 31 日截止,招考处设在重庆两浮支路三民主义青年团升学就业辅导所。此次计划招收档案管理科公费生 30 名及自费生若干名,凡在立案之高级中学或其同等学校毕业者均可投考。考试科目又有变化,包括公民、国文(包括中国文学史及国学常识)、英文、中外史地及口试①。

1 月

国民党中央训练委员会与国民政府内政部共同修订通过《各省地方行政干部训练团训练要项及时数分配纲要》,内附"地方行政干部训练团训练课程项目要点及时数分配表"与"训育实施项目及时数分配表",该纲要规定必须开设一门"公文处理"课程②。

---

① 文华图专校长沈祖荣关于检送该校三十一年度春季招生简章请予备查上教育部的呈(附简章)(一九四一年十二月三十日)〔G〕//姚乐野,马振犊. 近代图书馆档案汇编:第一辑第四册. 北京:国家图书馆出版社,2021:285 - 290. 按:1942 年春季及以后的招生简章未再提到中华图书馆协会与文华图专联合举办招生考试。
② 中央训练委员会,内政部. 各省地方行政干部训练团训练要项及时数分配纲要〔M〕. 重庆:中央训练委员会,内政部,1942:1 - 24.

2月1日

文华图专1942年春季招生考试在重庆举行,定于2月7日文华图专将通过专函将考试结果通知各个考生①。

2月8日

中国教育学术团体第三届联合年会在重庆国立中央图书馆开幕,次日闭幕②。中华图书馆协会第五届年会同时举行③。2月9日下午,34项议案上会讨论,其中包括中华图书馆协会会员黄元福、汪长炳与许启征④三人共同提交的《请教育部筹办图书馆员训练班案》与《请教育部筹设模范县立图书馆案》⑤。《请教育部筹办图书馆员训练班案》内容如下:

> 办法:由教育部令饬各省教育厅遴派各省省立图书馆馆员及各县县立图书馆馆长调渝受训,训练期间为三——六个月,其办法一如教育部前所主办之民众教育馆馆长训练班,惟课程则偏向于图书馆学之专业训练。
>
> 审查意见:请教育部饬令各省教厅分别举办图书馆人员训练班。
> 决议:照审查意见通过。⑥

2月17日

文华图专档案管理科第三班新生注册入学⑦。

---

① 文华图专校长沈祖荣关于检送该校三十一年度春季招生简章请予备查上教育部的呈(附简章)(一九四一年十二月三十日)[G]//姚乐野,马振犊. 近代图书馆档案汇编:第一辑第四册. 北京:国家图书馆出版社,2021:285－290.
② 中国教育学术团体联合办事处. 中国教育学术团体联合年报[M]. 重庆:中国教育学术团体联合办事处,1944:64－70.
③ 本会第五次年会述略[J]. 中华图书馆协会会报,1942,16(5/6):14.
④ 许启征(1913—1990),江西奉新人,1947年7月毕业于国立社会教育学院社会教育行政学系,获教育学学士学位. 参见:国立社会教育学院院长室. 国立社会教育学院概况(三十七年五月)[M]. 苏州:国立社会教育学院院长室,1948:151;雷树田. 当代中华诗词家大辞典[M]. 西安:陕西人民出版社,1994:1091.
⑤⑥ 中国教育学术团体联合办事处. 中国教育学术团体联合年报[R]. 重庆:中国教育学术团体联合办事处,1944:101.
⑦ 文华图专校长沈祖荣关于检送该校三十一年度春季招生简章请予备查上教育部的呈(附简章)(一九四一年十二月三十日)[G]//姚乐野,马振犊. 近代图书馆档案汇编:第一辑第四册. 北京:国家图书馆出版社,2021:285－290.

2 月

文华图专档案管理科第一届毕业生离校,共计 6 人,即黄环云、黄彝仲、王世芳、徐安百、姚存益、赵继生(见表 1942 – 1)①。

表 1942 – 1 文华图专档案管理科第一届毕业生(1942 年 2 月)一览

序号	姓名	性别	籍贯	备注
1	黄环云	女	江苏吴江	从档案管理讲习班转入
2	黄彝仲	男	四川江津	
3	王世芳	男	陕西咸阳	从档案管理讲习班转入
4	徐安百	男	四川资阳	档案管理讲习班毕业生
5	姚存益	男	江苏高邮	
6	赵继生	男	江苏江阴	从档案管理讲习班转入

殷钟麒在《县政》第 1 卷第 1 期发表《县政府档案人员之培养》,论述县政府档案人员的培养问题②。

钱亚新开始为国立师范学院教育系和国文系学生讲授一门"图书馆学"课程,同时着手编写新讲义③。该讲义后由国立师范学院出版组油印,称为《图书馆学讲义》④。《图书馆学讲义》共含 18 章,包括第 1 章"绪论"、第 2 章"现代图书馆"、第 3 章"流通与阅览"、第 4 章"参考研究"、第 5 章"推广和施教"、第 6—7 章"图书的采购"、第 8—13 章"分类和编目"、第 14 章"典藏和装订"、第 15—16 章"组织和行政"、第 17 章"建筑和设备"、第 18 章"运动和合作"⑤。

3 月 21 日

文华图专档案管理短期职业训练班第一期开学,该班于 6 月 21 日

① 彭敏惠 . 文华图专珍稀史料图录[M]. 武汉:武汉大学出版社,2020:280.

② 四川省地方志编纂委员会 . 四川省志 档案志·侨务志[M]. 成都:四川科学技术出版社,2000:119.

③⑤ 钱亚新 . 工作阶段[M]//钱亚新 . 钱亚新别集 . 谢欢,整理 . 南京:南京大学出版社,2013:220.

④ 沈小丁 . 湖南近代图书馆史[M]. 长沙:岳麓书社,2013:277.

结束①。该班主要由各机关择优保送在职的档案管理人员,同时也面向社会招考初中毕业生或高中肄业生,修业期限为三个月,旨在"养成管理档案之中级技术人才,以适应各机关增进效率之需要"②。学生无须缴纳学、杂、膳、宿等费,毕业后可获颁经国民政府教育部验印的证明书,并可由学校介绍至各机关服务③。

4月30日

《国师季刊》第14期登载钱亚新撰写的《师范学院中的图书馆学》一文。钱亚新首先介绍国民政府教育当局规定在师范院校开设图书馆学课程的过程,然后分析师范院校开设图书馆学课程的目的,继而阐述师范院校开设图书馆学课程的三大要点("关于学系的选修""关于学年的设置""关于学分的规定"),再后探讨图书馆学课程教材的选择,最后介绍图书馆学课程的教学方法。他总结指出,"第一、图书馆学的列为师范学院中的选修科目,不是偶然,而有相当来历。第二、设置图书馆学的目的,要使学生能尽量地利用图书馆,精明地办理图书馆,竭诚地推广图书馆教育。第三、关于图书馆学在学系选修上要求普遍,学年的设置上要求提早,学分的规定上要求增加。第四、教材方面可分为二组,一组是关于图书馆利用法的,一组是关于图书馆办理法的。第五,学习的方法有四:以自修而扩充见闻,以问题而解决疑难,以实习而增加经验,并以试教而寓学于教"④。

5月

无锡国学专修学校计划增设文书专修科,制定《私立无锡国学专修学校增设文书专修科计划书》和《私立无锡国学专修学校文书专修科课程表》⑤。

6月1日

沈祖荣呈文国民政府教育部,请求批准文华图专举行1942年秋季

①③ 文华图书馆学校开办档案训练班[N].益世报(重庆版),1942-03-02(4).

② 陈传夫,董有明.求实奋进,共谱新篇:从文华图专到武汉大学信息管理学院(1920—2010)[M].武汉:武汉大学出版社,2010:82.

④ 钱亚新.师范学院中的图书馆学[J].国师季刊,1942(14):61-67.

⑤ 私立无锡国学专修学校增设文书专修科计划书及课程纲要[G]//陈国安,钱万里,王国平.无锡国专史料选辑.苏州:苏州大学出版社,2012:197-201.

招生考试①。

6 月

文华图专图书馆学本科第十七届毕业生离校,共计 7 人,包括陈石铭、戴湘波、刘泽芳、鲁光琦、聂锡恩、沈宝环、游天爵(见表 1942 - 2)②。

表 1942 - 2　文华图专图书馆学本科第十七届毕业生(1942 年 7 月)一览

序号	姓名	字号	性别	籍贯
1	陈石铭		男	湖北天门
2	戴湘波		女	湖北江陵
3	刘泽芳		女	山东潍县
4	鲁光琦		女	湖南南县
5	聂锡恩		女	湖北汉口
6	沈宝环	培基	男	湖北武昌
7	游天爵		男	四川古蔺

7 月 1 日③

文华图专档案管理短期职业训练班第一届毕业生离校,共计 30 人,包括卞家秀、陈大道、邓明贞、冯少淹、何懿名、黄通儒、金长城、李久惠、

---

①　文华图专校长沈祖荣关于检送该校三十一年度秋季招生简章请予备案上教育部的呈(附简章)(一九四二年六月一日)[G]//姚乐野,马振犊. 近代图书馆档案汇编:第一辑　第四册. 北京:国家图书馆出版社,2021:293 - 298.

②　彭敏惠. 文华图专珍稀史料图录[M]. 武汉:武汉大学出版社,2020:274. 按:目前所见,文华图专图书馆学本科第十七届毕业生的毕业证书存根所印入校年月和毕业年月分别为"三十年二月""三十二年六月". 具体参见:私立武昌文华图书馆学专科学校整理伪湖北省政府档卷·图书馆学科专科、档专科学生毕业证书存根(民二十九年至三十六年)[A]. 武汉大学档案馆,案卷号:1940 - 1.

③　一般认为,文华图专档案管理短期职业训练班第一届毕业生于 1942 年 6 月离校(彭敏惠. 文华图专珍稀史料图录[M]. 武汉:武汉大学出版社,2020:281 - 282.)。但是,余灼良持有的一张"私立武昌文华图书馆学专科学校证明书"上面标注的日期为"中华民国三十一年七月一日",故而此处将其毕业日期定为 1942 年 7 月 1 日。这是一张肄业或受训证明书,而非正规的高等学校毕业证书。其上文字如下:"学生余灼良系四川省内江县人,现年十七岁,在教育部指定本校所办之档案管理短期职业训练班受训期满,成绩及格,特发给证明书。此证! 校长沈祖荣　中华民国三十一年七月一日"(此处系笔者自行断句并添加标点符号)。背面盖有文华图专的公章和沈祖荣的私章,同时贴有余灼良的黑白照片。具体参见:私立武昌文华图专档卷·历届学生入学毕业证书(民三十一年至三十二年)[A]. 武汉大学档案馆,案卷号:1942 - 8.

罗崇德、马肇瑛、田洁雪、田士瑰、王丽茜、王汝樵、魏笃生、魏世俊、萧健楷、熊运奎、杨代富、尹兆兰、余灼良、袁恒一、张明岗、张锡禄、张煜芳、赵锡芳、郑兴玉、钟鑫华、钟雪舫、周志辉(见表1942－3)①。

表1942－3　文华图专档案管理短期职业训练班第一届毕业生(1942年7月)一览

序号	姓名	性别	籍贯	备注	序号	姓名	性别	籍贯	备注
1	卞家秀	女	四川广安		16	魏世俊	男	湖北黄陂	
2	陈大道	男	四川璧山		17	萧健楷	男	四川宜宾	
3	邓明贞	女	四川武胜	或误作"郑明贞"	18	熊运奎	男	四川渠县	
4	冯少淹	男	四川巴县	或误作"冯少安"	19	杨代富	男	四川岳池	
5	何懿名	女	四川高县		20	尹兆兰	女	山东历城	
6	黄通儒	男	四川巴县	或误作"黄道懦"	21	余灼良	男	四川内江	
7	金长城	女	江苏南京		22	袁恒一	男	四川万县	
8	李久惠	男	四川荣昌		23	张明岗	男	四川富顺	
9	罗崇德	男	四川荣昌		24	张锡禄	男	四川江北	或误作"张锡录"
10	马肇瑛	女	安徽怀宁	或误作"马肇英"	25	张煜芳	女	湖北汉口	
11	田洁雪	男	四川巴县		26	赵锡芳	男	四川西充	或误作"赵锡方"
12	田士瑰	男	湖北黄陂		27	郑兴玉	女	四川武胜	
13	王丽茜	女	四川江北		28	钟鑫华	男	湖北武昌	
14	王汝樵	男	四川内江		29	钟雪舫	女	河南信阳	
15	魏笃生	男	四川长寿		30	周志辉	女	四川江北	

7月6日

伪满洲国图书馆协会和伪满洲国民生部共同主办第二回全国图书馆员讲习会,该讲习会于7月11日结束。此次讲习会分为日系和满系各一班,共有162人到会听讲。每日上午8时至下午4时讲习,讲题涵

---

① 彭敏惠.文华图专珍稀史料图录[M].武汉:武汉大学出版社,2020:281－282.

盖社会教育行政、出版法、考古学、民众教育、社会事业、中国版本史、纸画剧等①。

7 月 15 日

迁至重庆的国立中央图书馆附设的图书馆学补习学校开始上课,为期 10 周。该校开设"图书馆学通论"、"编目学"(附实习)、"分类法"(附实习)、"图书征购"、"图书参考"、"目录学"等图书馆学专业课程,每周授课 24 小时。每逢周日,另邀知名专家举行专题讲演,受邀者包括陈训慈、马宗荣、沈祖荣、汪长炳、王文山、相菊潭、钟灵秀等。有 40 多名学员,其中以各机关图书室、资料室和档案室职员数量最多②。

7 月

文华图专制定《私立武昌文华图书馆学专科学校档案管理短期职业训练班第二期招生简章》,拟招收档案管理短期职业训练班第二期新生40 人③。

国立社会教育学院社会教育行政学系 21 名毕业生离校④。其中,叶启玄(女,福建连江人)提交的毕业论文题为《县图书馆之推广工作》⑤。

8 月 3 日

文华图专 1942 年秋季招生考试开始接受报名,报名于 8 月 8 日截止,招考处设在重庆两路口国立中央图书馆。针对不便前往重庆投考的远道学生及保送生,该校专门在招生简章中新增《成绩审查及保送办法》,内称:"凡远道学生不便赴渝参加考试及各机关、学校、团体、图书馆欲保送学生入学者,可将三项丙款所需之证件、相片及报名费挂号寄校。经审查合格者即可取录,不合格者证书挂号寄还。但以八月十日为止,八月十日以后来函者即不予审查。"此次计划招收图书馆学专科公费生

---

① 图书馆员讲习完了[N].大同报,1942 - 07 - 12(2).

② 国立中央图书馆简讯一束[J].中华图书馆协会会报,1942,17(1/2):13 - 14.

③ 湖北省政府秘书处关于奉交下武昌图专呈送档案班招生简章的公函(湖北省政府秘书处公函省教字第 4921 号于恩施)[A].湖北省档案馆,LS22 - 1 - 549 - P44.转引自:王郭舜.湖北省档案馆馆藏私立武昌文华图书馆学专科学校史料选辑[J].档案记忆,2020(7):24 - 37.

④ 国立社会教育学院院长室.国立社会教育学院概况(三十七年五月)[M].苏州:国立社会教育学院院长室,1948:148.

⑤ 教务处.本院历届学生毕业论文题目一览[J].教育与社会,1947,6(2/3):64 - 70.

30 名,已经立案的高级中学或其同等学校的毕业生均可投考。考试科目包括公民、国文(包括中国文学史及国学常识)、英文、中外史地(包括数学及理化)及口试①。

8 月 9 日

文华图专 1942 年秋季招生考试在重庆举行,定于 8 月 15 日通过专函将考试结果通知各个学生②。

8 月

孙云畴(1939 年 7 月西南联合大学政治系毕业生、文学士)受聘到金陵大学图书馆工作③,其职务为中文编目员④。由于举办图书管理工作展览受到金陵大学文学院院长兼图书馆馆长刘国钧的赏识,孙云畴获准承担图书馆学专修科中文编目课程的教学工作,从而成为一名图书馆学专业教员⑤。

由于"满铁"图书馆的组织与人员几乎全部处于停止状态,"满铁"图书馆研究会就此衰亡⑥。

9 月 14 日

国民政府教育部第三六〇七〇七号令颁布《省市县立社会教育机关工作人员待遇规程》。该规程的"省市县立社会教育机关"包括民众教育馆、图书馆、体育场、科学馆、博物馆,这些社会教育机关的工作人员分为四级:馆(场)长,馆(场)主任、指导员,馆(场)干事、助理指导员、管理员,馆(场)助理干事、事务员;工作人员月薪共分为 30 级,从 30 元到 400 元不等⑦。

---

①② 文华图专校长沈祖荣关于检送该校三十一年度秋季招生简章请予备案上教育部的呈(附简章)(一九四二年六月一日)[G]//姚乐野,马振犊.近代图书馆档案汇编:第一辑　第四册.北京:国家图书馆出版社,2021:293-298.

③⑤ 党跃武.世为书香家,行为图林范:著名图书馆学家孙云畴教授传略[J].大学图书馆学报,2015(2):113-122.

④ 本校三十一年度上学期新聘教职员[J].金陵大学校刊,1942(309):9.

⑥ 任家乐,刘春玉.20 世纪上半叶日本在华图书馆学教育研究:以满铁图书馆业务研究会为据[J].图书馆建设,2018(11):74.

⑦ 省市县立社会教育机关工作人员待遇规程[J].教育部公报,1942,14(17/18):3-5.

9 月 15 日

国民政府内政部发出渝民字第四六四六号函①,要求各省举办县政府档案管理人员训练班,该函称:

> 各县政府之档案管理,为公文处理重要事项之一。关于此项工作人员,须有专门之智识与技能,方能胜任愉快。惟现在各县政府担任此项工作人员,大都未经过相当训练,对于档案管理,多不谙科学方法。例如各项文件未能按时间之先后与性质之类别,详细分别,妥为装置,以致各种卷宗凌乱错杂,毫无头绪。不仅整理维艰,抑且查阅不便,其有碍于工作效率,自不待言。又查此项工作人员,并无合法保障,常随机关主管长官同其去留。每逢机关改组,新旧交替之时,对于文卷接管,尤感种种困难,甚至各项重要文件及收发文簿,任意散失,无从查考。种种流弊不一而足,实为县政府人事组织中之一大缺憾。兹为求改善起见,拟由各省训练团,一律举办县管理档案人员训练班,积极施以训练。其训练期间与训练课程,除专业训练外,其余皆可依照其他技术人员训练班办理。其训练对象,规定由县政府现任人员中调训,并规定由各县以调训一人为原则;如各县无适当之人员可调者,则由省训练团另行招训。一经训练期满,考试及格以后,即依法分发任用,并切实予以工作上之保障,各主管机关不得任意更换。②

9 月

陈鸿舜获洛克菲勒基金会提供的助学金,进入哥伦比亚大学图书馆学院学习图书馆学③,1943 年 6 月毕业,获得理学士学位(图书馆学专业)④。毕业之后,他留在哥伦比亚大学图书馆工作,主要负责中文馆藏的整理与分编。1944 年,他加入纽约图书馆俱乐部(New York Library

---

① 中国第二历史档案馆. 民国时期文书工作和档案工作资料选编[G].北京:档案出版社,1987:672 - 673.

② 各省举办县管理档案人员训练班[J].中央党务公报,1942,4(20):32.

③ Directory of students[M]//Columbia University. Directory number for the sessions 1942 - 1943. New York:Columbia University 1943:92.

④ Degrees conferred 1942 - 1943[M]//Columbia University. Catalogue 1943 - 1944,1944 - 1945. New York:Columbia University 1945:262.

Club）①。1947年2月下旬，陈鸿舜返回燕京大学工作②，先是担任图书馆代理馆长（或称"代理主任"）③，后担任馆长（或称"主任"），直到1952年④。

文华图专图书馆学专科第三班和档案管理短期职业训练班第二期新生注册入学。

私立无锡国学专修学校文书专修科第一班13名学生入学（见表1942－4）⑤。

表1942－4　私立无锡国学专修学校文书专修科第一班学生一览

序号	姓名	字号	性别	籍贯	备注
1	卜贞元	笑风	男	湖南安乡	
2	陈宪章	羡江	男	广西恭城	
3	高培柏	秀冬	男	广西岑溪	
4	黄代成	国柱	男	广西郁林	
5	黄汝纲	陆遥	男	广西岑溪	
6	贾竹修	辅民	男	湖南益阳	
7	江滨	文武	男	广西藤县	
8	劳功甫		男	广东灵山	原名"劳振勋"
9	梁支寰	荣龙	男	广西岑溪	
10	廖世祥	健锋	男	广西北流	
11	唐皇	学文	男	湖南醴陵	
12	唐智义	致一	男	湖南零陵	
13	张启恭	伯亚	男	湖南慈利	

资料来源：二年制文书专修科第一届［G］//陈国安，钱万里，王国平．无锡国专史料选辑．苏州：苏州大学出版社，2012：238.

国民政府教育部公布《师范学校地方行政（选科）课程标准》。根据规定，"地方行政"选修课程的"教材大纲"包括"地方行政之意义及范

① New York Library Club. 60th anniversary manual of the New York Library Club 1885 – 1945［M］. New York：New York Library Club，1945：41.

② 校闻简讯［J］．燕大双周刊，1947（33）：3.

③ Faculty［M］//燕京大学一九四八级年刊委员会．燕京大学一九四八级年刊．北平：燕京大学一九四八级年刊委员会，1948：插页．

④ 陈鸿舜同志逝世［J］．图书馆学通讯，1986（2）：95.

⑤ 二年制文书专修科第一届［G］//陈国安，钱万里，王国平．无锡国专史料选辑．苏州：苏州大学出版社，2012：238.

围""地方行政制度之比较""现行地方行政制度""行政工作之实施原则""一般行政工作""县各级行政""行政效率之研究"7 部分。其中，"一般行政工作"包括"推行政令""人事行政""财务行政""事务管理""文书处理"5 种，而"文书处理"又细分为"行文系统""文书处理程序""文书处理方法""档案之利用"①。

10 月

文华图专档案管理科第二届毕业生离校，共计 5 人，包括何德全、胡佑身、梁建洲、刘美如、杨金元（见表 1942 – 5）②。其中，刘美如在汪应文的指导下撰写毕业论文《档案装订与修补》，其封面标注"武昌文华图书馆学专科学校三十一年春季档案科第二届毕业论文"。梁建洲撰写的毕业论文《人事档案管理法之商榷》代表文华图专参加国民政府教育部于1942 年 6 月举办的第三届全国专科以上学校学生学业竞试丙种复选③，可惜未能进入决选或获得奖励④。

表 1942 – 5　文华图专档案管理科第二届毕业生（1942 年 10 月）一览

序号	姓名	性别	籍贯	备注
1	何德全	男	四川江北	
2	胡佑身	男	江西吉安	又名"胡又深"
3	梁建洲	男	四川自贡	
4	刘美如	女	江苏江宁	
5	杨金元	女	湖北云梦	

截至该月，全国高等学校通过资格审查的图书馆学门教员仅有 5 名教授（桂质柏、洪有丰、杜定友、李小缘、汪长炳）和 1 名讲师（钱亚新）（见表 1942 – 6）⑤。

---

① 师范学校地方行政（选科）课程标准[M]//国民政府教育部. 修正师范学校课程标准. 南京:正中书局,1945:195 – 200.

② 彭敏惠. 文华图专珍稀史料图录[M]. 武汉:武汉大学出版社,2020:280.

③ 彭敏惠. 文华图专珍稀史料图录[M]. 武汉:武汉大学出版社,2020:212.

④ 国民政府教育部教育年鉴编纂委员会. 第二次中国教育年鉴（二）[M].上海:商务印书馆,1948:560 – 563.

⑤ 国民政府教育部. 专科以上学校教员名册:第一册[M].重庆:国民政府教育部,1942: 61 – 63.

表 1942 - 6　1941 年 2 月至 1942 年 10 月通过资格审查的图书馆学门教员一览

序号	证书编号	姓名	字号	性别	籍贯	学历	经历	专长科目	服务学校	资格名称
1	205	桂质柏		男	湖北武昌	美国芝加哥大学博士	中央大学教授兼图书馆主任、四川大学教授兼图书馆主任	图书馆学	国立武汉大学	教授
2	383	洪有丰	范五	男	安徽绩溪	金陵大学文学士、美国纽约大学图书馆学学士	清华大学图书馆主任、中央政治学校图书馆主任	图书馆学、目录学	国立中央大学	教授
3	387	杜定友		男	广东南海	菲律宾大学图书馆学学士	交通大学图书馆主任	图书馆学、教育学	国立中山大学	教授
4	403	李小缘		男	江苏南京	金陵大学文学士、美国哥伦比亚大学师范学院硕士	东北大学图书馆馆长	图书馆学、目录学	金陵大学	教授
5	949	汪长炳	文焕	男	湖北汉川	武昌文华大学文学士、美国哥伦比亚大学图书馆学硕士	武昌文华图书馆学专科学校教务主任兼教授	图书馆行政学、图书编目法	国立社会教育学院	教授
6	390	钱亚新		男	江苏宜兴	武昌文华大学文华图书科毕业	湖南大学兼图书馆主任	图书馆学、索引法	国立师范学院	讲师

资料来源:国民政府教育部.专科以上学校教员名册:第一册[M].重庆:国民政府教育部,1942:61 - 63.

11 月 19 日

安徽省政府发电报给国民政府内政部,称计划于 1943 年上半年在安徽省地方行政干部训练团下设组训练档案管理人员,并向对方索取教材。12 月 9 日,国民政府内政部复电安徽省政府,称其正与国民党中央训练委员会共同编撰县管理档案人员训练班业务训练教材,在此之前,各省训练委员会应参照国民政府内政部与国民党中央训练委员会印行的《文书处理》中的档案管理部分自行编定教材,以资应用①。

11 月

文华图专档案管理短期职业训练班第二届毕业生离校,共计 42 人,包括白汉沅、曹翰池、曹毓秀、陈达、陈光荣、邓达伦、邓基林、傅登用、龚涛、胡景郑、胡文甫、黄国基、黄沛之、李自立、梁筱梅、廖征年、倪灿之、聂静苏、彭玉如、宋新源、唐明亮、唐卓钧、王革非、王景愚、王明璧、王能掀、韦延禄、吴泽涵、萧渊、徐忠义、殷晚成、张涵夫、张良谋、张时中、张显杰、赵嵩龄、赵维新、周德明、周泰鸿、邹汉宗、邹自良、左既方(见表 1942 - 7)②。

表 1942 - 7　文华图专档案管理短期职业训练班第二届毕业生(1942 年 11 月)一览

序号	姓名	性别	籍贯	备注	序号	姓名	性别	籍贯	备注
1	白汉沅	男	安徽灵璧		5	陈光荣	男	四川江津	
2	曹翰池	男	湖北巴东	档案管理短期职业训练班第一期学生	6	邓达伦	男	四川古蔺	
					7	邓基林	男	湖南永兴	
3	曹毓秀	女	安徽歙县		8	傅登用	男	四川大竹	
4	陈达	男	江苏镇江		9	龚涛	男	湖北汉川	

---

① 中国第二历史档案馆. 民国时期文书工作和档案工作资料选编[G]. 北京:档案出版社,1987:672 - 673.

② 彭敏惠. 文华图专珍稀史料图录[M]. 武汉:武汉大学出版社,2020:282.

续表

序号	姓名	性别	籍贯	备注	序号	姓名	性别	籍贯	备注
10	胡景郑	男	湖南祁阳		24	王景愚	男	河北景县	
11	胡文甫	男	四川江北		25	王明璧	男	湖北汉阳	
12	黄国基	男	四川铜梁		26	王能掀	男	四川南充	档案管理短期职业训练班第一期学生
13	黄沛之	男	四川广安						
14	李自立	男	四川巴县		27	韦延禄	男	四川南川	或误作"韦迁禄"
15	梁筱梅	女	广东顺德	档案管理短期职业训练班第一期学生	28	吴泽涵	男	四川合川	
					29	萧渊	男	湖北汉阳	
16	廖征年	男	四川江津		30	徐忠义	男	湖南耒阳	
17	倪灿之	男	湖北天门		31	殷晚成	男	四川南川	
18	聂静苏	男	湖北武昌		32	张涵夫	男	浙江象山	
19	彭玉如	男	四川巴县		33	张良谋	男	安徽全椒	档案管理短期职业训练班第一期学生
20	宋新源	男	湖北汉阳						
21	唐明亮	男	四川安岳		34	张时中	男	四川璧山	
22	唐卓钧	男	四川大足		35	张显杰	男	四川大竹	
23	王革非	男	四川巴县		36	赵嵩龄	男	江苏丹徒	

续表

序号	姓名	性别	籍贯	备注	序号	姓名	性别	籍贯	备注
37	赵维新	男	四川盐亭		40	邹汉宗	男	湖北武昌	
38	周德明	男	四川涪陵		41	邹自良	男	贵州贵阳	
39	周泰鸿	男	湖北汉阳		42	左既方	男	四川合川	

12 月 23 日

沈祖荣呈文国民政府教育部,请求批准文华图专举行 1943 年春季招生考试①。

12 月

广东省制定并公布《广东省地方行政干部训练团县管理档案人员训练班训练实施方案》。其中,业务训练课程及教官由广东省政府秘书处会同训练团商定,教材由广东省政府秘书处选派的教官编纂,必要时可由广东省地方行政干部训练委员会颁发或转请国民党中央训练委员会颁发②。

本年

刘崇仁从瑞士日内瓦社会学院图书馆学系毕业③。

---

① 文华图专校长沈祖荣关于检送该校三十二年度春季招生简章请予备案上教育部的呈(附简章)(一九四二年十二月二十三日)[G]//姚乐野,马振犊. 近代图书馆档案汇编:第一辑 第四册. 北京:国家图书馆出版社,2021:309－314.

② 中国第二历史档案馆. 民国时期文书工作和档案工作资料选编[G]. 北京:档案出版社,1987:673－675.

③ 黄元鹤,陈冠至. 图书馆人物志[M]. 台北:五南图书出版股份有限公司,2014:181－185.

1943 年

◎湖北等省陆续开班训练档案管理人员

◎杜定友主持举办广东省图书教育人员训练班

◎《县管理档案人员训练班业务训练课程讲授要点及时数分配标准》颁布

◎苏皖联立技艺专科学校升格为江苏省立江苏学院

◎《普及全国图书教育办法》颁布

◎第一届国外自费留学生考试举办,图书馆学门考生无人通过

1 月

文华图专图书馆学专科第一届毕业生离校,共计 7 人,包括陈淑真、富兰英、黄孝慈、卢寒存、潘志薰、余海兴、张毓秀(见表 1943 – 1)[①]。其中,张毓秀提交的毕业论文题为《图书馆之人事管理》,其封面明确标注"武昌文华图书馆学专科学校图书馆学专科第一班毕业论文"[②]。

表 1943 – 1　文华图专图书馆学专科第一届毕业生(1943 年 1 月)一览

序号	姓名	性别	籍贯	备注
1	陈淑真	女	江苏泗阳	
2	富兰英	女	黑龙江*	图书馆学讲习班第四届毕业生
3	黄孝慈	女	湖北恩施	
4	卢寒存	女	湖北武昌	
5	潘志薰	女	湖北武昌	
6	余海兴	女	上海	
7	张毓秀	女	山西赵城	

注: * 原文如此,有的籍贯只写了省份。

① 彭敏惠. 文华图专珍稀史料图录[M].武汉:武汉大学出版社,2020:274 – 275.
② 彭敏惠. 文华图专珍稀史料图录[M].武汉:武汉大学出版社,2020:213.

国立社会教育学院计划开办一个博物馆,以供该校图书博物馆学系学生观摩学习。此时,图书博物馆学系共有 54 个一年级学生和 30 个二年级学生①。

2 月 3 日

湖北省地方行政干部训练委员会向国民政府内政部呈送《湖北省各县档案人员训练班实施方案》,请其核查②。

湖北省各县档案人员训练班实施方案

一、训练人数:暂定为七十人,每县调派一人。

二、训练期限:暂定为两个月,必要时得延长一月。

三、课程及时数:

1. 档案经营法　20 小时

2. 档案分类法　12 小时

3. 档案编目法　10 小时

4. 档案排列法　10 小时

5. 资料管理　　12 小时

6. 实习　　　　30 小时

7. 公文研究　　8 小时

8. 服务道德　　4 小时

9. 参观　　　　24 小时

四、分发工作:仍回各县承办档案业务。

五、附注意见:各县以战区关系,恐不能完全调集,拟加入各专员公署亦各调一人。③

2 月 8 日

文华图专 1943 年春季招生考试开始接受报名,报名于 2 月 12 日截止,考试科目保持不变。招考处设在重庆两路口国立中央图书馆和文华图专。远道学生及保送生仍可按照《成绩审查及保送办法》通信报名,但

---

① 社教学院拟设博物馆,便利图书系观摩[N].中央日报扫荡报(联合版),1943 – 01 – 15 (5).

②③ 中国第二历史档案馆.民国时期文书工作和档案工作资料选编[G].北京:档案出版社,1987:681 – 682.

其报名截止日期为2月16日①。

2月14日

文华图专在重庆举行春季招生考试,定于2月20、21日在《益世报》(重庆版)公布考试结果②。

2月26日

国民政府教育部发布训令,提示文华图专注意该部的视察报告。该视察报告分为"组织及编制""行政及经费""课程及教学""训育及管理""视察意见"五个部分。其中,"视察意见"指出:"该校办理情形大致为好。历届毕业生一百八十人,多数皆能用其所学在图书馆及档案室服务。其中,当前有七人在美国图书馆服务。为应付社会需要,□□学生名额似应增加。设备方面,尚不免简陋,应再充实。"③

3月12日

沈祖荣呈文国民政府教育部,称汪长炳已经他就,拟由皮高品接任其遗下的特种教席,请予鉴核备案④。3月26日,国民政府教育部发布指令,批准皮高品接任文华图专特种教席⑤。

3月31日

《社会教育季刊》创刊号(第1卷第1期)刊登蒋复璁撰写的《最近中国图书馆事业之发展》。蒋复璁在文中谈及"制度的确定""图书之收集""人员的养成"三点。关于"人员的养成",他指出:"中国有现代式的

---

①② 文华图专校长沈祖荣关于检送该校三十二年度春季招生简章请予备案上教育部的呈(附简章)(一九四二年十二月二十三日)[G]//姚乐野,马振犊. 近代图书馆档案汇编:第一辑 第四册. 北京:国家图书馆出版社,2021:309－314.

③ 教育部关于提示视察报告要点给文华图专的训令(一九四三年二月二十六日)[G]//姚乐野,马振犊. 近代图书馆档案汇编:第一辑 第四册. 北京:国家图书馆出版社,2021:489－494.

④ 文华图专校长沈祖荣关于为本校特种教席汪长炳他就拟改由皮高品接任上教育部的呈(附皮高品履历表)(一九四三年三月十二日)[G]//姚乐野,马振犊. 近代图书馆档案汇编:第一辑 第四册. 北京:国家图书馆出版社,2021:495－500.

⑤ 教育部准予由皮高品接任该校特种教席备案给文华图专的指令(一九四三年三月二十六日)[G]//姚乐野,马振犊. 近代图书馆档案汇编:第一辑 第四册. 北京:国家图书馆出版社,2021:500－502.

图书馆,是由此二三十年中,我们在外国学得了现代的图书馆学。才有现代式的图书馆。但人数很少,以我们疆土之广与国家社会之需要,是不够分的。所以在此二十年来亦办了一二所图书馆学校,来供应这个需要,而结果还是人才不够。因为这种需要的急迫,所以在这几年中间,尤其是二十八年以后,专门训练的学校增加了。像教育部设立国立社会教育院,里边有图书馆学系。金陵大学亦添办了图书馆专科,文华图书馆专科学校添办了班次,扩充了名额。短期的训练,像去年中央图书馆办的补习学校,不久又要办图书馆人员干部训练班。教育部又想在各省设立各短期的训练班,来弥补这种需要。从这需要内,可以反映出这个事业的发展。"①

3 月

文华图专图书馆学专科第四班和档案管理短期职业训练班第三期新生注册入学。

四川省地方行政干部训练委员会第 21 次会议议决抽调档案管理人员 80 名参加培训,于该年 11 月 15 日报到,然后开始上课,为期两个月②。

春季

金陵大学图书馆学专修科函请周克英前来兼职授课,但仅持续一个学期③。

4 月初

浙江省地方干部训练团第 13 期设立县管理档案人员训练班,调集各机关档案管理人员受训,为期两个月,6 月 2 日结束④。

4 月 12 日

广东省图书教育人员训练班开始上课,5 月 23 日课程结束,5 月 24 日开始实习,6 月 6 日训练班结束。最终 30 名受训学员当中共有 28 人成绩合格,准予毕业。国民政府教育部认为该训练班办理认真,传令嘉

---

① 蒋复璁. 最近中国图书馆事业之发展[J]. 社会教育季刊,1943(1):62 – 64.

② 李荣忠. 民国四川档案工作(续三):档案教育与研究[J]. 四川档案,1986(4):31 – 33.

③ 郑锦怀,顾烨青. 金陵大学图书馆学专修科创办历程与成绩考察(1940—1946)[J]. 图书馆理论与实践,2019(5):106 – 112.

④ 浙档案人员训练班已告结训[N]. 前线日报,1943 – 06 – 10(4).

奖该训练班主持人员,并补助经费5000元①。

广东省图书教育人员训练班由广东省地方行政干部训练团教育组统筹办理,并且被明确列为广东省地方行政干部训练团第11期。其一般事务及教务与训育由广东省地方行政干部训练团主持,业务训练由广东省立图书馆负责。广东省教育厅通令各县市派人参加,最后共有30人受训,大多是各县、市立图书馆主任、干事②。该训练班班主任及主任教官由广东省立图书馆馆长杜定友兼任,兼任教官则有黄周昌(广东省教育厅第四科科长)、张世泰(广东省立图书馆总务部主任)、周杰(中山大学图书馆理学院分馆馆员)、何恩泽(中山大学图书馆文学院分馆主管馆员),事务员则为吴竞成③。所设课程分为业务课程与一般课程两类。其中,业务课程为图书馆学相关课程(见表1943-2),配有讲义与试题(见表1943-3)。

表1943-2　广东省图书教育人员训练班业务课程一览

序号	课程名称	授课教师	课时安排						
			第一周	第二周	第三周	第四周	第五周	第六周	合计
1	图书馆学概论	杜定友	5	1					6
2	图书馆行政学	张世泰	2	4		1			7
3	社会教育概论	黄周昌	2						2
4	图书选购法	何恩泽		7					7
5	图书分类法	杜定友	2					13	15
6	中文编目法	何恩泽		3	12				15
7	西文编目法	周杰				2			2
8	检字法	何恩泽			2	5			7
9	图书流通法	张世泰				2	2	2	6
10	图书参考法	周杰				4	1		5
11	图书馆推广法	周杰					6		6

资料来源:杜定友.广东省图书教育人员训练班报告书[R].曲江:广东省立图书馆,1943:30-31.

---

① 广东省图书教育人员训练班简讯[J].中华图书馆协会会报,1943,18(2):16;广东图书教育人员训练班结业[J].社会教育季刊,1943,1(3):108.

② 广东省图书教育人员训练班简讯[J].中华图书馆协会会报,1943,18(2):16.

③ 杜定友.广东省图书教育人员训练班报告书[R].曲江:广东省立图书馆,1943:17-18.

表 1943 – 3　广东省图书教育人员训练班业务课程讲义与试题统计一览

序号	课程名称	讲义页数	考试次数	试题数目
1	图书馆学概论	3 页	1 次	24 题
2	图书馆行政学	1. 讲义:13 页,图 2 幅;2. 法规:33 页	1 次	
3	社会教育概论			8 题
4	图书选购法	19 页	1 次	15 题
5	图书分类法	1. 分类法:84 页;2. 著者码:38 页	1 次	20 题
6	中文编目法	15 页	1 次	24 题
7	西文编目法	2 页	1 次	2 题
8	检字法	12 页	1 次	48 题
9	图书流通法	9 页	1 次	1 题
10	图书参考法	45 页	1 次	12 题
11	图书馆推广法	3 页	1 次	4 题

资料来源:杜定友.广东省图书教育人员训练班报告书[R].曲江:广东省立图书馆,1943:35 – 36.

4 月中旬

杜定友开始为广东省立文理学院社会教育系三年级学生讲授"图书馆学"必修课程。他于 4 月中、下旬及 5 月中、下旬分别连续讲学两周,每周授课八小时,便将全部课程内容集中讲授完毕①。

4 月 21 日

贵州省地方行政干部训练团下设的财政科长科员、军专科员、人事管理、国语、图书馆教育五个班(组)开始上课,主要招收高中或初中及其同等学校毕业学生②。

5 月 30 日

文华图专举行图书馆学专科第二届及档案管理短期职业训练班第三届毕业典礼暨在渝校友返校联欢会③。不过,此时图书馆学专科第二班学生其实尚未参加毕业考试。

---

① 图书馆学专家杜定友来院讲学[J].文理院刊,1943(2):9.

② 省训练团招收中学毕业生受训[N].革命日报,1943 – 03 – 05(3).

③ 文华图书馆学专科学校举行毕业式[J].中华图书馆协会会报,1943,17(5/6):9.

5 月

国民党中央训练委员会与国民政府内政部共同订定并颁布《县管理档案人员训练班业务训练课程讲授要点及时数分配标准》①。县管理档案人员训练班业务训练课程见表 1943 – 4。

表 1943 – 4　县管理档案人员训练班业务训练课程一览

序号	课程名称	课时	授课内容	备注
1	公文处理与档案管理	2	（一）公文之性质及其处理程序；（二）公文处理程序与档案管理之关系；（三）档案管理与行政效率之关系；（四）档案管理与保存文献之价值	
2	档案管理之意义	2	（一）档案之性质；（二）管理之意义	
3	档案之点收	2	（一）点收之意义；（二）点收之要点	本项各款应举题例
4	档案之分类	12	（一）分类之意义；（二）分类的方法；（三）县政府档案分类表之编制；（四）分类之处理；（五）分类之档号	本项各款均应举示题例
5	档案之登记	6	（一）登记之重要；（二）登记之类别	本项各款均侧重于题例
6	档案之立卷	8	（一）立卷之意义；（二）立卷之手续；（三）立卷之条件	本项各款均应多举示题例
7	档案之归附与装订	2	（一）归附与装订之意义；（二）归附之要件；（三）装订之要件	本项应举示题例
8	档案之设备与典藏	4	（一）设备；（二）典藏	本项应可能的举示题例
9	档案之出纳	4	（一）出纳之意义；（二）出纳之责任	本项应举示题例

---

① 统一县档案人员训练业务课程，本会与财政部会颁讲授要点[J].训练通讯,1943(39):2 - 9;中国第二历史档案馆.民国时期文书工作和档案工作资料选编[G].北京:档案出版社,1987;675 - 680.

续表

序号	课程名称	课时	授课内容	备注
10	县政府档案管理之范围及条件	4	(一)范围;(二)条件	
11	旧卷之整理	2	(一)现在各县政府档案情形;(二)整理原则;(三)整理人员	
12	人事与经费问题	2	(一)人事;(二)经费	
13	业务讨论	20	(一)业务讨论举行 10 次,每次 2 小时,共 20 小时;(二)业务讨论题目,以本课程之点收、分类、登记、立卷、归附、装订、典藏、出纳等项,以举示题例讨论之	
14	业务演习	80	(一)业务演习以县政府档案为对照,共 80 小时;(二)业务演习项目,以本课程点收、分类、登记、立卷、归附、装订、典藏、出纳等项实习之,但分类、登记、立卷、出纳四项之实习,时间应占全部时间三分之二	

资料来源:统一县档案人员训练业务课程,本会与财政部会颁讲授要点[J].训练通讯,1943(39):2-9;中国第二历史档案馆.民国时期文书工作和档案工作资料选编[G].北京:档案出版社,1987:675-680.

6 月 5 日

沈祖荣呈文国民政府教育部,请求批准文华图专举行 1943 年秋季招生考试①。

6 月 16 日

国民政府教育部再次发布训令,提示文华图专注意该部的视察报告,内称:"成绩甚佳,殊堪嘉尚。惟该校无储藏室及盥洗室,应设法增

---

① 文华图专校长沈祖荣关于检送该校三十二年度秋季招生简章请予备案上教育部的呈(附简章)(一九四三年六月五日)[G]//姚乐野,马振犊.近代图书馆档案汇编:第一辑 第四册.北京:国家图书馆出版社,2021:317-322.

辟;教室光线不足,应加辟窗户;走道两旁间有垃圾,未尽扫除,并应注意改进。"①

6月24日

文华图专开始举行图书馆学专科第二班毕业考试,考试于6月30日结束。该届毕业考试委员会由4名校内委员(毛坤、沈祖荣、汪应文、徐家麟)和3名校外委员(蒋复璁、林伯遵、严文郁)组成。毕业考试科目包括"图书馆行政""图书分类法""图书馆经营法""图书选购法""各种分类法""中文编目法""西文编目法""西洋目录学""社会科学概论""公牍阅作""伦理学""英文""音乐""体育""军训"②。

6月

文华图专图书馆学专科第二届和档案管理短期职业训练班第三届毕业生离校。其中,图书馆学专科第二届毕业生共计6人,即程其奋、孙德安、孙开薇、杨采苹、叶桂英、朱思坤(见表1943－5);档案管理短期职业训练班第三届毕业生共计35人,包括陈柏溪、陈进喜、陈良清、陈显贵、陈显均、丁从政、董宪章、董炎安、葛昌英、何钟鑫、胡安寿、李翔、刘腾骧、罗崑明、毛致君、莫钟文、彭家礼、宋华玉、孙德杨、唐斌、唐应远、陶武斌、童佛友、庹健、庹自立、王扶原、吴传林、吴海生、吴永翔、谢明旦、颜蕙、杨鸿、杨象星、袁宗文、周德荣(见表1943－6)③。

表1943－5　文华图专图书馆学专科第二届毕业生(1943年6月)一览

序号	姓名	字号	性别	籍贯	备注
1	程其奋		女	四川万县	
2	孙德安	仁甫	男	江苏江都	
3	孙开薇		女	四川江津	
3	杨采苹		女	四川南川	或作"杨采蘋"
4	叶桂英		女	湖北咸宁	
6	朱思坤		女	四川巴县	

---

① 教育部关于提示视察报告要点给文华图专的训令(一九四三年六月十六日)[G]//姚乐野,马振犊.近代图书馆档案汇编:第一辑　第四册.北京:国家图书馆出版社,2021:505－506.

② 私立武昌文华图专档卷·图二级学生毕业及成绩[A].武汉大学档案馆,案卷号:1943－1.按"图二级"指"图书馆学专科第二班"。后文"图三级""图七级"同。

③ 彭敏惠.文华图专珍稀史料图录[M].武汉:武汉大学出版社,2020:282－283.

表 1943 - 6　文华图专档案管理短期职业训练班第三届毕业生（1943 年 6 月）一览

序号	姓名	性别	籍贯	备注	序号	姓名	性别	籍贯	备注
1	陈柏溪	男	湖北黄冈		19	孙德杨	男	四川江津	
2	陈进喜	男	湖北大冶		20	唐斌	男	四川江津	
3	陈良清	男	湖北黄陂		21	唐应远	男	四川广安	
4	陈显贵	女	湖北巴东		22	陶武斌	男	湖南岳阳	
5	陈显均	女	湖北松滋		23	童佛友	男	四川重庆	
6	丁从政	男	湖北松滋	后改称"丁道凡"	24	庹健	男	四川仪陇	
7	董宪章	男	湖北孝感		25	庹自立	男	四川威远	
8	董炎安	男	湖北黄陂		26	王扶原	男	四川重庆	
9	葛昌英	男	湖北武昌		27	吴传林	男	四川涪陵	
10	何钟鑫	男	湖北黄陂		28	吴海生	男	四川涪陵	
11	胡安寿	男	湖北松滋		29	吴永翔	男	四川重庆	
12	李翔	男	湖北孝感		30	谢明旦	男	江苏镇江	
13	刘腾骧	男	四川宜宾		31	颜蕙	女	四川盐城	
14	罗崑明	男	四川宜宾		32	杨鸿	男	湖南长沙	
15	毛致君	男	四川宜宾		33	杨象星	男	安徽定远	
16	莫钟文	男	四川宜宾		34	袁宗文	男	河南尉氏	
17	彭家礼	男	四川井研		35	周德荣	男	四川广安	
18	宋华玉	男	四川江津						

　　杜定友撰就《广东省图书教育人员训练班报告书》，分为"缘起""组织""训练""课程""实习""成绩""工作""生活"8 部分。

7 月

　　四川省立成都女子职业学校高级图书管理科第一届毕业生离校，但毕业证书直到同年 12 月才获准核发。其中，邓崇玉（女，四川中江人[①]）后又于 1947 年 9 月入读文华图专图书馆学专科第九班[②]，但最终未能拿

---

　　①　私立武昌文华图专档卷·历届学生入学毕业证书（民三十一年至三十二年）［A］.武汉大学档案馆，案卷号：1942 - 8.

　　②　《武汉大学信息管理学院校友名录（1920—2020）》编委会.武汉大学信息管理学院校友名录（1920—2020）［M］.武汉：武汉大学，2020：3 - 4.

到毕业证书。

贵州省地方行政干部训练团第 14 期之档案管理组开始上课①。

四川省政府正式发出训令，调训各县或机关的档案管理人员 80 人②，但实际受训人员不止 80 人。

8 月 2 日

文华图专 1943 年秋季招生考试开始接受报名，报名于 8 月 14 日截止，招考处就设在该校。该年计划招收图书馆学专科和档案管理科公费生各 30 人，及档案管理短期职业训练班第四期公费生 40 人（仅限男生）。凡在公立或已立案之私立高级中学（或同等学校）毕业生及其同等学力者均可投考图书馆学专科和档案管理科，但师范学校与职业学校肄业生除外；初中以上学校毕业或高级中学肄业者均可投考档案管理短期职业训练班。图书馆学科和档案管理科考生的考试科目包括公民、国文（包括中国文学史及国学常识）、英文、中外史地、各科常识（包括数学、理化、生物）及口试，档案管理短期职业训练班考生的考试科目包括公民、国文、各科常识及口试③。

8 月 15 日

文华图专 1943 年秋季招生考试在该校举行，定于 8 月 22 日在《中央日报》揭晓考试结果④。但不知何故，文华图专最终仅招收图书馆学专科第五班和档案管理短期职业训练班第四期新生各一班，并未招收档案管理科新生。

8 月 17 日

贵州省地方行政干部训练团致函国民政府资源委员会运务处，请求派第 14 期档案管理组学员前去实习⑤。

---

① 中国第二历史档案馆. 民国时期文书工作和档案工作资料选编［G］. 北京：档案出版社,1987：680.

② 李荣忠. 民国四川档案工作（续三）：档案教育与研究［J］. 四川档案,1986（4）：31 - 33.

③④ 文华图专校长沈祖荣关于检送该校三十二年度秋季招生简章请予备案上教育部的呈（附简章）（一九四三年六月五日）［G］//姚乐野,马振犊. 近代图书档案汇编：第一辑　第四册. 北京：国家图书馆出版社,2021：317 - 322.

⑤ 中国第二历史档案馆. 民国时期文书工作和档案工作资料选编［G］. 北京：档案出版社,1987：680.

8 月 26 日

国民政府资源委员会运务处复函贵州省地方行政干部训练团,称其负责管理资源进出口运输事宜,为机密单位,因此实习人员须由国民政府资源委员会分配①。

8 月 29 日

江西省地方行政干部训练团第 14 期档案管理人员组②(或称"档案管理人员训练班")在江西省泰和县梅林举行,训练团于 10 月 24 日结束。该期原计划培训 80 人,但实际只有 55 人参训,包括档案管理人员 16 人、办事员 32 人、科员 7 人③。最终,2 人被评为甲等,18 人被评为乙等,35 人被评为丙等④。该训练班的课程分为业务课程、一般训练课程和训育课程三大类。其中,业务课程包括"公文处理与档案管理""档案管理之意义""档案点收""档案分类""档案立卷归附与装订""档案之登记""档案之登记与典藏""档案之出纳""档案之检查""案卷的整理""县政府档案管理方法及条件"11 门。训育课程分为小组讨论会和座谈会两种,讨论主题包括"旧卷的管理的流弊新卷管理的完美""如何运用新的工具实行新的管理""新式管卷之检讨"。陈国琛受聘担任该训练班的班主任兼教员,讲授"档案分类"等课程。为了提高学员的实际操作能力,该训练班引入讨论式、实践式、反馈式等教学方法,并且专门从泰和县政府借调 1000 卷案卷,供学员进行业务训练⑤。

8 月

苏皖联立技艺专科学校升格为四年制江苏省立江苏学院,行政管理科与机械工程科均改为学系,会计科与银行科则合并为会计银行学系。苏皖联立技艺专科学校第一届毕业生获准全部升入江苏省立江苏学院

① 中国第二历史档案馆.民国时期文书工作和档案工作资料选编[G].北京:档案出版社,1987:680.

② 黄宗华.中国国民党江西省干部训练研究(1932—1949)[M].南昌:江西人民出版社,2013:200,202.

③⑤ 郑海滨.民国时期的江西档案教育[J].档案学通讯,2001(3):53-55.

④ 黄宗华.中国国民党江西省干部训练研究(1932—1949)[M].南昌:江西人民出版社,2013:200.

各学系继续求学①。

9 月

文华图专图书馆学专科第五班新生注册入学。

金陵大学图书馆学专修科聘请华西协合大学图书馆馆长邓光禄前来兼授图书馆学②。

四川省立成都女子职业学校招收高级图书管理科第三班学生。此次共有 23 人入学，但最后仅有 14 人顺利毕业③。

江西私立剑声中学职业部开办高级文书科，学制三年。高级文书科实行春秋两季招生，招收初中毕业生或具有同等学力者。主要开设"公文程式""应用文""古文""经学""统计学""簿记学""档案管理""历史"等课程，各期略有不同④。

浙江省立图书馆研究辅导部油印洪焕椿所编的《如何跟图书馆做朋友》，该书被列为"浙江省立图书馆油印辅导小册"第一种。"此册专供中等学校图书馆指导学生利用图书馆之用"，内含"引言""当你初进图书馆的时候""图书的结构""书籍的分类与图书馆目录""书码的组成及其应用""书目的种类与运用""索引的使用""工具书略说"8 章。

10 月 1 日

文华图专档案管理短期职业训练班第四期新生注册入学，训练班于 1944 年 1 月 31 日学习结束⑤。

10 月

国民政府教育部制定并颁布《教育部第一届国外自费留学生考试章

---

① 江苏省立江苏学院. 江苏省立江苏学院概况暨发展计划［M］. 徐州：江苏省立江苏学院，1947：3.

② 郑锦怀，顾烨青. 金陵大学图书馆学专修科创办历程与成绩考察（1940—1946）［J］. 图书馆理论与实践，2019（5）：106－112.

③ 任家乐，姚乐野. 民国时期四川省立成都女子职业学校高级图书管理科办学研究［J］. 大学图书馆学报，2015（5）：117－126.

④ 郑海滨. 民国时期的江西档案教育［J］. 档案学通讯，2001（3）：53－55.

⑤ 文华图专校长沈祖荣关于检送该校三十二年度秋季招生简章请予备案上教育部的呈（附简章）（一九四三年六月五日）［G］//姚乐野，马振犊. 近代图书馆档案汇编：第一辑 第四册. 北京：国家图书馆出版社，2021：317－322.

程》①和《教育部国外留学自费生派遣办法》②。《教育部第一届国外自费留学生考试章程》后附"应考学门及考试科目表",内分实科类(第1—36个)与文科类(第37—60个)③两种。其中,第40个应考学门为"图书馆学",其考试科目为"图书分类法"④。

11 月 16 日

四川省地方行政干部训练团第十一期档案组正式上课,该训练团于1944 年1 月15 日结束⑤。授课教师包括何鲁成、赵学铭、周连宽、曹耿光(或被误作"曹耿元"⑥)和殷钟麒⑦。四川省地方行政干部训练团第十一期档案组课程设置情况详见表1943 – 7。殷钟麒专门整理了两篇县政府文档管理办法并将其作为讲义,同时撰写《档案分类事论》与《县训所文书处理》。此外,经过商洽,受训人员得以赴成都市政府进行档案实习⑧。

表 1943 – 7 四川省地方行政干部训练团第十一期档案组专业课程基准表

序号	课程名称	时数	授课教师
1	档案行政	8	周连宽
2	档案分类法	12	何鲁成
3	档案编目法	12	何鲁成
4	档案整理	6	何鲁成
5	文书处理	4	赵学铭

---

① 教育部第一届国外自费留学生考试章程[G]//中国第二历史档案馆. 中华民国史档案资料汇编:第五辑 第二编 教育(一).南京:江苏古籍出版社,1997:868 – 872.

② 教育部国外留学自费生派遣办法[G]//中国第二历史档案馆. 中华民国史档案资料汇编:第五辑 第二编 教育(一).南京:江苏古籍出版社,1997:872 – 875.

③ 据陈东原所撰《第一届自费留学生考试之经过》,文科类还有第61 个考试学门——戏剧,其考试科目为"戏剧教育"。具体参见:陈东原. 第一届自费留学生考试之经过[M]//国民政府教育部留学考选委员会. 第一届自费留学生考试报告. 重庆:独立出版社,1944:3.

④ 教育部第一届国外自费留学生考试章程[G]//中国第二历史档案馆. 中华民国史档案资料汇编:第五辑 第二编 教育(一).南京:江苏古籍出版社,1997:870 – 872.

⑤⑥ 中国第二历史档案馆. 民国时期文书工作和档案工作资料选编[G].北京:档案出版社,1987:682 – 683.

⑦ 李荣忠. 民国四川档案工作(续三):档案教育与研究[J].四川档案,1986(4):31 – 33.

⑧ 殷钟麒. 自序[M]//殷钟麒. 中国档案管理新论. 重庆:私立崇实档案学校出版部,1948:9 – 17.

续表

序号	课程名称	时数	授课教师
6	参考资料	4	曹耿光
7	序列法	2	何鲁成
8	检字索引	2	何鲁成
9	民意机关	4	
10	业务讨论	16	
11	业务演习	80	
合计		150	

资料来源:中国第二历史档案馆.民国时期文书工作和档案工作资料选编[G].北京:档案出版社,1987:682-683.

11 月 17 日

国民政府行政院修正通过《普及全国图书教育办法》。同年 12 月 21 日,国民政府教育部第六二三五九号部令正式公布《普及全国图书教育办法》。该办法共计 15 条,其中第 13 条规定:"各省市教育厅局及国立图书馆,对于图书馆干部人员应积极设法训练,以应各方需要。"①

11 月中旬

国民政府教育部发布《教育部第一届自费留学生考试通告》②。"图书馆学"列为其中一个应考学门,其考试科目为"图书分类法"③。

12 月 11 日

国民政府教育部第一届国外自费留学生考试在重庆求精中学旧址举行笔试,12 月 12 日笔试结束,12 月 13 日改在重庆国立中央图书馆举

---

① 普及全国图书教育办法(三十二年十一月十七日本院修正并令教育部公布)[J].行政院公报,1943,6(12):21-22;普及全国图书教育办法(第六二三五九号部令公布,三十二年十二月二十一日)[J].教育部公报,1943,15(12):8-9.

② 原文即《教育部第一届自费留学生考试通告》。1943 年 10 月制定并颁布的《教旨部第一届国外自费留学生考试章程》和《教育部国外留学自费生派遣办法》更为权威,说明其准确名称应为"国外自费留学生考试"。

③ 教育部第一届自费留学生考试通告[N].大公报(重庆版),1943-11-19(4).

行口试①。此次考试共有 751 人应考,包括 652 男性、99 名女性②,但图书馆学门的应考情况不详。面向图书馆学门考生的"图书分类法"试题如下:

(一)试略述美国国会图书馆分类法(Library of Congress Classifi-cation and General Outline)与杜威十进法(Dewey Melvil:Decimal Classifcation and Relative Index)之内容与其得失。

(二)试论隋唐经籍志对于中国图书分类之影响。③

12 月 15 日

《中华图书馆协会会报》第 18 卷第 2 期登载洪焕椿撰写的《推进现代图书教育几点》。洪焕椿在文中阐述了"图书馆专门人才的训练与保障"问题。具体如下:

图书馆的工作是一种专门技术。从事工作的人员不仅要有一般教育人员的精神与修养,更需要特殊技术的训练。吾国图书馆事业自抗战以后所以无新兴的气象,人才的缺乏也是一个重要因素,各省县立图书馆及各中等学校图书馆,皆缺乏富有图书馆经验的工作人员。另一方面,因为缺乏生活的保障,非但愿意投身图书馆界的人员日渐减少,就是已经在图书馆界服务的人,也多改弦易帜。故训练专门人才并切实予以相当保障,是发展图书馆事业的当前要务。今将推行人才训练与生活保障办法,条述如次:

(1)各省现有图书馆服务人员(包括公私立学校机关等图书馆),统由省最高教育机关予以详确的调查与登记,其不合格或不健全的图书馆人员,则利用暑期予以训练,训练科目以灌输图书馆技术及图书教育常识为主旨。训练完毕考查成绩优良者,重予支配工作。

(2)省县(市)立图书馆工作人员的任用,须切实依照部颁《图书馆规程》的规定。

---

① 陈东原. 第一届自费留学生考试之经过[M]//国民政府教育部留学考选委员会. 第一届自费留学生考试报告. 重庆:独立出版社,1944:3 – 4.

② 第一届自费留学考试应考生与录取生之科别(民国三十二年十二月)[J]. 统计月报,1943(94/95):12.

③ 第一届自费留学考试各科试题[M]//国民政府教育部留学考选委员会. 第一届自费留学生考试报告. 重庆:独立出版社,1944:15 – 34.

（3）各省省立图书馆应编辑图书馆学专门刊物或丛书,作为经常指导省内各级图书馆员的进修。

（4）凡各省战区退出的图书馆人员,各省最高教育行政机关应设法予以登记,经审查合格者,分发该省各级图书馆工作,并通令省内各图书馆尽先任用此项人员。

（5）省县(市)立图书馆人员的待遇,须依照教育部所订的《省市县立社会教育工作人员待遇规程》①切实履行,使图书馆工作者得以保障,以安定其生活。②

12 月 30 日③

国民政府教育部第一届国外自费留学生考试放榜。共有 327 人考试及格,包括 292 名男性和 35 名女性④。不过,图书馆学门考生无人通过此次考试。

12 月 31 日

《社会教育季刊》第 1 卷第 4 期登载刘国钧撰写的《国立西北图书馆筹备概况》。刘国钧在文中介绍国立西北图书馆的现状与将来计划。他共计拟订 12 点计划,其中第二、三点与图书馆学教育密切相关。具体如下:

二、举办图书馆员座谈会及讲习会。座谈会所以交换专门智识,讲习会所以促进专业发展,皆为推进图书教育之重要设施。座谈会可以每一地方为单位,联合本地方之图书馆人员定期举行,似尚属不难。讲习会则当以一省区为单位,合一省区内有志图书教育者,而互相研究讲习。在目前交通困难、费用较大,若举行全省讲习会,似非任何图书馆本身之经济力量所能担负,似当由当地教育当局设法负责召集,而由本馆与之联络合作,庶几可以收效。此为培养图

---

① 即国民政府教育部于 1942 年 9 月 14 日颁布的《省市县立社会教育机关工作人员待遇规程》(第三六○七〇号令)。具体参见:省市县立社会教育机关工作人员待遇规程[J].教育部公报,1942,14(17/18):3 - 5.

② 洪焕椿.推进现代图书教育几点[J].中华图书馆协会会报,1943,18(2):2 - 5.

③ 魏善玲.第一届自费留学考试论略[J].江苏社会科学,2017(6):225 - 234.

④ 陈东原.第一届自费留学生考试之经过[M]//国民政府教育部留学考选委员会.第一届自费留学生考试报告.重庆:独立出版社,1944:5.

书馆专业人才之初步,改进图书馆事业之先声。除兰州市及甘肃省可由本馆随时办理外,其余各地,拟于本馆派员考察之便,因势利导,以促其成。

三、举办图书馆人员训练班,并进而筹设图书馆专科学校。图书馆教育必以图书馆员教育为先。在西北各省,此需要尤为显著。故欲奠定西北各省之图书教育基础,则养成适当之图书馆人员,实为不可或缺之举。图书馆员教育,自以两年或三年之专科学校为最相宜。然为救济目前人才缺乏计,则先举办三个月至一年之短期训练班。此类训练班或专科学校以由西北图书馆与其他学校如国立西北师范学院或甘肃学院合办为宜。此举如能实现,则不惟可供给西北各省之图书馆人才,且亦可供给全国图书馆一部分之需要也。①

本年

多个省份的地方行政干部训练团招收档案班受训人员。其中,安徽省地方行政干部训练团第十期招收 100 人,山西省地方行政干部训练团第十一期招收 55 人,陕西省地方行政干部训练团第四期招收 100 人,江西省地方行政干部训练团第十九期分三批分别招收 100、80、40 人,贵州省地方行政干部训练团第十四期第二批招收 65 人,湖北省地方行政干部训练团第十一期招收 100 人,广东省地方行政干部训练团第十三期招收 78 人,绥远省地方行政干部训练团第九期招收 24 人,浙江省地方行政干部训练团第十三期招收 100 人②。

---

① 刘国钧. 国立西北图书馆筹备概况[J]. 社会教育季刊,1943,1(4):12 - 16.

② 中国第二历史档案馆. 民国时期文书工作和档案工作资料选编[G]. 北京:档案出版社,1987:684.

1944 年

◎ 四川等省陆续开班训练档案管理人员

◎《图书馆工作实施办法》颁布

◎ 中华图书馆协会第六届年会关注图书馆学教育

◎ 沈祖荣与查尔斯·H. 布朗交涉文华图专办学问题

◎《申报》社会处组织中国文书研究会

1 月

文华图专档案管理科第三届和档案管理短期职业训练班第四届毕业生离校。其中,档案管理科第三届毕业生共计 8 人,包括陈恩赐、韩光、胡文福、宋友冰、吴崇芳、杨明润、杨绮、章明民(见表 1944 – 1)[①];档案管理短期职业训练班第四届毕业生共计 23 人,包括陈镇泉、陈重常、邓良贤、段野樵、傅叔劢、郭翼、贺炎森、胡海洲、胡延年、胡元钧、黄龙、黄维新、黄蕴德、雷启双、李涤华、李学孚、李义杰、李子硕、梁鑫吉、鲁安清、倪志达、任新民、王文杰(见表 1944 – 2)[②]。

表 1944 – 1　文华图专档案管理科第三届毕业生(1944 年 1 月)一览

序号	姓名	性别	籍贯	序号	姓名	性别	籍贯
1	陈恩赐	女	湖北孝感	5	吴崇芳	女	四川江津
2	韩光	男	广东文昌	6	杨明润	男	河南信阳
3	胡文福	女	湖北汉口	7	杨绮	女	江西南昌
4	宋友冰	女	安徽合肥	8	章明民	女	江苏武进

---

① 彭敏惠. 文华图专珍稀史料图录[M].武汉:武汉大学出版社,2020:280.

② 彭敏惠. 文华图专珍稀史料图录[M].武汉:武汉大学出版社,2020:283 – 284.

表 1944 - 2　文华图专档案管理短期职业训练班第四届毕业生(1944 年 1 月)一览

序号	姓名	性别	籍贯	序号	姓名	性别	籍贯
1	陈镇泉	男	贵州习水	13	黄蕴德	男	四川荣县
2	陈重常	男	四川巴县	14	雷启双	男	四川广安
3	邓良贤	男	四川江北	15	李涤华	男	河南偃师
4	段野樵	男	四川涪陵	16	李学孚	男	四川宜宾
5	傅叔劢	男	四川江北	17	李义杰	男	湖北汉川
6	郭翼	男	四川永川	18	李子硕	男	四川合川
7	贺炎森	男	湖北江陵	19	梁鑫吉	男	四川荣县
8	胡海洲	男	湖南长阳	20	鲁安清	男	湖北孝感
9	胡延年	男	安徽桐城	21	倪志达	男	四川涪陵
10	胡元钧	男	四川宜宾	22	任新民	男	贵州毕节
11	黄龙	男	四川广安	23	王文杰	男	四川江津
12	黄维新	男	湖北巴东				

2 月 29 日

国民政府教育部第 10078 号指令核准国立北平图书馆于 1943 年 12 月 28 日呈递的《国立北平图书馆工作人员任用规则》①。

2 月

梁思庄受聘担任金陵大学图书馆学专修科兼任教授,每周授课三小时,同年 6 月结束②。

四川省地方行政干部训练团第十一期举办第二次档案管理人员训练班(档案组)。此次计划调训四川省政府各厅处局和各市地县档案管理人员 200 人,但实际仅有 135 人(或称仅有 142 人③)受训④。

---

① 北京图书馆业务研究委员会. 北京图书馆馆史资料汇编(1909—1949)(下册)[G].北京:书目文献出版社,1992:1080 - 1082.

② 郑锦怀,顾烨青. 金陵大学图书馆学专修科创办历程与成绩考察(1940—1946)[J].图书馆理论与实践,2019(5):106 - 112.

③ 中国第二历史档案馆. 民国时期文书工作和档案工作资料选编[G].北京:档案出版社,1987:684.

④ 李荣忠. 民国四川档案工作(续三):档案教育与研究[J].四川档案,1986(4):31 - 33.

3 月 10 日

国民政府教育部发布第一二三一八号训令,废止《修正图书馆工作大纲》和《图书馆辅导各地社会教育机关图书教育办法大纲》[①]。

国民政府教育部发布第一二三一六号部令,颁布《图书馆工作实施办法》。该办法第二条规定省市(院辖市)立图书馆必需设置总务部、采编部、阅览部、特藏部、研究辅导部。研究辅导部负有 11 种职责,其中第 6 种为"举办图书馆员暑期讲习会,促进图书馆事业之发展",第 7 种为"举办全省图书馆员研究会,交换专门智识"[②]。

3 月 17 日

下午,金陵大学图书馆学会举行新学期第一次常务会议暨迎新大会,曹祖彬、陈长伟、梁思庄及全体会员 30 多人出席。首先由陈德华报告开会宗旨,然后进行职员改选,伍宗华、李铭钧、薛素灵、林谦等人当选。随后,曹祖彬发表讲话,并向出席者介绍图书馆学专修科新聘的兼任教授梁思庄。再后,陈长伟与梁思庄分别致辞。最后,全体出席者赴华西协合大学化学楼观看图书电影[③]。

3 月

文华图专档案管理短期职业训练班第五期学生注册入学[④]。

5 月 1 日

下午 5 时,文书专修学校在上海威海卫路 289 弄民国中学举行开学仪式[⑤],休业礼于 7 月 30 日举行[⑥]。该校由《申报》社会处委托修能义校代办,《申报》社会处主任黄警顽担任校长[⑦],第一届学生共有 70 多人[⑧]。所开课程包括"书牍""公文契约""规章""珠算""改良中式簿记""行

---

① 教育部训令第一二三一八号(三十三年三月十日)[J].教育部公报,1944,16(3):59.

② 图书馆工作实施办法(第一二三一六号部令公布,三十三年三月十日)[J].教育部公报,1944,16(3):6-8.

③ 图书馆学会大会志盛[J].金陵大学校刊,1944(335):6-7.

④ 《武汉大学信息管理学院校友名录(1920—2020)》编委会.武汉大学信息管理学院校友名录(1920—2020)[M].武汉:武汉大学,2020:6.

⑤⑦ 文书专修学校昨举行开学式[N].申报,1944-05-02(4).

⑥⑧ 文书专修学校行休业礼[N].申报,1944-08-03(4).

楷""文书管理法""服务道德"等①。

5 月 5 日

中华图书馆协会第六届年会在重庆国立中央图书馆开幕,次日闭幕②。

下午 1—6 时,中华图书馆协会第六届年会第一次会议在重庆国立中央图书馆杂志阅览室举行,袁同礼主持、李之璋记录。此届年会收到若干议案,经过整理归纳后共有 10 项。其中第 1—3 项议案已提交至第三届中国教育学术团体联合年会进行讨论,第 4—10 项议案则在此届年会分项讨论。其中,第 4 项议案是中山大学图书馆、厦门大学图书馆、广西南宁图书馆等提交的《充实原有训练图书馆人员机构,积极培养人才,以应战后复兴之需要案》,建议"呈请教育部:(一)积极提倡图书馆学教育,在师范学院添设图书馆课程。(二)对于原有图书馆学校暨图书馆学系增加补助费,充实其设备。(三)在公费留学额内增设图书馆学名额。"对此,沈祖荣提出:"关于训练图书馆人员问题,本人曾提出培养战后图书馆备用人才一案,送由中央图书馆转交本会年会,旋以误送联合年会,至今未及印出。惟原拟已由联合年会编列为第三组第廿六号提案,兹将原案宣读一遍,请各位讨论。"沈祖荣提交的《培养战后图书馆需用人才案》建议:"(一)吸取大量人才。(二)利用专门人才。(三)训练现职人才。(四)造就领导人才。(五)保持已有人才。"经过讨论,"以上二案原则通过,文字由理事会指定专人审查修正之"③。

《中央日报》(重庆版)第 6 版推出"中华图书馆协会年会特刊",收录袁同礼撰写的《中华图书馆协会之过去、现在与将来》、蒋复璁撰写的《战后我国图书馆事业之望瞻》、沈祖荣撰写的《战后图书馆发展之途径》与陈训慈撰写的《闲话省立图书馆》四篇文章。前三篇后来均转载于 1944 年 6 月 15 日《中华图书馆协会会报》第 18 卷第 4 期。值得注意的是,袁同礼的《中华图书馆协会之过去、现在与将来》分为"过去会务之简溯""现在会务之概况""将来事业之展望"三部分。在"过去会务之

---

① 本处新设文书专修处[N].申报,1944 – 04 – 11(4).

② 中华图书馆协会第六次年会第一次会议纪录[J].中华图书馆协会会报,1944,18(4):6 – 9;中华图书馆协会第六次年会第二次会议纪录[J].中华图书馆协会会报,1944,18(4):9 – 11.

③ 中华图书馆协会第六次年会第一次会议纪录[J].中华图书馆协会会报,1944,18(4):6 – 9.

简溯"中，袁同礼提道："关于图书馆教育方面，如在南京举办暑期学校，讲授图书馆学，与文华图书馆专校合办免费生额等。"在"将来事业之展望"中，袁同礼谈及谈到"战后复兴之准备""获得政府及社会之赞助""国际间之联系""人才之培养"四个问题。关于"人才之培养"，他提出："吾人欲使全国图书馆平均发展，筹募大批经费，固属重要，但必须先有健全之图书馆专门人才，方易办理。目前国内此项专门人才，为数过少。本会现已与美国商定合作办法，于战后派遣我国人士赴美研究，并约美国人士来华协助技术上之改进；美国图书馆协会并组织一远东委员会，主持此事。吾人目前自应积极准备此项人才之供给，使其生活安定，并推广其进修之机会，俾能安心任事，以图书馆为其终身之事业。如此方能使我国图书馆事业达成专业化、标准化与技术化，而完成其推进教育文化与建国事业之使命。"①蒋复璁在《战后我国图书馆事业之望瞻》中谈及他对于战后中国图书馆事业发展的四点展望，其中第四点如下："图书馆工作人员的素质，亦应积极设法，使其提高。就全世界训练图书馆的制度及我个人服务的经验，总觉得以一个高中毕业生的基础，接受图书馆学两年的训练，论其技术的应付，确可绰有余裕。可是论其基本的知识，总嫌不够。所以战后如能吸收大学各科的毕业生，再施以图书馆学技术的训练，养成高级图书馆员，对于整个国家图书馆事业的发展，是很重要的。至于图书馆人员的待遇与生活，政府尤极应设法加以提高与改善。"②

6月1日

沈祖荣呈文国民政府教育部，请求批准文华图专举行1944年秋季招生考试③。

6月23日

文华图专开始举行图书馆学专科第三届毕业考试，考试于6月29日结束。该届毕业考试委员会由四名校内委员（毛坤、沈祖荣、汪应文、徐

---

① 袁同礼. 中华图书馆协会之过去、现在与将来[N]. 中央日报(重庆版),1944 - 05 - 05 (6);袁同礼. 中华图书馆协会之过去、现在与将来[J]. 中华图书馆协会会报,1944,18(4):2 - 3.

② 蒋复璁. 战后我国图书馆事业之望瞻[N]. 中央日报(重庆版),1944 - 05 - 05(6);蒋复璁. 战后我国图书馆事业之望瞻[J]. 中华图书馆协会会报,1944,18(4):4,11.

③ 文华图专校长沈祖荣关于检送该校三十三年度秋季招生简章请备案上教育部的呈(附简章)(一九四四年六月一日)[G]//姚乐野,马振犊. 近代图书馆档案汇编:第一辑　第四册. 北京:国家图书馆出版社,2021:325 - 334.

家麟)和四名校外委员(蒋复璁、林伯遵、严文郁、袁同礼)组成。毕业考试科目包括"图书馆行政""中文编目法""西文编目法""图书分类法""各种分类法""图书订购法""图书馆经营法""图书馆推广""博物馆经营法""立排序列法""伦理学""文哲概论""英文""体育""军训"①。

6 月

文华图专图书馆学专科第三届和档案管理短期职业训练班第五届毕业生离校。其中,图书馆学专科第三届毕业生共计 11 人,包括胡绍德、焦宗德、李景梅、李云鹏、沈宝琴、汤生洪、吴方裕、夏泽兰、张先美、赵文超、周述祺(见表 1944 – 3)②。夏泽兰在徐家麟的指导下完成毕业论文《图书装订术》,内含"引言""中国图书装订史""装订用具及材料""图书馆送装图书之手续""装订方法""修补""结语"七个部分,最后附有"图书装订术中西文参考书目"。档案管理短期职业训练班第五届毕业生共计 39 人,包括白永銮、宾权、曹本固、陈大莹、陈先炯、谷声远、郭则渠、何保勋、何建初、黄恭学、康立、赖继初、雷远鸣、李道发、廖致中、刘安宙、刘伟荣、刘裕宽、卢自明、闵传禄、孙德梅、谭少唐、王克彰、王贤栋、谢冠英、谢守元、谢万意、谢旭久、严治卿、杨国绍、臧传亚、张国平、张显杨、张星枢、张训方、张耀俊、张幼臣、朱应恒、邹珪璋③(见表 1944 – 4)。

表 1944 – 3　文华图专图书馆学专科第三届毕业生(1944 年 6 月)一览

序号	姓名	字号	性别	籍贯	备注	序号	姓名	字号	性别	籍贯	备注
1	胡绍德		女	湖北孝感		7	吴方裕		女	湖北汉阳	
2	焦宗德		男	江苏江阴		8	夏泽兰		女	湖北黄冈	
3	李景梅	调源	男	河北南乐	或误作"李景福"	9	张先美		女	湖北枝江	
4	李云鹏	赐龄	男	江苏睢宁		10	赵文超		男	山东济宁	由档案管理科第三班转入
5	沈宝琴		女	湖北武昌							
6	汤生洪		男	江苏金坛		11	周述祺		女	四川新繁	

---

① 私立武昌文华图专档卷·图三级学生学籍[A].武汉大学档案馆,案卷号:1943 – 2;私立武昌文华图专档卷·图三级学生毕业及成绩[A].武汉大学档案馆,案卷号:1943 – 2.

② 彭敏惠.文华图专珍稀史料图录[M].武汉:武汉大学出版社,2020:275.

③ 彭敏惠.文华图专珍稀史料图录[M].武汉:武汉大学出版社,2020:284.

表1944 - 4　文华图专档案管理短期职业训练班第五届毕业生(1944年6月)一览

序号	姓名	性别	籍贯	序号	姓名	性别	籍贯
1	白永銮	男	四川忠县	21	孙德梅	女	四川丰都
2	宾权	男	四川钢梁	22	谭少唐	男	山东临朐
3	曹本固	男	四川江津	23	王克彰	男	四川江津
4	陈大莹	男	福建柘荣	24	王贤栋	男	四川邻水
5	陈先炯	男	四川永川	25	谢冠英	男	河北南和
6	谷声远	男	四川荣县	26	谢守元	男	湖南湘乡
7	郭则渠	男	福建闽侯	27	谢万意	男	四川重庆
8	何保勋	男	四川璧山	28	谢旭久	男	四川巴县
9	何建初	男	浙江慈溪	29	严治卿	男	江苏镇江
10	黄恭学	男	湖北宜昌	30	杨国绍	男	河南襄城
11	康立	男	四川安岳	31	臧传亚	男	安徽合肥
12	赖继初	男	四川江津	32	张国平	男	湖北黄冈
13	雷远鸣	男	四川成都	33	张显杨	男	四川江津
14	李道发	男	江苏南京	34	张星枢	男	安徽桐城
15	廖致中	男	四川自贡	35	张训方	男	安徽芜湖
16	刘安宙	男	四川重庆	36	张耀俊	男	湖北宜都
17	刘伟荣	男	四川江北	37	张幼臣	男	湖北汉川
18	刘裕宽	男	四川潼南	38	朱应恒	男	四川江北
19	卢自明	男	湖北应城	39	邹珪璋	男	湖南新化
20	闵传禄	男	四川泸县				

　　江苏省立江苏学院行政管理系第一届毕业生离校(见表1944 - 5)。该系随即停止招收新生。

表 1944 - 5　江苏省立江苏学院行政管理系第一届毕业生(1944 年 6 月)一览

序号	姓名	性别	籍贯	备注	序号	姓名	性别	籍贯	备注
1	曹挟飞	男	江苏阜宁		20	唐道钵	男	湖南江华	
2	曹桐	男	江苏阜宁		21	滕海波	男	江苏盐城	
3	陈发卷	男	福建□□		22	王铭生	男	江苏盐城	
4	顾祖贻	男	江苏兴化		23	王益斌	男	江苏兴化	
5	管钥	男	浙江温岭		24	王育民	男	江苏东台	
6	黄开瑞	男	安徽□□	或误作"周开端"	25	韦力田	男	江苏盐城	
7	金万青	男	江苏盐城		26	吴克训	男	江苏盐城	
8	李留章	男	江苏泰兴		27	徐南寿	男	江苏兴化	
9	李学正	男	江苏阜宁		28	徐仁道	男	江苏宜兴	
10	廖树涵	男	江苏盐城		29	徐寿颐	男	江苏宝应	
11	凌熙焕	男	江苏兴化		30	姚平	男	江苏盐城	或误作"姚卓"
12	刘胜旃	男	安徽岳西		31	姚世源	男	江苏镇江	
13	陆受之	男	江苏常熟		32	姚习纯	男	安徽贵池	
14	罗道生	男	江西余江	或误作"罗道正"	33	余家礼	男	汉口市*	
15	邱启明	男	江苏江都		34	郑梦周	男	福建福清	
16	任发轫	男	江苏兴化		35	周秉正	男	安徽临泉	
17	束刚	男	江苏镇江		36	周立之	男	江苏武进	
18	孙宏干	男	江苏□□		37	周潘哲	男	安徽舒城	或作"周浚哲"
19	孙景明	男	江苏□□		38	朱树锦	男	江苏泰兴	

资料来源:江苏省立江苏学院第一二届毕业生调查录[M]//江苏学院.江苏省立江苏学院教职员学生一览.三元:江苏学院,1945:插页.

注:另据《江苏学院四十年》,江苏省立江苏学院行政管理系第一届毕业生共有 39 人,除上表所列 38 人外,另外一人为顾锡璋.具体参见:张衍.江苏学院档案学教育溯源[J].档案学研究,2016(1):51 - 56.

* 原文即汉口市.

无锡国学专修学校文书专修科第一届毕业生离校①。

春夏之际

袁同礼向沈祖荣转交美国图书馆协会东方与西南太平洋委员会（或译为"美国图书馆协会远东委员会"）主席查尔斯·H.布朗（Charles H. Brown，或译"卜朗""白朗""勃朗"等）致中华图书馆协会的一封英文信件。查尔斯·H.布朗在信中提出一系列加强国际图书馆合作和推进中国图书馆事业发展的建议，其中涉及文华图专，所以袁同礼转请沈祖荣代为答复②。

夏季

国立中央图书馆计划派遣蒋元枚（文华图专图书馆学本科第12届毕业生，毕业后曾任国立武汉大学图书馆事务员③）前往美国留学，并到哈佛燕京学社实习④，但未悉详情。

7月3日

国民政府教育部发布第三二○五九号训令，颁布《三十三年度各省市举办各种社会教育人员训练班办法要点》。该训令规定开办民众教育人员训练班、音乐戏剧教育人员训练班、图书教育人员训练班、国语教育人员训练班、电化教育人员训练班五种社会教育人员训练班，其中图书教育人员训练班旨在"训练县立图书馆馆长、省（市）县立图书馆馆员、中级学校及其他社教机关图书馆室职员、乡（镇）书报阅览室职员等"⑤。

7月18日

经过慎重考虑，沈祖荣复函查尔斯·H.布朗，信件长达五页。沈祖

---

① 无锡国专续办文书科[J].正谊,1944,3(7):14.

② 程焕文.中国图书馆学教育之父:沈祖荣评传[M].台北:台湾学生书局,1997:134.

③ 国立武汉大学图书馆.国立武汉大学图书馆概况[M].武汉:国立武汉大学图书馆,1936:30.

④ 会员消息[J].中华图书馆协会会报,1944,18(4):18-19.

⑤ 三十三年度各省市举办各种社会教育人员训练班办法要点[第三二○五九号训令颁发（三十三年七月三日）][J].教育部公报,1944,16(7):3-4.

荣在信中首先对查尔斯·H. 布朗关于发展中国图书馆事业的建议表示赞赏,然后在详述文华图专的发展历程与所起作用的基础上,着重回答对方提出的相关问题。

关于文华图专能否满足中国图书馆培训之需要的问题,沈祖荣表示:只要获得足够的支持,文华图专就能够而且也应该能够满足中国图书馆培训之需要,因为文华图专是中国历史最长、规模最大、师资力量最强、学生质量最高的图书馆学教育机构。由于抗战期间中国图书馆事业损失惨重,所以中国战后必然面临大量图书馆的复员、组织与发展工作。文华图专应该能够在其中发挥重要作用。

关于在中国的不同地区创办五所图书馆学校的建议,沈祖荣表示原则上并不反对,因为创办新的图书馆学校可以带来新鲜血液,并且让不同图书馆学校在相互竞争中获益。不过,其时中国名副其实的图书馆数量有限,图书馆极少对外开放且缺乏吸引力,图书馆学校的师资十分匮乏,图书馆学校的学生在数量和质量上都不高。在这种情况下,增加图书馆学校的数量不啻自取灭亡。因此,他主张尽全力发展文华图专。

关于文华图专是否需要美国图书馆学教员来校执教的问题,沈祖荣回答:文华图专当然需要而且迫切需要具有专家水平的美国教员。

关于向文华图专提供奖学金的计划,沈祖荣表示此举将极受欢迎,并且希望这是长期行为,而非一两次而已。

最后,沈祖荣希望查尔斯·H. 布朗能够帮助文华图专在美国征集图书,以弥补该校藏书在抗日战争中遭受的巨大损失①。

8 月 21 日

文华图专 1944 年秋季图书馆学专科和档案管理科招生考试开始接受报名,报名于 8 月 30 日截止。报考处设在重庆江北香国寺廖家花园文华图专与重庆两浮支路国立中央图书馆。远道学生和保送生均可根据"成绩审查及保送办法"以通信方式报考,其报名截止日期亦为 8 月 30 日。此次计划招收图书馆学专科和档案管理科公费生各 30 名。公立或已立案之私立高级中学(或其同等学校)毕业生及其同等学力者均可投考,但师范学校与职业学校肄业生不得以同等学力报考。考试科目包括:(一)公民;

① 程焕文. 中国图书馆学教育之父:沈祖荣评传[M]. 台北:台湾学生书局,1997:134 - 135.

(二)国文(包括中国文学史及国学常识);(三)英文;(四)中外史地;(五)数学、物理及化学(以上三项合考二小时);(六)口试①。

8月25日

文华图专1944年秋季档案管理短期职业训练班招生考试开始接受报名,8月30日截止。报考处设在重庆文华图专,高级中学毕业生或同等学力者均可投考。各机关亦可保送学生入学,报名截止日期为9月1日②。

8月

《申报》社会处着手组织中国文书研究会,以"应用文""公文程序""档案管理"为主修科目,每周三下午3—5时在上海南通路中教道义总会聚集讨论。18岁以上品行优良且有志研究文书的青年皆可加入,每人须缴交200元讲义费③。

9月1日

文华图专1944年秋季招生考试在该校举行。其中,图书馆学专科和档案管理科的招考结果定于9月10日以前通过专函通知各个考生④。档案管理短期职业训练班的招考结果定于9月10日揭晓,不但会在文华图专校园张榜公示,还会通过专函通知各个考生⑤。

9月21日

查尔斯·H. 布朗复函沈祖荣,称他将和美国图书馆协会国际关系办公室主任莱登堡博士(Harry M. Lydenberg)一起全力支持文华图专。他还指出,为了帮助中国图书馆事业复兴及增进中美图书馆界之间的联络,美国图书馆协会已经建议美国国务院派哥伦比亚大学图书馆学院院

---

①④ 文华图专校长沈祖荣关于检送该校三十三年度秋季招生简章请予备案上教育部的呈(附简章)(一九四四年六月一日)[G]//姚乐野,马振犊. 近代图书馆档案汇编:第一辑 第四册. 北京:国家图书馆出版社,2021:325–334.

②⑤ 文华图专校长沈祖荣关于检送本校拟具三十三年度档案管理短期职业训练班办理计划经费分配上教育部的呈(附表)(一九四四年五月三十一日)[G]//姚乐野,马振犊. 近代图书馆档案汇编:第一辑 第一册. 北京:国家图书馆出版社,2021:301–352.

③ 惠. 中国文书研究会组织就绪[N]. 申报,1944–08–15(4).

长兼图书馆馆长卡尔·弥尔顿·怀特博士(Carl Milton White)于 1944 年 12 月至 1945 年暑假前往中国进行考察。他希望怀特博士的考察结果可以对战后美国帮助复兴中国图书馆事业有所推动①。

9 月

文华图专图书馆学专科第六班和档案管理短期职业训练班第六期新生注册入学。

四川省立成都女子职业学校招收图书管理科第四班学生。共有 25 人入学,但最后仅 15 人毕业②。

华西协合大学图书馆馆长邓光禄受聘担任金陵大学图书馆学专修科兼任教授,每周授课三小时③。

无锡国学专修学校文书专修科续招第二班学生④。

10 月 18 日

中华图书馆协会在中美文化协会召开招待怀特博士筹备会,讨论怀特博士在华行程、招待费用等相关事宜,并拟在重庆、重庆、昆明等地成立招待怀特博士委员会主持一切⑤。此后,中华图书馆协会积极筹募招待经费。国民政府教育部和社会部均拨发专款,中国银行、交通银行、中国农民银行、中央信托局、邮政储金汇业局等亦分别捐赠巨款⑥。可惜的是,美军以时局紧张为由,拒绝给跟军事问题无关的访问人员发放登陆

---

① 程焕文.中国图书馆学教育之父:沈祖荣评传[M].台北:台湾学生书局,1997:136.

② 任家乐,姚乐野.民国时期四川省立成都女子职业学校高级图书管理科办学研究[J].大学图书馆学报,2015(5):120.

③ 郑锦怀,顾烨青.金陵大学图书馆学专修科创办历程与成绩考察(1940—1946)[J].图书馆理论与实践,2019(5):106 – 112.

④ 无锡国专续办文书科[J].正谊,1944,3(7):14.

⑤ 怀特博士招待委员会之组织[J].中华图书馆协会会报,1944,18(5/6):10 – 11.

⑥ 渝市银行捐助本会招待怀特博士经费[J].中华图书馆协会会报,1944,18(5/6):121.按:据中华图书馆协会编制的《保管招待怀特博士经费收支状况总表(三十五一月十三日制)》,截至 1946 年 1 月 13 日,中华图书馆协会保管的招待怀特博士经费共计 502 151.88 元。其中,该会收到的捐款和补助费共计 31 万元,包括中央银行捐款 4 万元,储汇局(即邮政储金汇业局)、中国农民银行、交通银行、中国银行与中央信托局分别捐款 2 万元,教育部补助费 15 万元(分两次,每次 7.5 万元),社会部补助费 2 万元。此外还有息金收入。具体参见:保管招待怀特博士经费收支状况总表(三十五一月十三日制)[J].中华图书馆协会会报,1946,20(1/2/3):15.

护照。怀特博士被迫取消访华计划①。

12 月 5 日

国立社会教育学院研究部出版发行的《教育与社会》第 3 卷第 1—2 期合刊推出一期"图书博物馆学专号"，共计登载 9 篇图书馆学文章，包括蒋复璁的《国立中央图书馆之使命》，沈祖荣的《我国图书馆之新趋势》，汪长炳的《图书选购论》，熊毓文的《图书分类简释》，徐家麟的《显微摄影制书术的器材与影片图书》，岳良木的《美国公立图书馆推广事业》（未载完），程锡康的《美国图博事业之趋势》，祝嘉的《金石学与现代教育》，黄元福翻译的《小型博物馆建筑与设备》。

12 月 15 日

吴光清从芝加哥大学图书馆学研究院毕业，获图书馆学专业的哲学博士学位，其博士学位论文题为"Scholarship, Book Production, and Libraries in China（618 – 1644）"（《初唐至明末中国的学术、图书与图书馆》）。毕业之后，他继续返回美国国会图书馆工作。

12 月

文华图专档案管理短期职业训练班第六届毕业生离校，共计 35 人，包括白林焘、陈图楼、戴德权、戴君平、邓德勋、黄榜明、纪维周、匡正国、李华阶、李湘帆、李燮卿、李治平、刘道明、刘鸣骥、刘庆珍、刘侠云、刘以厘、罗云俦、马公亮、梅秀明、欧阳昭、彭朝惠、彭泽、苫达元、史荣芳、孙定恩、万明德、万沛然、王施齐、文名垂、吴卓恒、徐大庆、张达五、张河奇、周世培（见表 1944 – 6）②。

表 1944 – 6　文华图专档案管理短期职业训练班第六届毕业生（1944 年 12 月）一览

序号	姓名	性别	籍贯	备注	序号	姓名	性别	籍贯	备注
1	白林焘	女	山西五台		3	戴德权	男	四川江津	
2	陈图楼	男	四川江北		4	戴君平	男	四川涪陵	或误作"戴君评"

① 怀特访华之行取消[J].中华图书馆协会会报,1945,19(1/2/3):12.

② 彭敏惠.文华图专珍稀史料图录[M].武汉:武汉大学出版社,2020:284 – 285.按:该书末介绍文华图专档案管理短期职业训练班第六届毕业生的性别与籍贯。

序号	姓名	性别	籍贯	备注	序号	姓名	性别	籍贯	备注
5	邓德勋	男	四川璧山		20	梅秀明	男	湖南永绥	
6	黄榜明	男	四川广安		21	欧阳昭	男	四川巴县	
7	纪维周	男	河北宛平		22	彭朝惠	男	湖南衡阳	
8	匡正国	男	湖北汉川		23	彭泽	男	四川忠阳	
9	李华阶	男	湖北公安	或误作"李华楷"	24	苫达元	男	湖北武昌	或误作"苫达源"
10	李湘帆	男	四川丰都		25	史荣芳	男	四川安岳	
11	李燮卿	男	湖南湘乡		26	孙定恩	男	四川涪陵	
12	李治平	男	湖南益阳		27	万明德	男	四川合川	
13	刘道明	男	四川泸县		28	万沛然	男	四川巴县	
14	刘鸣骥	男	四川南川		29	王施齐	男	四川江安	
15	刘庆珍	男	山东单县		30	文名垂	男	湖南浏阳	
16	刘侠云	男	四川丰都		31	吴卓恒	男	四川万县	
17	刘以厘	女	四川叙永		32	徐大庆	男	江苏江宁	或误作"徐大成"
18	罗云侪	男	云南邱北	或误作"罗云涛"	33	张达五	男	湖北汉川	
					34	张河奇	男	四川富顺	
19	马公亮	男	四川江北		35	周世培	男	湖北荆门	

资料来源:本表的"性别"和"籍贯"两栏信息参见:文华图专校长沈祖荣关于检送三十三年度附设档案管理短期职业训练班第五、六期经费会计报告上教育部的呈(附表及单据)(一九四五年七月二十三日)[G]//姚乐野,马振犊.近代图书馆档案汇编:第一辑 第一册.北京:国家图书馆出版社,2021:471-534.

本年

多个省份的地方行政干部训练团招收档案班学员(见表1944-7),均为期两个月。

表 1944 - 7 1942—1944 年各省地方行政干部训练团档案班学员人数统计表

省份	训练团期数	档案班次数	学员人数	举办年份	备注
四川省	第 10 期		80 人	1943	
	第 11 期	第一次	计划 85 人,实际 83 人	1943	
		第二次	计划 200 人,实际 142 人	1944	
甘肃省	第 9 期		计划 78 人	1944	
安徽省	第 10 期		计划 100 人	1943	
	第 14 期		计划 60 人	1944	
河南省	第 15 期		计划 60 人	1944	
山西省	第 11 期		计划 55 人,实际 55 人	1943	
陕西省	第 4 期		100 人	1943	
江西省	第 19 期	第一次	100 人	1943	每次为期两个月
		第二次	80 人		
		第三次	40 人		
贵州省	第 14 期	第一次	120 人	1942	
		第二次	65 人	1943	
湖北省	第 11 期		100 人	1943	
广东省	第 13 期		78 人	1943	
绥远省	第 9 期		24 人	1943	
浙江省	第 13 期		100 人	1943	
西北干训团			计划 78 人	1944	

资料来源:此据国民政府内政部档案摘编。具体参见:中国第二历史档案馆. 民国时期文书工作和档案工作资料选编[G]. 北京:档案出版社,1987:684.

1945 年

◎中国图书馆学社成立
◎私立尚志高级文书科职业学校停办
◎殷钟麒筹办私立崇实档案函授学校
◎沈祖荣等14人通过图书馆学门教员资格审查
◎沈祖荣拟订《文华图书馆学专科学校战后工作计划（草案）》
◎邓衍林赴美留学
◎浙江省立图书馆开办图书教育人员函授训练班

1月6日

沈祖荣呈文国民政府教育部，请求批准文华图专举行1945年春季招生考试①。

1月22日

文华图专开始举行图书馆学专科第四届毕业考试，1月27日结束。该届毕业考试委员会（监考委员会）包括4名校内委员（毛坤、沈祖荣、汪应文、徐家麟）和3名校外委员（蒋复璁、林伯遵、袁同礼）。毕业考试科目包括"文哲概论""英文""图书馆行政""西洋目录学""各种分类法""参考书""图书选购法""西文编目法""图书馆经营法""中文编目法""德文""博物馆学""音乐""中国目录学"②。

---

① 文华图专校长沈祖荣关于检送该校三十四年度春季招生简章请予备案上教育部的呈（附简章）（一九四五年一月六日）[G]//姚乐野，马振犊．近代图书馆档案汇编：第一辑　第四册．北京：国家图书馆出版社，2021：337－344.

② 私立武昌文华图专档卷·图四学生毕业及成绩[A].武汉大学档案馆，案卷号：1944－4.按："图四"指"图书馆学专科第四班"。后文"图六"同。

1月27日

文华图专1945年春季招生考试开始接受报名,2月2日截止。此次计划招考图书馆学专科公费生30名及档案管理短期职业训练班公费生40名。图书馆学专科招考处设在文华图专、重庆都邮街社会服务处、重庆两路口社会服务处,档案管理短期职业训练班招考处设在文华图专和重庆都邮街社会服务处。远道学生和保送生还可根据"成绩审查及保送办法"的要求以通信方式报考图书馆学专科,其报名截止日期为2月6日。各机关亦可保送学生入读档案管理短期职业训练班,但其报名截止日期为2月4日①。

1月

文华图专图书馆学专科第四届毕业生离校,共计4人,包括陈本林、苗惠生、杨维庆与尹华中(见表1945－1)②。

表1945－1　文华图专图书馆学专科第四届毕业生(1945年1月)一览

序号	姓名	性别	籍贯
1	陈本林	男	湖北天门
2	苗惠生	女	安徽庐江
3	杨维庆	男	江苏江宁
4	尹华中	男	云南腾冲

2月4日

文华图专1945年春季招生考试在重庆举行,定于2月7日下午2时在文华图专校园及各报考处张榜揭晓考试结果③。

2月

应汪长炳之邀,岳良木到国立社会教育学院图书博物馆学系兼任教

---

①③　文华图专校长沈祖荣关于检送该校三十四年度春季招生简章请予备案上教育部的呈(附简章)(一九四五年一月六日)[G]//姚乐野,马振犊.近代图书馆档案汇编:第一辑　第四册.北京:国家图书馆出版社,2021:337－344.

②　彭敏惠.文华图专珍稀史料图录[M].武汉:武汉大学出版社,2020:285.

授,讲授"图书馆推广与辅导"与"图书采访"(或作"图书选择")两门课程,课程于该年 7 月结束。他每月从重庆去璧山一次,将当月课程集中讲授完毕①。

3 月 30 日

中国图书馆学社(The China Institute of Librarians)在四川璧山成立,社址暂时设在国立社会教育学院。其成员有 100 多人,包括国立社会教育学院图书博物馆学系师生及一些图书馆界学者。该社以研究图书馆学术、发展图书馆事业为宗旨,设有理事会与监事会,汪长炳、严文郁、徐家麟等人当选为理事。理事会下设编辑出版委员会,负责编辑出版机关刊物《图书馆学报》(自附英文刊名 Chinese Journal of Library Science)及编印各种丛书②。

3 月

文华图专图书馆学专科第七班、档案管理科第四班和档案管理短期职业训练班第七期新生注册入学。

日军侵入南阳,私立尚志高级文书科职业学校被迫停办③。

殷钟麒开始筹办私立崇实档案函授学校④。

截至该月,全国高等学校又有 14 名图书馆学门教员通过资格审查,包括 4 名教授(曹祖彬、毛坤、沈祖荣、严文郁)、2 名副教授(吕湘、皮高品)和 8 名讲师(陈长伟、方金镛、黄元福、李景新、李永增、吕绍虞、舒纪维、颜泽霶)(见表 1945 - 2)⑤。此外,国立中央大学讲师魏兴南(字忱烈,35 岁,山东大学毕业,证书编号:920)亦通过资格审查,其专长科目是"中国目录学"⑥。

---

① 郑锦怀. 岳良木图书馆生涯与贡献考述[J]. 图书馆,2020(7):65 - 72.

② 陈铎. 培养图书博物馆人才的摇篮[M]//苏州大学社会教育学院四川校友会. 峥嵘岁月:第二集. 苏州:苏州大学社会教育学院四川校友会,1989:36 - 38.

③ 黄俊琳,王金玉. 尚志文书学校始末[J]. 档案管理,1993(3):44 - 45.

④ 殷钟麒. 自序[M]//殷钟麒. 中国档案管理新论. 重庆:私立崇实档案学校出版部,1948:9 - 17.

⑤ 国民政府教育部. 专科以上学校教员名册:第二册[M]. 南京:国民政府教育部,1945:95 - 98.

⑥ 国民政府教育部. 专科以上学校教员名册:第二册[M]. 南京:国民政府教育部,1945:27.

表 1945－2　1942 年 11 月至 1944 年 3 月通过资格审查的图书馆学门教员一览

序号	证书编号	姓名	别号	性别	籍贯	学历	经历	专长科目	服务学校	资格名称
1	140	严文郁	绍诚	男	湖北汉川	武昌华中大学文学士、美国哥伦比亚大学图书馆学硕士	北京大学图书馆主任、西南联合大学副教授	图书编目法	国立社会教育学院	教授
2	225	毛坤	体六	男	四川宜宾	国立北京大学文学士，武昌文华大学毕业	武昌文华图书馆学专科学校教授	目录学	武昌文华图书馆学专科学校	教授
3	227	沈祖荣		男	湖北武昌	武昌文华大学毕业，美国哥伦比亚大学理学士	武昌文华图书馆学专科学校校长	西文编目法	武昌文华图书馆学专科学校	教授
4	399	曹祖彬	又彬	男	安徽青阳	金陵大学文学士、美国哥伦比亚大学图书馆学学士	四川省立图书馆馆长、金陵大学图书馆学专修科主任	图书馆学	金陵大学	教授
5	187	吕湘	叔湘	男	江苏丹阳	东南大学毕业，英国伦敦大学肄业	云南大学副教授、华西协合大学教授	中国文法、图书馆学	金陵大学	副教授

序号	证书编号	姓名	别号	性别	籍贯	学历	经历	专长科目	服务学校	资格名称
6	453	皮高品	鹤楼	男	湖北嘉鱼	华中大学文学士	国立青岛大学图书馆主任、武汉大学图书馆主任	分类法	武昌文华图书馆学专科学校	副教授
7	455	李永增		男	察哈尔省延庆	武昌文华图书馆学专科学校毕业	西北大学图书馆主任	图书馆行政	西北大学	讲师
8	549	李景新	汉超	男	广东东莞	武昌文华图书馆学专科学校正科毕业	广东丛书编印委员会委员、国立广西大学图书馆主任	图书馆学	广西大学	讲师
9	572	陈长伟		男	南京	金陵大学文学士	金陵大学讲师	图书馆学	金陵大学	讲师
10	583	颜泽霑	希渊	男	广东连平	武昌文华图书馆学专科学校毕业	国立北平图书馆西文采访组组员、西南联合大学图书馆馆员	中西文参考书	武昌文华图书馆学专科学校	讲师
11	690	吕绍虞		男	浙江新昌	武昌文华图书馆学专科学校毕业	大夏大学图书馆主任兼讲师	图书馆学	英士大学	讲师
12	877	方金镛		男	福建莆田	大夏大学毕业	大夏大学讲师兼图书馆主任	图书馆学	大夏大学	讲师

续表

序号	证书编号	姓名	别号	性别	籍贯	学历	经历	专长科目	服务学校	资格名称
13	883	黄元福	寿庵	男	湖北武昌	武昌文华图书馆学专科学校正科毕业	燕京大学图书馆阅览部主任、华中大学图书馆编目主任	图书馆经营	国立社会教育学院	讲师
14	982	舒纪维	扬仁	男	安徽怀宁	武昌文华图书馆学专科学校毕业	四川省立教育学院讲师、国立编译馆图书室主任*	图书馆学	复旦大学	讲师

资料来源：国民政府教育部. 专科以上学校教员名册：第二册［M］. 南京：国民政府教育部，1949：95 - 98.

注：* 原书印为"编馆图书室主任"，此处径改为"国立编译馆图书室主任"。

5 月 1 日

《文华青年月刊》第 1 卷第 1 期登载沈祖荣撰写的"Library School and Librarian in China"（《中国的图书馆学校与图书馆员》）的第一部分。文末标注"Concluded in next issue"（"下期载完"），但目前未见《文华青年月刊》第 1 卷第 2 期出版。这其实是沈祖荣写给美国图书馆协会东方与西南太平洋委员会的一封英文信件①。

6 月 18 日

沈祖荣呈文国民政府教育部，请求批准文华图专举行 1944 年秋季招生考试②。

---

① SENG S T Y. Library school and librarian in China［J］. 文华青年月刊，1945，1（1）：插页.

② 文华图专校长沈祖荣关于检送该校三十四年度秋季招生简章请予备案上教育部的呈（附简章）（一九四五年六月十八日）［G］//姚乐野，马振犊. 近代图书馆档案汇编：第一辑 第四册. 北京：国家图书馆出版社，2021：347 - 356.

6 月 30 日

《图书馆学报》创刊号(第 1 卷第 1 期)刊登徐家麟撰写的《关于图书馆学的认识几点观察》(自附英文题名"Library Studies as Science：some Current Interpretations and Possible New Approaches")。该文分为"前言"、"上篇　何谓图书馆学"、"下篇　对于图书馆学的认识的管见"和"结语"。上篇分为"第一节　科学的定义"、"第二节　图书馆学的意义"、"第三节　现行的图书馆学课题一班[斑]",下篇分为"第一节　图书馆业务之质素的认识"、"第二节　图书馆学质素的认识"。在上篇"第三节　现行的图书馆学课题一班[斑]"中,徐家麟选译美国哥伦比亚大学图书馆学院芮斯(Ernest J. Reece)所著的《图书馆学校课程研究》(*The Curriculum in Library Schools*)中的两段文字,其内容概要如下:

> 其一,根据图书馆业务上的需要所拟订的图书馆学教学课题纲领:
>
> (一)图书馆书藏之选择
>
> (二)书业与国家书目
>
> (三)书刊购求方法
>
> (四)编目方法
>
> (五)图书应用技术方法、簿录暨器材
>
> (六)参考书与参考工作
>
> (七)读者辅导
>
> (八)书刊与图书使用法
>
> (九)图书馆行政
>
> (十)书籍之历史暨制作
>
> 其二,图书馆学课程中各适宜的扩充研究:
>
> (一)关于书藏购置方面
>
> (二)关于书藏的组织与管理方法
>
> (三)关于书藏的应用方面
>
> (四)关于图书馆事业拓进方面
>
> (五)关于图书馆一般业务方面①

《图书馆学报》创刊号(第 1 卷第 1 期)刊登熊毓文撰写的《提供图

---

① 徐家麟. 关于图书馆学的认识几点观察[J]. 图书馆学报,1945(1):4 – 18.

书馆界计划战后复员的几点意见》（自附英文题名"Some Suggestions Concerning the Post-war Reorganization and Development of Chinese Libraries"）。该文包括"引言""统一全国图书馆事业之辅导，加强馆际间之联系""工作方向及方法应有之改进""图书馆工作人员之待遇与进修""搜集历年散佚之珍本秘笈以保存文献"5个部分。在"引言"部分，熊毓文指出当时中国图书馆界存在的种种问题，其中就包括"馆员之缺乏专业训练"。在"图书馆工作人员之待遇与进修"部分，他提出应当"鼓励工作人员之进修"。具体如下：

> 图书馆从业人员日常疲于对付经常之琐细工作，殊觉缺少进修机会。兹以近世科学之进步一日千里，而科学之管理方法亦日新月异。图书馆界从业人员倘不谋进修机会，则知识禁锢，方法陈腐，其何以对付新问题，其何以改进图书馆事业？故对于从业人员之进步，应有以鼓励之。至于进修办法，就管见所及，须有左列数端：
>
> （1）凡在一图书馆继续服务十年以上而有成绩者，准予休假一年，以资进修：此种办法，大学教授早已实行，至于中学教师亦有是项规定，独社教工作人员未能享受同等待遇。即应援引学校教育人员待遇，请求政府明文规定图书馆或社教工作人员休假办法，而予工作人员以进修之机会。
>
> （2）国际间馆员之交换数目应设法增加，并与各国约定每年交换之名额：国际间馆员之交换工作，在国际图书馆协会已有是项规定。前此我国已早有交换事项，惟所交换之工作人员数目不多，且多只限于北平图书馆一处，未能普遍实行，殊为遗憾！此后应将全国从业人员之有成绩者，每年尽量与各国接洽，交换工作。本来馆员之交换工作，就馆员本身而论，同为工作，不过环境变易而已，并无所谓进修。不过正因环境变易，其在对付新环境并按工作中，颇能引起其研究之兴趣，亦为促进从业人员进修之良好方法。
>
> （3）设立图书馆学研究所：美国大学内之设有图书馆学研究所者，已有数处，如哥伦比亚、支加哥、伊利洛等大学内均有设立，其为美国造就图书馆高级行政人员不少。我国图书馆事业正在发扬滋长，有许多专门问题尚有待于更专门更高深之研究，故国家除设立图书馆学系、图书馆学专修科或图书馆学职业学校培植图书馆一般干部人才外，尤应于师范学院或大学内设立图书馆学研究所，一方面可为图书馆造就高级干部人才，再方面可使本界有志之士得有深造之机会。

(4)公费留学考试增加图书馆学门:英、美等国为研究图书馆学先进国家,我国图书馆事业进步之有今日,有赖英、美各国协助之处特多,其方法之进步正月新而岁不同。为求在事业上急起直追,应由国家考选有志之士前往研究。故公费留学考试,应增加图书馆学一门,一方面可以鼓励图书馆从业人员之上进,广开本界志士求学之路;再方面以示政府对于此项专业之倡导,借以正社会上人士之视听。①

《图书馆学报》创刊号(第 1 卷第 1 期)刊登顾家杰撰写的《图书馆员的修养》(自附英文题名"Self-cultivation in Librarianship")。该文至少有两处涉及图书馆学教育问题。比如:"图书馆事业之成功与否,决定于政策及馆员。好的政策若没有好的馆员来推动,决不能有好的成就。反过来讲,政策虽欠妥善,若馆员受过专门训练,有组织能力,有修养,那末也可以把它改良的。"又如:"图书馆学是专门学问,学识和技能并重。普通以大学肄业或毕业生为入图书馆学校的资格,美国有图书馆研究院,据闻德国大图书馆馆员之充任须大学毕业经国家考试及格后,受相当时期之训练,始正式聘用。这些都是说明重视专才之意。专门事业必须专才办理方能有效。"②

《图书馆学报》创刊号(第 1 卷第 1 期)刊登美国图书馆协会远东及西南太平洋委员会草拟、蓝乾章翻译的《中美文化关系中关于图书馆事业的计划草案》(原计划草案题名为"Proposal for the Post-war Sina-American Library Cooperations")。该计划草案分为"绪言""领导与协调""美国图书馆需要的中国书籍杂志""中国图书馆所需美国书籍""一个在中国的美国图书馆""美国人对中国应有的认识""图书馆工作人员与教育之专业训练""合作关系"8 个部分,内含 21 条建议。其中,第 7 部分"图书馆工作人员与教育之专业训练"涉及图书馆学教育问题。具体如下:

七、图书馆工作人员与教育之专业训练

……

建议:

17. 美国图书馆协会中有关的委员会,加上其他机关,受托调查所能给予协助发展中国图书馆专业训练的可能性。

---

① 熊毓文. 提供图书馆界计划战后复员的几点意见[J]. 图书馆学报,1945(1):34-40.
② 顾家杰. 图书馆员的修养[J]. 图书馆学报,1945(1):51-53.

这个研究应包括:所需要图书馆学校的数目,分配的情形,学生的预期数目,中国受有图书馆专业训练工作人员之预期的需要课程,以及经费来源等等的报导。美国图书馆协会曾接得非正式的请求扶助中国现存的图书馆学校。无疑地,战后是需要多多的帮助的。

18. 美国图书馆协会以及其他机关共同研究战后给予原来美国继续研究图书馆学的中国学生以奖学金或予以经济上援助的可能性,并尽速安排图书馆学生、实习图书馆员和相当的学科专家的互相交换。

据称某中国图书馆学专家曾谓应有二百名学生派遣至美国学图书馆学。若干美国图书馆业已委派中国学者为其馆员。至于需要曾在中国求学及工作的额外助理员无疑亦将增加。深望美国图书馆学家将竭尽所能尽量予以协助。

19. 现时留美之中国学生志在从事图书馆工作者将协助进入图书馆学校习读。

我们可以致函此种学生请其发表意见,但不强求作肯定的决断。[1]

《图书馆学报》创刊号(第 1 卷第 1 期)刊登孙元信撰写的《介绍国内图书馆学学校》(自附英文题名"The Three Library Training Institutions in China")。孙元信在文中简要介绍了文华图专、金陵大学图书馆学专修科与国立社会教育学院图书博物馆学系的办学情况[2]。

6 月

文华图专图书馆学专科第五届和档案管理短期职业训练班第七届毕业生离校。图书馆学专科第五届毕业生共计 8 人,包括陈书凤、贾肇晋、廖络纲、毛善作、彭宗亮、汤成武、熊季七、易含章(见表 1945 – 3)[3]。其中,熊季七在汪应文的指导下撰写毕业论文《儿童图书收藏与管理》,其封面标注"武昌文华图书馆学专科学校三十四年春季图书科第五届毕

---

① 美国图书馆协会远东及西南太平洋委员会. 中美文化关系中关于图书馆事业的计划草案[J]. 蓝乾章,译. 图书馆学报,1945(1):63 – 67.

② 孙元信. 介绍国内图书馆学学校[J]. 图书馆学报,1945(1):68 – 70.

③ 彭敏惠. 文华图专珍稀史料图录[M]. 武汉:武汉大学出版社,2020:275.

业论文"①。档案管理短期职业训练班第七届毕业生共计27人,包括陈自忠、程仲恺、杜奎辉、关义富、黄纪文、江乾裕、姜俊杰、蒋远苍、赖曼儒、黎永明、李家元、李君杰、李志洪、廖龙章、刘雅斯、刘正芬、刘忠群、施承之、王崇义、巫宝成、吴素贞、熊昌龄、严绮俐、游佩芳、张均、张万智、赵宽仁(见表1945-4)②。

表1945-3 文华图专图书馆学专科第五届毕业生(1945年6月)一览

序号	姓名	性别	籍贯	序号	姓名	性别	籍贯
1	陈书凤	女	云南昭通	5	彭宗亮	男	山东潍县
2	贾肇晋	男	河北盐山	6	汤成武	男	湖北孝感
3	廖络纲	男	四川富顺	7	熊季七	女	湖南浏阳
4	毛善作	男	湖南武冈	8	易含章	女	湖南常宁

表1945-4 文华图专档案管理短期职业训练班第七届毕业生(1945年6月)一览

序号	姓名	性别	籍贯	备注	序号	姓名	性别	籍贯	备注
1	陈自忠	男	河北大兴		15	刘雅斯	女	四川江津	
2	程仲恺	男	四川隆昌		16	刘正芬	女	四川宜宾	
3	杜奎辉	男	四川营山		17	刘忠群	男	湖北汉川	
4	关义富	男	四川隆昌		18	施承之	男	江苏吴县	
5	黄纪文	男	广东东莞		19	王崇义	男	河北高阳	
6	江乾裕	男	四川广安		20	巫宝成	男	四川巴县	
7	姜俊杰	男	四川江北		21	吴素贞	女	四川巴县	
8	蒋远苍	男	四川江北		22	熊昌龄	男	四川新建	
9	赖曼儒	男	四川江津		23	严绮俐	女	四川江津	
10	黎永明	男	四川邻水		24	游佩芳	女	湖北汉阳	
11	李家元	男	湖北宜昌		25	张均	男	河南永城	或误作"张钧"
12	李君杰	女	四川合川						
13	李志洪	男	四川安岳		26	张万智	男	河南登封	
14	廖龙章	男	四川江北		27	赵宽仁	男	湖北汉口	

国民政府教育部颁布《修正师范学校课程标准》。该标准规定"师范选修科目由各校视需要而设置",其候选科目包括"人生哲学"(4学

---

① 彭敏惠. 文华图专珍稀史料图录[M].武汉:武汉大学出版社,2020:214.

② 彭敏惠. 文华图专珍稀史料图录[M].武汉:武汉大学出版社,2020:285.

分)、"乡村教育"(3 学分)、"民众教育"(3 学分)、"幼稚教育"(3 学分)、"低年级教学法"(3 学分)、"图书管理学"(3 学分)、"地方教育行政"(3 学分)、"教育史"(4 学分)、"比较教育"(4 学分)①。

暑假

四川省立成都女子职业学校高级图书管理科主任张祯琳率领该科15 名学生到金陵大学图书馆实习,为期三周。金陵大学图书馆各部选派专人指导学生实习②。

7 月 16 日

文华图专 1945 年秋季招生考试开始接受第一次报名,7 月 21 日截止,后又于 8 月 28 日开始接受第二次报名,9 月 1 日截止。此次计划招收图书馆学专科和档案管理科公费生各 30 人,以及档案管理短期职业训练班公费生 40 人。报考处设在文华图专校园和重庆两浮支路国立中央图书馆。此外,远道学生和保送生可于 7 月 15 日—30 日以通信方式报考图书馆学专科和档案管理专科,各机关亦可于 7 月 15 日至 8 月 27 日保送学生入读档案管理短期职业训练班③。

7 月 22 日

文华图专 1945 年秋季第一次招生考试在该校举行,定于考试结束后一周内通过专函将考试结果通知各个考生④。

7 月

由于国民政府教育部停止拨付经费,文华图专不得不停办档案管理短期职业训练班⑤。该训练班共计开办 7 期,前后培训了 212 名学

---

① 师范学校课程标准变更之概况[M]//国民政府教育部. 修正师范学校课程标准. 南京:正中书局,1945:8 - 51.

② 图书馆[J]. 金陵大学校刊,1945(351):3 - 4.

③④ 文华图专校长沈祖荣关于检送该校三十四年度秋季招生简章请予备案上教育部的呈(附简章)(一九四五年六月十八日)[G]//姚乐野,马振犊. 近代图书馆档案汇编:第一辑第四册. 北京:国家图书馆出版社,2021:347 - 356.

⑤ 梁建洲,梁鳣如. 我国图书馆学、档案学专业教育的摇篮:记武昌文华图书馆学专科学校[J]. 四川图书馆学报,1996(5):68 - 85;周洪宇. 不朽的文华:从文华公书林到文华图书馆学专科学校[M]. 武汉:华中师范大学出版社,2013:402 - 403.

生①。沈祖荣亲自担任班主任,黄彝仲(第一、二期)、梁建洲(第三、四、七期)与何德全(第五、六期)先后担任级任导师,负责实际管理工作。其课程均由档案管理科教师兼授。跟档案管理科相比,档案管理短期职业训练班的课程设置侧重于档案管理实用技术,包括"档案之典藏与出纳"(18 学时)、"档案分类法"(48 学时)、"档案编目法"(72 学时)、"档案行政学"(6 学时)、"资料管理"(60 学时)、"旧档处理法"(18 学时)、"人事行政与人事档案管理"(学时不详)等,同时也设有图书管理技术方面的课程,包括"排列法"(72 学时)、"检字法"(36 学时)、"索引"(18 学时)、"图书馆学概论"(学时不详)、"档案通论"(6 学时)等。此外,还开设了跟档案管理技术密切相关的社会文化基础课程,如"政府组织"(学时不详)、"公文研究"(48 学时)、"国文"(学时不详)等。这些课程的难度都比档案管理科所设课程的难度小。这反映了档案管理短期职业训练班短期性、实用性、应急性等特点。学员结业后,由单位保送的学员基本上都返回原单位服务,其余则大都受聘于各类档案管理机构②。

国立社会教育学院校友会编印《国立社会教育学院校友录》。据此可知,当时国立社会教育学院图书博物馆学系专任和兼任教职员的情况见表 1945 - 5。

表 1945 - 5　国立社会教育学院图书博物馆学系教职员一览(1945 年 7 月)

序号	姓名	字号	性别	籍贯	职别
1	汪长炳	文焕	男	湖北汉川	教授兼图书博物馆学系主任兼图书馆主任
2	岳良木	荫嘉	男	湖北汉川	教授
3	徐家麟	徐行	男	湖北江陵	教授
4	黄元福		男	湖北武昌	副教授兼图书馆编目主任
5	熊毓文		男	湖北黄陂	讲师兼图书馆阅览组主任
6	韩光涛		男	湖北钟祥	助教兼图书馆馆员
7	蒋复璁		男	浙江海宁	兼任教授

资料来源:国立社会教育学院校友会.国立社会教育学院校友录[M].璧山:国立社会教育学院校友会,1945:2 - 10.

---

① 周洪宇.不朽的文华:从文华公书林到文华图书馆学专科学校[M].武汉:华中师范大学出版社,2013:479.

② 梁建洲,梁鳣如.我国图书馆学、档案学专业教育的摇篮:记武昌文华图书馆学专科学校[J].四川图书馆学报,1996(5):68 - 85;周洪宇.不朽的文华:从文华公书林到文华图书馆学专科学校[M].武汉:华中师范大学出版社,2013:402 - 403.

国立社会教育学院图书博物馆学系第一届毕业生离校,共计19人,包括储连甲、李国卿、刘珍如、马季常、马友鸾、毛世锟、上官岐南、孙玉兰、孙元信、王世芳、王守疆、仵再生、徐静、严玉文、杨淑田、杨素宜、杨香阁、杨育淑、杨正瑢(见表1945−6)①。

表1945−6　国立社会教育学院图书博物馆学系第一届毕业生(1945年7月)一览

序号	姓名	性别	籍贯	毕业论文题名
1	储连甲	男	江苏泰县	现行图书馆的改进
2	李国卿	女	安徽合肥	县立图书馆实施及辅导全县图书教育之设计
3	刘珍如	女	山东恩县	刘国钧中国图书分类法索引
4	马季常	女	四川南充	金石花纹与金石文字之研究
5	马友鸾	女	山东荷泽	档案整理办法
6	毛世锟	男	四川忠县	图书馆应用心理学发凡
7	上官岐南	男	陕西朝邑	
8	孙玉兰	女	安徽寿县	
9	孙元信	男	山东荣成	中国图书馆观念之演变
10	王世芳	男	陕西咸阳	今后公共图书馆建立标准
11	王守疆	男	辽宁辽阳	参考工具书利用法
12	仵再生	女	湖北汉口	图书馆事业与印刷术
13	徐静	女	湖北南漳	儿童图书馆管理辅导工作之心理学方面的研究
14	严玉文	女	河北饶阳	图书馆阅读指导之研究
15	杨淑田	女	湖北云梦	成人利用图书馆的习惯培养法
16	杨素宜	女	甘肃天水	大学图书出纳管理问题
17	杨香阁	女	西康会理	西康全省图书教育施行计划
18	杨育淑	女	湖北汉阳	中国目录学之演变
19	杨正瑢	女	湖北谷城	儿童图书馆经营法

资料来源:国立社会教育学院校友会.国立社会教育学院校友录[M].璧山:国立社会教育学院校友会,1945:29−30;国立社会教育学院院长室.国立社会教育学院概况(三十七年五月)[M].苏州:国立社会教育学院院长室,1948:155−156;教务处.本院历届学生毕业论文题目一览[J].教育与社会,1947,6(2/3):64−70.

---

①　国立社会教育学院校友会.国立社会教育学院校友录[M].璧山:国立社会教育学院校友会,1945:29−30;国立社会教育学院院长室.国立社会教育学院概况(三十七年五月)[M].苏州:国立社会教育学院院长室,1948:155−156.

8 月 10 日

沈祖荣复函查尔斯·H. 布朗。沈祖荣在信中指出,全球战争即将结束,中国将再次迎来发展图书馆学教育的和平时代,所以他已经分别致函美国各图书馆学校(或图书馆学院系),请对方提供一切可能提供的最新图书馆学教育资料①。他恳请查尔斯·H. 布朗给予帮助,并随信附上一份长达 3 页的《文华图书馆学专科学校战后工作计划(草案)》。

文华图书馆学专科学校战后工作计划(草案)

致文华图书馆学专科学校的全体支持者和朋友:

为了中国战后教育和文化的发展,我们全体签名者谨代表文华图书馆学专科学校,高兴地向你提交这份呼吁书。我们希望你对文华图书馆学专科学校的兴趣和对文华图书馆学专科学校之壮志的共鸣将使你对下述计划给予你巨大的支持,以便能迅速而全面地实现这一计划。

1. 建立韦棣华纪念图书馆

美国圣公会传教士韦棣华女士在华服务的三十年中建立了文华公书林,并以各种方式展现了现代图书馆的实务。

为了满足中国图书馆的人才需求,她创办了文华图书科。为促使美国政府将庚款余额退还中国,她不辞劳苦,四处奔波,最后确保了将庚款的大部分余额用于中国图书馆事业。她对邀请鲍士伟博士来华指导图书馆事业和组织中华图书馆协会颇有帮助。在其最后一次返美期间,她力促废除与中国签订的和有关的一切不平等条约。自韦棣华女士于 1931 年逝世以来,文华的全体同仁一直不负韦棣华女士的重托努力经营文华图书馆学专科学校。最为遗憾的是,武昌文华公书林在日寇的蹂躏下已沦为牺牲品。为了永久地纪念韦棣华的功绩,我们相信:一切像韦棣华一样在心中对中国的福利真正关心的人们一定会携手共建一所更好的图书馆以弥补这一损失。

韦棣华纪念图书馆应体现如下特点,即:将实现韦棣华女士的

---

① 目前尚不清楚沈祖荣究竟给哪些美国图书馆学校(或图书馆学院系)写信请求帮助,但肯塔基大学图书馆学系(Department of Library Science, University of Kentucky)肯定是其中之一。具体参见:University of Kentucky Library School gives to China[J]. Bulletin of the Kentucky Library Association,1946,11(1):14.

多项遗愿,与文华图书馆学专科学校的工作协调一致,并与中国图书馆的发展融为一体。这里仅提一下这些基本特点就够了。韦棣华女士是一位名符其实的注重公共服务的美式图书馆倡导者,是一位主张一切形式的知识资源都应同时供学生使用的多才多艺的人。在文华公书林,不仅有韦女士收集的图书,而且还有影片、幻灯片、录音带和古器物。因此,韦棣华纪念图书馆最好应是一所包罗各种博物的免费流通图书馆。为了给文华图书馆学专科学校的学生提供学习和研究的一个充足设施和一个良好的实习实验室,韦棣华纪念图书馆应该拥有较好的图书馆学、档案学和博物馆学图书、期刊和工具的馆藏,且其基本馆藏还必须突出各主要研究领域的参考书和基本著作。

毫无疑问,随着和平的到来,文华图书馆学专科学校即将返迁的武汉三镇将会成为一个非常重要的商业、工业和通讯中心。显然,韦棣华纪念图书馆将还会注重商业和技术,以服务于该社区。总之,鉴于内在和外在的各种原因,应该建立韦棣华纪念图书馆,这将成为中美图书馆界之间的一条永久的纽带。回想文华公书林成为中国图书馆运动中心的过去岁月,我们感到由衷的满意。是否可能在汉口或武昌建立一所有点类似匹兹堡的纽瓦克公共图书馆(Newwark Public Library)或卡内基理工学院图书馆(Carnegie Institute of Technology Library)模式的图书馆以使韦棣华女士为中国首创的服务事业永垂不朽呢?

2. 实施本计划的建议方案

我们完全明白:在实施上述计划中,所需费用将是一个很大的数目。当然,文华图书馆学专科学校没有财力启动该计划,更不用说将其进行到底了。无疑,中国的现状是希望有人或有几个财团承担其全部费用。因此,我们不得不对美国给予文华以实际帮助寄予巨大的希望。第一次世界大战以后,通过卡内基的捐款,曾重建了卢温大学图书馆(The University of Louvain Library)。东京帝国大学(Tokyo Imperial University)图书馆在1923年的大地震之后通过洛克菲勒基金会的资助而完全复原。美国图书馆协会在巴黎已经建立了所谓的美国图书馆学校(American Library School)。最近由美国国务院或在美国国务院的赞助下在拉丁美洲建立的图书馆组织已发挥了多种效益。诚然,就美国而言,如果这三方或任何一方能够把文华的这个请求看作是真正有价值的,并进而给予大力的支持的话,那么,这将是一个高尚的行为。

我们不敢说因为文华图书馆学专科学校能够得到其美国的支持者和朋友的关照,她就是一所特别重要的学校。但是,我们仍然相信文华图书馆学专科学校必将会得到美国、美国图书馆界和韦女士家乡的这样或那样的帮助。这种来自国外的帮助将比其捐款更有意义,因为它将使得文华图书馆学专科学校更易获得国内民众的贡献和捐赠。同时向中国的一些有兴趣的各方提出建议亦是我们计划的一部分。

3. 把文华图书馆学专科学校发展成为一所授予学位的图书馆学、档案学和博物馆学学院

自 1920 年继文华公书林之后创办文华图书馆学专科学校以来,在其 25 年的发展历史中,文华图书馆学专科学校已经形成了始终不渝地坚持服务之理想、倡导学术研究、竭力满足中国图书馆之需求、忠诚图书馆教育事业的特点。战后必须从两个方面加强文华图书馆学专科学校的建设,即继续发扬其优良传统和保证其进一步的发展。我们认为:在战后文华图书馆学专科学校的规划中,我们应采取立即的步骤将其发展成为一所名实相济的授学位的学院,而不是作为韦棣华纪念图书馆的组成部分。

这个发展计划是一项可行的计划,而且我们有理由规划文华图书馆学专科学校的近期发展,这些已为我们提供了基础。文华图书馆学专科学校对中国图书馆事业的贡献是一个世人皆晓且无需数说的事实。早在 1936 年,文华图书馆学专科学校因预见到政府档案管理人才的巨大需求而率先开始开设了档案培训课程以提前满足档案管理人才的需要。这个新的专业教育领域的创设已完全证明是正确的。1940 年教育部在我校原有的图书馆科的基础上又批准设立了档案管理科。教育部还进一步连续四年拨款在文华图书馆学专科学校开办了为期四个月的档案管理短期培训班。

遵照中国政府的有关条例,建立授予学位的学院必须要有三个科系。文华图书馆学专科学校已经在组建第三个科,即博物馆学科。在文华图书馆学专科学校开办博物馆学教育曾是文华图书馆学专科学校创办人韦女士的远大抱负。因为去年文华图书馆学专科学校已经开设了两门博物馆学课程,并且目前正在建设一个小规模的博物标本研究专藏,因此,文华图书馆学专科学校多年自身努力的真正结果就在于事实上承认文华图书馆学专科学校是一所高

等学校。这种变化将吸引很多的有志青年选择图书馆、档案馆和博物馆事业作为终身职业。

我们还渴望将来邀请美国和英国的档案学、博物馆学和图书馆学专家在培训中国学生和管理韦棣华纪念图书馆的各部门方面与我们合作。这份计划和韦棣华纪念图书馆以及文华图书馆学专科学校将因此而成为中国的一所真正的国际文化学院。如果能够荣幸地获得资助建立一所与韦棣华的荣誉相称的良好图书馆的话,那么,文华图书馆学专科学校就会享有其他学校所不具备的优势。拥有整整25年图书馆学教育经验的文华图书馆学专科学校将能胜任这项工作。25名以上的文华图书馆学专科学校毕业生已在美国接受了进一步的专业培训,其中五位现在仍在美国从事图书馆实际工作,如果将他们召回,那么,他们将会倾全力于未来的韦棣华纪念图书馆和文华图书馆学专科学校。所以,在战争胜利后建设一个新中国的过程中,文华图书馆学专科学校将会在这一特定事业中发挥领导的作用。中国将会像其在中世纪以前一样在未来为世界作出巨大的贡献。[①]

8 月 15 日

日本宣布无条件投降。随后数日,沈祖荣迅速对《文华图书馆学专科学校战后工作计划(草案)》进行修改、补充、定稿,并在一个月左右的时间内用打字机打印数十份《文华图书馆学专科学校战后工作计划》定本,陆续将其寄往国内外各地,以便争取中外各界人士的支持。从后来的实际进展情况来看,各方均对沈祖荣的计划给予了道义上的支持。比如,英国议员罗克拜(Percy M. Roxby)在收到沈祖荣的计划后,嘱托其办公室通过英国文化协会[The British Council,原称"英国对外关系委员会"(British Committee for Relations with other Countries)、"英国对外关系协会"(British Council for Relations with other Countries)]和设在印度加尔各答的中国关系处转给驻在重庆的英国驻华大使馆,并附上一封推荐信,内称,"我曾有机会亲自察看过在非常困难的条件下文华图书馆学专科学校一直在从事的杰出工作,并热忱地推荐该项韦棣华纪念图书馆计划。我确信:在中国最需要高效的图书馆服务的时候,这项计划会给处在重建的重要时期的中国提供极大的服务"[②]。

---

① 程焕文. 中国图书馆学教育之父:沈祖荣评传[M]. 台北:台湾学生书局,1997:138 – 144.

② 程焕文. 中国图书馆学教育之父:沈祖荣评传[M]. 台北:台湾学生书局,1997:144 – 146.

8 月 22 日

沈祖荣给美国洛克菲勒基金会远东区域主任巴尔弗（Marshall C. Balfour）寄去《文华图书馆学专科学校战后工作计划》定本。全文共 8 页，包括 4 页正文和 4 页附录。正文内容与草案大同小异，附录共计 6 种，包括"韦棣华纪念图书馆初始费用""三年详细维持预算""组织""文华图书馆学专科学校董事会名单""国内外 250 名拥有图书馆职位的文华图书馆学专科学校毕业生统计表""过去三年文华图书馆学专科学校所得收入表"①。

8 月 30 日

邓衍林在印度加尔各答乘坐美国"A. W. 格里利将军号"运输舰 [U. S. S. General A. W. Greely（AP141）]前往美国②，9 月 26 日抵达纽约③。抵美后，他进入哥伦比亚大学研究生院深造，1946 年 6 月获教育学专业文学硕士学位。毕业之后，他曾在哈佛燕京图书馆短暂担任中文书技术助理，直至 1946 年 8 月童世纲到任。其后，他担任联合国秘书处会议事务部制版组中文校对员达 10 年之久，1956 年 11 月偕同家人一起回国④。

8 月

张松涛等人计划在开封复办私立尚志高级文书科职业学校，但未能成功⑤。

浙江省教育厅制定《浙江省三十四年度社会教育人员训练办法》。该办法规定，浙江省各级社会教育机关工作人员应参加民众教育人员训练、图书教育人员训练或学校办理社会教育人员训练中的任意一种。其中，图书教育人员训练由浙江省立图书馆主办，为期三个月，旨在"训练县立图书馆馆长或组主任、县私立中学图书室主持人等，每一机关应指

---

① 程焕文. 中国图书馆学教育之父：沈祖荣评传[M]. 台北：台湾学生书局，1997：144 – 145.

② New York, New York passenger and crew lists, 1909, 1925 – 1957[EB/OL]. [2018 – 11 – 08]. https：//www. familysearch. org/ark：/61903/3：1：3QS7 – 894G-P947-F？i = 10&cc = 1923888.

③ New York, New York passenger and crew lists, 1909, 1925 – 1957[EB/OL]. [2018 – 11 – 08]. https：//www. familysearch. org/ark：/61903/3：1：3QS7 – 994G-P9C1-V？i = 11&cc = 1923888.

④ 周余姣. 邓衍林之生平、著述与贡献[J]. 中国图书馆学报，2017（1）：107 – 126.

⑤ 黄俊琳，王金玉. 尚志文书学校始末[J]. 档案管理，1993（3）：44 – 45.

定一人"。所设课程包括"社教概论""图书馆学""分类学""目录学"
"书籍选择""参考书""索引与检字"等①。

9月1日

受浙江省教育厅委托,浙江省立图书馆开办图书教育人员函授训练
班,为期3个月,11月30日结束。此次共有36名学员,均为浙江省各县
立图书馆及民众教育馆图书室工作人员。所设课程分为总务、采编、阅
览与推广四类,由浙江省立图书馆编发讲义供学员使用。最后仅有15
人考核合格,由浙江省教育厅核发结业证书②。这15人包括高尧坡、谷
友梅、计维娟、蒋永利、刘炯、毛超凡、潘国存、孙明昂、吴雪琴、徐笑中、严
乃昌、杨素英、游倩华、张荫坤、郑求是③。

9月2日

文华图专1945年秋季第二次招生考试在该校举行,定于考试结束
后一周内通过专函将考试结果通知各个考生④。

9月26日

重庆英国驻华大使馆文化关系处主任蒲乐道(John Blofeld)写信推
荐沈祖荣的《文华图书馆学专科学校战后工作计划》,内称:"我已经阅
读了文华图书馆学专科学校关于建立新图书馆和在武昌扩展其图书馆
学校的计划。鉴于该校在过去曾取得优异的成绩和中国亟需图书馆与
受过良好教育的馆员,我极力推荐尽一切可能给予他们积极的支持。"⑤

9月28日

沈祖荣致函美国图书馆协会秘书卡尔·H.米兰(Carl H. Milam),进
一步阐述《文华图书馆学专科学校战后工作计划》的必要性和重要性,并

---

① 浙江省教育厅. 浙江省三十四年度社会教育人员训练办法[J].绍兴县政府公报,1945
(13):15－16.
② 《浙江图书馆志》编纂委员会. 浙江图书馆志[M].北京:中华书局,2000:137.
③ 浙省立图书馆奉令办理图书教育训练班[N].申报,1946－08－20(6).
④ 文华图专校长沈祖荣关于检送该校三十四年度秋季招生简章请予备案上教育部的呈
(附简章)(一九四五年六月十八日)[G]//姚乐野,马振犊. 近代图书馆档案汇编:第一辑 第
四册. 北京:国家图书馆出版社,2021:347－356.
⑤ 程焕文. 中国图书馆学教育之父:沈祖荣评传[M].台北:台湾学生书局,1997:146.

邀请对方作为该计划的发起人之一①。

9 月

文华图专图书馆学专科第八班和档案管理科第五班新生注册入学。

10 月 17 日

袁同礼致函王重民，内称："本馆将与北大合作，在北平办一训练机构。凡目录、版本之课程，由北大担任；凡分类、编目及技术课程，由本馆担任。亦盼台端返国协助训练高级人才。"②

11 月 20 日

美国图书馆协会秘书卡尔·H. 米兰复函沈祖荣，内称，"虽然你可能会收到我们的国际关系办公室或东方委员会主席布朗的复信，但是，我还是想个人对你的 9 月 28 日来函作一答复。你的来信唤起了我们对我们的中国朋友对图书馆服务和图书馆教育的热忱的美好回忆，并且我们都把这一切归功于韦棣华女士。在最近召开的一次国际关系董事会会议上，不仅讨论了你的建议，而且还讨论了其他几项计划。自然，现在还不可能找到这些非常艰难的问题的现成答案。会议决定到 12 月举行另一次会议时再作进一步的讨论。现在仍需等待那时能否作出令人满意的建议。不管怎么说，我肯定你明白：我们对你的建议有兴趣且会认真地考虑"③。

12 月 1 日

中华教育文化基金董事会在重庆召开第十八届年会，议决通过 1946 年年度预算及复员办法等事项④，包括拨给文华图专 1946 年年度补助金 60 万元，其用途为"维持费"⑤。

---

① 程焕文. 中国图书馆学教育之父:沈祖荣评传[M]. 台北:台湾学生书局,1997:145 - 146.

② 抄袁守和先生来信[M]//北京大学信息管理系,台北胡适纪念馆. 胡适王重民先生往来书信集. 北京:国家图书馆出版社,2009:438.

③ 程焕文. 中国图书馆学教育之父:沈祖荣评传[M]. 台北:台湾学生书局,1997:147.

④ 中华教育文化基金董事会. 中华教育文化基金董事会第十六次报告[R]. 北平:中华教育文化基金董事会,1947:3 - 4.

⑤ 中华教育文化基金董事会. 中华教育文化基金董事会第十六次报告[R]. 北平:中华教育文化基金董事会,1947:8.

衰 退

（1946—1949 年）

1946 年

◎ 沈祖荣积极推进文华图专迁返武昌复校事宜
◎ 王重民与胡适沟通北京大学开办图书馆学教育事宜
◎ 上海文化函授学院创办,下设工商档案管理学系
◎ 私立崇实档案函授学校创办
◎ 广东省图书馆协会举办图书馆学讲习班
◎ 童世纲、徐亮、吴文津赴美留学或交流
◎ 张铨念、顾家杰及孙云畴分获公费及自费留学资格

年初

江苏省立教育学院复校,仍设社会教育学系,而社会教育学系之下依旧分设图书馆组[1]。

1月8日

沈祖荣呈文湖北省政府主席王东原,请求对方协助文华图专复校[2]。

1月9日

沈祖荣再次呈文湖北省政府主席王东原,请求对方将武昌平阅路蛇山山麓前国立武昌高等师范学校校址(包括红砖墙楼房二栋、后面小屋一栋以及短垣、围墙、空地等)拨给文华图专接收使用,以便其复

---

[1] 顾烨青. 植根民众教育,造就专业人才:苏州大学图书馆学教育前身(1929—1950)历史贡献述评[C]//南京大学. 第十届海峡两岸图书资讯学学术研讨会论文集. 南京:南京大学,2010:152 - 163.

[2] 武昌图专科关于复校请求协助的呈[A]. 湖北省档案馆,案卷号:LS10 - 6 - 277 - P50. 转引自:王郭舜. 湖北省档案馆馆藏私立武昌文华图书馆学专科学校史料选辑[J]. 档案记忆,2020(7):24 - 37.

校办学[1]。

严文郁致函胡适,建议北京大学增办图书馆学教育。他指出:"现时图书馆人才非常缺乏。北大为全国最高学府,应请于文学院添设图书、博物、档案管理学系。现在国内虽有二处设有此科,惟师资缺乏,设备简陋,学生裹足不前。北大应担负训练此种人才之责任。"[2]

1月26日

袁同礼致函王重民,称:"图书博物专科事,曾与孟真谈过。渠谓北大方面,不赞成太职业化。故目前计划,拟由北大、故宫及本馆合组一研究部,趋重自由讲学,为高级班。至于初级班,则为三机关在职人员之进修而设。目前师资颇成问题,俟到美后,当约美籍教授数人来华参加工作。"[3]

湖北省教育厅厅长钱云阶就文华图专请求协助复校一事呈文湖北省政府主席王东原,并拟具处理办法,请其鉴核[4]。

2月8日

湖北省政府主席王东原签发湖北省教二特字第 121 号指令,对文华图专请求协助复校一事进行批复,内称:"查该校所请将前国立高师校址内红砖墙楼房二栋及后面小屋一栋暨短垣、围墙、空地原系国立武汉大学产业,此次复员武大曾经函请发还有案,该处碍难拨归该校接收。至国立高师校址内其他校舍,本省为救济收复区学生失学计,业经将所有校舍划为省立武昌临时中学接收,并已开学上课。据呈前情,除令饬武昌市政筹备处将武昌抱冰堂原十桂堂旧址及其西部、后面空地拨为该校校址外,仰即派员达赴武昌市政筹备处接洽。至请准该校学生入省立图

---

① 湖北省政府关于武昌图专复校选址的指令(省教二特字第 121 号)[A].湖北省档案馆,案卷号:LS10-6-277-P41.转引自:王郭舜.湖北省档案馆馆藏私立武昌文华图书馆学专科学校史料选辑[J].档案记忆,2020(7):24-37.

② 邹新明.二十世纪三四十年代严文郁写给胡适的两封信:史料、纪念与感想[J].大学图书馆学报,2009(2):105-110.

③ 抄袁寿和先生来信[M]//北京大学信息管理系,台北胡适纪念馆.胡适王重民先生往来书信集.北京:国家图书馆出版社,2009:438.

④ 湖北省教育厅关于武昌图专科复校选址的呈[A].湖北省档案馆,案卷号:LS10-6-277-P55.转引自:王郭舜.湖北省档案馆馆藏私立武昌文华图书馆学专科学校史料选辑[J].档案记忆,2020(7):24-37.

书馆学习一节,必要时准参加该馆实习,并仰知照。"①

2 月 13 日

国立社会教育学院向国民政府教育部呈文,请求将该校图书博物馆学系分拆为图书馆学系和博物馆学系两个学系②,但最终未获批准。

3 月 1 日

王重民致函胡适,涉及北京大学创办图书馆学专修科一事。全文如下:

> 适之先生道鉴:
>
> 今日奉到上月二十七日所写长信,对于成立图书馆学科一事,于近来中、美友朋间所传说之原委,现在可说十分明了! 重民再补充一些袁守和先生方面的消息,便更能明白了。
>
> 袁先生去年十月及今年一月两次来信,别纸钞呈。依重民推测,孟真先生不赞成太职业化,固然很中肯綮,恐里面还有一点别的小文章,大概是顾虑到蒋复璁和袁先生个人的问题。文华经蒋之联络与鼓动,已树叛袁附蒋旗帜。在这个当儿北大来办图书系,未免是助袁压蒋。或孟真先生有见及此,有意躲避蒋慰堂将来闹麻烦。
>
> 再说袁先生第二计划是合组一研究部,后来他又致韩寿萱兄一信,说这研究部拟设在团城。但经费从何而来,研究部尚未确定,焉能先请美籍教授? 况说这个机关如果建立起来,显系和文华南北相对。所以重民愚见,第一计划最好,若依先生理想,我们是真要造就高深人才,并非文华所能企望,谈不到对立。再有美国帮一点忙,那更好了。第二个计划不应实现,而且也没有经费来实现;就是实现了,一定引起图书馆界的纷争,所得不偿所失。重民俟袁先生到后,一定要劝他。同时希望,先生把第一个计划实现出来,袁先生也就自然不去努力第二个计划了。谨将重民所见到的坦白写出,

---

① 湖北省政府关于武昌图专复校选址的指令(省教二特字第 121 号)[A].湖北省档案馆,案卷号:LS10 - 6 - 277 - P41. 转引自:王郭舜.湖北省档案馆馆藏私立武昌文华图书馆学专科学校史料选辑[J].档案记忆,2020(7):24 - 37.

② 国立社会教育学院系科增设给高等教育司的呈文[A].中国第二历史档案馆,案卷号:五 - 2199.

俟三月四日先生与黄、白二公见面时,便可预先从这件"人事"方面想一想。

……

　　专此,敬请

著安!

后学王重民敬上

卅五年三月一日①

3 月

上海文化服务社创办上海文化函授学院,王揆生担任院长②。该校计划开设新闻学、图书馆学、文学、工商档案管理学、教育、法律6种课程③,每种课程设为一系,但暂时仅设新闻学和工商档案管理学两系④。其中,工商档案管理学系的修学年限为三个月,学费为一万元,讲义费、改卷费、邮费及杂费包含在内⑤。该系第一届学生共计40人,包括:曹象绥、陈民选、陈仁荣、陈寅、陈质文、戴昌悦、邓轶凡、董仲逸、方绍人、冯泪青、顾志舫、蒋汉民、蒋子庆、李叔良、梁国钧、林群宋、陆君木、陆彝、潘经武、裴伯祥、任祥麟、沈钧良、沈民福、沈永祥、苏伟业、孙丕观、魏次六、吴曾栋、吴鸿瑾、吴铁文、姚良仁、叶德炫、叶愿若、詹泊云、张仁钧、张惜金、郑汝彬、郑汝芳、周杏生、朱尧明⑥。

上海文化函授学院工商档案管理学系的课程说明如下:"本院所编工商档案管理学讲义,计分十二章,每周寄发一章。学员三个月读毕后,对于工商档案管理学之理论与实际,可得一概括而明确之认识,作为就业之准备、在业之参考。其内容为档案管理之演进、定义及重要性,文件从收发到归档案,工商档案之种类、索引、分类、资料档案、备忘档案、庋藏、调阅和出借、转置和销毁,设备用品和用具,及档案室之工作组织和管理,另附参考资料多种。"⑦这本讲义即陆时万编撰的《工商档案管理学》。

---

①　王重民致胡适(1946年3月1日)[M]//北京大学信息管理系,台北胡适纪念馆. 胡适王重民先生往来书信集. 北京:国家图书馆出版社,2009:437-438.

②　沪文化函授学院各县均设免费额[N]. 申报,1946-03-29(4).

③　上海文化函授学院[N]. 申报,1946-04-13(5).

④　沪文化函授学院各县均设免费额[N]. 申报,1946-03-29(4);上海文化函授学院简章[J]. 上海文化函授学院院讯,1946(1):4.

⑤　上海文化函授学院简章[J]. 上海文化函授学院院讯,1946(1):4.

⑥　本院学员一览(一)[J]. 上海文化函授学院院讯,1946(2):4.

⑦　课程说明[J]. 上海文化函授学院院讯,1946(1):4.

其书名由徐国懋题写,封面明确标注"上海文化函授学校讲义",但并未标注具体刊印时间。该书分为两册,每册 6 章,共计 12 章。

私立崇实档案函授学校正式创办,并开始招生①。该校以"研习文书档案学术,增进科学管理技能,用函授方法,极短期内,培养专门人才,以应政府机关之需要,而达改革文书档案之目的"。下设文书处理科和档案管理科,"各分设初级、高级两班。凡初学文书档案者,入初级班研习,为担任文书档案佐理人员之准备;现行文书档案工作人员或已具有两项之学识技能者,入高级班研习,为担任文书档案干部人员之准备。至各科各班学员,如欲来校面授者,每班须有 10 人以上之名额方可开班,其办法另定之。""各科各班课程,均定为三个月毕业,不得延长。但学员因病或有特别事故不能依限修毕时,得取具证明,来函声叙理由请求延期,惟不得逾一个半月。延期计算,自函授之日起至四个月为止。如不能依限习完,或中途无故停止在两周以上未交课卷,经函催未复者,作为自行辍学论。"②

关于私立崇实档案函授学校的教师、课程设置、讲义,分别详见表1946 - 1、表 1946 - 2、表 1946 - 3。

表 1946 - 1　私立崇实档案函授学校教师一览

职务	姓名	履历
校长	殷钟麒	主持档案十载,经历九大机关案卷,历任档案讲师、指导员、主任,荐任股长等职。文书档案著述二十余种
教师	钟舒余	国民政府教育部前档案主持人
	何晋琮	中央设计局档案主持人
	苗作斌	财政部花纱布管理局档案主持人
助教	刘泽统	四川省永川县政府档案主持人
	张星泉	四川省财政厅档案主持人

资料来源:中国第二历史档案馆. 民国时期文书工作和档案工作资料选编[G].北京:档案出版社,1987:669.

---

① 殷钟麒. 自序[M]//殷钟麒. 中国档案管理新论. 重庆:私立崇实档案学校出版部,1948:9 - 17;中国第二历史档案馆. 民国时期文书工作和档案工作资料选编[G].北京:档案出版社,1987:666.

② 中国第二历史档案馆. 民国时期文书工作和档案工作资料选编[G].北京:档案出版社,1987:666 - 669.

表1946－2　私立崇实档案函授学校课程一览

分科	分班	所设课程	备注
文书处理科	初级班	(1)文书处理概论;(2)档案管理概论;(3)公文程式;(4)打字法	两科学员并得互为购阅讲义
	高级班	(1)文书处理绪论;(2)文书处理行政;(3)文书处理原则;(4)文书处理程序及方法(内分总收发文、司科收发文、呈阅、交办、拟稿、校判、缮校、监印及机密文件各项处理之理论与实际);(5)公文检查;(6)公文简化问题;(7)档案管理概论	
档案管理科	初级班	(1)档案管理概论;(2)文书理处概论;(3)公文程式;(4)检字法	
	高级班	(1)档案管理绪论;(2)档案管理行政;(3)文书档案连锁办法之实施;(4)档案管理程序及方法(内分点收、登记、分类、编目、编卷、装订、排列、典藏、出纳各项处理之理论与实际);(5)整理旧卷;(6)公文检查;(7)文书处理概论	

资料来源:中国第二历史档案馆.民国时期文书工作和档案工作资料选编[G].北京:档案出版社,1987:666－669.

表1946－3　私立崇实档案函授学校档案科高级班讲义一览

章	节	具体内容
弁言		
第一章 绪论	第一节　档案之意义	一、档案名词之由来;二、档案与文书之区别;三、档案管理之范围;四、档案之种类
	第二节　档案之功用	一、供行政之参考;二、备修史之用;三、作学术之研究
	第三节　档案之重要性	
	第四节　档案管理之简史	一、各国管理档案情形;二、中国历代档案之概观;三、过去档家管理之缺点;四、改革档案运动之经过

续表

章	节	具体内容
第二章 行政	第一节 档案组织之体系	一、应有独立组织之理由;二、独立组织之体系
	第二节 档案管理之制度	一、管理方式;二、工作分配;三、合作联系
	第三节 档案管理之人事	一、人事之重要;二、人事之困难;三、人事之制度
	第四节 经费之独立	
	第五节 工具之创造	
	第六节 研究及考察	
第三章 办法	第一节 文书档案连锁办法之实施	甲、编号统一;乙、分类统一;丙、登记统一
	第二节 点收	
	第三节 登记	
	第四节 分类	甲、分类之重要;乙、分类表之编制;丙、分类之档号;丁、分类之处理;戊、分类之商确
	第五节 编目	甲、档案分类目录;乙、案卷目录单;丙、电文登记簿;丁、文号对照表;戊、索引目录;己、附件目录
	第六节 编卷	甲、立卷;乙、归附
	第七节 装订	
	第八节 典藏	甲、卷箱;乙、排列;丙、卷库;丁、保管与销毁
	第九节 出纳	甲、责任;乙、手续
	第十节 整理旧卷	甲、应保存者;乙、应废弃者

资料来源:中国第二历史档案馆. 民国时期文书工作和档案工作资料选编[G].北京:档案出版社,1987:670 – 672.

5 月 2 日

文华图专开始举行图书馆学专科第六届和档案管理科第四届毕业考试,5 月 7 日结束。图书馆学专科毕业考试监考委员会包括沈祖荣、徐家麟、岳良木、林伯遵、严士佳 5 人,档案管理科毕业考试监考委员会包括沈祖荣、徐家麟、林伯遵、严士佳 4 人。图书馆学专科的毕业考试科目包括"图书馆行政""图书订购""中文编目""西文编目""西洋目录学"

"各种分类法""人事登记""档案经营""史地概论""英文",档案管理科的毕业考试科目则包括"档案分类编目""档案行政""西洋档案""中国目录学""中文编目""史地概论""史料整理""英文"①。

5月5日

国民政府在南京举行还都典礼②。此后,国立社会教育学院奉令迁到南京办学。陈礼江先行前往南京,选定南京郊区栖霞山为永久院址,同时商借苏州东北街拙政园为临时院址。永久院址确定后,该校师生分别乘坐车、船、飞机等交通工具前往南京③。文华图专则奉令迁回武昌④。

5月10日

查尔斯·H. 布朗复函沈祖荣,内称:

我已经将你寄来的目录复制并送给了美国图书中心和华盛顿ALA办公室。但是,我们要向你提出如下问题:文华图书馆学专科学校的未来如何? 它是否会与中国的某个正规大学联合? 如果是,那是什么大学? 文华图书馆学专科学校将设在何处? 它获得永久财政资助的可能性有哪些? 能够从中国政府得到哪些帮助? 在这些问题没有答案之前,别指望我们寄给你们任何图书。如果文华图书馆学专科学校与某个私立大学联合的话,那么就有可能得到资助的基金,因为中国的私立大学正在制定财政争取计划,这将使私立大学的各系得到充足的经费支持。我认为:在中国为任何一个完全独立于大学之外的学校筹措基金都将是非常不可能的。实际上,我所交谈过的所有人都同意这一点。就我所知,现在有好几所大学想办图书馆学校,而你正处在为文华图书馆学专科学校的未来作出最有希望的安排的值得羡慕的位子上。你晓得中国图书馆学校的历史,知道所有这些图书馆学校一直是怎样与大学联合在一起

---

① 私立武昌文华图专档卷·图六学生毕业及成绩[A].武汉大学档案馆,案卷号:1946 – 4.

② 杨立强,刘其奎. 简明中华民国史辞典[M].郑州:河南人民出版社,1989:326 – 327.

③ 国立社会教育学院院长室. 国立社会教育学院概况(三十七年五月)[M].苏州:国立社会教育学院院长室,1948:1 – 2.

④ 教育文化机关复员,教部排定迁移次序[N].华北日报,1946 – 05 – 14(3).

的。我们希望在中国的各种协商都能按照最有希望的目标进行。中国非常感谢你所做的一切,但是,从你的开明看法来看,你会轻易地明白:新的形势需要一个与 20 年前的情形不同类型的图书馆学校。①

5 月 11 日

国民政府教育部发布总字第一六一九号部令,公布《教育部三十五年公费生留学考试章程》,后附《教育部卅五年公费生留学考试专门科目表》。据《教育部三十五年公费生留学考试章程》,该年计划招收"留法交换生五十名"(含"博物馆学二名")、"留英公费生四十名"、"留美公费生四十名"(含"图书馆学二名")、"留瑞士公费生二十二名"、"留瑞典公费生十三名"、"留丹麦公费生七名"、"留澳洲公费生四名"、"留比公费生五名"、"留荷公费生四名"、"留加拿大公费生二名"、"留意公费生三名",6 月 1—30 日在南京、重庆、北平、上海、西安、武汉、广州与昆明八地报名,投考资格如下:"(1)曾在公立或已立案之私立大学或独立学院毕业者。(2)曾在公立或已立案之私立专科以上学校毕业并曾任与所习学科有关之职务或研究工作二年以上者。"②另据《教育部卅五年公费生留学考试专门科目表》,此次所设应考学门当中含有"图书馆学",其"应考资格(院科系组毕业)"为"图书馆系科",考生需要考"分类""编目""参考"三个专门科目③。

5 月

文华图专图书馆学专科第六届和档案管理科第四届毕业生离校。其中,图书馆学专科第六届共计 8 人,包括昌少骞、陈静娴、陈宪章、何建初、容玉秀、杨虞华、张天骧、赵贞阁(见表 1946 - 4)④。赵贞阁后来曾编撰《中文图书编目凡例》,留有手稿⑤。档案管理科第四届毕业生只有 2人,即石安福和钟耕华(见表 1946 - 5)⑥。

---

① 程焕文. 中国图书馆学教育之父:沈祖荣评传[M].台北:台湾学生书局,1997:148 - 149.
② 教育部三十五年公费生留学考试章程[J].教育部公报,1949,18(5):5 - 7.
③ 教育部卅五年公费生留学考试专门科目表[J].教育部公报,1946,18(5):7 - 9.
④ 彭敏惠. 文华图专珍稀史料图录[M].武汉:武汉大学出版社,2020:275.
⑤ 彭敏惠. 文华图专珍稀史料图录[M].武汉:武汉大学出版社,2020:211.
⑥ 彭敏惠. 文华图专珍稀史料图录[M].武汉:武汉大学出版社,2020:280.

表 1946-4　文华图专图书馆学专科第六届毕业生(1946 年 5 月)一览

序号	姓名	字号	性别	籍贯	备注
1	昌少骞	占福、望宝	男	湖北沔阳	又称"昌绍文""昌少千"
2	陈静娴		女	湖南长沙	
3	陈宪章		男	山东潍县	
4	何建初		男	浙江慈溪	档案管理短期职业训练班第五届毕业生
5	容玉秀		女	河南开封	
6	杨虞华		女	湖北天门	
7	张天骧		男	湖北江陵	
8	赵贞阁		女	北平	

表 1946-5　文华图专档案管理科第四届毕业生(1946 年 5 月)一览

序号	姓名	性别	籍贯
1	石安福	男	四川凉山
2	钟耕华	男	山东益都

美国肯塔基大学图书馆学系(Department of Library Science, University of Kentucky)收到沈祖荣的感谢信。沈祖荣在信中对该系向文华图专赠送图书馆学资料表示诚挚的感谢,同时称文华图专仍然急需各类图书或其他印刷品①。

6 月 5 日

沈祖荣呈文国民政府教育部,请求批准文华图专举行 1946 年秋季招生考试②。

6 月 16 日

文华图专 1946 年秋季招生考试开始接受第一次报名,6 月 25 日截止,7 月 14 日又开始接受第二次报名,7 月 23 日截止。报考处设在重庆

---

① University of Kentuchky Library School gives to China[J]. Bulletin of the Kentucky Library Association,1946,11(1):14.

② 文华图专校长沈祖荣关于检送该校三十五年度秋季招生简章请予备案上教育部的呈(附简章)(一九四六年六月五日)[G]//姚乐野,马振犊. 近代图书馆档案汇编:第一辑　第四册. 北京:国家图书馆出版社,2021:361-366.

文华图专校园、重庆两浮支路国立中央图书馆、成都国立四川大学图书馆。远道学生和保送生还可以通信方式报考,报名日期为 6 月 15 日至 7 月 25 日①。

6 月 26 日

文华图专 1946 年秋季第一次招生考试在重庆举行,定于 6 月 30 日在《大公报》(重庆版)揭晓考试结果②。

6 月

江苏省立江苏学院行政管理系第二届毕业生离校。该系随即停办③。

表 1946－6 江苏省立江苏学院行政管理系第二届毕业生(1946 年 6 月)一览

序号	姓名	性别	籍贯	序号	姓名	性别	籍贯
1	曹长鑫	男	浙江□□	16	钮钟礼	男	江苏兴化
2	陈嘉言	男	江苏海门	17	彭民和	男	江苏溧阳
3	陈启明	男	福建福州	18	沙纯	女	江苏武进
4	程燮	男	江苏□□	19	沈品珍	女	浙江嘉兴
5	戴园晨	男	浙江□□	20	宋忠国	男	浙江□□
6	董文柒	男	江苏□□	21	孙玉书	男	江苏丹阳
7	高余义	男	江西□□	22	汤学彬	男	江苏武进
8	胡琴棣	女	江苏无锡	23	唐瀛荪	男	江苏盐城
9	黄藩	男	江苏盐城	24	陶国镕	男	江苏□□
10	孔繁宾	男	江苏兴化	25	王家勋	男	江苏铜山
11	李德章	男	江苏兴化	26	王启正	男	浙江□□
12	林坤煌	男	福建厦门	27	王毓麟	男	江苏淮阴
13	刘震东	男	江苏泗阳	28	吴顺松	男	江苏宜兴
14	陆剑豪	男	江苏海门	29	吴仲炳	男	江苏镇江
15	倪思学	男	江苏泰兴	30	徐寿亚	男	江苏□□

①② 文华图专校长沈祖荣关于检送该校三十五年度秋季招生简章请予备案上教育部的呈(附简章)(一九四六年六月五日)[G]//姚乐野,马振犊. 近代图书馆档案汇编:第一辑 第四册. 北京:国家图书馆出版社,2021:361－366.

③ 张衍. 江苏学院档案学教育溯源[J]. 档案学研究,2016(1):51－56.

续表

序号	姓名	性别	籍贯	序号	姓名	性别	籍贯
31	杨丘明	男	江苏□□	39	郑金荣	男	福建仙游
32	叶兆燕	男	浙江慈溪	40	郑源铭	男	浙江乐清
33	易庆云	女	江苏兴化	41	朱春生	男	江苏□□
34	易希曾	男	浙江奉化	42	朱嗣同	男	江苏涟水
35	于绍武	男	江苏淮安	43	庄楚	男	江苏吴江
36	张蘅芗	女	江苏青浦	44	宗绥	男	江苏兴化
37	张锡真	男	浙江绍兴	45	宗震益	男	江苏宜兴
38	赵洁如	女	□□□□				

资料来源:江苏省立江苏学院三十四年度学生名册[M]//江苏学院.江苏省立江苏学院教职员学生一览.三元:江苏学院,1945:插页.注:《江苏学院四十年》载有江苏省立江苏学院行政管理系第二届毕业生中的39人名单(江苏学院四十年编辑小组.历届师长同学名录[M]//江苏省立江苏学院旅台校友会.江苏学院四十年.台北:江苏学院四十年编辑小组,1980:235-237.),《江苏省立江苏学院校史》载有另外6人名单(江苏学院校友联谊会.江苏省立江苏学院校史[M].[出版地不详]:江苏学院校友联谊会,2007:117-119.),合计45人,恰与《江苏省立江苏学院教职员学生一览》所载"江苏省立江苏学院三十四年度学生名册"相应.具体参见:张衍.江苏学院档案学教育溯源[J].档案学研究,2016(1):51-56.

暑假

广东省图书馆协会举办图书馆学讲习班,为期8周,共有30多名学员听讲[①]。

7月5日

童世纲从上海乘坐"M. C. 梅格斯将军号"轮船(S. S. General M. C. Meigs)前往美国[②],7月18日抵达加利福尼亚州旧金山[③]。1946年8月,他开始担任哈佛燕京图书馆中文书技术助理[④],1948年5月底辞职离开[⑤]。在此期间,他还到波士顿大学(Boston University)研究生院深造,

---

① 杜定友.我与图书馆学教育(《治书生活》之三)[J].山东图书馆季刊,1985(4):43-47.

② California,San Francisco,passenger lists,1893-1953[EB/OL].[2019-11-18].ht-tps://www.familysearch.org/ark:/61903/3:1:33SQ-G5GX-98WH? i=421&cc=1916078.

③ California,San Francisco,passenger lists,1893-1953[EB/OL].[2019-11-18].ht-tps://www.familysearch.org/ark:/61903/3:1:33SQ-G5GX-98WH? i=420&cc=1916078.

④ 程焕文.裘开明年谱[M].桂林:广西师范大学出版社,2008:365.

⑤ 程焕文.裘开明年谱[M].桂林:广西师范大学出版社,2008:396-397.

获文学硕士学位(公共管理专业)①。1951 年 1 月,他赴普林斯顿大学葛思德东方图书馆(The Gest Oriental Library,Princeton University)工作②,1952 起担任该馆主任,直到 1977 年退休③。

7 月 21 日

国民政府教育部三十五年公费生留学考试开始在各考区举行。此次考试原定持续四日,后决定免除外国语口试,故而缩短为三日④。考试科目原定包括,"(一)普通科目三种:1. 三民主义及本国史地;2. 国文;3. 留学国语文(如留学国政府采用一种以上之语文者考生可任择一种考试之,如不谙留学国语文者得以英文代之)。(二)专门科目三种:依据各学门性质规定之,详见附表。(三)外国语口试"。各科成绩依百分法计算。其中,"三民主义"及本国史地与国文共占 15%,外国语文占 25%,专门科目占 55%,外国语口试占 5%⑤。

国民政府教育部三十五年公费生留学考试图书馆学门试题具体如下:

分类试题(题号:公专 39,图书馆学门图书馆系科应考):

(一)试申论良好图书分类标准所具备之条件。

(二)图书分类法之编制及运用均不易达到理想的完善境地,其故安在?

(三)试述清四库总目分类之得失。

(四)杜威十进分类法对于我国图书分类学有何影响。

编目试题(题号:公专 40,图书馆学门图书馆系科应考):

一、中文目录中所载各书书名著录之法如何?

二、试将分类上当与标题目录作一比较。

三、What would you say to a beginner in cataloguing about the author,title,subject entries in a cataglogue for a public library.

四、Tell anything you can of the cataloguing of books under two or more titles,but one of them is in the library. Illustrate with examples.

---

①③　DONOVAN M H. James Shih-kang Tung:curator of the Gest Oriental Library 1952 – 1977 [J]. Journal of East Asian libraries,1977(53):57 – 59.

②　程焕文. 裘开明年谱[M]. 桂林:广西师范大学出版社,2008:365.

④　公私费留学生定期举行考试[N]. 中华时报,1946 – 07 – 18(2).

⑤　教育部三十五年公费生留学考试章程[J]. 教育部公报,1946,18(5):5 – 7.

参考试题（题号：公专 41，图书馆学门图书馆系科应考）：

（一）试述图书馆内之参考任务。

（二）试述宋明清三朝官编之类书。①

7 月 22 日

晚上 7 时 15 分，贵州省立图书馆馆长杨毓华在贵州广播电台主讲"介绍一个业余进修的好地方"。这是贵州省立图书馆主办的"图书教育系列讲座"之第一讲②。后续还有五讲，但未悉详情。

7 月 24 日

文华图专 1946 年秋季第二次招生考试在重庆举行，定于 7 月 28 日在《大公报》（重庆版）揭晓考试结果③。

7 月 28 日

国民政府教育部三十五年自费生留学考试开始在各考区举行④。上海考区共有 1172 人报名参加自费生留学考试，其中有 50 多人因证件不合格不能参加考试⑤。报名参加考试的人中只有一人报考图书馆学，未悉具体姓名⑥。7 月 28 日上午考外国语，下午考"三民主义"；7 月 29 日上午考特种课程 A，下午考国数；7 月 30 日上午考特种考试 B，下午考本国史地⑦。

国民政府教育部三十五年自费生留学考试图书馆学门试题如下：

编目试题（题号：自专 17，图书馆学门应考）：

书本目录与卡片目录各有何用？在何种情形下应编制何种？

分类试题（题号：自专 18，图书馆学门应考）：

---

① 教育部三十五年度公费留学考试试题（四）[J]. 读书通讯，1947（142）：19－20.

② 图书教育讲座今晚开始广播[N]. 革命日报，1946－07－22（3）.

③ 文华图专校长沈祖荣关于检送该校三十五年度秋季招生简章请予备案上教育部的呈（附简章）（一九四六年六月五日）[G]//姚乐野，马振犊. 近代图书馆档案汇编：第一辑　第四册. 北京：国家图书馆出版社，2021：361－366.

④ 留学生考试赶发准考证[N]. 中华时报，1946－07－17（2）；私费留学生定期考试[N]. 立报，1946－07－26（2）；考取留学生明夏始能出国，私费生昨日开始考试[N]. 立报，1946－07－29（2）.

⑤⑦ 私费留学生定期考试[N]. 立报，1946－07－26（2）.

⑥ 考取留学生明夏始能出国，私费生昨日开始考试[N]. 立报，1946－07－29（2）.

杜威分类法有何利弊？试详述之。①

7 月

国立社会教育学院图书博物馆学系第二届毕业生离校,共计28人,包括白辉琼、陈丙耀、陈德芝、陈铎、陈兆元、程爱华、程仲琦、郭淑静、何人俊、胡玉梅、黄素贞、贾荣昭、贾云英、林爱芳、刘幽谷、彭逢美、钱世良、宋传山、王玉琢、王正先、吴观国、姚继庆(或作“姚季庆”)、曾季光、曾蒲英、张迓、赵景云、郑式谷、周世瑶、朱学其(见表1946－7)②。

表1946－7　国立社会教育学院图书博物馆学系第二届毕业生(1946年7月)一览

序号	姓名	性别	籍贯	毕业论文题名
1	白辉琼	女	四川江浦	休闲教育的图书馆组织概要
2	陈丙耀	男	四川合川	中学图书馆图书之收藏
3	陈德芝	女	湖北江陵	中国经部书籍分类之研究
4	陈铎	男	陕西洛川	抗战期间新书总目*
5	陈兆元	女	江苏江都	今后中国大学图书馆建筑设计
6	程爱华	女	安徽寿县	中国图书馆图书集中编目之研究
7	程仲琦	男	河北乐亭	抗战期间新书总目
8	郭淑静	女	湖北宛平	地方法院档案之管理与整理
9	何人俊	男	四川营山	实施四川图书馆教育的方案
10	胡玉梅	女	湖北黄陂	清代公藏概略
11	黄素贞	女	湖北钟祥	中国旧籍子部分类之研究
12	贾荣昭	女	江苏如皋	中国专门图书馆之将来
13	林爱芳	女	福建林森	抗战期间新书总目
14	刘幽谷	女	湖北汉口	英文图书馆学书籍阅读与翻译困难之分析
15	彭逢美	女	湖南安乡	中国图书馆之建立及其使用问题
16	钱世良	女	湖北蒲圻	图书馆学书目**

---

① 教育部三十五年度自费留学考试试题(四)[J].读书通讯,1948(152):22.

② 国立社会教育学院校友会.国立社会教育学院校友录[M].璧山:国立社会教育学院校友会,1945:46－48.按:据《国立社会教育学院校友录》,国立社会教育学院图书博物馆学系预计将有29名学生于1946年4月毕业,但最终共有28人于1946年7月毕业,仅贾云英延至1947年7月毕业.具体参见:国立社会教育学院院长室.国立社会教育学院概况(三十七年五月)[M].苏州:国立社会教育学院院长室,1948:156.

续表

序号	姓名	性别	籍贯	毕业论文题名
17	宋传山	男	山东巨野	图书馆学书目
18	王玉琢	男	山东阳信	中国公私书藏史略
19	王正先	男	西康天全	抗战期间新诗之研究
20	吴观国	男	江苏江浦	我国图书馆工作人员训练之探讨
21	姚继庆	女	湖南保靖	图书馆推广事业之研究
22	曾季光	男	四川乐山	通常应用五种分类法比较研究
23	曾蒲英	女	湖南安乡	乡村图书馆之研究
24	张迓	女	湖南辰溪	近代博物馆发展之趋势
25	赵景云	女	南京	小学国语科教学与图书馆服务
26	郑式谷	男	湖北大冶	中学生课外阅读研究
27	周世瑶	女	四川南川	图书馆学书目
28	朱学其	女	江苏江宁	抗战期间新书总目

资料来源:国立社会教育学院校友会.国立社会教育学院校友录[M].璧山:国立社会教育学院校友会,1945:46-48;国立社会教育学院院长室.国立社会教育学院概况(三十七年五月)[M].苏州:国立社会教育学院院长室,1948:156;教务处.本院历届学生毕业论文题目一览[J].教育与社会,1947,6(2/3):64-70.

注:* 《抗战期间新书总目》由林爱芳、朱学其、程仲琦、陈铎四人合作编撰。

** 《图书馆学书目》由宋传山、周世瑶、钱世良三人合作编撰。

8月7日

国立社会教育学院举行招生考试,8月8日结束。此次招考社会教育行政学系、社会事业行政学系、图书博物馆学系、新闻学系、社会艺术教育专修、电化教育专修科和国语专修科新生各一班①。

8月14日

台湾省政府颁布《台湾省社会教育机关服务人员任用及待遇规程》。该规程第三条规定了各社会教育机关(包括各级民众教育馆、图书馆、体育场,省立科学馆、博物馆、电化教育辅导处、教育广播电台、省立音乐戏剧院、民众教育巡回团、艺术馆)服务人员的任职资格。其中,各级图书馆服务人员的任职资格与1939年7月22日国民政府教育部颁布的《修

---

① 国立社会教育学院招生[N].申报,1946-07-22(1).

正图书馆规程》大体相同①。

8 月中旬

钱亚新从上海前往苏州拜访国立社会教育学院图书博物馆学系主任汪长炳,随即接受聘约②。同期,顾颉刚、韩寿萱、蒋镜寰、李芳馥、沈维钧、岳良木、周连宽等人亦受聘到该系执教③,但有些(如岳良木)为专任教授,有些(如李芳馥)则为兼任教授。不知何故,部分兼任教授,并未见载于《国立社会教育学院概况(三十七年五月)》之"兼任教员"名单。

上海文化函授学院新闻学系和工商档案管理学系续招第二届学生④。工商档案管理学系第二届学生共计48人,包括:陈乐、冯炳乾、傅烈贤、洪惠宇、江正、蒋桂荪、李荜夫、李伟、李振华、梁亲民、林孝文、刘景亭、刘似云、柳豪银、卢璞如、穆荣卿、倪北海、倪毅、钱保堃、裴鸣耀、邵壎、沈建孝、施石林、苏嘉桐、孙贵福、唐承余、唐志群、王迪良、韦育宁、翁锡明、吴世昌、项隆周、邢凯声、徐三民、薛朗轩、姚春泉、俞元吉、袁建谋、张慕良、张心朴、张子义、赵封明、赵凤英、郑铤镐、周达人、周文钊、朱铁民、朱文焕⑤。

8 月

文华图专校董会公布《私立武昌文华图书馆学专科学校募集基金启事》,旨在募集基金,筹建独立学院⑥。

私立武昌文华图书馆学专科学校募集基金启事

本校开办迄今历廿五载,毕业学生对于国内图书馆事业之推进与国际文化之沟通尚能胜任愉快,粗有成绩。民国三十年度起复蒙

---

① 台湾省社会教育机关服务人员任用及待遇规程[G]//台湾省行政长官公署法制委员会.台湾省单行法令汇编(第一辑).台北:台湾省行政长官公署法制委员会,1946:573 – 579.

② 钱亚新.工作阶段[M]//钱亚新.钱亚新别集.谢欢,整理.南京:南京大学出版社,2013:222.

③ 锟.图博系近讯[J].国立社会教育学院院刊,1946,新1(1):6.

④ 文化函授学院优待清寒青年[N].申报,1946 – 08 – 16(6).

⑤ 本院学员一览(二)[J].上海文化函授学院院讯,1946(3):5 – 6.

⑥ 私立武昌文华图书馆学专科学校募集基金启事[A].武汉大学档案馆,案卷号:7 – 1946 – 8.按:该启事的落款为"中华民国三十五年",未标注具体月、日,但档案封面标注"1946 – 8"(即1946 年8 月)字样。此外,该启事的部分内容亦载于任家乐所著的《民国时期图书馆学教育研究》。具体参见:任家乐.民国时期图书馆学教育研究[M].北京:国家图书馆出版社,2018:96 – 97.

教育部核准添设档案专科,造就以科学方法管理档卷之人才,服务各机关、社团,以为提高行政效率之助。虽事属创举,亦深得各界好评。因此,本校同人在各方人士鞭策与鼓励之下,不敢不力图上进,以期对国家社会多有贡献。为加深学术研究,广为储备人才,以应今后之建国需要计,拟乘此抗战胜利、举国复员之会,筹建独立学院。此事经征求有关当局与各地校友意见,无不乐为赞许,早观厥成。进行办法拟一面将学校由渝迁回武昌,并添设博物馆科;一面勘定新校址,建筑新校舍,添置图书仪器,约聘国内外专家。一俟人才、设备大体就绪,再呈请升格为独立学院,图书、档案、博物三系鼎立,以为东亚唯一研究文献管理之最高学府。唯实现上述计划必须具备相当充实之经济基础。只以本校廿七年奉命西迁,因交通困难,图书设备什九遗弃。现战事结束,而原有校址已成废墟。益以在渝八年,物价暴涨,货币贬值,原有基金亦经消耗殆尽。故扩展有心,而点金乏术。窃以图书、档案、博物关系教育、学术、政治、社会至为綦巨,凡属文明国家莫不视为要政。我国现已跻列五强之一,物质建设固应急起直追,人文事业亦不可过落人后。本校平昔多蒙社会贤达刮目相视,并寄以厚望,自不忍任其困顿而无所发展。兹将同人等磋议,认为重新募集基金,实属可行,并组织复员委员会主持其事。除一面向国外友人请求援助外,预定在国内募集基金国币一千万元,以利进行。为此胪陈缘由,至祈热心教育之邦人君子多予同情,量力捐输。珍裘以众腋成温,广厦以群材合构。行见光被书林,美传艺苑。不独莘莘学子俱感裁成之德,而国家民族亦受兴学之赐矣。谨启!

校董会主席

吴国桢

校董

何键	周诒春	雷法章
杨绰庵	戴志骞	孙洪芬
袁同礼	蒋复璁	孙越崎
陈文渊	葛德敬	陈时
孟良佐	周苍柏	苏汰余
高显鉴	杨典章	徐国懋
潘力生	王文山	沈祖荣[①]

---

① 私立武昌文华图书馆学专科学校募集基金启事[A].武汉大学档案馆,案卷号:7-1946-8.

9 月 2 日

徐亮从上海乘坐"M. C. 梅格斯将军号"轮船赴美①,9 月 14 日抵达加利福尼亚州旧金山②。他随后入丹佛大学(University of Denver)攻读研究生。读研期间,1947 年暑假,他到哈佛燕京学社汉和图书馆实习③。

9 月中旬

国立社会教育学院师生全部抵达南京。10 月,该校公物全部搬抵南京。新生在南京栖霞山新院址就读,其余学生则到苏州临时院址上课④。

9 月

吴文津进入华盛顿州西雅图的华盛顿大学历史系就读,获文学士学位,后又在该校图书馆学院继续深造,1951 年毕业,获图书馆学硕士学位。

文华图专图书馆学专科第九班新生注册入学。

应跛拳班学生之要求,国民政府社会部重庆实验救济院残疾教育所开办文书专修班。该班学生每日上午在跛拳班上课,下午则在哑生教室听由何利安讲授的"文言文"和"公文程式"⑤。

鉴于国内图书馆专门人才缺乏,国立社会教育学院图书博物馆学系仍然暂不分组。为了提升学生的实际工作能力,该系决定加强图书馆专门技术训练,重视实习⑥。此时,该系共有一年级学生 20 人、二年级学生 22 人(男生 12 人、女生 10 人)、三年级学生 16 人(男生 9 人、女生 7 人)、四年级学生 13 人(男生 7 人、女生 6 人)⑦。

大夏大学教育学院开设一门"图书馆学"课程,由韩钟琦讲授,计 2

---

① California, San Francisco, passenger lists, 1893 – 1953 [EB/OL]. [2018 – 10 – 05]. https://www.familysearch.org/ark:/61903/3:1:33SQ-G5GW-H8P? i = 428&cc = 1916078.

② California, San Francisco, passenger lists, 1893 – 1953 [EB/OL]. [2018 – 10 – 05]. https://www.familysearch.org/ark:/61903/3:1:33SQ-G5GW-H2J? i = 427&cc = 1916078.

③ 程焕文. 裘开明年谱[M].桂林:广西师范大学出版社,2008:365.

④ 国立社会教育学院院长室.国立社会教育学院概况(三十七年五月)[M].苏州:国立社会教育学院院长室,1948:1 – 2.

⑤ 残教动态[J].社教通讯,1947(5):7.

⑥ 锟. 图博系近讯[J].国立社会教育学院院刊,1946,新1(1):6.

⑦ 本院本年度各系科各年级学生人数统计表[J].教育与社会,1946,5(3/4):58.

学分①。韩钟琦,江苏泰县人,1933年6月大夏大学教育学院社会教育系本科第九届毕业生②。本科毕业之后,他历任上海中国中学教员、大夏大学图书馆馆员③,1940年11月担任贵州省立图书馆馆长④,1945—1950年担任大夏大学图书馆馆长⑤,1950年担任东北工学院抚顺分院图书馆馆长,1951年3月—1952年10月、1957年3月—1971年2月担任东北工学院图书馆副馆长⑥。

四川省立成都女子职业学校招收高级图书管理科第五班学生,共有36人入学⑦。

10 月 19 日

徐家璧从英国利物浦乘坐"弗朗科尼亚号"轮船(S. S. Franconia)赴美⑧,10月28日抵达纽约⑨。他后来进入哥伦比亚大学图书馆学院就读,1949年获理学硕士学位(图书馆学专业),其硕士学位论文题为"An Inquiry into the Chinese National Library Act Relating to Public Libraries:an Historic Analytic Study with Practical Suggestions for Its Future Development"(《跟公共图书馆有关的中国国家图书馆法令研究:历史分析研究及对其未来发展的可行建议》)⑩。在读期间,他还在哥伦比亚大学图书馆兼职,半工半读⑪。毕业之后,他先后任职于耶鲁大学图书馆(Yale Univer-

---

① 大夏大学三十五年秋季总课程[J].大夏周报,1947,23(15):13-14.

②③ 大夏大学.大夏大学毕业同学录[M].上海:大夏大学,1935:86;大夏大学.大夏大学同学录(民国二十六年春季)[M].上海:大夏大学,1937:47.

④ 何静梧.解放前贵阳五大馆始末[G]//贵阳市政协文史和学习委员会.贵阳文史资料选粹(中).贵阳:贵州人民出版社,2006:641-649.

⑤ 李家俊,张克非.中国大学校史研究[M].天津:天津大学出版社,2018:525.

⑥ 王恩德.延阁飞香:东北大学图书馆建馆九十周年纪念集[G].沈阳:东北大学出版社,2013:242-243.

⑦ 任家乐,姚乐野.民国时期四川省立成都女子职业学校高级图书管理科办学研究[J].大学图书馆学报,2015(5):120.

⑧ New York,New York passenger and crew lists,1909,1925-1957[EB/OL].[2018-10-04].https://www.familysearch.org/ark:/61903/3:1:3QS7-L94V-H6DM? i=989&cc=1923888.

⑨ New York,New York passenger and crew lists,1909,1925-1957[EB/OL].[2018-10-04].https://www.familysearch.org/ark:/61903/3:1:3QS7-L94V-H6ZJ? i=990&cc=1923888.

⑩ DERBYSHIRE R. Master's essays in library service,Columbia University 1928-1951[M]. New York:Columbia University School of Library Service,1967:11;Columbia University libraries. Master's essays 1947-1949[M]. New York:Columbia University Libraries,1949:21.

⑪ 程焕文.裘开明年谱[M].桂林:广西师范大学出版社,2008:482.

sity Library）①、印第安纳大学图书馆（Indiana University Library）②等。

10 月 20 日

上午,教育部三十五年公私费留学生考试结果公布,共计从 3409 名公费留学考生中录取 148 人,另从 2649 名自费留学考生中录取 1216 人。其中,留美公费生共计 33 人,图书馆学留美公费生 2 人,即张铨念与顾家杰③。孙云畴则被录取为自费留学生,亦将赴美学习图书馆学④。

10 月 26 日

国民政府教育部发布社字第二七七四六号训令,修正公布《图书馆规程》。这是 1939 年 7 月 22 日国民政府教育部公布的《修正图书馆规程》的修订版本,共计 34 条。其中,第 13—20 条对各级图书馆馆长、各部主任、干事等的任职资格做了详细规定⑤。具体如下:

第十三条 省市立图书馆馆长,须品格健全,才学优良,且具有左列资格之一者:

(一)图书馆专科学校或图书馆专修科毕业,曾任图书馆职务一年以上,著有成绩者。

(二)师范学院、教育学院或教育科系毕业,曾任图书馆职务二年以上,著有成绩者。

(三)大学或其他专科学校毕业,曾受图书馆专业训练,并曾任图书馆职务三年以上,著有成绩者。

(四)在学术上确有特殊贡献,并对于图书馆学素有研究者。

第十四条 省市立图书馆各部主任,须品格健全,其所任职务,为其所擅长,具有左列资格之一者:

(一)图书馆专科学校或图书馆专修科毕业者。

(二)师范学校、教育学院或教育科系毕业者。

(三)大学或其他专科学校毕业,曾受图书馆专业训练者。

(四)中等学校毕业,曾任图书馆职务三年以上者。

---

① 程焕文.裘开明年谱[M].桂林:广西师范大学出版社,2008:800.

② 周欣平.东学西渐:北平东亚图书馆 1868—2008[M].北京:高等教育出版社,2012:249.

③ 公私费留学考试放榜[N].大公报(天津版),1946-10-31(3).

④ 教育部留学考试录取图书馆学三名[J].中华图书馆协会会报,1946,20(4/5/6):10.

⑤ 图书馆规程[J].广东教育,1947,2(4):55-57.

第十五条　省市立图书馆干事,须品格健全,且具有左列资格之一者:

(一)具有前条各款资格之一者。

(二)中等学校毕业,曾任教育职务二年以上者。

(三)对于图书馆职务有相当学识及经验者。

第十六条　县市立图书馆馆长,须品格健全,才学优良,且具有左列资格之一者:

(一)图书馆专科学校或图书馆专修科毕业者。

(二)师范学院、教育学院或教育科系毕业者。

(三)大学或其他专科学校毕业,曾受图书馆专业训练者。

(四)在学术上确有贡献,并对于图书馆学素有研究者。

第十七条　县市立图书馆各组主任及干事,须品格健全,且具有左列资格之一者:

(一)具有前条各款资格之一者。

(二)中等学校毕业,曾任教育职务一年以上者。

(三)对于图书馆职务有相当学识及经验者。

第十八条　图书馆得酌用助理干事。

第十九条　省市县立图书馆各设会计员一人,委任依《国民政府主计处设置各机关岁计会计统计人员条例》之规定,掌理各该馆岁计、会计事务,受该馆馆长之指挥,并分别受该馆上级机关主办会计人员之监督指挥。

第二十条　地方自治机关、私法人或私人设立之图书馆,其内部组织及职员资格,应比照县市立图书馆之规定。①

本年

金陵大学图书馆学专修科停办②。至此,金陵大学图书馆学专修科办学6年,共计培养4届、11名毕业生,分别是"卅一年度"6人、"卅二年

---

① 图书馆规程[J].广东教育,1947,2(4):55-57.按:原刊遗漏第十六条之(二),此处系根据其他文献补充。

② 或称1946年以后金陵大学图书馆学专修科依旧存在,其教师包括李小缘、蒋一前、陈长伟等人。具体参见:刘奕,肖希明.金陵大学图书馆学教育本土化探索及其启示[J].大学图书馆学报,2021(4):111-118.

度"2 人、"卅三年度"2 人、"卅四年度"1 人(见表 1946 – 8)①。

表 1946 – 8　金陵大学图书馆学专修科历届毕业生一览

序号	姓名	性别	籍贯	入学时间	毕业时间
1	陈玉兰	女	广东南海	1941 年 2 月	1943 年 1 月
2	范家贤	女	安徽合肥	1941 年 2 月	1943 年 1 月
3	张祯琳	女	浙江吴兴	1941 年 2 月	1943 年 1 月
4	曹慕樊	男	四川沪县	不详	1943 年
5	魏瑛		四川叙永	不详	1943 年
6	颜其林	男	湖北武昌	不详	1943 年
7	陈德华	女	安徽合肥	1942 年 9 月	1944 年 6 月
8	不详	不详	不详	不详	1944 年 6 月
9	蒲先朴	男	四川新繁	不详	1945 年 6 月
10	伍宗华	男	四川宜宾	不详	1945 年 6 月
11	薛素灵	女	安徽蒙城	1942 年 9 月	1946 年 1 月

资料来源:校友录[J].金陵大学校刊,1943(324):6 – 7;毕业应征译员办法,教务会议议决公布[J].金陵大学校刊,1944(337):1 – 2;校友录[J].金陵大学校刊,1945(350):6.

注:本表所列仅为金陵大学图书馆学专修科的毕业生,但该科历年所招学生应当不只表中所列寥寥数人。比如,1942 年春,该科将 11 名学生分为两组,曹为卿、陈玉兰、范家贤、华武骊、颜其林、张祯琳 6 名学生由曹祖彬指导,曹慕樊、魏瑛、叶传静、叶瑞基、于豪发 5 名学生由陈长伟负责指导[刘奕,肖希明. 金陵大学图书馆学教育本土化探索及其启示[J].大学图书馆学报,2021(4):111 – 118.]。但是,曹为卿、华武骊、叶传静、叶瑞基、于豪发 5 人均未出现在上表所列毕业生当中。

柳诒徵就国学图书馆附设国学院一事致函江苏省教育厅厅长陈石珍。根据函中所附"国学院课目表",国学院计划于第一学年开设"目录学"等 17 门课程,第二学年开设"版本源流"等 17 门课程,第三学年开设"校勘学""图书管理法"等 17 门课程②。

该年,文华图专教师编撰但仍未正式出版的讲义共有 6 种,包括毛坤的《中国目录学》与《中文参考书》,以及汪应文的《图书分类法》《档案分类法》《书籍选择法》《索引学》③。

①　金陵大学总务处. 私立金陵大学要览[M].成都:金陵大学总务处,1947:插页.

②　柳诒徵. 柳诒徵文集:第 12 卷[M].北京:商务印书馆,2018:106 – 109.

③　文华图专学校概况[G]//姚乐野,马振犊. 近代图书馆档案汇编:第一辑　第一册. 北京:国家图书馆出版社,2021:17 – 37.

1947 年

◎上海文化函授学院增设图书馆学系

◎文华图专迁回武昌办学

◎上海图书馆协会开办图书馆学讲习科

◎广东省图书馆协会开办图书馆学进修班

◎顾家杰、孙云畴、钱存训、沈宝环等人赴美留学

◎私立崇实档案函授学校改称"私立崇实档案学校"

◎北京大学在文学院附设图书馆学专修科和博物馆学专修科

◎沙本生访华,关注文华图专办学问题

1月4日

吴元清①、钱丰格②与金韵瑄③从上海乘坐"M. C. 梅格斯将军号"轮船赴美,1月16日抵达加利福尼亚州旧金山。

吴元清入读西蒙斯学院图书馆学校,其间曾到哈佛燕京学社汉和图书馆实习,担任学生助理④。1948年6月,吴元清从西蒙斯学院图书馆

① California, San Francisco, passenger lists, 1893 – 1953 [EB/OL]. [2018 – 10 – 05]. https://www. familysearch. org/ark:/61903/3:1:33SQ-G5GD-QLV? i = 657&cc = 1916078; California, San Francisco, passenger lists, 1893 – 1953 [EB/OL]. [2018 – 10 – 05]. https://www. familysearch. org/ark:/61903/3:1:33SQ-G5GD-QPY? i = 656&cc = 1916078.

② California, San Francisco, passenger lists, 1893 – 1953 [EB/OL]. [2019 – 12 – 03]. https://www. familysearch. org/ark:/61903/3:1:33S7 – 95GD-QP3? i = 653&cc = 1916078; California, San Francisco, passenger lists, 1893 – 1953 [EB/OL]. [2019 – 12 – 03]. https://www. familysearch. org/ark:/61903/3:1:33S7 – 95GD-QP3? i = 652&cc = 1916078.

③ California, San Francisco, passenger lists, 1893 – 1953 [EB/OL]. [2021 – 05 – 09]. https://www. familysearch. org/ark:/61903/3:1:33S7 – 95GD-QKC? i = 665&cc = 1916078; California, San Francisco, passenger lists, 1893 – 1953 [EB/OL]. [2021 – 05 – 09]. https://www. familysearch. org/ark:/61903/3:1:33S7 – 95GD-QVQ? i = 664&cc = 1916078.

④ 程焕文. 裘开明年谱 [M]. 桂林:广西师范大学出版社,2008:379 – 380.

学校毕业,受聘到哈佛燕京学社汉和图书馆工作①,1951 年 6 月辞职离开②。其后,她曾任职于普林斯顿大学葛思德东方图书馆等处。

钱丰格先进入杜克大学攻读英语专业研究生,1949 年 9 月转入密歇根大学研究生院学习图书馆学,1951 年 6 月 16 日获文学硕士学位(图书馆学专业)③。毕业之后,她返回中国,1952 年起在中国科学院华东分院图书馆(现中国科学院上海文献情报中心)工作,曾任图书馆副主任,1970 年退休④。

金韵瑄于 1945 年 7 月毕业于西南联合大学文学院外文系外国语文学专业⑤。抵达美国之后,她先进入艾奥瓦州杜比克(Dubuque,Iowa)的杜比克大学(University of Dubuque)就读,后转入印第安纳州曼西(Muncie,Indiana)的鲍尔州立师范学院(Ball State Teachers College)⑥,1951 年毕业并获文学硕士学位(教育学专业)。其后,她前往佛罗里达州立大学(Florida State University)图书馆学院继续深造,1953 年 6 月毕业并获图书馆学硕士学位⑦。

1 月 9 日

燕京大学新闻系 1946 届毕业生⑧程佳因⑨和金陵女子文理学院第十届(1928 级)毕业生⑩孙恩莲⑪从上海乘坐"W. H. 戈登将军号"轮船

---

① 程焕文. 裘开明年谱[M]. 桂林:广西师范大学出版社,2008:384 – 385,397.

② 程焕文. 裘开明年谱[M]. 桂林:广西师范大学出版社,2008:490.

③ University of Michigan. The one hundred seventh commencement of the University of Michigan. Saturday, June sixteenth,1951[M]. Ann Arbor,Michigan:University of Michigan,1951:39.

④ 麦群忠,朱育培. 中国图书馆界名人辞典[M]. 沈阳:沈阳出版社,1991:529.

⑤ 陈心坦. 国立西南联合大学史料 5 学生卷[M]. 昆明:云南教育出版社,1998:483.

⑥ Florida State University. Forty-eighth annual commencement[M]. Tallahassee,Florida:Florida State University,1953.

⑦ 程焕文. 裘开明年谱[M]. 桂林:广西师范大学出版社,2008:542.

⑧ 吴学昭. 吴宓书信集(人文读本)[M]. 北京:生活·读书·新知三联书店,2011:270.

⑨ California,San Francisco,passenger lists,1893 – 1953[EB/OL]. [2019 – 11 – 10]. https://www. familysearch. org/ark:/61903/3:1:33SQ-G5GD – 7X9? i = 497&cc = 1916078;California,San Francisco,passenger lists,1893 – 1953[EB/OL]. [2019 – 11 – 10]. https://www. familysearch. org/ark:/61903/3:1:33S7 – 95GD – 7F5? i = 496&cc = 1916078.

⑩ 金陵女子文理学院. 私立金陵女子文理学院概况[M]. 南京:金陵女子文理学院,1936:166;金陵女子文理学院. 金陵女子文理学院毕业生通信录[M]. 南京:金陵女子文理学院,1947:6.

⑪ California,San Francisco,passenger lists,1893 – 1953[EB/OL]. [2019 – 11 – 08]. https://www. familysearch. org/ark:/61903/3:1:33SQ-G5GD – 7XL? i = 485&cc = 1916078;California,San Francisco,passenger lists,1893 – 1953[EB/OL]. [2019 – 11 – 08]. https://www. familysearch. org/ark:/61903/3:1:33SQ-G5GD – 7K2? i = 484&cc = 1916078.

(S. S. General W. H. Gordon)前往美国,1 月 21 日抵达加利福尼亚州旧金山。

抵美后,程佳因进入华盛顿大学深造,先于 1948 年获文学士学位,后继续攻读图书馆学专业研究生①,1952 年获理学硕士学位②,其硕士学位论文题为"Subject Approach to the Chinese Books in the Far Eastern Library of the University of Washington"(《华盛顿大学远东图书馆中文藏书之主题研究》)。硕士毕业之后,她留在华盛顿大学图书馆工作,后辞职经商③。

孙恩莲先进入伊甸神学院(Eden Theological Seminary)学习宗教教育(Religious Education),1948 年改为入读乔治·皮博迪师范学院图书馆学校(Library School,George Peabody College for Teachers),1950 年毕业并获文学硕士学位(图书馆学专业)④。

1 月上旬

鉴于公费留学考试的分数及格标准高于自费留学考试,国民政府教育部决定:"应考公费生不及格,其分数能合自费标准者,可声请自费留学。"经过初步审查,共有 750 名 1946 年度公费留学考试考生符合自费留学标准⑤。

1 月 13 日

文华图专开始举行图书馆学专科第七届毕业考试,1 月 18 日结束。该届毕业考试监考委员会包括 4 名校内委员(李永增、毛坤、沈祖荣、汪应文)和 3 名校外委员(林伯遵、林筱圃、王逢辛)。毕业考试科目包括"图书馆学行政学""图书选购学""比较图书分类学""西洋目录学""中文编目法""西文编目法""伦理学""自然科学概论""英文"⑥。

---

① China Institute in America. Directory of Chinese students in colleges and universities in the United States of America 1951 – 52[M]. New York:China Institute in America,1952:68.

② COLE D E. Who's who in library service[M]. 3rd ed. New York:the Grolier Society INC. ,1955:498.

③ 吴学昭. 吴宓书信集(人文读本)[M]. 北京:生活·读书·新知三联书店,2011:270.

④ ASH L. Who's who in library service[M]. 4th ed. Brooklyn, N. Y. :the Shoe String Press, Inc. ,1966:683.

⑤ 未录取公费留学生合于自费及格标准,审查结果达七百五十人[N]. 申报,1947 – 01 – 07(8).

⑥ 私立武昌文华图专档卷·图七级学生毕业及成绩[A]. 武汉大学档案馆,案卷号:1946 – 5.

1 月中旬

上海市商会商业补习学校登报招生,计划开设"国文""英文""算术""代数""三角""几何""英语会话""簿记会计""银行会计""改良中式簿记""中英文打字""文书档案"等课程。该校校址暂时设在上海北苏州路 470 号上海市商会内,骆清华任校长,严谔声与潘士浩任副校长①。

1 月 31 日

北京大学校长胡适接受记者采访,表示考虑于下个学期(即 1947 年秋季)增设图书馆学和图书馆学两个专修科。其中,图书馆学专修科由袁同礼负责规划,并聘请王重民任教;博物馆学专修科则请韩寿萱任教。如果发展顺利,二者以后将会扩充为系②。

1 月

文华图专图书馆学专科第七届毕业生离校,共计 13 人,包括陈君尧、陈士宗、李树品、李绪顺、李忠荇、刘耀华、柳训朴、毛英贤、彭端甫、任文瑛、曾诚桂、张明星、周远照(见表 1947 – 1)③。

表 1947 – 1   文华图专图书馆学专科第七届毕业生(1947 年 1 月)一览

序号	姓名	性别	籍贯	备注
1	陈君尧	男	河北宛平	
2	陈士宗	男	湖南长沙	
3	李树品	男	河北长垣	
4	李绪顺	男	湖北枝江	
5	李忠荇	女	江苏溧水	
6	刘耀华	女	四川宜宾	
7	柳训朴	女	湖北黄冈	图书馆学专科第六班学生,休学后改入图书馆学专科第七班

---

① 上海市商会商业补习学校春季招生[N].申报,1947 – 01 – 18(8).

② 试办职业训练,北大设两科目:图书馆学、博物馆学[N].大公报(天津版),1947 – 02 – 01(3);胡适最近计划北大增设职业专科[N].申报,1947 – 02 – 01(8).

③ 彭敏惠.文华图专珍稀史料图录[M].武汉:武汉大学出版社,2020:275 – 276.

续表

序号	姓名	性别	籍贯	备注
8	毛英贤	男	四川宜宾	
9	彭端甫	女	湖北黄冈	
10	任文瑛	女	湖北武昌	
11	曾诚桂	女	四川璧山	
12	张明星	女	江苏泰县	又称"张明"
13	周远照	男	湖南临湘	

文华图专开始陆续搬回武昌。该校教师昌少骞、木工宋泽和图书馆学专科第九班学生丁道凡三人共同负责押送图书、档案和仪器,历经三个月才全部运完①。

2月上旬

国民政府教育部正式批准1946年度公费留学考试53个应考学门的718名考生转为自费留学生,其中图书馆学考生15人②,包括陈龙章(1939年6月南开大学英文系毕业生,文学士)、程时学(1938年6月文华图专图书馆学本科第14届毕业生)、丁瀬(1934年6月文华图专图书馆学讲习班第二届毕业生)、何兆武(1943年7月西南联合大学历史学系毕业生,文学士)、胡绍声(1937年6月金陵大学文学院外国语文系毕业生,文学士)、金华光(不详)、刘士鉴(1941年6月燕京大学文学院历史学系毕业生,文学士)、刘幼峰(1942年6月辅仁大学史学系毕业生,文学士)、罗秀贞(1940年6月燕京大学文学院历史学系毕业生,文学士)、倪以还(1947年6月国立中央大学师范学院教育系毕业生,文学士)、钱卓升(字竹声,1929年6月国立北平大学文学院史学系毕业生,文学士)、沈宝环(1942年6月文华图专图书馆学本科第17届毕业生)、王溶(1938年6月文华图专图书馆学本科第14届毕业生)、万心蕙(1942年6月辅仁大学史学系毕业生,文学士)、于泓淇(字蔚生,1937年6月国立北京大学文学院史学系毕业生,文学士)③。不过,就目前所

---

① 周洪宇. 不朽的文华:从文华公书林到文华图书馆学专科学校[M].武汉:华中师范大学出版社,2013:171.

② 公费留学落第成绩较优者准改自费出国[J].教育通讯,1947,复刊2(12):20-21.

③ 教育部三十五年度公费留学考试成绩合于自费及格标准名单[M]//刘真. 留学教育:中国留学教育史料(第四册).台北:编译馆,1980:2152-2162.

见,后来只有胡绍声与沈宝环两人赴美学习图书馆学。

2 月 14 日

王重民从加利福尼亚州旧金山乘船启程,因轮船出现机器故障被迫返航,次日重新出海,3 月 5 日凌晨抵达上海吴淞口,次日上岸①。此后,他不时跟胡适与袁同礼进行通信,商讨在北京大学开办图书馆学专修科的相关事宜。

2 月 16 日

《广东教育》第 2 卷第 1 期登载杜定友撰写的《广东图书教育事业的展望》。杜定友在文中指出:"我们要推广图书事业,第一要考虑人才问题。故训练人才实居首要,但是训练人才又与用人行政息息相关。在本省也曾有图书教育训练班之举行,但结业之后,实际从事于图书馆工作者不及十之一二。而现任各县市图书馆人员均不问资格,不脱一朝天子一朝臣之恶习。故欲训练人才,尤应健全人事制度。凡不合资格者应一律罢免,然后可以登用专才,并保障其职位。因为图书馆的业务,重在积聚。如人事纷更,终年在列册交代之中,那么馆务之驰缓,不问可知了。"②

3 月 5 日

何文仁(燕京大学政治系 1939 届毕业生暨研究院 1941 届毕业生)从上海乘坐"W. H. 戈登将军号"轮船前往美国③,3 月 19 日抵达加利福尼亚州旧金山④。抵美后,他先到华盛顿大学远东系(Far Eastern Department)担任研究助理(research associate)⑤,后同时在华盛顿大学图书馆学院学习图书馆学,1953 年获硕士学位,其硕士学位论文题为《洪门史

① 王重民致胡适(1947 年 3 月 5 日)[M]//北京大学信息管理系,台北胡适纪念馆. 胡适王重民先生往来书信集. 北京:国家图书馆出版社,2009:473 – 474.

② 杜定友. 广东图书教育事业的展望[J]. 广东教育,1947,2(1):17 – 18.

③ California,San Francisco,passenger lists,1893 – 1953[EB/OL]. [2019 – 10 – 10]. https://www. familysearch. org/ark:/61903/3:1:33S7 – 95G3 – 9T25? i = 208&cc = 1916078.

④ California,San Francisco,passenger lists,1893 – 1953[EB/OL]. [2019 – 10 – 10]. https://www. familysearch. org/ark:/61903/3:1:33SQ-G5G3 – 9RVJ? i = 207&cc = 1916078.

⑤ University of Washington. Supplement to 1948 – 1949 catalogue[M]. Seattle:University of Washington,1949:35.

料研究》("A Study of Historical Sources of the Hung Society")①。毕业之后,他赴俄勒冈州立学院［Oregon State College,1961 年改称"俄勒冈州立大学"（Oregon State University）］图书馆工作②。

3 月 10 日

清华大学文学院中国文学系召开第二次系务会议,议决"加设新闻学与图书馆学两学程为三、四年级选修科目,图书馆学一学程商请历史系设置"③。

3 月 17 日

国民政府教育部第二期公费留学生讲习会在南京国民政府教育部大楼举行始业式④,4 月 7 日结束⑤。此次讲习会为期三周,内容分特约、专题、国内外大势、西洋礼俗等讲演,以及自由讨论、专题讨论、小组讨论、座谈会、旅行、野餐、体育等活动。讲师包括国民政府各部会首长、学术专家,以及各国驻华大使、公使、文化参赞等。讲习期间,学员还将赴各学术机关参观,以及参加英、美、瑞等国使馆举行的茶会或鸡尾酒会⑥。3 月 25 日,汪长炳应邀讲演"英美图书馆利用法"⑦。

3 月

上海文化函授学院⑧增设图书馆学系⑨。该系以钱亚新为系主任,开设"图书馆学讲话"课程,"为普通学人及图书馆职员对于图书馆学欲得门径或知其初步的管理方法者而设,共分十回,讲义三月发完"。该系计划以后逐步开设"图书馆利用法"与"图书馆学专题研究"两门课

---

① CARNOVSKY L. Graduate theses accepted by library schools in the United States,1953 – 54［J］. The library quarterly,1954,24(4):392 – 400.

② School of librarianship's 1953 graduates take new positions［J］. Library news bulletin,1953,20(5):173 – 174.

③ 齐家莹. 清华人文学科年谱［M］.北京:清华大学出版社,1999:326.

④⑥ 家正. 第二期公费留学生讲习会情形［J］.教育通讯,1947(复刊3/4):27 – 28.

⑤ 公费留学生讲习会结业［N］.申报,1947 – 04 –08(5);公费留学生讲习会结业［N］.新闻报,1947 – 04 –08(10);公费留学生讲习会昨举行结业典礼［N］.和平日报,1947 – 04 –08(4).

⑦ 留学生讲习会第二周科目［N］.新闻报,1947 – 03 –25(5).

⑧ 上海文化函授学院于 1947 年秋改称"上海文化函授学校"。

⑨ 上海教育局关于私立第二届木刻函授班、上海文化函授学校、中华新闻学社呈请立案［A］.上海市档案馆,案卷号:Q235 – 2 – 3622.

程。前者"为一般民众或从业人员欲利用图书以资进修而设",后者"内分行政与设计、经营与管理、推广与辅导三门,为对于图书馆学或图书事业欲求深造及发展者而设"①。

钱亚新所编讲义题为《图书馆学讲话》,旨在"为普通学人、图书馆职员对于图书馆学欲得门径,或知其初步的管理方法而设,内容共分十回(讲义三月发完)"。各回内容概要如下:

第一回"开明宗义",述我国的教育宗旨及其方针,社会教育的目标,与创办图书馆的目的和手续等。

第二回"建立重心",述图书重心的所在,馆员应有的信条和职责及其做法等。

第三回"坚强机构",述图书馆组织及其调整、配合、运用,以资推进馆务等。

第四回"计划经济",图书馆经费计划的重要及其筹措、支配和使用。

第五回"布置环境",图书馆建筑的要点,设备的购置,以及馆舍内部布置等。

第六回"征购原料",述图书征求、购置书志的原因、方法、手续和程序等。

第七回"制备食粮",述图书志的分类、编目及其程序等。

第八回"供应消费",述书志陈列、典藏、流通、参考的功用和方法等。

第九回"扩张市场",图书馆推广事业的必要、准备方法以及辅导团体利用图书等。

第十章"实施教育",述图书馆于社教的任务,以及办理各种社教事业。②

上海图书馆协会筹办图书馆学讲习科与档案管理讲习科,由孙心磐负责。每科计划各招生 40 人,每周日上午 9 时至下午 9 时授课。其中,图书馆学讲习科开设"概论""组织与经营""采访""分类编目""流通"

---

① 沪文化函授学院新设图书馆学系[J].中华图书馆协会会报,1947,21(1/2):17.

② 关于图书馆学系[M]//上海文化函授学校.上海文化函授学校立校一年纪念专册.上海:上海文化函授学校,1947:22.

"索引法""读书法"7 门课程,档案管理讲习科开设"公文程式""收发文联索""分类编目""归档"4 门课程①。

春季

文华图专从重庆迁回武昌。一方面,原有昙华林校舍遭到日军破坏,须大加修葺;另一方面,该校学生数量较西迁重庆之前已然倍增,原有校舍不敷使用。经过沟通,圣公会将武昌崇福山街 2 号文华中学二部校舍拨给该校使用,但女生宿舍仍然设在昙华林 19 号。此外,为方便教师参考和学生实习起见,该校新办参考图书馆和学生实验图书馆各一所,除从重庆运回的图书外,还新购《中学生文库》第一、二、三集,并获得英国文化委员会赠送的全套《英国百科全书》等参考书多种。另设一所档案室,内有档案柜 10 具和档案 500 余宗,以供档案管理科学生实习之用②。

毛坤辞职离开文华图专,改任四川大学教授兼图书馆馆长③。

4 月 1 日

国民政府教育部第一七七五二号部令公布最新修订版《图书馆规程》,共计 34 条。其中,第 13—20 条对各级图书馆馆长、各部主任、干事等的任职资格做了详细规定④。具体如下:

> 第十三条 省市立图书馆馆长,须品格健全,才学优良,且具有左列资格之一者:
>
> (一)图书馆专科学校或图书馆专科毕业,曾任图书馆职务一年以上,著有成绩者。
>
> (二)师范学院、教育学院或教育科系毕业,曾任图书馆职务二年以上,著有成绩者。
>
> (三)大学或其他专科学校毕业,曾受图书馆专业训练,并曾任

① 图书馆协会主办讲座二科[N].大公报(上海版),1947 - 03 - 20(4);上海图书馆协会主办讲座二科[J].图书展望,1947(复刊 3):34 - 35.

② 文华图专学校概况[G]//姚乐野,马振犊.近代图书馆档案汇编:第一辑 第一册.北京:国家图书馆出版社,2021:17 - 37.

③ 毛相骞.毛坤先生年谱简编[G]//党跃武,姚乐野.毛坤先生纪念文集:纪念著名图书馆学家和档案学家毛坤先生诞辰 110 周年.成都:四川大学出版社,2010:261.

④ 图书馆规程[教育部第一七七五二号部令公布(三十六年四月一日)][J].教育通讯,1948,复刊 5(4):49 - 50.

图书馆职务三年以上,著有成绩者。

(四)在学术上确有特殊贡献,并对[于]图书馆学素有研究者。

第十四条 省[市]立图书馆各部主任,须品格健全,其所任职务,为其所擅长,且具有左列资格之一者:

(一)图书馆专科学校或图书馆专修科毕业者。

(二)师范学院、教育学院或教育科系毕业者。

(三)大学或其他专科学校毕业,曾受图书馆专业训练者。

(四)中等学校毕业,曾任图书馆职务三年以上者。

第十五条 省[市]立图书馆干事,须品格健全,且具有左列资格之一者:

(一)具有前条各款资格之一者。

(二)中等学校毕业,曾任教育职务二年以上者。

(三)对于图书馆职务有相当学识及经验者。

第十六条 县市立图书馆馆长,须品格健全,才学优良,且具有左列资格之一者:

(一)图书馆专科学校或图书馆专修科毕业者。

(二)师范学院、教育学院或教育科系毕业者。

(三)大学或其他专科学校毕业,曾受图书馆专业训练者。

(四)在学术上确有贡献,并对于图书馆学素有研究者。

第十七条 县市立图书馆各组主任及干事,须品格健全,且具有左列资格之一者:

(一)具有前条各款资格之一者。

(二)中等学校毕业,曾任教育职务一年以上者。

(三)对于图书馆职务有相当学识及经验者。

第十八条 图书馆得酌用助理干事。

第十九条 省市立图书馆各设会计员一人,委任依《国民政府主计处设置各机关岁计会计统计人员条例》之规定,掌理各该馆岁计、会计事务,受各该馆馆长之指挥。

第二十条 地方自治机关、私法人或私人设立之图书馆,其内部组织及职员资格,应比照县市立图书馆之规定。①

---

① 图书馆规程[教育部第一七七五二号部令公布(三十六年四月一日)][J].教育通讯,1948,复刊5(4):49-50.

4 月 13 日

上海图书馆协会图书馆学讲习科第一期在上海市林森中路明德女子中学内正式开讲,为期三个月,授课教师包括上海市立图书馆馆长周连宽、圣约翰大学图书馆主任黄维廉与暨南大学图书馆主任孙心磐①。

5 月 17 日

胡适和梅贻琦共同致电国民政府教育部,表示已经拟定《北平教育部公费生留学讲习会办法草案》,并要求对方拨付 825 万元办理经费。根据该办法草案,北平教育部公费生留学讲习会(或称"北平公费留学生讲习会")将从 5 月第四周起每周六、日在北京大学和清华大学轮流举办,于 6 月第三周结束。其间,袁同礼将讲演"英美图书馆利用法"两个小时②。后来日程安排发生重大变动。该讲习会改于 7 月 14 日上午在清华大学举行开学仪式,7 月 15—20 日每日上午 10—12 时、下午 2—4 时上课,共计上满 24 小时③,7 月 21 日圆满结束④。听讲学员共计 15 人,讲习期间由清华大学提供膳宿。授课教师包括陈福田、陈雪屏、黄国璋、雷海宗、钱端升、吴泽霖、张荫棠及美国新闻处处长赫利恩、英国文化专员柏克斯特等人,授课内容涵盖"国际问题""中美关系""英、美、法各国国民性""外交惯例"等⑤。囿于史料,目前无法确定袁同礼是否按照最初计划仍莅会讲演"英美图书馆利用法"。

5 月 20 日

严文郁从上海乘坐"海猞猁号"轮船(S. S. Marine Lynx)前往美国⑥,6 月 6 日抵达加利福尼亚州旧金山⑦。他此行系由中华图书馆协会派往

---

① 上海图书馆协会特设图书馆学讲习科[N].申报,1947 – 04 – 09(5).

② 北平教育部公费生留学讲习会[G]//王学珍,郭建荣.北京大学史料:第四卷 1946—1948.北京:北京大学出版社,2000:463 – 464.

③⑤ 留学生讲习会详细办法拟定[N].华北日报,1947 – 07 – 11(5).

④ 留学生讲习会昨日圆满结束[N].华北日报,1947 – 07 – 22(5).

⑥ California,San Francisco,passenger lists,1893 – 1953[EB/OL].[2019 – 01 – 03].https://www. familysearch. org/ark:/61903/3:1:33S7 – 95GC-R26? i = 700&cc = 1916078.

⑦ California,San Francisco,passenger lists,1893 – 1953[EB/OL].[2019 – 01 – 03].https://familysearch. org/pal:/MM9. 3. 1/TH – 1951 – 22269 – 23187 – 85? cc = 1916078.

美国参加美国图书馆协会年会(6 月 29 日至 7 月 5 日)[1],同时为筹备中的国立罗斯福图书馆征集图书[2],以及考察美国图书馆事业[3]。

6 月 12 日

金陵大学教育系发布一份英文通告,介绍该系历史、现状与未来规划,并附《关于创办一所新基督教教育学院的拟议计划》(*Proposed Plan for a New Christian School of Education*)。根据这份计划,这所新学校将暂时定名为"南京教育学院"(Nanking School of Education),是一所半独立的学校。它旨在整合金陵大学、金陵女子文理学院与金陵神学院三所学校的教师教育资源,受到三校的支持,依靠但不会照搬三校在其他领域的办学活动;注重提升办学质量,招生数量仅为 150—200 人。该校的办学目标如下:

1. 培养:
a) 最好的中学教师;
b) 合格的学校督导员和行政管理人员;
c) 社会、宗教和电化教育领域的工作者;
d) 教育领域的研究人员;
e) 图书馆馆员,尤其是学校图书馆馆员。
2. 改进旧的教学方法,设计新的教学方法。
3. 保持教师的士气和水准,树立职业自豪感。[4]

据这份计划,金陵大学的乡村教育系、电化专修科、图书馆学专修科、社会学系,金陵女子文理学院的体育系、社会学系以及金陵神学院的神学系,都将划归新建的南京教育学院。该校将开办包括图书馆学系(Library Science)在内的 9 个学系。在图书馆学系计划开设的课程当中,教育相关课程占 15%,普通课程占 20%,图书馆学相关课程占 35%,其

---

① 全美图书馆协会定期举行年会,严文郁赴美参加[N]. 益世报(上海版),1947 – 05 – 05(5).

② 渝罗斯福图书馆向美征募图书,罗文郁正在赴美途中[J]. 四川教育通讯,1947(27):17. 按:原文标题误将"严文郁"印成"罗文郁"。

③ 严文郁在纽约考察图书制度[N]. 申报,1947 – 09 – 17(6);严文郁在美国考察图书制度[N]. 前线日报,1948 – 09 – 17(6)

④ Proposed plan for a new christian school of education[A]. 耶鲁大学神学图书馆馆藏亚洲基督教高等教育联合董事会档案之金陵大学档案,案卷号:RG011 – 201 – 3436.

他学科课程占 30%①。

6 月 27 日

沈祖荣呈文国民政府教育部，请求批准文华图专举行 1947 年秋季招生考试②。

6 月 28 日

文华图专举行毕业典礼③。其中，图书馆学专科第八届毕业生共计 16 人，包括曹承薇、胡文琼、黄金印（黄景行）、黄粤生、黎宝金、李峻聆、李思义、刘贤瑞、彭美莲、温慇、吴宝珠、萧约翰、熊长泰、杨海珊、张良芝、朱永芳（见表 1947－2）④；档案管理科第五届毕业生仅有 4 人，即罗淑勋、毛大俊、毛良佑、徐尚清（见表 1947－3）。

表 1947－2　文华图专图书馆学专科第八届毕业生（1947 年 6 月）一览

序号	姓名	性别	籍贯	备注
1	曹承薇	女	湖北武昌	或误作"曹承徽"，图书馆学专科第七班学生
2	胡文琼	女	湖北武昌	
3	黄金印	男	陕西洋县	后改称"黄景行"
4	黄粤生	女	四川南溪	
5	黎宝金	女	广东乐昌	
6	李峻聆	女	湖南宁乡	或误作"李俊聆""李媛聆"，图书馆学专科第七班学生
7	李思义	男	河北南乐	又称"李亚民"
8	刘贤瑞	女	湖南浏阳	
9	彭美莲	女	湖北黄陂	

---

① Proposed plan for a new christian school of education［A］. 耶鲁大学神学图书馆馆藏亚洲基督教高等教育联合董事会档案之金陵大学档案，案卷号：RG011－201－3436.

② 文华图专校长沈祖荣关于检送该校三十六年度招生简章请予备案上教育部的呈（附简章）（一九四七年六月二十七日）［G］// 姚乐野，马振犊. 近代图书馆档案汇编：第一辑　第四册. 北京：国家图书馆出版社，2021：369－376.

③ 图书馆及档案为专修学科［N］. 武汉日报，1947－06－29（6）.

④ 彭敏惠. 文华图专珍稀史料图录［M］. 武汉：武汉大学出版社，2020：276.

续表

序号	姓名	性别	籍贯	备注
10	温愍	女	广东鹤山	
11	吴宝珠	女	湖北监利	
12	萧约翰	男	陕西鄠县	
13	熊长泰	男	湖北枝江	
14	杨海珊	女	湖南长沙	
15	张良芝	女	四川安岳	
16	朱永芳	女	安徽凤阳	图书馆学专科第七班学生

表 1947 - 3　文华图专档案管理科第五届毕业生(1947 年 6 月)一览

序号	姓名	性别	籍贯
1	罗淑勋	女	四川宜宾
2	毛大俊	男	四川宜宾
3	毛良佑	男	四川宜宾
4	徐尚清	女	湖北汉阳

6 月 30 日

下午 5 时,北京大学召开第 44 次校务会议,议决"图书馆学及博物馆学,暂缓设系,请王重民、韩寿萱两先生拟订立关系学程及选修方法"①。

7 月 6 日

《甘肃民国日报》第 3 版刊登刘国钧撰写的《目录学大纲》第一部分。这是刘国钧在江苏省立教育学院授课时使用的讲义。此次刊登第一章"目录学之意义与范围"(一、目录之意义,二、何为书籍,三、目录与图书馆)②。

---

① 第四十四次会议[G]//王学珍,郭建荣. 北京大学史料:第四卷　1946—1948. 北京:北京大学出版社,2000:46;李墨. 王重民年谱[D]. 保定:河北大学,2008:54.

② 刘国钧. 目录学大纲[N]. 甘肃民国日报,1947 - 07 - 06(3).

7 月 12 日

广东省图书馆协会图书馆学进修班开始上课。杜定友担任该班班主任,张世泰任总务主任,何恩泽任教务主任①。该进修班课程信息见表1947 － 4。

表 1947 － 4　广东省图书馆协会图书馆学进修班课程一览

序号	课程名称	授课教师	讲义印行时间
1	图书馆学概论	杜定友	1947 年 7 月 13 日
2	图书馆行政	张世泰	
3	图书馆重要法规	张世泰	
4	书志学		
5	图书馆应用章则	张世泰	1947 年 7 月 20 日
6	图书征集法	杜定友	
7	国学常识	徐信符	1947 年 8 月 1 日
8	图书分类法	杜定友	
9	图书编目法	何恩泽	1947 年 8 月 17 日
10	图书参考法	冯爱琼	
11	检字法	何恩泽	1947 年 9 月 14 日
12	图书馆推广事业	张世泰	1947 年 9 月 21 日
13	图书馆设备与用品	张世泰	

资料来源:广东省图书馆协会. 广东省图书馆协会图书馆学进修班讲义[M].广州:广东省图书馆协会,1947.

7 月 24 日

国立社会教育学院举行招生考试,考试于 7 月 26 日结束。此次计划招收社会教育行政学系、社会事业行政学系、图书博物馆学系、新闻学系、电化教育学系、社会艺术教育系(内分美术、音乐、戏剧三组)与国语专修科新生各一班,一律公费②。

　①　王子舟. 杜定友和中国图书馆学[M].北京:北京图书馆出版社,2002:276.
　②　国立社会教育学院招生通告[N].申报,1947 － 07 － 13(5).

7 月 27 日

《甘肃民国日报》第 3 版刊登刘国钧的讲稿《目录学大纲》第二部分。此次刊登第二章"目录学之目的与功用"(一、图书何以需要目录,二、目录学之目的,三、目录学功用)、第三章"目录概说"(一、目录目的,二、目录宜顾及之问题,三、编目法及条例,四、目录之单位——款目)、第四章"目录之组织"(一、目录之组织,二、组织之种类,三、组织之连系,四、目录之部分,五、组织方式,六、目录之形式)①。

7 月 29 日

《中央日报》第 4 版刊登于镜宇(于震寰)撰写的《文华图书馆学专校》,该文被列为"学府介绍之十"。该文旨在向应考的学生介绍文华图专的特色,文中论及文华图专校史、课程设置与毕业生的出路②。

7 月 31 日

查尔斯·H. 布朗复函基普夫人(Mrs. Rae Cecilia Kipp),内称:"沈先生拒绝将其学校并入大学,热衷于保持其独立学校的地位。他不接受联合董事会、他的校友们、或一个小基金会的董事们关于将其学校并入某所大学的忠告。他已要我帮忙从洛克菲勒基金会争取一小笔拨款。如果我乐意去做的话,我也不会争取到一笔拨款,况且如果他不将其学校与某大学合并的话,要争取到对其学校的财政帮助简直难于上青天……现在还不是董事会讨论沈祖荣所提出的所有问题的时候。"③

7 月

国立社会教育学院图书博物馆学系第三届毕业生离校,共计 13 人,包括常翠华、吉鸿、贾云英、刘世杰、龙学端、邱克勤、谭家琛、唐天昭、杨晓青、叶静兰、张明达、赵翁凡、朱韶云(见表 1947 – 5)④。

---

① 刘国钧. 目录学大纲(续前)[N]. 甘肃民国日报,1947 – 07 – 27(3).

② 于镜宇. 文华图书馆学专校[N]. 中央日报,1947 – 07 – 29(4).

③ 程焕文. 中国图书馆学教育之父:沈祖荣评传[M]. 台北:台湾学生书局,1997:151 – 152.

④ 国立社会教育学院院长室. 国立社会教育学院概况(三十七年五月)[M]. 苏州:国立社会教育学院院长室,1948:156 – 157.

表1947-5　国立社会教育学院图书博物馆学系第三届毕业生(1947年7月)一览

序号	姓名	性别	籍贯	毕业论文题名
1	常翠华	女	湖北黄梅	儿童读物之研究
2	吉鸿	女	江苏泰兴	中小学阅读兴趣之研究
3	贾云英	女	安徽阜阳	乡村图书馆必备书目
4	刘世杰	男	四川邻水	用文学作品教育民众
5	龙学端	男	广东琼山	图书馆阅览部的组织与管理
6	邱克勤	男	江苏吴县	大学图书馆章则之研讨
7	谭家琛	男	湖南石门	我国公共图书馆制度之改进
8	唐天昭	男	湖北慈利	图书馆视导问题之研究
9	杨晓青	女	江苏南京	国立中央图书馆、刘国钧、裴开明三种中文图书编目规则比较研究
10	叶静兰	女	浙江杭县	宋代刻书概述
11	张明达	男	四川安岳	中学教师兼图书馆管理员制之研讨
12	赵翁凡	男	湖北江陵	大学图书馆增设参考部计划
13	朱韶云	女	浙江江山	本系藏图书馆学小册子介绍与小册子处理法

资料来源:国立社会教育学院院长室.国立社会教育学院概况(三十七年五月)[M].苏州:国立社会教育学院院长室,1948:156-157;教务处.本院历届学生毕业论文题目一览[J].教育与社会,1947,6(2/3):64-70.

其中,杨晓青在黄元福指导下撰写毕业论文《国立中央图书馆、刘国钧、裴开明三种中文图书编目规则比较研究》。黄元福给出如下评语:"大体比较尚详,堪供图书馆编目人员之参考。惟总论编第二、第三两章似嫌略简,应给予八十分。"①

美国《大学与研究图书馆》(College and Research Libraries)第8卷第3期登载袁同礼撰写的"The Next Twenty-Five Years in the Development of Chinese Libraries"(《未来25年中国图书馆之发展》)。袁同礼在文中指出:"过去,中国的图书馆培训一直备受忽视。一些非常重要的图书馆职位有时却被交给视之为闲差的新手。许多人仍然错误地认为,任何人都可以从事图书馆职业,而充分的培训与经验其实并非必不可少。为了纠正这种令人痛惜的态度,必须向公众灌输图书馆员对于热爱阅读的公众的重要性。应当创办足够多的高质量的图书馆学校来为这

① 彭敏惠.文华图专珍稀史料图录[M].武汉:武汉大学出版社,2020:215.

个职业培养足够的人才。这些图书馆学校应当隶属于知名大学,而非隶属于任何图书馆,不管这些图书馆有多么强大。美国的经验表明,前一种方法更适合用来解决培训问题。图书馆学校的毕业生应当跟其他职业学校的毕业生具有同等地位。"①

8 月 1 日

文华图专 1947 年秋季招生考试开始接受报名,报名于 8 月 5 日截止。报考处设在武昌高家巷崇福山街 2 号文华图专校园或昙华林街 19 号文华图专宿舍、南京成贤街国立中央图书馆、重庆复兴路国立罗斯福图书馆、上海福州路上海市立图书馆,各机关、学校、团体亦可于 7 月 1—30 日以通信方式保送学生入学。该年计划招收图书馆学专科和档案管理科公费生各 50 人。公立或已立案之私立高级中学(或与高级中学程度相等学校)毕业生及其同等学力者均可投考,但师范学校或职业学校毕业生须服务三年期满并缴验服务证明文件,且同等学力者最多只能占录取新生总额的 10%。该年的考试科目包括"(一)公民;(二)国文;(三)英文;(四)史地;(五)甲组:数学、物理、化学;乙组:政治、经济、社会(以上二组任选一组,报名时填明之);(六)口试"②。

8 月 2 日

国民政府国防部下属的副官学校在南京成立筹备处,开始筹备工作,该校于 9 月 1 日正式成立。该校下设一般课程系、军事训练系、人事课程系、文书课程系、印制课程系、军邮课程系 6 个系③。

8 月 4 日

北平公教暑期研究周开始,于 8 月 10 日结束④。曾任震旦大学图书馆副馆长的景培元应邀讲演"图书馆在传教事业上的地位"。他主要论述公教图书馆的设备、选书与人事三大问题。关于人事问题,他指出,"关于

① YUAN T L. The next twenty-five years in the development of Chinese libraries[J]. College and research libraries,1947,8(3):376 – 379.

② 文华图专校长沈祖荣关于检送该校三十六年度招生简章请予备案上教育部的呈(附简章)(一九四七年六月二十七日)[G]//姚乐野,马振犊. 近代图书馆档案汇编:第一辑 第四册. 北京:国家图书馆出版社,2021:369 – 376.

③ 本校校史[M]//副官学校. 副官学校校庆特刊. 南京:副官学校,1948:10 – 14.

④ 益之. 北平公教暑期研究周记略[J]. 上智编译馆馆刊,1947,2(6):514.

图书馆的管理人才,以往一般人的错误见解,以为不过借几本书给人看,还要什么专门人才?殊不知在一个现代图书馆里,死的图书必须有会活用的人才能大见功效。而在一个公教图书馆,以传信为最终目标的,尤其非有干练的馆员不能胜任愉快。在这方面,我们又比基督教徒,落后了一步:他们在武昌有一座图书馆学专科学校,成立已经多年,造就出来不少人才,分散在全国各地。我们目前自然谈不到成立这么一个学校。但即使利用非专业的人才担任图书馆的管理,也必须经过短期的基本训练"。他还向学员介绍了参考馆员的使命①。

8 月 7 日

文华图专1947年秋季招生考试开始在武昌、南京、重庆、上海四地同时举行,8 月 8 日结束。将考试结果定于考试结束后 10 日内通过专函通知各个考生②。

8 月 10 日

顾家杰从上海乘坐"M. C. 梅格斯将军号"轮船赴美③,于 8 月 25 日抵达加利福尼亚州旧金山④。他随后转赴丹佛大学深造。

吕绍虞在国立中央图书馆撰就《创设图书馆学研究所刍议》,该文后载于 1947 年 12 月南京大学书店出版的《图书馆学论丛续集》。吕绍虞在文中建议政府正视图书馆事业的重要性,拨款在中央研究院或国立图书馆内设立图书馆学研究所,聘请专家研究分类、编目、检字、图书馆设立标准、图书馆教育等相关问题,以促进图书馆学术和图书馆事业之发展。关于"图书馆教育"问题,他指出:"我国培育图书馆人才之学校,历史较久者为武昌文华。现在国立社会教育学院亦设有图书博物馆系,但毕业人数不多。此外尚有少数由其他学校出身或留美、留欧回国之图书

① 景培元. 图书馆在传教事业上的位置[M]//上智编译馆. 传教之研究. 北平:上智编译馆,1947:39 - 46.

② 文华图专校长沈祖荣关于检送该校三十六年度招生简章请予备案上教育部的呈(附简章)(一九四七年六月二十七日)[G]//姚乐野,马振犊. 近代图书馆档案汇编:第一辑 第四册. 北京:国家图书馆出版社,2021:369 - 376.

③ California,San Francisco,passenger lists,1893 - 1953[EB/OL].[2018 - 10 - 05].https://www.familysearch.org/ark:/61903/3:1:33S7 - 95LJ - 74K? i = 700&cc = 1916078.

④ California,San Francisco,passenger lists,1893 - 1953[EB/OL].[2018 - 10 - 05].https://www.familysearch.org/ark:/61903/3:1:33S7 - 95LJ - 732? i = 699&cc = 1916078.

馆员,但不足以应付现有之需要。在此不多人数中,以图书馆专业尚未充分受政府、社会之重视,不能获得应有之地位与待遇,不乏改习他业者;而后起者,不但服务与兴趣大为减低,其实际能力亦远不如昔。如文华为迁就现实,减低入学资格,由大学肄业二年改为高中毕业,以广招徕,结果仍未能如所预期。而其影响所至,即使图书馆专业益为社会所视为无足重轻。吾人为纠正社会视听,必须培植优良分子,予以高级训练,使每人能有充分表现其专业成绩之机会;但同时必须高其地位,优其待遇,以安其心,以酬其劳。于此吾人必须研究,为配合现在及将来需要,应如何增设图书馆学校及扩大现有各校基础?实施何种课程?否则,为事择人,人将安出?为事用才,才从何来?"①

8 月上旬

江西私立剑声中学职业部高级文书科登报招生,拟于 8 月 10 日、8 月 20 日和 9 月 5 日分三次举行 1947 年秋季招生考试②。

8 月 24 日

孙云畴③与张铨念④从上海乘坐"W. H. 戈登将军号"轮船赴美,9 月 8 日抵达加利福尼亚州旧金山。孙云畴进入读哥伦比亚大学图书馆学院,于 1949 年 6 月毕业,获理学硕士学位(图书馆学专业)。张铨念则进入读哥伦比亚大学师范学院⑤。

---

① 吕绍虞. 图书馆学论丛续集[M]. 南京:大学书店,1947:4 - 6. 按:《图书馆学论丛续集》并未标注具体出版时间,但吕绍虞在所著的《资料管理法》一书中明确称其出版时间为"一九四七年十二月"。具体参见:吕绍虞. 资料管理法[M]. 上海:商务印刷所图用品部,1951:90.

② 江西剑声中学招生[N]. 华光日报,1947 - 08 - 11(1).

③ California, San Francisco, passenger lists, 1893 - 1953[EB/OL]. [2018 - 10 - 05]. https://familysearch. org/pal:/MM9. 3. 1/TH - 1942 - 22247 - 5572 - 22? cc = 1916078; California, San Francisco, passenger lists, 1893 - 1953[EB/OL]. [2018 - 10 - 05]. https://familysearch. org/pal:/MM9. 3. 1/TH - 1951 - 22247 - 5926 - 97? cc = 1916078.

④ California, San Francisco, passenger lists, 1893 - 1953[EB/OL]. [2018 - 10 - 05]. https://familysearch. org/pal:/MM9. 3. 1/TH - 1951 - 22247 - 5914 - 3; California, San Francisco, passenger lists, 1893 - 1953[EB/OL]. [2018 - 10 - 05]. https://familysearch. org/pal:/MM9. 3. 1/TH - 1942 - 22247 - 5413 - 16? cc = 1916078.

⑤ China Institute in America. Directory of Chinese students in colleges and universities in the United States of America 1951 - 52[M]. New York:China Institute in America,1952:6.

8 月 27 日

私立崇实档案函授学校进行改组,改称"私立崇实档案学校"。该校成立函授部、面授部、研究部、出版部与服务部,增设文书科,并计划以后增设公牍科。如果计划成真,该校将同时拥有档案科、文书科和公牍科,分别培养档案、文书和公牍三类专门文才①。

9 月 5 日

《申报》第 5 版刊登《国立社会教育学院录取南京苏州考区新生通告》。根据这则通告,国立社会教育学院图书博物馆学系在南京考区录取程景汉、刘化南、罗崇袁、文广伶、吴齐生、俞俊、曾汝谋、张光第、张国英 9 人,在苏州考区录取蔡大明、陈耀祥、黄锡年、李朝彝、林庆礼、刘晋春、陶日明、谢华才、于为刚、朱如源、庄可范 11 人。新生须于 11 月 1—4日到校报到,口试及体检合格后方准注册;逾期不到则取消入学资格,以备取生递补②。

9 月 7 日

寿德棻(1946 年 6 月燕京大学毕业生、文学士)从上海乘坐"海蛇号"轮船(S. S. Marine Adder)前往美国③,9 月 24 日抵达加利福尼亚州旧金山④。随后,他转赴华盛顿州西雅图,入读华盛顿大学,于 1950 年毕业并获文学硕士学位;后又在该校图书馆学院继续深造,于 1952 年获图书馆学硕士学位⑤。此后,他一直留在俄勒冈州立学院图书馆工作,直到退休。

---

① 殷钟麒. 自序[M]//殷钟麒. 中国档案管理新论. 重庆:私立崇实档案学校出版部,1948:9 - 17. 按:殷钟麒在书中称"三十六年教师节改组"。据查,1931 年,国民政府规定 6 月 6日为教师节;1939 年,国民政府教育部发布训令,改以孔子诞辰(8 月 27 日)为教师节。因此,私立崇实档案函授学校于 1947 年 8 月 27 日进行改组。

② 国立社会教育学院录取南京苏州考区新生通告[N]. 申报,1947 - 09 - 05(5).

③ California,San Francisco,passenger lists,1893 - 1953 [EB/OL]. [2019 - 03 - 08]. https://www. familysearch. org/ark:/61903/3:1:33S7 - 95LJ-H9N? i = 149&cc = 1916078.

④ California,San Francisco,passenger lists,1893 - 1953 [EB/OL]. [2019 - 03 - 08]. https://www. familysearch. org/ark:/61903/3:1:33SQ-G5LJ - 4ZV? i = 148&cc = 1916078.

⑤ COLE D E. Who's who in library service[M]. 3rd ed. New York:The Grolier Society INC. ,1955:447.

9 月 11 日

《甘肃民国日报》第 3 版刊登刘国钧的讲稿《目录学大纲》第三部分。此次刊登第五章"主题目录、分类目录与字典式目录"(一、分类目录之流行,二、分类目录之性质、功用与缺点,三、主题目录之性质、功用与缺点,四、字典式目录之性质、功用与缺点,五、结论)[①]。

9 月 14 日

黄慕龄从香港乘坐"海燕号"轮船赴美[②]。钱存训[③]与胡延钧[④]则于 9 月 17 日在上海登上"海燕号"轮船。10 月 1 日,三人抵达加利福尼亚州旧金山。

黄慕龄进入伊利诺伊大学图书馆学院就读,于 1949 年 6 月毕业,获理学硕士学位(图书馆学专业)[⑤]。

钱存训于 10 月 2 日转乘西太平洋公司的卧铺火车,经过三天两夜的漫长旅程[⑥],于 10 月 5 日抵达芝加哥,次日开始到芝加哥大学远东图书馆工作,同时进入芝加哥大学图书馆学研究院深造[⑦]。1952 年 3 月,他获得图书馆学专业文学硕士学位,其硕士学位论文题为"Western Impact on China through Translation:a Bibliographical Study"(《译书对中国现代化

---

① 刘国钧.目录学大纲(续前)[N].甘肃民国日报,1947 – 09 – 11(3).

② California,San Francisco,passenger lists,1893 – 1953[EB/OL].[2018 – 10 – 05].https://www.familysearch.org/ark:/61903/3:1:33SQ-G5LJ-HS1? i = 29&cc = 1916078;California,San Francisco,passenger lists,1893 – 1953[EB/OL].[2018 – 10 – 05].https://www.familysearch.org/ark:/61903/3:1:33S7 – 95LJ-HYJ? i = 28&cc = 1916078.

③ California,San Francisco,passenger lists,1893 – 1953[EB/OL].[2018 – 10 – 05].https://www.familysearch.org/ark:/61903/3:1:33SQ-G5G6-SRY? i = 790&cc = 1916078;California,San Francisco,passenger lists,1893 – 1953[EB/OL].[2018 – 10 – 05].https://www.familysearch.org/ark:/61903/3:1:33SQ-G5G6-SVJ? i = 791&cc = 1916078.

④ California,San Francisco,passenger lists,1893 – 1953[EB/OL].[2018 – 10 – 05].https://www.familysearch.org/ark:/61903/3:1:33S7 – 95G6-S5Q? i = 798&cc = 1916078;California,San Francisco,passenger lists,1893 – 1953[EB/OL].[2018 – 10 – 05].https://www.familysearch.org/ark:/61903/3:1:33S7 – 95G6-STQ? i = 799&cc = 1916078.

⑤ University of Illinois.Transactions of the board of trustees.July 1,1948,to June 30,1950[M].Urbana-Champaign,Illinois:University of Illinois,1950:440.

⑥ 钱存训.留美杂忆:六十年来美国生活的回顾[M].合肥:黄山书社,2008:25 – 26.

⑦ 钱孝文.钱存训教授百岁年表[M]//徐鸿,马小鹤.天禄论丛:中国研究图书馆员学会学刊 第 2 卷.桂林:广西师范大学出版社,2012:1 – 10.

的影响》）。1957 年 8 月，他获得哲学博士学位（图书馆学专业），其博士学位论文题为"The Pre-printing Records of China：a Study of the Development of Early Chinese Inscriptions and Books"（《印刷发明前的中国书和文字记录》）。

胡延钧转赴科罗拉多州格里利（Greeley，Colorado），进入科罗拉多州立教育学院（Colorado State College of Education）就读①，修习部分图书馆学课程，于 1948 年 6 月毕业，获颁硕士学位及美国中学教师资格证书。1948 年 7 月，他先后参观密苏里州的堪萨斯和圣路易斯两地的大学图书馆、哥伦比亚大学图书馆及芝加哥的某个博物馆等。同年 8 月，他前往科罗拉多州博尔德（Boulder，Colorado）的科罗拉多大学（University of Colorado）半工半读，半天在图书馆工作，半天在教育学院修习"教育心理学"和"心理咨询"两门课程。1949 年 8 月中旬，他从美国乘船返回中国，到齐鲁大学担任英语教授兼图书馆主任②。

9 月 19 日

张葆箴从上海乘坐中国航空股份有限公司的 XTTO – 2 型客机离开中国，经夏威夷，至加利福尼亚州旧金山下机③。她随后转赴丹佛大学深造。

9 月中旬

北京大学校务会议正式议决于文学院附设图书馆学专修科和博物馆学专修科④，很快就获国民政府教育部批准⑤。

9 月下旬

经过持续多日的研讨，北京大学初步确定图书馆学专修科和博物馆

① 会员消息[J]. 中华图书馆协会会报，1948，21（3/4）：6 – 8.

② 胡延钧. 追忆我的留美生活[G]//山东省政协文史资料委员会. 山东文史资料选辑：第 33 辑 留学生活. 济南：山东人民出版社，1992：204 – 209.

③ Hawaii，passenger lists of airplanes departing Honolulu，1942 – 1948[EB/OL]. [2019 – 02 – 10]. https://www. familysearch. org/ark：/61903/3：1：3QSQ-G92F-BCF8？i = 496&cc = 2427245.

④ 北大两专科已正式上课[G]//王学珍，郭建荣. 北京大学史料：第四卷 1946—1948. 北京：北京大学出版社，2000：688 – 689.

⑤ 北大文学院增设两专科[N]. 中央日报，1947 – 09 – 20（4）；北大增设博图专科[N]. 益世报（上海版），1947 – 09 – 27（3）.

学专修科的课程设置、师资配备等问题①,并制定《国立北京大学图书馆及博物馆专科规程》②。

国立北京大学图书馆及博物馆专科规程

一、本校自三十六年秋季起,设立图书馆学和博物馆学两种专科,暂时附设于文学院内,拟在两年之内成立独立学系。

二、凡本校文学院中国语文学系、西方语文学系、史学系之学生或其他院系之学生经各该专科主任教授之许可者,在肄业期间以内,选习图书馆或博物馆学专科课程满三十二学分,成绩均在七十分以上者,得于其本系毕业证书之外,由本校发给图书馆学或博物馆学专科毕业证书。

三、本校文学院或其他学院毕业生,愿专习图书馆学或博物馆学专科者,经该科主任教授许可后,得注册专修。其修满该科必修课程及指定应选修课程,成绩均在七十分以上者,由本校发给该科毕业证书。

四、图书馆学专科,拟次第设立左列各项课程:图书馆学概论、中国目录学、西洋目录学、中国目录学实习(一名专科目录之研究)、编目与分类、文献学与档案学、中国目录学史、西洋目录学史、版本学、校勘学、图书馆行政(以上为主要科目);哲学史、科学史、文学史、中国印刷史、近代图书馆学、图书馆利用法、公共图书馆与大学图书馆管理法、科学医学图书馆管理法(以上为选修科)。

五、博物馆学专科,拟次第设立左列各项课程:博物馆学、编目与陈列、博物馆管理法、造型及其他技术、考古学、人类学(以上公共必修科);中国美术史、中国雕刻史、中国书画史、工艺史、古物鉴定法、西洋美术史、文献学与档案学、生物保存法、金石学、版本学、史前史、科学史、铜器文字研究(以上为各专门博物馆学选修科)。

六、本学年图书馆专科及博物馆专科所开科目如下:

(一)图书馆部

1. 图书馆学概论(一小时) 袁同礼讲授

---

① 北大两专科已正式上课[G]//王学珍,郭建荣.北京大学史料:第四卷 1946—1948.北京:北京大学出版社,2000:688-689.

② 国立北京大学图书馆及博物馆专科规程[J].国立北京大学周刊,1947(24):1.按:"专修科"是正式名称,"专科"是简称。但该规程似乎制定得过于仓促,文中"图书馆专科"、"图书馆学专科"与"图书馆部"混用,"博物馆学专科"与"博物馆科"混用。

2. 中国目录学（二小时）　王重民讲授

3. 西洋目录学（一小时）　毛子水讲授

4. 中国目录学实习（二小时）（一名专科目录之研究）　王重民讲授

（二）博物馆科

1. 博物馆学　韩寿萱讲授

2. 编目与陈列　韩寿萱讲授

3. 中国美术史　韩寿萱讲授

4. 考古学　暂停

5. 古物鉴定法　马衡讲授①

1947—1948 学年北京大学图书馆学专修科和博物馆学专修科的课程设置详见表 1947 - 6。

表 1947 - 6　1947—1948 学年北京大学图书馆学专修科和博物馆学专修科课程一览

图书馆学专修科				博物馆学专修科			
序号	课程名称	学分	授课教师	序号	课程名称	学分	授课教师
1	图书馆学概论	2	袁同礼	1	博物馆学	6	韩寿萱
2	中国目录学	4	王重民	2	编目与陈列	4	韩寿萱
3	西洋目录学	3	毛准*	3	中国美术史	6	韩寿萱
4	中国目录学实习	4	王重民	4	考古学	4	未定（后实为暂停）
				5	古物鉴定法	2	马衡

资料来源：北大图书馆博物馆学两专科课程规定［N］. 前线日报，1947 - 09 - 24(6).

注：＊ 毛准，原名延祚，字子水，常以字行。

9 月

文华图专图书馆学专科第 10 班和档案管理科第 6 班新生注册入学。值得一提的是，文华图专原本计划"自三十六年度起改为三年制"②，但实际并未施行。

四川省立成都女子职业学校招收高级图书管理科第六班学生，共有

---

① 国立北京大学图书馆及博物馆专科规程［J］. 国立北京大学周刊，1947(24)：1.

② 文华图专学校概况［G］//姚乐野，马振犊. 近代图书馆档案汇编：第一辑　第一册. 北京：国家图书馆出版社，2021：17 - 37.

43 人入学①。

钱亚新为国立社会教育学院图书博物馆学系学生开设"索引和索引法"课程②。

清华大学文学院中国文学系面向文学组三、四年级学生开设一门"图书馆学"选修课程(编号:中 138),下学期授毕,每周授课 3 小时,计3 学分③。

大夏大学教育学院开设一门"图书馆学"课程④,未悉详情。

10 月初

北京大学图书馆学专修科和博物馆学专修科正式开始上课⑤。

10 月 19 日

下午 3—6 时,中华图书馆协会在南京玄武湖玄武庙前草坪举行茶会欢迎沙本生(Charles Bunsen Shaw,或译"萧本生""萧查理"等)。陈长伟、陈东原、洪有丰、李小缘、陆华深、沈宝环、陶维勋、杨长治等 100 多人出席,于震寰主持。众人各抒己见,"其中如解决中国图书馆本身技术及师范学校应否设立图书馆课程等问题,讨论至详"⑥。

《中央日报》第 4 版刊登吕绍虞撰写的《欢迎沙本生博士并论改进我国图书馆事业》。吕绍虞在文中论及"图书馆教育问题",指出:"图书馆专门教育的机关,现在除武昌文华图书馆学专科学校外,有国立社会教育学院的图书博物馆系,最近国立北京大学也添设图书馆学专修科。过去前两校出来的学生,为数不多,留学深造的更少,常有供不应求的情形,特别是高级馆员和大学图书馆馆长。假如现在不未雨绸缪,将来政

---

① 任家乐,姚乐野.民国时期四川省立成都女子职业学校高级图书管理科办学研究[J].大学图书馆学报,2015(5):120.

② 钱亚新.六十年来生活工作简表、论著编译年录[M]//创新、求新、育人:图书馆学家钱亚新的一生.吴志勤,钱亮,钱唐,整理.自印本.[出版地不详]:[出版者不详],1993:23.转引自:谢欢.钱亚新年谱[M].上海:上海古籍出版社,2021:111.

③ 国立清华大学.国立清华大学一览(民国三十六年六月)[M].北平:国立清华大学,1947:17.

④ 各院系开班学程(三十六年度第一学期)[J].大夏周报,1948,24(14):25-26.

⑤ 北大两专科已正式上课[G]//王学珍,郭建荣.北京大学史料:第四卷 1946—1948.北京:北京大学出版社,2000:688-689.

⑥ 图书馆分类法有加统一必要,沙本生认现行法太烦[N].中央日报,1947-10-20(4);图书馆分类法有加统一必要,沙本生认现行法太烦[N].前线日报,1947-10-21(6).

府如一旦要振兴图书馆事业,必更有才难之叹。"①

10 月 23 日

《甘肃民国日报》第 3 版刊登刘国钧的讲稿《目录学大纲》第四部分。此次刊登第六章"编制目录步骤"(一、选题,二、取材,三、记录,四、审查,五、解决,六、组织)②。

10 月 27 日

《大公报》(天津版)第 2 版刊登马同俨翻译的《文教组织以图书馆辅助基本教育工作计划》。此处所说的"文教组织"即联合国教育、科学及文化组织(United Nations Educational, Scientific and Cultural Organization,简称"联合国教科文组织")。译文前附有译者说明,内称:"推行基本教育为联合国教育科学文化组织重要工作之一。初步实验,我国与南菲联邦及中美海地被指订[定]为示范区。上月初并由我国邀请亚洲及南太平洋诸国举行远东区基本教育研究会。此外文教组织本年并曾设计以图书馆辅助基本教育。此项计划书尚未见国内报道,爰择要译出以供我教育界图书馆界参考。"正文列出了以图书馆辅助基本教育的 9 个具体步骤,其中第三个步骤是训练图书馆员:"为作进一步的发展,应选取图书馆专科学校学生予以专门训练,以准备于初步工作完成后一年或八个月之内派往示范区工作。"③

10 月 28 日

陶维勋从上海乘坐"海蛇号"轮船赴美④,11 月 14 日抵达加利福尼亚州旧金山⑤。他此次系由国立中央图书馆派往美国,"在华盛顿大学图书馆实习,专研究图书馆学科……预定一年返馆工作"⑥。他先是于 1949 年

---

① 吕绍虞. 欢迎沙本生博士并论改进我国图书馆事业[N]. 中央日报,1947 – 10 – 19(4).

② 刘国钧. 目录学大纲(续前)[N]. 甘肃民国日报,1947 – 10 – 23(3).

③ 文教组织以图书馆辅助基本教育工作计划[N]. 马同俨,译. 大公报(天津版),1947 – 10 – 27(2).

④ California, San Francisco, passenger lists, 1893 – 1953 [EB/OL]. [2018 – 10 – 05]. https://www.familysearch.org/ark:/61903/3:1:33SQ-G5GN-DB8? i = 745&cc = 1916078.

⑤ California, San Francisco, passenger lists, 1893 – 1953 [EB/OL]. [2018 – 10 – 05]. https://www.familysearch.org/ark:/61903/3:1:33SQ-G5GN-DTZ? i = 744&cc = 1916078.

⑥ 国立中央图书馆. 国立中央图书馆概况[M]. 南京:国立中央图书馆,1947:插页.

获得华盛顿大学图书馆学学士学位,后又于 1951 年获得哥伦比亚大学文学硕士学位[教育学专业(成人教育方向)]①。

11 月 2 日

大夏大学举行第一次教育学院课程审查会议,12 月 6 日举行第二次教育学院课程审查会议。该校校长欧元怀,教务长、各院院长、教育学院各系主任和教授全体出席讨论,确定教育学院共同必修及三系必修、选修和辅系学程与学分②。1947—1948 学年大夏大学教育学院课程信息见表 1947 - 7。

表 1947 - 7　1947—1948 学年大夏大学教育学院课程一览

课程性质	课程名称	学分	课程名称	学分
教育学院共同必修学程	普通心理学(上、下)	6	教育生物学及实验	3
	教育概论	3	教育统计	3
	中国教育史	3	西洋教育史	3
	教育行政	6	教育心理学	6
	心理及教育测验	3	普通教学法	3
	教学实习	4		
教育学系必修、选修学程	中等教育	6	国民教育	3
	教育社会学	6	比较教育	6
	训导原理及实施	3	教育研究法	3
	教育哲学	3	教育视导	
	发展心理学	6	乡村教育	3
	学校调查	3	学科心理	3
	课程论	3	师范教育	3
	小学各科教材及教法	3	幼稚教育	3
	社会教育事业	6	电化教育	3
	图书馆学	4		

---

① ASH L. Who's who in library service[M]. 4th ed. Brooklyn, N. Y. : the Shoe String Press, Inc. ,1966:683.

② 黄敬思. 一年来教育学院概况[J].大夏周报,1948,24(14):3 - 4.

续表

课程性质	课程名称	学分	课程名称	学分
教育心理学系必修、选修学程	社会心理学	6	心理卫生	3
	变态心理学	3	发展心理学	6
	教育哲学	3	学科心理	3
	成人学习心理	3	训导原理及实施	3
	教育研究法	3	国民教育	3
	比较教育	6	课程论	3
	图书馆学	4	教育社会学	6
	犯罪心理学	3	中等教育	6
	儿童心理学	3		
社会教育学系必修、选修学程	社会教育概论	3	社会心理学	6
	社会调查	3	社会教育事业	6
	电化教育	3	图书馆学	4
	教育社会学	6	教育哲学	3
	教育研究法	3	心理卫生	3
	教育视导	3	课外绘画	3

资料来源:黄敬思. 一年来教育学院概况[J]. 大夏周报,1948,24(14):3-4.

11 月 10 日

美国驻华大使司徒雷登(John Leighton Stuart)与中华民国政府外交部部长王世杰代表两国政府在南京签订《教育交流项目筹资协议》(*Financing of Educational Exchange Programs*),当日生效。中国由此成为第一个与美国签署富布赖特(或译"福布莱特""富尔布赖特""佛尔伯莱"等)项目合作协议的国家①。此后,中国制定《拟援美国福布莱特法案请求资助在中国组织图书馆研究会或讲习会建议书》,内容颇详②。

---

① Financing of educational exchange programs[M]//BEVANS C I. Treaties and other international agreements of the United States of America 1776 – 1949, Vol. 6. Washington D. C. : U. S. Government Printing Office,1971:810 – 815.

② 拟援美国福布莱特法案请求资助在中国组织图书馆研究会或讲习会建议书[A]. 中国第二历史档案馆,案卷号:五 – 1342. 转引自:任家乐. 民国时期图书馆学教育研究[M]. 北京:国家图书馆出版社,2018:324 – 326. 按:标点符号略有变动。该建议书的题名中使用"福布莱特法案",正文中又用"佛尔伯莱法案",前后并不一致。

拟援美国福布莱特法案请求资助在
中国组织图书馆研究会或讲习会建议书

中国政府当局与图书馆界请美国图书馆协会遣送图书馆学专家来华教授图书馆技术兼任顾问职务。

美国图书馆协会因此建议对方在中国成立图书馆研究会而由佛尔伯莱法案资助，其宗旨在：

一、由图书与阅览上推进国际间之互相了解，此可由中美图书馆功效之增加而得。

二、在中美两国学者、官员及图书馆员间为一交换知识之媒介，尤其在图书馆事业之理论及图书馆功效方面。中国图书馆界之理想与需要如何转达于美国图书馆界，美国图书馆界之理想与需要如何转达于中国图书馆界，及其他关心之教育家亦以此为媒介。

三、教授图书馆之技术工作想为必要，尤其是关于西文图书之征选与编目。

四、就图书馆在高等教育、中等教育与成人教育中之地位交换知识与意见，在参考图书馆、学校图书馆、专门图书馆之功效及管理上亦然。

发起组织与管理

美国图书馆协会建议中国五大学校长各经美国大使馆向中美教育基金董事会申请派美国图书馆家二人至各该大学服务至多一年，即在各该大学所在地区举办图书馆研究会。此二人一为经验丰富之图书馆员，一为随同实习之图书馆学校新毕业生。此提议拟送致下列各大学：

国立北京大学

金陵大学

国立中山大学

国立复旦大学

华西协合大学

如上列五大学有不能参加上述计划者，美国图书馆协会及国务院愿再考虑其他学校。

中国五大学之申请书送出后必备副本一份送交美国图书馆协会，该协会再送交国务院之外国学生资助部。

美国图书馆协会准备参加图书馆研究会之适当图书馆家名单以便邀请，但邀请尚未正式成立之时决不提出。

服务期间

美国图书馆家之任期为一年,惟本计划可延持[迟]数年之久,中国其他大学或专科学校将来尚拟请其陆续参加。

美国图书馆家应出国前聚会两三星期,地点或在华盛顿,以举行会议并研究美国国会图书馆中文图书之管理与利用方法。在此期间,同时搜集图书、影片、幻灯片及照片等将来需用之品。图书馆研究会在中国各城市举办,以八个月或九个月为期,但应留出余闲,以使美国图书馆家应各地区内各图书馆之请前往参观,并于必要时为之顾问。

经费

依福布莱特之规定,美国图书馆家之薪给以中国国币支付,另津贴在中国之旅费。来华旅费如属可能,亦以中国国币支付。若蒙特提案得照法案通过而款项有着,则在美国国内之旅费及来华前聚会之用费均可援请该法案支付。否则,不能以中国国币支付之用费,美国图书馆协会将另筹款项开支。

管理

此图书馆研究会受中美教育基金董事会之督导,美国图书馆家以派在南京区各大学校长、高级馆员为首,而请各大学校长分邀中国图书馆员组织顾问委员会襄助计划之进行,并由发起机关派中国图书馆员协助图书馆研究会之工作,当地委员会应准备研究会应用之房舍。

报告与记录

各地举办图书馆研究会之报告应由美国图书馆家提交美国方面主管当局,其摘要亦得在两国公布。①

11 月 21 日

沈祖荣致函湖北省民政厅,请求对方将敌伪时期废档移交给文华图专,供该校学生实习时使用②。

---

① 拟援美国福布莱特法案请求资助在中国组织图书馆研究会或讲习会建议书[A].中国第二历史档案馆,案卷号:五-1342.转引自:任家乐.民国时期图书馆学教育研究[M].北京:国家图书馆出版社,2018:324-326.
② 武昌图专科关于请将敌伪废档移交为学生实习之用的公函(私立武昌文华图书馆学专科学校公函武总字第1107号)[A].湖北省档案馆,案卷号:LS10-6-277-P41.转引自:王郭舜.湖北省档案馆藏私立武昌文华图书馆学专科学校史料选辑[J].档案记忆,2020(7):24-37.

12 月 3 日

沙本生在重庆致函文华图专校长沈祖荣与华中大学校长韦卓民,论及中国图书馆学教育、文华图专前景等问题。这封信同时起到备忘录的作用①。

致文华图专沈祖荣校长和华中大学韦卓民校长的备忘录

重庆

1947 年 12 月 3 日

1. 自 11 月中旬匆匆相聚数日以来,我屡屡希望,有朝一日,我们三人——相交多年的你们两位,以及我本人(希望你们都能将我视为一位新朋友)——可以坐到一块,坦率地讨论下面这份备忘录述及的问题。之前,我已经跟你们单独谈过这个问题,而你们各自向我的表达的信念让我深受鼓舞。长期以来,你们两个机构之间互感不满,这对你们双方都十分不利。因此,我当时相信,我们共同召开一个会议,就能够商讨出让你们双方全都满意的整个总纲和诸多细目,以便圆满地解决这个问题。现在我依然相信,即便我无法出席,你们两人就可以商讨出一种双方都认为公平、体面、可取的解决方案(或者,如有需要,可以采用我们三人全都参加的通信交流方式,但必须确保我们三人能够看到用来交流的全部信函副本)。下面略述一下我希望能够在会谈之前阐明的重要观点与具体内容。

2. 无论是现在,还是在未来许多年内,中国对干练且术有专精的图书馆馆员都有巨大需求。这个职业的高层就是如此。值得注意的是,在我到访的最初四所教会大学里,图书馆负责人都是由仅有"代理馆长"职务的职员担任;在许多国立大学图书馆里,图书馆负责人都是由学者或教授担任,而他们对图书馆问题和实际工作并不熟悉,并且只将一小部分时间花在图书馆管理上面。这种情况必须改变。正在发展的中国图书馆事业应当要有也必须要有一批训练有素、能力出众的图书馆馆员的一流领导。对于专业水平较低的年轻助理来说,情况亦是如此。他们现在确实应当担任低级职务,但在经济收入和职业发展方面要有提升的希望。现在,这种接受过适当训练的年轻馆员远远供不应求,而且这个需求还将持续增加。

---

① SHAW C B. The libraries of the christian colleges in China: a report of a survey made in 1947 – 48[M]. New York: United Board for Christian Colleges in China, 1948: 23 – 25.

3. 如果最高管理层以下的图书馆馆长及术有专精的图书馆职员想要在学术界获得权威并且赢得尊重,那么他们必须(至少)拥有一个大学学位。这一点至关重要。这个最低程度以下的任何智识或教育成就都无法获得大学管理层或教职员的认可,无法让图书馆馆长和其他图书馆职员在大学的各种委员会里获得任何重要地位。没有大学学位的那些人难免被视为普通职员,而非跟学者相提并论。后者是图书馆馆员必须获得并且维持的一种身份地位。

4. 终其一生,韦棣华女士的最大抱负就是为中国提供一流的图书馆学教育。对她来说,这比她生命中的其他任何事情都更加重要。沈先生对韦棣华女士的理想无比热诚,令人钦佩——他一直在努力推进她所开创的这项事业。

5. 大约16年前,一件涉及日常纪律的小事导致文华图专从华中大学独立出来。迟至今日,再来讨论此事及指责由此造成的后果,已经毫无意义。此事就像一颗小种子,已经长成一棵枝繁叶茂的不幸之树。重要的是,我们现在应当努力铲除这棵不幸之树。

6. 中国的图书馆实践似乎在仿效美国图书馆制度的发展道路,所以我们有理由期望中国的图书馆学教育模式同样仿效美国的图书馆学教育模式。一种新的关系已经在美国图书馆学教育中占据主导地位,那就是曾经独立建置的图书馆学校已经变成大学的附属机构。比如,亚特兰大图书馆学校已经并入埃默里大学,纽约公共图书馆附属图书馆学校已经并入哥伦比亚大学。新近创办的图书馆学校也都是成为大学的不可或缺的组成部分,比如芝加哥大学、丹佛大学、密歇根大学。现在,所有或几乎所有图书馆学校(应当注意,它们全部授予学位)都隶属于大学。

7. 由于第5节提到的小事导致的后果,韦棣华女士在临终前决定,文华图专应该办成一个独立于大学之外的实体。我相信她在其遗嘱中重申了这一愿望。

鉴于第6节提到的变化,这一决定可能无法实现第3节提到的那种结果。因为,二者背道而驰。此外,由于中国环境发生变化,第7节前一段落提到的这一决定必然降低了它的办学标准,并且损害毕业生的价值与声誉,而不是提升和促进她所深爱的这所学校的利益。

我一直没有机会认识韦棣华女士,但我听说过关于她的很多东西。我坚信,假如她还健在,以她的智慧及其对中国图书馆事业发展的热爱,她一定会行使所谓的"女性的传统特权",并且改变心意。我相信,假如文华图专未能根据环境的变化进行相应调整,以便确保它能够为终将成为中国图书馆界领袖的青年男女提供最好的教育,并使其拥有最为确定、最有助益的未来,那么,她即便仍然健在,也一定会很不开心。

法院必须考虑到此类变化可能导致的特殊需要。在西方法律中,有一种情况被称为"永久管业"(mort main),或"受死灵控制"(control by the dead hand)。随着时间推移,它将会导致诸多矛盾与不公,需要纠正。例如,18 世纪的一个费城人留下了一大笔钱,其收入必须用于为扫烟囱工人的子女提供教育;19 世纪的一个费城人留下一笔钱,其收入必须用于维护公共街道上的饮马池。数十年过去了,已经没有扫烟囱这种职业;而且,在这个汽车时代,城市街道上也已经没有马匹往来。因此,法院已经更改这些"受死灵控制"的基金的用途,裁定其收入应当用于其他慈善或人道主义目的;这些目的跟捐赠者的意图相近,但更切合当前环境的变化。我相信,这一原则应当适用于我们正在讨论的这种情况;我们现在应当设法使韦棣华女士的意图与愿望跟当前的环境相适应,确保文华图专成为中国第一流的图书馆学教育机构。

8. 如果上述观点有理有据,那么我们未来应当采取的行动也就清楚了。文华图专应当成为一所能够授予学位的大学的一个组成部分——我相信它肯定是一个非常重要的组成部分。

将会有四种可能性。如果寻求新址的话,它可以:(1)跟一所国立大学合并,比如南京的国立中央大学;(2)跟教会大学合并,比如燕京大学。或者,如果要留在根植多年的武汉,它可以:(3)跟武汉当地的国立大学合并,比如国立武汉大学;(4)跟教会大学合并,比如华中大学。

在我看来,第 4 个方案似乎更为合适,更为可取。当前华中大学可能要建造一栋新图书馆大楼。这使得这个方案似乎是天赐良机,可以让双方弥合过去的分歧,并为实现美好的未来而共同奋斗。这个方案能否实现,取决于本备忘录送呈的你们两位。它要求双方都进行调整、互相妥协,无论是大是小,尽管这种调整和妥协最初似乎十分困难。它要求双方都表达善意,并且还可能要求耐心和忍耐。我认为你们都具有这些品质。我相信,如果这个方案能够实现,那对双方机构来说都将最为有利。我诚挚而满怀希望地敦促你们采纳这个方案。①

12 月 10 日

沈祖荣在文华图专复函沙本生。

文华图专

昙华林街,武昌

1947 年 12 月 10 日

亲爱的沙本生博士:

对我们来说,您能来跟我们相会,尽管时间很短,但这确实是一大乐事。我们只是遗憾您无法多留一段时日。倘若可以的话,我们就能当面聆听您的专业建议,并且跟您探讨中国图书馆事业的某些普遍问题,尤其是图书馆学教育问题。您为韦校长和我起草了一份备忘录,并且自愿以朋友的身份居中沟通,以便我们友好地解决那个似乎有点微妙的问题。您还提出了似乎最为合适的解决方案供我们采纳。您真是太好了! 这充分表明您真正关心我们两所学校,尤其是我们这所正在勉力维持的小学校。我必须借此机会向您表示感谢。假若如您所愿,我们能够商讨出某种"双方都认为公平、体面、可取的解决方案",令相关各方全都满意,那么我们所有人将会多么高兴啊!

您为韦校长和我精心起草的这份备忘录,内容详实,细致入微。我对此深为感动,钦佩不已。您提出的观点和提供的论据都极具说服力,令人信服。您还让我们忘记过往的不快。我只是遗憾自己辞不达意。

本校跟某所大学的合并问题对我们来说至关重要。我们需要深思熟虑。事实上,我们从事这一领域的工作[图书馆学教育]已经整整 27 年了。所以您要相信,我们一直都将学校的福祉放在心上。我将在下面各段向您阐述相关事实。但在此之前,我必须重申我的立场:我个人欢迎本校与某所大学(最好是教会大学)进行合并或合作,但前提是后者不会吞并本校。我之所以欢迎此举,也是出于私

---

① SHAW C B. The libraries of the christian colleges in China:a report of a survey made in 1947 – 48[M]. New York:United Board for Christian Colleges in China,1948:23 – 25.

心，因为如果合并成功，我就无需再去承担本校的财政压力了。我为什么要反对合并呢？我在中美两国的朋友都认为我反对任何形式的合并，但他们错了。不过，我是有条件地接受合并。

您提出的本校跟华中大学合并（以便留在其"根植多年"之处）的建议合情合理。没错，如果我要做出选择的话，那么基于以下立场，我将会选择华中大学。

1. 华中大学能有今日，是由一个人——亦即我们杰出的孟良佐主教——的艰苦努力造就的。

2. 华中大学正由我的一位同学①执掌。相较于其他人，我更倾向于在自己同学手下工作。

3. 华中大学是一所教会大学。我是在教会的影响下长大的。而且，我在这所教会大学求学，在那里度过了我人生中的黄金时代——如果不是整个人生的话，并且我在那里比在其他大学拥有更多朋友。这就是我拒绝跟国立大学合并的原因所在。

不过，当我向同事展示您的备忘录时，有些同事反对本校跟华中大学合并。他们表达了自己的忧惧，并且怀疑合并生效后华中大学的合作诚意。如果您知道他们为何会持这种态度，你就不会责怪他们反对合并。他们的这种情绪源于最近发生的一个事件。上个学期，我们刚从重庆迁回[武昌]。由于教员紧缺，我们遭遇了重重障碍。我们从国立武汉大学聘请了两位教授，又从私立武昌中华大学和湖北省立农学院分别聘请了一位教授。我们还得到两位校友——华中大学图书馆代理馆长曾宪三先生及其助理陈颂女士——的帮助。他们将于每周六下午（这是他们的空闲时间）到本校授课两小时。但不幸的是，当曾先生与陈女士向其请求同意时，韦校长却加以拒绝，他的唯一理由是这违反了（华中大学的）教职员聘任管理规定。我的同事们辩称，为什么康丽霞女士（Miss Cox）、陶美女士（Miss Tregear）与范三德夫人（Mrs. Van Sant）获准在吾姐担任校长的圣希理达女校授课，而且康丽霞女士同时还在国立武汉大学授课？我们也提出协助华中大学进行编目，以此作为曾先生到本校服务的回报。我们从非教会大学而不是从教会大学获得帮助，对此您能做何解释呢？您可以致函曾先生或陈女士求证此事。我想，韦校长虽然加以拒绝，但他绝非有意为之。他现在肯定已经悔之莫

---

① 即韦卓民。

及。好吧，这只是旁枝末节。我们不要让它妨碍我们的合并。但当时这事确实让我们相当恼火。因此，双方的合作必须真诚再真诚。

以下这些技术难题对您来说可能无足轻重、微不足道，但只有靠您的帮助才能解决，然后才能真正实现两校合并。

第一，跟美国的教育管理体制不同，中国的各种教育机构都是由国民政府教育部直接或间接管理的。如果文华图专跟某所大学合并，那么与此直接相关的问题就是：它将会变成什么？它将获得何种地位？它将开设主修课程或辅修课程？它将成为一个专业，一个科系，一个专科学院，还是一个本科学院？如果成为其中一种，那么它的定位又是什么？是专科层次，本科层次，还是研究生层次？几乎所有美国图书馆学校都能向毕业生授予文学士学位（B. A.）或理学士学位（B. S.），也能授予第二学位和博士学位。但国民政府教育部甚至都不会批准授予图书馆学专业文学士学位或理学士学位。

第二，如果文华图专与某所大学合并，能否确保它获得更为充足或更为优秀的图书馆学生源？中国的图书馆事业尚不发达，中国的图书馆职业仍未赢得应有的认可。而且，在中国学生尤其是中国大学生看来，图书馆职业毫无吸引力。因此，我担心大学开设的图书馆学专业无法吸引那些前途光明的学生。换句话说，图书馆学专业几乎无法跟大学的其他专业竞争。如果图书馆学专业的生源在数量和质量上仍然处于下风，那么我们的合并究竟能够带来何种优势？到时人们就会将其归咎于图书馆专业（或科系）的教职员。

第三，如果文华图专与某所大学合并，其图书馆学科将会获得一席之地，但其档案管理科又将做何安排呢？须知后者已经成为文华图专的一个常设专业，并且已在国民政府教育部备案。自 1939 年以来，文华图专一直同时开办图书馆学科和档案管理科。二者均为两年制课程，招收高中毕业生。早在全面抗战爆发前，政府机关部门对档案管理员[①]的需求已经很大，而文华图专毕业生便是被聘去填补此类职位。全面抗战爆发以后，这种需求越来越大。我们的档案管理科已经从一门课程增加到两门课程，跟图书馆学科的课程协同开设。档案管理科毕业生获得的工作机会不亚于图书馆学科毕业生。还在重庆的时候，国民政府教育部便委托并资助我们招收

---

① 或称"管档员""管卷员"等。

了七个班级①,专门培训中级档案工作者。因此,我们非常关心,如果本校与某所大学合并,那么档案管理科的命运将会如何?它会被全部裁撤?还是会被部分保留?它能够自己成为一个独立的专业吗?

第四,教育工作者都清楚这样一个事实:将一所职业院校并入一所非职业或纯学术院校,很容易导致政策与理念上的冲突;当环境不利于相关职业发展,并且无法保证相关各方和谐共处的时候,尤是如此。本校能否自行制定政策和工作规划,自行改进和尝试,自行规定课程体系,自行向优秀学生提供奖学金等,而不会受到其他方面的干涉?

第五,即便我国教育当局愿意放弃对图书馆学教育的现有规定,改而将其视为一个学术研究领域,但中国图书馆学教育本身依然存在种种问题,所以我担心在这个关键时刻提高其标准并不切合实际。中国图书馆事业尚不发达。在中国,除了一些本科院校图书馆或国立图书馆,几乎无法看到其他规模较大的图书馆。中国尤其缺乏面向公众的图书馆服务,即便所谓的中国国立图书馆②,也只是为富裕阶层、特权阶层、科学家或文人创办的参考图书馆,而不是为普通百姓服务。所有这些意味着图书馆工作在中国并非一个高薪职业,中国青年从来就不喜欢当图书馆员。在我看来,随着抗战胜利以来中国图书馆事业的发展,需要有越来越多的图书馆工作者加入中小型的民众图书馆、学校图书馆、儿童图书馆和专门图书馆,而不仅仅是为数较少的精英型的国立图书馆和本科院校图书馆。

第六,您在备忘录中指出:"正在发展的中国图书馆事业应当要有也必须要有一批训练有素、能力出众的图书馆馆员的一流领导。"对此,我完全同意。您还提出,图书馆馆长和部门主任如果想要获得学术界的尊重,他们至少应当拥有一个大学学位。对此,我同样由衷赞同。然而,如果提升到本科层次,我们不仅会在招收图书馆学学生方面遇到困难,也会在图书馆学教员、教材与教学设施等方面遇到难题。令人担心的是,相较于当前的文华图专毕业生,给本科层次的[图书馆学专业]毕业生安排工作可能会更加困难,因为他

---

① 即档案管理短期职业训练班。
② 即国立北平图书馆与国立中央图书馆。

们拥有文学士或理学士学位,不会屈尊接受低级职位。事实胜于雄辩！这就是为什么很多拥有第二学位或博士学位的训练有素的中国图书馆员已经完全脱离图书馆界。至少有三位曾经执掌国立大学图书馆的芝加哥大学、哥伦比亚大学和伊利诺伊大学(?)博士学位获得者已经被迫离职。作为管理者,他们精干而高效,所以他们在银行业也做出了一番成绩。但是,即便一个教授并不熟悉图书馆方法与实践,并且不管他多么无能,也无人想去或者敢去反对教授治馆。

第七,我认为,中国专科层次的职业院校仍然在当前过渡时期的国家建设中扮演着一个特殊而重要的角色。因为,从某种程度来说,相较于本科院校,它们更能满足国家的紧迫需求,也更能满足国家的特定需求。根据国民政府教育部的规定,职业院校全部都属于专科层次,但它们跟本科院校地位相同,都被视为高等教育机构。无论是公立或是私立,职业院校的毕业生跟本科院校的毕业生一样,其学历都得到政府的认可。中国政府似乎支持创办此类职业院校,并在需要时提供补助。我认为,之所以会出现这种情况,既是因为这些职业院校已经培养了对国家真正有用的训练有素的人才,也是因为它们具备大多数本科院校所缺少的两大特点,即适应性强、目标专一。由此,我们可以得出以下结论:我们应当制定两套课程体系。其中一套用于跟某所大学合作,旨在培养图书馆管理层和部门主任,在各类图书馆中担任领导职务;另外一套跟本校当前所用的一样,旨在培养较低层次的图书馆馆员。二者均不得降低办学标准,不得损害毕业生的价值与声誉。考虑到这一点,我们已经将学制延长了一年,即从两年延长到三年。此项更改已经获得国民政府教育部的批准。从今年开始,我们已经在课程体系中增加了两种语言课程——法语和日语——作为选修课程。或许还可能开设一个专门研究班,仅招收大学毕业生,旨在将其培养成能够胜任图书馆管理与部门负责职务的图书馆馆员。如果本校与某所大学合并,我们就能够开设这种专门研究班。这将对应美国某些图书馆学校开设的一年制图书馆学课程。

第八,如果我们的任何教职员不愿继续服务下去,我们需要支付他们三个月薪资。本校与之合并的那所大学应当承担这笔费用,因为这是中国的一种惯例,也是它对本校的支持。本校收到的任何资金都将转交给该大学的司库,但这些资金只能用于本校。

本校教职员的聘任与解聘将由本校校长决定,但须经过该大学校长批准。至于目前在读的学生,他们应当被集体接纳;或者,如果他们能够通过该大学当局认可的考试,那么他们应当被接纳为[正规录取的]普通学生。否则,须等到在读学生全部完成学业以后才能进行合并。

第九,无论本校并入某所大学,我们都应当尽最大努力去吸引有教学经验的美国图书馆馆员来加强我们的师资力量。坦白地说,我自己都没有资格从事教学,更别提我的同事们了。我现在已经跟不上时代,因为我已经从美国学成归来 31 年之久,一直没有接触美国图书馆学教育的最新态势。如果我还想开展任何有效的教学活动,我就必须稍微提高自己的水平。我必须赴美深造数年。我必须获得博士学位,好让自己能够跟大学教授平等相待。须知就连我的一位同事也已经从芝加哥大学获得图书馆学专业哲学博士学位了。否则,我将无法赢得本校将与之合并的那所大学术圈子的尊重。我已经忠诚服务将近 40 年,理应获此优待。该大学应当承担我的往来旅费。继续深造不仅有利于我以后继续从事的这项工作,也有利于我的个人发展。闻名世界的教会大学燕京大学曾经考虑过与本校合并的可能性。在其初始阶段,该校的洪业教授就曾向我提出此项建议。就此问题,我可以专门给布朗博士写一封信。

本校不畏艰险,顶着压力,一直坚持为全中国服务。我这样说,并不是对我们一直在做的这项工作中的不足与缺点视而不见。如果可以保证这种合并能够弥补我们的缺点,培养更好的学生,以及更好地为国服务,那么我们非常乐意跟任何一所大学进行谈判。沙本生博士,本校的发展道路从来都是布满荆棘的,它在教育界的地位也不是轻易就得来的。我们越是反思其过往,就越是珍视其未来。这种情感并非某种无谓的感伤。老实说,在韦棣华女士的领导与鼓舞下,文华图专全体成员,包括教员、职员、学生、校友和校董会成员,都跟她一样,对学校无比热爱,对工作无比投入。她希望看到中国能够有真正面向公众的图书馆服务。因此,我们希望进一步推进公共图书馆服务方面的教育,以呈现公共图书馆的重要作用。

面对当前这个问题,我想请您、布朗博士、格伦博士(Dr. Glenn)、巴罗博士(Dr. Barrow)、莱登堡博士等所有关心本校之人重新考虑我们面对的棘手问题,并帮助我们解决这些问题。我们完全清楚自己效率不高,能力有限。对于我们目前在做及已经完成的工作,我们并不满意。在我看来,我们应当制定两套课程体系,一套旨在培养图书馆管理层和部门主任,在各类图书馆担任领导职务;另外一套旨在培养较低层次的图书馆馆员。此外,我们还应开办一个专门研究班(或者不管我们给它取什么名字),招收大学毕业生,只提供技术培训,并颁发某种证书。这种研究班课程为期一年。我们应当向优秀学生提供多种奖学金,这将吸引更多愿意从事图书馆工作的有为学生。我们相信,这些设想都是基于现实情况和实际需求,所以极有可能成功。当前,您对这种特殊的教育合作重新产生了兴趣,并且愿意圆满地解决相关各方的利益诉求。对此,我们抱有很大的希望。我对您充满信心,同时也相信前述各段已经为我们的合并确定了某些原则。

再次感谢您的善意!

您真诚的

沈祖荣

(文华图专)校长①

12 月 13 日

上午,中华教育文化基金董事会在国立中央研究院举行第二十届年会,通过各职员及执委会报告、下年度预算及改选董事会等议案。其中,下年度预算案中包括继续补助国立北平图书馆、中国营造学社、中国科学社、文华图专等②。

12 月 15 日

沈宝环从上海乘坐"海蛇号"轮船赴美③,1948 年 1 月 8 日抵达加利福尼亚州旧金山④。随后,他进入丹佛大学就读。受沈祖荣委托,他与查尔斯·H. 布朗商谈文华图专并入某所大学的相关事宜,并积极组织文

---

① SHAW C B. The libraries of the christian colleges in China:a report of a survey made in 1947 – 48[M]. New York:United Board for Christian Colleges in China,1948:25 – 30.

② 教文基金董事会年会改选理事通过预算[N].武汉日报,1947 – 12 – 14(5).

③ California,San Francisco,passenger lists,1893 – 1953[EB/OL].[2018 – 10 – 04]. https://www. familysearch. org/ark:/61903/3:1:33S7 – 95G3 – 9ZHW? i = 749&cc = 1916078.

④ California,San Francisco,passenger lists,1893 – 1953[EB/OL].[2018 – 10 – 04]. https://www. familysearch. org/ark:/61903/3:1:33S7 – 95G3 – 9CR6? i = 748&cc = 1916078.

华图专在美校友及相关人士共同商讨文华图专的发展规划①。他先后于 1949 年 6 月和 1953 年 6 月从丹佛大学获理学硕士学位(图书馆学专业)和教育学专业(图书馆学方向)哲学博士学位②,其博士学位论文题为"A Suggested Curriculum for the Boone Library School"(《关于文华图专课程体系的建议》,或译《文华图书馆学专科学校课程研究》)③④。

12 月 24 日

国民政府行政院与考试院四防字第五三六一号暨秘文字第〇三二五号会令公布《国立中央图书馆聘任人员遴聘规则》⑤。

12 月

上海市立图书馆向沙本生提出促进中美图书馆合作的三条建议,包括:"(一)大规模推进两国图书馆交换馆员工作。(二)大规模促进以后中美图书馆图书刊物的交换。(三)两国图书馆协会合办刊物,以介绍本国的图书馆人物、书籍等,增进彼此间的合作及了解。"⑥

本年

大夏大学文学院教育学系面向二、三、四学年学生开设"图书馆学"(计 3 学分)与"图书分类及编目"(计 2 学分)两门选修课程⑦。

程时学(即程永年,文华图专图书馆学本科第 14 届毕业生,四川大学图书馆副馆长)在四川大学中文系开设一门"图书馆学"选修课程⑧。

---

① 程焕文. 中国图书馆学教育之父:沈祖荣评传[M]. 台北:台湾学生书局,1997:152.

② COLE D E. Who's who in library service[M]. 3rd ed. New York:the Grolier Society INC.,1955:439.

③ 陈剑光. 域外的中国形象[M]. 杭州:浙江大学出版社,2019:24.

④ HUNT R L. Doctors' dissertations under way in education,1951 - 1952[J]. The Phi Delta Kappan,1952,34(6):305 - 338.

⑤ 国立中央图书馆聘任人员遴聘规则[J]. 教育部公报,1948,20(1):(法规)3 - 4.

⑥ 市图书馆向萧本生建议中美合作计划[N]. 东南日报,1947 - 12 - 25(8).

⑦ 大夏大学教务处. 大夏大学学生手册[M]. 上海:大夏大学,1947:43.

⑧ 毛相骞. 毛坤先生的最后十年:忆父亲晚年岁月片断[G]//党跃武,姚乐野. 毛坤先生纪念文集:纪念著名图书馆学家和档案学家毛坤先生诞辰 110 周年. 成都:四川大学出版社,2010:24.

　　杜定友在广东省立文理学院讲授图书馆学[①],可惜未悉详情。

　　文华图专继续跟肯塔基大学图书馆学系保持通信联系,商讨1948年派遣毕业生赴该系深造等事宜[②],但后来未见实际施行。

---

　　① 杜定友. 我与图书馆学教育(《治书生活》之三)[J]. 山东图书馆季刊,1985(4):43 – 47.

　　② Proceedings of the Thirty-sixth Annual Meeting[J]. Bulletin of the Kentucky Library Association,1947,12(1):12 – 18.

1948 年

◎ 中国档案函授学校创办

◎ 北平市立图书馆学讲习班开办

◎ 文华图专筹办图书馆学研究班,但未获批准

◎ 福建省立图书馆附设高级图书馆科职业补习学校

◎ 金云铭、喻友信、黄维廉等人赴美留学

◎ 私立崇实档案学校停办

1 月 5 日

毛准与王重民就北京大学创办图书馆学专修课和博物馆学专修科一事致函胡适与袁同礼。具体如下:

> 适之、守和先生道鉴:

> 美国图书馆协会远东委员会主席 Brown 就要到中国了。他曾提议由美国图书馆协会转请罗氏基金会拿五万美金,帮助我们北京大学发展"图书馆博物馆学系"。适之先生因为我们自己还没有根基,婉词谢绝。他这次来,又想拿 Fulbright Bill 的钱,假借我们北京大学,来举办"西文编目学习班"。我们应该怎样欢迎,或者怎样应付呢? 统观他前后这两次善意,我们愿将我们所想到的写在下边:

> Brown 想办的是图书馆补习班,是注重训练西文编目人才;我们现在正办着的是"图书馆学专科",仅教授普通功课,还没有分门训练。可我们既已举办专科,他若再办一个训练班,未免重复。若从明年暑假,把我们的专科分成"中文编目"和"西文编目"两组,特别请他们来帮忙训练"西文编目"的人,以其所长,补我所短,似是最好的一种协议方式。我们的图书馆学专科于明春开校后,正想多添两门功课,先作一点准备,叫学生们能有学力来领受他们的训练。

> 现在"图""博"两科开课已经半年了,博物馆的馆址也已奠

定,明年就可以动工了。而且光阴似箭,一年半以后,我们就有毕业的学生了。我们现在正应该为他们开创实习的机会,俾他们到毕业的时候,能有相当的经验。我们想到了"中文编目"和"西文编目"的两大计划若能实现,不但叫在校的学生们可有机会实习,毕业的学生们可继续他们的学业,且于中西学术上,还有大贡献。

……

古今来大工作、大计划,不作便永无成功之日。若冒险开了端,就是成功之始。我们的新博物馆,虽说正在预备向里面装东西,可是经费极感不够。我们图书馆的两大中心的计划,也非有钱不能开始。我们敬请二位先生考虑:这两个大工作是不是应该做? 可以做? 这次 Brown 来,我们用什么方法,可以请他重提旧议,转请罗氏基金会津助我们那五万美金? 适之先生最初不肯接受,是因为还没有创办我们的专科。现在专科开始了,亟待发展,已经到了可以表示要接受那笔赠款的时期了。总之,我们要研究的,是:

1. 我们计划的工作,应该不应该作?

2. 我们用什么方式,去接受那笔赠款?

因为我们用我们的计划,罗氏基金会未必赞同。可是我们用一种方式接受了那笔款,我们便能照我们的计划去发展了。

敬请

道安!

毛准、王重民　同上

卅七年一月五日①

1 月 8 日

王重民致函胡适,称:"前天和毛子水先生给先生联名上了一封长信,祈望把 Brown 的计划转变一下,因为他的计划太大。拿我们图书馆专科的西文编目组,来代替他的另外成立一种学校的计划,似乎很够了。"②

美国图书馆协会东方与西南太平洋委员会主席查尔斯·H. 布朗和

---

① 毛准、王重民致胡适、袁守和(1948 年 1 月 5 日)[M]//北京大学信息管理系,台北胡适纪念馆. 胡适王重民先生往来书信集. 北京:国家图书馆出版社,2009:492－494.

② 王重民致胡适(1948 年 1 月 8 日)[M]//北京大学信息管理系,台北胡适纪念馆. 胡适王重民先生往来书信集. 北京:国家图书馆出版社,2009:495.

美国国会图书馆助理馆长弗纳·沃伦·克莱普(Verner Warren Clapp,或译"克拉美"等)从日本乘坐飞机抵达上海,计划在华逗留二周。查尔斯·H. 布朗拟协助中国五所大学培养图书馆专门人才,并协商中美文化出版交换事宜;弗纳·沃伦·克莱普则拟在华采购图书①。

1 月 22 日

重庆行辕文书训练班举行开学仪式②,但未悉详情。

1 月

国立社会教育学院图书博物馆学系第四届毕业生离校,仅有韩静华和柳芹两人(见表 1948 – 1)③。

表 1948 – 1　国立社会教育学院图书博物馆学系第四届毕业生(1948 年 1 月)一览

序号	姓名	性别	籍贯
1	韩静华	女	湖北钟祥
2	柳芹	女	广东潮阳

资料来源:国立社会教育学院院长室. 国立社会教育学院概况[M].苏州:国立社会教育学院院长室,1948:157.

朱励安接任北平市立图书馆馆长④。到任之后,朱励安"深感本馆一部同人,虽咸具多年工作经验,惟对全馆各部门工作之相系,实缺乏有系统之认识,故于馆务之推进时生阻碍",于是计划组织一个图书馆讲习班⑤。该图书馆讲习班旨在"训练图书馆学专门人才,以增强图书馆事业之效能","以三个月为一期,聘请专门教授讲授。第一期训练现任图书馆及民教馆职员,第二期训练市立各校图书馆人员"⑥。

---

① 美两图书馆专家将由日来沪转京[N].申报,1948 – 01 – 05(6).

② 文书训练班开学[N].中央日报(重庆版),1948 – 01 – 23(3);行辕改革公文程序[N].大公报(重庆版),1948 – 01 – 23(3).

③ 国立社会教育学院院长室. 国立社会教育学院概况[M].苏州:国立社会教育学院院长室,1948:157.

④ 北京市文化局,首都图书馆. 首都图书馆馆史[M].北京:北京市文化局,1995:11.

⑤ 朱励安. 序言[M]//北平市立图书馆. 北平市立图书馆学讲习班同学录. 北平:北平市立图书馆,1948:插页.

⑥ 北平市政府统计处. 北平市政统计[M].北平:北平市政府统计处,1948:62.

2月上旬

江西私立剑声中学高级文书科登报招生,拟于2月20日、3月1日、3月10日分三次举行1948年春季招生考试①。

2月17日

彭湔源从上海乘坐"M.C. 梅格斯将军号"轮船赴美②,3月3日抵达加利福尼亚州旧金山③。她先到波士顿大学学习美国文学,后进入西蒙斯学院学习图书馆学。1950年10月,她返回中国,到中国科学院图书馆工作,于1992年退休④。

2月24日

上海市立图书馆馆长周连宽应邀在上海电台讲演"中国图书馆学教育",回顾中国古代图书馆发展史及图书馆学教育史。其讲演内容后载于《上海教育》第6卷第1期⑤。此后,他又在上海电台两次讲演"中国图书馆学教育"⑥,但未悉详情。

2月

钱亚新为国立社会教育学院图书博物馆学系学生开设"汉字排检法"选修课程,并使用其自著的《汉字排检法概论》作为教材⑦。

3月6日

湖北省民政厅将整理完毕的第一批敌伪时期废档移交给文华图专,

---

① 剑声中学春季招生[N].华光日报,1948－02－09(1).

② California,San Francisco,passenger lists,1893－1953[EB/OL].[2019－12－03].https://www.familysearch.org/ark:/61903/3:1:33SQ-G5G4-HMQ?i＝433&cc＝1916078.

③ California,San Francisco,passenger lists,1893－1953[EB/OL].[2019－12－03].https://www.familysearch.org/ark:/61903/3:1:33SQ-G5G4－4BN?i＝432&cc＝1916078.

④ 艾廷和,阎勇.南都中学[M].北京:中央文献出版社,2006:72－73;南召县地方史志编纂委员会.南召县志(1986—2002年)[M].北京:方志出版社,2007:1014－1015.

⑤ 周连宽.中国图书馆学教育[J].上海教育,1948,6(1):10.

⑥ 本馆消息一束[J].上海市立图书馆刊,1948(3):12.

⑦ 钱亚新.六十年来生活工作简表、论著编译年录[M]//吴志勤,钱亮,钱唐,整理.创新、求新、育人:图书馆学家钱亚新的一生.自印本.[出版地不详]:[出版者不详],1993:23.转引自:谢欢.钱亚新年谱[M].上海:上海古籍出版社,2021:114.

并造具一份移送清册,以供该校学生进行实习时使用①。

3 月上旬

沈毅发起创办②的中国档案函授学校登报招生③。该校的办学宗旨为"研习文书档案学术,增进科学管理技能,用函授方法,[于]极短期内培养专门人才,达到改革文书档案之目的"。具有中学以上文化程度或同等学力者均可报名入学,修业期限为三个月。该校采用函授的方式进行教学,由学校寄发讲义及学习进度表指导学员学习;遇到疑难问题,学员可填写习题用纸寄回学校,经老师批阅改正后寄还。毕业考试同样采用通信方式,学员解答试题后寄回学校批阅。考试成绩分为四等:70 分为及格(丙等),71—79 分为乙等,80—89 分为甲等,90—100 分为优等。成绩优异、品德好且有进取精神的学员,该校可代为介绍适当工作④。

北京大学图书馆学专修科增聘燕京大学图书馆馆长陈鸿舜与北京大学图书馆西文编目主任耿济安为兼任教师⑤。其中,陈鸿舜受聘兼"中文编目法"课程,为期一学年,每周授课 2 小时,计 2 学分,"照教授级支钟点费";耿济安受聘兼授"西文编目法"课程,为期一学年,每周授课 2 小时,计 2 学分,"照讲师级支钟点费"。此外,国立北平图书馆馆长袁同礼受聘兼授"图书馆学概论"课程,下学期每周授课 2 小时,计 2 学分,"照教授级支钟点费"⑥。国立北平图书馆善本部主任赵万里亦受聘到北京大学史学系兼授"中国史料目录学"课程,为期一学年,每周授课 2 小时,计 2 学分,"照教授级支钟点费"⑦。

---

① 武昌图专科关于请将敌伪废档移交为学生实习之用的公函(私立武昌文华图书馆学专科学校公函武总字第 1107 号)[A].湖北省档案馆,案卷号,LS10 - 6 - 277 - P41.转引自:王郭舜.湖北省档案馆馆藏私立武昌文华图书馆学专科学校史料选辑[J].档案记忆,2020(7):24 - 37.

② 档案函授学校不日开始招生[N].和平日报,1948 - 04 - 21(3).

③ 中国档案函授学校免费招男女学员[N].申报,1948 - 03 - 04(9).

④ 玉奇.解放前上海曾创办过"中国档案函授学校":关于《旧中国的档案教育》的补遗[J].档案工作,1990(4):45.

⑤ 教育短讯[N].华北日报,1948 - 03 - 05(5).

⑥ 中国语文学系兼任讲师名单[G]//王学珍,郭建荣.北京大学史料:第四卷 1946—1948.北京:北京大学出版社,2000:183.

⑦ 史学系兼任讲师名单[G]//王学珍,郭建荣.北京大学史料:第四卷 1946—1948.北京:北京大学出版社,2000:182.

联合国教科文组织分给中国 6 个进修名额,科学与社会发展、影音教育、受战事影响儿童之教育问题、图书馆学、教育行政、艺术及音乐教育 6 个科目各得一个。联合国教科文组织中国委员会执行委员会开会讨论 6 个科目进修名额的候选人,蒋复璁成为图书馆学科目的唯一候选人①。

3 月 20 日

美国国务院外国奖学金委员会(Board of Foreign Scholarships, U. S. Department of State,缩写为 BFS;即前文提到的美国国务院外国学生资助部)在华盛顿召开会议,最后批准查尔斯·H. 布朗博士访华之后提出并得到中华教育文化基金董事会推荐的一个建议,即在北平、苏州和广州分别举办一个为期一年的图书馆讲习会。每个图书馆讲习会都将配两名美国图书馆员,一名资深、一名资浅。其人选必须先经中国主办机关批准,再交由美国国务院外国奖学金委员会批准②。后来,美国图书馆协会国际关系委员会(International Relations Board,缩写为 I. R. B.)在其于 1948 年秋提交的报告中指出:

> 根据《富布赖特法案》拟定的图书馆员教育活动之一般说明已经呈送美国国务院和外国奖学金委员会。在莱昂·卡诺夫斯基(Leon Carnovsky)、安妮塔·M. 霍斯泰特(Anita M. Hostetter)和弗雷德里克·克伦威尔(Frederick Cromwell)的帮助及美国国务院的协助之下,查尔斯·H. 布朗制定了国际关系委员会在中国组织图书馆讲习会之建议的实施程序。去年 12 月,在美国陆军部的资助下,布朗先生和克莱普先生前往日本协助日本国会创办一所图书馆(即日本国立国会图书馆)。布朗先生顺带访问中国,以帮助中国设立图书馆讲习会。在跟中国图书馆界和中华教育文化基金董事会商议之后,布朗先生决定在北平的国立北京大学、苏州的国立社会教育学院和广州的中山大学或岭南大学设立第一批三个图书馆讲习会。每个图书馆讲习会都将配备两名美国图书馆员,服务期为一年;相关人员将由美国联合研究理事会联席会议委员会(The Conference

---

① 联教组织进修学额六名,我国推荐候选人,按照六项科目分别提出[N]. 申报,1948 – 03 – 11(6).

② FAIRBANK W. America's cultural experiment in China 1942 – 1949[M]. Washington D. C. : U. S. Government Printing Office,1976:171.

Board of the Associated Research Councils)从申请者当中遴选。①

美国方面遴选了第一批四名美国图书馆员,准备派往中国担任图书馆讲习会的授课教师。不过,受战事影响,他们最终未能成行②。这四人包括准备派往国立社会教育学院的碧翠斯·H. 霍尔特(Beatrice H. Holt)和 M. 珍妮特·洛克哈特(M. Janet Lockhart),准备派往国立北京大学的米里亚姆·D. 汤普金斯(Miriam D. Tompkins),以及准备派往岭南大学的马里昂·朗(Marion Lang)③。

3 月 31 日

刘宫鹦(刘楷贤夫人)从上海乘坐"M. C. 梅格斯将军号"轮船前往美国④,4 月 20 日抵达加利福尼亚州旧金山⑤。她随后入读伊利诺伊大学,1952 年 6 月毕业,获颁理学士学位(图书馆学专业)⑥。在校期间,她曾在伊利诺伊大学图书馆兼职。

春季

大夏大学教育学院继续开设一门"图书馆学"课程⑦。

在袁同礼的鼓励与指导及文华图专校友的热心协助下,朱励安提议开办的图书馆讲习班获得北平市教育局核准立案,定名为"北平市立图书馆学讲习班"⑧。

---

① LUDINGTON F B,CROMWELL F. A. L. A. International activities[J]. Bulletin of the American Library Association,1948(11):423 – 426.

② BREWSTER B J. American overseas library technical assistance, 1940 – 1970 [M]. Metuchen, N. J. :the Scarecrow Press,1976:18.

③ BREWSTER B J. American overseas library technical assistance, 1940 – 1970 [M]. Metuchen, N. J. :the Scarecrow Press,1976:84 – 85.

④ California,San Francisco,passenger lists,1893 – 1953[EB/L]. [2019 – 10 – 03]. https://www. familysearch. org/ark:/61903/3:1:33S7 – 95GZ – 4KN? i = 481&cc = 1916078.

⑤ California,San Francisco,passenger lists,1893 – 1953[EB/L]. [2019 – 10 – 03]. https://www. familysearch. org/ark:/61903/3:1:33S7 – 95GZ – 4PF? i = 480&cc = 1916078.

⑥ University of Illinois. Transactions of the board of trustees. July 1, 1950, to June 20, 1952 [M]. Urbana-Champaign,Illinois:University of Illinois,1952:1559.

⑦ 各院系开班学程(三十六年度第二学期)[J]. 大夏周报,1948,24(14):26 – 27.

⑧ 朱励安. 序言[M]//北平市立图书馆. 北平市立图书馆学讲习班同学录. 北平:北平市立图书馆,1948:插页.

4 月 26 日

副官学校开办一期人事籍录及文书管理讲习班,4 月 30 日结束,共有 30 名学员[①]。

4 月

北平市立图书馆学讲习班第一期开始上课,于 7 月结业,向学员颁发证书,并编印《北平市立图书馆学讲习班同学录》[②]。"本班计划首期举办三班:即第一班为谋社教机关工作人员之深造;第二班备中等学校图书管理人员对图书馆学之研讨;第三班为便于国民学校图书管理人员之传习。"[③]关于北平市立图图书馆学讲习班的教员情况,详见表 1948 - 2。

表 1948 - 2　北平市立图书馆学讲习班教员一览

序号	姓名	现任职务	讲授课程	备注
1	章新民	美国新闻处北平图书馆主任	西文分类、西文编目	
2	张月如	北平中华观光社业务主任	阅览典藏	
3	胡正支	北平师范学院图书馆主任	目录排检法	又称"胡芬""胡正之"
4	李钟履	国立北平图书馆西文采访股长	图书参考工作	又称"李仲和"
5	朱励安	北平市立图书馆馆长	特殊材料管理法	
6	耿济安	国立北京大学图书馆西文编目主任	中文分类、中文编目	原名耿靖民

[①] 萧家骧. 副官学校一年来教育概况[M]//副官学校. 副官学校校庆特刊. 南京:副官学校,1948:6 - 7.

[②] 北京市文化局,首都图书馆. 首都图书馆馆史[M]. 北京:北京市文化局,1995:202 - 203.

[③] 朱励安. 序言[M]//北平市立图书馆. 北平市立图书馆学讲习班同学录. 北平:北平市立图书馆,1948.

序号	姓名	现任职务	讲授课程	备注
7	赵福来	农林部北平农事试验场图书馆馆长	图书馆行政	
8	邢云林	农林部北平农事试验场图书馆主任	图书购求法	又称"邢树屏"

资料来源:讲师姓名通讯处一览表[M]//北平市立图书馆.北平市立图书馆学讲习班同学录.北平:北平市立图书馆,1948:插页.

北平市立图书馆学讲习班的学员以北平市立图书馆、国立北平图书馆、北平市立第一和第二民众教育馆的在职人员为主,另外还有一些学校图书馆的在职人员及其他人士,共计48人①。

5 月

国立社会教育学院院长室编印《国立社会教育学院概况(三十七年五月)》。该书"各系科及图书馆概况"部分对图书博物馆学系介绍如下:

本系设立主旨在培植图博事业之专门人才。图博事业在国内大学及专科学校,类多设科办理,其有学系之设立尚以本院为嚆矢。系内现有教授七人,副教授一人,助教三人,学生九〇人。系主任一职,自三十年八月成立迄今,均由汪长炳先生担任。毕业学生先后已历四届,共六二人,均服务于图博界。每届毕业学生,以人数无多,而各机关纷纷洽聘,类多供不应求。课程方面,学术性的学科与技术性的学科并重。设备方面计有:①资料室:搜集国内外有关图书博物之重要图书杂志,以供师生参考之用。近年因承美国图书馆协会、哥伦比亚大学图书馆学院及美国国会图书馆等机关团体分赠图书及讲义百余种,内容益见充实。②实习室:专作学生实习分类编目之用。③打字室:置有打字机八架,供二、三、四各年级学生轮流练习。研究工作,除由各教授担任专题研究外,并指导学生组织研究团体,推进研究工作。最近美国国务院宣布,决定于下年度起在本院设立图书馆人才训练中心。本系得此协助,则今后对于图

---

① 学员名籍表[M]//北平市立图书馆.北平市立图书馆学讲习班同学录.北平:北平市立图书馆,1948:插页.

博人才之培养及学术研究工作当益加充实矣。①

此外,该书"课程一览"部分指出:

> 本学院各学系学程,分学系共同必修课程、本系必修课程(图书博物馆学系、电化教育学系与社会艺术教育学系内又分本系共同必修与分组必修二部门)及本系选修课程三种。各学系共同必修课程为各学系大学教育基本课程,暂定为六十四学分,各系学生应尽先修习。本系必修学程为各该系主要及专门之课程,连同实习及毕业论文暂共定为六十学分,各该系学生应分别修习。选修学程暂定为八至二十四学分,由各该系学生自由选修,以期适应需要并发展个性。②

关于 1947—1948 学年国立社会教育学院图书博物馆学系的课程设置情况(包括各学系共同必修课程、图书博物馆学系共同必修课程、图书博物馆学系图书馆组与博物馆组各自的必修课程、图书博物馆学系选修课程、图书博物馆学系学分统计),详见表 1948 - 3、表 1948 - 4、表 1948 - 5、表 1948 - 6、表 1948 - 7、表 1948 - 8;关于 1947—1948 学年(截至 1948 年 5 月)国立社会教育学院图书博物馆学系的师资力量,详见表 1948 - 9;关于 1947—1948 学年(截至 1948 年 5 月)国立社会教育学院图书博物馆学系在校学生,详见表 1948 - 10。

表 1948 - 3 国立社会教育学院各学系共同必修课程一览

课程名称	学分	每周时数	一年级		二年级		三年级		四年级		备注
			上	下	上	下	上	下	上	下	
三民主义	4	2	2	2							
伦理学	3	3		3							
国文	6	3	3	3							
外国文	6	3	3	3							
中国通史	6	3	3	3							
社会学	3	3			3						

---

① 国立社会教育学院院长室.国立社会教育学院概况(三十七年五月)[M].苏州:国立社会教育学院院长室,1948:7 - 8.

② 国立社会教育学院院长室.国立社会教育学院概况(三十七年五月)[M].苏州:国立社会教育学院院长室,1948:14.

课程名称	学分	每周时数	一年级上	一年级下	二年级上	二年级下	三年级上	三年级下	四年级上	四年级下	备注
经济学	3	3			3						
理则学/哲学概论	3	3		3							任选一种
政治学	3	3	3			3					
教育概论	3	3	3								
普通心理	3	3	3								
教育心理学	3	3	3		3						
世界通史	6	3			3	3					
社会教育概论	3	3		3							
普通教学法	3	3					3				
物理/化学/地理/生物学	6	3	3	3							电教系应选物理学6学分,他系得任选一种
注音符号	(2)	(1)	(1)	(1)							
普通音乐	(2)	(1)	(1)	(1)							
讲演术	(1)	(1)	(1)	(1)							
体育	(16)	(2)	(2)	(2)	(2)	(2)	(2)	(2)	(2)	(2)	
共计	64		20	20	12	9	3				

资料来源:国立社会教育学院院长室.国立社会教育学院概况(三十七年五月)[M].苏州:国立社会教育学院院长室,1948:15-16.

表 1948－4　国立社会教育学院图书博物馆学系共同必修课程一览

课程名称	学分	每周时数	一年级上	一年级下	二年级上	二年级下	三年级上	三年级下	四年级上	四年级下	备注
图书馆学通论	3	3				3					他系可选
图书编目法	6	4			3	3					
分类学	6	4			3	3					
博物馆学通论	3	3					3				

续表

课程名称	学分	每周时数	一年级 上	一年级 下	二年级 上	二年级 下	三年级 上	三年级 下	四年级 上	四年级 下	备注
检字法	2	3					2				他系可选
各科名著介绍	2	3						2			
图书馆学问题研究方法	2	2							2		
档案管理法	2	2						2			
毕业实习	4										第五学年毕业者实习
毕业论文	2									2	
共计	32				6	9	5	4	2	2	另加毕业实习4学分

资料来源:国立社会教育学院院长室. 国立社会教育学院概况(三十七年五月)[M]. 苏州:国立社会教育学院院长室,1948:25 - 26.

表1948 - 5　国立社会教育学院图书博物馆学系图书馆组必修课程一览

课程名称	学分	每周时数	一年级 上	一年级 下	二年级 上	二年级 下	三年级 上	三年级 下	四年级 上	四年级 下
图书馆经营法	2	2					2			
目录学	6	3					3	3		
参考书及参考工作	6	3					3	2		
图书馆史	2	2						2		
图书选择	2	2							2	
图书馆学专著研究	3	3								3
图书馆行政与设计	3	3							3	
图书馆问题讨论	2	2								2
中国书史	2	2							2	
共计	28						8	8	7	5

资料来源:国立社会教育学院院长室. 国立社会教育学院概况(三十七年五月)[M]. 苏州:国立社会教育学院院长室,1948:24 - 25.

表 1948 - 6　国立社会教育学院图书博物馆学系博物馆组必修课程一览

课程名称	学分	每周时数	一年级		二年级		三年级		四年级	
			上	下	上	下	上	下	上	下
博物馆经营法	2	2					2			
考古学	3	3					3			
金石学	3	3						3		
各种标本模型讲述	4	2					2	2		
标本制作术	3	3						3		
博物馆史	2	2							2	
博物馆行政	3	3								3
博物馆问题讨论	2	2								2
博物馆学专著研究	3	3							3	
中国古代器物学	3	3							3	
共计	28						7	8	8	5

资料来源:国立社会教育学院院长室. 国立社会教育学院概况(三十七年五月)[M].苏州:国立社会教育学院院长室,1948:26 - 27.

表 1948 - 7　国立社会教育学院图书博物馆学系选修课程一览

课程名称	学分	每周时数	课程名称	学分	每周时数
图书馆推广与辅导	3	3	日文	6	6
资料整理法	2	2	版本学	2	2
博物馆教育	3	3	物品鉴别法	3	3
特种图书馆学	2	2	教育博物馆学	2	2
阅览调查与研究	3	3	文史博物馆学	2	2
史料研究	3	3	美术博物馆学	2	2
公共图书馆学	2	2	法文	2	2
方志学	3	3	国学专著选读	6	3
图书馆学研究法	2	2	英文国学专著译述	6	3
特种博物馆学	2	2	德文	8	8
英文	12	12	文化人类学	2	2

资料来源:国立社会教育学院院长室. 国立社会教育学院概况(三十七年五月)[M].苏州:国立社会教育学院院长室,1948:27 - 28.

表1948－8　国立社会教育学院图书博物馆学系学分统计一览

名称	学分	一年级		二年级		三年级		四年级		备注
		上	下	上	下	上	下	上	下	
各学系共同必修	64	20	20	12	9	3				
本系共同必修	32			6	9	5	4	2	2	另加毕业实习4学分
图书馆组必修	28					8	8	7	5	
博物馆组必修	28					7	8	8	5	
本系选修	8—24					5或6	6	8或9	7	
本系总计	132—148	20	20	18	18	18	18	18	14	另加毕业实习4学分

资料来源:国立社会教育学院院长室．国立社会教育学院概况(三十七年五月)[M]．苏州:国立社会教育学院院长室,1948:28－29．

表1948－9　国立社会教育学院图书博物馆学系教员一览(1948年5月)

序号	姓名	字号	性别	籍贯	职别	学历	履历	到校时间
1	汪长炳	文焕	男	湖北汉川	系主任、教授、图书馆主任	私立武昌华中大学文学士、哥伦比亚大学图书馆学硕士	历任国立北平图书馆参考部主任、文华图书馆学专科学校教授兼教务主任	1941年8月
2	黄元福		男	湖北武昌	教授兼图书馆编目组主任	私立武昌文华图书馆学专科学校毕业	曾任燕京大学图书馆参考部主任、管理中英庚款董事会档案室主任	1941年8月
3	岳良木	荫嘉	男	湖北汉川	教授	美国哥伦比亚大学硕士	曾任国立中央图书馆主任、中央设计局设计委员、教育部专门委员、大学教授	1946年8月

序号	姓名	字号	性别	籍贯	职别	学历	履历	到校时间
4	徐家麟	徐行	男	湖北江陵	教授	美国哥伦比亚大学硕士,哈佛大学研究院肄业	曾任文华图书馆学专科学校教授	1943年8月
5	钱亚新	维东	男	江苏宜兴	教授	私立武昌华中大学毕业	曾任文华图书馆学专科学校讲师,私立大夏大学图书主任兼讲师,河北省立女子师范学院、国立湖南大学图书馆主任,国立师范学院副教授兼图书馆主任	1946年8月
6	沈维钧		男	浙江吴兴	教授	燕京大学国学研究所毕业	曾任东吴大学、光华大学、金陵女子文理学院教授等职	1946年8月
7	顾颉刚		男	江苏吴县	教授	国立北京大学哲学系毕业	曾任私立厦门大学、国立中山大学、私立燕京大学、国立云南大学、私立齐鲁大学、中央大学、复旦大学等校教授	1946年8月
8	祝嘉	乙秋	男	广东文昌	副教授	私立广州大学毕业	曾任广东民教馆博物部主任,南京市立图书馆、军训部图书馆馆员	1944年2月

续表

序号	姓名	字号	性别	籍贯	职别	学历	履历	到校时间
9	何人俊	铁民	男	四川营山	助教	国立社会教育学院毕业	曾任营山县立中学教员、军委会政治部科员	1946年8月
10	吉鸿		女	江苏泰兴	助教兼图书馆馆员	国立社会教育学院毕业		1947年9月
11	谭家琛		男	湖南天门	助教兼图书馆馆员	国立社会教育学院毕业		1947年12月
12	蒋瀚澄	镜寰、吟秋	男	江苏苏州	兼任教授	江苏省立第一师范学校毕业,国立南京高等师范学校修业	历任吴县县立师范学校、苏州美术专科学校教员,江苏省立苏州图书馆总务及官书印行所专管员、编目部主任、馆长等职	

资料来源:国立社会教育学院院长室. 国立社会教育学院概况(三十七年五月)[M].苏州:国立社会教育学院院长室,1948:119 - 146.

注:除表中所列诸人,或称国立社会教育学院图书博物馆学系还曾聘请刘国钧、李小缘、严文郁、杨家骆、熊毓文、鲁润玖、蓝乾章、顾家杰等国内图书馆学界和文化界专家前来任教或讲学[参见:沈欣瑜,张衍. 溯先贤旧志 发今人学思:周连宽先生与国立社会教育学院[J].浙江档案,2013(10):48 - 49.]。但目前未见第一手档案资料有所记载,此处不赘。

表 1948 - 10　国立社会教育学院图书博物馆学系在校学生一览(1948 年 5 月)

年级	姓名	
	男生	女生
大学一年级(下学期)	蔡大明、陈福田、陈耀祥、承一飞、程景汉、范德铭、范赋灵、李朝彝、林梅仙、刘化南、刘敬瑜、陶日明、吴齐生、谢华才、于为刚、曾汝谋、张国英、赵凤来、钟清悦、庄可范	陈贻芳、邓蓉华、江龄高、刘静航、刘淑静、汤正才、俞俊、张光第、张圆珠、郑青梅

续表

年级	姓名	
	男生	女生
大学二年级 （下学期）	陆凤台、史顺之、汪飞、吴声椿、许培基、叶亚廉、赵华庭	陈才年、陈国昭、陈守谦、陈守玉、陈远贵、洪金莲、胡骏、姜润兰、金如玉、李广舜、潘庸箴、汪新珏、王桂筠、吴恩惠、张桂萼、张华德、张秀凤、邹春云
大学三年级 （下学期）	高鸿儒、龙华亨、桃海泉	邓毅华、杜海伦、黄贤瑞、蒯依琴、李文谟、刘知行、潘桂芬、皮哲燕、王淑贤、吴晓中、张玉清、钟永文
大学四年级 （上学期）	陈福钧、颜泽忠	陈文桂
大学四年级 （下学期）	何金铎、石宇协、王统仁、王文德、吴声亮、许逢寅、杨朴魁、赵秀峰、周成位	胡华德、江流训、李芳馨、刘德秀、刘德修、杨翠英、郑瑞玉

资料来源:国立社会教育学院院长室. 国立社会教育学院概况(三十七年五月)[M]. 苏州:国立社会教育学院院长室,1948:165 – 166.

6 月 5 日

沈祖荣呈文国民政府教育部,请求批准文华图专招考图书馆学专科新生及增办图书馆学研究班,并附上《私立武昌文华图书馆学专科学校三十七年度招生简章》和《私立武昌文华图书馆学专科学校研究班招生简章》[1]。同年 7 月 15 日,国民政府教育部发布指令,批准文华图专续招图书馆学专科新生,但不准其增办图书馆学研究班[2]。

---

[1] 文华图专校长沈祖荣关于检送该校研究班三十七年度招生简章上教育部的呈(附简章)(一九四八年六月五日)[G]//姚乐野,马振犊. 近代图书馆档案汇编:第一辑 第四册. 北京:国家图书馆出版社,2021:379 – 388.

[2] 教育部关于核示三十七年度招生简章给文华图专的指令(一九四八年七月十五日)[G]//姚乐野,马振犊. 近代图书馆档案汇编:第一辑 第四册. 北京:国家图书馆出版社,2021:389 – 391.

私立武昌文华图书馆学专科学校研究班招生简章

校址:武昌高家巷崇福山街二号

一、宗旨:以研究图书馆学专门学术,造成我国图书馆高级干部为目的。

二、名额:研究班学生十名。

三、报考资格及修学年限:

甲、报考资格:公立或已立案之私立大学或独立学院毕业者。

乙、修业年限:本班修业期限定为一年。

四、报名日期及办法:

甲、报名日期:三十七年七月十五日起至八月十日止。

乙、报名办法:报考人将下列各项于八月十日以前挂号邮寄本校教务处,计:1. 呈缴毕业证书及成绩单。2. 本人二寸半相片四张。3. 中英文自传各一篇。4. 报名费10万元。

五、入学手续:

(1)报考生经审查,成绩合格后,由校定期举行口试及体格检查。

(2)口试及体格检查及格后,准其正式入学。

六、费用:学、杂、宿等费免收,膳费自理。

七、研究课目:中西文目录学、中西文分类法、中西文编目法、中西文参考书、图书馆经营法、图书馆行政、资料管理、档案学。

6 月 17 日

湖北省民政厅继续将整理完毕的第二批敌伪时期废档移交给文华图专,并造具一份移送清册,供该校学生实习时使用①。

6 月

文华图专图书馆学专科第九届毕业生离校,共计 14 人,包括陈筱平、丁道凡、杜瑞青、方珍、甘业精、李新媛、李尧准、梁鳣如、梁馘、卢雪侔、

---

① 武昌图专科关于请将敌伪废档移交为学生实习之用的公函(私立武昌文华图书馆学专科学校公函武总字第 1107 号)[A].湖北省档案馆,案卷号:LS10 - 6 - 277 - P41. 转引自:王郭舜. 湖北省档案馆馆藏私立武昌文华图书馆学专科学校史料选辑[J].档案记忆,2020 (7):24 - 37.

汪柏年、王征、游佩芳、张帼英(见表 1948 - 11)[1]。其中,李尧准在汪应文的指导下撰写毕业论文《图书馆各种文件格式》,其封面明确标注"武昌文华图书馆学专科学校图书专科第九届毕业论文"[2]。

表 1948 - 11 文华图专图书馆学专科第九届毕业生(1948 年 6 月)一览

序号	姓名	性别	籍贯	备注
1	陈筱平	女	湖北汉阳	
2	丁道凡	男	四川仪陇	档案管理短期职业训练班第三届毕业生,原名丁从政
3	杜瑞青	女	湖南湘乡	从档案管理科第五班转入
4	方珍	女	湖南岳阳	
5	甘业精	男	四川丰都	
6	李新媛	女	河南汲县	
7	李尧准	男	安徽临泉	
8	梁鱣如	男	四川自贡	又称"梁善如"
9	梁㟼	女	湖南长沙	
10	卢雪俦	女	湖南宁乡	图书馆学专科第六班学生
11	汪柏年	男	湖北云梦	图书馆学专科第八班学生
12	王征	男	辽宁沈阳	
13	游佩芳	女	湖北汉阳	档案管理短期职业训练班第七届毕业生
14	张帼英	女	吉林双城	

顾家杰从丹佛大学毕业,获文学硕士学位(图书馆学专业)。其硕士学位论文题为"A Selective and Annotated Bibliography of Contemporary American Drama for Chinese Students"(《一份面向中国学生的当代美国戏剧书目精选与评注》)。

徐亮从丹佛大学毕业,获文学硕士学位(图书馆学专业)。随后,他前往美国国会图书馆东方部工作,1966 年 10 月 23 日因心脏病突发而逝世[3]。

---

① 彭敏惠. 文华图专珍稀史料图录[M].武汉:武汉大学出版社,2020:276.

② 彭敏惠. 文华图专珍稀史料图录[M].武汉:武汉大学出版社,2020:214.

③ Personnel[J]. Library of Congress Information Bulletin,1966(43):652.

张葆箴从丹佛大学毕业,获文学硕士学位(图书馆学专业)。她追随丈夫徐亮的脚步,同样赴美国国会图书馆工作①。

7月8日

韩寿萱与王重民共同署名致函郑天挺(郑毅生)、郑华炽与朱光潜(朱孟实),指出:"图博专科学生,因学校决定于本系所应学习学分之外,须再学专科三十二学分,在修业生有志兼学者,实际上比较困难;而毕业生因公费无事作则来此挂名,找到职业即行退休,其在北平就事者又不能专心向学。长此以往,恐无成绩可言。现在此两专科未在教育部立案,今年不能招正式学生。但念为本学期毕业生深造计,敬请学校准文学院于西语系、中国语文系、史学系、教育系及哲学系五系毕业生中,有申请愿学图书馆学或博物馆学者,严格选择十人,由学校给予奖学金或公费,俾专学习。"②两人随信附上四条解决办法③。

7月20日

蒋复璁受联合国教科文组织资助,启程赴欧美各国进行考察,"为期六个月,拟在美两月后赴英法及欧洲各国考察,以公共图书馆及儿童图书馆为中心,并调查各国之重要典藏,谋与国际图书馆界取得联系"④。

7月21日

陈晋贤从上海乘坐"威尔逊总统号"轮船(S. S. President Wilson)三等舱赴美,8月3日抵达加州旧金山⑤。他随后进入伊利诺伊大学深造,1951年6月获理学硕士学位(图书馆学专业)⑥。

---

① Miscellaneous[J]. Library of Congress Information Bulletin,1951(11):16.

② 附记1[M]//北京大学信息管理系,台北胡适纪念馆. 胡适王重民先生往来书信集. 北京:国家图书馆出版社,2009:516-517.

③ 附记2[M]//北京大学信息管理系,台北胡适纪念馆. 胡适王重民先生往来书信集. 北京:国家图书馆出版社,2009:517.

④ 蒋复璁彭道真定期赴美考察图书馆事业[N]. 申报,1948-07-15(7);中央图书馆馆长蒋复聪出国考察[N].新闻报,1948-07-15(5).按:原文将"蒋复璁"误印为"蒋复聪"。

⑤ California,San Francisco,passenger lists,1893-1953[EB/OL].[2018-10-04].https://familysearch. org/pal:/MM9. 3. 1/TH-1942-22274-31075-65? cc=1916078.

⑥ University of Illinois. Forty-sixty report of the board of trustees of the University of Illinois for the two years ending June 30,1952[M]. Urbana-Champaign,Illinois:University of Illinois,1952:793.

于震寰乘坐飞机赴美,先抵加州旧金山,然后转车经丹佛、芝加哥等地,8 月 2 日抵达哈佛大学,正式就任汉和图书馆副馆长一职①。此后,于震寰在该馆主要负责日文与韩文图书的馆藏建设与分编工作,1973 年上半年退休②。

7 月 22 日

国立社会教育学院举行招生考试,7 月 24 日结束。此次招收社会教育学系、社会事业学系、图书博物馆学系、新闻学系、电化教育学系(分电影教育及播音教育两组)、社会艺术教育学系(分美术、音乐、戏剧三组)、国语专修科新生各一班③。

7 月 26 日

韩寿萱与王重民共同致函胡适,内称:

> 过去一年内两个专科没有固定的学生,殊觉无法教下去,所以在前些日子我们向郑毅生秘书长、郑华炽教务长、朱孟实院长上了三封同样的书,请求他们弄十个奖学金。他们在原则上都同意了,而郑教务长要在今天提至校务会议,所以我们也请校长替我们支持。
>
> 卅七年毕业生原来都有官费,他们既然转入专科,便请教部继续维持他们的官费,想不至很困难。
>
> 附上致朱院长的旧信,请先生一阅,便知道我们的要求了!④

下午 5 时,北京大学召开第 65 次校务会议,议决“本校毕业生并修图书馆或博物馆专科者准援照新生奖学金例,给予奖学金名额四名。附件二:此项专科学生仍应严格考试”⑤。

---

① Hawaii,Honolulu index to passengers,not including Filipinos,1900－1952[EB/OL].[2018－10－05]. https：//familysearch. org/pal：/MM9. 3. 1/DGS－004763036_05964? cc＝1913398;程焕文. 裘开明年谱[M]. 桂林:广西师范大学出版社,2008:386－387.

② Notes on the Harvard Libraries[J]. Harvard Library Bulletin,1973,21(3)：341.

③ 国立社会教育学院招生通告[N]. 申报,1948－07－04(3).

④ 王重民致胡适(1948 年 7 月 26 日)[M]//北京大学信息管理系,台北胡适纪念馆. 胡适王重民先生往来书信集. 北京:国家图书馆出版社,2009:516.

⑤ 第六十五次会议[G]//王学珍,郭建荣. 北京大学史料:第四卷 1946—1948. 北京:北京大学出版社,2000:64－65.

7 月

国立社会教育学院图书博物馆学系第五届毕业生离校,共计16人,包括何金铎、胡华德、江流训、李芳馨、刘德修、刘德秀、石宇协、王统仁、王文德、吴声亮、许逢寅、杨翠英、杨朴魁、赵秀峰、郑瑞玉、周成位(见表1948 – 12)①。

表1948 – 12　国立社会教育学院图书博物馆学系第五届毕业生(1948 年 7 月)一览

序号	姓名	性别	籍贯	序号	姓名	性别	籍贯
1	何金铎	男	湖北浠水	9	王文德	男	四川荣县
2	胡华德	女	湖北光化	10	吴声亮	男	湖北汉口
3	江流训	女	四川璧山	11	许逢寅	男	湖北汉阳
4	李芳馨	女	绥远归绥	12	杨翠英	女	湖北武昌
5	刘德修	女	四川南川	13	杨朴魁	男	山东金狮
6	刘德秀	女	四川奉节	14	赵秀峰	男	甘肃天水
7	石宇协	男	四川璧山	15	郑瑞玉	女	江苏无锡
8	王统仁	男	甘肃定西	16	周成位	男	四川忠县

资料来源:馆藏1948 年(苏州)国立社会教育学院图书博物馆学系应届毕业学生名册一份[EB/OL].[2013 – 02 – 06]. http://blog. 163. com/dayuanzizhao @126/blog/static/14269445820131693637842/.

8 月 1 日

文华图专1948 年秋季招生考试开始接受报名,8 月 10 日截止。报考处设在武昌高家巷崇福山街二号文华图专校园和南京成贤街国立中央图书馆。此次计划招收图书馆学专科公费生30 名,报考资格和考试科目保持不变。跟往年不同的是,文华图专本年并未准许各机关、学校、团体保送学生入学②。

8 月 7 日

王肖珠从香港乘坐"克利夫兰总统号"轮船赴美,8 月 25 日抵达加

---

① 馆藏1948 年(苏州)国立社会教育学院图书博物馆学系应届毕业学生名册一份[EB/OL].[2013 – 02 – 06]. http://blog. 163. com/dayuanzizhao@126/blog/static/14269445820131693637842/.

② 文华图专校长沈祖荣关于检送该校研究班三十七年度招生简章上教育部的呈(附简章)(一九四八年六月五日)[G]//姚乐野,马振犊. 近代图书馆档案汇编:第一辑　第四册. 北京:国家图书馆出版社,2021:379 – 388.

利福尼亚州旧金山[①]。

王肖珠早年就读于华南女子大学(后改称"华南女子文理学院")和燕京大学,1934 年起进入岭南大学图书馆服务并曾于 1945—1948 年担任该馆馆长,为该馆的建设与发展做出了重大贡献[②]。抵达美国后,她进入伊利诺伊大学图书馆学院就读,1950 年 6 月 18 日获颁图书馆学硕士学位[③]。毕业之后,她原本计划回国担任华南女子文理学院图书馆馆长,却因故未能成行,一直留在美国,辗转服务于多家图书馆,于 1980 年退休[④]。

8 月上旬

江西私立剑声中学职业部高级文书科登报招生,拟于 8 月 10 日、8 月 25 日、9 月 10 日分三次举行 1948 年秋季招生考试[⑤],但未见更多记载。

8 月 15 日

文华图专 1948 年秋季招生考试在武昌和南京两地同时举行,8 月 16 日结束。考试结果定于考试结束后 10 日内在文华图专校园张榜揭晓[⑥]。

8 月 18 日

金云铭[⑦]、胡绍声[⑧]与喻友信[⑨]从上海乘坐"M. C. 梅格斯将军号"轮

---

① California, San Francisco, passenger lists, 1893 – 1953 [EB/OL]. [2018 – 10 – 05]. https://familysearch. org/pal:/MM9. 3. 1/TH – 1951 – 22274 – 33376 – 64? cc = 1916078.

② 周旖. 王肖珠与岭南大学图书馆[J]. 大学图书馆学报,2012(4):101 – 106.

③ University of Illinois. Commencement program. memorial (Sunday, June 18, 1950, 2: 30 P. M.) [M]. Urbana-Champaign, Illinois: University of Illinois Bulletin,1950:21.

④ 周旖. 王肖珠与岭南大学图书馆[J]. 大学图书馆学报,2012(4):101 – 106.

⑤ 南昌市私立中学三十七年秋季招生联合广告[N]. 华光日报,1948 – 08 – 03(1).

⑥ 文华图专校长沈祖荣关于检送该校研究班三十七年度招生简章上教育部的呈(附简章)(一九四八年六月五日)[G]//姚乐野,马振犊. 近代图书馆档案汇编:第一辑 第四册. 北京:国家图书馆出版社,2021:379 – 388.

⑦ California, San Francisco, passenger lists, 1893 – 1953 [EB/OL]. [2018 – 10 – 04]. https://www. familysearch. org/ark:/61903/3:1:33S7 – 95GX – 9H9L? i = 3&cc = 1916078.

⑧ California, San Francisco, passenger lists, 1893 – 1953 [EB/OL]. [2018 – 10 – 04]. https://www. familysearch. org/ark:/61903/3:1:33S7 – 95GW – 99VD? i = 1257&cc = 1916078.

⑨ California, San Francisco, passenger lists, 1893 – 1953 [EB/OL]. [2018 – 10 – 04]. https://www. familysearch. org/ark:/61903/3:1:33SQ-G5GW – 99QT? i = 1241&cc = 1916078. 按:金云铭、胡绍声与喻友信三人都是乘坐"M. C. 梅格斯将军号"轮船赴美。令人不解的是,金云铭与胡绍声的入境登记表上填写的出发时间是 1948 年 8 月 18 日,而喻友信的入境登记表上填写的出发时间却是 1948 年 8 月 23 日。此处以前者为准。

船赴美,9 月 9 日抵达加利福尼亚州旧金山。三人均进入哥伦比亚大学图书馆学院就读。

金云铭早年就读于福建协和大学,毕业后便一直留在该校图书馆工作,1934 年起升任该馆主任。留美期间,他深入考察纽约市内各大学图书馆的管理、藏书等情况,完成硕士学位论文《美国纽约城大学图书馆考察报告》。1949 年 9 月,他得知福州解放,毅然放弃哥伦比亚大学图书馆的聘约,历尽千辛万苦,于 12 月 5 日回到福州,复任福建协和大学图书馆主任。1952 年院系调整后,他历任福州大学(后改称福建师范学院、福建师范大学,并非现今的福州大学)图书馆采编科科长、副馆长、馆长等职①。

胡绍声于 1937 年 6 月毕业于金陵大学文学院外国语文系,在校期间曾辅修图书馆学。毕业之后,他曾在西南联合大学图书馆工作②,同时兼任中日战事史料征辑会干事兼负责西文资料整理工作③。留美归国后,他曾在中国科学院图书馆工作,并于 1959 年 2 月 13 日受聘为《中国科学院图书馆通讯》(即今《图书情报工作》)编委④;后又长期担任山西大学图书馆副馆长⑤。

喻友信是文华图专图书馆学讲习班第一届毕业生,毕业后一直担任东吴大学法学院图书馆主任⑥。留美归国后,他复任原职。院系调整后,东吴大学法学院图书馆的全部藏书于 1952 年 9 月底前全部移交给华东政法学院,喻友信还于 9 月 29 日将其编拟的移交清册送交教育部调配科洪有丰收存⑦。1952 年 9 月至 1958 年 8 月,他担任上海财政经济学院(今上海财经大学)图书馆编目组职员;1958 年秋,调任上海社会科学院图书馆职员,次年改任该院历史研究所图书资料室管理员,于 1971 年 1

① 方宝川. 序[M]//金云铭. 金云铭文集. 北京:国家图书馆出版社,2017:2-3.

② 国立西南联合大学教职员名录[M]//刘兴育. 旧闻新编:民国时期云南高校记忆 下. 昆明:云南大学出版社,2017:383.

③ 赵其康. 北京图书馆变迁纪略[G]//中国人民政治协商会议北京市委员会文史资料研究委员会. 文史资料选编:第 32 辑. 北京:北京出版社,1987:273-274.

④ 中国科学院文献情报中心. 中国科学院文献情报中心四十周年(1950—1990)[M]. 北京:中国科学院文献情报中心,1990:39-40.

⑤ 郭贵春,倪生唐. 山西大学百年校史[M]. 北京:中华书局,2002:503-527.

⑥ 郑锦怀. 喻友信早期图书馆生涯考察[J]. 大学图书馆学报,2012(1):100-105.

⑦ 王国平,等. 东吴大学史料选辑·历程[G]. 苏州:苏州大学出版社,2010:354.

月退休;1993 年 4 月 11 日,在上海逝世①。

8 月 20 日

沈宝环组织第一次专门讨论会,商讨文华图专的发展计划②。

8 月 26 日

文华图专 1948 年秋季招生考试结果揭晓。图书馆学专科正取生 35 名,包括陈诗仪、胡革非、胡九皋、黄元芬、蒋贤贤、李爱珠、李芳姿、李礼、李茂兰、李明洲、李乃琼、李雍、刘德俊、刘克瑾、吕培郎、马业鑫、欧阳昇、皮静澄、陶家琴、王敏蕖、徐国庆、杨昌沅、杨瑾、杨世珍、易贤驰、余杰、余陆文、曾明、张贤信、张学模、郑芳华、周先金、周一平、周志英、邹俊;备取生 16 名,包括程国佩、邓楚雄、邓铭萱、董蕙远、冯宗玲、胡佩文、黄传书、黄孟兰、江碧玉、卢云侣、穆天钦、谈国珍、魏需芳、吴宗林、杨怡萱、张钰生③。不过,最终实际入学的学生名单与此有所不同。

8 月

福建省立图书馆馆长萨兆寅(字士武)向福建省教育厅呈送该馆附设高级图书馆科职业补习学校计划,并附《福建省立图书馆附设高级图书馆科职业补习学校学则》。福建省立图书馆附设高级图书馆科职业补习学校的办学宗旨如下:“为适应省内各级图书馆之需要,拟附设高级图书馆科职业补习学校一所,讲习图书馆人员之必要知识,借以造就服务图书馆之人才。”所设课程分为普通学科与职业学科两种。普通学科课程包括“公民”“国文”“英文”“史地”“自然科学纲要”等;职业学科课程包括“教育概论”“社会教育概论”“图书馆行政”“图书馆管理法”“编目法”“分类法”“目录学”“中外书史”“参考书用法”“各科名著介绍”“检字法”“档案管理法”等。该校在福建各大报刊登载招生广告,规定招生名额为 30 人,学制三年,并详述投考资格、上课时间、报名日期、报名手续、考试日期、报名及考试地点、考试科目、费用及奖励等。授课教师除由福建省立图书馆合格馆员兼任外,还聘本地大学讲师兼任,如聘请胡

---

① 马军.寻找喻友信先生[EB/OL].[2019 – 04 – 16].https://mp.weixin.qq.com/s/IXh-wQ4vkVJPnsWnKeovGQA.

② 程焕文.中国图书馆学教育之父:沈祖荣评传[M].台北:台湾学生书局,1997:152.

③ 文华图专新生揭晓[N].武汉日报,1948 – 08 – 27(3).

寄馨讲授历史、魏应麒讲授图书馆史等①。

9 月 2 日

国立社会教育学院公布新生录取名单。其中,图书博物馆学系录取 16 名新生,包括:陈馨静、范家楣、高凤子、胡砚铭、李沛若、梁思奇、刘超然、孟长谷、孙茂林、田文蕙、吴小姑、伍洲君、姚宜轩、殷永清、余茂管、朱万宏②。

9 月 3 日

联合国教科文组织与国际图书馆协会与机构联合会(简称"国际图联")在英国曼彻斯特联合举办暑期国际图书馆讲习会(International Summer School on Public Library Practice,直译为"公共图书馆实践国际暑期学校"),共有来自不同国家的 50 名图书馆员参加③。其中,中国选派的学员为"供职广西图书馆两年,最近曾居巴黎之王何昭景(译音)女士"④,未悉详情。

9 月 5 日

沈宝环组织第二次专门讨论会,继续商讨文华图专的发展计划。经过两次讨论,最终于 9 月 8 日形成一份备忘,称为《关于文华图书馆学专科学校与一大学合并计划的建议》。这份备忘录长达四页,从多个方面阐述文华图专与某所大学进行合并的各种相关问题⑤。具体如下:

> 目的
>
> 1. 我们一致认为文华图专合并到一所大学有利于中国图书馆事业的发展;
>
> 2. 这里所说的"合并"并非指统一的意思;
>
> 3. 合并的目的在于给文华学生更为全面的教育,使得他们能够得到大学的学位,并且能够在就业上有所保障;
>
> 合并的名称
>
> 4. 在合并的条件下,文华图专的原名予以保留,合并以后,名称

① 郑智明.福建省图书馆百年纪略(1911—2011)[M].厦门:鹭江出版社,2011:70 – 71.

② 国立社会教育学院录取新生通告(南京苏州区)[N].申报,1948 – 09 – 02(5).

③ IFLA. IFLA 2002 brochure[M]. Hague:IFLA,2002:2.

④ 我派一女代表参加联教图书馆讲习会[N].新闻报,1948 – 09 – 02(6).

⑤ 程焕文.中国图书馆学教育之父:沈祖荣评传[M].台北:台湾学生书局,1997:152 – 153.

改为"××大学文华图书馆学校";

经费

5. 合并以后,大学应该共担文华图书馆学校的所有费用;

6. 合并以后,来自国内外对于文华图专的所有资助都应该由大学分配与文华图书馆学校使用;

学生

7. 文华图专当前录取的学生毕业后仍被称为文华图书馆学校毕业生;今后录取的学生须达到大学入学标准,即可称为××大学毕业生;

8. 从 1949 年到合并完成,我们建议文华图专暂时停止招收新的学生;

9. 所有正常完成课程的文华毕业生须被称为××大学校友;

教职人员

10. 文华图专现任负责人于 1910 年进入图书馆领域,1916 年赴美留学归来,虽然在本领域已经有 38 年的资历,但对于当前美国图书馆学教育的现状已经长期缺乏了解,如果合并成功后,应安排该负责人前往美国考察图书馆教育,考察的费用由大学全额承担;

11. 合并以后,在文华图专工作多年教职员应该得到保护,并且应该有足够的薪水;

12. 合并以后,文华图书馆学校在教职工的招聘与解聘上,必须通过文华图专校长和现任大学校长的共同决定;

时间

13. 我们希望关于合并的对话于 1948 年年底开始,或者始于 1949 年春季,在三年内完成。

研究机构

14. 布朗博士的研究机构应该在文华图专与大学合并以后扩展到武昌;

步骤

15. 当文华图专同意并开始实质性的合并时,布朗博士将给予全面的支持;

16. 本大纲将作为合并会谈的基础;

17. 沈宝环先生将尽最大的努力促成双方考虑本此[次]拟出的合并建议。同时,布朗博士应该利用其自身的影响力促使大学接收本建议中的合并原则;

修正条款

18. 关于本建议中的任何修正或者补充，均可以通过布朗博士和沈宝环先生的通信予以增改。①

9 月 8 日

沈宝环将《关于文华图书馆学专科学校与一大学合并计划的建议》寄给查尔斯·H. 布朗，一是请对方审阅这份备忘录，二是请对方与沈宝环本人作为双方代表共同签署这份备忘录。布朗确实签署了这份备忘录，但合并之议其实是布朗不愿向文华图专提供实际帮助的借口而已②。

9 月 20 日

查尔斯·H. 布朗复函沈宝环，内称，"我自 1942 年开始担任 ALA 东方和西南太平洋委员会主席，我的任期将到 1949 年 9 月时届满。……我真不希望我给你们的是这样的印象：我在口头上给文华图书馆学专科学校的帮助远远多于我实际上能给予的帮助"③。

9 月 22 日

黄维廉和邓光禄④及李观仪⑤从上海乘坐"W. H. 戈登将军号"轮船三等舱前往美国，10 月 5 日抵达加利福尼亚州旧金山。

黄维廉此次赴美以考察为主。他从美国西海岸到东海岸，一路考察了许多图书馆。中华人民共和国成立之后，他毅然中止考察，并于 1950 年辗转返回上海，继续执掌上海圣约翰大学图书馆。1952 年，上海圣约翰大学被裁撤，其藏书被调往复旦大学等多所高校的图书馆。1953 年，

———————

① 郑丽芬. 民国时期的图书馆学教育研究［D］. 北京：北京大学，2015：299－300. 按：该纲要系郑丽芬根据其在美国图书馆协会档案馆找到的英文原件翻译而成，此处照录。

② 程焕文. 中国图书馆学教育之父：沈祖荣评传［M］. 台北：台湾学生书局，1997：153. 按：或称沈宝环与查尔斯·H. 布朗于 1948 年 9 月 8 日签署了这份备忘录。具体参见：郑丽芬. 民国时期的图书馆学教育研究［D］. 北京：北京大学，2015：299－300.

③ 程焕文. 中国图书馆学教育之父：沈祖荣评传［M］. 台北：台湾学生书局，1997：153.

④ California，San Francisco，passenger lists，1893－1953［EB/OL］.［2018－10－04］. https：//www. familysearch. org/ark：/61903/3：1：33SQ-G5GW－93LB？ i＝796&cc＝1916078.

⑤ California，San Francisco，passenger lists，1893－1953［EB/OL］.［2018－10－04］. https：//www. familysearch. org/ark：/61903/3：1：33SQ-G5GW－93L2？ i＝800&cc＝1916078.

他调任华东化工学院(今华东理工大学)图书馆馆长①。

邓光禄进入南加利福尼亚州大学图书馆学院攻读硕士学位。回国后,他于1951年8月任西南师范学院图书博物馆专修科教授,1952年4月调往重庆大学讲授图书分类学和图书编目学②。

李观仪进入斯坦福大学攻读英文专业,1951年获文学硕士学位。1950年9月28日,李观仪致函裘开明,咨询她应否接受图书馆学训练③;11月3日,裘开明复函李观仪,表示图书馆学专业毕业生的就业前景并不乐观④;11月16日,李观仪致函裘开明,表示决定尝试申请入读某所图书馆学校⑤。1953年,她从密歇根大学研究生院肄业回国,先到华东化工学院(今华东理工大学)图书馆工作,1956年调入上海外国语学院(今上海外国语大学)英语系,以后一直从事英语教学,1986年被评为教授,1994年退休⑥。

9 月 26 日

上午9时,联合国教科文组织中国委员会第二届大会在中央研究院举行,陈礼江、陈立夫、廖世承、刘瑞恒、任鸿隽、朱经农等70多人出席,由朱家骅主持,并从出席之人当中推定六组审查委员负责审查六个专门委员会提出的议案⑦。

下午4时,联合国教科文组织中国委员会第二届大会继续举行。教育组、社会科学哲学及人文科学组、图书及博物院组、大众传播组、自然科学组、艺术及文学组六组审查委员会分别报告各组议案审查结果。其中,李济代表图书及博物院组报告审查结果,共计六点,其中第二点提议:"由现设有图书馆科系之学校举办夏季图书馆人员讲习会。"⑧

---

① 黄雪婷,张丽英.黄维廉图书馆生涯考察[J].大学图书馆学报,2017(4):110-117.

② 西南师范大学教授名录编写组.西南师范大学教授名录[M].重庆:西南师范大学出版社,2000:28.

③ 程焕文.裘开明年谱[M].桂林:广西师范大学出版社,2008:451.

④ 程焕文.裘开明年谱[M].桂林:广西师范大学出版社,2008:459.

⑤ 程焕文.裘开明年谱[M].桂林:广西师范大学出版社,2008:460.

⑥ 李观仪教授[EB/OL].[2012-08-23].http://www.ses.shisu.cn/0b/38/c461a2872/page.htm.

⑦⑧ 建议联教组织职员名额我国应有相当比率,中国委员会昨天年会[N].申报,1948-09-27(5).

9 月

顾家杰到芝加哥大学图书馆学院继续深造①。

文华图专图书馆学专科第十一班新生注册入学。

北京大学图书馆学专修科第二届 15 名新生注册入读②。该届的招生范围从北京大学中文系和历史系外扩大到西语系、教育系和哲学系,故而学生数量跟第一届相比增加颇多③。该专修科课程信息见表 1948 – 13。

表 1948 – 13　1948—1949 学年北京大学图书馆学专修科课程一览

序号	课程名称	开课情况	性质	每学期学分	授课教师	备注
1	西洋目录学	全年	选修	1	毛准(第一学期) 耿济安(第二学期)	图书馆学专修科
2	校勘学	全年	选修	2	王利器	图书馆学专修科
3	版本学	全年	选修	2	赵万里	图书馆学专修科
4	图书参考	全年	选修	3	王重民	图书馆学专修科
5	中文编目	全年	选修	2	陈鸿舜	图书馆学专修科
6	西文编目	全年	选修	2	耿济安	图书馆学专修科
7	四库总目研究	下学期	选修	2	王重民	图书馆学专修科
8	图书馆学概论	下学期	选修	2	原定为袁同礼, 后改为陈鸿舜	图书馆学专修科

---

① Foreign students in American library schools,1948 – 19[J]. Washington newsletter,1949(4).

② 档案出处为"北京大学档案馆. 宗卷编号 BD1948762"。转引自:周佳贵. 王重民设立图书馆学专修科的始末[J]. 国家图书馆学刊,2013(4):83 – 89.

③ 北京大学信息管理系,台北胡适纪念馆. 胡适王重民先生往来书信集[M].北京:国家图书馆出版社,2009:516 – 517.

续表

序号	课程名称	开课情况	性质	每学期学分	授课教师	备注
9	中国史料目录学	全年	选修	2	赵万里	与史学系合开
10	中国近代考古发见史	全年	选修	2	向达	博物馆学专修科必修

资料来源:郭鹏,韩娟娟.1949—1952 年北京大学图书馆学专修科档案学教育初探[J].大学图书馆学报,2018(6):87 - 92,36.

福建省立图书馆附设高级图书馆科职业补习学校招收第一批学生,校址设在福州东街福建省立图书馆内①。

10 月 8 日

《申报》第 6 版刊登署名"明庐"之人撰写的《履历片》一文。明庐指出,教育与现实相互脱离,亟需改良。他建议在大学添设实用课程,如在文学院添设"编辑技巧""公文程序""档案管理""写作技巧""书法及中英文打字"等课程②。

11 月

副官学校开办一期档案训练班,主要调训南京附近各军事机关、学校、部队的档案管理人员,共有 30 多名学员。该班持续 20 天,以《档案手册》和《档案十进分类法》作为教材③。

12 月 5 日

《教育与社会》第 7 卷第 3—4 期合刊登载钱亚新撰写的《图书馆教育的鸟瞰》。钱亚新在文中考察了中外图书馆学教育发展史,是以中国为重④。

---

① 郑智明.福建省图书馆百年纪略(1911—2011)[M].厦门:鹭江出版社,2011:70 - 71.

② 明庐.履历片[N].申报,1948 - 10 - 08(6).

③ 南京市地方志编纂委员会,南京市档案志编纂委员会.南京档案志[M].北京:方志出版社,1996:182.

④ 钱亚新.图书馆教育的鸟瞰[J].教育与社会,1948,7(3/4):22 - 24.

12 月 18 日

在某位美国国会图书馆代表的协助下,美国国务院外国奖学金委员会终于确定并任命五位符合条件的图书馆员,准备派往中国协助开办图书馆讲习会,但为时已晚①。

12 月

广学会出版陈晋贤编著的《中国教会图书馆组织与管理》。在该书第三章"中国教会图书馆组织法"第一节"人的问题"中,陈晋贤提到"教会图书馆管理员应有的准备"。他指出:"中国图书馆人才非常缺乏。图书馆人才训练的机关,也只有文华图书馆学专科学校(原在武昌,战后即迁至重庆)、国立社会教育学院,以及金陵大学的图书馆学系三地方。今日中国教会,不独没有力量聘请专门人才管理图书馆;即有力量,恐一时也不容易请到这样的人。但负责管理教会图书馆的人,虽没有受过专门训练,若有相当的准备,也未尝不能胜任斯职。"他还指出,图书馆员应当知书、知人,还要有服务的精神②。

私立崇实档案学校停办③。至此,该校共计招生 294 人,其中档案高级班 208 人,文书高级班 70 人④。

本年

广东省立文理学院社会教育学系面向三年级学生开设一门"图书馆学"必修课程⑤。

毛坤在四川大学历史系与中文系开设"史部目录学"和"图书馆学"选修课程,编写讲义《中国史部目录学》和《图书馆学教学大纲》⑥。

台湾大学校长陆志鸿与台湾省教育厅厅长许恪士联合邀请洪有丰

---

① FAIRBANK W. America's cultural experiment in China 1942 – 1949[M]. Washington D. C. :U. S. Government Printing Office,1976:171 – 172.

② 陈晋贤. 中国教会图书馆组织与管理[M].上海:广学会,1948:19 – 22.

③ 中国第二历史档案馆. 民国时期文书工作和档案工作资料选编[G].北京:档案出版社,1987:666.

④ 刘国能. 体系论:中国档案事业体系[M].北京:中国档案出版社,2001:218.

⑤ 史瑞宜. 本院社会教育学系概述[J]. 社会教育年刊,1943(4/5):44 – 45.

⑥ 毛相骞. 毛坤先生年谱简编[G]//党跃武,姚乐野. 毛坤先生纪念文集:纪念著名图书馆学家和档案学家毛坤先生诞辰 110 周年. 成都:四川大学出版社,2010:261.

赴台讲学及指导台湾图书馆事业,为期一个月①。

于 1947 年 10 月至 1948 年 1 月在中国考察教会大学图书馆事业②的沙本生提交考察报告,由中国基督教大学联合董事会(United Board for Christian Colleges in China,简称 UBCCC)在美国纽约印行,题为 *The Libraries of the Christian Colleges in China：a Report of a Survey Made in* 1947 – 48[《中国基督教大学图书馆考察报告(1947—1948 年)》]。这份报告分为"Introduction"(导论)、"Itinerary"(行程)、"Forewords"(前言)、"The Libraries"(各大图书馆概况)、"Conclusions and Recommendations"(结论与建议)五个部分。在"前言"部分的"Miscellaneous Topics"(杂项)一节中,沙本生指出:

> 本报告的后面几页论证了建立一个学校体系,以便为中国图书馆员提供充分的职业培训的必要性。燕京大学似乎非常适合承担此项任务的一部分。它自己拥有一个漂亮图书馆,可以为学生充当示范实验室。显然,各个教会大学都对图书馆的益处很感兴趣;否则,本报告将会仍是一份无人欢迎的报告。北平及其周边地区拥有许多准图书馆员应当参观考察的图书馆,而且这些图书馆也会聘用大量接受过这种图书馆员职业培训的人员。另一方面,这些毕业生不一定非得留在北平及其周边地区,而是很可能会分散到中国各地,从而将燕京大学开办的图书馆员职业培训的影响力扩散到全国。离开燕京大学之后,我写下了前述数句的初稿。但有人告诉我,在国立北平图书馆的支持下,国立北京大学其实已经在筹设此类课程。此事尚未广为人知,所以我对此一无所知。这里有可能会有不必要的重复办学或不良竞争(这需要调查),但是中国对训练有素的图书馆工作者的需求是如此之大,所以我不想撤销该建议。我还是认为燕京大学值得推进该项目。③

在"各大图书馆概况"部分的"St. John's University"("圣约翰大学")一节中,沙本生转录圣约翰大学图书馆馆长黄维廉提交的一份备忘

---

① 严文郁. 中国图书馆发展史:自清末至抗战胜利[G]. 台北:图书馆学会,1983:197;胡钟吾. 洪范五先生事略[G]//洪范五. 图书馆学论文集. 台北:台北华联出版社,1968:1–5.

② SHAW C B. The libraries of the christian colleges in China：a report of a survey made in 1947 – 48[M]. New York：United Board for Christian Colleges in China,1948:1–3.

③ SHAW C B. The libraries of the christian colleges in China：a report of a survey made in 1947 – 48[M]. New York：United Board for Christian Colleges in China,1948:12.

录。黄维廉指出：

> 一旦提升图书馆职员素质的要求得到满足后，馆长就有时间规划其他事情，其中最为重要的一件事情就是为所有新生开设一门必修的图书馆课程，同时为高年级学生开设一门目录学与图书馆方法高级课程。随着时间流逝，人们将更加敏锐地感受到他们对图书馆利用法的实际指导和图书馆基本理念的广泛传播的需求。这将比在每个学期之初的新生入学周为新生开设一些简单的图书馆讲座更为有效。
>
> ……
>
> 我还想谈一谈图书馆馆长地位的认可问题。这在中国大部分高等院校都没能做到。在西方大学里，训练有素且经验丰富的图书馆馆长全都具有教授头衔，并且是跟学院院长并列的重要行政管理人员。在中国这里，即便是接受过专业训练的图书馆馆长也无法跟与其同等级别的教员同事相提并论。但是，对一个训练有素的图书馆馆长来说，绝不能忽视图书馆工作的教育本质，以及高等院校对学术资格或职业资格的要求。高等院校如果不承认这一点，就是否认图书馆在现代教育中的重要作用。如果教育机构的存在是为了推进教育，而教员们都在教育青年方面发挥一定作用，那么图书馆馆长当然亦参与其中。如果必须向教员提供奖学金和助学金，以便帮助他们准备得更加充分，从而更好地教育青年，那么图书馆馆长当然也要有机会去深造，或者去更新他之前受过的训练。[1]

在"结论与建议"部分的"Education for Librarianship"（"图书馆学教育"）一节中，沙本生指出：

> 在拥有大约 1.4 亿人口的美国，共有 37 所获得认可的图书馆学校。在拥有大约 4.5 亿人口的中国，却只有两所图书馆学校。中国人口是美国人口的三倍多，但其图书馆学校的数量却只有美国的大约十八分之一。美国的图书馆学教育要比中国强上 54 倍，但当前美国的图书馆员仍然处于短缺状态。中国两所图书馆学校中的一所，也就是文华图书馆学专科学校，现在招收高中毕业生，然后训练二、三年，但也因此不能授予学位。另外一所，也就是位于苏州的

---

[1] SHAW C B. The libraries of the christian colleges in China: a report of a survey made in 1947 – 48[M]. New York: United Board for Christian Colleges in China, 1948: 52 – 53.

国立社会教育学院,开设了四年制的图书馆学课程,并且可以授予学士学位。这两所图书馆学校的学生总数只有 180 人左右。

这些数字向我们展现了中国与美国图书馆学教育之间的差异,以及中国缺乏受过充分训练的图书馆员的事实。无论太平洋彼岸发生了什么政治事件,中国的图书馆在硬件方面一直在急剧扩充。但是,将近四分之一世纪即将过去了,中国现在仍然缺少受过充分训练的图书馆员。而且,中国将来还会有更多的各类图书馆。所有这些图书馆——包括现在已有的以及尚未创办的——都需要更多的训练有素的称职能干的图书馆员来提供服务。

燕京大学代理校务长窦维廉(William H. Adolph)在其写于 1948 年 2 月 6 日的一封信中提出了一条建议——这是一条具体入微的补充建议,长达两页。在此,我引用了其中的部分内容:

"我想您知道,我们觉得本校的不足之处就在于图书馆缺少能够胜任的管理人员。之前,我们还未成功地吸引本校毕业生到图书馆界从业,我们也无法帮助他们想象在图书馆界从业的发展可能性。我们想让自己有办法打动本校最为优秀的一些本科毕业生,希望能够将他们吸引到图书馆界。或许我们可以通过某种途径安排一个图书馆奖学金,好让够格申请者出国留学? 这个图书馆奖学金应当在 1949 年夏天就可以申请,因为有个大四学生将于 1948 年 6 月毕业。他的自身条件很好,而且已经决定在 1948—1949 学年以学徒[学生馆员]的身份到本校图书馆服务。这个图书馆奖学金将会很有吸引力。而且,一年的学徒期会帮助这个候选人对图书馆界有所了解,同时也可能让我们更好地确定他是否够格。"

图书馆是一个为学术界与公众服务的职业。它拥有令人兴奋的发展潜力,既能够为他人服务,同时也能够满足个人智力发展需求。因此,这项计划极具价值。它将使人们对到图书馆界工作这种受到忽视的职业机会产生兴趣。我相信,如果能够扩大范围,让多所大学参与进来,并且连续开展数几年,那么该计划将产生令人满意的雪球效应,吸引越来越多大有前途的青年男女进入图书馆界。这一过程很可能能够为中国图书馆事业的发展提供必要的初始动力。

窦维廉博士建议中的一个具体条款或许值得商榷,那就是学徒期的年限问题。我相信,从长远来看,将学徒期延长到二或三年对个人和图书馆可能都会更为有利。

成功开展这项计划的一个必要前提——我认为这一点通常是确定无虞的——就是参与该计划的各个大学的图书馆负责人必须精诚合作,相互理解,相互认同。①

在"结论与建议"部分的"Techniques"("技术")一节中,沙本生指出:

本报告几乎没有论及图书馆技术(如分类、编目等等)的改进。这不是因为图书馆技术并不重要,而是因为图书馆学教育的扩充与改进将自然而然地解决这个问题。图书馆技术的教学在图书馆学校的课程体系中至关重要。如果能够吸引青年男女接受图书馆员职业训练,那么我们就能供应熟练能干的图书馆技术人员。

这里需要指出,1948 年 4 月,当我还在撰写本报告的时候,受益于《富布赖特法案》提供的资金,我们已经制定计划,将在中国的三个中心城市开办三个图书馆研究会(或译"图书馆讲习会",分别设在北平的国立北京大学、苏州的国立社会教育学院和广州的岭南大学),每处均配备两名美国图书馆员。美国国务院发布的公告指出(此处转录部分内容):

"中美教育基金董事会将全面监督这些图书馆研究会。按照计划,接受资助的每所大学都将任命一个由中国图书馆员组成的顾问委员会协助安排项目,也可以指派中国图书馆员到这些图书馆研究会协助开展工作。

这些图书馆研究会将作为中美两国学者、官员与图书馆员之间的一个信息交流媒介,尤其是在图书馆事业哲学(理论)与图书馆功能方面。入选的各个图书馆也应当教授图书馆技术方法,尤其是西文图书的选择与编目。此外,由于该项目为期九个月,所以他们将有机会前往许多图书馆进行参观及提供建议。"②

---

① SHAW C B. The libraries of the christian colleges in China:a report of a survey made in 1947 – 48[M]. New York:United Board for Christian Colleges in China,1948:81 – 82.

② SHAW C B. The libraries of the christian colleges in China:a report of a survey made in 1947 – 48[M]. New York:United Board for Christian Colleges in China,1948:84 – 85.

1949 年

◎ 刘楷贤、吴婉莲赴美留学
◎ 武昌解放,文华图专保持私立性质继续办学
◎ 殷钟麒编著的《中国档案管理新论》出版
◎ 苏州解放,国立社会教育学院接受军管
◎ 北京大学图书馆学专修科和博物馆学专修科获准独立建制
◎ 国立社会教育学院筹划革新课程体系

1 月 1 日

刘楷贤从上海乘坐"M. C. 梅格斯将军号"轮船赴美,1 月 24 日抵达加利福尼亚州旧金山[1]。同年 2 月 1 日,刘楷贤开始以交换馆员的身份在哈佛燕京学社汉和图书馆从事中文书目校对工作[2]。1950 年 2 月 17 日,裴开明致函伊利诺伊大学图书馆学院院长罗伯特·B.唐斯(Robert B. Downs),推荐刘楷贤前去攻读图书馆学硕士[3]。同年 9 月,刘楷贤入读伊利诺伊大学图书馆学院[4],1952 年 9 月毕业,获颁理学硕士学位(图书馆学专业)[5]。

1 月 12 日

裴开明致函耶鲁大学图书馆副馆长大卫·H. 克利夫特(David H. Clift),向其推荐顾家杰,并建议对方先让顾家杰到馆实习半年,再决

---

① California, San Francisco, passenger lists, 1893 – 1953 [EB/OL]. [2018 – 10 – 05]. https://www.familysearch.org/ark:/61903/3:1:33SQ-G5GH-PMF? i=799&cc=1916078.

② 程焕文. 裴开明年谱[M]. 桂林:广西师范大学出版社,2008:405.

③ 程焕文. 裴开明年谱[M]. 桂林:广西师范大学出版社,2008:433.

④ 程焕文. 裴开明年谱[M]. 桂林:广西师范大学出版社,2008:448 – 457.

⑤ University of Illinois. Transactions of the board of trustees. July 1, 1952, to June 20, 1954 [M]. Urbana-Champaign, Illinois: University of Illinois, 1954:418.

定聘用与否①。顾家杰后来确实曾赴耶鲁大学图书馆实习②,1950 年 9 月响应号召返回中国③。

1 月 31 日

北平宣告和平解放④。

春季

开学后,北京大学图书馆学专修科第二班只余 14 人在读,即高光起、黄厚培、李雅珊、刘中丽、马继良、万瑞兰、万希芬、谢青忠、阎玉华、杨洁玉、张竞敏、张荣起、张守常、赵新月。该学期课程开设情况见表 1949 – 1⑤。

表 1949 – 1　1948—1949 学年第二学期北京大学图书馆学专修科课程一览

序号	课程名称	开课情况	性质	每学期学分	授课教师
1	中国目录学	一学年	选修	2	王重民
2	西洋目录学	一学年	选修	1	毛准
3	校勘学	一学年	选修	1	王利器
4	版本学	一学年	选修	2	王重民、赵万里
5	四库总目研究	一学期	选修	2	王重民
6	图书馆学概论	一学期	选修	2	袁同礼
7	图书参考	一学年	选修	3	王重民
8	中文编目法	一学年	选修	2	陈鸿舜
9	西文编目法	一学年	选修	2	耿济安
10	中国史料目录学	一学年	必修	2	赵万里
11	金石学	一学年	必修	2	张政烺
12	中国近代考古学丛见史	一学期	必修	2	向达

资料来源:周佳贵. 王重民设立图书馆学专修科的始末[J].国家图书馆学刊,2013(4):83 – 89.

注:本表与表 1948 – 13 的内容系由不同研究者整理而成,故存在差异。

---

① 程焕文. 裘开明年谱[M].桂林:广西师范大学出版社,2008:404.
② 程焕文. 裘开明年谱[M].桂林:广西师范大学出版社,2008:410.
③ 白国应. 把一生献给图书馆事业:怀念顾家杰副馆长[J].图书情报工作,1985(2):43 – 44.
④ 袁德金. 决战:华北解放战争(1945—1949)[M].上海:上海人民出版社,2017:520 – 521.
⑤ 档案出处为"北京大学档案馆. 宗卷编号 BD1948762"。转引自:周佳贵. 王重民设立图书馆学专修科的始末[J].国家图书馆学刊,2013(4):83 – 89.

江西私立剑声中学职业部高级文书科 100 多名学生毕业①。

3 月 12 日

毛坤开始编写《西洋史部目录学纲要》讲义。他在书的序言中提道："时局动荡,印刷困难,笔记誊抄,费时易误。故择要油印,以省时力。凡须西文注释之处,另由编者打字复写,名曰附注,分发读者,借便参考。"②

3 月

中原临时人民政府教育部成立,于 1950 年 2 月改组,称为"中南军政委员会教育部"③。

4 月 15 日

四川大学出版组印行毛坤所编《西洋史部目录学纲要》④。该讲义分为"史部与目录""参考书中历史方面资料""杂志索引中历史方面之资料""通论其他各类与历史有关之参考书""历史书籍""传记"六大部分,详细介绍西方历史学领域的重要文献资料,颇有参考价值⑤。

5 月 16 日

武昌解放。此后,文华图专保持私立性质,继续正常办学,沈祖荣仍任校长⑥。不过,中原临时人民政府对文华图专等私立学校进行了一次全面调查。文华图专学生填写并提交了 35 份《专科以上学校学生意见调查表》,就行政管理、课程教材教法、课外活动、学习制度四个方面的问题发表意见⑦。

---

① 郑海滨. 民国时期的江西档案教育[J]. 档案学通讯,2001(3):53 - 55.

②④ 毛相骞. 毛坤先生年谱简编[G]//党跃武,姚乐野. 毛坤先生纪念文集:纪念著名图书馆学家和档案学家毛坤先生诞辰 110 周年. 成都:四川大学出版社,2010:261.

③ 湖北省档案馆. 湖北省档案馆指南[M]. 北京:中国档案出版社,1994:731.

⑤ 毛坤. 毛坤图书馆学档案学文选[M]. 成都:四川大学出版社,2000:86 - 116.

⑥ 周洪宇. 不朽的文华:从文华公书林到文华图书馆学专科学校[M]. 武汉:华中师范大学出版社,2013:183.

⑦ 湖北私立文华图书馆学专科学校各学科教学情况调查表、学生意见表[A]. 湖北省档案馆,案卷号:GM7 - 1 - 97. 转引自:周洪宇. 不朽的文华:从文华公书林到文华图书馆学专科学校[M]. 武汉:华中师范大学出版社,2013:183 - 184.

5 月

苏州解放后,苏州市军事管制委员会派徐步接管国立社会教育学院①。

殷钟麒编著的《中国档案管理新论》由私立崇实档案学校出版部出版、说文社出版部印刷,列为"崇实档案丛书之一"。殷钟麒于1945年4月20日开始草拟该书第一、二编,1946年4月3日完成;1948年6月开始草拟第三编,同年12月底完成②。该书卷首载有殷钟麒的自序及高显鉴、朱君毅与傅振伦三人分别撰写的序言,正文分为第一编"绪论"(内含"档案管理之意义""档案之功用""档案之重要性""档案之简史""今后档案管理之展望"五章)、第二编"行政"(内含"组织""人事""经费之独立""工具之创造""研究及考察"五章)、第三编"办法"(内含"文书档案连锁办法之理论与实施""档案三联制""高级档案管理""检查""整理旧卷""中级档案管理""低级档案管理"七章)。殷钟麒在该书第一编"绪论"第五章"今后档案管理之展望"中指出:"培养档案人员,亦已注意。文华图书专科学校,设有档案科,为专攻档案之所,并受教部委托,附设短期训练班,毕业学生介绍各机关录用;国立社会教育学院,设有图博系,教授档案课程;四川省训练团举办档案班两期,培养专才,提高素质;私立崇实档案学校创设于三十五年夏,为专攻档案文书学术之最高学府,已有学员三百余人,遍及各省,十分之九服务各机关,正为培养专才,建立档案制度而努力;其他短期训练,多加授档案课程,使受训人员获得常识,养成重视心理。"③

6 月 1 日

华北高等教育委员会在北平成立④。

6 月 6 日

华北高等教育委员会召开第一次会议,讨论高等院校的学制、课程、招生等问题⑤。

---

① 田晓明. 苏州大学大事记(1900—2012)[M].苏州:苏州大学出版社,2015:614.

② 殷钟麒. 中国档案管理新论[M]. 重庆:私立崇实档案学校出版部,1948:9 – 17.

③ 殷钟麒. 中国档案管理新论[M]. 重庆:私立崇实档案学校出版部,1948:31.

④ 张宏儒. 二十世纪中国大事全书[M]. 北京:北京出版社,1993:344.

⑤ 华北高等教育委员会举行首次会议[N].进步日报,1949 – 06 – 07(2).

6 月 24 日

文华图专向中原临时人民政府教育部呈报《武汉市私立武昌文华图书馆学专科学校概况表》①。

吴婉莲从香港乘坐"W. H. 戈登将军号"轮船赴美,7 月 13 日抵达加利福尼亚州旧金山②。她先于 1950 年在阿拉巴马大学(University of Alabama)获文学士学位(图书馆学专业),又于 1951 年在西蒙斯学院获文学硕士学位(图书馆学专业)③。

6 月

北京大学图书馆学专修科第一届毕业生离校,共计三人,即陈绍业、董锡玖与张荣起④。

7 月 22 日

华北高等教育委员会向北京大学下达"京教秘字第 612 号文件",批准北京大学正式成立图书馆学专修科和博物馆学专修科⑤。二者开始从北京大学文学院独立出来。图书馆学专修科开始招收高中毕业生,学制两年。第一学年的课程偏重技术,第二学年的课程偏重理论⑥。除了政治课(辩证逻辑、社会发展史、历史唯物论)外,还增加了"工具书解题""中国图书馆分类法""图书选择与参考""图书馆行政""索引法"等业务课程⑦。

7 月

文华图专图书馆学专科第十届和档案管理科第六届毕业生离校。

---

① 湖北私立武昌文华图书馆学专科学校概况、访问材料、教职员工学生名册、调查表、毕业生历年成绩表[A].湖北省档案馆,全宗号:GM7 - 1 - 96. 转引自:周洪宇. 不朽的文华:从文华公书林到文华图书馆学专科学校[M].武汉:华中师范大学出版社,2013:518 - 519.

② California,San Francisco,passenger lists,1893 - 1953[EB/OL].[2018 - 10 - 05]. https://www. familysearch. org/ark:/61903/3:1:33SQ-G5GH - 9FT2? i = 397&cc = 1916078.

③ COLE D E. Who's who in library service[M]. 3rd ed. New York:The Grolier Society INC. ,1955:541.

④⑥ 郭鹏,韩娟娟.1949—1952 年北京大学图书馆学专修科档案学教育初探[J].大学图书馆学报,2018(6):87 - 92,36.

⑤⑦ 任家乐. 民国时期图书馆学教育研究[M].北京:国家图书馆出版社,2018:112.

此后，文华图专未再续办档案管理科①。其中，图书馆学专科第十届毕业生共计26人，有陈孰难、龚本俊、胡家源、黄培琴、李保生、刘兆远、毛鸿滔、覃事长、滕留寅、汪大邦、王惠华、王肖琴、王英兰、吴桂香、吴思华、萧家琛、徐永强、杨明嗣、易可安、游荣章、余家琪、袁咏秋、张华仙、张毓村、郑佩兰、周裕如（见表1949-2）②；档案管理科第六届毕业生共计21人，有程贤友、胡昌宁、李正惠、廖咏庠、刘重清、刘庆德、马鲠勋、彭先浈、沈庆浩、魏隽永、邬正谊、吴念贞、萧国粹、萧亚夫、熊谟英、杨丽萱、杨美荣、余多加、俞从周、张季友、张琴笙（见表1949-3）③。

表1949-2　文华图专图书馆学专科第十届毕业生（1949年7月）一览

序号	姓名	字号	性别	籍贯	序号	姓名	字号	性别	籍贯
1	陈孰难		女	湖南湘潭	14	吴桂香		女	湖北汉阳
2	龚本俊		女	湖北汉阳	15	吴思华		男	湖北黄梅
3	胡家源	晓斌	男	湖北黄梅	16	萧家琛		男	湖南湘潭
4	黄培琴		女	湖南津市	17	徐永强		男	湖北汉口
5	李保生		男	湖北黄陂	18	杨明嗣		女	湖北武昌
6	刘兆远	照远	男	湖南石门	19	易可安		女	湖南长沙
7	毛鸿滔	华池	男	河南桐柏	20	游荣章	泉源	男	湖北汉阳
8	覃事长		女	湖南石门	21	余家琪		女	湖北汉口
9	滕留寅		男	江苏宝山	22	袁咏秋		女	湖北黄陂
10	汪大邦		男	湖北崇阳	23	张华仙		女	湖北广济
11	王惠华		女	湖北宜昌	24	张毓村	中毅	男	湖北云梦
12	王肖琴		女	湖北枝江	25	郑佩兰		女	湖南平江
13	王英兰		女	湖北宜昌	26	周裕如		女	湖北黄陂

表1949-3　文华图专档案管理科第六届毕业生（1949年7月）一览

序号	姓名	性别	籍贯	备注	序号	姓名	性别	籍贯	备注
1	程贤友	女	湖北阳新		2	胡昌宁	女	湖北汉川	

---

① 梁建洲，梁鳢如．我国图书馆学、档案学专业教育的摇篮：记武昌文华图书馆学专科学校［J］．四川图书馆学报，1996（5）：68-85.

② 彭敏惠．文华图专珍稀史料图录［M］．武汉：武汉大学出版社，2020：276-277.

③ 彭敏惠．文华图专珍稀史料图录［M］．武汉：武汉大学出版社，2020：281.

序号	姓名	性别	籍贯	备注	序号	姓名	性别	籍贯	备注
3	李正惠	女	湖北武昌		12	吴念贞	女	湖北建始	
4	廖咏庠	女	湖南宁乡	或误作"廖泳庠"	13	萧国粹	男	湖北沔阳	
					14	萧亚夫	男	湖北汉川	
5	刘重清	女	四川南充		15	熊谟英	女	湖南凤凰	
6	刘庆德	男	江苏南京		16	杨丽萱	女	湖北汉口	
7	马鲠勋	男	河南孟津		17	杨美荣	女	湖北孝感	
8	彭先浈	女	湖南安化		18	余多加	女	湖北孝感	
9	沈庆浩	男	湖北崇阳		19	俞从周	男	江苏南京	
10	魏隽永	女	湖北孝感		20	张季友	女	湖北房县	
11	邬正谊	女	湖北钟祥		21	张琴笙	女	湖北黄冈	

9 月 10 日

北京大学公布该校 1949—1950 学年第一次录取新生名单,共计 930 人,即北京解放后该校录取的第一批学生。图书馆学专修科录取 27 人, 有蔡树林、柴崇茵、常竟超、车辚、陈太元、狄福荣、冯秉文、冯翠仙、韩宗尧、金竟名、李文洁、李文贤、李玉瑾、刘世卫、罗崇远、苏学曾、涂正秋、王良蔡、许婉玉、杨国钧、张宝兰、张克赟、张振离、赵宝璋、周梅英、周文骏、朱志宽。其中,蔡树林、常竟超、狄福荣、金竟名、罗崇远、苏学曾、许婉玉、张振离、周梅英 9 人获得人民助学金①。该学年北京大学图书馆专修科开课情况详见表 1949 - 4。

表 1949 - 4 1949—1950 学年北京大学图书馆学专修科课程一览

序号	课程名称	开课情况	性质	每学期学分	授课教师	备注
1	图书馆学概论	全年	必修	2	陈鸿舜(兼任教授)	
2	目录学概论	全年	必修	2	王重民(教授)	

① 北京大学录取新生名单[N].大公报(上海版),1949 - 09 - 15(5).

续表

序号	课程名称	开课情况	性质	每学期学分	授课教师	备注
3	图书常识	全年	必修	2	王重民(教授)、向达(教授)、韩寿萱(副教授)	
4	工具书使用法	全年	必修	2	王重民(教授)	
5	阅读指导与图书馆实习	全年	必修	2	王重民(教授)、陈绍业(助教)	
6	中国目录学文选	全年	选修	2	王利器(讲师)	
7	中文图书分类与编目	全年	选修	2	袁涌进(兼任讲师)	
8	西文图书分类与编目	全年	选修	2	耿济安(兼任讲师)	
9	索引法	全年	选修	2	聂崇岐(兼任教授)	
10	版本学	全年	选修	2	赵万里(兼任教授)	
11	档案学	全年	选修	2	傅振伦(兼任教授)	
12	图书馆管理与行政	全年	选修	2	陈鸿舜(兼任教授)	
13	专题研究	全年	选修	2	王重民(教授)	
14	校勘学	全年	选修	3	王利器(讲师)	与中文系合开
15	中国史部目录学	全年	选修	2	赵万里(兼任教授)	与史学系合开
16	史料比较与档案整理	上学期	选修	4	郑天挺(教授)	与史学系合开

资料来源:郭鹏,韩娟娟.1949—1952年北京大学图书馆学专修科档案学教育初探[J].大学图书馆学报,2018(6):87-92,36.

国立社会教育学院开学①。该校拟定《国立社会教育学院课程草案》,准备对其原有课程体系进行革新。草案包括"说明""学系课程""专修科课程"三部分。其中,"学系课程"包括"各学系共同必修学程"

① 钱亚新.工作阶段[M]//钱亚新.钱亚新别集.谢欢,整理.南京:南京大学出版社,2013:226.

"社会教育学系学程""社会事业学系学程""图书馆学系学程""新闻学系学程""电影教育学系学程""社会艺术教育学系学程"。"图书馆学系学程"又细分为"图书馆学系必修学程"和"图书馆学系选修学程"两种。另,"专修科课程"包括"专修科共同必修学程""语文教育专修科学程"①。可以看到,国立社会教育学院当时计划将图书博物馆学系改为图书馆学系,博物馆学课程则被列入图书馆学系的一组选修课程当中。关于 1949 年 9 月最新拟定的国立社会教育学院图书馆学系必修学程、选修课程与学分统计,详见表 1949 – 5、1949 – 6、1949 – 7。

表 1949 – 5　国立社会教育学院课程草案之图书馆学系必修学程一览(1949 年 9 月)

序号	课程名称	学分	每周课时	第一学年 上	第一学年 下	第二学年 上	第二学年 下	第三学年 上	第三学年 下	第四学年 上	第四学年 下
1	图书馆学概论	2	2		2						
2	图书馆使用法	2	2	2							
3	图书馆组织与管理	3	3			3					
4	初级分类	4	3	2	2						
5	初级编目	4	3			2	2				
6	中文参考书及参考工作	3	3			3					
7	排检和索引	3	3				3				
8	资料管理	2	2			2					
9	图书馆发展史	2	2					2			
10	比较图书馆	2	2						2		
11	图书馆调查与研究	3	3						3		
12	图书馆行政与设计	3	3							3	
13	图书馆推广	3	3						3		
14	图书选购	3	3					3			
15	民众图书馆问题讨论	3	3								3
16	图书馆学专著研究	3	3							3	
17	读者与阅读问题	3	3					3			
	合计	48	46	4	4	10	5	8	8	6	3

资料来源:国立社会教育学院课程草案[A].苏州市档案馆,案卷号:I27 – 1 – 35.

---

① 国立社会教育学院课程草案[A].苏州市档案馆,案卷号:I27 – 1 – 35.

表 1949 - 6　国立社会教育学院课程草案之图书馆学系选修学程一览(1949 年 9 月)

组别	课程名称	学分	每周课时
甲组(本组选科偏重于民众图书馆教育方面)	语文教育	2	2
	民众读物	3	3
	新文艺作家与作品	2	2
	成人学习心理	2	2
	职工教育	2	2
	农民教育	2	2
	工业研究资料	3	3
	档案管理	2	2
乙组(本组选科偏重于学校及专门图书馆方面)	学校图书馆	2	2
	专门图书馆	2	2
	高级分类编目	4	3
	目录学	3	3
	马恩列斯名著介绍	2	2
	西文参考书	3	3
	西文图书馆学专著译述	3	3
	西文打字	1	2
	第二外国语	3	3
丙组(本组选科偏重于社教技术方面)	博物馆学	2	2
	金石学	2	2
	考古学	2	2
	中国文化史	2	2
	自然科学概论	3	3
	大众新闻	2	2
	大众艺术	2	2
	播音术	2	2
	幻灯片摄制	2	2
	摄影与电影	4	4
	印刷	2	2
合计		66	66

资料来源:国立社会教育学院课程草案[A].苏州市档案馆,案卷号:I27 - 1 - 35.

表 1949 - 7　国立社会教育学院课程草案之图书馆学系学程学分统计表(1949 年 9 月)

名称	学分	第一学年		第二学年		第三学年		第四学年	
		上学期	下学期	上学期	下学期	上学期	下学期	上学期	下学期
各学系共同必修课程	26	13	11						2
图书馆学系必修课程	48	4	4	10	5	8	8	6	3
图书馆学系选修课程	66		0—3	5—8	10—13	7—10	7—10	9—12	8—10
合计	120—140	17	15—18	15—18	15—18	15—18	15—18	15—18	13—15

资料来源:国立社会教育学院课程草案[A].苏州市档案馆,案卷号:I27 - 1 - 35.

9 月

文华图专图书馆学专科第十二班学生注册入学。

武汉解放以后,为适应时局变化,文华图专对其课程体系进行了一定的变革。关于1949—1950年文华图专的课程设置,详见表1948 - 8。

表 1949 - 8　1949—1950 学年文华图专课程一览

类别	编号	课程名称	学分	内容
图书馆学科课程	LS101	图书馆经营法	4	对图书馆业务作概括之讨论,图书馆内各部门事务处理之步骤、方法与各种记录之编制等均皆涉及。至若编目法与分类法等之另开专课者,于此则不详加研究
	LS102	图书馆行政	4	与上述LS101课程连续讲授,包括图书馆组织之原则、人事之支配管理、经费之筹措、各部门之分合去取与推广事业之设计等
	LS103	图书选购	4	讲述书籍选择之原则与订购图书之方法与程式;又对图书馆员应具之会计、簿记知识,亦均稍涉及

续表

类别	编号	课程名称	学分	内容
	LS104	图书分类法	4	先就图书分类之原则与应用及中国旧籍与学术分类之源流,作一析述;另择杜威十进分类法为教本,详细研究,以期学生对之有娴熟运用之能力
	LS105	比较分类论	4	对西洋各家,如杜威十进制图书分类法、美国国会图书馆分类法、国际图书馆协会分类法、克特展开式分类法与中国各家分类法作一比较研究,于西洋分类系统如何适用于中国图书馆问题,特加详尽之讨论
	LS106	中文编目法	4	按照本校自订之编目条例,讲授卡片式与书本式目录之编制方法,对于新书、旧籍之目录同等重视。诸凡旧籍编目之难题,如笔名、假名、佚名,及疑伪书籍之处理方式、中文著者号码表之编制等,均细加研讨。对于中文编目之参考书,亦择要示以梗概
	LS107	西文编目法	8	按照英美图书馆协会编目规则,授以一般英文书籍之编目知识。特别提出加以研讨之课题为主片并各种目录片之编制方法,美国国会图书馆目录片之用法及订购法,书码(分类号、著者号)、标题与排片法等。每一学生须制作示范性质之卡片目录一套
	LS108	目录学	4	本课范围为中国版本目录学,内容包括中国书史、中国书籍收藏史、中国公私藏书目录、中文版本学、中国目录编制之沿革与体例等,分别作专题之讲述
	LS109	西洋目录学	4	对西洋目录学作一实用的、列举的、历史的叙述,特别着重与中国目录学之比较研究,权衡得失,以观其汇通

类别	编号	课程名称	学分	内容
	LS110	参考书	8	对于中西文参考书之内容作一普通的叙述,一般性与专门性之典籍皆在讨论之列,并注重其使用之方法,同时指导学生对各书之序、跋、体例,加以研讨,以期于其作书宗旨、叙述、专长得一充分认识,来日运用时,庶几取舍自如
	LS111	档案经营法	4	关于政府机关档案管理方法之概然的叙述,以期图书馆学科学生获得档案学之一般知识
	LS112	实习	4	对图书馆各部门业务作一有系统的实际见习。所涉及之科目为:设计与组织、章则与规程、建设与设备、各种表报记录之订定与撰写、书库之排架与整理、出纳之程序与期刊小册之处理方法等
档案管理科课程	AS101	档案经营法	4	概论处理公文档案之技术原则,以如改良现行档案管理方法,借以增进行政事务之工作效率为讲授之重心
	AS102	档案行政学	4	与上述 AS101 课程连续讲授,叙述欧美各国档案管理之实况,借为解决我国档案行政诸问题之借鉴。对于档案馆之建筑、行政与组织、人事支配、人才训练等作一比较研究
	AS103	档案通论	4	档案学在中国一向尚未曾成立为专门学术。本课之目的在对于我国历代公文之演变及档案之收藏作一有系统之说明,进而研究档案整理与历史之编纂,及学术研究上之关系,完全着重建立档案学之理论的基础
	AS104	档案分类及编目	4	对于我国公私机关所藏档案之分类系统、编排方法加以个别的剖析,然后参酌实际情形,完成一能普通实施之档案分类编目系统,以为共同遵循之法则

续表

类别	编号	课程名称	学分	内容
	AS105	立排序列法	2	泛论各家排检法之得失。关于西洋立排序列法之介绍,注重如何适用之于中国文件之序列,以求解决最困难之文字结构问题
	AS106	人事登记	2	析述人事管理之原则与有关资料之排比保存的方法
	AS107	西洋档案学	4	欧美国家经营档案有较为悠久之历史,故无论对新档及老档,在其管理与整理上,均已具有规模。本课之目的在于介绍西洋人经营档案之历史及其方法,同时并讨论西洋公文之演进状况,使学生对于西洋人所建立之档案体系作有系统的认识,以为异日作学术研究之基础
	AS108	资料管理	2	讲授并训练学生关于小册、报纸、散丛等之处理方法
	AS109	史料整理	2	研讨史料之来源与性质,史料之价值与其重要性
	AS110	政府组织	2	剖述现代中国政府组织与行政之沿革,着重其与档案行政之联系及档案行政在政务处理过程中之地位
	AS111	图书馆经营法	4	教授档案管理科学生关于图书馆业务之要旨,俾得一窥门径
	AS112	图书分类法	4	讲述图书馆分类法之原理与技术,及其应用于档案分类将应注意之各要点。俾得融会贯通,相辅而行
	AS113	实习	2	对于档案管理之步骤作一有系统之实际见习,所涉及之科目为:查检、登记、摘由、分类、编目、装订、排比、储藏、出纳、销毁等

类别		编号	课程名称	学分	内容
图书馆学科与档案管理科之共修课程	技术科目	LA101	打字	2	各生之未习打字者皆须遵照教师指导,对于英文打字勤加练习。图书馆学科学生更当具有此种技术,并保持相当之速度。中文打字机之用法,亦在讲述之列
		LA102	汉字排检法	4	我国以文字构造关系,检字方法多至七十余种。本课择其中流行最广者教授之,如王云五君之四角号码检字法等均是。中文书籍与期刊子目索引之编制法,亦在修习之列
		LA103	博物馆学	4	本课涉及博物馆学领域内之初步知识,诸如展览品之安排、馆舍及设备、陈列品之收集等均摘述及
		LA104	公文研究	2	使档案管理科学生对于现行公文程式运用之奥秘得一清楚之概念
	语言科目	LA201	国文	4	选授古文,借明古今文体之流变,每月练习作文一次
		LA202	英文	12	本课分两部分讲授,其目的在增进学生阅读应用之能力,使能灵活运用英国语文,实图书馆工作者不可缺少之条件
		LA203	法文	任选一种即可	8	本课目的在使学生获得浅近之法语知识,并对法文图书馆学用语稍加讲解
		LA204	德文		8	本课目的在学生获得浅近之德语知识,并对德文图书馆学用语稍加讲解
		LA205	日文		8	本课目的在使学生粗通日语,并对日文图书馆学用语与中文术语作一对照解释,观其异同
	补充科目	LA301	自然科学概论	4	讲解现代自然科学发展之概况,并介绍自然科学方面之权威著作
		LA302	史地概论	4	讲解中国与西洋史地学名著之内容及其撰著之时代背景与作书之旨趣等,使学生得知斯学梗概

续表

类别	编号	课程名称	学分	内容
	LA303	社会科学概论	4	讲解中国与西洋社会科学名著之内容及其撰著之时代背景与作书之旨趣等，使学生得知斯学梗概
	LA304	文哲概论	4	介绍中国、西洋各派哲学与文学名著，析述其流变，以明将来之趋向

资料来源：私立武昌文华图书馆学专科学校．私立武昌文华图书馆学专科学校一览［M］．武昌：私立武昌文华图书馆学专科学校，1949：插页．

注：文华图专后来又对其课程体系进行修订，取消"自然科学概论""史地概论""社会科学概论""文哲概论"四门概论课程及"日文""法文""德文"三种外语课程，增设"俄文""政治常识及民众""教育事业"等课程。具体参见：解放前后的图专［A］．湖北省档案馆，案卷号：GM7 - 1 - 96-P99．转引自：王郭舜．湖北省档案馆馆藏私立武昌文华图书馆学专科学校史料选辑［J］．档案记忆，2020（7）：24 - 37.

10 月 1 日

庆祝中华人民共和国中央人民政府成立典礼在北京天安门广场隆重举行，史称"开国大典"。中华人民共和国正式成立。

中华人民共和国成立以后，四川省立成都女子职业学校先后改称"四川成都财经学校"和"四川成都商业学校"，继续开办高级图书管理科。据统计，至 1954 年停办时，该科培养了 8 届共计 139 名毕业生[①]。

10 月

美国《大学与研究图书馆》第 10 卷第 4 期登载黄维廉撰写的"Reflections on the Profession of College librarianship in China"（《对中国大学图书馆职业的思考》）。黄维廉在文中比较详细地回顾了中国图书馆学人赴美深造的历程[②]。

11 月 14 日

文华图专图书馆全部对外开放，同时举办识字班和巡回书车以普及

---

① 成都市地方志编纂委员会．成都市志：文化艺术志［M］．成都：四川辞书出版社，1999：256 - 257.

② WONG V L. Reflections on the profession of college librarianship in China［J］. College and research libraries，1949，10（4）：401 - 405.

教育①。

12 月

中原临时人民政府教育部对文华图专师生进行察访,以便更好地了解该校情况。其中,该校学生会主席(姓名不详)完成了一篇题为《解放前后的图专》的文字材料,分为"学校简史"、"解放前学校情况"(主要经费来源,学、教双方情况,学生毕业后之出路和社会关系)、"解放后学校情况"(主要经济来源、校政的转变)、"我所知道的图专"、"对于今后着手改进的几点建议"5 个部分介绍文华图专的历史与现状,并提出改进建议②。

新华书店出版苏联学者华西里青科(В. Е. Васильценко)原著、舒翼翚翻译的《苏联图书馆事业概观》。该书分为"苏联图书馆事业发展简史""苏联图书馆事业的组织(图书馆的种类、关于图书馆网的材料)""苏联图书馆的图书补充""图书馆干部的培养与图书馆学校""图书馆学与目录学领域内的科学工作"五章。其中,第四章"图书馆干部的培养与图书馆学校"又分为"图书馆技术学校"与"图书馆专科学校"两节,比较详细地介绍了苏联图书馆学教育的历史与现状③。

① 遵俭. 文华图专实验图书馆开放[N]. 大刚报,1949 – 11 – 14(4).

② 解放前后的图专[A].湖北省档案馆,案卷号:GM7 – 1 – 96 – P99. 转引自:王郭舜. 湖北省档案馆馆藏私立武昌文华图书馆学专科学校史料选辑[J]. 档案记忆,2020(7):24 – 37.

③ 华西里青科. 苏联图书馆事业概观[M].舒翼翚,译. 北京:新华书店,1949:112 – 115.

新　生

（1950—1956 年）

1950 年

◎国立社会教育学院、江苏省立教育学院合并，图书博物馆学系撤销

◎《专科学校暂行规程》颁布

◎文华图专开办档案资料管理训练班

年初

文华图专董事会进行改组，曹美成、陈经畲、陈时、崔思慕、桂质柏、李辉祖、骆伟芳、沈祖荣、万无咎、查谦、张海松、朱裕璧 12 人当选为董事，张海松为主席，桂质柏为书记，曹美成、骆伟芳与沈祖荣 3 人为常务委员并主持校政①。

1 月 21 日

苏州国立社会教育学院与无锡江苏省立教育学院两校的院务委员会召开联席会议，1 月 25 日结束。此次会议商讨并通过两校合并办法，同时成立筹备委员会。两校合并的原因如下："为建设新教育，改造旧学校，本区亟需有一较为健全之教育学院作为培养与改造教育人员的基干学校。原苏州国立社会教育学院与无锡省立教育学院科系重复，又不切合当前实际，需要亦有合并改革之必要。"②

2 月 1 日

依据"一方面努力创造典型；一方面普遍要求加强政治思想教育、促

---

① 周洪宇. 不朽的文华：从文华公书林到文华图书馆学专科学校［M］. 武汉：华中师范大学出版社，2013：190.

② 苏南文教处教育学院、社教学院合并［A］. 江苏省档案馆，案卷号：7014 - 002 - 0833. 转引自：谢欢. 钱亚新年谱［M］. 上海：上海古籍出版社，2021：119.

进进步与团结"①的方针,苏南行政公署正式批准苏州国立社会教育学院与无锡江苏省立教育学院进行合并,并将图书博物馆学系裁撤,其合并宗旨是"建设新教育,改造旧学校"②。两校合并后改称"公立文化教育学院",院址设在无锡社桥③。

据钱亚新回忆:"图博系被撤销解散,学员凡是自愿到无锡该院深造的可以照收,而教师都必须自寻出路。消息传来的当晚,系主任汪长炳往上海一溜,大家都认为他推卸责任,后来听说他是为某些教师谋求出路的。其实有些教师早有打算,如徐家麟回武昌文华图书科母校任教。只有我和岳良木落空。岳后来到常熟政治学校学习,而我被苏南文教处介绍到南京图书馆工作。在社教学院合并过程中,凡挂牌领干薪的教职员一律被淘汰。"④另外,钱亚新于1956年撰就的《向科学文化进军应积极培养和提高图书馆员的工作水平》手稿中提及:"国立社教学院图博系,对于专业的培养和训练,是有一定的收获的。胜利后由四川璧山搬到苏州。解放后由于这社教学院与无锡江苏省立教育学院性质相同,因此两校相并而停办了几系,图博系不过其中之一。从当时政府的政策和经济情况来看,这一举措,未尝不算英明,但是那时对于院系调整,思想上毫无基础,尤其把图博系停办以后,未能好好地安排师生,让其自流,而至消失。从作育人才方面来说,未始不是一种失策。假如当时不停办这个图博系,或停办而把师生调整到北京大学或武汉大学的图书馆学专修科,充实他们的师资或学生,这不仅对于这两个专修科是有利的,对于我国整个图书馆事业的发展也是有益处的。目前武汉大学图书馆学系四面找教授的情况,也可以不会如此紧张。"⑤

6 月

北京大学图书馆学专修科第二届毕业生离校,共计 12 人,包括丁

---

① 一九五〇年苏南教育工作基本方案(草稿初稿)[A].江苏省档案馆,案卷号:7014-002-0802;苏南文教处教育学院、社教学院合并[A].江苏省档案馆,案卷号:7014-002-0833.转引自:谢欢.中国图书馆学教育百年历史分期研究[J].中国图书馆学报,2020(2):114-125.

② 苏南文教处教育学院、社教学院合并[A].江苏省档案馆,案卷号:7014-002-0833.转引自:谢欢.中国图书馆学教育百年历史分期研究[J].中国图书馆学报,2020(2):114-125.

③ 田晓明.苏州大学大事记(1900—2012)[M].苏州:苏州大学出版社,2015:614.

④ 钱亚新.工作阶段[M]//钱亚新.钱亚新别集.谢欢,整理.南京:南京大学出版社,2013:226.

⑤ 谢欢.钱亚新年谱[M].上海:上海古籍出版社,2021:119-120.

瑜、董葆珊、范瑞瑶、黄厚培、李德宁、李锡莲、刘中丽、佟曾功、万瑞兰、万希芬、张竞敏、赵新月[1]。

7 月 28 日

中央人民政府政务院第 43 次政务会议通过《专科学校暂行规程》，于 8 月 14 日由教育部公布实施[2]。

《大刚报》第 5 版刊登《文华图专概况——答王和峰先生问》，内含王和峰写给《大刚报》编辑的一封短函及文华图专给王和峰的复函。后者主要介绍了文华图专的课程设置、学费与毕业生出路等[3]。

7 月 31 日

《文物参考资料》1950 年第 7 期转载《北京新民报》之前登载的《介绍北京大学博物图书馆学专修科》。该文介绍了北京大学图书馆学专修科的师资力量、课程设置等情况[4]。

7 月

文华图专图书馆学专科第十一届毕业生离校，共计 9 人，包括陈美如、江碧玉、姜思溉、李爱珠、李芳姿、李茂兰、卢云侣、杨怡萱、张用芳（见表 1950 - 1）[5]。

表 1950 - 1　文华图专图书馆学专科第十一届毕业生（1950 年 7 月）一览

序号	姓名	性别	籍贯	序号	姓名	性别	籍贯
1	陈美如	女	江苏南京	6	李茂兰	女	湖北汉口
2	江碧玉	女	湖北黄陂	7	卢云侣	女	湖南宁乡
3	姜思溉	女	湖北武昌	8	杨怡萱	女	湖北汉口
4	李爱珠	女	湖北蕲春	9	张用芳	女	湖北鄂城
5	李芳姿	女	湖南新化				

---

① 档案出处为"北京大学档案馆. 宗卷编号 BD1948762"。转引自：周佳贵. 王重民设立图书馆学专修科的始末[J]. 国家图书馆学刊，2013（4）：83 - 89.

② 何东昌. 中华人民共和国重要教育文献（1949—1975）[M]. 海口：海南出版社，1998：46 - 47.

③ 文华图专概况：答王和峰先生问[N]. 大刚报，1950 - 07 - 28（5）.

④ 介绍北京大学博物图书馆学专修科[J]. 文物参考资料，1950（7）：30 - 32.

⑤ 彭敏惠. 文华图专珍稀史料图录[M]. 武汉：武汉大学出版社，2020：277.

8 月

文华图专图书馆学专科第十三班学生注册入学①。

9 月

北京大学图书馆学专修科继续对其课程体系进行革新。1950—1951 学年北京大学图书馆学专修科课程信息见表 1950 - 2。

表 1950 - 2 1950—1951 学年北京大学图书馆学专修科课程一览

序号	课程名称	每周课时	开课情况	每学期学分	必修年级	选修年级	授课教师	备注
1	图书馆学概论	6	一学年	2	一		孙云畴	
2	分类与编目（中文）	6	一学年	2	一、二		孙云畴	
3	分类与编目实习（中文）	4	一学年	1	一、二		孙云畴、陈绍业	
4	工具书使用法	6	一学年	2	一		王重民	
5	图书馆学概论讨论		下学期		一	二	孙云畴、万希芬	不计学分和学时
6	中国目录学文选	6	一学年	2	一		王利器	
7	英文图书学文选	6	一学年	2	一		丁珂	
8	中国通史	9	一学年	3	一		杨翼骧	史学系开设
9	博物馆学	9	一学年	3	一		韩寿萱	博物馆学专科开设
10	中国新文学史	6	一学年	2	一		蔡仪	中国语文系开设
11	索引与检字	6	一学年	2	一		陈绍业、聂荣歧	

① 《武汉大学信息管理学院校友名录(1920—2020)》编委会. 武汉大学信息管理学院校友名录:1920—2020[M].武汉:武汉大学,2020:4.

续表

序号	课程名称	每周课时	开课情况	每学期学分	必修年级	选修年级	授课教师	备注
12	大学图书馆与专门图书馆	6	一学年	2		一、二	陈鸿舜	
13	档案资料	6	一学年	2		一、二	傅振伦	
14	外文分类与编目	6	一学年	2		二	耿济安	
15	图书馆事业史	6	一学年	2		二	王重民	
16	中国书史	6	一学年	2		二	王利器	
17	目录与参考	6	一学年	2		二	王重民、王利器	
18	专题研究	6	下学期	2		二	顾家杰等	
19	第二年外国文					二		
20	中国近代考古学发现史	6	一学年	2		二	向达	史学系开设
21	古器物学	6	一学年	2		二	张政烺	史学系开设

资料来源:谢运萍. 北京大学图书馆学专业课程体系的变迁:初建与逐步体系化的专科教育时期(1947—1955 年)(一)[J]. 高校图书馆工作,2021(6):1-8.

10 月

受中南军政委员会人事局和中南军政委员会教育部指示,文华图专开办了一个为期四个月的档案资料管理训练班,以满足战后重建时期全社会对档案资料管理人才的迫切需求①。

11 月 20 日

根据《专科学校暂行规程》的要求,文华图专改组校务委员会,由校长、教务主任、总务主任、图书馆主任、各科主任、工会代表四人及学生会

---

① 陈传夫,董有明. 求实奋进 共谱新篇:从文华图专到武汉大学信息管理学院(1920—2010)[M].武汉:武汉大学出版社,2010:83.

代表两人组成,以校长为主席①。

12 月 29 日

中央人民政府政务院第 65 次政务会议通过《关于处理接受美国津贴的文化教育、救济机关及宗教团体的方针的决定》。

---

① 转引自:周洪宇. 不朽的文华:从文华公书林到文华图书馆学专科学校[M].武汉:华中师范大学出版社,2013:190.

1951 年

◎ 文华图专改为公办,参加第一届全国高等学校统一招生考试
◎ 北京大学图书馆学专修科制定图书馆学系四年制课程表
◎ 刘国钧调入北京大学图书馆学专修科
◎ 西南师范学院图书博物馆专修科创办

1 月 16 日

中央人民政府教育部在北京召开处理接受外国津贴的高等学校会议,1 月 22 日下午圆满结束。此次会议讨论并确定了全部接受外国津贴的高等学校的具体处理方案[①]。其中,文华图专确定改由中央人民政府文化部接办,并暂时委托中南军政委员会教育部就近领导[②]。

1 月

文华图专档案资料管理训练班毕业生离校,共计 48 人,包括曹明道、曹治果、陈杰、陈英华、邓万和、丁思衡、窦俊丰、冯继珍、高西林、郭云、何维勤、黑麦堂、贾常沛、贾德华、李荣森、李振寰、刘崇汉、刘光齐、柳华珍、龙虎、马铁林、庞官玉、钱蒿、孙蒸、谭兆熊、汪国荃、王天梅、王维淳、王协农、魏超、文水、奚自省、萧维湘、谢舒青、徐勉君、杨秀敏、杨芷华、杨子平、于铁汉、余国辉、张桂芳、张清文、赵羽、周光宝、周文彬、朱楚芹、朱定宪、朱万元(见表 1951 – 1)[③]。

---

① 中央教育部在京召开处理外国津贴高等学校会议[J].人民教育,1951(2):64.

② 李倩文. 中央文化部接办武昌私立文华图专[N].大刚报,1951 – 08 – 19(4).

③ 彭敏惠. 文华图专珍稀史料图录[M].武汉:武汉大学出版社,2020:285 – 286. 按:或称档案资料管理训练班于1950年11月入学,1951年6月毕业.具体参见:《武汉大学信息管理学院校友名录(1920—2020)》编委会. 武汉大学信息管理学院校友名录(1920—2020)[M].武汉:武汉大学,2020:6 – 7.

表1951－1　文华图专档案资料管理训练班毕业生（1951年1月）一览

序号	姓名	性别	籍贯	备注	序号	姓名	性别	籍贯	备注
1	曹明道	女	湖南长沙		25	谭兆熊	男	湖南攸县	
2	曹治果	男	湖南长沙		26	汪国荃	男	湖北武昌	
3	陈杰	女	江苏高淳		27	王天梅	女	河南镇平	
4	陈英华	女	湖北崇阳		28	王维淳	男	山东	
5	邓万和	男	湖南湘乡		29	王协农	男	湖南湘乡	
6	丁思衡	女	浙江嵊县		30	魏超	女	吉林	
7	窦俊丰	女	山西武乡	或误作"窦俊峰"	31	文水	女	安徽合肥	
8	冯继珍	女	湖北大冶		32	奚自省	男	江苏高淳	
9	高西林	女	河南*		33	萧维湘	男	湖南湘乡	
10	郭云	女	河南开封		34	谢舒青	女	河南唐河	
11	何维勤		河南		35	徐勉君	女	黑龙江	
12	黑麦堂	男	湖南常德	或误作"黑爱堂"	36	杨秀敏	女	河北文安	
13	贾常沛	男	山东黄县		37	杨芷华	女	河北乐亭	
14	贾德华	女	黑龙江	或误作"窦德华"	38	杨子平	男	湖南衡阳	
15	李荣森	男	湖北汉口		39	于铁汉	男	黑龙江	
16	李振寰	男	河南札县		40	余国辉	女	四川开县	
17	刘崇汉	男	湖北鄂城		41	张桂芳	女	江苏青浦	或误作"张祺芬"
18	刘光齐	女	安徽霍邱	或误作"刘光霁"	42	张清文	女	河北广宗	
19	柳华珍	女	湖北鄂城		43	赵羽	男	湖南长沙	
20	龙虎	男	广西柳城		44	周光宝	女	湖南宁乡	
21	马铁林	男	河南		45	周文彬	女	江西萍乡	
22	庞官玉	女	四川江北		46	朱楚芹	男	湖南长沙	
23	钱嵩	男	北京	或误作"钱嵩"	47	朱定宪	女	湖北江陵	
24	孙蒸	男	河南南阳		48	朱万元	女	湖北天门	

注：* 原文如此，有的籍贯只写了省份。后文同。

2 月 21 日

中央人民政府教育部副部长曾昭抡召开座谈会,研究北京大学开设图书馆学系和博物馆学系的问题。此次会议建议,北京大学自1951年暑假起将图书馆学专修科扩充为图书馆学系,同时开设图书馆学函授班。图书馆学函授班由教育部与国家文物局共同筹办,主要面向在职图书馆工作人员,其学习年限比正式学生多一年,毕业生可发文凭[①]。此次会议还决定组织一个课程改革小组,成员包括王重民(召集人)、陈鸿舜、贺昌群、刘国钧、吕叔湘、彭道真、孙家晋、孙云畴、向达,负责草拟图书馆学系科的课程、教材编译办法及设备标准[②]。会后,北京大学图书馆学专修科综合多方建议,制定了一份图书馆学系四年制课程表(见表1951 – 2)[③]。

表1951 – 2　北京大学图书馆学专修科图书馆学系四年制课程表(1951 年拟)

年级	课程名称	开课情况	性质	学分	说明
一年级	社会发展史	上学期	必修	3	
	新民主主义论	下学期	必修	3	包括新民主主义革命史
	中国通史	一学年	必修	6	贯彻爱国主义教育
	国文与写作	一学年	必修	6	选读中国目录学文献,练习作题解提要及书评等
	外国文	一学年	必修	6	
	图书馆学概论	一学年	必修	6	讲授、参观、实习并重,包括图书选购
	中国目录学概论			4	包括目录学史

---

① 王学珍,王效挺,黄文一,等. 北京大学纪事(1898—1997)(上册)[M].北京:北京大学出版社,1998:430.

② 图书馆学博物馆学系座谈会记录摘要[A].北京大学档案馆,案卷号:GL0301951 – 001. 转引自:顾晓光,郭鹏. 刘国钧先生在北京大学图书馆学系初创时期的往事略记(1951—1952)[J].大学图书馆学报,2019(6):22 – 25.

③ 谢运萍. 北京大学图书馆学专业课程体系的变迁:初建与逐步体系化的专科教育时期(1947—1955 年)(一)[J].高校图书馆工作,2021(6):1 – 8.

续表

年级	课程名称	开课情况	性质	学分	说明
二年级	政治经济学	一学年	必修	6	
	外国文	一学年	必修	6	
	图书分类法	一学年	必修	6	
	图书编目法	一学年	必修	4	
	图书馆技术	一学年	选修	2	包括打字、照相、装订、修补、消毒及各种字体书写法等
	教育学	一学年	选修	4	
	西文分类与编目		选修	6	
三年级	近代文学	一学年	必修	4	
	科学概论	一学年	必修	6	
	图书参考	一学年	必修	3	
	群众工作		必修	4	
	书籍的发展与传播				合书籍制度史、印刷史、出版史、发行史而成
	图书馆的发展与传播			4	
三、四年级皆可修习	文教政策法令	下学期	必修	2	
	图书馆事业史	一学年	必修	4	贯彻爱国主义教育
	读者服务	一学年	必修	6	
	图书馆行政	上学期	必修	4	包括图书馆建筑,贯彻爱国主义教育
	档案学	一学年	必修	4	
	论文或专题报告	一学年	必修	2	
	专门图书馆	上学期	必修	4	
	索引与序列	下学期	选修	3	
	资料管理法	上学期	选修	2	
	学校图书馆	下学期	选修	2	包括大、中、小学图书馆
	儿童图书馆	下学期	选修	2	
	西洋目录学选		选修	3	
	版本学选		选修	4	
	分类法史		选修		

资料来源:谢运萍.北京大学图书馆学专业课程体系的变迁:初建与逐步体系化的专科教育时期(1947—1955 年)(一)[J].高校图书馆工作,2021(6):1-8.

4 月 21 日

王重民组织召开北京大学图书馆学专修科科务会议。由于图书馆学专修科计划改为图书馆学系，所以北京大学特别准许其扩充师资力量。王重民计划聘请刘国钧、毛坤、徐家璧、李小缘、王川等人前来任教[①]。不过，最终只有刘国钧成功调入北京大学图书馆学专修科。

7 月 6 日

北京大学校长马寅初主持召开新一届校务委员会会议。马寅初报告北京大学院系调整初步计划，称已报送中央人民政府教育部审核。其中，文学院保留哲学、史学、中文、东语、西语、俄语六系；图书馆学专修科改为图书馆学系；博物馆学专修科取消，改在史学系成立博物馆学组，同时增设考古学组[②]。此后数年间，"图书馆学专修科"与"图书馆学系"两个名称存在混用现象。

7 月 15 日

中华人民共和国第一届全国高等学校统一招生考试开始举行，7 月 17 日结束[③]。全国所有高校全部参加，文华图专亦不例外[④]。

7 月 28 日

《长江日报》刊登文华图专第一批新生录取名单，共计 40 人[⑤]，但具体名单不详。

7 月

文华图专图书馆学专科第十二届毕业生离校，共计 13 人，包括陈培安、邓斐华、邓铭萱、方蓉华、季春霆、康恒基、孔宪铠、梅水生、梅兴华、潘

---

① 图专科务会议[A].北京大学档案馆,案卷号:GL0301951 - 003. 转引自:顾晓光,郭鹏.刘国钧先生在北京大学图书馆学系初创时期的往事略记(1951—1952)[J].大学图书馆学报,2019(6):22 - 25.

② 王学珍,王效挺,黄文一,等.北京大学纪事(1898—1997)(上册)[M].北京:北京大学出版社,1998:437.

③ 杨学为,于信凤.中国考试通史:卷五 当代[M].北京:首都师范大学出版社,2004:41.

④ 高炳礼.我在武昌文华图书馆学专科学校的回忆[J].图书情报知识,2007(2):105 - 108.

⑤ 彭敏惠.文华图专珍稀史料图录[M].武汉:武汉大学出版社,2020:188.

淑祥、汤友菊、魏霈芳、张明(见表 1951 - 3)①。

表 1951 - 3 文华图专图书馆学专科第十二届毕业生(1951 年 7 月)一览

序号	姓名	性别	籍贯	备注
1	陈培安	女	湖南宁乡	
2	邓斐华	女	湖北黄陂	
3	邓铭萱	女	浙江上虞	从图书馆学专科第 11 班转入
4	方蓉华	女	湖南平江	
5	季春霆	女	安徽芜湖	
6	康恒基	男	湖北郧西	从档案管理科第 6 班转入
7	孔宪铠	男	湖北汉阳	
8	梅水生	女	湖南临湘	
9	梅兴华	女	湖北黄陂	
10	潘淑祥	女	湖南浏阳	
11	汤友菊	女	湖北鄂州	
12	魏霈芳	女	湖北武昌	
13	张明	女	湖南长沙	

8 月 16 日

中南军政委员会教育部部长潘梓年召集文华图专行政负责人、校董会、教工会、学生会、团支部等单位代表,以及中原大学教育学院院长王自申、中原大学图书馆主任甘莲笙,商谈文华图专接办事宜。潘梓年当场宣布王自申担任文华图专校长,沈祖荣与甘莲笙二人担任副校长②。文华图专就此由私立改为公办,其校名由"私立武昌文华图书馆学专科学校"改为"武昌文华图书馆学专科学校"③。

8 月 22 日

北京大学图书馆学专修科召开科务会议,已经调到北京大学执教的刘国钧出席此次会议。王重民当时兼任北京图书馆副馆长,所以刘国钧

---

① 彭敏惠. 文华图专珍稀史料图录[M].武汉:武汉大学出版社,2020:277.
② 李倩文. 中央文化部接办武昌私立文华图专[N].大刚报,1951 - 08 - 19(4).
③ 高炳礼. 我在武昌文华图书馆学专科学校的回忆[J].图书情报知识,2007(2):105 - 108.

担任代理主任一职,以便在王重民不在的时候代为行使主任职权①。

8 月 30 日

《长江日报》刊登文华图专第二批新生录取名单,共计 20 人,包括陈敬堂、郭世珩、胡正朗、黄洲生、蒋万民、李昭如、梁遗全、刘金泉、刘致立、吕学理、吕重道、彭斐章、钱培生、王秋萍、邬颐光、吴焱、夏俊群、曾采芹、邹幼元、邹哲明②。

8 月

文华图专图书馆学专科第 14 班(后称"三班")新生注册入学③,跟《长江日报》之前公布的两批新生录取名单有所不同。

9 月 10 日

西南军政委员会文教部致函中国共产党西南师范学院委员会,称:"我部为培养文物干部,本年暑假后在你校增设图书博物馆专修科。"④根据这一指示,西南师范学院当月便迅速成立图书博物馆专修科,分为二年制和一年制两种,除招收部分应届高中毕业生外,主要培训西南地区各图书馆和博物馆的在职干部⑤。该科共有专任教师四人、兼任教师六人(主要是其他各系科教师)、助教一人和助理员一人。其中,图书馆学组教师为邓光禄、孙述万、汪应文、吴则虞、周远照五人⑥。

10 月 4 日

北京大学图书馆学专修科召开科务会议,决定编写重要课程的讲义和提纲,并确定分工如下:刘国钧负责"图书馆学概论"和"图书分类法"两门课程,王利器负责"图书目录学文选"和"中国目录学概论参考资

① 图专科务会议[A].北京大学档案馆,案卷号:GL0301951-003.转引自:顾晓光,郭鹏.刘国钧先生在北京大学图书馆学系初创时期的往事略记(1951—1952)[J].大学图书馆学报,2019(6):22-25.

② 彭敏惠.文华图专珍稀史料图录[M].武汉:武汉大学出版社,2020:188.

③ 《武汉大学信息管理学院校友名录(1920—2020)》编委会.武汉大学信息管理学院校友名录(1920—2020)[M].武汉:武汉大学,2020:4.

④⑤ 黄京君.西南师范学院图博专修科办学史研究[D].重庆:西南大学,2012:11-17.

⑥ 西南师范学院图书博物专修科.西南师范学院图书博物专修科概况[J].图书馆学通讯(浙江),1953(6):30-35.转引自:邓小昭.西南师范学院图书博物馆专修科办学述评[J].图书馆论坛,2011(6):306-312,356.

料"两门课程,王重民负责"目录学概论"课程,孙云畴负责"图书编目法"课程①。不过,该系课程多、教师少,众人承担的教学任务较为繁重。截至1952年,只有刘国钧编就《图书怎么分类》,其余课程只有教学大纲而无教材②。

① 图专科务会议[A].北京大学档案馆,案卷号:GL0301951 – 003. 转引自:顾晓光,郭鹏. 刘国钧先生在北京大学图书馆学系初创时期的往事略记(1951—1952)[J].大学图书馆学报, 2019(6):22 – 25.

② 顾晓光,郭鹏.刘国钧先生在北京大学图书馆学系初创时期的往事略记(1951—1952) [J].大学图书馆学报,2019(6):22 – 25.

1952 年

◎ 北京大学院系调整完成，王重民仍为图书馆学专修科主任
◎ 中国人民大学开设档案专修班

7 月 2 日

京津高等学校院系调整办公室向各校发出《对综合性大学设置专业及系科的初步意见》，广泛征求意见。对此，北京大学组织全校教职工进行讨论，然后制订新的北京大学系科及专业设置初步方案。其中，中国语文学系拟开设中国语文学、图书馆学与新闻学三个专业①。

8 月 25 日

京津高等学校院系调整北京大学筹备委员会办公室综合北京大学教职工的讨论情况，编制"新北大系、专业及专修科设置"方案。其中，"图书馆专修科：北大教师 8 人，北大旧生 47 人，新生 20 人，校舍设城外新建教室楼"②。

9 月 22 日

京津高等学校院系调整北京大学筹备委员会公布新北京大学行政部门及系、科负责人名单，王重民仍为图书馆学专修科主任③。

---

① 王学珍，王效挺，黄文一，等．北京大学纪事（1898—1997）（上册）［M］．北京：北京大学出版社，1998：453．

② 王学珍，王效挺，黄文一，等．北京大学纪事（1898—1997）（上册）［M］．北京：北京大学出版社，1998：457－460．

③ 王学珍，王效挺，黄文一，等．北京大学纪事（1898—1997）（上册）［M］．北京：北京大学出版社，1998：461．

9 月

文华图专图书馆学专科第 15 班(后称"四班")新生入学。

11 月 15 日

中国人民大学档案专修班开学,共有 102 名学员①。

---

① 中国人民大学档案专修班关于第一期教学工作的基本总结[J].档案工作,1953(3): 12 – 15.

1953 年

◎中国人民大学档案专修科成立

◎文华图专并入武汉大学,改称"武汉大学图书馆学专修科"

◎北京大学图书馆学专修科改为三年制

2 月

文华图专图书馆学专科第十三届(一班)毕业生离校,共计 12 人,包括陈静安、陈淑云、傅椿徽、纪恒善、柯桂欣、李乃琼、孙冰炎、万培悌、王立华、徐汶、张美仙、朱厚淑(见表 1953－1)①。

表 1953－1　文华图专图书馆学专科第十三届(一班)毕业生(1953 年 2 月)一览

序号	姓名	性别	籍贯	备注	序号	姓名	性别	籍贯	备注
1	陈静安	女	湖南益阳		7	孙冰炎	女	湖南沅陵	
2	陈淑云	女	湖南益阳	或误作"陈淑芸"	8	万培悌	女	河南罗山	
3	傅椿徽	女	湖北汉口	或误作"付椿徽"	9	王立华	女	湖南益阳	或误作"王丽华"
4	纪恒善	女	湖北汉阳		10	徐汶	女	湖南长沙	
5	柯桂欣	女	湖北阳新		11	张美仙	女	湖北广济	
6	李乃琼	女	湖北武昌		12	朱厚淑	女	湖北枝江	又称"朱厚俗"

6 月 30 日

中国人民大学档案专修班改为档案专修科,其招生办法经中共中央办公厅、中央人民政府政务院秘书厅和中央军委办公厅联合发文,分配给各

① 彭敏惠. 文华图专珍稀史料图录[M].武汉:武汉大学出版社,2020:277.

系统选调学员,计划于 9 月 1 日开学。该科分为普通班和研究生班两种,该年分别招收 100 名和 30 名。普通班为一年制,旨在训练在职干部,所学课程包括"马列主义""中国历史""中国近代革命史""中国国家法与国家机关""苏联档案工作的理论与实践";研究生班为三年制,旨在为全国档案工作培养人才,所学课程包括"俄文""哲学""中国历史""中国近代革命史""苏联档案史""苏联档案工作的理论与实践""中国档案史"①。

7 月

文华图专图书馆学专科第十四届(二班)毕业生离校,共计 26 人,包括曹彦芳、陈湘雄、邓铭康、龚昭民、何厥祥、胡家柱、黄兴汉、黄洲生、蒋万民、李曼华、梁美芸、梁淑芬、梁遗全、刘金泉、宁资阆、彭斐章、彭兆兰、齐鸿、齐惠科、宋承林、谭景芝、王秋萍、王昭瑁、吴勋泽、向德育、张民惠(见表 1953 – 2)②。

表 1953 – 2 文华图专图书馆学专科第十四届(二班)毕业生(1953 年 7 月)一览

序号	姓名	性别	籍贯	备注	序号	姓名	性别	籍贯	备注
1	曹彦芳	男	湖南永兴		14	刘金泉	男	江西九江	
2	陈湘雄	男	湖南安仁		15	宁资阆	男	湖南衡阳	或误作"宁资闽"
3	邓铭康	女	湖北宜昌		16	彭斐章	男	湖南湘阴	
4	龚昭民	男	湖南长沙		17	彭兆兰	女	湖北汉阳	
5	何厥祥	男	湖南汝城		18	齐鸿	女	河北天津	
6	胡家柱	男	安徽滁县		19	齐惠科	女	河南内乡	
7	黄兴汉	男	湖南龙山		20	宋承林	男	湖南汝城	
8	黄洲生	男	湖南绥宁		21	谭景芝	女	辽宁辽阳	
9	蒋万民	男	湖南武冈		22	王秋萍	女	湖南长沙	
10	李曼华	女	山西蒲城		23	王昭瑁	女	湖北应城	
11	梁美芸	女	湖北汉口		24	吴勋泽	男	河南开封	
12	梁淑芬	女	广西贵县		25	向德育	男	湖北松滋	
13	梁遗全	女	湖北汉川		26	张民惠	女	湖南沅陵	或误作"张明惠"

① 中国人民大学档案专修科招生简讯[J].中国档案,1953(2):19.

② 彭敏惠.文华图专珍稀史料图录[M].武汉:武汉大学出版社,2020:277 – 278.

9 月 1 日

文华图专正式并入武汉大学,改称"武汉大学图书馆学专修科",其学制仍为两年,办学地点从武昌崇福山街 1 号迁到珞珈山①。

9 月

北京大学图书馆学专修科改为三年制,还对下属基层教学组织进行调整。其中,图书整理方法教研组主任为刘国钧,组员包括陈鸿舜、陈绍业、舒翼翚、王凤翥。此时,刘国钧负责讲授"图书分类法"(54 学时)和"外文图书编目法"(12 学时)两门课程②。

10 月 2 日

北京大学图书馆学专修科召开小组讨论会。王重民主持会议,陈绍业、刘国钧、张琪玉、周文骏等人出席。刘国钧在会上针对教学参考书和学生实习等问题发表意见③。

---

① 高炳礼. 我在武昌文华图书馆学专科学校的回忆[J]. 图书情报知识,2007(2):105 – 108.
②③ 魏成刚. 论刘国钧先生的学术成就[D]. 北京:北京大学,2008:115 – 116.

1954 年

◎北京大学图书馆学专修科召开五年计划讨论会
◎西南师范学院图书博物馆专修科停办
◎全国第一届公共图书馆工作人员训练班举办

7 月 22、27 日

北京大学图书馆学专修科先后两次召开五年计划讨论会,陈鸿舜、刘国钧、舒翼翚、王重民、张树华等人出席。经过讨论,《北京大学图书馆学专修科五年计划草案》获得通过①。

7 月

文华图专图书馆学专科第十五届(三班)毕业生离校,共计58人,包括蔡联福、陈佩钫、陈文汉、陈祥生、樊乃康、范先祥、甘金升、高炳礼、顾潮生、何廉吉、何政安、何质纯、洪彩焕、胡宗祥、黄殿英、黄腾芳、黎盛荣、黎世哲、李德淑、李光琼、李培芬、李淑德、李嗣贞、李耀禟、凌广、刘邦义、刘德炎、刘咸登、刘玉清、刘允约、刘钊、毛继成、蒙宙荪、宁乃权、庞丽声、钱培生、尚桂英、谭龙门、唐振华、万民生、汪伟美、王德珠、王丽娟、王芝兰、峗俊辉、韦则林、邬杭德、武宁生、萧远声、谢振华、徐开基、薛树清、易鸿儒、尹泽群、赵实、赵志成、周成秀、周静华(见表1954－1)②。

表1954－1　文华图专图书馆学专科第十五届(三班)毕业生(1954年7月)一览

序号	姓名	性别	籍贯	备注	序号	姓名	性别	籍贯	备注
1	蔡联福	男	上海		3	陈文汉	男	湖南汉寿	
2	陈佩钫	女	广西玉林		4	陈祥生	男	广东蕉岭	

---

① 魏成刚.论刘国钧先生的学术成就[D].北京:北京大学,2008:116.

② 彭敏惠.文华图专珍稀史料图录[M].武汉:武汉大学出版社,2020:278－279.

序号	姓名	性别	籍贯	备注	序号	姓名	性别	籍贯	备注
5	樊乃康	男	安徽霍邱		32	毛继成	男	江西玉山	
6	范先祥	男	湖南道县		33	蒙宙苏	女	广西平南	
7	甘金升	男	广西贵阳		34	宁乃权	男	广西灵山	
8	高炳礼	男	广西桂平		35	庞丽声	男	广西浦北	
9	顾潮生	女	浙江绍兴		36	钱培生	男	江苏镇江	
10	何廉吉	男	湖南道县		37	尚桂英	女	四川邛峡	
11	何政安	男	湖南道县		38	谭龙门	男	江苏泰州	
12	何质纯	女	湖南长沙		39	唐振华	男	广西灵川	
13	洪彩焕	男	福建南安		40	万民生	男	广西灵川	
14	胡宗祥	男	湖南零陵		41	汪伟美	女	湖北汉阳	
15	黄殿英	女	广西贵阳		42	王德珠	女	湖北汉川	
16	黄腾芳	女	四川江津		43	王丽娟	女	江苏镇江	
17	黎盛荣	男	湖南澧县		44	王芝兰	女	湖南永顺	
18	黎世哲	男	四川武胜		45	嵬俊辉	女	四川安岳	
19	李德淑	女	四川万县		46	韦则林	男	广西武鸣	
20	李光琼	女	四川重庆		47	邬杭德	男	浙江奉化	
21	李培芬	女	四川资阳		48	武宁生	男	河北天津	
22	李淑德	女	四川安岳		49	萧远声	女	江西南昌	
23	李嗣贞	女	湖南武冈	或误作"李嗣真"	50	谢振华	女	四川开县	
24	李耀禟	男	广西浦北		51	徐开基	男	四川广安	
25	凌广	男	广东蕉岭		52	薛树清	男	广西桂平	
26	刘邦义	女	四川成都		53	易鸿儒	女	四川丰都	
27	刘德炎	女	广西玉林		54	尹泽群	男	湖南邵阳	
28	刘咸登	女	湖南攸县		55	赵实	男	广西大新	
29	刘玉清	女	四川温江		56	赵志成	男	湖南祁阳	
30	刘允约	女	湖南岳阳		57	周成秀	女	广西玉林	
31	刘钊	女	江苏镇江		58	周静华	男	广西桂林	

西南师范学院图书博物馆专修科停止办学①。

8 月 10 日

中央人民政府文化部社会文化事业管理局、北京大学与北京图书馆在北京联合举办第一届公共图书馆工作人员训练班②，10 月 21 日结束③。该训练班旨在提高公共图书馆阅览、推广和辅导部门负责人的政策水平和业务水平，以便进一步改进和加强公共图书馆的阅览、推广和辅导工作，使其更好地为国家实现过渡时期总任务服务。训练班学员包括全国省、市以上公共图书馆阅览和推广部门负责人、小型公共图书馆馆长及部分文化行政部门的工作人员④。

---

① 黄京君. 西南师范学院图博专修科办学史研究［D］. 重庆：西南大学，2012：14.

②④ 公共图书馆工作人员训练班开学［J］. 文物参考资料，1954（8）：102.

③ 全国第一届公共图书馆工作人员训练班结业［J］. 文物参考资料，1954（10）：103.

1955 年

◎北京大学图书馆学专修科多次召开教学法讨论会

◎武汉大学图书馆学专修科改为三年制,制订统一教学计划

3 月 11 日

北京大学图书馆学专修科召开第一次教学法讨论会,后又于 4 月 15 日、4 月 29 日、5 月 13 日、5 月 27 日召开四次,旨在总结教学大纲编撰经验,以及讨论"图书馆目录"第二部分的教学大纲①。

秋季

武汉大学图书馆学专修科由两年制改为三年制,制订统一教学计划。各门课程除课堂教学之外还有教学实习、生产实习与学年论文,采取课堂实习、课堂讨论、答疑、考试考查等形式相结合的教学方法。所设课程包括:

政治课(四门):"马列主义基础""中国革命史""政治经济学""辩证唯物主义与历史唯物主义"。

文化课(八门):"中国通史""中国文学史""世界史""外国文学""科学技术概论""教育学""俄文""体育"。

业务课(七门):"图书馆学""图书馆藏书与目录""普通目录学""专科目录学""图书史""图书馆事业史""专题讲授"②。

---

① 魏成刚. 论刘国钧先生的学术成就[D]. 北京:北京大学,2008:117.

② 武汉大学图书馆学专修科介绍[J]. 图书馆工作,1956(3):65 - 66.

1956 年

◎ 北京大学图书馆学专修科举办函授班
◎ 全国图书馆工作会议召开,关注图书馆干部培养
◎ 武汉大学图书馆学系和北京大学图书馆学系成立,学制定为四年

夏季

北京大学图书馆学专修科开始举办函授班①。该年共计在北京、天津、济南、南京、上海、武汉、沈阳 7 个城市招收 140 名函授生,学习年限定为四年。这些函授生需在四年内修习"马克思主义基础""中国革命史""辩证唯物论与历史唯物论""中国通史""中国文学史""世界史""外国文学""俄文""教育学""图书馆学""藏书与目录""普通目录学""专科目录学""图书史""图书馆事业史""专题讲授"16 门课程,并在第四学年内完成一篇论文②。

7 月 5 日

中央人民政府文化部在北京召开全国图书馆工作会议,7 月 13 日闭幕③。最终,文化部社会文化事业管理局吸收了与会者的意见,修改并印发报告《明确图书馆的方针和任务为大力配合向科学进军而奋斗》。该报告分析了中国图书馆事业的现状与问题,确定两项基本任务,指出三个原则问题,然后列出多种可行的发展举措。该报告指出,干部问题是保证图书馆事业发展的最主要问题。针对干部问题,相关计划包括:于 1958 年成立图书馆学院(或称"社会文化学院"),并逐步创办几所社会

---

① 迅一. 北京大学图书馆学系图书馆学专修科函授班介绍[J]. 图书馆工作,1957(6):37 - 38.

② 朱天俊. 北京大学图书馆学专修科招收函授生[J]. 图书馆工作,1956(4):72.

③ 全国图书馆工作会议确定两项基本任务,图书馆要为科学研究服务[J]. 图书馆工作,1956(4):27 - 28.

文化中学;派遣人员赴苏联和东欧人民民主国家留学深造;在大图书馆开办干部进修班;请各省市积极开办干部训练班;建立和健全经常的业务学习制度①。

7 月

武汉大学图书馆学专修科改称"武汉大学图书馆学系",学制四年,徐家麟担任系主任②。

11 月 13 日

中央人民政府教育部下达文件,决定将北京大学图书馆学专修科自1956—1957 学年新生入学起改为图书馆学系,学制四年,但之前入学的三年制学生仍为图书馆学专修科学生。至此,北京大学图书馆学系的名称与学制稳定了下来③。

---

① 明确图书馆的方针和任务为大力配合向科学进军而奋斗:文化部社会文化事业管理局向全国图书馆工作会议提出的报告[J].图书馆工作,1956(4):3 – 16.

② 陈传夫,董有明. 求实奋进 共谱新篇:从文华图专到武汉大学信息管理学院(1920—2010)[M].武汉:武汉大学出版社,2010:7.

③ 魏成刚. 论刘国钧先生的学术成就[D].北京:北京大学,2008:114.

主要参考文献

说明:本书已经采用脚注的形式列出全部参考文献。囿于篇幅,此处仅按类列出部分具有代表性的参考文献。

一、主要数据库

(一)主要中文数据库及一站式检索平台

1. 北京爱如生数字化技术研究中心之"申报数据库"

2. 北京尚品大成数据技术有限公司之"大成老旧刊全文数据库"

3. 北京时代瀚堂科技有限公司之"瀚堂近代报刊数据库"

4. 读秀

5. 国家图书馆之"民国时期文献"数据库(内含"民国图书""民国法律""民国期刊""民国报纸"等子库)

6. 国家图书馆出版社之"民国图书馆学文献数据库"

7. 上海图书馆(上海科学技术情报研究所)之"全国报刊索引数据库"(内含"晚清期刊全文数据库""民国时期期刊全文数据库""中国近代英文报纸全文数据库""中国近代中文报纸全文数据库""中国近代图书全文数据库""字林洋行中英文报纸全文数据库"等子库)

8. 中国知网(CNKI)

(二)主要外文数据库及一站式检索平台

1. 荷兰 Brill 公司之"《中国留美学生月报》数据库"(The Chinese Students' Monthly Online)

2. 美国 HathiTrust 基金会之"哈蒂数字图书馆"(HathiTrust Digital Library)

3. 美国 ITHAKA 组织之"过刊全文数据库"(JSTOR)

4. 美国 ProQuest 公司之"历史报纸:近现代中国英文报纸库"(ProQuest Historical Newspapers:Chinese Newspapers Collection)

5. 美国 ProQuest 公司之"学位论文全文库"(ProQuest Dissertations & Theses)

6. 美国犹他家谱协会(Utah Genealogical Association)之"在线家谱检索系统"(FamilySearch)

7. 日本国立国会图书馆数据库(National Diet Library Collections,Japan)

二、主要著作

（一）主要中文著作

1. 北京图书馆业务研究委员会．北京图书馆馆史资料汇编（1909—1949）：上册［G］．北京：书目文献出版社，1992.

2. 北京图书馆业务研究委员会．北京图书馆馆史资料汇编（1909—1949）：下册［G］．北京：书目文献出版社，1992.

3. 陈源蒸，张树华，毕世栋．中国图书馆百年纪事（1840—2000）［M］．北京：北京图书馆出版社，2004.

4. 程焕文．裘开明年谱［M］．桂林：广西师范大学出版社，2008.

5. 程焕文．中国图书馆学教育之父：沈祖荣评传［M］．台北：台湾学生书局，1997.

6. 党跃武，姚乐野．毛坤先生纪念文集：纪念著名图书馆学家和档案学家毛坤先生诞辰 110 周年［G］．成都：四川大学出版社，2010.

7. 杜定友．杜定友文集：第 1—22 册［M］．广州：广东教育出版社，2012.

8. 佛里特尔．图书馆员之训练［M］．杨昭悊，李燕亭，译．上海：商务印书馆，1928.

9. 广东全省教育委员会．图书馆管理员养成所报告：第一期［R］．广州：广东全省教育委员会，1922.

10. 广东省图书馆协会．广东省图书馆协会图书馆学进修班讲义［M］．广州：广东省图书馆协会，1947.

11. 国立东南大学．国立东南大学第六届暑期学校一览［M］．南京：国立东南大学，1926.

12. 国立东南大学．国立东南大学第四届暑期学校概况［M］．南京：国立东南大学，1923.

13. 国立社会教育学院校友会．国立社会教育学院校友录［M］．璧山：国立社会教育学院校友会，1945.

14. 国立社会教育学院院长室．国立社会教育学院概况（三十七年五月）［M］．苏州：国立社会教育学院院长室，1948.

15. 国民政府教育部．专科以上学校教员名册：第二册［M］．南京：国民政府教育部，1945.

16. 国民政府教育部．专科以上学校教员名册：第一册［M］．重庆：国民政府教育部，1942.

17. 户野周二郎．图书馆教育［M］．谢荫昌，译．奉天：图书发行所，1911.

18. 华中大学．华中大学一览（二十二年度）［M］．武汉：华中大学，1933.

19. 华中大学．武昌华中大学文理科一览（民国十三年）［M］．武昌：华中大学，1924.

20. 金陵大学．金陵大学文理科概况（中华民国十七年至十八年）［M］．南京：金陵大学，1929.

21. 金陵大学秘书处．私立金陵大学一览［M］．南京：金陵大学秘书处，1933.

22. 金陵大学文学院．五年来之金陵大学文学院［M］．成都：金陵大学文学院，1943.

23. 金陵大学总务处．私立金陵大学要览［M］．成都：金陵大学总务处，1947.

24. 金陵大学总务处文书组．金陵大学毕业同学录［M］．南京：金陵大学总务处文书组，1944.

25. 李致忠．中国国家图书馆馆史资料长编（1909—2008）：上［G］．北京：国家图书馆出版社，2009.

26. 马费成．世代相传的智慧与服务精神：文华图专八十周年纪念文集［G］．北京：北京图书馆出版社，2001.

27. 麦群忠，朱育培．中国图书馆界名人辞典［M］．沈阳：沈阳出版社，1991.

28. 南京大学信息管理系．李小缘纪念文集（1898—2008）［G］．南京：南京大学信息管理系，2008.

29. 彭敏惠．文华图书馆学专科学校的创建与发展［M］．武汉：武汉大学出版社，2015.

30. 彭敏惠．文华图专珍稀史料图录［M］．武汉：武汉大学出版社，2020.

31. 钱存训．留美杂忆：六十年来美国生活的回顾［M］．合肥：黄山书社，2008.

32. 钱亚新．钱亚新别集［M］．谢欢，整理．南京：南京大学出版社，2013.

33. 丘东江．图书馆学情报学大辞典［M］．北京：海洋出版社，2013.

34. 任家乐．民国时期图书馆学教育研究［M］．北京：国家图书馆出版社，2018.

35. 私立金陵大学文学院．私立金陵大学文学院概况（民国十九年至二十年）：第一卷第一号［M］．南京：私立金陵大学文学院，1931.

36. 私立武昌华中大学．私立武昌华中大学历届毕业同学录［M］．武昌：私立武昌华中大学，1935.

37. 私立武昌华中大学．私立武昌华中大学一览（中华民国二十年度）［M］．武昌：私立武昌华中大学，1931.

38. 私立武昌文华图书馆学专科学校．湖北私立武昌文华图书馆学专科学校一览（中华民国二十年度）［M］．武昌：私立武昌文华图书馆学专科学校，1931.

39. 私立武昌文华图书馆学专科学校．湖北私立武昌文华图书馆学专科学校一览（民国二十三年度）［M］．武昌：私立武昌文华图书馆学专科学校，1934.

40. 私立武昌文华图书馆学专科学校．私立武昌文华图书馆学专科学校一览（二十四年度）［M］．武昌：私立武昌文华图书馆学专科学校，1935.

41. 私立武昌文华图书馆学专科学校．私立武昌文华图书馆学专科学校一览［M］．武昌：私立武昌文华图书馆学专科学校，1949.

42. 宋景祁，黄警顽，沈文华，等．中国图书馆界人名录［M］．上海：上海图书馆协会,1930.

43. 田中敬. 图书馆学指南[M]. 杨昭悊,译. 北平:法政学报社,1920.

44. 文学院院长室. 私立金陵大学文学院概况(民国二十三年至二十四年):第三号[M]. 南京:私立金陵大学文学院,1934.

45. 文学院院长室. 私立金陵大学文学院概况(民国二十五年至二十六年):第四号[M]. 南京:私立金陵大学文学院,1936.

46. 文学院院长室. 私立金陵大学文学院概况(民国十九年至二十年):第二号[M]. 南京:金陵大学文学院,1931.

47. 吴仲强. 中国图书馆学情报学档案学人物大辞典[M]. 香港:亚太国际出版有限公司,1999.

48. 吴仲强. 中国图书馆学史[M]. 长沙:湖南出版社,1991.

49.《武汉大学信息管理学院校友名录(1920—2020)》编委会. 武汉大学信息管理学院校友名录(1920—2020)[M]. 武汉:武汉大学,2020.

50. 谢欢. 钱亚新年谱[M]. 上海:上海古籍出版社,2021.

51. 严文郁. 中国图书馆发展史:自清末至抗战胜利[M]. 台北:图书馆学会,1983.

52. 杨家骆. 图书年鉴(一九三三年份):上册 中国图书事业志[M]. 南京:中国图书大辞典编辑馆,1933.

53. 中华图书馆协会事务所. 中华图书馆协会概况[M]. 北平:中华图书馆协会事务所,1933.

54. 中华图书馆协会执行委员会. 中华图书馆协会第二次年会报告[R]. 北平:中华图书馆协会事务所,1933.

55. 中华图书馆协会执行委员会. 中华图书馆协会第一次年会报告[R]. 北平:中华图书馆协会事务所,1929.

56. 周川. 中国近现代高等教育人物辞典[M]. 福州:福建教育出版社,2012.

57. 周洪宇. 不朽的文华:从文华公书林到文华图书馆学专科学校[M]. 武汉:华中师范大学出版社,2013.

(二)主要外文著作

1. ALLEN W C,DELZELL R F. Ideals and standards:the history of the University of Illinois Graduate School of Library and Information Science,1893 – 1993[M]. Urbana – Champaign,Illinois:The board of trustees of the University of Illinois,1992.

2. ASH L. Who's who in library service[M]. 4th ed. Brooklyn,N. Y. :The Shoe String Press,Inc. ,1966.

3. Boone University. Boone University 1871 – 1921[M]. Wuchang:Boone University,1921.

4. BREWSTER B J. American overseas library technical assistance,1940 – 1970[M]. Metuchen,N. J. :The Scarecrow Press,1976.

5. Central China University College of Arts and Science. University bulletin No. 1［M］. Hankou：The Central-China Post，Ltd. ，1924.

6. China Institute in America. Directory of Chinese students in colleges and universities in the United States of America 1951 – 52［M］. New York：China Institute in America，1952.

7. China Institute in America. Directory of Chinese university graduates and students in America［M］. New York：China Institute in America，1945.

8. COLE D E. Who's who in library service［M］. 3rd ed. New York：The Grolier Society Inc. ，1955.

9. FAIRBANK W. America's cultural experiment in China 1942 – 1949［M］. Washington D. C. ：U. S. Government Printing Office，1976.

10. Library Association of China. Libraries in China［M］. Peiping：Library Association of China，1929.

11. SHAW C B. The libraries of the christian colleges in China：a report of a survey made in 1947 – 48［M］. New York：United Board for Christian Colleges in China，1948.

12. WEI K T. Library and Information Science in China：an annotated bibliography ［M］. Westport，Conn. ：Greenwood Press，1988.

13. WILLIAMSON C C，JEWETT A L. Who's who in library service［M］. New York：The H. W. Wilson Company，1933.

14. YUAN T L. Libraries in China. Papers prepared on the occasion of the tenth anniversary of the Library Association of China ［M］. Peiping：Library Association of China，1935.

三、主要期刊

（一）主要中文期刊

安徽教育

安徽教育行政周刊

安徽省立图书馆季刊

安徽政务月刊

北京大学日刊（北大日刊）

北京女子高等师范周刊

北平大学区教育旬刊

北平市市政公报

北平图书馆协会会刊

晨报副刊

成都市政府周报

重庆市政府公报

出版界

出版周刊

初等教育界

大东月报

大夏半月刊

大夏图书馆报

大夏周报

大学图书馆学报

大学图书情报学刊

大学院公报

丹阳教育

档案工作

档案管理

档案记忆

档案学通讯

档案与史学

地方行政

第四中山大学教育行政周刊

独立评论

读书通讯

奉天公报

奉天教育官报

福建教育

福建教育厅教育周刊

福建教育行政月刊

福建教育周刊

妇女生活

妇女杂志

高校图书馆工作

工读周刊

广东蚕声

广东教育

广东省教育会杂志

广州大学图书馆季刊

广州市市政公报

贵图学刊

国大周刊

国家图书馆学刊

国立北京大学周刊

国立北平图书馆馆刊

国立社会教育学院院刊

国立浙江大学校刊

国立中山大学日报

国立中央大学教育行政周刊

国民政府公报

国师季刊

国师月刊

河北教育公报

河北民政刊要

河北省教育公报

河北省立工业学院学报

河北省立女子师范学院周刊

河北省政府公报

河南教育

河南科技学院学报

河南政治

湖北教育厅公报

湖北教育月刊

湖南教育

湖南教育行政汇刊

华大通讯

华中大学图书馆馆刊

寰球

黄县教育行政月刊

吉林教育公报

暨南校刊

建国教育

建国月刊

江宁县教育行政月刊

江苏教育

江苏社会科学

江苏省教育会月报

江苏省立上海中学校半月刊

江苏省政府公报

江苏图书馆工作

江西图书馆馆刊

交通部上海工业专门学校学生杂志

教与学

教育部公报

教育丛刊

教育公报

教育通讯

教育与民众

教育与人生

教育与社会

教育与职业

教育杂志

教育周刊

金大农专

金陵大学文学院通讯

金陵大学校刊

金陵光

京师学务公报

京师学务局教育行政月刊

辽宁教育公报

辽宁省立图书馆馆刊

留美学生季报

民教通讯

民众教育

民众教育季刊

民众教育通讯

民众园地

民族文化

闽政月刊

南菁院刊

囊萤

女钟

青岛教育

青岛市政府市政公报

清华周刊

人民教育

山东教育行政周报

山东民众教育月刊

山东省政府公报

山东图书馆季刊

山西省政府行政报告

陕西教育旬刊

商务印书馆出版周刊

商务印书馆通信录

上海教育

上海市立图书馆馆刊

上海图书馆协会会报

上海文化函授学院院讯

上智编译馆馆刊

少年中国

社会教育季

社会教育年刊

社教通讯

时代教育

时务报

市师杂志

市政月刊

首都教育研究

书林

私立岭南大学校报

四川大学学报(哲学社会科学版)

四川档案

四川教育官报

四川教育通讯

四川省政府公报

四川图书馆学报

松江女中校刊

苏中校刊

苏州女子中学月刊

天津特别市教育局教育公报

铁路协会会报

铁路职工教育委员会会报

通俗教育丛刊

通俗教育研究录

同舟

统计月报

图书馆

图书馆报

图书馆副刊

图书馆工作

图书馆建设

图书馆(江西省立图书馆编印)

图书馆理论与实践

图书馆论坛

图书馆(上海图书馆协会编印)

图书馆学报

图书馆学会会报(台北)

图书馆学季刊

图书馆学通讯

图书馆学研究

图书馆园地

图书馆杂志

图书馆增刊

图书汇报

图书情报工作

图书情报论坛

图书情报知识

图书展望

图书资讯学刊

文华青年月刊

文华图书科季刊(文华图书馆学专科学校季刊)

文华温故集

文华月刊

文化与教育

文教月刊

文教资料简报

文理院刊

文物参考资料

无锡图书馆协会会报

无锡县教育会年刊

厦门图书馆声

现代评论

勤大旬刊

新教育

行政院公报

学部官报

学风

学舻

学生杂志

训练通讯

燕大双周刊

燕大周刊

扬子江

艺文印刷月刊

英士大学校刊

约翰声

浙江档案

浙江教育行政周刊

浙江省立图书馆报

浙江省立图书馆馆刊

浙江省立图书馆月刊

浙江省图书馆协会会刊

浙江省政府公报

浙江省政府行政报告

正谊

政教旬刊

知新报

中等教育季刊

中国出版月刊

中国国民党指导下之政治成绩统计

中国留日同学会季刊

中国图书馆声

中国图书馆学报

中华教育界

中华图书馆协会会报

中山大学图书馆周刊

中央大学区立上海中学校半月刊

中央党务公报

（二）主要外文期刊

Bulletin of the American Library Association

Bulletin of the Kentucky Library Association

Carleton College Bulletin

College and Research Libraries

Documents of the Assembly of the State of New York

Harvard Library Bulletin

Journal of East Asian Libraries

Journal of Education

Journal of Library and Information Science

Library News Bulletin

Library of Congress Information Bulletin

Library School Notes

New York Library Club Bulletin

Ohio State University Monthly

Phoenix(凤藻)

Public Libraries

Scientific American Supplement

The American Archivist

The Chinese Students' Christian Journal

The Chinese Students' Monthly

The Churchman

The Collecting Net

The Grovenor Library Bulletin

The Journal of Library History

The Library Journal

The Phi Delta Kappan

The Princeton Alumni Weekly

The Simmons College Review

The Spirit of Missions

The Trans-Pacific

The Voice

University of Illinois Bulletin

University of Illinois Graduate School of Library and Information Science Occasional Papers

University of Illinois Library Association News Letter

University of Illinois Library School Association Newsletter

University of Nanking Bulletin

University of Southern California Bulletin

University of the State of New York Bulletin

Washington Newsletter

Wisconsin Library Bulletin

官报(日文报纸)

四、主要报纸

(一)主要中文报纸

北平日报

晨报

大刚报

大公报(重庆版)

大公报(上海版)

大公报(天津版)

大公报(无锡版)

大公报(香港版)

大同报

东南日报

甘肃民国日报

革命日报

国立四川大学校刊

国民导报

和平日报

华北日报

华光日报

进步日报

京报

晶报

立报

民报

民报(无锡版)

民国日报

闽报

前线日报

山东民国日报

社会日报

申报

时报

时事新报

苏州明报

绥远西北日报

无锡新报

武汉日报

锡报

小时报

新天津

新闻报

新无锡

益世报(北京版)

益世报(上海版)

中华时报

中央日报

中央日报(贵阳版)

中央日报扫荡报(联合版)

总汇报

（二）主要外文报纸

Iowa City Press-Citizen

The Brooklyn Daily Eagle

The Capital Times

The China Press

The China Weekly Review

The Daily Iowan

The Daily News(Batavia, N. Y.)

The North-China Daily News

The Times(Batavia)

The Wisconsin State Journal

五、档案

（一）中文档案

1. 福建省县立图书馆馆长训练班学员招考办法［A］. 福建省档案馆,案卷号: 0002 - 006 - 003239 - 0025.

2. 福建省县立图书馆馆长训练班章程［A］. 福建省档案馆,案卷号:0002 - 006 -

003239 − 0019.

3. 关于拟就福建省县立图书馆馆长训练班章程及学员招考办法的笺函［A］. 福建省档案馆, 案卷号: 0002 − 006 − 003239 − 0017.

4. 关于拟具教育系县图书馆长组学员训练办法的函［A］. 福建省档案馆, 案卷号: 0002 − 006 − 003239 − 0005.

5. 国立社会教育学院课程草案［A］. 苏州市档案馆, 案卷号: I27 − 1 − 35.

6. 国立社会教育学院系科增设给高等教育司的呈文［A］. 中国第二历史档案馆, 案卷号: 五 − 2199.

7. 教育系县图书馆长组学员训练办法［A］. 福建省档案馆, 案卷号: 0002 − 006 − 003239 − 0007.

8. 社会局关于筹办社会教育人员养成所情形及呈报该所组织大纲、经费计算书的呈文及教育部、市政府的指令［A］. 北京市档案馆, 案卷号: J002 − 003 − 00286.

9. 私立武昌文华图书馆学专科学校募集基金启事［A］. 武汉大学档案馆, 案卷号: 7 − 1946 − 8.

10. 私立武昌文华图书馆学专科学校整理伪湖北省政府档卷·图书馆学科本科学生毕业证书存根（民十九年至二十八年）［A］. 武汉大学档案馆, 案卷号: 1930 − 1.

11. 私立武昌文华图书馆学专科学校整理伪湖北省政府档卷·图书馆学科讲习班学生毕业证书存根（民二十年至二十九年）［A］. 武汉: 武汉大学图书馆, 案卷号: 7 − 1931 − 1.

12. 私立武昌文华图专档卷·历届学生入学毕业证书（民三十一年至三十二年）［A］. 武汉大学档案馆, 案卷号: 1942 − 8.

13. 私立武昌文华图专档卷·图书馆学科本科学生成绩（一九二八年至一九三五）（本八届至十三届）［A］. 武汉大学档案馆, 案卷号: 7 − 1928 − 1.

14. 私立武昌文华图专档卷·图二级学生毕业及成绩［A］. 武汉大学档案馆, 案卷号: 1943 − 1.

15. 私立武昌文华图专档卷·图六学生毕业及成绩［A］. 武汉大学档案馆, 案卷号: 1946 − 4.

16. 私立武昌文华图专档卷·图七级学生毕业及成绩［A］. 武汉大学档案馆, 案卷号: 1946 − 5.

17. 私立武昌文华图专档卷·图三级学生毕业及成绩［A］. 武汉大学档案馆, 案卷号: 1943 − 2.

18. 私立武昌文华图专档卷·图三级学生学籍［A］. 武汉大学档案馆, 案卷号: 1943 − 2.

19. 私立武昌文华图专档卷·图四学生毕业及成绩［A］. 武汉大学档案馆, 案卷号: 1944 − 4.

（二）外文档案

1. A Letter from A. J. Bowen to Dr. J. E. Williams, April 1, 1919［A］. 耶鲁大学神学

图书馆馆藏亚洲基督教高等教育联合董事会档案之金陵大学档案,案卷号:RG011 - 205 - 3505.

2. A Letter from A. J. Bowen to Dr. J. E. Williams, April 2,1918[A]. 耶鲁大学神学图书馆馆藏亚洲基督教高等教育联合董事会档案之金陵大学档案,案卷号:RG011 - 205 - 3503.

3. A Letter from A. J. Bowen to Dr. J. E. Williams, September 18,1919[A]. 耶鲁大学神学图书馆馆藏亚洲基督教高等教育联合董事会档案之金陵大学档案,案卷号:RG011 - 205 - 3507.

4. A Letter from President Lin to Dr. W. Y. Chen, October 26,1934. [A]. 耶鲁大学神学图书馆馆藏亚洲基督教高等教育联合董事会档案之福建协和大学档案,案卷号:RG011 - 112 - 2445.

5. A Letter to Mr. Harry Clemons, September 12th,1918[A]. 耶鲁大学神学图书馆馆藏亚洲基督教高等教育联合董事会档案之金陵大学档案,案卷号:RG011 - 212 - 3595.

6. Departmental Work. 1931 - 32,fall semester[A]. 耶鲁大学神学图书馆馆藏亚洲基督教高等教育联合董事会档案之金陵女子文理学院档案,案卷号:RG011 - 128 - 2635.

7. Ginling College. Minutes of the board of directors of Ginling College. October 16th and 17th,1931[A]. 耶鲁大学神学图书馆馆藏亚洲基督教高等教育联合董事会档案之金陵女子文理学院档案,案卷号:RG011 - 127 - 2618.

8. LIU K C. Report of the College of Arts[A]. 耶鲁大学神学图书馆馆藏亚洲基督教高等教育联合董事会档案之金陵大学档案,案卷号:RG011 - 193 - 3353.

9. Liu Kowh Chuin's Transcript(Wisconsin Library School)[A]. 威斯康星大学档案馆,案卷号:不详.

10. Liu to Hazeltine,25 June,1924[A]. 威斯康星大学档案馆,案卷号:不详.

11. Minutes of the board of trustees of the University of Nanking(April 15th,1913)[A]. 耶鲁大学神学图书馆馆藏亚洲基督教高等教育联合董事会档案之金陵大学档案,案卷号:RG011 - 188 - 3316.

12. Minutes of the board of trustees of the University of Nanking(February 25th,1913)[A]. 耶鲁大学神学图书馆馆藏亚洲基督教高等教育联合董事会档案之金陵大学档案,案卷号:RG011 - 188 - 3316.

13. Minutes of the board of trustees of the University of Nanking(January 13th,1913)[A]. 耶鲁大学神学图书馆馆藏亚洲基督教高等教育联合董事会档案之金陵大学档案,案卷号:RG011 - 188 - 3316.

14. Needs of the College of Arts and Science University of Nanking as presented to the board of directors[A]. 耶鲁大学神学图书馆馆藏亚洲基督教高等教育联合董事会档案之金陵大学档案,案卷号:RG011 - 192 - 3343.

15. New York State Library School records 1887 – 1967［A］. 哥伦比亚大学珍本与手稿图书馆,案卷号:Series III:1992 Addition,Box 61.

16. New York State Library School records 1887 – 1967［A］. 哥伦比亚大学珍本与手稿图书馆,案卷号:Series III:1992 Addition,Box 68.

17. Proposed plan for a new Christian school of education［A］. 耶鲁大学神学图书馆馆藏亚洲基督教高等教育联合董事会档案之金陵大学档案,案卷号:RG011 – 201 – 3436.

18. Ruth Longden's letter to Miss Hazeltine, December 18,1921 from Soochow,China［A］. 威斯康星大学档案馆,案卷号:不详.

19. University of Nanking Library staff［A］. 耶鲁大学神学图书馆馆藏亚洲基督教高等教育联合董事会档案之金陵大学档案,案卷号:RG011 – 220 – 3722.

20. University of Nanking. University faculty meeting,23 October 1926［A］. 耶鲁大学神学图书馆馆藏亚洲基督教高等教育联合董事会档案之金陵大学档案,案卷号:RG011 – 198 – 3403.

（三）档案汇编

1. 姚乐野,马振犊. 近代图书馆档案汇编:第一辑（全四册）［G］. 北京:国家图书馆出版社,2021.

2. 中国第二历史档案馆. 民国时期文书工作和档案工作资料选编［G］. 北京:档案出版社,1987.

3. 中国第二历史档案馆. 中华民国史档案资料汇编:第五辑　第二编　教育（一）［G］. 南京:江苏古籍出版社,1997.

六、学位论文

（一）中文学位论文

1. 黄京君. 西南师范学院图博专修科办学史研究［D］. 重庆:西南大学,2012.

2. 李墨. 王重民年谱［D］. 保定:河北大学,2008.

3. 魏成刚. 论刘国钧先生的学术成就［D］. 北京:北京大学,2008.

4. 郑峰. 多歧之路:商务印书馆编译所知识分子研究（1902—1932）［D］. 上海:复旦大学,2008.

5. 郑丽芬. 民国时期的图书馆学教育研究［D］. 北京:北京大学,2015.

（二）外文学位论文

1. Tai Tse-chien. Professional education for librarianship:a proposal for a library school at the University of Iowa［D］. Iowa City:The University of Iowa,1925.

七、网络资源

1. 峰峦夕照. 金陵大学图书馆馆史（3）［EB/OL］.［2017 – 12 – 18］. http://blog. sina. com. cn/s/blog_7ff04e98010188zo. html.

2. 馆藏 1948 年(苏州)国立社会教育学院图书博物馆学系应届毕业学生名册一份[EB/OL].[2013 - 02 - 06]. http://blog. 163. com/dayuanzizhao@ 126/blog/static/14269445820131693637842/.

3. 李观仪教授[EB/OL].[2012 - 08 - 23]. http://www. ses. shisu. edu. cn/0b/38/c461a2872/page. htm.

4. 马军. 寻找喻友信先生[EB/OL].[2019 - 04 - 16]. https://mp. weix-in. qq. com/s/IXhwQ4vkVJPnsWnKeovGQA.

附　录

附录一　人物名称索引

说明:同一个人物,如果使用两个及以上的名号,如本名、笔名、表字、别号、别名等,则合并制作索引,选择其最常用的人名形式作为主标目,并为其他人名形式编制必要的参照标目。两个或多个同姓同名者的人名标目,在正式姓名后用圆括号标出其身份、或时代、或籍贯、或其他特征,以便加以区分。欧美人名的中文译名,采用姓在前、名在后的形式。

W

附录二　机构名称索引

说明：此处所说的机构主要包括政府机关、教育机构（含暑期学校、讲习会、讲习班、演讲会等）、企业（含报社、期刊社、出版社等）、社会团体、广播电台等。中文机构以其正式名称为准，必要时编制参照标目，但文华图书科和文华图专例外，其标目分别定为"文华图书科（文华大学文华图书科、华中大学文华图书科）"和"文华图专（私立武昌文华图书馆学专科学校）"。个别机构后括注"筹"，表示该机构只存在于计划中，未真正成立。外国机构以其中文译名为准。标目的选取一般以一级机构为主，不再延伸到同一机构下属的二级机构，但若干跟图书馆学教育密切相关者（如北京大学图书馆学专修科、北京大学图书馆学系等）例外。

附录三　文献名称索引

说明:此处所说的文献包括报纸、期刊、文章(译文)、著作(译著)、丛书等。外文文献以其中文译名为准,必要时编制参照标目。文献名称相同者使用圆括号注明其责任者(机构或人物),以示区分,如"《儿童图书馆》(钱亚新)""《儿童图书馆》(王京生)"等。

后　记

笔者从 2009 年开始进入图书馆史研究领域,以民国时期图书馆学人个案研究为主,兼及其他方面。开展图书馆学人个案研究,难免需要考察他们的求学经历、工作履历等情况。因此,笔者发表的论文或出版的专著或多或少与民国时期图书馆学教育史(尤其是民国时期图书馆学人留学史)研究沾边。其中,《戴志骞生平与图书馆事业成就考察》(载《中国图书馆学报》2011 年第 4 期)初步考察戴志骞两次赴美学习图书馆学的经历,后来出版的《中国现代图书馆先驱戴志骞研究》(中国海洋大学出版社,2017)对此增订良多;《谭卓垣生平与图书馆学成就考察》(载《中国图书馆学报》2011 年第 6 期)初步介绍谭卓垣在哥伦比亚大学与芝加哥大学攻读图书馆学的经历,《岭南大学时期谭卓垣史料挖掘与辨析》(载《大学图书馆学报》2020 年第 3 期)对此有所增订;《查修的生平与图书馆学成就考察》(载《大学图书馆学报》2011 年第 3 期)介绍查修在文华图书科和伊利诺伊大学的求学经历以及他在文华图专的执教生涯;《喻友信早期图书馆生涯考察》(载《大学图书馆学报》2012 年第 1 期)介绍喻友信在文华图专与哥伦比亚大学的求学经历;《民国图书馆学家杨昭悊生平活动考辨》(载《大学图书馆学报》2013 年第 2 期)考察杨昭悊与王京生夫妇赴美学习图书馆学的经历;《杜定友留学菲律宾时期史料考辨》(载《大学图书馆学报》2018 年第 3 期)考察杜定友在菲律宾大学求学的相关史实;《曹祖彬图书馆生涯再考辨》(载《图书馆论坛》2018 年第 9 期)考察曹祖彬赴美学习图书馆学及其在国内从事图书馆学教育的相关情况;《李芳馥图书馆生涯考辨》(载《图书馆论坛》2020 年第 3 期)和《岳良木图书馆生涯与贡献考述》(载《图书馆》2020 年第 7 期)分别考察李芳馥和岳良木在文华图书科和哥伦比亚大学图书馆学院等处的求学经历,以及他们学成归国后从事图书馆学教育的相关情况。此外,《中国图书馆学教育的肇始者——克乃文生平略考》(载《图书馆》2013 年第 1 期)与《韦棣华早年生平史实辨析》(载《图书馆论坛》2015

年第 2 期)分别考察对中国图书馆学教育产生重大影响的两位美国图书馆专家克乃文和韦棣华的相关情况。近年来,笔者又与挚友顾烨青合作,重新考察民国时期高等学校(尤其是金陵大学)开办图书馆学教育的历程与影响,并且合作发表《金陵大学 1913 年开设图书馆学课程之疑》(载《河南科技学院学报》2018 年第 3 期)、《金陵大学图书馆学系(组)创办历程与成绩考察(1927—1941 年)》(载《大学图书馆学报》2020 年第 1 期)、《金陵大学图书馆学专修科创办历程与成绩考察(1940—1946)》(载《图书馆理论与实践》2019 年第 5 期)等系列论文。笔者还独立发表《华东基督教暑期大学初级图书馆科考辨》(载《山东图书馆学刊》2019 年第 4 期)、《文华图专与华中大学合并相关英文档案汇译(1936—1950 年)》(载《图书馆建设》2021 年第 3 期)、《上海国民大学图书馆学系史实考辨》(载《图书馆杂志》2021 年第 10 期)等论文,并出版专著《"中国现代图书馆运动之皇后"韦棣华研究》(中国海洋大学出版社,2021)。因此,从最为宽泛的意义上来说,笔者从 2009 年起一直都在从事民国时期图书馆学教育史研究,并且持续不断地挖掘、积累和整理了与其相关的大批中外文档案资料。

当前,民国时期图书馆学教育史研究成果已经蔚为大观。著作方面,宋建成所著《中华图书馆协会》(台湾育英社文化事业有限公司,1980)、严文郁所著《中国图书馆发展史——自清末至抗战胜利》[图书馆学会(台北),1983]、谢灼华主编的《中国图书史与中国图书馆史》(湖北省高等学校图书馆工作委员会、武汉大学图书情报学院,1985)与《中国图书和图书馆史》(武汉大学出版社,1987)、吴仲强等著《中国图书馆学史》(湖南出版社,1991)、来新夏等著《中国近代图书事业史》(上海人民出版社,2000)、郑章飞等主编的《中国图书馆学教育概论》(国防科技大学出版社,2001)、蔡明月主编的《图书资讯学教育》(台湾五南图书出版股份有限公司,2013)、中国图书馆学会组织编写的《中国图书馆学学科史》(中国科学技术出版社,2014)等书均辟有专门章节考察民国时期图书馆学教育;程焕文所著《中国图书馆学教育之父——沈祖荣评传》(台湾学生书局,1997)以较大篇幅考察了沈祖荣创办文华图书科(文华图专)的历史功绩及其图书馆学教育思想;周洪宇所著《不朽的文华——从文华公书林到文华图书馆学专科学校》(华中师范大学出版社,2013)和彭敏惠所著《文华图书馆学专科学校的创建与发展》(武汉大学出版社,2015)深入考察文华图书科(文华图专)的创办与发展;任家乐所著

《民国时期图书馆学教育研究》（国家图书馆出版社，2018）既从纵向的角度研究民国时期图书馆学教育的历程，也从专题的角度研究民国时期图书馆学教育领域的各个层面和机构。论文方面，相关论文为数众多，既有宏观考察，也有个案研究。其中令笔者尤感兴趣的是两种编年体成果，即柯平的《中国图书馆学教育年表》（载《山东图书馆季刊》1987年第3期），以及李明杰与李瑞龙合编的《民国图书馆学教育编年（1913—1949）》（载《图书情报知识》2018年第2期）。受其启发与促动，笔者萌生了编撰一部图书馆学教育编年体著作的想法，并于2018年5月初正式动笔。由于前期准备工作做得较为充分，手头早已掌握大批史料，笔者于2018年8月底顺利地完成初稿，之后又持续不断地进行修订和补充。

2019年5月17日，全国哲学社会科学工作办公室发布《2019年度国家社科基金后期资助项目申报公告》。笔者当即以"民国图书馆学教育年谱"为题准备申报事宜，其间获得挚友顾烨青、导师岳峰教授等人的指导和帮助。同年10月16日，《2019年国家社科基金后期资助项目立项名单》正式公布，笔者有幸名列其中，不胜欣喜。获得立项后，笔者开始根据五位匿名专家的评审意见对书稿进行全面增订，包括但不限于将项目名称申请变更为"民国图书馆学教育史事编年"、调整格式、润色文字、核对参考文献、制作索引等。经过两年多的不懈努力，书稿终于修订完成，并且顺利地通过了三位匿名专家的评审，于2023年2月结题。经全国哲学社会科学工作办公室调拨，书稿交由国家图书馆出版社出版。经双方探讨和协商，书名最终定为《中国图书馆学教育史事编年（1896—1956）》。

在本书的撰写过程中，笔者得到诸多师友的支持、指导与帮助。江南大学图书馆副馆长、副研究馆员顾烨青先生是笔者的长期学术合作伙伴。我们同心协力，在留美图书馆学人史料与金陵大学图书馆学教育史料的挖掘与整理方面下了很大的功夫，共同撰写并发表了多篇相关论文。中山大学信息管理学院副教授肖鹏博士为笔者提供大量留美图书馆学人档案，并转请彭嗣禹（时为中山大学资讯管理学院博士生，现为南昌大学公共政策与管理学院信息管理系讲师、博士）为笔者提供《图书馆管理员养成所报告（第一期）》《广东省图书馆协会图书馆学进修班讲义》《广东省图书教育人员训练班报告书》三种民国时期广东图书馆学教育史料。成都大学研究员、期刊中心副主任、《成都大学学报（社科版)》副主编任家乐博士慷慨分享他煞费苦心搜集到的一批文华图专档案,并且寄赠大作《民国时期图书馆学教育研究》(国家图书馆出版社,2018)。南京大学信息管理学院图书馆与数字人文系主任、副教授谢欢博士为笔者提供他不辞辛劳拍摄的《金陵大学日刊》影像资料及其编撰的《江苏图书馆学教育编年》(初稿),并且寄赠大作《钱亚新年谱》(上海古籍出版社,2021)和《回归与传承:钱亚新图书馆学学术思想论稿》(科学出版社,2021)。武汉大学信息管理学院副教授彭敏惠博士寄赠大作《文华图书馆学专科学校的创建与发展》(武汉大学出版社,2015)、《文华图专珍稀史料图录》(武汉大学出版社,2020)等,并且多次为笔者提供文华图书科(文华图专)的相关资料。北京大学信息管理系助理教授周亚博士寄赠大作《美国图书馆学教育思想研究(1887—1955)》(学林出版社,2018),并且热心提供美国图书馆学家卡尔·弥尔顿·怀特(Carl Milton White)所著《美国图书馆学校的起源》[*The Origins of the American Library School*(The Scarecrow Press,1961)]等英文资料。上海大学文化遗产与信息管理学院副教授张衍博士向笔者寄赠大作《海峡两岸档案学教育之沿革与发展》(台湾秀威资讯科技股份有限公司,2020)。河南大学图书馆研究馆员翟桂荣女士慷慨分享李燕亭编写的《图书馆学讲义》(河南大学,1931)等资料,并且寄赠大作《李燕亭图书馆学著译整理与研究》(中国社会科学出版社,2016)。国家图书馆参考咨询部副研究馆员蔡成普先生一直不惮其烦地为笔者查找和复制各类资料。福建师范大学社会历史学院教授傅文奇博士长期关心笔者的研究工作,并曾转请当时在福建省档案馆实习的该院2020级图书情报专业硕士研究生吴倩同学帮忙查阅并复制《福建省县立图书馆馆长训练班章程》(1940年7月)等档案。江西省图书馆馆员叶丽红女士慷慨提供她从苏州市档案馆获取的《国立社会教育学院课程草案(1949年9月)》等重要档案。丹东市图书馆副馆长、副研究馆员曹阳先生寄赠《图林文华——中国图书馆学人的墨迹与故事》(丹东市图书馆学会,2017),并提供《金陵大学毕业秩序单(中华民国九年六月二十六日至二十八日)》等稀见文献。笔者的研究生同学、泉州师范学院外国语学院副教授沈日中博士多次帮忙翻译日文文献。笔者所在单位泉州师范学院图书馆的领导与同事,包括但不限于馆长吴绮云研究馆员、党总支书记兼副馆长李志伟教授、张妙霞博士、赵慧真研究馆员、陈彬强副研究馆员、周颖斌馆员、吴春浩馆员、张惠萍馆员等,对笔者利用闲余时间开展学术研究一向宽容以待,并且热心支持。泉州师范学院社会科学发展研究中心（社科处）王旖旎女士在本课题的申请与结题等方面为笔者提供了耐心的指导与帮助。多年以来，《中国图书馆学报》《大学图书馆学报》《国家图书馆学刊》《图书馆建设》《图书馆论坛》《图书馆杂志》《图书馆》《图书馆理论与实践》《山东图书馆学刊》等专业期刊不吝版面，刊登笔者的相关研究成果。在此一并表示最诚挚的感谢！

因为醉心于学术，笔者有时难免会有意无意地忽略生活中的种种乐趣，幸好父母与妻女不弃，心中欣幸。

郑锦怀

于泉州师范学院俊秀图书馆

2018 年 6 月 18 日初稿

2023 年 3 月 16 日定稿